지은

평론기   배우로 활동했고, 대학 때까지
연기를   . 이후 연출 쪽으로 방향을 틀어 미네소타
대학에서 논픽션 창작으로 석사 학위를 받았다.
1991년 미국에서 초연되어 현대 연극사의 한 획을 그은
작품 〈엔젤스 인 아메리카〉의 구술사를 기록·정리한 『세상은
오로지 앞을 향해 나아간다: 〈엔젤스 인 아메리카〉의
오르막길The World Only Spins Forward: The Ascent of *Angels
in America*』의 공저자이며, 이 책은 2018년 NPR 베스트북에
선정된 바 있다. 연출가로서 그는 브루클린 아카데미 오브
뮤직, 퍼블릭 시어터, 뉴욕의 타운홀 등에서 작품을 무대에
올렸다. 그중 음악, 비디오, 세트 디자인 등을 활용하여 미국
음모론의 세계를 탐구한 멀티미디어 연극 〈리얼 에너미즈Real
Enemies〉는 '음모론과 편집증을 무대 위로 끌어올렸다'는
찬사를 받으며 2015년 『뉴욕 타임스』 최고 라이브 이벤트로
선정되었다.
『뉴욕』 『슬레이트』 『가디언』 『아메리칸 시어터』 등에 글을
썼으며, '셰익스피어와 정치' '창작 프로세스' 등을 주제로 한
팟캐스트의 진행자이기도 하다. 현재는 브루클린에 거주하며
뉴스쿨에서 연극사와 연기를 가르치고 있다.

메소드

20세기를 지배한 연기 테크닉

메소드

아이작 버틀러 지음

윤철희 옮김 | **전종혁** 감수

The
METHOD

ISAAC BUTLER

에포크

이 책에 대한 찬사

우아하게 쓰인 이 책은 놀랍도록 상세하고 예리한 해설로 가득하다. 아이작 버틀러의 방대한 역사 대서사시는 지난 2세기 동안 출현한 최고의 배우, 연출가, 극작가, 교사 들을 캐스팅해 반전의 반전을 거듭하며 손에 땀을 쥐게 하는 상황으로 몰고 간다. 거부할 수 없는 정주행의 충동을 느끼게 하는, 문학에 필적할 만한 책이다. 이 모든 일을 해내면서 내가 지금까지 읽은 연기 관련 책들 중 가장 훌륭하고 중요한 책을 썼다는 사실은 그의 중대한 성취이다. 전문 배우뿐만 아니라 '배우들은 어떻게 저 모든 대사를 외웠을까?' 궁금했던 사람이라면 누구나 꼭 읽어야 할 책이다.
_네이선 레인Nathan Lane, 배우

러시아 혁명의 혼란 속에 개발된 연기론이 할리우드를 영원히 변화시켰다니 믿기 어려운 이야기다. 아이작 버틀러는 '메소드' 연기를 주인공 삼아 눈을 뗄 수 없을 만큼 흥미로운 이야기로 풀어냈다.
_『뉴욕 타임스The New York Times』

우리가 생각하는 훌륭한 연기는 어떻게 러시아에서 미국으로, 19세기에서 20세기로, 교실에서 리허설장으로 무대로 스크린으로 여행을 떠났을까? 아이작 버틀러는 『메소드』에서 이 복잡한 역사의 여로를 훌륭하게 기록한다. 그의 책은 해박한 지식을 깊이 있게 연구한 결과물이기도 하지만, 강렬하고 생기가 넘치며 통찰력이 가득한 데다 이해하기 쉽고 유명 인사들이 풍부하게 등장해 무척이나 재미있다.

_마크 해리스Mark Harris, 베스트셀러 『마이크 니컬스Mike Nichols』 저자

아이작 버틀러는 『메소드』에서 메소드 연기가 20세기에 등장한 위대한 생각 중 하나라는 주장을 설득력 있게 펼친다. 연출가이자 평론가, 그리고 이 책에서 밝힌 대로 한때 메소드에 반했던 젊은 배우였던 버틀러는 현대의 연기가 걸어온 기나긴 행로를 안내해줄, 뛰어나고 통찰력 넘치며 입심 좋은 완벽한 가이드다. 메소드의 역사는 강렬함의 역사다. 버틀러는 스타니슬랍스키, 스트라스버그, 애들러, 스트리프 같은 유명 인사들이 북적거리는 앙상블과 함께 메소드의 장점과 성가신 모순을 무대에서 책으로 끌어내린다. 『메소드』는 책이 다루는 주제처럼 강렬하고 멈추지 않으며, 무엇보다 생생하다.

_빈슨 커닝햄Vinson Cunningham, 연극평론가, 『뉴요커The New Yorker』

버틀러의 책은 배우와 관찰자 사이, 그러니까 배우와 우리 사이에 일어나는 번개 같은 섬광에 관한 궁금증을 해소하기에 충분할 만큼 구체적이다. 배우뿐만 아니라 연기 예술을 감상하는 애호가들을 위한 책이다.

_『타임Time』

꼼꼼한 조사와 연구를 바탕으로 기술한 '메소드'의 역사. 19세기의 위대한 소설가처럼 버틀러는 전지적 시점으로 메소드를 둘러싼 인물들의 삶과 시대를 술회한다. 그는 연극을 넘어, 연기의 혁명에 대한 없어서는 안 될 기록을 해냈다.

_『로스앤젤레스 타임스Los Angeles Times』

버틀러는 전형적인 역할에 갇힐 뻔한 인물들에 색채를 더해 그들을 입체감 있게 그려냈다. 한 세기에 달하는 시간을 관통하는 이 책에는 화려한 명성을 지닌 다양한 인물들이 들고 나지만, 버틀러가 선택한 일화들이 그들을 친밀하게 느껴지게 한다.

_북포럼Bookforum

지적이고 흥미진진하다. 연기를 그 시대가 지닌 기질의 표현이라고 보는 버틀러의 시각은 이 책 전체를 통찰하는 열쇠다. 〈엔젤스 인 아메리카〉의 뛰어난 구술사를 기록한『세계는 오로지 앞을 향해 나아간다』에서 그러하듯,『메소드』는 재미있게 읽을 수 있는 훌륭한 문화사다.
_『아메리칸 시어터American Theatre』

아이작 버틀러는 이 책을 통해 러시아에서 탄생한 현대적인 연기 시스템이 미국의 연극과 영화를 탈바꿈시킨 과정에 대한 장대한 이야기를 들려준다. 활력과 연민, 그리고 당연하게도 극적인 광경을 포착하는 예리한 시선이 가득하다.
_글렌 프랭클Glenn Frankel,『'미드나잇 카우보이' 촬영하기Shooting Midnight Cowboy』 저자

무대와 스크린을 위해 태어난 가장 영향력 있는 예술가들과 함께 폭넓은 주제를 아우르며 눈을 뗄 수 없는 여정을 이어간다. 아이작 버틀러는 단순히 읽는 것에서 그치지 않고 직접 경험하는 설득력 있는 내러티브를 통해 흔히 오해받는 메소드를 둘러싼 담론에 인간성을 되돌려놓는다.
_케이신 게인스Caseen Gaines,『주변부의 존재들Footnotes』 저자

『메소드』는 미국의 영화와 연극을 완전히 변화시킨 창의성, 경쟁심, 예술성, 부조리로 가득한 매혹적인 순간을 생생하게 재현한다. 이 변화의 반향은 오늘날에도 여전히 느껴지고 있다.
_윌리엄 J. 만William J. Mann,『도전자The Contender』 저자

20세기에 가장 영향력 있는 철학 중 하나인 메소드 속으로 뛰어드는 다채롭고 신나는 다이빙. 버틀러는 분열, 실험, 돌파구, 붕괴를 추적하며 연기를 과학과 신앙으로 바꾸기 위한 절박하고 때로는 암울했던 투쟁에 생기를 불어넣는다.
_에밀리 누스바움Emily Nussbaum,『나는 보는 걸 좋아합니다I Like to Watch』 저자

아이작 버틀러는 멋진 발상을 손에서 놓기 어려울 만큼 재미있고 상당히 독창적인 문화사로 만들어냈다. 많이 배웠고 정말 즐거웠다!
_줄리 샐러먼Julie Salamon,『악마의 사탕The Devil's Candy』 저자

앤에게,
말로 표현할 수 있는 것 이상으로.

감정을 움직이는 위대한 비결은 스스로 그 감정을 느끼는 것이다. 비탄, 분노, 울분을 흉내 내는 것은 우스꽝스러운 경우가 많기 때문이다. 말과 표정만 따라가다보면 마음은 그 즉시 그것들로부터 멀어진다.
_쿠인틸리아누스, 서기 1세기.

우리는 배우야. 사람들하고는 정반대라고.
_배우가 연기하는 왕, 톰 스토파드의 희곡 〈로젠크란츠와 길덴스턴은 죽었다〉 중에서.

차례

일러두기

1. 본문의 고딕체는 원서에서 이탤릭체로 강조한 부분이다.

2. 단행본·잡지·신문 등은 겹낫표(『 』)로, 기사·발표문·단편·시 등은 홑낫표(「 」)로, 희곡·연극·영화 등은 홑화살괄호(〈 〉)로 묶었다.

3. 원주는 번호를 붙여 미주로 두었고, 옮긴이 주는 본문에 괄호로 묶어 싣고 옮긴이로 표시했다.

4. 국내에 개봉된 영화, 출간된 책 등은 그 제목을 따랐다.

5. 인지명 등의 외래어 표기는 국립국어원 외래어 표기법을 준용하되 일부 굳어진 표현은 관용을 따랐다.

들어가며
메소드, 20세기를 뒤흔든 위대한 생각

연기란 기기묘묘한 것이다. 할리우드 영화를 보는 사람이라면 누구나—더 정확히는 거의 모두가—배우에 대해 말하고 생각하는 데 엄청나게 많은 시간을 쓴다. 우리는 배우들의 사생활을 속속들이 안다. 그날의 화젯거리를 사람들에게 떠들어 대기 위해 배우들의 동정을 살핀다. 배우들을 꾸준히 평가하고, 뛰어난 연기를 펼치는 배우에게는 자동차 트렁크를 가득 채울 만큼 많은 상을 안겨준다. 그러나 뛰어난 연기가 실제로 무엇인지 설명해달라는 압박을 받으면 제대로 말하지 못해 진땀을 빼는 게 보통이다. 예술을 심도 깊게 논의하는 일을 업으로 삼는 사람들이어야 하는 우리 같은 평론가조차도 "설득력 있는" "고도의 예술적 기교를 펼친" "카리스마 넘치는" "대단히 사실적인" 같은 상투적인 표현에 의존하는 경우가 다반사다. 뛰어난 연기의 구성 요소를 선별해내는 작업은 손 닿는 곳에 있는 나뭇가지를 전혀 활용하지 않으면서 유사流砂에서 탈출하려 몸부림을 치는 것과 비슷할 수 있다. 대다수는 그런 몸부림을 치기보다 포터 스튜어트 판사가 외설에 대해 했던 유명한 발언을 응용할 가능성이 더 크다. '뛰어난 연기는 보면 안다.'

그런데 뛰어난 연기를 **어떻게** 볼 것인가? 당연한 말이지만, 연기는 전후의 맥락과 관련이 있을 수밖에 없다. 영화 〈문스트럭〉(1987)은 니컬러스 케이지가 없었다면 제대로 굴러가지 않았을 것이다. 하지만 그가 〈문스트럭〉에서 펼친 연기를 쏙 뽑아 〈남아 있는 나날〉(1993)에 집어넣는다면 결과물은 퍽 우스꽝스러울 것이다. 그럼에도 우리는 대체로 뛰어난 연기의 구성 요소에 관한 일종의 추정을 갖고 있다. 그 순간 보고 있는 것이 무엇이든 상관없이 말이다. 우리는 **생동감**이 느껴지는 연기, 즉 캐릭터가 생각하고 느끼는 바를 너무 빤하고 상투적인 방식으로 보여주기보다 미묘한 제스처와 섬세한 표정 연기를 통해 캐릭터의 심리를 표현하는 연기를 원한다. 기술적으로 재현된 감정이 아니라 진정성이 느껴지는 감정을 원한다. 배우가 자기 행동을 설명하는 것이 아니라 그 캐릭터의 내면에 머무르기를 원한다. 대부분의 경우 배우는 관객을 전혀 의식하지 않는 것처럼 보여야 한다. 우리는 배우가 대본상의 역할과 실제 배우 본인 사이에 존재하는 거리가 무너진, 다시 말해 해당 캐릭터가 **되어버린** 상태를 원한다. 해당 작품의 스타일이 뭔가 판이하게 다른 무언가를 요구하는 게 아닌 한, 우리는 진실성authenticity을 열망한다. 심리적인 진실, 정서적인 진실을.

배우 프랜시스 맥도먼드를 예로 들어보자. 맥도먼드는 경력을 쌓아오는 동안 무대와 스크린 모두에서 놀랍도록 다양한 모습을 보여주었다. 무대에서 그녀는 20세기의 가장 중요한 아방가르드 극단에 속하는 우스터 그룹과 빈번하게 작업했지만, 테너시 윌리엄스나 클리퍼드 오데츠 같은 작가들의 사실주의적 작품에서 보여준 연기로도 극찬을 받았다. 그러는 동안에도 다작을 하는 재능 있는 영화배우이자 TV 배우로서의 경력도 구축했다. 오스카 여우주연상 수상 횟수 면에서 그녀를 능가하는 배우는 캐서린 헵번뿐이다. 맥도먼드의 연기는 독특함이 느껴진다. 영화 〈번 애프터 리딩〉(2008)에서처럼 스타일의 한계까지 떠밀렸을 때조차 말이다. 그녀의 연기는 그녀가 "그 모든 것의 핵심"이라고 불렀던 인간의 심리에 뿌리를 두고 있다.[1]

맥도먼드의 첫 영화 출연작 〈블러드 심플〉(1984)에서 그녀가 맡은 역할인 애비조차 그랬다. 당시 맥도먼드는 예일 드라마스쿨을 막 졸업한 참이었다. 애비는 보기보다 연기하기 상당히 어려운 캐릭터다. 남성 캐릭터들의 싸움이 벌어지는 전장戰場에서 애비는 영화의 중심에 있지만 주어진 대사는 몇 줄 되지 않는다. 대신 끊임없는 리액션을 요구받는다. 영화 속에서 애비가 무슨 일이 벌어지고 있는지, 거기에 어떻게 반응해야 할지 알아내려고 조각난 정보들을 짜 맞추는 동안, 카메라는 애비의 얼굴에 오래도록 머문다. 애비는 우리가 일반적으로 생각하는 위대한 연기와 연결지을 만한 인상적인 순간이 거의 없는 역할이다. 허영심을 주체하지 못하는 배우라면 이 역할에 관객의 관심을 끌어모으기 위해 기를 쓸 테지만, 맥도먼드의 연기는 군더더기 없이 간결하다. 그녀는 작품의 이야기를 전달하는 작업에 철저히 복무하면서 애비를 진짜 인간으로 느껴지게 만들었다.

맥도먼드 본인의 설명에 따르면, 그녀는 애비를 연기하느라 꽤나 애를 먹었다. 그녀는 영화 촬영장을 난생처음 가봤다. 영화 촬영 현장에서 연기하는 데 필요한 기술적인 요구들은 무대에서 연기하는 것과 판이하게 다르다. 배우는 여러 면에서 실제로 함께 연기하는 신 파트너scene partner라 할 수 있는 카메라에 몸을 정확히 위치시켜야 한다. 게다가 영화 연기는 직소퍼즐 같은 측면이 있다. 연극 무대에서는 배우가 매일 밤 맡은 역할을 처음부터 끝까지 쭉 연기한다. 하지만 영화는 시나리오에 적힌 순서대로 촬영하지 않는다. 보통은 신의 순서가 뒤죽박죽인 상태에서 연기를 하는데, 그 와중에 감독은 배우에게 감정을 최고조로 끌어올리라고 주문하며 같은 장면을 찍고 찍고 또 찍는 경우가 다반사다.

맥도먼드는 〈블러드 심플〉의 마지막 액션 시퀀스에서 감정적으로나 기술적으로나 대단히 어려운 연기를 해야 했다. 그 장면에서 애비와 그녀의 연인 레이(존 게츠)를 죽이러 온 이는 M. 에밋 월시가 연기한 기괴한 사설탐정 비저Visser다. 그러나 애비는 그 남자가 남편인 줄리언 마티(댄 헤다야)라고 생각한다. 레이가 총에 맞아 쓰러지는 걸 본 애비는 공포에 질린 채 레이의 시신으로 달려가 그의 주머니에서 칼을 꺼내 움켜쥔 다음 몸을 숨기기 위해 욕실로 내달린다. 맥도먼드는 애비의 감정을 제대로 표현할 만큼 그 신을 충분히 이해하지 못했고, 그날 촬영의 준비가 부족하다고 느꼈다. "이런 생각을 했어요. '젠장. 제대로 준비했어야 했는데…' 나는 히스테릭한 사람이어야만 해. 어떻게 할지 **빨리** 방법을 찾아내고 **하루 종일** 그렇게 해야 해." 그녀는 대학원 시절에 했던 연습을 떠올렸다. 한 친구가 뒤에서 그녀를 붙잡고 있는 동안 그에게서 벗어나려고 몸부림을 치다가 "정신이 나가기 직전"까지 갔던 기억이었다. 그녀는 촬영장에 있는 누군가에게 자기를 꽉 잡고 있어달라고, 그리고 조엘 코엔 감독이 "액션"이라고 외치기 전까지 무슨 짓을 하건 절대로 놔주지 말라고 부탁했다.

그렇게 해서 얻어낸 결과물은 영화에 단 몇 초밖에 등장하지 않는다. 히스테리가 극에 달할 만큼 분노와 슬픔에 휩싸인 맥도먼드는 패닉 상태에서 허겁지겁 공간을 가로질러 욕실로 들어간다. 코엔이 "컷" 하고 외쳤을 때 그녀는 불현듯 깨달았다. "이 감정을 하루 종일 유지해야겠어." 맥도먼드는 방금 전 연기했던 감정을 되찾고 지키기 위해 촬영장에 있는 테이블 밑으로 기어들어갔다. 조엘 코엔이 옆으로 기어와서는 다음 숏에서 필요한 것들을 차분히 설명했다. 그러고는 별일 아니라는 투로 괜찮냐고 물었다. 그날 촬영은 맥도먼드가 최고조에 이른 감정을 표출하는 연기를 펼치고는 테이블 아래로 후퇴한 후에 조엘 코엔의 코치를 받는 식으로 진행되었고, 그런 끝에 마침내 감독이 설명한 대로 단순히 그녀의 손만 촬영하는 숏에, 그러니까 맥도먼드가 그날 내내 보여줬던 강렬한 감정을 유지할 필요가 없는 숏에 다다랐다.

"그때 깨닫기 시작했어요. 스스로를 테이블 아래로 밀어넣어 변화된 상태altered state를 유지하지 않아도 되는 연기 시스템을 갖출 필요가 있다는 사실을요." 맥도먼드가 말했다. "그런 연기 스타일은 오래 지속할 수 없어요. 창피하잖아요. (…) 더불어 코엔이 배우에게 연기를 지도하는 방법을 배운 날이기도 해요. 그로서도 그런 스타일을 계속 유지하는 건 불가능한 일이었을 테니까요." 그날 촬영은 그녀가 영화 연기에 통달하게 된 시작점이 되었다. 또한 그녀와 감독이 맺은 관계의 출발점이기도 했다. 그날 맥도먼드는 조엘 코엔과 사랑에 빠졌다. 그리고 두 사람은 〈블러드 심플〉이 개봉된 해인 1984년에 결혼했다.

맥도먼드가 개발해야 했던 것은 극중 캐릭터의 감정과 심리를 진실하게 경험하는 한편, 그 결과물을 지속적으로 통제할 수 있는 테크닉이었다. 맥도먼드는 이렇게 설명했다. "경험과 감정으로 가득한 아주 깊은 우물이 있어요. 그런데 그 우물을 확실하게 꽉 닫아둘 뚜껑이 있어야 해요. 필요할 때는 뚜껑을 열고 우물 밑으로 내려갈 수 있어야 하지만,

뚜껑이 열린 채로 계속 둬서는 안 돼요. 그랬다가는 살아남지 못할 거예요. (…) 우물 안에서 얻은 트라우마 때문에."

오늘날 미국 각 부문의 공연 산업에서 활동하는 배우들에게 이런 어려움은 친숙하다. 그런데 만약 타임머신을 타고 80년 전쯤으로 돌아가 맥도먼드가 출연한 영화들을 사람들에게 보여주면서 그녀가 진정한 감정을 연기에 활용하기 위해 고군분투한 이야기를 들려준다면, 그들은 그녀의 온갖 경험을 당혹스럽게 여길지도 모른다. 대체 왜? 그들은 이렇게 물을 것이다. 왜 배우가 극중 캐릭터가 겪고 있는 상황을 실제로 경험하고 싶어 하죠? 〈올리브 키터리지〉(2014)나 〈노매드랜드〉(2020) 같은, 대사의 절반이나 알아들을까 말까 한 미국 사투리투성이에 미묘한 제스처로 캐릭터를 드러내는 작품을 수작이라고 생각하는 이유가 무엇인가요? 맥도먼드가 경력 내내 보여주고자 노력한 이 모든 다양한 모습이 무슨 의미가 있죠?

고전 할리우드 영화와 연기가 그 이후에 나온 것들에 비해 열등하다는 말이 아니다. 바버라 스탠윅이나 케리 그랜트의 연기를 봤다면 그렇게 느끼기란 불가능하다. 다만 서로 다를 뿐이다. 그 시절의 영화와 연기는 무엇이 좋은 영화이고, 무엇이 뛰어난 연기의 구성 요소인지에 대해 지금과는 다른 규칙과 생각을 따른다. 무언가 구시대의 질서를 뒤엎는 일이 벌어졌고, 우리가 연기에 대해 생각하는 방식에 일대 혁명이 일어났다. 1950년대 미국에서 그 혁명은 메소드the Method라 불렸다. 맥도먼드는 엄밀히 따지자면 메소드 배우가 아니지만, 메소드는 그녀가 이어받은 규범 체계와 스타일, 기술적 계보 모두를 창조해냈다. 그녀는 선배들이 그랬던 것처럼 로스앤젤레스가 아니라 뉴욕에 거주한다. 타입캐스팅(typecasting, 특정 배우의 강한 개성이나 이미지를 활용하기 위한 캐스팅-옮긴이)을 피한다. 무대 연기를 사랑한다. 그리고 러시아의 배우이자 연출가인 콘스탄틴 스타니슬랍스키가 제시한 이론과 실천을 미국식으로 응용한 버전을 공부했다.

스타니슬랍스키의 아이디어, 그리고 그가 1890년대에 공동으로 설립한 모스크바 예술극장은 수백 년 동안 전해져온 연기란 어때야 하는지에 대한 통념을 180도 뒤집었다. 처음에는 러시아에서, 그다음은 미국에서. 스타니슬랍스키가 일으킨 혁명의 한복판에는 "경험하기experiencing" 또는 "재경험하기reexperiencing"와 비슷한 뜻으로 번역되는 페레지바니예perezhivanie가 있다. 페레지바니예는 배우가 배역의 실체와 깊게 연결되어 캐릭터가 처한 상상의 현실에 철저하게 녹아듦으로써 캐릭터가 느끼는 것을 느끼고, 어쩌면 심지어 캐릭터가 생각하는 바를 생각할 수 있을 때 발생한다. '경험하기'는 완전히 그 캐릭터가 된다거나 배우 자신을 잃어버린다는 뜻이 아니다. 오히려 배우의 살아 있는 의식과 배우가 연기하는 캐릭터의 허구적 의식이 만난다는 의미이다. 스타니슬랍스키가 "배역을 살아가는 것living the part"이라고도 불렀던 페레지바니예는 그에게 지극히 높은 이상이었고, 모든 배우가 도달하고자 분투하는 예술의 산봉우리였다.

그러나 연기에 있어 페레지바니예는 인류 역사의 상당 기간 동안 바람직하지 못한 것으로 여겨졌다. 멀리는 플루타르코스에 이르기까지 많은 작가들이 '경험하기'에 반대하며 경고의 목소리를 높였다. 플루타르코스는 「우리는 왜 표현하는 일에 즐거움을 느끼는가」라는 글에서 "커다란 슬픔이나 분노에 실제로 젖어 든" 배우는 "우리에게 평범하고 적나라한 격정을 안겨줄 뿐이지만, 그런 감정을 모방하는 배우의 연기에는 재능과 설득력이 보인다"고 썼다.2 그러므로 전자는 우리를 불편하게 만드는 반면, "후자는 즐거움을 안겨준다." 플루타르코스는 페레지바니예가 사람들을 혼란스럽게 만드는 데서 그치지 않는다고 생각했다. 그건 사람을 위험하게 만들 수도 있었다. 그는 어느 로마 배우의 일화를 들려준다. "그 배우는 자아의 차원을 벗어날 정도로 연기의 열기에 휩싸인 나머지 무대를 가로질러 달려가던 하인을 홀笏로 후려쳤는데, 홀을 어찌나 힘껏 휘둘렀던지 하인이 그 자리에서 즉사하고 말았다."3

고대 아테네에서부터 19세기 말까지 많은 이들이 플루타르코스에 동의하면서 페레지바니예를 경멸했다. 연기는 대개의 경우 기술적인 것이어야 했다. 이 생각은 결국 이렇게 이어졌다. 배우가 캐릭터의 상태를 경험한다는 것은 일종의 광기 아닌가? 그런 상태에는 천박하고 상스러운 무언가가 있지 않은가? 배역의 경험에 완전히 휩쓸린 배우가 어떻게 자기 대사나 동선動線을 기억할 수 있을까? 또는 플루타르코스가 언급했듯, 동료 배우에게 해를 끼치는 것을 어떻게 피할 수 있을까?

계몽주의 시대 내내 '경험하기'는 비합리성 탓에 만만한 표적이 되어버렸다. 프랑스 철학자 드니 디드로에게는 특히 더 그랬다. 디드로는 대화 형식의 미완성 에세이 『배우에 관한 역설』에서 위대한 연기의 핵심은 이성과 통제라고 주장했다. "극단적인 감성은 그저 그런 배우들을 만들어낸다. 그저 그런 감성은 다수의 형편없는 배우들을 만들어낸다. 숭고한 배우의 탄생은 감성이 완전히 결여되었을 때에야 가능하다."4

디드로의 관점에 가장 잘 조응하는 연기 스타일은 상징적 스타일symbolic style로 불렸다.5 그건 사실적인 스타일이 아니라 어떤 상황을 제시하는 스타일이었다. 배우들은 순수하게 테크닉을 사용해 각각의 감정을 표현하는 고도로 양식화된 신체적 제스처와 목소리로 연기했다.

연기 교육은 배우의 발성과 신체를 훈련하고, 주로 선생의 시범을 따라 하는 식으로 특정 종류의 텍스트를 전달하는 적절한 방법을 학습하는 것 등으로 구성되었다. 이런 배우들 중 최고는 19세기 프랑스의 비극 배우 사라 베르나르로, 그녀가 무대 위에서 펼친 너무나도 인상적인 연기와 무대 밖에서 보여준 별난 기행은 그녀의 생전에 이미 전설이 되었다. 우리가 연기에 대해 생각하는 방식이 전후 상황과 사회적 맥락에 의해 크게 좌우되는 오늘날이었다면 그녀는 흔한 농담거리 취급을 당했을 것이다.

그렇다고 연기에 대한 스타니슬랍스키의 아이디어가 하늘에서 뚝 떨어진 것은 아니었다. 연기의 방식을 지배하던 상징적 스타일의 옆에서는, 아니 어쩌면 밑에서는 '경험하기'의 바탕 위에 세워진, '경험하기'에 전념하는 또 하나의 스타일이 행해지고 있었다. 플루타르코스는 우리에게 다른 배우의 일화도 들려준다. 바로 소포클레스의 비극 〈엘렉트라〉에서 엘렉트라 역을 맡은 아테네인 폴루스다. 이 연극에는 엘렉트라가 죽은 남동생 오레스테스의 유해가 담긴 유골함을 들고 "비통해하며 통곡하는" 장면이 있다.6 폴루스는 이 연기를 제대로 해내기 위해 숨을 거둔 친아들의 진짜 유해가 담긴 유골함을 사용해 "슬픔을 모방하는 것이 아닌, 진실한 비탄과 꾸밈없는 애통함으로 극장 전체를 가득 채웠다." 폴루스의 발자취를 따라간 배우들은 항상 있었다. 그들 중 한 명인 이탈리아의 비극 배우 엘레오노라 두세는 사라 베르나르의 경력 말년에 중요한 라이벌이 되었다. 베리스모verismo, 또는 "리얼리즘"이라 불린 두세의 연기 스타일은 예상하지 못한 포즈pause와 관습에 얽매이지 않는 변칙적인 대사 낭송으로 가득했다. 두세는 때로 필요할 경우 관객을 등지거나, 관객이 알아듣기 어려울 만큼 소곤소곤 대사를 하는 것으로 유명했다. 페레지바니예 지지자들이 보기에 그녀는 세계 역사상 가장 위대한 배우이자, 스타니슬랍스키와 그를 추종하는 모든 이들이 나아가야 할 길을 안내하는 북극성이었을 것이다.

　스타니슬랍스키는 경력을 쌓아가는 동안 디드로가 제시한 연기의 위계를 완전히 뒤집었다. 그는 상징적 스타일을 문자 그대로 교과서에서나 배울 수 있는 일련의 클리셰들로 구성된 "판에 박힌 작업"이라고 일축하며, **위대한** 감성을 가진 이들이야말로 최고의 배우라고 주장했다. 스타니슬랍스키에게 재능은 배우로서 경험을 받아들이는 능력이었다. 그러나 때로 스타니슬랍스키의 재능은 그를 저버렸다. 그는 폴루스 이래로 모든 이들이 맞닥뜨린 것과 똑같은 문제에 직면했다. 시도 때도 없이 경험을 불러낼 방법은 존재하지 않았다. 영감은 훌륭한 연기를 펼칠 수 있게 하는 비법이지만, 영감처럼 변덕스럽고 형언할 수 없는 것을 어떻게 통제할 것인가?

　이 책은 스타니슬랍스키와 그의 가르침을 따랐던 예술가들이 이 문제를 어떻게 해결했는지에 대한 이야기를 들려준다. 또는, 당신이 묻는 상대가 누구냐에 따라, 실패담을 들려주기도 할 것이다. 또한 그런 가르침이 스타니슬랍스키가 "시스템the system"이라고 명명한 테크닉으로 어떻게 진화해갔는지, 그리고 이 "시스템"이 러시아 혁명과 뒤이은 내전으로 인해 미국으로 건너간 뒤 어떻게 메소드로 변형되었는지에 관해서도 이야기한다. 메소드는 변형의 과정에서 결과적으로 미국인의 연기에 대한 사고방식을 바꿔놓았다. 처음에는 대공황 동안 무대 위에서, 다음으로는 전후戰後 시대의 스크린 위에서. 동시에 예술의 본질과 목적, 연기와 극작과 연출에 대한 새로운 아이디어들이 나아갈 길을 안내하며 미국 대중문화에 혁명을 가져왔다. 처음 등장한 순간부터 많은 논란을 일으킨 "시스템"은 상당히 위험할 수도 있는 연기관으로 여겨졌다. "시스템"과 메소드를 두고, 더불어 스타니슬랍스키의 **진짜** 가르침과 그것이 가치가 있는지 여부를 두고 벌어진 싸움은 아직 끝나지 않았다. 아마 앞으로도 절대 끝나지 않을 것이다. 그래서 이 책은 뛰어난 배우가 된다는 것이 어떤 의미인지를 두고 리허설장과 가십 칼럼에서, 할리우드 촬영장과 의회 회의실에서 한 세기 동안 끊임없이 벌어진 논쟁에 대한 이야기이기도 하다. 메소드는 사람의 유형에서 구체적인 개인으로, 겉모습에서 내면으로, 특정 방식의 재현representation에서 진정성과 개인의 진실이라는 아이디어로 연기의 초점을 옮겨놓음으로써 좋은 배우의 의미에 대한 규범뿐 아니라 인간이 된다는 것의 의미에 대한 규범에도 도전했다.

내가 메소드를 접한 1990년대 중반 무렵, 메소드는 위세가 줄어드는 시기에 접어든 뒤였다. 나를 가르쳤던 분들이 "메소드"라는 용어를 언급할 때 과연 무시하는 투로 쓰지 않은 적이 있었는지 확신이 서지 않는다. 메소드의 정의는 많다. 다만 무대 연기를 가르치는 교사들에게 메소드란 영어권에서 스타니슬랍스키의 연기관을 가장 잘 응용한 인물이자 제일 유명한 인물인 리 스트라스버그가 가르친 테크닉과 가치관을 구체적으로 꼭 집어 가리키는 용어다. 1990년대까지 스타니슬랍스키의 영향을 받은 다른 많은 학파들은 스트라스버그를 위험한 사기꾼이라고 여겼다. 그래서 나는 10대 시절 워싱턴 D. C.의 스튜디오 시어터에서 공부할 때 스트라스버그 대신 그저 "리얼리즘과 캐릭터와 감정의 원칙들"을 배웠다. 그곳에서 수업을 듣기 시작한 건 내가 전문 아역 배우였기 때문이다. 나는 지역에서 공연된 뮤지컬과 연극에 두어 번 출연했다. 그 스튜디오를 설립한 불굴의 인물인 조이 지노먼은 성인 수준의 연기 강습이 나에게 유익할 거라고 생각했다. 그녀는 열세 번째 생일을 맞은 나에게 연기를 더 진지하게 생각해보라고 권하면서 스타니슬랍스키의 접근법을 상세히 설명한 최초의 영어 서적인 리차드 볼레슬랍스키의 『연기: 첫 여섯 번의 수업』을 건넸다.

　'캐릭터와 감정' 수업에서 우리는 각자 감정적으로 강하게 애착하는 물건을 가져오라는 숙제를 받았다. 다음 수업 시간에 그 물건이 중요한 이유를 다른 수강생들에게 설명해야 했다. 이 훈련에는 두 가지 목표가 있었다. 첫째, 수강생들은 강렬한 감정이 실제로 어떻게 작동하는지를 관찰할 수 있을 것이다. 이런 방식은 우리가 무대 위에서 감정을 내보이는 상투적인 방식과는 반대였다. 또 다른 목적은 우리가 품은 감정들을 풀어내는 숨겨진 열쇠를 찾도록 도와줌으로써 그 감정을 연기에 활용할 수 있게 하는 것이다. 한 남자는 최근에 세상을 떠난 아버지의 지팡이를 가져왔다. 어떤 남자는 결혼반지를 가져왔다. HIV 양성 환자인 그는 다른 남자와 법적으로 인정받지 못하는 관계를 맺고 있었다. 혹 남자의 건강이 급격히 악화할 경우를 대비해 서로가 서로에게 어떤 의미인지를 구체적으로 드러내고자 마련한 결혼반지였다. 나는 스튜디오 시어터에서 작업하다가 한 해 전 에이즈로 숨을 거둔 친구의 부고 기사를 가져갔다. 당시 열일곱 살이던 나는 친구의 죽음에 대해 이야기하다가 격한 감정에 휩싸인 나머지 숨도 제대로 쉴 수 없을 만큼 흐느껴 울었고, 내가 얼마나 오래 말하고 있었는지 시간 감각마저 잃어버렸다. 우리의 훌륭한 낸시 선생님이 수업을 중단시켰다. "그래." 선생님은 나를 진정시키며 따뜻한 말로 마무리했다. "너에게 정말 강렬한 감정을 불러일으키는 물건이구나."

　나는 연습하는 동안 다시 한 번 극단적인 감정 상태를 경험했다. 그런 상태를 통제해 나의 연기에 녹여낼 방법을 배울 수 있었다면, 그렇게 만 되었다면, 나만의 페레지바니예를 찾는 데 도움이 되었을 것이다. 폴 루스와 그의 유골함까지 거슬러 올라가는 "뛰어난 배우" 대열에 합류할 수 있었을지도 모른다. 하지만 전혀 그렇게 되지 않았다. 2년 후 나는 대학에서 다른 연극을 작업하는 동안 나의 개인적인 어둠 속으로 너무 깊이 들어가는 바람에 거기에서 헤어 나오느라 애를 먹었다. 연극이 끝나고 나면 평소 상태로 돌아오기 위해 몇 시간이고 기숙사 방 벽을 멍하니 쳐다보곤 했다. 공연에서의 내 모습을 본 친구가 우려를 표할 만큼 상황이 심각했다. 나 역시 걱정되었다. 나는 리허설 동안 내가 되어야 했던 인물을 혐오했다. 캐릭터가 지닌 고약한 심성이 나의 성격에도 스며들었기 때문이다. 나는 내 연기가 파고들어가는 감정을 충분히 관리할 수 있을 만큼 독한 사람이 아니었다. "진정한 연기"가 요구하는 바가 이런 것이라고 생각한 나는 연기를 그만두고 연출 쪽으로 방향을 틀었다.

스타니슬랍스키의 테크닉이 가진 위험성을 직접적으로 입증한 사람이 내가 처음은 아니었다. 아마 마지막 사람도 아닐 것이다. 그 경험은 나에게 수많은 질문을, 그리고 약간의 답을 남겼다. 질문은 다음과 같다. 스타니슬랍스키가 진정으로 믿고 가르친 것은 무엇이었나? 메소드는 미국의 연기를 망쳐놓았나, 아니면 황금기로 이끌었나? 애초에 이다지도 엄청난 문화적 변화가 어떻게 일어날 수 있었을까?

이 질문들에 답을 내놓으려는 시도가 나를 여기로, 당신이 읽으려는 참인 이 책으로 이끌었다.

이 책의 집필을 시작하면서 나는 전기傳記적 방식으로 접근하기로 결정했다. 따지고 보면 메소드에게는 부모가 있다. 세상의 눈에 잘 띄지 않는 곳에서 태어난 메소드는 목적지를 향해 거듭 서투른 걸음을 내딛은 끝에 눈부시게 출세하는 데 성공했고, 이후 정상에 다다르려 고군분투하다가 결국에는 내리막길을 걸었다. 심지어 어떤 이들은 이제 메소드는 끝났다고 주장한다.

전기적 서술 방식을 통해 한 세기 동안 벌어진 메소드의 발전 과정을 등장에서부터 세계적으로 명성을 떨치는 폭발적인 확산에 이르기까지 단일한 내러티브로 꾸려낼 수 있는 구조가 만들어졌다. 스타니슬랍스키 이후의 메소드에 대한 다양한 이론을 설명하거나 각양각색의 교육자들이 교리를 두고 분열한 내용을 소개하는 데 전념한 많은 책들이 있다. 메소드의 역사에서 중요한 인물들을 개별적으로 다룬 전기도 있다. 이 책의 말미에 실은 참고문헌이 명확하게 보여주듯, 이런 훌륭한 책들이 없었다면 『메소드』는 세상에 나오지 못했을 것이다. 다만 그 책들은 메소드 이야기를 하지만 메소드가 주인공은 아니다. 메소드를 주인공으로 삼는다면, 특히 메소드가 살아온 놀랍고 변화무쌍하며 혼란스럽고 논쟁적인 생애를 보기 위해 보다 넓은 문화적 맥락에 메소드를 배치한다면, 어떤 모습이 드러날지 궁금했다. 메소드와 메소드의 시대를 보는 새로운 방법은 무엇일까?

한 가지 분명한 건 개인과 문화적 변화를 만들어낸 개인의 맥락이 한데 어우러져서 추는 우아한 춤에 메소드 그리고 특히 스타니슬랍스키의 "시스템"이 완벽한 모델이었다는 점이다. 특정 예술가와 그들이 만든 작품이 문화를 앞으로 나아가게 하는 건 맞지만 그 발전은 주어진 환경 안에서만 발생한다. 즉 예술은 환경에 반응하고 또 예술이 환경을 변화시킨다. 예전 세대들은 메소드 이야기를 전설적인 천재들끼리의 경쟁으로 바라봤다. 그런 이야기는 무수히 많은데, 그들의 기이한 면모 덕분에 메소드의 구상과 발전이 기틀을 잡았다고 해도 과언이 아니다. 그렇지만 메소드의 이야기는 메소드가 거쳐온 시대에 관한 이야기이기도 하다. 연기는 기술의 변화, 정치적 추세, 특정 부류의 사람을 보고 싶어 하는 관객의 욕구에 반응하면서 발전한다.

스타니슬랍스키는 그저 훌륭한 배우를 관찰하고 그들의 습관을 일련의 훈련으로 체계화했을 뿐이라고 주장했다. 내가 보기에 스타니슬랍스키의 이 주장은 너무 과해서 오히려 진의가 의심스럽다. 그가 없었다면 "시스템"이나 메소드 또한 없었을 것이다. 이는 그가 위대한 예술가이자 진지한 사상가, 그리고 배우 연기를 전공하지 않은 독학자였기 때문만은 아니다. 그가 남에게 경제적으로 의존할 필요가 없는 부자였기 때문이기도 하고, 로마노프 왕조의 황혼기에 있는 러시아 국민들이 국가가 밝히기를 거부한 진실을 갈구했기 때문이기도 하다. 러시아가 다른 나라들보다 사실주의 예술realist art 전통을 훨씬 더 오래, 더 강력하게 유지하지 않았더라면, 검열 당국이 무대에 올릴 수 있는 연극을 엄격하게 제한하지 않았더라면, 극장들이 축소되는 와중에도 조명은 더 밝게 빛나고 있지 않았더라면, 스타니슬랍스키는 "시스템"의 필요성을 절대 보지 못했을 것이다. 연기에 대한 그의 비전은 그와 동시대를 살았던 예술가들과 그가 믿었던 러시아정교회 신앙에 상당히 큰 영향을 받았다. 또한 스타니슬랍스키가 연기에 관한 글을 쓰는 방식, 심지어 그걸 체계화하려 했던 욕망은 부분적으로 그가 위대한 과학적 발전의 시대를 살았기 때문에 생겨났다고 볼 수 있다. 그 이론을 가져다 응용한 리 스트라스버그의 작업 역시 마찬가지다. 스트라스버그의 작업은 연극에 대한 그의 백과사전적 지식에서도 영향을 받았지만, 남들과 교류하는 걸 어려워하는 그의 성격에서, 미합중국으로 이주한 유대인 이민자라는 정체성에서, 브로드웨이의 비즈니스 현실에서, 대공황 시기에 일어난 미국 예술의 변모에서, 심리학과 정신분석 이론의 등장과 인기에서 영향을 받은 것이기도 했다.

우리는 메소드를 배우들이, 특히 잘난 체하는 배우들이, 자기에게 주어진 일을 해낸답시고 벌이는 멍청한 말장난 비슷한 것으로 보는 경향이 있다. 또는 언젠가 어느 결혼식장에서 맞은편에 앉은 사람이 곧 출간될 내 책의 주제를 듣고 남편에게 설명한 것처럼 "스스로를 통곡하게 만들기 위해 평생 겪은 일 중 가장 심한 트라우마를 남긴 사건을 기억해내는 것"이라 여기기도 한다. 그런데 메소드는 그보다 더 큰, 훨씬 더 큰 무엇이다. 연기 이론을 정립한다는 것은 인간이란 어떤 존재이며 어떻게 작동하는가에 대한 이론을 정립하는 것이다. 또한 좋은 예술이란 무엇이며 어떻게 만들어지는가에 대한 이론을 정립하는 것이기도 하다. 계몽주의 시대의 투사였던 드니 디드로는 그가 제시한 인간 본성의 이성적 모델을 반영할 연기의 이성적 모델이 필요했다. 사회적 규범에 순응하라는 압력이 엄청났던 1950년대 미국에서 메소드는 우리가 이성적인 존재가 아닌 억압받는 존재라는 걸 보여주었다. 그 시대의 인간 모델은 얼어붙은 평온한 수면 아래 가라앉은, 감정과 불만으로 요동치는 바다였다.

메소드는 단순히 연기론이나 감독의 큐cue 사인이 떨어지자마자 울먹이게 만드는 든든한 방법이 아니다. 변화를 불러오고 혁명을 일으킨 현대적인 예술운동이자, 20세기의 위대한 생각Big Idea이다. 무조無調 음악, 모더니즘 건축, 추상미술처럼 "시스템"과 메소드는 세상과 나 자신을 바라보는 방식을 바꿔버릴 인간 경험을 상상하는 새로운 방법을 내놓았다. 오늘날 우리는 메소드의 안내를 받아 등장한, 미학적 취향을 지닌 세상에서 산다.

20세기의 많은 위대한 생각들처럼 "시스템"과 그걸 전파하는 사도들에게는 뭔가 낭만적이고 아름다우며 강렬한 면모가 있다. 그들은 더욱 생동감 넘치며 좀더 직접적이고 절박하게 인간의 조건을 말하는 예술을 창조하는 방법을 통해 어떤 규범들에 균열을 냈다. 초기에는 희망차고 생산적이며 영감을 자극했다. 그런데 "시스템"과 메소드는 그것이 해결한 것만큼이나 많은 문제점을 야기할 수도 있었다. 진리에 도달하는 올바른 방법이 딱 하나뿐이라고 생각한 독단론자들이 이론을 휘두를 때는 특히 더 그랬다.

이상과 현실이 교차할 때면 늘상 실망과 두통이 생겨나기 마련이다. 스타니슬랍스키는 그 사실을 잘 알고 있었고, 그것이 바로 그가 실제 인생 경험을 취해 정화淨化한 다음 더 아름답고 더 의미 있게 탈바꿈시키는 능력을 가진 예술을 그토록 사랑한 이유였다. 하지만 그것이 그가 만든 예술과 그가 고안한 이론, 그 이론을 실행에 옮기는 방식에 결코 만족할 수 없었던 이유이기도 하다. 궁극적으로 메소드는 누구도 부응하지 못할 기준을 창조해냈다. 메소드 신봉자 중 일부는 이런 기준이 가하는 끊임없는 압박이 감내하기 불가능한 수준이라는 것을 입증했다.

그러나 이 모든 일이 이루어질 수 있으려면, 믿기 힘든 얼마간의 사건이 그보다 먼저 일어나야 했다. 서로를 거의 몰랐던 두 남자가 만나함께 극단을 설립하기로 결정해야만 했다. 두 사람은 극단을 설립할 자금을 모아야 했고, 그들의 접근법을 열린 마음으로 대할 배우들을 선발해야 했다. 차르가 거느린 검열관들의 힘껏 움켜쥔 손아귀에서 대본을 빼내야 했고, 박스오피스 히트작을 제작해야 했다. 둘 중 한 명은 자신이 올린 작품에 대한 자신감이 떨어지는 위기를 버텨내야 했다. 정치 영역에서 혁명이 일어나야 했는데, 그 혁명은 예술의 혁명을 대서양 건너편의 미국으로 떠밀어 보낼 것이다. 이 모든 사건들은, 그리고 뒤이은 모든 사건들은 상호의존적이었다. 메소드가 발전할 가능성은 여러모로 매우 희박했다.

따라서 메소드가 무엇인지를 보기 위해서는 그것이 생겨난 시점으로 돌아가야 한다. 경력의 전환점에 다다른 블라디미르 네미로비치단첸코(1858~1943)라는 극작가 겸 교사가 새로운 방향으로 문화의 물줄기를 바꾸고 서구 세계의 예술 경로를 변화시키게 될 편지를 쓰기로 결심한 예카테리노슬라프의 스텝 지대로 가야 한다.

꿈의 왕국

무대 뒤의 배우들은 늘상 불안정하며,
언제나 긴장된 상태로 살아간다.
그리고 모든 것—기쁨, 눈물, 분노—은 함께 찾아온다.

꿈의 왕국. 군중을 지배하는 힘.

_블라디미르 네미로비치단첸코, 『나의 러시아 연극계 인생』

The
METHOD

1장

스타니슬랍스키 씨, 모스크바에 계신가요?

1897년 6월 7일 생면부지나 다름없는 두 사람이 주고받은 어색하기 짝이 없는 짧은 편지와 함께 혁명은 조용히 시작되었다. **모스크바에 계신지요? (⋯) 당신에게 보내려고 거창하고 장황한 편지의 초를 잡아두었지만 제가 모스크바에 있는 동안에는 보내지 않을 겁니다. (⋯) 이 짧은 편지로 당신이 모스크바에 계시지 않다는 것을 알게 된다면 앞서 써놓은 긴 편지를 보내도록 하겠습니다. 그런데 어디로 보내야 할까요?[1]** 이 편지의 발신자는 블라디미르 네미로비치단첸코라는 이름의 남자였다. 유쾌한 자기비하적 태도 뒤에 감춘 네미로비치의 속마음에는 다급하면서도 너무나 중요해 얼굴을 맞대고 직접 설명해야 할 뭔가가 있었다. 그가 원하는 것은 바로 그의 직업과 미래, 그리고 러시아 연극 본질의 전면적인 변화였다. 그는 혼자 힘으로 이 모든 일을 해내기란 불가능하다는 것을 알고 있었다.

네미로비치는 지난 몇 년간 삶이 불만족스러웠다. 겉으로 보기에는 나쁘지 않았다. 그는 러시아 연극계에서 가장 존경받고 인기 있는 전문가 중 한 명이자, 신분제를 초월하여 러시아 문화를 형성해온 지식인 집단인 인텔리겐치아의 주역이었다.[2] 그에게는 필하모닉 음악연극학교에서 배우 지망생을 가르치는 안정적인 일자리가 있었고, 그가 쓴 희곡들은 국가가 운영하는 제국 극장들 중에서도 최고로 치는 말리 극장의 주요 레퍼토리였다. 수많은 상을 받았고, 동료들이 그에게 찬사를 보냈으며, 당대의 많은 위대한 작가와 예술가 들과 교류하고 있었다.

솔직히 말해 그는 평범한 사람들에게 주어지는 안온한 삶을 전부 걸어야 한다는 것을 알고 있었다. 네미로비치보다 희곡을 많이 읽은 사람도, 연극의 작동 방식에 대해 더 많이 아는 사람도 없었다. 사방 어디를 둘러봐도 그의 눈에는 제대로 굴러가지 않는 연극들뿐이었다. 모든 게 판에 박은 듯 상투적이었다. 익숙한 세트, 기력이라곤 없는 데다 진부하고 밋밋하며 예술적으로도 무익한 대사를 줄줄 읊어대는 익숙한 제스처들.[3] 그에게 연기를 배우는 학생들 중 몇몇은 영민했지만, 대부분은 순전히 여자를 꼬시려고 수업에 들어왔다.[4] 그가 쓴 기술적으로 매우 정교한—또한 그의 수상작이기도 한—희곡들에는 삶의 불꽃이 없었다. 형언하기 어려운 막연한 무언가가, 로봇이 추는 춤을 실제 인생 드라마와 분리할 무언가가 없었다.

극장에서 **인생**을 발견할 수 없다면 연극을 만드는 일이 다 무슨 소용일까? 연극에 있어 그의 고향이라 할 만한 말리조차 러시아 무대를 집어삼킨 클리셰의 거센 물결 아래로 가라앉아 있었다.[5] 배우들은 대개 배역을 연기하기보다 관객에게 인상을 남기기 위해 웅변 실력을 과시하며 대사를 힘주어 낭독했다. 사실적인 모습을 보이려 노력할 때는 앞선 세대의 뛰어난 배우들이 했던 연기를 모방했다. 연극계의 관습이 너무나 깊이 뿌리내린 탓에 이에 저항하고자 한 걸출한 예술가들조차

고초를 겪어야 했다. 이러한 문화적 침체의 가장 큰 피해자는 바로 네미로비치의 절친한 친구이자 네미로비치가 그 어떤 작가들보다 존경한 안톤 체호프(1860~1904)였다. 몇 년 전 집필한 희곡이 엄청난 혹평을 받자 체호프는 700년을 산다 해도 다시는 무대를 위한 글을 쓰지 않겠노라고 맹세하기까지 했다.6 체호프는 본인의 글솜씨가 부족했기 때문이라고 생각했지만, 네미로비치는 잘못이 러시아의 무대에 있다고 확신했다. 그는 대대적인 개혁만이 체호프라는 천재 작가의 가치에 부응하는 연극으로 이어질 수 있으리라 여겼다.

문제들이 산적해 있었지만 나아갈 길은 명확했다. 그가 (관계자들이 그의 생각에 동의한다면) 말리를 개혁하거나, 아니면 새로운 빛으로 낡은 것들을 태워버리는 데 전념할 자신의 극단을 설립하거나.7 어느 쪽도 쉬운 길은 아니었다. 말리가 수준 미달이라는 불만을 극장 측에서 받아들일 리 만무했고, 그가 혼자 힘으로 극단을 설립할 수 있는 방법도 없었다. 네미로비치는 극장 운영의 노하우를 잘 알았고 극작의 실무와 이론에 대한 방대한 지식도 갖췄지만 연출 경험은 거의 없었다. 어떤 희곡이 담아낸 내면의 삶을 디자인해 공연으로 바꿔낼 예술적 측면이 그에게는 쉽지 않았다.

하지만 그는 이 모든 것을 순조롭게 해낼 한 사람을 알고 있었다. 그가 쓴 편지의 수신자인 콘스탄틴 세르게예비치 알렉세예프.8 알렉세예프는 네미로비치보다 어리고 아마추어였지만 절대 재미 삼아 연극을 하는 사람이 아니었다. 그는 모스크바에서 설립한 극단인 예술문학협회가 올린 여러 편의 작품으로 여느 전문가와 어깨를 겨뤄도 밀리지 않는 솜씨를 직접 증명한 바 있었다. 두 사람이 함께 작업한 적은 없지만 알렉세예프는 전문 배우들, 그의 극단 소속 아마추어 배우들과 함께 네미로비치가 쓴 희곡을 연출한 적이 있었다. 네미로비치는 알렉세예프를 배우로서 또 연출가로서 존경했다. 이 남자의 심장에 진정한 예술가의 맥이 고동치고 있음을 알아챘다.

네미로비치만 그런 것은 아니었다. 언론은 알렉세예프의 앞날을 대놓고 추측했다. 그는 비전문 배우로 구성된 겁 없는 무리만 이끌면서 영원토록 업계 외부에 머무르기에는 지나치게 재능이 많고 지나치게 헌신적인 사람이었다. 알렉세예프는 서른네 살밖에 안 됐지만 이미 이곳저곳에서 극단을 꾸려 연달아 공연을 올린 극단 단장이었다. 불과 몇 달 전에 『루스카이아 미슬(러시아 사상)』 신문은 알렉세예프와 체호프가 새로운 극장을 설립하는 문제를 두고 나눈 대담을 기사로 실었다.[9] 네미로비치는 어쩌면 알렉세예프가 바로 자신이 찾고 있던 파트너일지도 모른다고 생각했다. 엄청난 자산가인 알렉세예프가 그들이 벌일 모험에 돈을 댈 수도 있다.

열흘이 지났다. 네미로비치는 아무런 소식도 듣지 못했다. 그는 명함에 다시 한 번 만남을 요청하는 내용을 적어 보냈다. 마침내 네미로비치는 전보를 받았다. 됐다, 그들은 만날 수 있다. 날짜가 정해졌다. 1897년 6월 22일. 그들은 슬라빅 바자르에서 식사를 할 터였다.

이제 남은 것은 콘스탄틴 세르게예비치 알렉세예프를 만날 날을 기다리는 것뿐이었다. 콘스탄틴 스타니슬랍스키(1863~1938)로 더 잘 알려진 남자를.

스타니슬랍스키는 네미로비치의 편지를 받은 때로부터 거의 30년이 지난 후에 쓴 회고록 『나의 예술 인생』에서 그가 처음으로 무대와 사랑에 빠졌던 어린 시절까지 거슬러 올라가며 자신의 인생은 예술과 진실에 대한 깨달음의 연속이었다고 묘사했다. 그릇된 출발과 실패가 간간이 끼어들긴 했지만 말이다. 그는 많은 아이들이 겪는 방식, 그러니까 형제자매와 함께 연극을 하면서 가상 세계라는 가능성을 깨닫고 어른들의 주목을 한껏 즐기는 경험을 통해 연극을 발견했다. 그러나 류비모브카에 있는 가문의 사유지에 사는 어린 소년 콘스탄틴에게 연극을 생업으로 삼는다거나 전문 극단을 설립한다는 건 꿈조차 꿀 수 없는 일이었다.

우선 그의 어린 시절에는 모스크바에 개인이 운영하는 전문 극단이 한 곳도 없었다. 1882년까지 모스크바와 상트페테르부르크에서는 국가가 대중 공연에 거의 독점에 가까운 권력을 행사했다.[10] 대부분이 문맹인 대중이 알아야 할 내용을 통제하기 위해서였다. 설령 연극계에서 경력을 쌓는 일이 가능했다 해도, 콘스탄틴 가족은 아버지가 돌아가시면 그가 알렉세예프 가문의 사업을 이어받아 가족의 일원으로서 의무를 다해주기를 기대했다. 이 가문이 처음에 어디에서 돈을 벌기 시작했는지 확실하게 아는 사람은 아무도 없는 듯하다.[11] 다만 콘스탄틴이 태어난 1863년에 알렉세예프 가문은 금사金絲와 은사銀絲를 생산하는 막강한 제조업자이자, 모스크바에서 새롭게 떠오르던 상인-산업가 계급의 일원이었다.

철도의 출현은 19세기 내내 모스크바를 완전히 바꿔놓았다.[12] 모스크바는 러시아 내에서의 지리적 위치 때문에 대륙 전체로 거미줄처럼 뻗어나가는 철도의 이상적인 허브가 되었다. 덕분에 차르의 눈 밖에 난 귀족들의 냉동 저장고 역할을 겸하던 조용하고 나른한 이 도시는 러시아 상업의 중심지로 변모했다. 알렉세예프 가문이 속해 있는 러시아의 기업가들은 재산으로 보면 귀족 계급을 능가했지만, 문화적 습성 측면에서는 사회적 지위가 높은 이들을 흉내 냈다. 콘스탄틴의 부모도 예외는 아니어서 자선 단체에 돈을 기부하고 자녀들에게 그림과 연극, 오페라를 가르쳤다.[13]

예술은 콘스탄틴의 어린 시절을 가득 채웠다. 그의 사돈은 러시아의 가장 중요한 예술 후원자 중 한 명인 모스크바 철도 재벌 사바 마몬토프였다. 모스크바에서 콘스탄틴 세르게예비치는 마몬토프의 저택에 머물며 의상을 만들었고, 시골에 있을 때는 류비모브카에 있는 알렉세예프 사유지에서 마몬토프의 코뮌과 예술가 집단이 있는 아브람체보까지 여행을 다니곤 했다. 아브람체보에는 모든 분야의 예술가들이 있었다. 열다섯 살의 콘스탄틴이 타블로 비방tableaux vivant─배우와 모델이 회화 작품을 재연하는 "살아 있는 그림들"─을 처음 본 곳도 아브람체보였다.[14] 유명 예술가들이 일상적으로 알렉세예프의 식탁에서 식사를 함께했다. 콘스탄틴의 부모는 그를 모스크바의 극장이나 (사업상 여행을 가면) 유럽의 극장에 데려감으로써 연극을 향한 그의 열정을 키워주었다. 또한 방대한 사유지에 있는 다 무너져가는 부속 건물을 자녀들이 사용할 극장으로 개조하기까지 했다. 이 사설 극장에서 주로 오페레타를 공연하는 아마추어 극단인 '알렉세예프 서클'이 탄생했다.[15] 콘스탄틴은 가족, 친구, 전문 배우가 출연하는 작품의 배우 겸 연출자를 맡았다. 휴식 시간에는 신체와 발성의 결점을 바로잡기 위해 노력했고, 다양한 상황에서 원하는 대로 사용할 수 있도록 연기에 필요한 수단들을 갈고닦았다.[16]

콘스탄틴은 대부분의 예술가들이 기교를 처음 배울 때 하는 방식인 '모방'으로 연기를 독학했다.[17] 그는 가능한 한 많은 공연을 보았고 거울 앞에서 좋아하는 배우들의 버릇과 느낌을 재연했다. 1888년 그는 말리 출신 배우 알렉산드르 페도토프가 연출한 〈노름꾼〉에 출연했다. 페도토프는 콘스탄틴에게 연습실과 무대에서 견지해야 할 직업윤리의 중요성을 강조하는 동시에, 웅변이 아닌 눈에 보이는 인간 행동에 기초한 색다른 연기 스타일을 훈련시켰다.[18] 그 가르침을 제대로 소화한 콘스탄틴은 페도토프의 아이디어를 알렉세예프 서클에 도입했다.

청년은 무대를 사랑하면서도 무대를 포기할 수밖에 없을지도 모른다는, 나름의 이유가 있는 걱정에 잠기곤 했다. 그의 부모는 교양 있는 사람들이었지만 배우 아들을 두는 것은 가문의 수치가 될 터였다. 당시 사람들은 무대를 불쾌하게 여기거나 심지어 죄악시했다. 극장은 사순절 기간에 문을 닫아야 했으며, 종교 당국은 대본을 검열하고 마음에 들지 않는 작품의 공연을 금지했다.

한편 젊은 콘스탄틴은 연극이라는 열병에 걸렸다. 형제자매들이 자라면서 알렉세예프 서클이 무관심 속에 점차 시들해지자 콘스탄틴은 보드빌에서 부업을 시작했다. 그가 밤 시간을 어떻게 보내는지 가족들이 알지 못하게 하려고 스타니슬랍스키라는 성姓을 썼지만, 그의 꼼수는 곧 들통나고 말았다. 어느 날 밤 무대에 올랐는데 객석에 앉아 있는 가족들이 그의 눈에 들어왔다. 말문이 막힌 채로 멍해진 그는 간신히 공연을 마쳤다. 나중에 아버지는 그에게 대충 허락 비슷한 것을 하며 이렇게 말했다. "네가 여가 시간에 정말로 연기를 하고 싶다면, 신God만이 아는 허접한 자들과 함께 무대에 오르는 건 그만두도록 해라."[19]

이제 자유로이 연기를 할 수 있게 된 스타니슬랍스키는 가족 사업을 돕는 한편, 연극 제작, 연출, 연기를 병행했다. 그런 작품 중 하나인 1888년작 〈버릇없는 애인〉에서 그는 미래의 아내인 마리야 페트로브나 페레보시코바의 상대역을 맡았다. 당시 그녀는 릴리나라는 이름으로 활동하고 있었다. 가업 경영에 재능을 보이면서도 딱 그만큼 가업에 무심했던 스타니슬랍스키는 1890년 일기에 이렇게 털어놓았다. "나는 신이 주신 재능에 거의 가치를 두지 않는다. 솔직히 돈 잃는 것을 두려워하지 않을 것이다. (…) 굶주리게 될 테지. 그건 사실이다. 그래도 마음껏 연기할 수 있을 것이다." 그럼에도 그는 스스로가 감당할 수준을 뛰어넘는 의무감을 느꼈다. 그건 **그의** 돈이 아니었다. 가족의 재산이었다. 수많은 이들이 알렉세예프 섬유 제국의 관리에 의지해 살아갔다.

1888년 스타니슬랍스키는 모든 분야의 예술가들을 한데 모은 사회단체인 예술문학협회를 설립하면서 알렉산드르 페도토프를 단체의 내부 조직인 작가배우협회의 대표로 모셨다.[20] 종잣돈은 알렉세예프 가문의 재산에서 나왔지만, 콘스탄틴은 클럽 회비와 기부금으로 협회가 빚을 지지 않고 그럭저럭 운영될 수 있기를 바랐다.[21] 물론 이 헛된 꿈은 실현되지 않았다. 스타니슬랍스키가 『나의 예술 인생』에 쓴 것처럼, "무엇인가를 너무나 간절히 원하면, 욕망은 간단하면서도 실현 가능한 것처럼 보이는 법이다."[22]

협회에서 페도토프가 알렉산드르 푸시킨의 〈인색한 기사〉를 연출할 때, 기사 역을 맡은 스타니슬랍스키는 모방의 한계에 봉착했다.[23] 스타니슬랍스키는 그 역할을 근사하고 낭만적인 영웅으로 연기하고 싶었지만, 페도토프는 기력이 쇠해가는 늙은이로 연기하라고 요구했다. 콘스탄틴은 이내 길을 잃었다. 다른 사람이 그 캐릭터를 연기하는 모습을 본 적이 없던 그는 어떻게 해야 할지 몰랐다. 당시 페도토프는 이미 노인이었다. 등은 굽었고 얼굴은 신경성 경련으로 실룩거렸다. 그는 콘스탄틴에게 하룻밤 동안 자기를 관찰하며 노인의 신체를 연구해보라고 권했다. 콘스탄틴은 그렇게 했지만 결과물을 리허설에 가져갔을 때 페도토프는 그의 연기를 특징짓는 숱한 버릇과 수법을 흉내 내며 대놓고 비웃어 콘스탄틴의 오장을 뒤집어놓았다. 스타니슬랍스키는 이날에 대해 "내면에서 무엇인가가 무너지는 듯했다. 이 경험이 내게 새로운 것을 납득시키지는 못했지만, 낡은 것을 불신하도록 만든 것만큼은 확실했다"라고 썼다.

콘스탄틴은 여름 내내 거울 앞에서 늙은이의 동작을 연습하며 보냈고, 기진맥진해졌을 때에야 노인과 닮은 동작을 취하는 법을 발견했다. 그는 결과물을 갖고 재차 리허설에 갔다. 페도토프는 또다시 그의 연기를 놀려 댔다. 그건 연기가 아니야. 연출가가 말했다. 그건 어린애가 생각하는 늙은이의 모습이야. 너무 과하고 너무 거창해. 사실적인 연기는 절제restraint를 필요로 한다. 스타니슬랍스키는 그 신을 거듭 반복한 끝에 마침내 연기를 제대로 해냈다. 그러나 자신이 **어떻게** 제대로 하게 되었는지 이해하지 못했다. 기를 쓸 때는 실패하더니 아무것도 하지 않으니까 성공한 것처럼 보였다.

비결은 아무것도 하지 않는 것일까? 그는 아무것도 하지 않으려고 애썼다.

"더 크게!" 페도토프가 호통을 쳤다. "무슨 말을 하는지 들리지가 않잖아!"

스타니슬랍스키는 길을 잃었다고 느낄 때마다 앞으로 나아갈 방법을 연구했다. 어쩌면 직접 경험해봄으로써 인색한 기사의 고독을 이해할 수 있을지도 모른다고 그는 생각했다. 그래서 한 세기가 지난 후 그의 발자취를 따르겠다고 주장하는 수많은 배우들에게 표준적인 관행으로 자리 잡게 될 일종의 연구를 시도했다. 그가 연기할 캐릭터가 살았던 것처럼 살아보기. 그는 성城으로 여행을 떠나 그곳 일꾼에게 자기

를 지하실에 가둬달라고 부탁했다. 하지만 그가 얻은 것이라고는 "독감
과 절망"뿐이었다. "쥐가 우글거리는 지하실에 스스로를 가두는 것만으
로는 비극 배우가 되기에 충분치 않다는 건 분명하다. 뭔가 다른 것이
필요했다. 그게 무엇일까?"

이후 몇 년간 그 **무엇**을 찾기 위한 탐구는 그를 영향력 있는 여러 사
상가의 저작으로 이끌었다. 첫 번째 사상가는 러시아의 평론가 비사리
온 벨린스키였다. 벨린스키는 예술가란 "온갖 진실과 결핍"으로 가득
한 현실 세계를 이해할 수 있도록 도와주는 존재라고 보고,[24] 그들에게
성스러운 목적의식을 요구했다.[25] 연극은 관객이 무대 위 캐릭터들에
게 감정 이입을 하고 공감하게 만듦으로써 "우리의 이기심"을 제거하고
"우리가 더 나은 인간, 더 나은 시민이 되게 한다."[26]

이것이 바로 스타니슬랍스키에게 평생에 걸쳐 가이드가 되어줄 아
이디어였다. 그가 느끼기에 배우란 현실의 시詩에 뿌리를 둔 성스러운
목적의식을 지닌 존재였다. 스타니슬랍스키는 1889년 봄, 편지에 이렇
게 썼다. "예술가는 순수함과 진리를 증언하기 위해 이 세상에 나타난
선지자다."[27] 진실한 연기를 해야 한다는 윤리적 의무를 따르는 한, 배
우는 단순한 장인匠人에 머무르는 것이 아닌 선지자 대열에 합류할 수
있었다. 그런데 다른 분야의 예술가들과 달리, 배우는 자기 자신이 재료
이다. 배우는 화가인 동시에 회화이며, 자신이 한 작업의 결과를 절대
실시간으로 보지 못하는 저주를 받았다. 그렇다면 배우는 어떻게 자신
의 도덕적 목적의식에 걸맞은 위대한 연기를 꾸준히 펼칠 수 있을까?

이 질문에 답하기 위해 스타니슬랍스키는 러시아 문학의 아버지 푸
시킨의 경구에서 영감을 구했다. **주어진 상황 안에서 정념에 대한 진실, 감
정의 핍진성을 경험하는 것, 그것이 바로 우리의 지성이 극작가에게 요구하는 바**

이다.[28] 스타니슬랍스키는 이런 생각들을 연기에 응용하면서 미하일 셉킨의 가르침을 따랐다. 셉킨은 한 세대 전 말리에서 페도토프를 비롯한 많은 이들에게 영향을 준 자연주의naturalism를 개척한 배우였다. 그는 배우에게 "캐릭터의 내면으로 기어 들어가" "특정한 생각들을 세심하게 연구"해 관습적인 무대 연기 대신 텍스트와 실제 삶에 바탕을 둔 연기를 펼치라고 조언했다.[29]

1890년 4월 세계 최초의 연출가 중심 극단 중 하나인 마이닝겐 극단이 러시아 투어를 오면서 또 다른 돌파구가 열렸다.[30] 당시 유럽 대부분의 지역에서는 배우-매니저가 극단을 운영하며 작품 제작을 감독하는 동시에 배우도 겸했다. 이미 수 세기 동안 이어져온 방식이었다. 배우-매니저 모델에서 작품은 겨우 몇 번의 리허설 후 바로 무대에 올려지기 일쑤였고, 작품 해석은 개별 배우들의 몫으로 남겨졌다. 그와는 대조적으로 마이닝겐 극단은 소속 배우들을 혹독하게 연습시켰고, 그들의 작품은 무대 장치를 포함한 공연 전체를 하나의 일관성 있는 총체로 엮어내는 연출가 루트비히 크로네크의 비전하에 통합되었다. 마이닝겐 극단의 유럽 투어는 "연출"이라는 전문적인 직업의 탄생에 힘을 보탰다. 또한 스타니슬랍스키에게 특별한 영향을 끼쳤다. 극단의 리허설을 참관한 그는 크로네크가 휘두르는 절대적인 통제력에 감탄했다.[31] 콘스탄틴이 농담조로 크로네크의 "폭정"이라고 부르게 되는 이런 연출 방식은 제작의 모든 분야로 확장되어 세트, 의상, 조명, 연기 모두가 동일한 목표에 기여했다. 크로네크는 철권鐵拳으로 리허설을 진행했다. 모든 것이 제대로 될 때까지 반복하고 또 반복했으며, 긴 휴식도 없었고, 지각은 절대 용인하지 않았다.

스타니슬랍스키는 이와 같은 규율을 난생처음 봤다. 과거에 연출을 해본 경험이 있었지만, 그제야 연출가라는 직업의 가능성을 이해하게 되었다. 이후 수년간 스타니슬랍스키는 마이닝겐 극단을 모방했다는 비난을 받게 된다. 극단은 그에게 일종의 허가증을 주었고, 그는 자신이 걸어온 길이 옳았다고 안도할 수 있었다. 이제 말리 같은 극장들의 짜증나는 클리셰를 대체할 대안이 있다. 스타니슬랍스키는 예술문학협회의 연출가 자리를 받아들였다. 그는 각 작품마다 공들인 연출 노트를 준비했고, 획기적인 무대 디자인 콘셉트와 공연 내용의 틀을 매우 상세하게 잡아나갔다.[32] 배우들이 모든 순간을 제대로 연기해낼 때까지 몇 번이고 반복해서 연습을 시켰다. 그리고 라이벌 극단인 말리의 레퍼토리 중 다수의 작품을 무대에 올려 스스로 제국의 영광을 낚아채는 방식으로 말리의 신경을 건드리기 시작했다.

스타니슬랍스키의 작품들은 연극을 무대에 올리는 방식이나 배우들이 작품을 해석하는 방법 등을 일일이 지시하는 식으로 러시아 연극계의 전통을 거부했다. 그는 끊임없이 디테일에 주의를 기울이고,[33] 무대 위의 세계가 언어 없이—또는 어쩌면 언어를 초월해—존재하는 짧은 순간들인 포즈pause를 활용함으로써 유명해졌다.[34] 한 줄기의 빛, 기침 또는 훌쩍거림 한 번, 떨어뜨렸다 다시 줍는 종이 한 장. 이런 것들을 통해 스타니슬랍스키는 하얀 눈에 반사된 빛처럼 반짝이는 시청각적 시를 빚어냈다. 매일매일의 마이크로드라마microdrama들이 쌓여 관객에게 보내는 초대장이 되었다. 더 가까이서 보고, 더 많은 것을 발견하고, 더 많이 **느끼라며** 사람들을 연극의 세계로 유혹했다. 배우로서 스타니슬랍스키의 연기는 관습에서 완전히 벗어난 탓에 평론가들의 표적이 되었음에도 불구하고 그는 배우 셉킨의 발자취를 계속해서 따라갔다.

"나는 우리 연극계의 루틴routine에 맞서 처절한 전투를 치르고 있네." 그는 친구에게 썼다. "예술의 전통과 루틴을 제거하는 것이 우리 세대의 과업이야. (…) 그것만이 예술을 구할 유일한 방법이지."[35] 그러나 예술을 구하기 위한 스타니슬랍스키의 탐구는 예술문학협회가 와해되면서 복잡해졌다. 협회의 티켓 판매로는 연출자의 야심으로 인해 텅 비어버린 금고를 채우기에 역부족이었다. 그의 〈오셀로〉는 파리에서 가져온 의상과 베네치아에서 가져온 소품, 그리고 배우들이 곤돌라의 노를 저을 수 있는 운하가 필요했다.[36] 스타니슬랍스키는 난국에 봉착했다. 그가 "싸구려 연극"이라고 불렀던 것에서 탈피한 전문 극단을 볼 수 있는 유일한 방법은 직접 극단을 만드는 것이었지만, 알렉세예프 가문의 재산을 운영하는 장본인으로서 막중한 책임감을 느꼈던 그는 돈에 쪼들리는 신생 단체에 자금을 댈 수 없었다. 네미로비치와 마찬가지로, 스타니슬랍스키에게는 미래에 관한 원대한 아이디어가 있었지만 혼자서는 이뤄낼 방법이 없었다.

1897년 6월 22일 오전, 네미로비치는 제국 극장의 매니저 파벨 프첼니코프를 만났다. 예상대로 만남은 좋지 않은 방향으로 흘러갔다. "그의 책상에 놓인 내 제안서에는 빨간색으로 여러 개의 느낌표와 물음표가 표시되어 있었다"고 네미로비치는 회상했다.[37] 프첼니코프는 말리를 개혁할 필요가 전혀 없다고 보았다. 네미로비치가 받는 존경이나 연극계 내에서의 명성 같은 그의 위상 정도로는 성공 공식을 발견한 관료의 자신감을 흔들 수 없었다. 네미로비치에게 스타니슬랍스키는 마지막 남은 최선의 기회였다. 네미로비치는 두 사람이 비슷한 불만을 품고 있다는 것을 알았지만, 스타니슬랍스키가 원한다는 뜻을 내비친 것처럼 정말 프로가 될 수 있을까? 두 사람이 함께 일할 수 있을까? 아니면 네미로비치가 훗날 비유했듯 "같은 동굴에 동거하는 두 마리의 곰"이 될까?[38]

그들이 만나기로 약속한 슬라빅 바자르는 러시아에서 가장 유명한 호텔 중 하나였다. 모스크바의 붉은 광장 근처에 세워진 이 호텔은 호화로운 객실과 콘서트홀을 자랑했다. 또한 러시아 고급 요리를 전문으로 하는 러시아 최초의 파인다이닝 레스토랑도 있었다. 호텔의 설립자는 유명한 슬라브주의자였다.[39] 슬라브주의는 표트르 대제가 러시아를 18세기 전환기의 프랑스나 독일처럼 바꾸려 했던 서유럽화 개혁에 반대하며 거의 신화에 가까운 시대로 되돌아가고자 한 이념적 운동의 일환이었다. 슬라브주의자들은 러시아인이 서유럽 전통을 좇는 일을 멈추고 슬라브족의 뿌리를 받아들이길 원했다.[40] 러시아의 형제애와 문화적 정체성을 중요시하는 슬라빅 바자르는 예술가와 지식인이 모여드는 장소가 되었다. 레프 톨스토이가 그곳에서 식사를 했고, 네미로비치와 스타니슬랍스키가 만나기 두 달 전에 출판된 체호프의 중편소설 「농부들」에는 슬라빅 바자르에서 일하던 웨이터가 등장한다.

스타니슬랍스키는 방해받지 않고 자유롭게 대화를 나눌 수 있도록 룸을 예약했다. 두 사람은 서로에 대한 확신이 없는 상태로 조심스럽게 만남에 임했다. 콘스탄틴은 블라디미르 네미로비치단첸코가 왜 자기를 만나고 싶어 하는지 전혀 짐작하지 못했고, 네미로비치는 스타니슬랍스키가 어떤 사람인지 단정하지 못했다.[41] 어쩌면 네미로비치는 스타니슬랍스키가 극단적으로 자기중심적인 사람이거나 언제나 주목을 받아야 직성이 풀리는 짜증스러운 나르시시스트일까봐 걱정했을지도 모른다. 그가 겸허한 태도로 이 프로젝트에 합류할 수 있는 사람일지를 서둘러 알아내야 했다.

그렇기에 직접 본 스타니슬랍스키가 가식이라곤 전혀 없는 사람으로 보였다는 사실은 놀라우면서도 반가웠다. 스타니슬랍스키는 러시아—그리고 아마 시대를 불문한 그 어느 곳이든—의 대다수 배우들과 달리 스포트라이트가 끊임없이 나를 향해야 한다는 식으로 처신하지 않았다. 그는 진지하고 옹골찬 사람이었다. 큰 키, 나이에 비해 일찍 센 머리, 절제된 행동, 과묵한 태도. 스타니슬랍스키가 유일하게 허영을 부리는 대상은 공들여 단장한 콧수염으로, 그는 〈줄리어스 시저〉의 브루투스를 연기한 1903년 전까지 콧수염을 깎지 않았다.[42]

스타니슬랍스키의 매력에 사로잡힌 사람이 네미로비치가 처음은 아니었을 것이다. 수많은 이들이 콘스탄틴을 만나자마자 마법에 걸리듯 그의 매력에 빠져들었다. 그에게 화가 났더라도 오래가는 사람은 손에 꼽을 정도로 드물었다. 까다로운 요구를 할 때조차 상대방의 마음을 끄는 힘이 있었다. 그의 유머는 너그러웠고, 자기비하의 말은 거짓 겸손이 아닌 냉철함에서 나온 것이었다. 그는 예술에 있어 완벽을 추구했다. 그 누구보다 스스로를 거세게 몰아붙였다. 직접 대면한 스타니슬랍스키는 불쾌한 꿍꿍이가 전혀 없는, 어느 정도는 고지식하지만 무척 뛰어난 사람이라는 인상을 주었다. 팬들이 그에게 붙여준 별명 중 하나가 덩치 큰 젖먹이Big Infant였는데, 세상을 향한 어린아이 같은 호기심, 열정적인 성격, 순진한 모습 때문이었다.[43] 그의 순진함은 꾸며낸 모습이 거의 확실하지만 그런 모습이 그에게 큰 도움이 되었고, 이후 40년 동안 이어진 정치적 격동에서도 계속 그럴 터였다.

스타니슬랍스키가 본 네미로비치 역시 마찬가지로 인상적이었다. 특히 그의 지성과 결의가 그랬다. 나이도 더 많고 더 존경받는 데다 다년간의 전문적인 경력을 가진 네미로비치가 만남을 주도했다. 스타니슬랍스키는 회의록을 작성했다. 네미로비치는 만나자마자 곧바로 사업 얘기부터 꺼내면서 자신의 원대한 아이디어를 스타니슬랍스키에게 설명했다. 두 사람이 극단을 설립한다. 네미로비치의 제자들 중 가장 뛰어난 학생들과 스타니슬랍스키 극단의 아마추어 단원들 중 가장 뛰어난 배우들을 합친다. 목표는 다름 아닌 러시아 연극계를 개선하는 것.

두 사람은 각자가 생각하는 러시아 연극계가 처한 위기를 하나하나 설명하기 시작했다. 네미로비치는 회고록『나의 러시아 연극계 인생』에서 이 대화를 "도살 행위"라고 묘사한다.[44] 그와 스타니슬랍스키가 경건한 척 구는 러시아 연극계에 독화살을 날렸기 때문이다. 한편 스타니슬랍스키는『나의 예술 인생』에서 "베르사유 평화회의조차 눈앞에 놓인 세계적인 현안들을 이보다 명료하고 정확하게 숙고하지는 못했다"고 단언했다.[45] 연극을 존중하고 진실을 전면에 내세우는 예술을 하기 위한 극단을 만들려면 모든 것을 바꿔야 했다.

스타니슬랍스키와 네미로비치가 타파하고자 한 러시아 연극은 서유럽, 특히 18세기 프랑스 연극에 기원을 두고 있었다. 서구를 모델로 삼은 표트르 대제의 러시아 개혁은 러시아가 진보적인 문명의 표식으로 선택한 유럽 문화의 대대적인 유입으로 이어졌다. "극장theater"의 러시아어는 테아트르theatr다. "드라마"의 러시아어는 드라마drama다. 두 단어 모두 18세기 중반에 러시아어에 들어왔다.[46] 그 무렵, 그러니까 영국, 스페인, 프랑스 연극의 황금기가 한참 지난 뒤에야 러시아에 처음으로 전문 극단이 설립되었다.

1812년 프랑스의 러시아 침공 여파가 있기 전까지, 교양 있는 러시아인들은 프랑스어를 구사하고, 톨스토이가『전쟁과 평화』에서 각색한 것처럼 심지어 생각도 프랑스어로 했다. 푸시킨이 막 글을 쓰기 시작했을 때만 해도 "러시아어"는 교회슬라브어Church Slavonic, 라틴어에서 차용한 단어, 챈서리Chancery라고 불린 관료 사회의 전문 용어가 뒤죽박죽인 상태였다.[47] 러시아어에는 다양한 의복과 관련된 단어도, 사생활privacy이나 상상력imagination 같은 중요한 개념을 지칭하는 단어도 없었다.[48]

러시아는 전쟁에서 승리하면서 새로운 강국이 되었다. 엘리자베스 여왕 시대의 잉글랜드나 제2차 세계대전 이후의 미국처럼, 이 새로운 강국은 자국의 우수성을 과시하고 성격을 규정지을 자생적인 민족 문화가 필요했다. 검열이 느슨해지고 문해율이 상승하면서 러시아어로 글을 쓰는 인구도 늘어났다. 국가가 공공의 무대에서 발언할 수 있는 내용을 통제하면서 19세기 전반기 동안 극장은 러시아의 사유지에서 번창했다. 사유지의 극장에서는 "농노 극단serf theater"이 연극을 공연했다.[49] 농노 극단은 공연 예술 훈련을 받은 농노들의 집단으로, 귀족들은 농노 극단을 사고팔거나 선물하기도 했다. 극단의 농노들은 삼중의 위협을 가했다. 19세기가 시작되고도 한참 동안 러시아에서 배우가 된다는 것은 연극에서 연기를 하고 오페라에서 노래를 부르고 발레를 출 수 있다는 뜻이었다. 재능 있는 농노 극단은 귀족들에게 커다란 명성을 안겨주었다. 말리의 영향력 있는 자연주의 개척자 솁킨 자신이 바로 1850년대에 돈을 주고 자신과 가족의 자유를 산 농노였다.[50] 알렉산드르 2세는 1861년 농노를 해방하면서 숙련된 공연 제작자 전 세대에 자유를 허락했고, 그로 인해 문해율과 문화 참여율이 엄청나게 상승했다. 2년 후, 솁킨이 타계하고 스타니슬랍스키가 태어났다.

솁킨의 사망과 슬라빅 바자르에서 가진 오찬 회동 사이의 수십 년 동안, 말리는 러시아의 자연주의적 연기의 고향에서 스타니슬랍스키와 네미로비치가 혐오하는 현 상태의 모든 것을 상징하는 표상으로 전락했다.[51] 그러나 이 현상은 여전히 증상에 불과했다. 진짜 질병은 러시아 연극계의 상상력을 꽉 움켜쥔 관습이었다. 관습을 주도하는 주체는 배우였다. 대본을 엄격하게 검열한 탓에 관객들이 연극을 이해하기 위해서는 작품을 해석하여 국가가 은폐한 진실에 환한 빛을 비추고 연기에 명확한 사회적·문화적·정치적 기능을 부여하는 배우의 재능에 의지해야 했다.[52] 그 결과 배우들이 숭배의 대상이 되기 시작하면서 제작자의 요구나 연출가의 중앙집권화된 권위를 따르는 배우들은 거의 사라졌다.

유럽의 일반적인 경우와 달리 러시아는 대도시조차 작품을 장기간 공연할 수 있을 만큼 충분한 규모의 티켓 구매자가 없었다. 모스크바는 인구가 밀집한 도시였지만 사회적 관행과 검열 때문에 하층민들이 연극을 관람하지 못하면서 도시 관객층을 위축시켰고, 극장은 부자들의 장신구가 되어버렸다. 이것이 바로 네미로비치와 스타니슬랍스키가 티켓 가격 차등제sliding scale ticket price나 노동자 및 어린이를 위한 특별 공연을 통해 개혁하고자 했던 현 상태의 또 다른 측면이었다.[53]

기존의 극장들은 티켓을 구매하는 대중의 관심을 붙들어두기 위해 공연작을 자주 빠르게 바꾸는 방식에 의존했다.[54] 극단들은 단 며칠 안에 대사를 외우고 세트를 디자인해 연극을 무대에 올려야 했다.[55] 마이닝겐 극단이 대중화한 드레스 리허설은 러시아에서 아직 보편적인 관행이 아니었다.[56] 배우들은 뮤지션이 공연을 준비하는 것처럼 개별적으로 자기의 역할을 익히고 해석했다. 첫 리허설에서야 무대감독이 배우들의 동작과 동선을 짜기 시작했다. 다음 날이 되면 어디가 됐건 전날 마쳤던 부분에서부터 연습을 다시 시작했고, 그런 식으로 신 바이 신scene by scene으로 연습한 끝에 2주 이내에 해당 작품을 초연하곤 했다.[57]

이 두 가지 문제가 얽히면서 공연은 배우들의 쇼케이스나 다름없는 것으로 변했고, 러시아 연극은 무기력하고 굼뜬 야수가 되어버렸다. 재능 있는 젊은 배우들은 모스크바에서 도망쳐 지방에 있는 전문 극단으로 갔다.[58] 그들은 그곳에서 제대로 연기를 할 준비를 마치기도 전에 더 좋은 역할을 맡고 더 많은 급여를 받았다. 세트와 의상은 배우들의 연기가 그랬던 것처럼 사전에 미리 만들어진 상태였다.[59] 전원의 대저택이나 차르의 궁궐이 필요할 경우, 창고에 있는 옛날 세트를 끌어와 뚝딱뚝딱 못질을 하면 끝이었다. 이렇게 모호하고 판에 박힌 작업에 통일성을 부여하는 비전 따위는 존재하지 않았다.

스타니슬랍스키와 네미로비치가 보기에 사실성은 구체성에서 나오는 것이었다. 세트는 예술 작품이자 공연에 활기를 부여하는 환경이었다. 의상은 캐릭터에게서 자연스럽게 흘러나온 결과물이어야 했다. 캐릭터는 제스처와 웅변, 진부한 발성 수법의 차원을 훨씬 뛰어넘는 무엇이다. 그것은 온갖 기이한 행동을 하는, 신경질적인 경련을 일으키고 발을 헛디디는, 생각에 잠길 때는 엄지로 턱을 문지르는 인간이었다. 내면에 존재하는 애정과 갈등과 욕망과 영혼이 본질에 다다를 때까지 발가벗겨진 후 작가의 시적 재능을 통해 예술로 고양된 존재였다. 따라서 배우가 왕비를 연기하건 뒤쪽에 숨어 있는 가정주부를 연기하건 상관없이 진실이어야 했다. 제작진 전원이 삶 그 자체를 무대 위로 소환하는 데 똑같이 전념해야 했다. 그렇게 하지 않는 것은 국가가 깔끔하게 손질해서 내놓은 현실에 질릴 대로 질린 대중에게 진실을 들려준다는 연극의 목적을 배신하는 짓이었다.

오찬이 커피로 이어지면서 네미로비치와 스타니슬랍스키는 그들이 함께 설립하려는 극단의 개요를 잡기 시작했다. 그들의 극단에서는 예술이 그 무엇보다도 중요할 것이다. 정식 극단에서 진정한 예술을 만드는 데 전념할 진짜 예술가들에 둘러싸여 위대한 작품의 좋은 역할을 맡게 될 거라 약속함으로써 최고의 배우들을 확보할 것이다. 운영진은 작품을 위해 일하지 반대가 되지는 않을 것이다. 배우들은 최상의 시설에서 작업하게 될 것이다.[60] 난방이 되지 않는 연습실에서 자신의 숨이 새하얀 김으로 변하는 걸 지켜보는 일도, 분장실과 객석이 온도 조절 장치를 같이 쓰는 바람에 무거운 의상을 입은 채로 무대 밖에서 기력이 쇠할 때까지 비지땀을 흘릴 일도 더 이상 없을 것이다.

이 상상 속 극단이 올리는 공연은 예술적 기교가 완벽한 걸작이 될 것이다. 모든 대본은 문학적 가치를 기준으로 선정되고, 연출가의 비전에 따른 통일성 있는 제작 과정을 통해 신중하게 실현될 것이다. 그런 비전들은 사실적인 연기와 정교한 미장센에 대한 스타니슬랍스키의 아이디어와 (스타니슬랍스키에 따르면) 그걸 보완하는, 또는 (네미로비치에 따르면) 거기에 복무하는 네미로비치의 천재적인 해석 능력과 비평 실력에서 끌어낼 것이다. 예술감독들은 관객에게 극의 의미를 일깨우고 그들을 연극의 세계로 끌어들이기 위해 각각의 작품마다 독특한 세트와 의상을 공들여 디자인할 것이다. 하나하나가 오늘날에는 표준이지만, 당시 네미로비치의 눈에는 전부 "혁명처럼 보였다."[61]

모든 혁명이 그렇듯, 스타니슬랍스키와 네미로비치는 기존 관행의 뿌리부터 가지까지 전부 갈기갈기 찢어버리고 싶었다. 커피를 마시는 자리가 늦은 오후까지 이어지자 두 사람은 말리를 해서는 안 될 일들을 보여주는 반면교사로 상정한 다음 생각할 수 있는 모든 문제를 목록으로 작성했다. 말리는 공연 도중에 관객이 복도를 돌아다니는 것을 허용했다. 말리의 광고와 보도자료는 문학적 감각이라고는 눈곱만치도 없이 뚝딱뚝딱 만들어졌다. 말리의 중간 휴식 시간은 무한정 늘어지기 일 쑤였다.[62] 이 모든 것을 바꿔야 했다. 관습을 전복시키려는 욕망에 사로 잡힌 두 사람은 심지어 무대의 커튼이 상하로 오르내리는 대신 양옆으로 열려야 한다는 것까지 결정했다.

자신들이 공유한 비전에 도취된 네미로비치와 스타니슬랍스키는 일련의 경구들을 내놓았고,[63] 스타니슬랍스키는 극단의 지도 원칙을 회의록에 충실히 기입했다.

1. 예술을 사랑해야지, 예술을 하는 자아를 사랑해선 안 된다.
2. 오늘은 햄릿을, 내일은 단역을 맡을 수 있지만, 단역이라 해도 예술가가 되어야 한다.
3. 시인, 배우, 미술 담당, 의상 담당, 무대 담당은 시인에 의해 배치된 연극의 근본이라는 단 하나의 목표에 복무한다.
4. 극장의 창조적인 삶에 대한 불복종은 모조리 범죄 행위다.
5. 지각, 태만, 변덕, 신경질, 못된 성격, 역할에 대한 무지, 어떤 일이든 두 번 반복하게 만드는 것은 우리의 사업에 똑같이 해로운 것들이므로 반드시 근절해야 한다.
6. 작은 역할은 존재하지 않는다. 작은 배우만 존재할 뿐이다.

두 사람이 프로젝트에 어울릴 만한 최적의 배우들을 선정해 명단을 작성하는 일을 마무리했을 무렵 밖은 이미 어두워져 있었다. 테이블 위에는 남은 음식들이 널려 있고, 닫힌 방에는 담배 연기가 자욱했다. 이제 두 사람이 슬라빅 바자르에서 할 수 있는 일은 더 이상 없었다. 대신 그들에게는 함께 나눈 꿈에 대한 가능성이 남았다. 스타니슬랍스키는 네미로비치에게 류비모브카에서 하룻밤을 보내자고 청했다. 어린 시절 부모님이 그의 실험을 위해 극장을 지어줬던 곳 말이다. 두 사람은 기차를 타고 40분간 "아주 오래된 멋지고 거대한 전나무와 소나무로 이루어진 너무나도 아름다운 동부의 숲"을 가로지른 후 집으로 가는 마지막 몇 킬로미터는 마차로 이동했다. 그러는 내내 둘은 새로운 사업에 대한 이야기를 나누었다.[64]

밤늦은 시간, 논의는 두 사람이 몇 시간 동안이나 회피했던 주제에 다다랐다. 누가 실제로 극단을 운영할 것인가? 극단을 어떻게 관리할 것인가? 지금까지는 분명 모든 사안에 뜻을 모았지만, 의견 충돌은 불가피한 일이었다. 각자 명성도 있고 자존심도 센, 스스로에 대한 열정적인 믿음을 가진, 예술적 비전이 확실한 이 둘이 어떻게 갈등을 해결할 수 있을까?

스타니슬랍스키가 해법을 내놓았다. 어떤 사안의 본질과 목적을 두고 둘의 의견이 갈릴 경우 간단히 "거부합니다the veto"라고 말하자는 것이었다. 스타니슬랍스키는 문학적 취향과 비평적 감각 면에 있어서는 파트너에 필적할 수 없겠지만 "배우와 무대감독, 제작자의 영역"이라면 자신이 더 뛰어나다고 주장했다고 썼다. 그는 다음과 같이 제안했다. 네미로비치는 "문학적"인 모든 사안에 대해 거부권을 갖고, 스타니슬랍스키는 "예술적"인 모든 사안에 대해 거부권을 갖는다. "예술적"인 사안은 대본을 무대 위에 실현시키는 작업을 뜻했다. 스타니슬랍스키는 거부권이 그들의 작업 관계 내내 유지되었다고 단언했다. 의견 충돌이 일어났을 때, 한쪽이 "거부합니다!"라고 말하기만 하면 다른 쪽은 전장에서 퇴각해야 했다.[65] 중년과 노년에 접어든 두 남자가 입씨름을 벌이다가 한쪽이 손가락을 들고 마법의 단어를 외치는 순간 다툼이 해소되는 모습은 훈훈하면서도 별난 이미지다. 하지만 이건 거짓이기도 하다. 슬라빅 바자르에서의 만남 이후 10년이 채 지나기 전, 두 사람은 거의 말을 섞지 않는 사이가 될 터였다. 그들은 여생의 대부분을 편지나 중재자를 통해서만 소통했다.

거부권에 대한 네미로비치의 기억은 다른 색깔로 물들어 있다. 그의 회고록 『나의 러시아 연극계 인생』은 스타니슬랍스키를 향한 속이 빤히 들여다보이는 분노로 들끓는다. 슬라빅 바자르에서 둘이 만났을 무렵 네미로비치는 스타니슬랍스키보다 훨씬 유명하고 존경받는 인물이었다. 결국 오래지 않아 파트너의 그늘에 가려졌지만 말이다. 그는 독자들이 자신을 이 프로젝트의 진정한 기획자로 봐주길 원했다. 스타니슬랍스키 사후에 집필된 이 회고록의 상당 부분이 스타니슬랍스키를 점잖게 놀리거나, 보통 스타니슬랍스키의 업적으로 인정되는 아이디어와 실행의 공을 가로채는 데 할애되어 있다. 심지어 '체호프의 총'이라 불리는 "1막에서 총을 보여줬다면 마지막 막에는 총을 발사해야 한다"라는 체호프의 유명한 명언을 두고 자신이 공저자라고 주장하기까지 한다.[66] 이런 방식으로 거부권 역시 "문학"의 영역이 아니라 "내용"의 영역에 있어 자신의 우월함을 입증했으며, 반면 스타니슬랍스키는 "형식"을 제공했다고 썼다. 즉 모든 아이디어는 네미로비치의 것이었고, 스타니슬랍스키는 아이디어를 실현했을 뿐이라는 말이다. 다만 두 사람이 거부권에 대해 뜻을 모은 지 몇 분 만에 형식과 내용은 그리 쉽게 분리할 수 없다는 사실을 깨달았다고 주장한다. 그들은 밤까지 이어진 기나긴 하루의 여정을 "우리의 기질과 실현이 머지않은 아름다운 꿈을 (…) 서로에게 전염시키면서" 보냈다.[67] 그러면서도 두 사람은 따스한 안개 같은 동료애 속에서 채택한 이 임시방편이 결코 제대로 작동하지 않으리라는 걸 알고 있었다.

늦은 시간까지 미뤄둔 논쟁거리는 극단 운영 통제권만이 아니었다. 어떤 작품을 공연할지, 극단의 자금은 어떻게 구할지, 심지어 극단의 이름은 무엇으로 할지 알 수 없었다. 그러다가 솔밭 위로 해가 솟아났고 두 사람은 아침을 먹었다. 그때가 아침 8시였는데, 말 그대로 밤을 꼬박 샌 셈이다. 그들의 오찬 만남은 18시간 동안 지속되었다. 두 사람은 기차와 말을 타고 장거리를 횡단하고, 세 번의 식사를 함께 했으며, 수십 개비의 담배를 피우고, 셀 수 없이 많은 커피를 들이켰다. 그럼에도 끝날 기미가 보이지 않았다. 그들은 1년 동안 계획을 세우고 자금을 모으고 배우와 디자이너와 스태프를 선발하기로 결정했다. 해야 할 일이, 서신을 통해 이루어질 협의 사항이 산적해 있었다. 그 서신들은 향후 수년에 걸쳐 벌어지고 또 벌어질 두 사람 사이의 간극을 기록하게 될 터였다.

하지만 지금 당장은 눈앞에 보이는 일에 대한 짜릿함과 즐거움만 있었다. 네미로비치가 예카테리노슬라프 스텝 지대에 있는 시골집으로 돌아오기까지는 꼬박 하루가 걸렸다. 그는 동이 틀 무렵에야 집에 도착했다. 집은 조용했다. 그는 아내와 함께 산책하며 지난 이틀 동안 벌어졌던 경이로운 일들을 말해주었다. 그가 기르던 개들 중 한 마리가 다가와 그의 손을 핥았다. 그는 수십 년이 지난 뒤에도 이때 일을 다 기억했다.[68] 인생이 바뀌고 있음을 알아차린 그의 마음이 사소한 것 하나하나까지 다 집어삼키려고 입을 활짝 벌렸던 것 같다.

그는 알았다. 이제 진짜 일이 시작되리라는 것을.

2장
사람들은 새 작품에서 새로운 답을 찾아냅니다

브세볼로트 메이예르홀트는 기차를 타고 모스크바에서 북동쪽으로 32킬로미터쯤 떨어진 휴양 도시 푸시키노에 도착했다. 법학 공부를 그만두고 3년, 그리고 모스크바 대학 오케스트라 입단 오디션을 망치면서 어쩔 도리 없이 음악을 포기하고 연기를 시작한 지 2년이 지난 후였다. 얼마 전 필하모닉 음악연극학교를 졸업한 메이예르홀트가 푸시키노에 온 건 스승인 블라디미르 네미로비치단첸코가 설립한, 아직 이름을 정하지 않은 극단의 첫 시즌 공연 리허설을 하기 위해서였다.[1] 그가 필하모닉에서 보낸 마지막 해 내내 네미로비치가 뭔가 기막힌 것을 계획하고 있다는 풍문이 떠돌았다. 그렇지 않다면 대단한 아마추어인 콘스탄틴 스타니슬랍스키가 필하모닉의 마지막 쇼케이스에 참석했던 이유가 뭐란 말인가? 마침내 네미로비치가 메이예르홀트를 포함한 몇 명을 한쪽으로 데려가 자신의 계획을 들려주었다.[2] 바로 어디서건 썩어 빠진 전통을 근절하는 데 전념하는 신생 단체, 더욱이나 **예술**

극단이었다. 메이예르홀트는 함께할 것인가? 그렇다. 이 일을 발설하지 않을 수 있는가? 물론이다.

푸시키노에서 메이예르홀트의 시간은 신생 극단이 첫해에 겪을 만한 온갖 당황스러움, 치열한 쟁탈전, 최후의 순간 뒤바뀐 운명으로 시작되었다. 푸시키노에 도착한 기차에서 메이예르홀트, 그의 동학 모스크빈, 그리고 다른 극단의 멤버 몇 명이 내렸다.[3] 하지만 얼핏 봐도 짐은 없었다. 시골 마을의 운치 있고 나른한 기차역일 거라고 생각했던 곳은 반대로 소도시의 부글거리는 에너지로 부산스러웠다. 그와 모스크빈이 또 다른 극단 멤버 마르가리타 사비츠카야를 발견했을 때, 그녀는 이 둘의 짐을 포함한 산더미 같은 짐에 깔려 죽지 않기 위해 안간힘을 쓰고 있었다. 그들을 마중 나온 사람도, 짐을 운반할 마차도 없었다. 모르는 사람이 친절하게도 배우들을 가엾게 여겨 그들이 머물 별장으로 가는 길을 알려주었다. 그들은 별장으로 가는 도중에 별장 주인이자 스타니슬랍스키의 예술문학협회에서 배우로 활동했던 부르잘로프와 마주쳤다. 그는 다음 기차로 도착할 사람들을 맞으러 역으로 가는 길이었다. 메이예르홀트는 부르잘로프와 함께 역으로 되돌아가 기꺼이 새로 도착할 이들의 환영 위원회 노릇을 하기로 마음먹었지만, 오기로 한 배우들이 기차를 놓치는 바람에 기다림은 헛수고가 되고 말았다.

예정보다 규모가 줄어든 극단의 단원들은 아직 이름이 정해지지 않은 모험을 기념하는 창단식에 참석했다. 창단식은, 그해 여름 그들이 했던 나머지 작업들처럼, 개조한 헛간에서 치러졌다. 대충 만들어진 공간이었다.[4] 지난달 내내 일꾼들은 헛간에 벽지를 바르고, 무대로 쓸 높은 단을 만들고, 삼베 커튼과 화장실을 설치했으며, 지붕을 얹고, 배우들이 휴식을 취할 방충망을 친 테라스를 설치했다. 메이예르홀트는 아내에게 보낸 편지에서 그리스 비극의 뮤즈를 언급하며 비꼬는 투로 그곳을 "우리의 멜포메네Melpomene 신전"이라고 불렀다.[5] 창단식의 첫 번째 순서는 하얀 식탁보 위에 촛불과 성상이 놓여 있는 테이블 뒤에 선 러시아정교회 사제가 내리는 축복을 받는 것이었다. 기도문을 읊조린 후 스타니슬랍스키가 무대에 올랐다.

메이예르홀트는 오래도록 스타니슬랍스키의 연출을 사랑했지만 스타니슬랍스키라는 사람을 겪어본 적은 없었다. 메이예르홀트는 스타니슬랍스키가 그의 아마추어 배우들, 네미로비치의 제자들, 호평받는 몇몇 지역 배우들로 가득한 실내를 호령하는 방식을 통해 드러내는 존재감에 곧바로 깊은 인상을 받았다. 리허설 때 연출가는 배우보다 더 많은 연기를 펼치지만, 이는 그저 연출가 자신의 연기일 뿐이었다. 스타니슬랍스키는 이 점을 직관적으로 파악한 듯 보였다. 그는 근엄한 질책과 용기를 북돋우는 미사여구가 섞인 연설에서 그들 앞에 놓인 유일무이한 기회와 더불어 실패했을 때 치러야 할 상당한 비용도 강조했다.[6] 그 해 여름이 모든 것을 바로잡을 단 한 번의 기회가 될 거라고 그는 말했다. 사소한 불만이나 자존심, 해묵은 연극적 버릇이 이 대업을 "더럽히고 퇴락시키게" 놔둔다면 모조리 끝장나고 말 것이다. 그들은 "러시아 전역으로 흩어져 각자의 길을 가게" 될 것이다. 아마추어들은 "따분한 일상 업무로 돌아갈" 것이고, 전문 배우들은 "보잘것없는 지방의 작은 극장에서 예술의 이름을 모독하게" 될 것이다. 동료들의 조롱에 시달리게 된다 해도 할 말이 없을 것이다. 지고한 목적, 즉 "최초의 이성적이고 도덕적인 공공 극단을 설립하는 것"을 달성하는 데 실패했기 때문이다. 그들이 "인생을 바치려는" 대상은 "고결한 목표"였다. 메이예르홀트는 스타니슬랍스키라는 사람에게 감동을 받은 동시에, 신생 극단의 프로젝트에 대해 딱 그만큼의 의구심이 들었다. 그는 아내에게 썼다. 대중에게 드라마를 선사하겠다는 목표 위에 설립된 극단이 왜 예술을 위한 예술에 이토록 전념하는 걸까?[7]

이튿날 극단은 혁명 작업에 착수했다. 그해에 새로운 러시아를 상상하면서 곧 무너질 것 같은 건물에서 모임을 가진 이들은 그들만이 아니었다. 불과 몇 달 전인 1898년 3월, 대의원 아홉 명이 카를 마르크스와 프리드리히 엥겔스의 이론을 러시아에서 현실화하기 위한 불법 단체인 러시아 사회민주노동당을 창당했다.[8] 오래지 않아 아홉 명 전원이 체포되었다. 그들이 다음 회합을 가질 즈음인 1903년에 블라디미르 레닌이라는 이름으로 더 잘 알려진 블라디미르 일리치 울리야노프가 모임에 합류했다.

스타니슬랍스키가 실패와 망신을 심각하게 걱정한 데는 그만한 이유가 있었다. 그와 네미로비치가 모스크바 오픈극장 설립 협회라고 불리는 단체의 회장 자리에 앉는 순간부터 숱한 문제들이 그를 괴롭혔다. 대중은 그의 신생 극단이 말리를 날카롭게 비판하고 있음을 곧 알아챘다. 이러한 경쟁 관계 때문에 그들은 첫 번째로 선택한 공연장인, 시내 중심부에 위치한 최신식 시설을 갖춘 셸라푸틴 극장을 대가로 치러야 했다.[9] 제국 극장의 모스크바 사무실 신임 책임자는 네미로비치가 셸라푸틴 극장을 임대하고 싶어 한다는 소리를 듣자마자 그곳을 낚아챈 다음, 네미로비치의 오랜 친구 알렉산드르 렌스키에게 내주어 뉴 드라마틱 임페리얼 시어터를 설립하도록 해주었다.[10] 뉴 시어터는 그들의 신생 극단보다 한 달 먼저 막을 올릴 예정이었다. 그에 더해 첫 시즌에 차이콥스키의 〈예브게니 오네긴〉, 고골의 〈검찰관〉 같은 주요 작품을 포함시킴으로써 스타니슬랍스키와 네미로비치의 실험적인 극단이 모스크바 시내의 유일한 신생 예술 극단은 아니라는 사실을 명확히 보여주었다.[11]

이런 일이 아니더라도 신생 극단 설립은 스타니슬랍스키가 예상했던 것보다 훨씬 더 어려운 일이었다. 18시간의 만남 이후 그와 네미로비치는 그들의 비전을 현실로 만들 작업을 시작했지만 거의 모든 구체적인 사안에서 서로의 생각이 다르다는 점만 알게 되었다.[12] 네미로비치는 지방에서 시작하고 싶어 한 반면, 스타니슬랍스키는 모스크바에서 시작하고 싶어 했다. 네미로비치는 스타니슬랍스키가 자금을 대기를 원했지만, 스타니슬랍스키는 거절했다. 그가 보통사람들의 상상을 초월하는 부자인 건 맞지만 재산 중에 유동자산은 거의 없었다. 그의 재산은 가문의 공장들에 묶여 있거나 신탁에 들어 있었다. 예술문학협회에 사비를 투자했다가 완전히 말아먹었던 스타니슬랍스키는 그의 연극 경력에 가문의 돈을 쓰고 싶지 않았다.

자비로 투자할 경우 자칫 허영심에서 비롯된 프로젝트처럼 보이게 만들어 신생 극단의 명성이 훼손될 거라는 걱정도 있었다. 그는 "모스크바 사회는 사적인 프로젝트를 신뢰하지도, 진지하게 받아들이지도 않을 것"이라고 썼다.[13] 대신 재계에 신생 극단 투자를 호소해야 한다고 생각했다. 스타니슬랍스키가 네미로비치보다 더 잘 아는 집단인 모스크바의 사업가들이 "**원칙적으로는** 극장을 보이콧"할지 모르지만, "**순수한 동기에서 그들이 만든 무언가**를 지원하는 데 거금을 내놓을"지도 모른다. 하지만 스타니슬랍스키의 재계 친구들은 단 한 푼도 대지 않았다. 그들 대부분은 이 신생 극단과 하고 싶은 일이 하나도 없었다. 되레 스타니슬랍스키가 아마추어에서 프로로 전향한 것을 부끄럽게 여겼다.[14] 신생 극단을 조롱하는 뉴스가 울려대는 멈추지 않는 북소리 역시 이 문제에 도움이 되지 않았다. 스타니슬랍스키는 극단 활동을 개시하기 위해 1만 루블을 기부했다. 네미로비치는 필하모닉의 동료들로부터 소액을 모았다. 마지막으로 두 사람은 거물 콤비인 사바와 세르게이 모로조프를 찾아갔다.15 두 사람은 면직물로 번 돈을 제조업과 이권 사업 등에 투자하는 기업가였다.16

투자 합의서의 잉크가 마를 무렵 네미로비치와 스타니슬랍스키가 모금한 돈은 2만 8천 루블이었다.17 이 돈으로 단원들의 급여를 주고 푸시키노의 연습실과 숙박 시설 대여 비용을 지불하는 한편, 공연장 대관 계약금을 걸고, 무대에 올릴 첫 작품들을 위한 디자인 작업의 보조금을 지급했다. 제국 극장은 네 곳을 전부 합쳐 200만 루블의 예산을 누렸고 공연장을 보유한 데다 정부에서 채무에 대한 지불 보증을 섰다.18 스타니슬랍스키의 극단은 자금이 충분하지 않았고, 처음 선택했던 극장은 다른 극단의 차지가 되었으며, 저렴한 티켓에 보조금을 지원해달라고 모스크바시에 제출한 신청서는 당국에 의해 엉뚱한 곳으로 보내진 듯 보였다.19 게다가 세 개의 다른 집단에서 모인 배우들은 서로를 알지 못했고, 모두가 각자의 작업 방식을 갖고 있었다. 그들은 이런 변변치 않은 반석 위에 그들의 교회를 지을 터였다.

스타니슬랍스키가 해결해야 할 첫 번째 과제는 배우들을 응집력 있는 하나의 극단으로 통합하는 일이었다.20 이 프로젝트가 지닌 독특한 문제점은 스타니슬랍스키가 단행한 최초의 혁신 중 하나로 이어졌다.21 바로 '진정한 상설 극단.' 그는 마이닝겐 극단 덕에 단일한 비전하에 작업하는 극단이 무슨 일을 해낼 수 있는지를 목격한 바 있었다. 이제 그걸 한 단계 더 발전시킬 작정이었다. 그의 극단은 하나의 비전을 공유하는 데에서 그치지 않고 어느 한 작품의 차원을 뛰어넘어 공통의 예술적 목표들을 공유할 것이다. 단원 모두가 힘을 합쳐 그와 네미로비치가 슬라빅 바자르에서 즉흥적으로 만들어낸 경구들을 그들이 공유할 예술적 목표에 관한 가치와 이념의 토대로 삼고 실천에 옮길 것이다.

이 주제에 대한 스타니슬랍스키의 관점은 점차 영적인 것으로 변해 갔다. 그는 톨스토이가 1897년에 쓴 에세이 『예술이란 무엇인가』에서 영감을 받았다. 그 에세이에서 톨스토이는 예술을 "감정을 표현하여 외적으로 전달하는 것"이라고 정의했다.[22] 톨스토이는 예술을 "사람들이 인생에서 얻은 가장 고결하고 으뜸가는 감정"을 표현함으로써 인류를 하나로 통합하는 것을 지고한 목표로 삼는 "교감의 수단"이라고 주장했다.[23] 또한 예술가는 관객을 전염시켜 전자의 감정을 후자에게 전달해 교감을 빚어낼 수 있다고 믿었다. 이 세 용어—**전염, 전달, 교감**—는 평생 동안 스타니슬랍스키가 쓴 글에 거듭 등장하게 된다. 스타니슬랍스키는 훗날 『역할 창조』에서 연기를 할 때 "예술가는 (작품의) 외적인 사실 아래를 흐르는 물결처럼 인간 정신 자체의 생명을 전달한다"고 썼다.[24] **정신**spirit이라는 단어를 사용한 것은 스타니슬랍스키의 러시아정교회 신앙에서 비롯된 것 같다. 톨스토이 철학을 자신의 종교적 믿음과 뒤섞어 예술을 인간 정신에 도달하는 것을 목표로 삼는 "성스러운 과업"으로 보았다. 그에게 인간 정신은 인간의 형언할 수 없는 부분이자, 인간이 가진 가장 훌륭한 부분이며, 인간과 신을 연결시켜주는 부분이었다. 신이 아담을 창조할 때 진흙에 숨결을 불어넣음으로써 인간의 영혼이 생겨났다. 최상의 상태에 다다른 연극은 이와 동일한 영적 교감을 이끌어낸다.[25]

이런 생각들은 스타니슬랍스키가 비사리온 벨린스키의 사상에서 흡수한 것으로, 연극이 어떻게 관객과 캐릭터를 이어주는 공감의 연결고리를 만들어내며 인간을 향상시키는 엔진으로 작동할 수 있는가에 대한 교훈을 주었다. 배우가 예술가라면, 그리고 예술가가 영적인, 심지어 **성스러운** 목적을 갖고 있다면, 연기는 도덕적 원리와 규율에 집중적으로 주의를 기울일 필요가 있다. 리허설에 지각하거나 휴식 시간을 오래 갖거나 자기 대사를 모르거나 뚱한 모습을 보이거나 새로운 아이디어를 시도하는 걸 꺼리는 일은 단순히 못된 행동의 사례에 불과한 게 아니었다. 스타니슬랍스키가 보기에 그것은 연극과 예술 자체를 상대로 저지르는 범죄 행위였다.[26]

스타니슬랍스키는 리허설에 엄격한 규율을 도입하면서 관계자 전원의 출석 여부와 시간 엄수를 기록하는 일지를 비치했다.[27] 또한 슈퍼스타처럼 구는 행동은 절대 용인하지 않겠다는 점을 명확히 밝혔다. 내분과 모욕적인 언행은 엄격히 금지되었다. 이런 행동 규칙을 위반했다는 이유로 배우를 해고한 일이 적어도 한 번은 있었다.[28] 극단은 임대한 주택에서[29] 함께 숙식하며 공동생활을 했다.[30] 하인이나 가사도우미는 없었다. 단원 전체가 집이자 작업장으로 쓰이는 헛간을 유지하는 공동 책임을 졌다. 스타니슬랍스키는 류비모브카에 머물렀지만, 그래도 서른다섯의 나이에 무대를 빗자루질 하는 법과 쓰레받기 사용법, 차 끓이는 법 등을 배우면서 공동체의 업무에 참여했다. 『나의 예술 인생』에 따르면 그의 학습 곡선은 가팔랐다. 한번은 찻주전자에 물 붓는 걸 깜빡하고 석탄을 땐 바람에 주전자가 녹아버린 일도 있었다.[31]

1898년의 펄펄 끓는 여름 내내 극단은 금속 지붕을 얹은 헛간에서 비지땀을 흘려가며 작업했다. 11시부터 5시까지 한 작품을 리허설했다.[32] 두 시간 동안 식사와 레크리에이션을 겸한 휴식 시간을 가진 후,

다시 7시부터 11시까지 또 다른 작품을 리허설했다. 리허설이 제시간에 끝날 확률은 거의 없었다. 네미로비치에 따르면, 스타니슬랍스키가 무언가에 과하게 꽂혔을 경우—이런 경우가 빈번했다—다른 현실적인 관심사는 전부 녹아 사라져버렸다. 푸시키노에서 했던 〈베니스의 상인〉 리허설은 새벽까지 이어졌는데, 스타니슬랍스키가 배우 중 한 명이 검을 제대로 차고 다닐 수 있을 때까지 리허설을 끝내지 않았기 때문이다.33 동일한 작품의 여러 신을 동시에 리허설하는 경우도 자주 있었다. 스타니슬랍스키가 한 그룹을 헛간으로 데리고 가면, 그의 조수인 알렉산드르 사닌은 다른 그룹과 함께 테라스나 들판으로 나가 리허설을 했다. 얼마 되지 않는 여가 시간 동안 배우들은 서로에게 짓궂은 장난을 치거나34 동시에 여러 작품의 대사를 암기하곤 했다.35

스타니슬랍스키는 당시로서는 과감한 혁신이라 할 만한 테이블 작업table work을 극단에 도입했다.36 단원들을 테이블에 둘러앉히고는 작품에 대한 공동의 이해가 생겨날 때까지 텍스트를 한 줄 한 줄 검토했던 것이다. 이때까지만 해도 스타니슬랍스키는 캐릭터의 내적인 삶을 거의 느끼지 못했다. 서브텍스트를 어떻게 논의해야 할지 몰랐고, 배우가 맡은 배역을 실현하기 위해 자신의 무의식이라는 넘실거리는 바다를 이용하는 데 도움을 주지 못했다. 그에게 있어 내면의 삶과 관련된 모든 것은 갈피를 잡기 힘들기에 차라리 네미로비치에게 맡겨두는 편이 나았다. "배우 개개인이 각자의 역할을 소화해낼 수 있도록 당신이 맡아준다면 (…) 나로서는 대단히 행복할 겁니다."37 그는 여름 계획을 짜면서 파트너에게 썼다. "저는 그게 마음에 들지도 않고 그렇게 하지도 못하겠습니다. 그렇지만 당신은 그 일에 통달한 분이죠." 대신 스타니슬랍스키는 신체적인 것과 관련된 부분에 대해서는 지독히도 사소한 사항까지 작업한 상태로 리허설에 들어갔다. 그의 연출 노트에는 무대를 가로지르는 사람들의 커다란 동작부터 포즈의 정확한 길이에 이르기까지 모든 것이 담겨 있었다. 그가 『나의 예술 인생』에 썼듯, 그의 연출 방법에는 두 가지 주요 요소가 있었다. "나는 배우들에게 내 말에 순종할 것을 요구했고, 그렇게 하도록 강요했다."[38] 리허설에서 원하는 것을 정확히 얻을 때까지 배우들에게 각각의 순간을 몇 번이고 반복시켰다. 그는 당시 러시아 연극에 대중화된 우렁찬 목소리와 과장된 제스처를 꾸짖으며 저질 연극에 재앙을 내리는 자가 되기를 자처했다.

    지방에서 활동하던 비극 배우 중 한 명인 미하일 다르스키는 초기에 자주 스타니슬랍스키의 표적이 되었다. 다르스키는 대부분의 단원들과 달리 스타니슬랍스키나 네미로비치에 버금갈 만큼 유명한 배우였다. 메이예르홀트의 아내가 편지에 극단의 혁명적인 접근법 아래에서 다르스키는 잘하고 있느냐고 딱 꼬집어 물어볼 정도였다.[39] 처음에 그 질문에 대한 답은 '잘 못하고 있다'였다. 스타니슬랍스키가 다르스키를 고용한 이유에는 〈베니스의 상인〉의 샤일록 역을 자신과 교대로 맡게 하려는 것도 있었다.[40] 하지만 다르스키는 첫 대본 리딩에서 보스에게 깊은 인상을 심어주는 데 실패했다. 찬사를 받는 이 배우는 "음악적인 목소리와 개성을 갖췄지만 예술적인 재능은 없습니다." 스타니슬랍스키가 네미로비치에게 썼다. "그가 상상력이 부족한 게으름뱅이라는 게 딱하기만 합니다."[41] 다르스키가 관객에게 가하는 첫 번째 자극은 관객이 전율할 때까지 그들의 심금을 울리고 또 울리는 것이었다. "그를 이런 생각에서 벗어나게 해야 합니다. 그제야 그는 훌륭한 배우가 될 겁니다. 그렇게 하지 못한다면 쓰레기가 될 것이고 우리 극단 분위기의 근처에도 못 올 겁니다."[42]

스타니슬랍스키는 다르스키가 다른 배우들을 앵무새처럼 흉내 낼 뿐 독창성과 특별함이 없다고 느꼈다. 클리셰에서 벗어나야만 낭만적인 비극 배우가 "응당 그래야 되는 것처럼" 하는 연기가 아니라, 독특한 버릇을 가진 실제 인간의 모습을 한 샤일록을 연기할 수 있을 것이다.[43] 스타니슬랍스키가 가장 중요하게 생각한, 사회에서 소외된 존재라는 점을 강조하는 "유대인의 억양" 같은 것 말이다. 스타니슬랍스키는 다르스키를 교정할 방법을 찾느라 이틀 밤을 뜬눈으로 지새웠다. 그는 오늘날 연출가들이 끔찍이도 싫어하는 어떤 일로 작업을 시작했다. 다르스키에게 대사를 주고, 어떻게 연기해야 하는지 시범을 보이는 것 말이다. 스타니슬랍스키는 한술 더 떠, 자신의 접근법이 우월하다는 것을 입증하기 위해 단원들 앞에서 그 역할을 직접 연기하기까지 했다.

다르스키는 길길이 날뛰었다. 사닌과 리허설할 때, 그는 지시를 거부하고 그를 더 자연스러운 스타일로 이끌려는 모든 시도에 반발했다.[44] 다르스키만 그런 게 아니었다. 다른 전문 배우들도 신생 극단의 스타일이 요구하는 통제에 따르길 주저했다. 스타니슬랍스키에 따르면, 그들은 "무대는 눈에 잘 띄는 행동, 큰 목소리, 빠른 템포, 강렬한 연기를 요구한다"고 믿었다.[45] 너무 조용조용 말하고 얌전히 움직이면 관객들이 대사를 듣지 못하거나 이야기를 따라가지 못할 거라고 걱정했다.

스타니슬랍스키는 서서히 설득에 성공했다. 그는 네미로비치에게 보낸 편지에서 다르스키가 연습실에서 보여준 행동은 내면에서 이미 점진적으로 굴복이 진행되고 있음을 감추기 위한 눈가림용 호기라고 썼다. 다르스키는 제대로 자지도 먹지도 못한 채 며칠을 보낸 후에 찾아와 "그야말로 성공적으로 전달된 대사 한 줄"을 말했다.[46] 이후 그는 연출자의 지시에 고분고분 따랐다. 한편 메이예르홀트가 아내에게 보낸 편지는 다르스키의 전향에 대한 또 다른 버전을 들려준다. 스타니슬랍스키의 비전이 너무나 훌륭하고 "클리셰가 전혀 없으며 아주 독창적이라" 다르스키가 그 역할을 연기하는 과정에서 8년간 쌓은 경험을 전부다 내팽개치고 다시 배우는 것 말고는 달리 도리가 없었다고 메이예르홀트는 주장했다.[47] "다르스키는 진정으로 우리의 존경을 받을 자격이 있다오. 물론 스타니슬랍스키가 그 역할을 더 잘 연기하지만."[48] 메이예르홀트의 스타니슬랍스키를 향한 존경심은 거의 무한에 가까웠다. 푸시키노에 모인 재능을 타고난 배우들 대부분이 그랬을 것이다. 그는 편지마다 스타니슬랍스키를 **"천재적인 스승"**이라 공언하고[49] 그의 "풍부한 학식! 놀라운 상상력!"에 혀를 내둘렀다.[50] 스타니슬랍스키도 금세 젊은이들을 좋아하게 되었다. 스타니슬랍스키가 세상을 뜰 때까지 지속된 그들의 우정은 늘 격렬한 토론을 동반했지만, 서로에 대한 존중과 서로를 향한 거의 가족이나 다름없는 뜨거운 사랑은 그 우정을 강렬하게 타오르게 만드는 땔감이었다.

스타니슬랍스키와 네미로비치는 배우들이 푸시키노에 도착한 1898년 6월에도 오프닝 시즌 계획을 마무리하지 못한 상태였다. 둘의 취향은 겹치는 부분도 있었지만 완전히 일치하지는 않았다. 네미로비치가 문학과 관련한 사안에서 그 유명한 거부권을 갖고 있다 해도 스타니슬랍스키에게 별 유대감을 느끼지 못하는 작품들로 구성된 시즌을 무대에 올리라고 강요하는 것은 비현실적인 일이 될 터였다. 스타니슬랍스키는 고전 작품들, 그러니까 시간의 시험을 이겨내고 신작이 거의 도달하지 못하는 드높은 시적 완성도와 극적 우수성을 획득한 작품을 고수하길 원했다. 언론의 칼날이 이미 그들의 새 사업을 베어낼 정도로 날카롭게 벼려져 있었기 때문에 그는 극단이 모든 이들이 이미 훌륭하다고 믿는 작품들을 무대에 올려야 한다고 생각했다.[51] 그런 작품들이 대중을 따분하게 만들 수 있다는 건 맞는 말이지만, 그 정도 위기는 자신의 탁월한 연출력으로 극복할 수 있을 것이다.

네미로비치는 강하게 반대했다. 1898년 6월 19일 자 편지에서 그는 인간의 삶 속에서 시간이 흘러도 영원히 변하지 않는 연극의 가치에 대해, 그리고 연극의 영속성 안에서 신작 희곡과 고전 작품 각각이 지닌 역할에 대해 감동적인 의견을 피력한다. 우선 극단이 다른 모든 작품들을 배제한 채 고전 레퍼토리에만 집중한다면 "학문적인 무덤으로 직행하게 될 것이다. 연극은 책장에서 마음대로 꺼낼 수 있는 그림책이 아니다."[52] 오히려 사회를 위한 정신적 돌봄의 한 형태라고 할 수 있다. 관객은 많은 것을 필요로 한다. 그중 하나는 "'영원한 아름다움'이라고 부르는 것에 반응할 기회"이다. 우리는 고전을 통해 시, 그리고 시대를 뛰어넘는 문제에 대한 고찰을 발견한다. 한편 관객은 "개인의 고통에 대해서도 답을 얻고 싶어 한다."[53] 신작 희곡이 항상 고전 작품—여러 세대를 거치며 유행을 선도하는 사람들의 검증을 통과했다는 점에서 유리하다—처럼 아름답게 구성되어 있지 않을 수는 있다. 하지만 새로운 작품들에서 "사람들은 실제 삶의 현장에서 벌어지는 문제에 대한 새로운 답을 찾아내기 때문에 전 세계의 관객이 이에 매료되는 것이다."[54] 지금은 매우 널리 퍼져 있어 대체로 당연하게 받아들이는 연극에 대한 이 신념이 그들의 신생 극단을 말리를 포함한 당시 대부분의 주요 극단들과 차별화시켜주었다. 동시에 이 편지는 오락거리에 대한, 그리고 사회에 널리 퍼진 즐거움에 대한 의구심을 거의 언급하지 않는다. 네미로비치는 코미디라면 딱 질색이었다. 그는 〈십이야〉나 〈헛소동〉 같은 작품을 "하찮은 것"이라고 일축했다. 헨리크 입센처럼 현존하는 작가들이 내놓은 최상의 비극과 비교할 때는 특히 더 그랬다. 그가 극단에서 제작을 용인할 수 있는 유일한 코미디는 〈타르튀프〉처럼 진지한 목적의식을 지닌 작품뿐이었다(스타니슬랍스키는 그 생각에 이렇게 반응했다. "〈타르튀프〉요? 나는 그 작품을 싫어합니다."55).

이 분쟁은 사실상 네미로비치의 뜻대로 해결되었다. 모스크바 관객들은 탄탄한 레퍼토리를 보유하지 못한 극단을 결코 진지하게 받아들이지 않았다. 네미로비치와 스타니슬랍스키는 극장의 기반을 다지기 위해서는 초연작이 열일곱 편은 필요하다고 결정했다.56 고전 작품만 제작해서는 불가능한 목표였다. 심지어 극단의 설립자들이 다른 데서 공연했던 작품을 빌려와야 달성할 수 있었다. 네미로비치와 스타니슬랍스키는 그 작품들을 어떤 순서로 올려야 할지 완전히 확신하지 못했지만, 둘 다 〈차르 표도르 이바노비치〉로 시작하고 싶어 한다는 것은 알고 있었다. 그들에게 필요한, 목적의식을 표방하며 웅장하게 막을 올릴 만한 작품은 그것뿐이었다.

〈차르 표도르〉는 알렉세이 톨스토이 백작(레프 톨스토이의 6촌일 것이다)이 지은 무운시blank verse 사극 희곡 3부작의 제2부이다. 이 작품은 제목에 등장하는 통치자인, 성품은 고결하지만 무능한 표도르의 짧은 통치와 수플레처럼 꺼져버린 몰락의 서사를 들려준다. 표도르가 전쟁 중인 귀족 집단들 사이에서 평화를 중재하는 데 실패하고, 결국 음흉한 친척에게 왕위를 찬탈당하는 것은 셰익스피어의 〈헨리 6세〉 3부작을 연상시킨다. 한편 몇몇 캐릭터는 〈리처드 2세〉에서 추가로 가져온 것처럼 보인다. 이 작품에서 전쟁 중인 파벌은 충직하고 자긍심 넘치는 이반 대공이 이끄는 슈이스키 가문과 차르의 처남인 보리스가 이끄는 고

두노프 가문이다. 슈이스키 가문은 고결하고 충직하며 한결같지만 동시에 고지식한 반동주의자들이다. 고두노프는 근대성을 포용하는 뛰어난 정치인이지만 늘상 수단을 정당화하기 위해 목표를 이용했다. 극이 펼쳐지는 동안 슈이스키 가문은 표도르의 왕비 자리에 이반 대공의 조카를 앉혀 고두노프 가문의 영향력으로부터 차르를 구해내려 노력하지만 끝내 실패한다. 다양한 술책으로 거듭 슈이스키 가문을 압도한 보리스는 두 가문 간의 평화 협정을 깨버리고 슈이스키 가문의 남자들 대부분을 투옥한 후 살해한다. 극의 막바지에 이르러 타타르족이 러시아를 침공할 무렵, 보리스는 군을 제외한 러시아 정부의 전 분야를 좌지우지한다. 결국 표도르는 보리스에게 군 통수권까지 넘겨주고, 표도르가 신에게 왜 자신을 차르가 되게 했느냐고 한탄하는 것으로 연극은 막을 내린다.

〈차르 표도르 이바노비치〉는 19세기 중반에 유행했던, 모스크바의 지난날을 탐구하는 작품 중 하나였다.[57] 모스크바가 러시아의 경제 실세로 떠오른 19세기에, 네미로비치의 말에 따르면, "귀족들은 서서히 가난해진 반면, 상인 계급은 (…) 국민 생활 전체에 촉수를 뻗었고," 러시아는 자국의 역사 쪽으로 방향을 틀었다.[58] 18세기 초에야 만들어진 도시인 상트페테르부르크는 그리 많은 과거를 갖지 못했지만, 모스크바는 풍부한 과거를 갖고 있었다. 신석기 시대에 인류는 이미 모스크바에 정착했고, 모스크바는 습지로 둘러싸인 라이벌 도시보다 최소 800년은 더 오래된 도시였다. 셰익스피어 시대에 많이들 그랬듯, 작가들은 당대의 문제점을 이해하고 논평하기 위해 국가의 과거를 파고들었다. 〈차르 표도르〉는 최초의 두 정당—이후 고두노프의 독재 모의로 산산조각 난—이 벌인 경합의 형태로 공화주의 정신이 짧게나마 경쟁적으로 꽃

피운 시기를 극화함으로써 역사 탐구 작업을 수행했다.[59] 이 작품에 담긴 진정한 비극은 더 민주적으로 건설된 러시아라는 꿈이 죽임을 당한 것이다.

스타니슬랍스키의 관객들은 이 비극을 더 친숙하게 느낄 터였다. 농노제를 폐지한 위대한 '해방자' 알렉산드르 2세는 재위 기간 동안 러시아 사회를 민주화하기 위한 다양한 조치를 취했다. 관료 조직과 군부를 개혁하고 러시아 경제를 근대화했으며 지역의 현안을 관리하는 젬스트보, 또는 지역평의회를 제도화했다. 1881년 그가 암살당한 후 반유대주의 독재자 알렉산드르 3세가 왕위를 계승했다. 거인Colossus이라는 별명을 가진 새 차르는 통치 기간의 대부분을 아버지가 단행했던 개혁을 되돌리면서 보냈다.[60] 젬스트보를 파괴하려고 시도했고, 러시아의 검열법을 강화했으며, 악랄한 비밀경찰 오흐라나를 창설했다.[61] 한 비밀경찰 서장이 밝혔듯, 오흐라나는 "의무감 때문이 아니라 신념을 갖고" 테러리스트와 좌익을 쫓았다. "그것은 성공이 가져다주는 쾌락을 즐기는 교활하고 위험한, 사냥과 다르지 않은 기술이었다."[62] 알렉산드르의 뒤를 이은 니콜라이 2세는 아버지가 사랑한 전제정치에 우유부단함, 사소한 것까지 일일이 챙기는 지나친 꼼꼼함, 무능력을 결합시켰다. 검열관들은 공화주의를 타도하는 현실 정치를 묘사한 〈차르 표도르〉가 당대의 상황을 반영한 작품임을 처음부터 파악하고 있었기 때문에 오랫동안 이 작품의 공연을 금지해왔다.[63] 그러나 스타니슬랍스키와 네미로비치는 정치적 연줄이 있으니 작품 공연 허가를 받아낼 수 있을 거라 자신했다.

스타니슬랍스키는 〈차르 표도르〉를 주체할 수 없을 만큼 감동적인 작품으로 여겼다. 그가 네미로비치에게 작품을 보냈을 때, 그의 파트너도 똑같은 감정을 느꼈다. "일전에 아내와 나는 〈표도르〉를 큰 소리로 읽었습니다."[64] 네미로비치가 스타니슬랍스키에게 썼다. "그리고 바보들처럼 큰소리를 쳐댔죠. 정말 놀라운 작품입니다. 하늘이 주신 선물이에요." 검열관들에 의해 30년 동안 모스크바 무대에 오르지 못했던 〈차르 표도르〉를 초연하는 것은 예술적인 쿠데타가 될 터였다. 이 작품은 스타니슬랍스키에게 무대 디자인에 대한 그의 획기적인 접근법이 얼마나 훌륭한지를 입증할 기회도 제공할 터였다.[65] 작품의 배경이 된 시대의 구체적인 디테일을 정교하게 구현하고, 당시를 풍미하던 자연주의가 한껏 발휘된 무대 디자인 말이다.

스타니슬랍스키는 무수히 많은 세트를 구상했고 네미로비치가 그 접근법을 뒷받침할 해석의 윤곽을 잡았지만, 극단이 보유한 비밀 병기인 화가 빅토르 시모프가 없었다면 세트 디자인은 결코 실현될 수 없었을 것이다. 시모프는 자연주의 미술의 산실인 모스크바 회화학교에서 공부했다.[66] 슬라브주의적인 관점을 갖추고 출신 배경에 상관없이 학생들에게 문호를 개방한 이 학교는 좀더 유럽 중심적이던 상트페테르부르크의 예술아카데미와는 대척점에 서 있었다.[67] 학교의 책임자들은 학생들에게 민속적인 주제와 이미지를 작품에 통합시켜보라고 권했다. 시모프는 이동파the Wanderers와도 교류했다.[68] 예술가 집단인 이동파가 자체적으로 비용을 조달해 개최한 순회 전시회는 러시아의 사실주의 운동을 지방으로 확산시키는 데 기여했다. 그들의 작품에는 후원자의 취향이 반영되었다. 섬유업계의 거물이면서도 꾸밈없는 예술을 선호한 후원자는 언젠가 인터뷰에서 이렇게 말했다. "나는 풍부한 자연 풍광, 정교한 구도, 극적인 조명은 물론, 그 어떤 경이로운 이미지도 원하지 않습니다. 그저 흙탕물이 담긴 연못을 실감나게 표현해주세요."[69] 이동파는 자연주의적인 시골 정경이나 풍경을 그렸고, 유럽의 기술을 슬라브적인 소재와 이미지에 결합시켰다. 이는 스타니슬랍스키가 〈차르 표도르〉를 작업하면서 바랐던 것과 사뭇 비슷했다.

하지만 스타니슬랍스키의 연극 작업에는 큰 난관이 하나 있었다. 그가 러시아 역사에 완전 문외한이라는 점이었다.[70] 경력 내내 그랬던 것처럼 그는 강박적인 연구를 통해 이 문제를 해결하기로 결심했다. 1898년 5월, 스타니슬랍스키는 시모프, 조연출 사닌을 포함한 몇 명과 함께 작품의 시대적 디테일을 조사하기 위해 로스토프의 소도시로 출발했다.[71] 어렸을 때 시각예술 교육을 받았던 스타니슬랍스키는 창문이 됐건 부츠가 됐건 잃어버린 러시아의 과거를 소환하는 데 도움이 될 만한 것은 무엇이든 스케치했다. 그들은 값싼 장신구와 식기를 비롯한 소품들을 사들였고, 할 수 있는 한 그 분위기에 흠뻑 빠져들었다.

이 여행은 스타니슬랍스키를 만족시키기는커녕 러시아에 대한 그의 입맛만 돋웠다. 그는 푸시키노에서 창단식을 열기 직전인 6월 초에 다시 길을 나섰다. 이번 여행은 정말 멋졌다.[72] 예술문학협회의 한 회원이 극단에 전용 열차를 빌려주었다. 스타니슬랍스키와 그의 아내 릴리나(신생 극단에서 연기도 하고 의상도 만들고 있었다), 시모프, 사닌, 그리고 배우 몇 명이 함께 볼가강을 따라 여러 소도시를 여행했다. 스타니슬랍스키의 표현을 빌리자면, 그곳에서 그들은 "눈부시게 아름다운 고대 유물"을 발견했다.[73] 열차로 203킬로미터의 여행을 다니는 동안 단원들은 식사를 하고 춤을 추며 다함께 성대하게 즐겼다.

여행객들은 특히 이반 뇌제의 소유였던 고대 성채kremlin와 종탑으로 유명한 대성당에서 깊은 인상을 받았다. 당시 이반 성채의 주인은 부유하고 괴팍한 현지인이었는데, 스타니슬랍스키는 주인을 제대로 홀린 덕에 말 그대로 성의 열쇠를 건네받는 데 성공했다. 스타니슬랍스키와 단원들은 절반은 폐허, 절반은 박물관인 그 성채에서 여러 날을 머물렀다. 그들은 눈에 띄는 모든 것을 스케치했다. 그리고 촛불로만 밤을 밝힐 수 있는 고성에서 하룻밤을 보내며 고풍스러운 분위기에 푹 빠져 보기로 결정했다. 밤샘 파티가 이어지던 중에 스타니슬랍스키는 한밤중에 잠에서 깼다. 어른대는 그림자에 둘러싸인 가운데 누군가 다가오는 발소리가 들렸다. 차르의 방에 있는 낮은 문들 중 하나가 열리자 흔들리는 어둠 속에서 한 배우가 구부정한 모습으로 나타나더니 곧 몸을 세웠다. 마치 고대 러시아가 눈앞에 구현된 것 같았다. 스타니슬랍스키는 특히 문에 주목했다. 문이 하나같이 낮아서 차르 앞에 서고자 하는 사람은 어쩔 도리 없이 허리를 숙여 절을 해야 했는데, 이 장면이 연출가가 추구하는 권력의 역학 관계를 공간적으로 표현한 듯한 인상을 받았던 것이다.

이튿날 스타니슬랍스키는 종소리를 들었다. 로스토프-야로슬랍스키의 종탑은 대성당 꼭대기에 위치한 기다란 회랑으로 저음부터 고음까지 수십 개의 종이 매달려 있었다. 종은 밧줄을 잡아당기는 방식이 아닌 종치기가 종종걸음으로 앞뒤를 오가며 정확히 시간에 맞춰 손으로 울리게 하는 방식이었다. 스타니슬랍스키는 멜로디와 타이밍, 종소리와 종소리 사이의 포즈를 기록했다. 이 모든 것이 그의 작품에 영향을 줄 터였다.

증기선을 타고 볼가강을 거슬러 올라가는 동안 그들은 구입한 의상을 차려입고 음악을 연주하고 춤을 추며 승객들과 함께 즐거운 시간을 보냈다. 시모프와 스타니슬랍스키는 구석에 붙어 앉아 배우들을 관찰하며 의상이 어떻게 몸을 감싸는지, 동작에는 어떤 영향을 주는지, 조명에 따라 어떻게 보이는지를 주의 깊게 살펴보았다.

스타니슬랍스키는 두 번의 여행과 영어로 쓰인 16세기 여행서의 번역본에서 그가 원하는 것을 발견했다. 스타니슬랍스키와 시모프는 함께 디자인 문제를 고심했다. 스타니슬랍스키가 지닌 끈기와 매력이 조화를 이루어 세트 디자이너에게 마법을 부린 것이 분명하다. 1898년 7월 7일 드디어 베일을 벗은 열한 개의 세트 모형에 푸시키노의 배우들은 완전히 넋이 빠져버렸다. 메이예르홀트는 편지에 이렇게 묘사했다. "아름다움, 독창성, 진실성 면에서 이보다 더 뛰어날 수는 없을 거야. 몇 시간이고 세트만 보고 있어도 절대 지겹지 않을 거야."[74]

스타니슬랍스키는 네미로비치에게 보낸 편지에서 자신의 작업에 대한 자긍심과 더불어 제국 극장을 향한 오이디푸스적 불만을 드러냈다. "이토록 진실한 옛 러시아는 러시아에서 한 번도 본 적이 없습니다." 그는 선언했다. "이것은 **진짜** 과거, 말리에서는 꿈조차 꾸지 않던 과거입니다."[75] 세트는 그야말로 파격이었다. 시모프와 스타니슬랍스키는 방의 일부만 보여줌으로써 연기하는 공간이 무대 밖까지 이어져 있다는 착각을 불러일으키는 방법을 선호했다. 세트는 비대칭적이었고, 종종 관객을 똑바로 향하지 않는 경우도 있었으며, 극단적이다 싶을 정도로 세밀했다. 첫 번째 신의 배경은 모스크바를 굽어보는 지붕 위인데 무대의 한쪽 끝에 지붕의 일부만 보이게 해놓았다. 시모프는 고두노프의 방에 오리지널 벽화를 그려 근대화가 진행 중인 러시아에 대한 그의 비전을 담아냈다.[76] 그중에서도 숨이 턱 막힐 만큼 놀라운 디자인은 슈이스키의 정원이었다.[77] 이 세트는 잘라낸 나뭇가지와 체목體木으로 둘러싸여 있었다. 세트의 일부를 무대 앞쪽의 각광脚光 앞에 배치해 관객에게 숲속의 은밀한 곳에서 펼쳐지는 행동을 엿보는 것 같은 환상을 제공했다.

이런 혁신 중에 저렴한 것은 하나도 없었다.[78] 첫 공연의 디자인을 끝냈을 무렵 신생 극단은 파산 직전이었다. 미래의 성공을 자신했던 네미로비치는 개인적으로 1만 루블을 융통해 극단의 대차대조표에 들이부었다.

스타니슬랍스키의 입장에서 보면, 이 모든 웅장함은 더 높은 목적에 기여했다. 시모프의 세트는 멜로드라마 스타일의 연기가 서투르거나 어울리지 않는다고 느껴질 수 있는 환경을 조성했다. 배우들에게는 연극이 어떤 종류의 작업을 요구하는지 알려주는 소통 역할을 했다.[79] 또한 관객을 황홀경에 빠뜨리면서 연극이 어떻게 공연되어야 하는지에 대한 선입견을 극복하게 도와주었다. 게다가 스타니슬랍스키가 솔직하게 인정한 바에 따르면, 연기가 그다지 훌륭하지 않은 날에는 세트가 관객의 시선을 돌릴 수 있는 훌륭한 대상이 되어줄지도 모른다.[80] 스타니슬랍스키의 바람은 비극을 향해 느릿느릿 전진하는 러시아 사회의 복잡다단함을 무대에 올리는 것 그 이상도 이하도 아니었다.

스타니슬랍스키는 〈차르 표도르〉가 연출가로서 자신의 역량을 선보일 작품이 될 수 있다는 사실을 놓치지 않았다. 그는 특히 정교하게 연출된 야외 군중 신과 무언극을 제대로 활용했다. 4막의 간단한 지문은—

야우자강의 강둑. 강을 가로지르는 다리가 있다. 더 먼 강둑에는 관문으로 차단된 보루가 있다. (…) 다양한 계급의 사람들이 한가로이 다리를 건너고 있다.[81]

—스타니슬랍스키의 풍부한 상상력 속에서, 처음에는 유대인 상인,

이어 독일인 곡물상, 세탁부, 진짜 말과 수레, 어부 등등이 등장하며 장장 열네 문단에 달하는 단막극으로 재탄생했다. 전적으로 스타니슬랍스키가 만들어낸 독일인 부부 캐릭터의 체형("뚱뚱하다")과 태도("젠체한다")와 옷차림("이국적인 의복") 등을 묘사한 뒤, 배에서 물건을 내리는 러시아인들의 말을 이해해보려 애쓰는(그리고 실패하는) 긴 무언극이 뒤따른다. 그리고 일꾼들은?—

> 음유시인이 노래를 하는 와중에도 고된 노동에 지칠 대로 지친 노동자들은 가수는 안중에도 없이 짐만 나르고 있다. 노래에 신경 쓸 틈이 없다! (…) 그러나 반란의 순간 그들은 누구보다 끔찍한 방식으로 자신들의 노예 신세를 복수할 기회를 노린다. 전체 신이 전개되는 동안 일꾼 셋이 짐을 겨우 여섯 자루만 옮긴다는 것을 명심하라. 첫 번째 일꾼과 두 번째 일꾼이 다리 건너 무대 밖으로 자루를 들고 나가 바지선(바지선의 선미는 왼쪽 무대 밖으로 사라진다)에 실은 다음 빈손으로 돌아온다.[82]

여름 동안 극단의 솜씨는 나날이 발전했다. 단원들은 6월과 7월 내내 〈베니스의 상인〉〈안티고네〉〈한넬레의 승천〉〈차르 표도르〉를 포함한 여러 작품을 리허설했다. 검열관들이 승인한 작품은 한 편도 없었지만 극단은 승인을 받은 양 작업을 계속했다. 네미로비치는 7월 24일에 도착했다.[83] 그는 스타니슬랍스키와 함께 류비모브카에서 지내며 배우들 한 명 한 명이 각자의 역할을 소화해내게끔 만드는 고된 작업을 하고 돌아온 참이었다. 다르스키는 기회를 엿보다가 네미로비치를 한쪽으로 불러 스타니슬랍스키의 방식에 대한 불만을 털어놓았다.[84] 각 캐릭터가 각 장면마다 차르 앞에서 세 번씩 절하는 것만으로도 충분히 괴로운데 스타니슬랍스키는 리허설에서도 계속 절을 시킵니다. 배우들에게 한 번에 스무 차례 이상 절하도록 강요하고 있어요. 막을 방법이 없을까요? 이런 상황은 사람 진을 빼놓는 것은 말할 것도 없고 모욕적이기까지 했다. 네미로비치는 할 수 있는 일을 찾아보겠다고 말했다. 그는 스타니슬랍스키에게 쪽지를 건넸고, 두 사람은 함께 극의 몇 장면을 수정했다.

8월에 스타니슬랍스키가 떠나고 네미로비치가 그 자리를 이어받았다.[85] 스타니슬랍스키는 모스크바에서 극단에 다시 합류할 9월까지는 돌아오지 않을 터였다. 그 기간 동안 그는 〈표도르〉에 쓸 소품을 더 구입하기 위해 니즈니노브고로드로 여행을 갔고, 그 뒤에는 형의 집에 머무르면서 시즌 마지막 작품을 위한 연출 노트 작성 작업을 시작했다.[86] 그가 완벽하게 이해했는지 확신이 서지 않는, 많은 이들이 싫어하는 작품을 위한 노트였다. 그러나 신생 극단을 대중의 뇌리에 선명하게 각인시켜줄 작품이었다. 초연도 아니고 고전도 아니었다. 러시아 연극사에서 가장 악명 높은 실패작이자, 특이하고 딱히 이렇다 할 주제가 없는 것처럼 보이는 작품. 바로 네미로비치의 절친한 친구 안톤 체호프가 쓴 〈갈매기〉였다.

3장
〈갈매기〉 공연, 대성공, 끝없는 커튼콜

"**코**미디—여자 셋, 남자 여섯, 시골 풍경///문학에 관한 수많은 이야기, 드문 행동, 넘치는 사랑."[1] 안톤 체호프는 1895년에 쓴 편지에서 새로 완성한 희곡 〈갈매기〉를 이렇게 묘사했다. 그는 작품의 완성도에 확신이 없었고—어쩌면 극작가로서의 소질이 없는 것 같다고 생각했을지도 모른다—그래서 네미로비치를 포함한 몇몇 친구에게 희곡을 보냈다. 그러고는 의견을 듣기 위해 네미로비치를 찾아갔다. 네미로비치는 책상 너머에 앉아 시골 의사이자 저명한 작가인 체호프의 뒷모습에 대고 자신의 비평을 들려주었다.[2] 체호프는 창밖을 응시한 채 한 시간 내내 뒤를 돌아보지도, 지적하는 한 마디 한 마디를 놓치지도 않았다. 체호프의 소심한 성격은 그의 생전에도 유명했다. 그가 쓴 작품에 등장하는 캐릭터들처럼 그는 특히 감정에 관한 한 속내를 분명히 표현하느라 자주 고군분투하거나, 또는 그저 거부했다. 툭하면 민망해하고 망신을 당할까 경계하면서 신랄한 재치 뒤로 불안을 숨겼다.

네미로비치는, 그가 내놓은 의견과는 별개로, 이 작품이 무척 마음에 들었다. 그러나 그와 같은 견해를 가진 사람은 많지 않았다. 체호프는 알렉산드르 렌스키—몇 년 뒤 네미로비치가 첫 번째로 선택한 극장을 얻게 될 바로 그 배우이자 연출가—에게도 작품을 보냈고, 렌스키는 희곡에 대한 의견을 편지로 답했다. 네미로비치가 이해하기 쉽도록 바꿔 표현한 말에 따르면, 렌스키가 체호프에게 보낸 편지에는 이런 취지의 말이 쓰여 있었다. "내가 당신의 재능을 얼마나 높이 평가하는지는 당신도 알 겁니다. 정확히 바로 그 이유 때문에 대단히 솔직하게 말해야겠군요. (…) 무대를 위한 글쓰기를 그만두십시오. 무대는 당신이 향해야 할 곳이 전혀 아닙니다."[3]

〈갈매기〉에 나오는 "드문 행동"의 배경은 은퇴한 공무원 표트르 니콜라예비치 소린의 호숫가 영지다. 소린의 여동생이자 유명한 배우 이리나 아르카디나는 연인인 소설가 트리고린, 우울증에 시달리는 작가 지망생 아들 트레플레프와 함께 휴가를 보내려고 그곳을 방문했다. 클리셰에 신물이 난 트레플레프는 "새로운 형식"을 갈망한다. 연극의 1막에서 그는 직접 집필한 상징주의적 대본을 무대에 올린다. 주연은 부유한 이웃집 딸인 니나 자레치나야가 맡았다. 니나의 배역 이름은 번역본에 따라 다른데, 아무튼 니나는 지구가 새로운 빙하기에 굴복하면서 모든 것이 죽어버린 먼 미래에 살고 있는 영혼인 세계 영혼World Soul 또는 세계 비탄World Grief을 연기한다. 아르카디나는 연극이 초연되는 동안 작품에 대해 잔소리를 해대고, 트레플레프는 자리를 박차고 나가면서 공연을 중단시켜버린다.

〈갈매기〉의 상당 부분은 "삼각"이라는 단어로는 설명이 불가능한, 훨씬 더 추상적이고 기하학적 형태에 다다를 만큼 복잡하게 얽힌 어긋난 사랑을 다룬다. 소린의 영지는 샤므라예프라는 남자와 그의 아내 폴리나가 관리하고 있다. 폴리나는 지역 의사인 도른과 불륜 관계다. 지역 교사인 메드베덴코는 폴리나의 딸 마샤와 결혼하고 싶어 하지만, 마샤는 트레플레프를 사랑하고, 트레플레프는 니나를 사랑하며, 니나는 아르카디나의 연인인 트리고린과 사랑에 빠진다. 트레플레프는 스스로에게도 온전히 설명할 수 없는 이유로 갈매기를 쏘고 그걸 니나에게 선물로 준다. "당신은 세상을 너무 모호하게 봐요."[4] 니나가 그에게 (그리고 어쩌면 작품 자체에 대해) 하는 말이다. "이 갈매기도 무슨 상징인 것 같은데, 미안하지만 나는 이게 무슨 뜻인지 모르겠어요." 트레플레프는 총으로 자살을 시도하지만 실패한다. 총알은 머리를 살짝 스쳤을 뿐이다. 니나는 트리고린에게 적극적으로 다가가 그의 저서 중 한 권의 쪽수와 행수가 새겨진 메달을 선물한다. 찾아보니 이런 구절이었다. "당신에게 내 생명이 필요하면, 와서 가져가세요."[5] 아르카디나가 소린의 영지를 떠날 준비를 하는 동안 트리고린과 니나는 모스크바에서의 밀회를 계획한다.

이 모든 것은 2년 후가 배경인 희곡의 4막이자 마지막 막을 위한 프롤로그 역할을 한다. 마샤는 따분한 교사와 결혼했다. 트레플레프는 이따금 소설을 발표한다. 니나를 위해 아르카디나를 떠났던 트리고린은 다시 아르카디나를 위해 자신의 아이를 임신한 니나의 곁을 떠났다. 이제 여배우가 된 니나는 시골 지역으로 투어를 다니면서 근근이 생계를 이어가고 있다. 소린의 건강이 악화되면서 모두가 그의 영지로 돌아온다. 니나와 트레플레프는 다시 만나지만 불행한 재회였다. 트레플레프는 불멸의 사랑을 외치지만, 니나에게 그런 것은 불가능하다. "이제 알아요. 우리 일에서 (…) 중요한 것은 (…) 견디는 능력이라는 것을." 그녀가 말한다. "당신의 십자가를 짊어지는 법을 배우세요. 믿음을 가져요. 나는 믿음이 있기 때문에 덜 고통스럽답니다."[6] 니나는 1막에 등장했던 트레플레프의 실패한 묵시록적 희곡의 일부를 낭송한 뒤 떠난다. 트레플레프는 홀로 무대 위에서 2분을 보낸다. 그는 자신의 원고를 모두 찢어버리고 밖으로 나가 총으로 자살한다. 이번에는 자살에 성공한다.

〈갈매기〉의 대부분은 자잘한 일상사, 예컨대 로토 게임, 하찮은 언쟁, 연극이나 코담배의 유해함에 관한 대화 등을 자세히 이야기하는 데 할애되어 있다. 이 희곡의 가장 중요한 비밀 중 하나인 도른이 마샤의 아버지라는 사실은 텍스트에 필수적인 내용이면서도 결코 드러내지 않는다.[7] 〈갈매기〉에는 관객이 누가 좋은 사람인지 나쁜 사람인지, 중요한 인물인지 아닌지를 가늠할 만한 표식이 상당히 부족하다. 심지어 어떤 사건에 주목해야 하는지조차 알쏭달쏭하다. 또한 이 작품은 모호함으로 가득 차 있다. 니나는 뛰어난 배우인가? 트레플레프의 희곡은 진정한 시가 펼쳐진 순간인가, 아니면 상징주의에 관한 풍자인가? 아르카디나와 트리고린은 돈만 좇는 예술가인가, 아니면 질투심에 사로잡힌 트레플레프가 그들을 그런 사람들로 보는 것일 뿐인가? 이건 누구의 이야기인가? 삶의 모든 일상적인 디테일들은 어떻게 어우러지는가?

니나가 영지에서 보낸 시간이 "꿈"이었다고 혼잣말할 때, 그 말은 다방면에서 작품 전체를 묘사하고 있다. 꿈이 그렇듯 〈갈매기〉는 사적인 암호에 영향을 받는데, 하나는 문학과 관련된 언급들, 다른 하나는 체호프의 개인사에서 가져온 사건들이다. 이 작품의 유명한 첫 대사("당신은 왜 항상 검은 옷을 입나요?" "내 삶을 애도하는 중입니다.")는 기 드 모파상에게서 따온 것이다.[8] 플롯의 대부분은 이반 투르게네프의 〈시골에서의 한 달〉에서 가져왔다. 총에 맞은 갈매기는 입센의 〈들오리〉를 참고했으며, 트레플레프의 상징주의 희곡은 게르하르트 하웁트만의 〈한넬레의 승천〉에 올리는 인사다.[9] 트레플레프, 아르카디나, 트리고린 사이의 심리적 역학 관계는 햄릿과 거트루드와 클라우디우스의 관계를 상기시킨다. 심지어 아르카디나와 트레플레프는 서로에게 〈햄릿〉의 대사를 인용하기까지 한다.

희곡 곳곳에는 체호프의 인생사가 파편적으로 퍼져 있다. 호숫가 배경, 트레플레프의 첫 자살 시도, 짝사랑으로 인한 우울증, 새를 죽이는 것 등은 전부 체호프의 친구 이사크 레비탄에게서 가져온 것이다.[10] 체호프는 자기의 성격과 자전적 이야기를 도른, 트레플레프, 트리고린에게 고루 투영했다. 트리고린의 저작에서 가져온 인용문은 체호프의 소설에서 발견할 수 있다. 또한 핵심적인 두 개의 사건은 체호프의 연애사에서 가져온 것이다. 실제로 체호프의 열렬한 팬인 리디아 아빌로바는 체호프에게 니나가 트리고린에게 준 것과 똑같은 메달을 보냈다.[11] 그녀는 체호프에게 이 선물을 어떻게 생각하느냐고 물었고 체호프는 리디아를 〈갈매기〉 초연에 초대했다. 그리고 니나/트레플레프/트리고린의 삼각관계는 체호프와 그의 친구 포타펜코가 리카 미지노바라는 재능 없는 젊은 여배우의 애정을 두고 벌인 실제 경쟁 관계를 상기시킨다.[12] 희곡을 완성했을 때, 포타펜코는 체호프가 이 작품을 읽어도 좋다고 허락한 몇 안 되는 사람 중 한 명이었다.

개인적인 기표들의 이중 격자 구조는 텍스트와 의미 사이에 간극을 만드는데, 이를 표현하기 위해 체호프는 또 다른 장치를 사용한다. 대화가 이어지지 않고 등장인물들이 마음에 하고 싶은 말이 가득하나 입밖에 낼 수 없을 때 침묵의 순간들과 잦은 포즈를 넣는 것이다. 체호프는 친구에게 보낸 편지에서 이렇게 밝혔다. "나는 극예술의 모든 법칙에서 벗어나 이 작품을 포르테(forte, '세게'-옮긴이)로 시작해서 피아니시모 (pianissimo, '매우 여리게'-옮긴이)로 끝냈네."13 그러나 네미로비치는 제대로 제작만 한다면 이런 반칙이 〈갈매기〉를 성공시킬 열쇠가 될 거라고 생각했다.14 이 작품은 긴 장면들 간의 역동성을 만들어내는 동시에 톤을 세심하게 관리하면서 작품의 내용에 아주 감성적으로 접근할 수 있는 연출가가 필요할 것이다. 또한 작품의 기이한 리듬과 절제된 스타일을 받아들이는 데 전념할 출연진, 그리고 관객을 유혹할 디자인이 필요했다.

상트페테르부르크의 알렉산드린스키 극장에서 처참하게 실패한 〈갈매기〉 초연에는 이런 것이 하나도 없었다. 대신 단 몇 번의 리허설, 작품에 대해 근본적으로 상반된 생각을 가진 출연진, 창고에 쌓여 있던 쓰고 남은 세트가 다였다.15 "개미굴 같은 우리 집도 그보다 난장판은 아니었습니다."16 작품에 출연했던 여배우가 제작 과정을 지배한 일대 혼란을 떠올리며 한 말이다. 알렉산드린스키 극장은 대중의 사랑을 받는 희극 배우 엘리자베스 레브케예바가 자신을 기념하는 자선 행사의 일환으로 〈갈매기〉를 공연해달라고 요청해 이 연극을 무대에 올렸다.17 코미디를 볼 거라 기대하며 극장에 온 관객들은 작품이 웃기지 않자 작품을 조롱하기 시작했다. 조소가 폭소를 대체했고, 야유와 괴성이 어찌나 큰지 대사가 들리지 않을 정도였다. 평론가들은 망연자실했다. 안 좋은 쪽으로. 한 평론가는 이렇게 썼다. "내가 극장을 다닌 지도 (…) 20년이 훨씬 넘었다. (…) 엄청나게 많은 '망작'을 목격해왔지만, 〈갈매기〉의 객석에서 일어난 것과 비슷한 일은 전혀 본 기억이 없다."18 『페테르부르크 가제트』는 연극이 "퇴폐적인 권태"로 가득하다고 썼고, 『페테르부르크 데일리』는 "모든 막이 끔찍하게 지루한" 데다 "삶과 인간에

대한 무지"는 덤이라고 투덜거렸다.[19]

창피함을 결코 가벼운 일로 치부하지 않는 체호프는 큰 충격을 받았다. 그는 공연 후반부에 분장실에 있다가 슬며시 집에 갔다며 거짓 주장을 폈다. 그러나 연출가의 회고록에 의하면, 체호프는 연출가의 사무실에 들이닥쳤다. "그의 입술은 퍼렇고 얼굴은 찌푸린 채로 굳어 있었다. 그는 들릴 듯 말 듯한 목소리로 말했다. '작가는 망했소!'"[20] 그러고는 상트페테르부르크의 차가운 길거리로 뛰쳐나갔다. 네미로비치는 체호프가 도시를 배회하며 몹시 추운 밤을 보냈다고 했다. 얇은 코트 차림으로 네바 강변에서 벌벌 떨고 있었다는 설도 있다. 그가 결핵을 앓고 있었다는 점을 고려할 때 두 이야기 모두 슬프고 창피한 상황에서 체호프가 목숨을 건 도박을 하기로 결심한 것으로 묘사된다. 네미로비치에 따르면, 이 사건의 여파로 "우리는 더 이상 체호프를 평범한 인간 말고는 그 어떤 다른 모습으로 상상할 수 없게 되었다. (⋯) 보이지 않는 병 때문에 눈에 띌 정도로 허약해진 (⋯) 그는 갈수록 글을 덜 썼고 (⋯) 스스로에게 점점 더 엄격해졌다."[21]

네미로비치는 〈갈매기〉의 공연 판권을 가져와야 한다고 단호하게 주장했다. 그래야 그도 〈차르 표도르〉와 경쟁할 만한 대표작을 가질 수 있을 것이다. 네미로비치는 체호프를 흠모했다. 그가 신생 극단을 설립한 이유 중 하나가 친구의 글을 정당하게 평가받게 해주기 위해서였다. "나는 동시대 작가들 중 재능이 가장 뛰어나지만 아직 충분히 이해받지 못하는 작가들만 양성하기로 결정했네." 네미로비치는 1898년 4월 체호프에게 썼다. 체호프와 〈갈매기〉는 그의 명단 맨 위에 자리하고 있었다. 체호프의 희곡은 "문학적 소양과 감각이 있는 사람, 작품이 지닌 아름다움의 진가를 알아볼 수 있는 사람이면서 동시에 유능한 연출가

가 내놓을 수 있는 방식으로 세상에 선보여야만" 관객에게 제대로 먹혀들 수 있을 것이다.[22]

　체호프는, 어쩌면 당연하게도, 거절했다. 훌륭한 제작자인 네미로비치는 그들의 우정을 걸고 솔직히 말했다. "나는 상처받을 걸세."[23] 〈갈매기〉를 무대에 올리지 못한다면 그렇게 될 거라고 네미로비치는 썼다. 혹시 편지 대신 그가 직접 체호프를 찾아가 의견을 개진한다면 어떨까? 친구가 그리웠던 체호프는 네미로비치의 방문과 희곡을 맞바꿨다. "제발 와주게! 와주게나, 여기에 좋은 친구가 있네, (…) 그저 자네를 보고 이야기를 나누는 기쁨만으로도 자네에게 내 모든 작품을 내어줄 준비가 되어 있네."[24]

　네미로비치가 머뭇거리는 친구의 손에서 권리를 빼내는 데 성공한 것은 푸시키노에서 리허설을 시작하기로 예정된 날짜를 불과 한 달 앞둔 시점이었다. 이제 그는 새로운 도전에 직면했다. 〈갈매기〉를 혼란스러운 작품이라고 생각하는 스타니슬랍스키. "무대가 그려지지 않는 것 같았다." 연출가는 『나의 예술 인생』에 썼다. "단조롭고 지루해 보였다." 그는 희곡에 대한 네미로비치의 설명을 들은 후에야 작품을 이해할 수 있었다. 하지만 네미로비치가 방을 나가자마자 스타니슬랍스키에게 다시 안개가 내려앉았다. 네미로비치는 류비모브카에서 꼬박 이틀 동안 그의 파트너에게 대본 한 줄 한 줄을 설명하는 과감한 조치를 취했다. 그런 과정을 통해 준비를 마친 스타니슬랍스키는 연출 노트 작업을 위해 떠났고, 네미로비치가 푸시키노의 일상 업무를 떠맡았다.

　스타니슬랍스키는 형의 하르키우 영지에 있는 탑에 앉아 러시아 스텝 지대의 끝없이 이어지는 보리 바다를 응시하면서 책상에 놓여 있는 부서진 꿈과 좌절된 욕망으로 점철된 호숫가 이야기를 무대에 올릴 방법을 상상했다. 〈차르 표도르〉 연출 노트는 리허설을 시작할 때까지도 완성이 안 된 상태였다. 〈갈매기〉의 연출 노트에는 "어떻게, 어디서, 어떤 방식으로 각각의 역할과 작가의 힌트를 이해하는지, (…) 어떻게 연기하고 움직일지, 위치를 어떻게 바꿀 것인지"를 공들여 세세하게 설명해야 했다. 그렇게 해야 네미로비치와 사닌이 그가 자리를 비운 동안 연극을 무대에 올릴 수 있게 준비하고, 9월 중순에 그가 돌아왔을 때 일을 인계받도록 만들 수 있었다.

스타니슬랍스키가 훗날 『나의 예술 인생』에 썼듯, 그는 〈갈매기〉를 니나가 트레플레프의 희곡을 두 번 낭송하는 여정이자 스타니슬랍스키 자신의 삶을 반영한 작품이라고 생각했다.[25] 첫 번째 낭송에서 젊고 순진한 소녀는 마치 소년 시절의 스타니슬랍스키처럼 감정의 겉모습만을 모방할 뿐이다. 그녀가 보여준 '세계 비탄'은 모방에 대한 모방이다. 굴곡 없는 삶을 살아온 그녀는 지구상의 다른 모든 생명체와 더불어 소멸된 "사람들, 사자들, 독수리들, 뇌조들, 뿔 달린 사슴들"을 진정으로 애도할 수 있는 역량이 없다.[26] 작품이 끝날 때 자기 인생을 망치고, 트레플레프에게 상처를 주고, "매우 나태하게 (…) 그녀를 망가뜨린" 트리고린에 의해 고통받은 그녀는 마침내 진정한 비탄을 만나게 된다.[27] 그녀는 결국 진실되고 진정한 감정을 **연기**해낼 수 있다. 연기에 필요한 삶을 경험했기 때문이다. 그녀가 할 수 없는 것은 트레플레프의 망가진 영혼을 고치는 일이다. 니나가 마지막으로 트레플레프를 거절했을 때 트레플레프에게 남은 것은 오직 죽음뿐이었다.

스타니슬랍스키는 이 모든 개인적인 의미를 한참이 지난 후에야 볼 수 있었다. 형의 영지에 있을 때는 연출 노트의 결과물을 어떻게 평가해야 할지 확신하지 못한 채로 직관에 의지했다. 그가 체호프의 희곡이 작동하는 데 필요한 불가사의한 특징을 아직 분명히 설명할 수 없었다 해도 혁명적인 미장센으로 그것들을 현실로 소환할 수는 있었다. 그가 작품을 이해하지 못했을 수도 있지만, 그는 작품과 "정서적으로 한 묶음이 되었다."[28]

그가 준비한 노트는 정밀하고 아름다웠다. 무수히 많은 부품들로 이루어진 시계처럼 각각이 완벽하게 동기화되어 움직였다. 노트에는 정교하게 그린 무대 도해가 가득했고, 그걸로도 충분하지 않으면 관객의 시점에서 봤을 때 바람직한 무대를 선화로 그렸다. 스타니슬랍스키는 1막을 진행할 8월의 정확한 날짜를 확정했다. 1막에 묘사된 달빛이 비추는 날이었다. 포즈의 길이는 초 단위까지 작업했다. 소리에도 각별히 신경을 써서 무대 뒤에서 들려오는 노랫소리와 벌레 소리, 새소리, 개구리 소리를 묘사했다. 이 모든 것이 "관객이 등장인물들의 서글프고 단조로운 인생을 느끼는 데" 기여할 것이다.[29] 가장 대담한 연출 아이디어 중 하나는 극이 시작하자마자 등장한다. 그는 트레플레프의 연극이 공연되는 임시 무대를 비스듬하게 설치하는 게 아니라 객석을 직접 향하게 했다. 다른 등장인물들은 벤치에 무대 안쪽을 보고 앉아 있다. 스타니슬랍스키는 배우가 객석을 등지고 앉을 정도로 관객을 무시하는 방법을 통해 사실주의 작품의 기반이 된 무대와 관객 사이에 세워진 보이지 않는 장벽, 즉 "제4의 벽fourth wall" 아이디어를 최대한 멀리까지 밀어붙였다.

1막부터 3막까지 작업을 마친 그는 "전혀 쓸모없을지도" 모른다는 염려를 담은 편지와 함께 연출 노트를 네미로비치에게 보냈다.[30] 네미로비치는 노트의 대부분이 "나라면 결코 떠올리지 못할 내용들로, 연극에 활력을 부여하는 대담하고 흥미로운 것들로" 가득하다고 답장을

빅토르 시모프의 〈갈매기〉 1막 세트 장면 연구. 배우들이 관객을 등지고 앉아 있다.

보냈다. 다만 스타니슬랍스키의 아이디어 중 어떤 것은 **지나치게** 대담했고, "내가 보기에 정교한 연필로 쓰여져 연출에 세심한 주의가 요구되는" 희곡을 다루기에는 너무 거칠었다.[31] 네미로비치는 특히 관객에게 "불필요한 폭소"를 자아낼지도 모른다는 느낌이 드는 것이라면 무엇이건 수정했다.

체호프는 9월 9일과 11일에 모스크바에서 열린 리허설에 참석했다.[32] 그는 자신의 연극 세계를 구현하는 데 있어 무대 뒤에서 개구리가 우는 소리 같은 정교한 수단을 사용한 것에 심각한 의구심을 표했다. 무대는 **예술**이지 실제 삶이 아니라고 그는 주장했다. 또한 무대에 불필요한 요소를 도입하는 것을 경계했다. 메이예르홀트의 동학이자 〈갈매기〉에서 마샤를 연기한 올가 크니페르에 따르면, 배우들은 체호프를 사랑스러운 만큼이나 이해하기 어려운 사람이라고 여겼다. 체호프는 "가르치거나" 또는 "예를 들어 설명하는" 데에는 도통 재주가 없었다. 단원들이 그에게 의견을 묻자 "그가 내놓은 대답은 정말 예상치 못한 것으로, 약간은 뜬금없었다. (…) 우리는 그의 말을 진지하게 받아들여야 할지 농담으로 받아들여야 할지 몰랐다."[33] 체호프는 두 번째 리허설을 마친 후에야 연극에 흥미를 보였다. 특히 〈차르 표도르〉에서 차르의 아내 이리나로 출연한 크니페르를 본 뒤로 그녀에게 반했다. 체호프는 친구에게 보낸 편지에 썼다. 그녀의 연기는 "정말로 찬란했다네. (…) 너무나 훌륭해서 목이 멜 지경이었네."[34]

첫 시즌을 열 극장의 두 번째 선택지였던 예르미타시 극장을 극단이 인계받을 준비를 할 무렵 스타니슬랍스키는 리허설로 복귀했다. 그리로 가는 길에 그는 "흥분이 되어 긴장과 떨림을 주체할 수 없었다.

(…) 나의 극장으로 가고 있다. 나에게는 극장, 무대, 분장실, 배우들이 있다."[35] 하지만 예르미타시에 들어서자마자 그가 발견한 것은 부식되고 맥주 냄새 진동하는 좀먹은 쓰레기 처리장이었다. 예르미타시의 앞마당은 여름철에 서커스단의 공연장으로 쓰였는데, 날이 궂으면 서커스단은 실내로 들어갔다. 실내에 장식이 전혀 없는 것은 아니나 진정한 안락함보다 모조 사치품의 저속함이 풍겼다. 색 바랜 포스터들이 벽을 장식하고 있었다. 로비의 간이식당 음식에 대해서는 말을 삼가는 편이 나았다.

단원들이 그곳을 수리했다.[36] 벽에 페인트칠을 하고 의자의 천을 교체하고 최신식 조명을 설치했다. 음향을 개선하기 위해 가능한 모든 곳에 카펫을 깔았다. 매번 하나를 고쳐놓으면 다른 하나가 망가졌다. 한번은 스타니슬랍스키가 분장실에 선반을 달던 중에 벽의 벽돌 하나가 빠졌다. 그렇게 생긴 구멍은 전혀 손볼 수가 없었고 바깥 길거리의 찬바람이 그대로 들이쳤다. 날이 추워지면서 스타니슬랍스키는 벽에 걸어두었던 의상을 입으려면 얼어붙은 옷을 벽에서 떼어내야 하는 신세가 되었다.

이렇게 상황이 정신없이 돌아가는 와중에 네미로비치가 우리 극단에 아직도 이름이 없다는 것을 상기시켰다. 단원들은 수많은 이름—올커머스the Allcomers? 리터러리the Literary?—을 던졌다. 심지어 농담 삼아 "처음이자 마지막 극단"이라고 부르자거나 암울한 순간에는 "인 메모리엄(In Memoriam, '~을 기리며'라는 뜻-옮긴이)"이라고 부르면 어떻겠냐는 의견도 나왔다.[37] 네미로비치는 극단이 '예술에 전념하는 인민의 극장'이라는 두 가지 목표를 결합시켰으니 모스크바 오픈 예술극장이라고 부르자고 제안했다. 듣는 둥 마는 둥하던 스타니슬랍스키도 동의했다.

개막으로 이어지는 몇 주 동안, 그들에게 부정적인 언론들은 시간이 갈수록 고소해하는 분위기였다. 한 평론가는 어리석은 상인을 다룬 인기 코미디 〈젠틀맨〉을 언급하며 스타니슬랍스키를 조롱하는 시를 담은 풍자 소책자를 발행하기까지 했다.

> 예술의 법칙은 나에게 아무것도 아니야
> 그 자리를 대신할 나만의 법칙을 고안했다네,
> 전통의 지칠 줄 모르는 적은 바로 나,
> 배우의 재앙, 무대의 폐허—
> 나를 구속하는 건 하나도 없네, 무엇도 나를 막을 수 없어
> 나는 "젠틀맨" 그 자체라네.[38]

모스크바 오픈 예술극장의 개막일을 10월 14일로 정함으로써 말리와의 경쟁 관계를 확실하게 굳힌 것도 상황에 도움이 되지 않았을 것이다. 그날은 말리의 창립 74주년 기념일이었기 때문이다.[39] 밤이 다가오자 스타니슬랍스키는 네미로비치에게 개막일 연기에 동의해달라고 사정했다.[40] 검열관들은 8월에 〈차르 표도르〉를 승인했지만 대신 극의 캐스팅을 변경하라는 요구 사항을 내걸었다. 그는 며칠—일주일?—만 시간이 더 있다면 상황을 바로잡을 수 있을 거라 생각했다.

네미로비치는 안 된다고 못 박았다. 그는 드레스 리허설을 여러 차례 봤다. 이제 개막할 시간이다.

개막일 밤, 스타니슬랍스키는 두려움에 떨었다. 공연이 실패하면 비관론자들이 옳다는 게 입증될 것이다. 말리 스타일의 저질 연극을 상대로 벌인 전쟁은 시작도 하기 전에 끝나버릴 것이다. 그는 무력감을 느꼈

다. 그래서 속수무책인 연출가들이 늘상 하는 일을 했다. 제작진을 독려하는 연설. 관객이 입장하는 동안 그는 배우들을 무대의 커튼 뒤쪽으로 불러, 스스로에게 부족한 자신감을 채우려는 노력의 일환으로, 그들에게 이 연극은 필연적으로 성공할 수밖에 없을 거라고 거짓말을 했다. 오케스트라가 서곡 연주를 시작하면서 그의 훈계를 방해했다. 제정신이 아니어서 그 소리를 듣지 못한 스타니슬랍스키는 펄쩍펄쩍 뛰며 배우들을 향해 열광적으로 춤을 추고 짧은 격려의 말들을 외치기 시작했다. 결국 출연진 중 한 명이 그를 구해냈다. "콘스탄틴 세르게예비치, 무대에서 나가요! 지금 당장! 배우들을 귀찮게 하지 말라고요!"[41] 스타니슬랍스키는 자리를 박차고 분장실로 뛰어가 문을 걸어 잠그고는 무대에 오르기 전까지 부루퉁해 있었다.

네미로비치가 옳았다. 〈차르 표도르〉는 준비가 되어 있었다. 관객들은 준비가 더 잘 되어 있었다. 관객 중 일부는 이 금지된 걸작이 무대에 오르는 것을 보려고 30년을 기다린 사람들이었다. 배우 중 한 명이자 체호프의 학우였던 알렉산드르 비시넵스키는 훗날 작품의 세 번째 신에서 우리가 "정말로 새로운 것을 말했다"는 것을 알았다고 회고했다.[42] 〈차르 표도르〉는 그야말로 공전의 히트를 기록했다. 첫 시즌에 출연진은 관객에게 57번이나 인사했고 수천 명이 이 연극을 관람했다.[43] 차르를 연기한 이반 모스크빈은 하루아침에 대스타가 되었다. 그는 자연주의 연기에 대한 스타니슬랍스키와 네미로비치의 아이디어를 실물로 입증한 인물이 되었다. 한 비평가는 모스크빈이 "조금의 과장 없이 러시아 배우 예술의 역사에 획기적인 새 시대"를 선사했다고 말했다.[44] 스타니슬랍스키의 연출과 시모프의 세트, 특히 나뭇가지로 표현한 슈이스키의 정원은 대대적인 찬사를 받았다. 『모스코프스키예 베도모스티(모스크바 뉴스)』의 한 평론가는 스타니슬랍스키가 "의심의 여지없는 예술적 취향이 더해진 무궁무진한 창의력"을 지녔다고 썼다.[45] 제국 극장 모스크바 사무실의 수장이 이 공연을 싫어했다는 사실을 알았다면 스타니슬랍스키와 네미로비치는 한층 더 만족스러워했을 것이다. "그들의 연기는 형편없었다."[46] 그가 자기 일기에 쓴 글이다. "세트는 가식적이고, 전체적으로 아마추어 러시아 마이닝겐 극단의 아마추어 연극을 보는 듯한 인상을 준다."

스타니슬랍스키가 세트와 의상을 사실적으로 구현하기 위해 선택한 극단적인 방식은 일부 비웃음의 대상이 되었다. 몇몇 의상은 엉뚱한 시대의 것이었다. 그리고, 네미로비치가 나중에 농담했듯, 스타니슬랍스키의 취향은 과장을 향해 치달았다. 귀족들은 긴소매 셔츠가 아니라 **세상에서 제일 긴 소매** 셔츠를 입어야 했다.[47] 그럼에도 모스크바 오픈 예술극장은 마라톤의 첫 번째 구간에서 승리를 거머쥐었다.

오래지 않아 극단은 거듭 헛발을 내디딜 터였다.

문제는 관객과 평단으로부터 냉담한 반응을 얻은 하웁트만의 〈침종沈鐘〉에서 시작되었다. 그다음은 〈베니스의 상인〉이었다. 다르스키의 샤일록—스타니슬랍스키가 젊은 비극 배우에게 강요했던 역할—연기는 재앙이었다고 평론가들은 말했다. 그의 "유대인 억양"은 두 가지 이유로 논란을 일으켰다. 보수주의자가 보기에 그것은, 네미로비치가 훗날 썼듯, "비극이 표현하려는 심오한 신념에 대한 신성 모독"이었다.[48] 한편, 자유주의자들은 전국적으로 유대인 집단학살이 빈번하게 자행되는 시대에 유대인 억양을 통해 캐릭터를 묘사한 것이 반유대주의적이라고 생각했다.[49] 스타니슬랍스키는 언제나 그 역할을 맡을 후보로 여겨졌지만, 언론은 그가 조만간 샤일록을 맡는다면 그건 다르스키를 신뢰하지 못한다는 의사 표시라는 식으로 떠들었다. 그들의 말은 중요하지 않았다. 스타니슬랍스키가 샤일록으로 무대에 오르는 일은 결코 없었으니까. 대신 그와 네미로비치는 〈베니스의 상인〉을 레퍼토리에서 제외시켰다.

다음으로 그들이 맞닥뜨린 문제는 검열관들이었다. 제정러시아에서 검열은 여러 중첩된 체제에 의해 시행되었다. 어떤 행정 당국은 읽어도 되는 작품이 무엇인지를 다뤘고, 어떤 행정 당국은 공연해도 되는 작품이 무엇인지를 다뤘다. 교회도 발언권이 있어서 신성을 모독했다고 판단한 작품을 금지시켰다. 하웁트만의 〈한넬레의 승천〉은 오랫동안 출판은 허락되었지만 공연은 허락되지 않았다. 그리스도가 꿈에 나타난, 말 그대로 무대에 모습을 드러낸 딱 한 장면 때문이었다. 네미로비치는 영리한 해법을 내놓았다. 꿈 시퀀스를 잘라낸 새 번역본을 제출한 것이다. 행정 당국이 공연을 승인했지만, 막판에 모스크바 신임 시장이 금지 결정을 내렸다.⁵⁰ 네미로비치가 직접 시장을 찾아가 호소했지만, 시장이 원래 번역본을 보고 내린 결정이었다는 사실만 확인했을 뿐이었다. 시장은 실수를 인정하려들지 않았다. 도리어 네미로비치가 "다른 번역본"을 꺼내들자 심한 모욕감을 느꼈다. 그들이 할 수 있는 일은 없었다. 심지어 〈차르 표도르〉를 검열관들의 족쇄에서 해방시키는 데 중요한 역할을 했던 모스크바의 세르게이 알렉산드로비치 대공조차 새로 임명된 주교를 상대로 싸우는 걸 거부했다. 네미로비치와 스타니슬랍스키는 제반 비용을 모두 다 지불하고 초연을 겨우 일주일 앞둔 상태에서 〈한넬레〉 상연을 취소했다.

첫 시즌의 다른 작품들은 관객을 끌어들이지 못했다. 실패의 악취가 예르미타시 극장의 맥주 냄새를 서서히 밀어내는 듯한 형국이었다. "예술 극단" 설립에 있어 명망은 실제 현금만큼이나 중요한 통화通貨다. 그들은 갖고 있던 명망과 현금 모두를 다 써버렸다. 티켓 판매 수입은 점점 줄고 다음 작품을 초연할 날짜는 곧 다가오고 있었다. 〈갈매기〉가 하늘로 날아오르느냐, 바닥으로 곤두박질치느냐, 모스크바 오픈 예술 극장의 운명이 거기 달려 있었다.

또다시 스타니슬랍스키는 네미로비치에게 개막을 연기해달라고 사정했다. 하지만 이번에는 그의 요청이 아니었다.[51] 체호프가 결핵 때문에 모스크바의 겨울을 피해 있는 동안 그를 대신해 여러 차례 리허설을 지켜본 체호프의 여동생 마리야는 〈갈매기〉가 상연 준비를 마쳤다고 생각하지 않았다. 이 희곡의 초연에서 겪은, 세간의 이목을 끌었던 실패가 오빠의 건강에 미친 영향은 참담했다. 마리야는 이번에 재차 실패하면 오빠가 목숨을 잃을까 두려웠다. 그러나 네미로비치는 다시 한 번 거절했다.

『나의 예술 인생』에 따르면, 개막 당일 밤 모스크바 오픈 예술극장의 수입은 600루블이었다.[52] 극단은 작가 스스로가 부정하는 작품, 연출가와 출연 배우들이 당혹스러워하는 작품을 초연할 참이었다. 출연진은 곤두선 신경을 진정시키려고 공연 전에 자발적으로 쥐오줌풀 뿌리에서 채취한 진정제를 복용한 뒤,[53] 무대가 "교수대 바닥이고 우리 배우들은 사형 집행인"인 양 무대로 걸어 나갔다.[54] 그 과정에서 그들은 폭탄을 터트려 러시아에 현존하는 가장 위대한 작가 중 한 명의 목숨을 앗아갈 터였다.

〈갈매기〉의 1막이 끝나갈 무렵 마샤는 도른에게 콘스탄틴 트레플레프를 사랑한다고 고백한다. 도른과 마샤는 정원의 의자에 나란히 앉아 있다. 마샤는 도른의 가슴에 얼굴을 기댄다. "다들 지나치게 감정적이군!"[55] 도른은 자신이 아버지라는 것을 모르는 딸에게 말한다. "너무 지나치게 감정적이야. 웬 사랑이 이렇게 많아… 오, 이 호수가 마법을 부린 게로군!" 스타니슬랍스키는 연출 노트에, 이 지점에서 마샤가 흐느껴 울면서 꿇어앉아 도른의 무릎에 머리를 얹는다고 썼다. 도른은 15초간의 포즈 동안 마샤의 머리카락을 어루만진다. 무대 뒤에서 "광란의 왈츠가 점점 더 커지고, 교회 종소리, 농부의 노랫소리, 개구리 소리, 흰눈썹뜸부기 소리, 야경꾼의 딱따기 소리, 그 밖에 밤중에 나는 온갖 소리의 효과음이 들려온다."[56]

그런 다음 도른이 부드럽게 말한다. "하지만 내가 뭘 할 수 있겠니? 나의 사랑스런 아이야. 내가 뭘 할 수 있겠어?" 그리고 허무감이 한껏 커진 이 순간, 커튼이 닫힌다.

당시 러시아에서 하나의 막이 끝날 때마다 배우들이 보통 그랬던 것처럼, 단원들은 커튼 뒤에 모여 관객에게 인사할 준비를 하고 있었다. 그들을 맞은 것은 박수갈채가 아니라 침묵이었다. 올가 크니페르는 또 다른 재앙을 견딜 수 없어 기절했다.[57] 배우들은 서로를 쳐다봤다. 다시 무대에 오르는 수고를 할 필요가 있을까?

긴 침묵 끝에 마침내 여름의 갑작스러운 폭풍우처럼 폭발적인 박수갈채가 시작되었다.[58] 예르미타시의 객석은 절반쯤 차 있었는데, 관객이 쏟아내는 함성에 귀가 먹먹해질 정도였다. 1막이 끝난 후 단원들은 인사를 여섯 번 했다. 2막이 끝났을 때 배우들은 흐느끼고 있었다. 3막이 끝나자 관객들이 작가! 작가! 작가!를 연호하기 시작했다.

네미로비치가 무대에 올라 관객들을 진정시켰다. 작가는 여기 없다고 그는 설명했다. 체호프는 건강 때문에 남부에 있었다. 객석에서 누군가가 소리쳤다. 그에게 전보를 보내시오!

그래서 그는 그렇게 했다.

얄타에 있는 안톤 파블로비치 체호프에게
갈매기 공연을 막 끝냈음. 어마어마한 성공임.
1막부터 모두를 사로잡았고 계속 성공을 거뒀음. 끝없는 커튼콜. (…)
행복에 겨워 미칠 지경임. 우리 모두 당신에게 다정한 포옹을 보냄.
자세한 건 편지에 쓰겠음.59

그해에는 더 많은 실패가 이어졌다. 스타니슬랍스키가 연출한 〈헤다 가블러〉는 흥행에는 성공했지만 평단의 혹평이 쏟아졌다.60 방문판매원들을 위해 저렴한 낮 공연인 마티네matinee를 올리겠다는 계획은 노동자의 작업을 관리하는 제4 검열 제도 때문에 좌절되었다.61 그러면서 티켓 가격 인상 필요성이 대두되었고, 극단 이름에서 "오픈"을 지워 마침내 모스크바 예술극장이 되었다.

그러나 〈차르 표도르〉와 〈갈매기〉는 모스크바 예술극장의 명성을 확고히 다지면서 극단의 재정과 유산을 안전하게 지켜주었다. 두 연극은 관련자 모두의 인생도 바꿔놓았다. 스타니슬랍스키와 네미로비치단첸코는 이제 그들의 극단과 혁명을 갖게 되었다. 안톤 체호프는 이제 최고의 극작가가 되었다. 아마추어 배우들은 이제 프로가 되었다. 그들 중 다수가 스타가 되었고, 나머지도 러시아에서 가장 흥미롭고 중요한 신생 극단에서 활동하는 안정적인 경력을 확보했다. 체호프가 방문했을 때 그에게 깊은 인상을 심어준 배우 올가 크니페르는 그의 친한 친구가 되었다가, 연인이 되었고, 아내가 되었다.

〈갈매기〉의 모든 것이 성공한 건 아니었다. 니나를 연기한 록사노바는 스타니슬랍스키가 연기한 트리고린처럼 관객을 설득하는 데 실패했다.[62] 스타니슬랍스키가 열일곱 작품을 공동 연출하고, 신생 극단을 설립하고, 건물을 개보수하고, 가문의 공장들을 계속 운영하는 동시에 어떻게 뛰어난 연기까지 펼칠 수 있었는지 상상이 안 된다. 그가 연기라는 기술을 갈고닦는다는 것이 무엇을 의미하는지 아직 확신하지 못하고 있었기에 더욱 그렇다. 그는 때로 터무니없을 만큼 방대한 연구를 할 수 있었다. 영감의 불꽃이 타오르는 무대 환경을 창조할 수 있었다. 그러나 영감이 떠오르지 않는다면, 그가 가진 것은 스타일뿐이었다.

스타일을 초월하기 위해 스타니슬랍스키는 연기의 껍질을 뚫고 들어가 영감이 낳는 효과들을 의도적으로 재창조하는 과정을 만들어야 했다. 영감은 번갯불이었다. 불을 붙이기는 하지만 무작위로 내리꽂히는 번갯불. 스타니슬랍스키는 결국 불 자체를 발명해야 할 터였다. 그 방법을 알아내는 데 10년 가까운 시간이 걸렸다.

4장
영감은 초의식에 산다

“그이는 시간을 무척 이상하게 썼어요.”[1] 스타니슬랍스키의 아내 릴리나는 1906년 5월 핀란드에서 보냈던 휴가를 회상하며 이렇게 묘사했다. “그이는 단 한 번도 산책을 하거나 수영을 하지 않았어요. 사실상 문밖을 거의 나가지 않았죠.” 이 여행은 최근에 끝마친, 러시아 극단이 국경을 벗어난 최초의 투어이자, 여러모로 대대적인 성공을 거둔 모스크바 예술극장 유럽 투어를 축하하는 휴가였다. 그런데 유럽에서 그녀의 남편에게 어떤 문제가 생겼고, 무엇 때문인지 그는 휴가 내내 일해야 했다. 그는 평생 기록했던 일지를 가지고 와서 “어두컴컴한 방에 앉아 온종일 글을 쓰고 담배를 피우며” 하루하루를 보냈다. “나는 그이가 쓰는 글이 대단히 흥미롭다는 걸 알아요. 제목은 『연극 예술의 안내서를 향하여』예요.”[2]

2년 전 안톤 체호프가 결핵으로 유명을 달리하면서, 콘스탄틴 스타니슬랍스키와 그의 극단, 그리고 그가 고국이라고 부른 나라가 악전고

투하는 시기가 시작되었다. 체호프는 모스크바 예술극장을 대표하는 극작가로, 그의 중요성은 추상적인 스타일로 그린 극장의 갈매기 로고에 잘 드러나 있다. 체호프는 〈갈매기〉 외에도 모스크바 예술극장에 매우 중요한 세 작품을 쓴 극작가였다. 〈바냐 아저씨〉 〈세 자매〉 〈벚꽃 동산〉. 이 중 〈세 자매〉와 〈벚꽃 동산〉은 특별히 모스크바 예술극장을 위해 집필된 작품이었다. 극단이 1902년 〈밑바닥에서〉를 초연했을 때 막심 고리키(1868~1936)라는 두 번째로 위대한 러시아 작가를 발견하기는 했지만, 많은 이들이 오리지널 스타 극작가가 없는 모스크바 예술극장에 의구심을 품기 시작했다.[3]

한 가지 분명한 건, 극단이 열성적인 관객, 성공적인 작품으로 구성된 레퍼토리, 멋진 새 건물을 갖춘 기관으로 안착했다는 사실이다. 하지만 모스크바 예술극장은 기관이 되고자 설립한 극단이 아니었다. 스타니슬랍스키와 네미로비치는 말리의 기준을 무너뜨린, 성장과 자기보존이라는 제도적 압박에 저항하는 예술의 신전을 원했다. 그럼에도 극단은 계속 불을 밝혀야 했고, 누군가는 극단을 운영해야 했다. 예술의 우선순위와 제도의 우선순위 사이에 이런 근본적인 긴장은 성공한 모든 예술 조직에 영향을 끼친다. 모스크바 예술극장의 경우, 이 상황이 평생에 걸쳐 지속된 네미로비치와 스타니슬랍스키 간의 전투에 기름을 부었다. 1903년 그 싸움이 매우 빠르게 과열되면서 배우들은 앞으로 일어날 불가피한 결별에서 어느 편에 설지를 고민하기 시작했다. 올가 크니페르—결혼 후인 지금의 이름은 올가 크니페르-체호바—는 남편에게 네미로비치를 지지한다는 내용의 편지를 썼다.[4] 극단 소속 배우인 알렉세이 스타호비치는 크니페르에게 "우리의 두 수장이 함께 잘 지내지 못하는 것이 얼마나 짜증스럽고 서글프며 견딜 수 없게 갑갑한 일인지" 한탄하는 글을 썼다.5 "(네미로비치가) 덜 자아도취적이고 덜 자신만만하다면 (…) 자기 지위를 (덜) 염려한다면, 스타니슬랍스키의 재능을 더 사랑하고 귀하게 여긴다면, 일이 더 잘 풀릴 겁니다."

간단히 말해 두 남자는 다방면에서 너무나 다른 사람들이었기 때문에 장기간 협력하는 일 자체가 불가능했을 것이다. 네미로비치는 노름꾼에 술꾼이었고 자신의 권력 강화를 위해서라면 악착같이 싸우는 자수성가한 사람이었다. 그는 자존심이 너무 센 탓에 이미 모스크바 예술극장에 위기를 초래한 적이 있었다.6 널리 악평을 받았던 네미로비치의 희곡 〈꿈속에서〉가 1901년 모스크바 예술극장에서 초연되었다. 극단의 스타 극작가 막심 고리키는 앞뒤 재지 않고 비판을 해댔다. 3년 뒤 고리키가 자신의 희곡 〈여름 전설〉을 극단에 선보였을 때 네미로비치가 작품을 지나치게 혹평하자 고리키는 극단과의 모든 관계를 끊어버렸을 뿐만 아니라 극단 재정의 최대 후원자였던 사바 모로조프에게 행동을 같이하자며 설득하기도 했다. 한편, 스타니슬랍스키는 타고나기를 순진한 사람이자 술은 입에도 대지 않고 아내를 지극정성으로 사랑하는 사람이었다.7 개인의 삶에서 드러나는 보수성은 예술을 향한 극도로 실험적이고 열정적인 접근법과는 대조적이었다. 그는 현실에 안주하거나 외부 세력의 통제를 받는 것을 거부했다. 또한 자신이 만든 극단의 기준이 하락하고 있다는 불평을 멈출 수가 없었다. 스타니슬랍스키가 보기에 사실주의와 고전주의를 혼합한 극단의 레퍼토리는 대중의 취향을 변화시키는 것에도, 니콜라이 2세 치하에서 갈수록 암울해져가는 러시아의 정치 상황을 해결하는 것에도 모두 실패했다. 게다가 배우들의 연기는 대본보다 더 신물이 났다. 스타니슬랍스키는 특히 올가 크니페르에게 집착했다.8 그녀의 연기 중 그 어떤 것도 스타니슬랍스키를 만족시키지 못했다. 심지어 남편이 그녀를 위해 쓴 역할에서 열광적인 박수 갈채를 받았을 때조차 말이다.

그러나 스타니슬랍스키가 가한 비판의 최대 피해자는 자기 자신이었다. 혁명을 주도한 스타니슬랍스키는 그의 극단이 이제는 타도해야 할 낡은 수구 세력이 되어가는 것이 두려웠다. 비평가들은 때때로 그와 의견을 같이하면서 무대 디자인의 화려한 자연주의를 비난하고, 미장센 아래 깔린 작업은 전부 다 설익은 것들이라고 주장했다. 체호프조차 같은 느낌을 받았다. 특히 스타니슬랍스키의 음향 효과 사용에 대해 체호프는 이런 신랄한 말을 하기도 했다. "새 희곡의 첫 부분은 이런 식으로 쓸 걸세. '이 얼마나 아름답고 고요하단 말인가! 새, 개, 뻐꾸기, 부엉이, 나이팅게일도 없고, 시계 소리도 방울 소리도 들리지 않으며, 심지어 귀뚜라미 소리조차 들리지 않는구나.'"9

스타니슬랍스키는 자신의 연출을 거듭 폐기하기 시작했고, 끊임없는 수정으로 배우들을 미치게 만들었다.10 러시아에서 배우들은 작품을 준비할 때 레페티치야repetitsiya에 참석했다. 레페티치야는 러시아 연극 관행 대부분이 그렇듯 프랑스어에서 차용한 단어로, 프랑스어로는 레페티시옹répétition이라고 부른다. 의미는 분명하다. 연극 작업은 정해진 것을 연습하면서 정확하게 될 때까지 반복한다는 뜻이다. 영어에서는 다른 용어인 리허설rehearsal을 사용하는데, 스타니슬랍스키의 연출적 에토스ethos에는 이 단어가 더 가깝다. 리허설은 반복repeat하거나 다시 듣는다rehear는 뜻이 아닌, 다시 써레질하다reharrow, 즉 작물이 잘 자랄 수 있도록 땅을 고른다는 뜻이다. 스타니슬랍스키는 지나치게 열정적인 정원사처럼 직접 심은 식물이 뿌리를 내린 순간, 좀더 나은 무언가로 성장하기를 바라는 씨앗을 뿌리기 위해 식물을 갈기갈기 찢어버렸다. 이런 행동은 배우들을 불안하게 만들었고, 네미로비치에 따르면, 배우들의 자신감 결여라는 결과로 이어졌다.

그러던 1905년, 모스크바 예술극장의 탕아가 옛 둥지로 돌아왔다. 극장이 무사안일주의로 기울고 있다는 스타니슬랍스키의 의견에 동의하면서 말이다. 콘스탄틴 스타니슬랍스키는 그에게 경의를 표하기 위해 살찐 송아지를 제물로 바칠 준비를 했다.

브세볼로트 메이예르홀트가 모스크바 예술극장의 주연급 배우에서 버림받은 사람이 되기까지는 불과 4년밖에 걸리지 않았다. 1900년 무렵 메이예르홀트는 모스크바 예술극장이 "단순히 아름다움에만 호소"한다며 불만을 토로했다.[11] 이 점이 모스크바 예술극장 스타일의 특징이자 한계라고 느꼈다. 1901년 〈꿈속에서〉가 처참한 공연을 하는 동안, 올가 크니페르는 메이예르홀트가 관객에게 공연에 야유를 퍼부으라고 부추겼다며 그를 비난했다.[12] 그때 메이예르홀트는 무척 짜증이 난 상태였기 때문에 비난은 그럴듯해 보였고, 직접적인 충돌을 두려워한 스타니슬랍스키는 그를 보호하는 문제에 개입하기를 거부했다. 1902년 극단을 재구성하면서 메이예르홀트는 극단에서 밀려났다. 그러자 그는 스타니슬랍스키의 조수인 사닌과 배우 여러 명을 데리고 나가 우크라이나에서 뉴 드라마 협회를 설립했다.

우크라이나에 유배된 2년 동안 메이예르홀트는 140편을 연출하고 마흔네 개 배역을 맡았다.[13] 고골, 입센, 체호프, 하웁트만, 셰익스피어의 작품들을 연출했는데, 그가 특히 매혹된 대상은 벨기에의 상징주의 극작가 모리스 마테를링크였다. 메이예르홀트는 네미로비치와 스타니슬랍스키에게서 물려받은 연기 테크닉 아이디어들을 다시 생각해보기 시작했다. 그는 네미로비치와 스타니슬랍스키의 혁신이 러시아 연기 역사의 끝이어야 할 이유가 하나도 없다고 생각했다. 그가 〈갈매기〉에서 연기한 트레플레프가 말했던 것처럼, 발견되기를 기다리는 "새로운 표현 형식"은 늘 있었다.

1905년, 스타니슬랍스키는 모스크바 예술극장의 작업에 대한 메이예르홀트의 감정에 공감하게 되었다.[14] 그는 자신을 갉아먹는 예술적인 문제들을 해결하기 위해 점점 더 필사적으로 노력 중이었고, 한 젊은이가 만들어낸 연기 테크닉에 관한 실험적인 돌파구에 강한 흥미를 느꼈다. 둘은 모스크바에 연극을 위한 새로운 실험실을 만들 계획을 세웠다. 메이예르홀트가 시어터-스튜디오라고 이름 붙인[15] 이곳은 젊은 연출가가 양식화stylization라 부른 것을 개발할 공간이 될 터였다.[16] 그는 스타니슬랍스키 작품의 정교한 세팅과 번잡한 무대 연출을 들어내고 배우들이 오히려 침묵한다면, 그 결과 경이롭고 기이한 반反사실주의가 최상의 방식으로 관객들을 동요시킬 거라 생각했다.

스타니슬랍스키는 자신의 작업 방식에 도전하기를 좋아했다. 그는 여름 동안 메이예르홀트가 작업할 수 있도록 푸시키노에서 멀지 않은 곳에 헛간을 잡아주었고,[17] 마테를링크가 원래 인형극으로 집필한 희곡 〈탱타질의 죽음〉을 초연할 수 있도록 극장을 구입해 예르미타시와 크게 다르지 않게 개조했다. 스타니슬랍스키는 자신을 가장 혹평한 평론가 중 한 명인 발레리 브류소프—「불필요한 진실」이라는 제목의 에세이에서 모스크바 예술극장이 내세우는 사실주의 스타일을 일종의 공허한 관습이라고 묘사한 사람—를 시어터-스튜디오의 문학 고문으로 채용하기까지 했다.[18] 그러나 메이예르홀트의 방법은 훈련되지 않은 배우들을 혼란스럽게 만들었다. 9월 시어터-스튜디오 단원들은 스타니슬랍스키에게 "극단에서 한 우리의 예술적 작업은 교착 상태에 빠졌다" 고 알리는 편지를 썼다.[19] "극단을 열 수 있을 만큼 준비가 충분히 되어 있지 않습니다." 개관은 1905년 10월로 미뤄졌다.

그러나 시어터-스튜디오가 문을 열기도 전에 모스크바에서 총파업이 일어났다.

니콜라이 2세 치세의 첫 10년은 새로운 국면으로 접어들 때마다 재앙을 자초하는 시기였다. 146개 언어를 사용하는 104개 민족 집단으로 구성된 자국 내에서 러시아인은 소수자였다.[20] 그러나 니콜라이 2세는 다원주의를 통해 권력을 강화하는 대신, 아버지의 무자비한 러시아화 계획을 밀어붙이면서 폴란드인, 조지아인, 유대인, 백인, 아르메니아인을 탄압했다.[21] 그 과정에서 니콜라이 2세의 통치에 반대하는 새로운 다민족 연합체가 탄생했다. 한편, 지난 수십 년 동안 꾸준히 도시화되고 교육 수준이 높아지면서 러시아인들은 차르의 독재에 덜 관대해졌다. 특히 모스크바 같은 대도시에서는 학생 시위와 테러 행위—필연적으로 국가 폭력이 뒤따랐다—가 러시아인의 일상에 보편적인 특징이 되었다. 니콜라이 2세는 국민들의 우려를 해결하기는커녕 러시아의 동쪽으로 제국을 확장하려는 불운이 예정된 모험에 착수했고, 이는 1904년 2월 발발한 러일전쟁으로 막을 내렸다.

1905년은 새로운 실험 극단을 시작하기에 끔찍한 시점이었다. 그해는 상트페테르부르크의 파업으로 시작되어, 1월 22일 겨울궁전으로 행진하던 군중을 군대가 폭력 진압한 사건이 뒤를 따랐다. 1천 명 이상의 시위자가 목숨을 잃었다.[22] 이에 대응하여 전국적으로 파업의 불길이 빠르게 피어올랐다. 러시아가 러일전쟁에서 굴욕적인 패배를 당하자

파업은 반란으로 비화되었고, 그중 하나는 세르게이 예이젠시테인의 영화 〈전함 포템킨〉(1925)으로 후대에 길이 알려지게 되었다.[23] 여름 동안에는 농민 봉기가 전원 지대를 휩쓸었다.[24]

10월 17일, 니콜라이 2세는 "인간의 진정한 불가침성, 양심의 자유, 표현의 자유, 집회결사의 자유 원칙에 기초한 시민의 자유라는 필수적인 토대"를 약속하는 10월 선언을 공표하고,[25] 하원인 두마Duma를 창설했다.[26] 하지만 이 칙령이 강압에 의해 작성되었다는 사실을 모두가 알고 있었다. 시위대는 차르에 대한 저항을 이어나갔고, 비밀경찰은 시위대 탄압을 멈추지 않았다. 10월 선언이 공표된 다음 날 모스크바에서 볼셰비키 선동가 니콜라이 바우만이 오흐라나가 휘두른 쇠파이프에 맞아 사망했다. 10월 20일에 거행된 바우만의 장례식은 좌파 세력이 주도하는 대규모 시위로 변했고, 전제군주제를 추종하는 극우 불법 무장 단체 블랙 헌드레즈Black Hundreds는 극단적인 폭력으로 맞대응했다.[27] 막심 고리키는 끓어오르는 분노를 감추는 아이러니한 초연함으로 10월의 사건들을 이렇게 묘사했다. "그들은 비밀경찰의 감시 아래 학생들을 마구 구타하고 있다. (…) 다만 블랙 헌드레즈는 희생자를 정확히 골라내는 데 능숙하지 못하다. (…) 현재 비밀경찰은 다양한 '혁명가들'의 주소를 공개했다. 그들이 자기 집에서 잔혹하게 희생될 수 있도록."[28]

세상에서 이런 일이 벌어지고 있는 동안에도 스타니슬랍스키는 작업을 멈추지 않았다. 모스크바 예술극장 단원인 레오니트 레오니도프에 따르면, "바깥을 돌아다니는 건 갈수록 힘든 일이었다. 모든 이동이 목숨을 위태롭게 만드는 짓이었다."[29] 그런데도 극단은 리허설을 계속했다. "트베르스카야 거리가 기마 순찰대, 보안관, 경찰, 비밀 장교로 가득할 때"조차 그랬다. 극장 밖에서 총격이 시작되었지만 스타니슬랍스키는 리허설을 멈추지 않았다.

누군가 외치기 시작했다. "콘스탄틴 세르게예비치, 리허설을 중단하세요. 그러지 않으면 극장 밖으로 나갈 수 없을 겁니다." 스타니슬랍스키는 당황하지 않고 대답했다. "1분만 기다려줄 수 없을까요?" 그러고는 자기 대사를 계속 낭송했다. 무장한 사람들이 극장 정문을 뚫고 들어와 앞마당을 점거하고 아무도 극장을 떠날 수 없을 거라고 선언했을 때조차 그랬다. 마침내 급박한 순간임을 납득한 스타니슬랍스키와 배우들은 뒷문으로 탈출한 뒤 발각을 피하기 위해 모스크바의 구불구불한 골목 사이사이를 헤집고 다녔다.

네미로비치와 스타니슬랍스키는 스스로를 정치적인 예술가라고 여기지 않았다. 그렇지만 모스크바 예술극장은 막심 고리키처럼 정치적 발언을 서슴지 않는 작가들과 연대함으로써 좌파 정치에 연루되기 시작했다. 이로 인해 극단과 극단의 직원 모두 블랙 헌드레즈의 표적이 되었다. 일반 대중은 극단이, 어쩌면 공연 도중에, 공격을 당할 거라 예견했다.[30] 공격이 벌어진다면, 아마 고리키의 〈태양의 아이들〉 상연 도중이 될 것이다. 한센병이 창궐한 시기를 배경으로 한 〈태양의 아이들〉은 상류층을 신랄하게 비난하는 작품으로, 혁명에 대한 논평으로서 분명한 의미가 있었다. 연극은 무시당하던 농부들이 상류층의 사유지에 침입해 주인공 프로타소프 교수를 살해하는 것으로 막을 내린다. 프로타소프 교수 역은 모스크바 예술극장에서 가장 유명한 배우 중 한 명인 바실리 카찰로프가 연기했다.

정치적 맥락을 고려할 때, 무대 사방과 객석의 통로에서 농민들이 무대로 돌진하는 장면은 스타니슬랍스키의 절묘한 연출이거나, 아니면 중대한 실수였다. 10월 24일 초연 도중 프로타소프가 "사망하자" 관객들은 최악의 공포가 현실이 되었다고 생각했다. 극장 안의 누군가가 "놈들이 카찰로프를 죽였다!"라고 소리쳤고 객석은 아수라장이 되었다.31 사람들이 권총을 꺼내들며 비명을 지르기 시작했다. 카찰로프는 자신이 살해당하지 않았다고 모두를 안심시키기 위해 벌떡 일어나서 미친 사람처럼 껄껄 웃으며 무대 가장자리로 걸어가야 했다.

이 무렵 메이예르홀트와 스타니슬랍스키의 시어터-스튜디오가 마침내 첫 번째 작품을 초연했다. 작은 헛간에서는 눈을 떼지 못할 만큼 흥미로웠던 메이예르홀트의 작업 방법은32 그저 그런 재능을 가진 미숙한 배우들이 공연하는 1200석 공간에서는 제대로 전달되지 못했다.33 그러나 스타니슬랍스키는 시어터-스튜디오에 막대한 돈을 썼기 때문에—한 전기 작가는 그의 재산의 절반쯤이었다고 추정한다34—티켓 판매 수익으로 손해를 벌충하기 위해 불가피하게 〈탱타질의 죽음〉을 무대에 올리면서 실패로 인한 명성의 타격을 감수해야 했다.

시어터-스튜디오의 문은 그리 오래 열려 있지 못했다. 사방을 에워싼 시민들의 소요 때문에 너무 위험해 작업을 할 수 없었다. 스타니슬랍스키는 스튜디오의 문을 닫았고, 네미로비치와 스타니슬랍스키는 모스크바 예술극장의 시즌을 단축했으며, 메이예르홀트는 다시 모스크바를 떠났다. 스타니슬랍스키와 러시아 사회에 쇄신과 약진을 가져올 거라 기대했던 해는 실패와 실망으로 끝이 났다. 연말까지 1만 3천 명이 목숨을 잃었는데, 그중 적어도 3천 명은 집단학살당한 유대인이었다.35 스타니슬랍스키는 1898년에만 해도 어린 시절부터 자신을 괴롭히던 예술적 문제들을 해결했다고 생각했다. 그런데 오히려 새로운 문제들의 문을 열었을 뿐이었다. 어떻게 해결해야 할지 전혀 모르겠는 문제들을. 그가 할 수 있는 일이라곤 1906년이 목표에 더 가깝게 데려가주기를, 네미로비치와의 관계가 개선되기를, 그가 하고 있는 작업이 향상되기를 바라는 것이 전부였다. 그가 『나의 예술 인생』에 썼듯, 그와 모스크바 예술극장 모두 "교차로에 서 있었다. (…) 어디로 가야 할지 또 무엇을 해야 할지 알 수 없었다. 유일한 방법은 해외로 떠나는 것이었다."[36]

1905년 12월 군부가 10월혁명의 잔존 세력을 무참히 진압하는 가운데 모스크바 예술극장 단원들은 서로의 아파트에서 비밀 모임을 갖고 첫 유럽 투어를 계획했다.[37] 애초부터 그들은 유럽에 갈 수 있을 거라고 가정했다. 1906년 1월에 분쟁이 격화되자, 스타니슬랍스키와 배우들은 겁에 질려 무엇이 그들을 기다리는지 확신하지 못한 채 바르샤바를 경유해 베를린으로 가는 기차를 탔다. 스타니슬랍스키는 이렇게 썼다. "바르샤바에 한밤중에 도착한 우리는 역에서 역으로 시내를 통과하는 방법 말고 도시를 순환하는 열차를 이용하라는 조언을 들었다."[38] 무장한 자경단이 도시의 거리를 배회하고 있었기 때문이다.

간신히 시간에 맞춰 도착한 모스크바 예술극장은 2월 10일 〈차르 표도르 이바노비치〉로 유럽 투어의 막을 올렸다.[39] 스타니슬랍스키는 극단이 받을 반응이 걱정되었다. 그들은 러시아의 국제적 이미지가 파탄으로 치닫던 시기에 유럽과 러시아가 서로를 볼 수 있도록 "창을 내고" 있었다.[40] 투어가 실패하면 자국 전체의 평판에 먹칠을 하게 될 거라고 생각했다.

다음 날 그와 릴리나는 극찬하는 리뷰들을 손에 쥐고 침실로 들이닥친 단원들 때문에 잠에서 깼다.[41] 그들은 〈차르 표도르 이바노비치〉 〈바냐 아저씨〉 〈민중의 적〉 〈밑바닥에서〉 등 계속해서 최고 히트작을 무대에 올렸고, 그럴 때마다 몇 번이고 열광하는 리뷰와 열정적인 박수 갈채를 받았다.[42] 스타니슬랍스키가 "대단히 정력적이고, 그리 크지 않은 키에 몸통이 두툼하며, 제법 큰 주근깨가 있고 (…) 평범한 콧수염을 기른" 사람으로 기억하는 빌헬름 황제는 그들의 연극을 관람하고는 무척 마음에 들어 했다.[43] 모스크바 예술극장 첫 시즌에 너무나 많은 문제를 일으킨 작품 〈한넬레의 승천〉과 〈침종〉을 쓴 게르하르트 하웁트만은 〈바냐〉는 "내가 지금까지 겪어본 가장 강력한 연극적 경험"이라고 선언했다.[44] 모스크바 예술극장의 배우들에게 특히 강한 인상을 받은 하웁트만은 배우들을 두고 "연기하는 사람이 아니라 예술을 하는 신神이다"라고 말했다.

모스크바 예술극장의 투어는 지난 수십 년 동안 유럽 극장들에 불어닥친 변화의 파도를 탔다. 19세기에 특히 프랑스와 이탈리아를 중심으로 한 유럽의 연기는 반자연주의, 웅변조, 제스처 위주였다. 연기의 중요 이론가로는 풍부한 표현력, 규범화된 제스처와 포즈pose를 통해 감정을 전달하는 테크닉을 중시한 프랑스의 웅변 교사 프랑수아 델사르트 그리고 이탈리아 배우 알라마노 모렐리 같은 사람들이 있었다. 모렐리의 『연극적 포즈 안내서』는 감정과 그에 상응하는 신체적 제스처를 말 그대로 A부터 Z까지 모아놓은 책으로,[45] "포옹, 포옹에 대한 불안, 가슴으로 오라는 초대—두 팔을 약간 벌려 앞으로 뻗는다. 감정에 따라 두 손도 비슷하게 내민다"로 시작해, "오른손의 다섯 손가락을 모아 쭉 편 다음, 손을 올리면서 불시에 손가락을 벌린다"로 가장 잘 표현되는 "잠필로Zampillo", 즉 "감탄"으로 마무리한다.[46] 이 연기 스타일은 19세기 유럽 무대를 지배했던, 가정을 배경으로 한 멜로드라마와 판타지에 안성맞춤이었다.

자연주의는 문학운동으로 유럽에 등장했다. 운동의 목적은 1880년 에밀 졸라가 발표한 『실험소설』에 가장 명확히 드러나 있다. 셰익스피어가 자연을 있는 그대로 보여주려 했다면, 졸라의 자연주의는 문학을 인간의 행동을 관찰하는 일종의 실험 같은 것으로 대했다.[47] 자연주의자가 보기에 환경과 의복과 캐릭터는 실제 삶을 반영해야 하며 예술적인 인위적 연출을 피해야 했다. 러시아와 마찬가지로 자연주의는 프라이빗 클럽private club에서 발전해 번성했고, 조지 버나드 쇼나 오토 브람 같은 인습타파주의적인 평론가들이 이 사조를 옹호했다.[48] 프라이빗 클럽은 검열관이 휘두르는 펜을 피할 수 있었고, 클럽의 작은 공간은 캐릭터와 감정의 미묘함을 전달하기에 더 적합했다. 파리의 '자유 극장'과 베를린의 '자유 무대' 같은, 스타니슬랍스키의 예술문학협회와 비슷하게 모스크바 예술극장보다 10년쯤 앞서 설립된 극단은 사실적인 세트를 위해 그림이 그려진 막의 사용을 삼가고, 객석을 등진 배우를 등장시켰으며, 입센과 톨스토이의 희곡을 무대에 올렸다. 1889년 스트린드베리는 자유 극장에서 영감을 받아 스칸디나비아 실험 극장을 설립했다.[49] 같은 해에 단 몇 주 만에 완성한 그의 희곡 〈미스 줄리〉는 자연주의의 선구적인 작품이다. 〈미스 줄리〉의 날카로운 도입부는 연극 전통을 향한 격렬한 분노와 함께 희곡의 구성을 설명한다. 그는 이렇게 썼다. "대사와 관련된 부분에서, 나는 내 캐릭터들을 현명한 답변을 유도하기 위해 멍청한 질문을 던지고 앉아 있는 교리문답 교사로 만들지 않는 방식으로 전통을 어느 정도 깨뜨렸다. 나는 (…) 내 캐릭터들의 뇌가 실제 생활에서 그렇듯 불규칙하게 작동하도록 했다."[50] 세트는 시모프의 방식과 비슷하게 비대칭적인 한편, 시모프와 달리 전반적인 인상만 보여주었다. 작품의 배경 중 상당 부분을 암시적으로 남겨둠으로써 관객의 상상력을 부추긴 것이다.

그러나 자연주의에 관한 한 유럽은 러시아를 따라가는 형국이었다. 1812년 전쟁 이후 사실주의는 유럽의 문화적 영향력에서 벗어나 러시아 민중과 농민들을 향하자는 민족주의 프로젝트의 일환으로 일찍이 1820년대에 러시아를 장악했다.[51] 오스트롭스키의 〈폭풍〉 같은 희곡은 중간 계급의 위선적인 삶과 결혼 생활, 일상적인 인물, 산문체 대사 등에서 입센의 작품과 공통점이 있었지만, 〈인형의 집〉보다 20년 전인 1859년에 쓰인 작품이었다. 이동파 같은 화가들이 보여주었듯 러시아는 국내로 눈을 돌려 자기들의 세계를 있는 그대로 반영함으로써 토착 문화의 새로운 지평을 열 수 있었다. 이제 스타니슬랍스키와 모스크바 예술극장이 비슷한 일을 해냈다. 러시아 연극 예술의 위대함을 해외에 알리고 러시아의 문화적 명성을 되찾았다. 스타니슬랍스키가 언급했듯, 그의 극단을 바라보는 유럽의 관점을 바꿔 말하면 이랬다. "우리는 러시아인들이 정치적으로 한 세기 뒤쳐졌다는 것을 알고 있습니다. 그러나 주여, 러시아인들은 예술의 영역에서는 우리를 앞질렀습니다."[52]

이때는 스타니슬랍스키 인생에서 가장 행복한 시간이어야 했다. 하지만 1906년 3월 그는 엄청난 위기에 봉착했다. 이번 문제는 모스크바 예술극장도, 러시아 정치도, 메이예르홀트도 아니었다. 문제는 바로 **그 자신**이었다. 문제를 해결하려 노력하는 동안 스타니슬랍스키는 연기에 접근하는 완전히 새로운 길, 그가 "시스템"이라고 부른 길을 개척할 터였다. 이 "시스템"에서 마침내 메소드가 탄생할 것이다.

모든 것은 꽤나 간단하게 시작되었다. 어느 날 그는 투어에서 〈민중의 적〉의 스토크만 역을 연기하던 중 자신이 생동감이라곤 없이 기계적으로 역할을 수행하며 연기 시늉만 하고 있다는 것을 깨달았다. 영감, 캐릭터의 영혼이 사라져버렸다. 그는 훗날 "순진함에서 나오는 행동들을 모방했지만 나는 순진하지 않았다. 발을 짧고 빠르게 움직였지만 잰걸음의 원인이어야 할 내 내면의 다급함을 감지하지 못했다"라고 썼다.[53] 이 작품들 중 몇 편은 스타니슬랍스키가 수년간 공연했던 것이다. 시간이 흐르면서 연기가 일상이 되는 것은 자연스러운 일이었다. 하지만 일상에 안주하는 것은 그로서는 견딜 수 없는, 즉 예술에 대한 배신 그 자체였다.

스타니슬랍스키는 19세기 이탈리아의 살비니와 두세, 러시아의 셉킨 같은 위대한 배우들은 이런 정체기를 결코 경험하지 않았을 거라 생각했다. 어째서 그에게만? 그에게 무슨 일이 일어나고 있는 걸까? 그는 몇 년 동안 영감을 발현시킬 수단을 만들어내기 위해 무대 연출과 디자인을 활용해왔다. 영감이 부족한 배우들이 영감을 찾을 수 있도록 물심양면으로 도왔다. 그런데 이제는 그 역시도 영감이 없었다. 배역을 연기하면 할수록 연기는 석회처럼 딱딱하게 굳어가기만 했다.[54] 게다가 그는 영감을 되돌릴 방법을 전혀 찾아낼 수 없었다. 그의 테크닉은 신체와 발성 훈련의 토대 위에서만 구축된, 전적으로 외적인 것이었기 때문이다. 진실이 그를 떠났다. 아마도 영원히. 그가 핀란드에서 릴리나를 홀로 둔 채 거울 앞에서 리허설하고 연기 문법에 관한 노트를 작성하며 해결하려 애썼던 이유가 바로 이 위기였다.

스타니슬랍스키는 대중 연설을 상당히 잘했지만, 자신의 이론을 글로 쓰는 일이 그에게는 쉽지 않았다. 그는 평생에 걸쳐 연기에 관한 생각을 수정했다. 그가 "시스템system"에 따옴표를 붙이고 소문자로 시작한 이유는 그것이 절대 완성되지 않는다는 속성을 강조하기 위해서였다. 그는 동일한 개념을 두고 여러 용어를 사용했고, 그의 정의는 때로 혼란스럽거나 분명하지 않았다. 그가 위대한 과학의 발견 시대에 "시스템"을 개척하고 있었기에 그의 글은 가짜-과학적faux-sceientific 접근법을 취했다. 그의 글에 기이한 방정식과 도표가 가득한 것은 아이디어를 정당화하려는 의도였지만, 실제로는 한층 더 모호하게 만드는 결과를 가져왔다. "시스템"에 대한 그의 설명이 혼란스러운 이유는 본질적으로 그가 묘사하는 것이 언어로는 표현할 길이 없는 무엇이었기 때문이다. 어떤 면에서 스타니슬랍스키는 입자물리학의 표준모형을 이해하는 열쇠인 이른바 신의 입자God Particle라 불리는 힉스 보손Higgs boson의 존재를 입증하려 시도하는 물리학자와 비슷했다. 입자 자체는 현재 기술로는 직접 관찰할 수 없다. 대신 우리는 고출력 양성자 빔 두 줄기를 충돌시켜 입자의 효과를 관찰함으로써 존재를 증명할 수 있는 환경을 창조할 수는 있다.

스타니슬랍스키의 신의 입자는 영감으로, 그는 『나의 예술 인생』에서 이를 **창조적 분위기**creative mood라고 이름 붙였다. 창조적 분위기를 정의하는 건 어려운 일이지만 배우와 관객 모두 그것을 명확하게 감지할 수 있었다. 재능 있는 동일한 배우를 이틀 동안 밤 공연에 올려보라. 창조적 분위기는 따분하고 생기 없는 연기와 완전히 몰입한 짜릿한 연기를 구분해준다. 스타니슬랍스키에 따르면, 위대한 배우에게 창조적 분위기는 수월하게 "저절로 충만하고 풍성하게" 찾아온다. 재능이 부족한 사람에게는 덜 빈번하게 찾아온다.[55] 예술적 재능이 조금이라도 있는 사람이라면 누구나 어쩌다 창조적 분위기를 경험하지만, "자신의 의지로 통제할 수 있는 것은 아니다." 영감이 서식하는 곳은 의식conscious이 아니기 때문이다. 영감은 스타니슬랍스키가 **초의식**superconscious이라고 명명한 곳에 있다. 여기서 그가 말하는 초의식이란 프로이트의 잠재의식subconscious 개념이 아니라—스타니슬랍스키는 프로이트를 읽은 적이 없다—의식적인 의지의 지배를 받지 않는 정신의 일부를 의미한다.[56] 그리고 이런 의식적인 통제력이 부족한 것이 배우에게 특별한 어려움을 야기한다는 사실을 스타니슬랍스키는 깨달았다. 배우는 "무대에 올라 연기를 하기로 예정된, 그러니까 공연 포스터에 적힌 바로 그 시간에" 영감을 받아야만 하기 때문이다.[57]

물론 배우가 극에 완전히 몰입하여 매 공연마다 자연스럽게 영감을 받는 상태로 들어간다면 아주 바람직할 것이다. 스타니슬랍스키는 연출가로서 무대를 정교하게 디자인하고 열변을 토하려는 배우들의 충동을 단호하게 억제하면서 의도적으로 영감이 떠오를 수 있는 외적인 조건을 조성했다. 그러나 아무리 위대한 천재라 해도 무대에 오를 때마다 한 치의 오차 없이 영감을 받을 수는 없는 노릇이었다. 당신이 예술가라면 어떻게 의식적인 의지의 지배를 받지 않는 무언가를 필요할 때마다 발현되도록 만들 수 있을까? 초의식을 자극하고 조작하기 위해 어떻게 의식을 활용할 것인가?

스타니슬랍스키는 두 가지 필수 원칙 위에 새로운 연기 문법을 구축했다. 첫째는 배우 자신의 인생 경험이 최우선이라는 원칙이었다.[58] 화가에게는 물감이 있고, 작가에게는 단어가 있고, 배우에게는 그들의 인생이 있다. 비결은 어떻게 이런 일상의 경험을 발굴해 매일 밤 비일상적인 상황과 고조된 감정들로 가득한 드라마에서 연기의 토대로 활용할지를 알아내는 데 있었다.

결국 예술은 현실 삶의 복제품이 아니다. 연극을 포함한 예술은 경험을 편집하고 압축한다. 그 과정을 통해, 그리고 예술가의 관찰을 통해, 경험은 의미와 삶과 진실의 밀도가 높아질 때까지 압축된다. 회화 작품에는 액자가 있어 우리에게 액자 안에 있는 것만 보여준다. 그럼에도 우리는 그 안에서 경이로움을 목격한다. 극장에서 우리는 비텐베르크에 머무르던 햄릿이 중간고사 공부를 하거나 샐러드를 만들거나 (대부분의 공연이 그렇듯) 화장실 가는 모습을 볼 수 없다. 대신 강렬한 순간만을 본다. 아버지의 죽음에 심사숙고하는 모습, 같은 학교를 다닌 절친들이 배신했음을 깨닫는 모습, 연인과 헤어지는 모습, 진실을 찾으려 애쓰는 모습. 어느 수준에서 보면 모두 별것 아닌 일상적인 경험들이다. 극중 한 등장인물이 말했듯 **당신의 아버지도 아버지를 잃었고/그 아버지도 아버지를 잃었다.** 하지만 햄릿의 경우, 그리고 우리의 경우, 이런 일상의 경험은 극의 상황과 셰익스피어의 문학적 강렬함에 의해 비범하게 표현된다. 많은 이들이 살면서 "죽어버리고 싶다"라고 말할 법한 순간들을 경험한다. 햄릿에게도 이런 순간들이 있다. 하지만 그는 죽음에 대한 열망을 "너무나 단단하고 단단한 이 육신이 녹고 녹아서 이슬로 화하기를" 바라는 비범한 요청으로 만든다.

배우의 임무는 캐릭터와 만나 교감하면서, 몇 년 후에 스타니슬랍스키가 야 예슴ya yesm—교회슬라브어에서 차용한 표현으로 "나는 존재한다I am"라는 의미—이라 부르게 될 무언가를 만들어내는 것이었다. 야 예슴은 "상상 속 삶의 한복판"에서 살아가는 상태, 다시 말해 진실한 선택에서 극의 상황에 대한 믿음으로 흐르는 과정의 최종 결과물이었다.[59]

하지만 배우는 간단하게 '야 예슴'으로 도약할 수가 없었다. 이것이 스타니슬랍스키의 또 다른 주요 원칙이었다. 어떤 역할을 "단번에 소유하는 게 불가능하다면 (⋯) 그 역할을 구축하기 위한 다양한 요소를 활용해 조금씩 조금씩 조립해가야 한다."60 햄릿이라는 역할 전체를 연기하는 데 초점을 맞추는 대신, 배우는 그 역할을 일련의 "조각들"로 보고 조각 각각을 가능한 한 성실하게 성취하는 데 초점을 맞출 수 있다. 창조의 과정 또한 구성 요소들로 분해한 다음, 경험으로 가는 신뢰할 만한 길을 제공하는 방식으로 다시 짜 맞출 수 있다.

배우의 생생한 경험을 최우선으로 두는 것, 역할과 과정을 조각으로 분해할 필요성, 의식적인 과정을 활용해 영감에 접근하고 조작한다는 목표는 "시스템"과 "시스템"에서 나온 모든 것의 토대이다. 이제 그 토대를 구축하기 위해 스타니슬랍스키는 연출가로서 자신의 작품을 재검토하고, 그가 존경하는 배우들을 관찰하고 인터뷰하는 등 실용적인 방향으로 전환할 필요가 있었다. 그러나 우선은 모스크바로 돌아가야 했다. 네미로비치와 관련된 새로운 문제들이 기다리는 곳으로.

1906년 9월 네미로비치와 스타니슬랍스키의 예술적 협업이 마침표를 찍었다. 모스크바 예술극장을 설립한 이후 처음으로 두 사람은 완전히 따로따로 작업을 했다. 다만 네미로비치가 "경계선"이라고 묘사한 것은 그들 사이에 "끊임없이 이어지는 예술적 차이를 고려할 때 필수적"이었다.61 그 차이는 날이 갈수록 극명해졌다. 이내 둘은 다가오는 시즌에 누가 최고의 배우와 최고의 자리를 차지하느냐를 놓고 옥신각신했다. 그들이 수없이 빠졌던 교착 상태 중 하나에 다다랐을 때, 스타니슬랍스키는 네미로비치에게 나는 "조금도 더럽혀지지 않은 분위기에서만 에너지를 갖고" 작업할 수 있다는 편지를 보내면서 요구 사항이 충족되지 않으면 극장을 그만두겠다고 암묵적으로 으름장을 놨다.62 두 사람은 서로를 향한 분노가 치밀어오르는데도 불구하고 줄곧 서신을 주고받으면서 극장이 계속 돌아갈 수 있게 할 모종의 합의를 도출하려 노력했다. 스타니슬랍스키는 네미로비치에게 기꺼이 그가 원했던 권한을 내주려 했고—스타니슬랍스키가 오히려 그 생각에 안도한 듯 보였다—대신 그 대가로 자율성을 원했다. "딱 연극 한 편으로 내 마음의 짐을 덜게 해주십시오. 그렇게만 된다면 무슨 일이든 하겠습니다만, 그렇지 않다면 나는 숨을 쉴 수 없고, 굶주린 사람처럼 음식 생각만 하게 될 겁니다."63 스타니슬랍스키의 편지는 유감의 뜻을 표하는 것으로 끝을 맺는다. 둘은 힘을 합쳐 지금까지 세상에 없던 가장 위대한 극단 중 하나를 설립했다. 그들을 흠모하는 대중은 두 사람을 "러시아에 영광을 안겨줄 (…) 사람들의 본보기"로 여겼다. 하지만 지금 그들은 정중한 대화조차 나눌 수 없었다. "꼴사나운 상황입니다. 우리는 창피한 줄 알아야 합니다."64

　　네미로비치는 반드시 필요한 경우가 아니면 스타니슬랍스키에게 말을 걸지 않겠다고 약속했다. 마치 애정에 굶주린 배우자처럼 다른 곳에서 예술적 탐구의 파트너를 찾던 스타니슬랍스키는 레오폴드 술레르지츠키라는 별난 세계 여행가이자 박학다식한 인물이 모스크바 예술극장에 자주 모습을 보이기 시작하자 그가 자신이 원하는 사람임을 알아보았다. 재능 있는 작가이자 뛰어난 웅변가, 독학으로 다양한 학문을 익힌 술레르지츠키는 1905년 스타니슬랍스키를 만나기 전까지 크림반도에서 페인트공, 양치기, 행상꾼, 어부, 선원 등으로 일했다.65 예전에 좌파 정치 성향 때문에 차르에 의해 수년간 투르키스탄에서 유배 생활을 한 적이 있는 그는 레프 톨스토이의 절친한 친구이자 톨스토이 운동의 열성 회원이었다. 톨스토이언이라 불리는 톨스토이 추종자들은 인류의 선천적 선함을 믿었다. 무엇보다 그들은 독신을 유지하면서 채식과 평화주의를 실천하고, 한쪽 뺨을 맞으면 다른 쪽 뺨을 내밀며, 예수의 산상수훈 가르침을 준수할 의무가 있었다.

톨스토이의 요청으로 술레르지츠키는 러시아에서 박해를 받던 평화주의 기독교 종파인 두호보르파와 함께 캐나다를 두 차례 방문했다. 술레르지츠키는 그들이 캐나다에 정착하는 일을 돕고(그들은 오늘날에도 그곳에 거주한다) 그들을 대신해 캐나다 정부와 협상하기도 했다. 이런 활동을 하다가 만성 신염腎炎에 걸린 술레르지츠키는 법적으로 모스크바 거주를 금지한다는 조건으로 유배에서 풀려났음에도 만신창이가 된 몸을 이끌고 무일푼으로 모스크바에 나타났다. 그는 시의 법적 경계 밖에 있는 사냥꾼에게서 빌린 판잣집에 기거하면서 모스크바 예술극장의 열성 팬이 되었다. 네미로비치라는 이름난 예외를 제외한 극단의 모든 사람이 그를 사랑했다.[66] 고리키가 그에게 "술레르"라는 별명을 붙여주었는데,[67] 그는 평생 이 별명을 썼다. 술레르는 차르가 모스크바에 올 때마다 모스크바를 떠나야 하는 신세였음에도 도시, 그리고 스타니슬랍스키와 함께했다. 스타니슬랍스키는 술레르를 조수로 삼고 사비로 급여를 지불했다. 술레르는 여가 시간에 사회민주노동당이 지하 인쇄소를 세우는 일을 거들었다.[68]

네미로비치와 일부 배우들은 스타니슬랍스키의 실험을 침체기에 대한 과잉 반응 정도로 가볍게 생각했지만, 술레르는 스타니슬랍스키의 노력에서 톨스토이언의 이상을 연극의 관행으로 실현시킬 가능성을 보았다. 스타니슬랍스키는 이미 톨스토이언의 많은 핵심 신념을 지지했는데,[69] 그 신념에는 공동생활의 가치, 당파 정치보다 도덕적 진실성을 더 중요하게 여기는 관점, 역경 앞에서 평화주의적으로 비저항하는 것이 포함되어 있었다. 술레르는 스타니슬랍스키를 상징주의 글쓰기 쪽으로 밀고 갔다.[70] 요가와 요가의 집중 훈련에 대한 스타니슬랍스키의 관심에 불을 붙인 인물 역시 술레르였을 것이다. "살아 있는 모든 생명체를 관통하는 보이지 않는 생명력"인 프라나prana 개념도 마찬가지인데, 스타니슬랍스키는 프라나가 배우들이 관객에게 감정을 "전염"시키는 것을 도와줄 수 있다고 믿었다.[71]

어느 정도는 술레르의 영향 덕분에, 스타니슬랍스키는 크누트 함순의 〈인생 드라마〉(1907), 마테를링크의 〈파랑새〉(1908), 고골의 〈검찰관〉(1908)을 무대에 올리면서 그의 경력에서 본격적으로 실험 단계에 돌입했다—이 단계는 평생 이어졌다. 스타니슬랍스키는 심장이 멈추는 날까지 핀란드에서 구상한 문제들을 해결하는 데 모든 예술적 역량을 쏟아부을 터였다. 연출은 이론을 테스트하는 방법이 되었고, 이론은 그의 노트에 상세히 기록되었다. 그는 『나의 예술 인생』에 이렇게 썼다. "나는 배우들과 나 자신을 대상으로 온갖 종류의 실험을 했다. 나는 그들을 고문했다. 그들은 화를 내면서 내가 리허설장을 실험실로 바꿔놓았다고, 배우는 실험에 사용되는 기니피그가 아니라고 말했다."[72]

"시스템"은 미국에서 항상 자연주의와 결부되지만, 스타니슬랍스키는 처음에 추상적이고 상징주의적인 작품에 심리적 진실을 부여하기 위해 "시스템"을 개발했다. 〈인생 드라마〉에서 스타니슬랍스키는 메이예르홀트가 그랬던 것처럼 배우들의 움직임에 극도의 제약을 가함으로써 "보이지 않고 체현되지 않는 열정"을 불러일으키려 애썼다.[73] 다만 사실주의에는 관심이 없던 메이예르홀트와 달리, 그는 배우들이 캐릭터의 생각과 감정을 탐색할 수 있도록 도와주면서 심리학을 활용해 배우들을 지도했다.[74]

실험은 대부분 대실패로 끝났지만, 그래도 "시스템"의 핵심 부분이 될 몇 가지 중요한 발견으로 스타니슬랍스키를 이끌었다. 첫째, 역할을 조각으로 분해하면 배우들이 그 순간에 몰입할 수 있게 된다. 스타니슬랍스키는 눈앞의 모든 것에 집중함으로써 자신이 "프로시니엄 아치proscenium arch라는 시커멓고 끔찍한 구멍 너머에서 (…) 벌어지는 일로부터 주의를 돌리고 있었다"는 것을 발견했다.[75] 이 발견은 **집중**concentration과 **주의**attention라는 상호연관된 생각으로 이어졌다. 집중과 주의는 제대로 개발하면 배우가 연기하는 캐릭터의 "신체적·정신적 본성 전체가 (…) 영혼에서 일어나는 일"에 집중하는 데 도움을 주어[76] 결국 **군중 속의 고독**이라고 부르는, 자신이 관찰당하고 있다는 사실을 깨닫지 못하는 듯이 행동하는 기술을 만들어낸다.[77]

스타니슬랍스키에게 집중은 상태인 동시에 능력이기도 했다. 동방정교회 신비주의자들이나 요가 수행자들이 동의하듯, 집중은 연습을 통해 훈련할 수 있었다. 동전을 가져와 테이블에 놓아보라.[78] 이것이 당신의 **주의의 대상**이다.[79] 궁극적으로 이런 대상이 반드시 형체가 있는 물건일 필요는 없다. 실제든 상상이든, 문자 그대로든 개념이든 모두 당신이 집중할 수 있는 대상이다. 아무튼 다시 동전으로 돌아가보자. 자리에 앉아 긴장을 풀고 호흡하라. 동전을 살펴보라. 몇 년에 주조된 것인가? 때가 묻어 있나? 작은 흠이 있나? 매끈하게 닳은 부분이 어디인지, 아연이나 녹이 슨 금속의 녹색이 보이는 부분은 어디인지 살펴보라. 아주 사소한 세부 사항까지 외워 묘사할 수 있을 정도로 동전을 상당히 꼼꼼하게 살펴보라.

이제 나머지 세상은 대부분 사라졌다. 당신은 주의의 원circle of attention을 창조했다.[80] 그 원은 작은 동전 하나를 에워쌀 정도로 작다. 이제 그것을 확장해보자. 예를 들어 당신은 원을 동전이 놓인 테이블만큼 크게 만들 수 있다. 그다음 동전을 살펴봤을 때처럼 꼼꼼하게 테이블을 살펴보라. 이 작업을 수행할 수 있다면 원을 다시 확장하고 또 확장할 수 있을 것이고, 준비가 되면 다시 한 번 눈에 띄는 모든 새로운 세부 사항을 고려하게 될 것이다. 당신은, 스타니슬랍스키처럼, 방에 램프 몇 개를 켜고 각각의 램프가 비추는 대상이 무엇이건 각각 다른 주의의 원으로 만들 수 있을 것이다. 명심하라. 관객은 거의 늘 원 바깥에, 어둠 속에, 무시되는 것의 영역에 있다.

하지만 주의만으로는 충분치 않다는 걸 스타니슬랍스키는 깨달았다. 배우에게는 상상력도 필요하다. "무대에서 일어나는 모든 일을 믿는" 능력이 필요했다.[81] 그는 훗날 배우라면 누구나 해야 하는 이 어렵고 아름다운 선택에 **매직 이프**Magic If라는 이름을 붙였다. 매직 이프는 "배우가 실제 현실의 차원에서 자신이 창조하고 상상한 다른 삶의 차원으로 넘어가는" 급진적이고 상상력이 풍부한 감정이입의 상태다. 스타니슬랍스키는 마음속으로 이렇게 혼잣말을 하는 배우를 그려보았다. "[연극의 요소들이] 거짓이라는 것을 알고, 나에게는 하나도 필요하지 않다는 것도 알아. 그래도 **만약** 그것들이 진짜라면, 나는 이러저러한 일을 할 거고, 이런 식으로 행동할 거야."[82]

10년이 넘는 세월 동안 푸시킨의 경구는 스타니슬랍스키의 신조였다. **주어진 상황 안에서 정념에 대한 진실, 감정의 핍진성을 경험하는 것, 그것이 바로 우리의 지성이 극작가에게 요구하는 바이다.** 이제 매직 이프는 극과 캐릭터에게 주어진 상황으로 들어가는 길이 되었다. 주어진 상황은 간단히 말해 극의 세계에 관해 배우가 이용 가능한 전후 맥락과 관련된 모든 정보이고, 우리가 목격하는 장면에 선행하는 캐릭터의 사연이다.[83] 어떤 경우 연출가와 배우가 지어낸 배경 스토리에다 주어진 상황이라는 살을 붙여야 한다. 때로는 그런 발상이 불필요할 때도 있다.

당신이 동전, 그리고 방의 램프로 만들어낸 원들을 갖고 한 작업이 무척이나 성공적이라서 〈햄릿〉의 프란시스코 역할에 캐스팅됐다고 해보자. 당신이 할 주된 연기는 이 연극의 첫 장면에 있다. 한 남자가 성에 다가와 "거기 누구요?"라고 말한다. 그러면 당신은 대꾸한다. "아니, 내가 묻는다. 서라, 신분을 밝혀라." 작은 역할이지만, 당신은 안다. **작은 역할은 존재하지 않는다. 작은 배우만 존재할 뿐이다.** 그래서 당신은 그 역에 정말로 몰입하기로 결심하고는 대본을 읽고 또 읽는다. 여기서 당신이 알아낸 것은 다음과 같다. 밤이고, "무척 춥고," 얼마 전 왕이 승하하면서 나라는 노르웨이의 침공에 취약해진 상태가 되었고, 유령이 성의 흉벽을 떠돌아다닌다는 소문이 있다. 당신이 "마음이 아프다"고 말하는 건 그래서일 것이다. 이 모든 요소가 **주어진 상황**을 구성한다. 그것들로 걷는 법, 가만히 있는 법, 몇 줄 안 되는 대사를 말하는 법을 디자인해야 한다. 주어진 상황에 연기의 뿌리를 내리면 연기가 더욱 구체성을 띠며 클리셰를 없앨 수 있다. 주어진 상황을 믿는 것은 배우가 단순히 배역을 연기하는 데 그치지 않고, 배역을 경험하는 데도 도움이 될 수 있다고 스타니슬랍스키는 생각했다.

1908년 2월 초, 네미로비치는 스타니슬랍스키에게 편지를 보냈다. 내용은 모른다. 하지만 스타니슬랍스키의 반응에서 그가 편지를 보고 상처받았다는 것을 알 수 있다. "제가 방금 받은 편지로 우리의 10년 노력이 끝나면서 당신, 극장, 우리의 관계에 있어 저의 **무한한** 헌신과 애정에 바탕이 되었던 모든 믿음이 물거품이 되어버렸습니다. 이번 시즌이 끝나면 저는 주주와 경영진 자리에서 물러나겠습니다."[84]

이 승강이는 고통스럽기는 했지만, 둘 다 원하던 바를 얻는 결과로 이어졌다.[85] 네미로비치는 모스크바 예술극장에서 더 큰 권한을 갖게 되었다. 심지어 스타니슬랍스키는 보수를 받지 않고 지금까지 맡았던 배역을 연기하고 그의 레퍼토리들을 다시 무대에 올린다는 데 합의하기까지 했다. 그 대가로 콘스탄틴 세르게예비치는 1년 전부터 요구해왔던 걸 얻을 터였다. 한 시즌에 원하는 작품 한 편을 전권을 가지고 무대에 올리는 것. 모스크바 예술극장에서 스타니슬랍스키의 역할이 변화한 덕에 그는 "시스템"을 개발할 수단을 얻었다. 이런 변화가 없었다면 "시스템"의 운명이 어찌 되었을지 확실하지 않다. 다만 스타니슬랍스키의 연기 이론에는 대가가 따랐다. 한때 18시간 동안 이야기를 주고받았던 두 사람이 다시 말을 섞는 일은 좀처럼 없을 터였다.

작품 한 편을 자신이 원하는 대로 연출할 수 있게 되자 스타니슬랍스키는 마테를링크의 〈파랑새〉를 공략했다. 〈파랑새〉는 파란 깃털을 찾아 나선 쌍둥이가 충직한 개의 도움을 받기도 하고, 깃털이 발견되면 죽게 될 거라 믿는 고양이의 방해를 받기도 하는 내용을 담은 동화였다. 쌍둥이는 요정과 함께 그들의 집에서 밤의 궁전으로, 행복의 궁전으로, 미래 왕국과 다른 꿈의 세계로 여행을 다닌다. 이 희곡은 아이들의 집에 있는 모든 물건이 눈앞에서 살아 움직이며 변신하는 초반 장면을 비롯해 무대에서 구현하는 게 불가능해 보이는 스펙터클로 가득하다.

스타니슬랍스키는 〈파랑새〉 작업에 착수하면서—엄밀히 따지면 그는 고문 자격이었고, 술레르가 연출가로 이름을 올렸다[86]—배우들 중 일부는 당황스럽게 생각하고, 몇 세대에 걸쳐 연극인과 비평가 사이에서 논란이 될 만한 개념 하나를 개발하기 시작했다. "**정서 기억**affective memory." 스타니슬랍스키는 1908년 5월 5일 자 편지에서 이 아이디어를 처음으로 논의했는데, 편지에서 그는 "감정의 리듬, 정서 기억 개발, 창조적 과정의 정신-생리psycho-physiology"를 모사하려는 시도를 기술한다.[87] 두 달 후 그는 우연히 어떤 자리에서 프랑스 심리학의 창시자 중 한 명인 테오뒬 아르망 리보의 이론을 언급하는 사람을 만났다. 리보의 저작, 특히 그의 저서 『기억의 질환』과 『의지의 질환』은 이후 스타니슬랍스키의 사고에 어마어마한 영향을 미쳤다.[88] "시스템"에 관한 한 리보의 가장 중요한 아이디어는 인간에게는 다른 형태의 기억과 더불어 작동하는 "정서적 인상들affective impressions"을 저장하고 상기하는 능력인 "정서 기억"이 있다는 것이었다.[89] 이 인상에는 "시각이나 청각처럼 냄새와 맛, 본능적인 감각, 유쾌하거나 고통스러운 상태, 감정과 열정"이 포함되며 결국 "이후에 기억을 남길 수 있다."[90] 이 기억은 두 가지 방식, 즉 자극에 의해 또는 자발적으로 되살아난다.[91] 때로 새로운 경험이 옛 경험을 떠올리게 하고, 옛 경험의 감정이 저절로 차오른다. 빵 굽는 냄새를 맡으면 당신은 부모님의 주방을 떠올릴지도 모른다. 그러면 별안간 향수에 젖어 기분 좋은 아픔을 느끼게 된다.

"시스템"에 관한 한 "정서 기억"이라는 용어는 확연히 다르지만 서로 연관된 두 가지 의미가 있다. 어떤 의미에서 이것은 일종의 능력이다. 사실에 대한 좋은 기억력을 가지고 있는 것처럼 정서적 인상에 대해서도 좋은 기억력을 가질 수 있고, 사실에 대한 기억력을 훈련할 수 있는 것처럼 감정을 저장하고 불러내는 능력도 훈련할 수 있다. 정서 기억을 잘 훈련할 경우, 자유의지에 의해 곧잘 생겨나는 감정들을 신뢰할 수 있다.[92] 대부분의 프로 테니스 선수가 경기 중에 스트로크 하나하나의 역학에 대해 숙고하지 않는 것처럼, 잘 훈련된 재능 있는 배우는 무대 위에서 각각의 감정을 숙고할 필요가 없다. 하지만 다른 의미에서

"정서 기억"은 감정을 촉발하는 기억을 소환함으로써 의도적으로 감정을 자극하는 것을 목표로 한, 대단히 논란의 소지가 많은 테크닉을 가리킨다.

스타니슬랍스키는 새로운 아이디어를 바탕으로 〈파랑새〉에서 어린아이 같은 시점과 환상의 세계를 믿게 만드는 내면의 사실주의를 창조하기 위해 배우들을 밀어붙였다.[93] 유례가 없는 150차례의 리허설을 거친 끝에 나온 결과물은 대성공이었다. 처음에는 터무니없는 것으로 보였던 것—네미로비치는 배우들에게 동물 소리를 내고 즉흥 연기를 하면서 극장을 뛰어다니라고 강요한 스타니슬랍스키를 비웃었다[94]—이 마테를링크의 동화의 세계를 살아 움직이게 만들었다. 러시아에서 〈파랑새〉는 〈갈매기〉와 어깨를 나란히 하는, 아니 〈갈매기〉를 능가하는 전설이 되었다.[95]

〈검찰관〉은 스타니슬랍스키에게 또 다른 중요한 돌파구를 제공했다. 그는, 지금은 당연하게 여기는, 배우가 자신이 맡은 캐릭터가 어떤 행동을 하는 이유를 이해하기 위해 필요한 아이디어, 즉 **동기**motivation를 수년간 탐구해왔다. 고골이 〈검찰관〉 속 인물을 연기하는 배우들을 위해 작성한 노트는 스타니슬랍스키에게 동기에 접근하는 틀을 제공했다. 반세기도 전에 쓴 글에서 고골은 "똑똑한 배우는 (…) 각각의 인물이 평생 전념한 주된 관심사, 끊임없이 몰두한 생각의 대상, 다시 말해 캐릭터의 머릿속에 영원히 박혀 있는 '말뚝peg'이 무엇인지를 검토해야 한다"고 말했다.[96]

"말뚝"이라는 아이디어는 결국 **스베르흐자다차**sverkhzadacha, 즉 "초과업supertask"이 되었다. 연극은 각 작품의 구체적인 접근법에 따라 드러나는 잠재적인 초과업을 가진다.[97] 정의의 본질에 주목하는 〈햄릿〉은 오이디푸스 콤플렉스에 주목하는 〈햄릿〉과는 완전히 다를 것이다. 한편 캐릭터들도 극중에서 행동을 규정하고 조직하는 초과업을 가진다. 정의에 초점을 맞춘 〈햄릿〉은 "내 아버지를 위한 정당한 복수"가 초과업인 주인공의 연기를 보여줄 테지만, 오이디푸스 콤플렉스에 초점을 맞춘 〈햄릿〉은 "나의 죄책감에서 벗어나는" 대단히 중요한 과제에 따라 전개될 것이다. 초과업은 배우에게 진실을 요구한다. 고골이 보기에 "배우는 캐릭터의 생각과 열망에 완전히 동화되어 연기해야 한다."[98]

스타니슬랍스키는 핀란드에서 쌓았던 토대 위에 집중, 정서 기억, 초과업, 주어진 상황을 이용해 이론을 구축했다. 이 아이디어를 발전시킨 결과물은 지금까지 스타니슬랍스키가 연출한 작품들 중 가장 성공하고 사랑받은 작품인 〈파랑새〉로 직접 이어졌다. 1909년 그는 자신이 올바른 길을 가고 있다는 것을 알았고, 예술에서 진실을 실현한다는 자신만의 초과업을 향해 어느 때보다 열심히 일했다. 자신이 발견한 전부를 한데 모아 한번에 테스트할 준비가 되어 있었다. 상징주의 작품에 심리적 사실주의psychological realism를 도입하고자 "시스템"을 사용했던 그는 자연주의로 돌아가길 원했다. 이를 위해 스타니슬랍스키는 무대화할 수 없다고 널리 알려진 희곡, 이반 투르게네프의 〈시골에서의 한 달〉을 연출하기로 결정했다.

5장

"시스템"은 그저 '스타니슬랍스키 질환'일 뿐

〈파랑새〉가 상업적·비평적으로 성공을 거두었음에도 이 일이 콘스탄틴 스타니슬랍스키를 진정시키는 데는 별 도움이 되지 않았다. 오히려 모스크바 예술극장의 무너져가는 기준들과 관객에게 버림받을지도 모른다는 잠재적 가능성에 집착하며 그는 한층 더 까다로운 연출가가 되었다. 〈파랑새〉 공연 기간 중에 스타니슬랍스키는 출연진을 맹비난하는 편지를 써서 술레르를 통해 출연진에게 나눠주었다. "우리 극장의 배우들과 러시아의 배우들은 대부분 그저 능숙한 연기쟁이 정도에 절대로 만족하지 않을 겁니다. 그렇기에 여러분은 이방인이 되어야 합니다." 그가 보기에 출연진은 연기의 최고 소명, 즉 "배역을 살아가는 것"에 실패했다.[1]

스타니슬랍스키에게 "배역을 살아가는 것"은 보통 '경험하기'로 번역되는 페레지바니예를 의미한다. 배우는 배역을 **경험하면서** 캐릭터가 처한 상상 속 현실을 충실히 살아가야 한다. 이상적인 경우, "시스템"의 개별 요소들—매직 이프, 초과업, 정서 기억, 기타 등등—은 배우가 '경험하기'를 달성하도록 돕는다. '경험하기'는 배우가 완전히 그 캐릭터가 되기를 요구하지 않는다. 그런 변신은 불가능하며, 광기의 한 형태라고 스타니슬랍스키는 생각했다. 페레지바니예는 배우와 캐릭터가 융합된 상태이자 두 자아가 하나로 어우러진 상태였다.2 1909년 2월 그는 "배우려는 열망을 보여주는 누구에게든 이 기술을 가르칠 준비"가 되었다고 느꼈다. "내 생각에 이 기술이 없는 연극은 불필요하고 유해하며 어리석을 뿐입니다."3 그는 앞으로 "다른 원칙에 따라 작업하지 않을 것"이라고 약속했고, 무대 위에서 배역을 살아가는 법을 배울 의향이 있는 사람이라면 누구든 "매일 1시에" 자신을 만나러 오라고 초대했다.

스타니슬랍스키의 편지를 읽은 모스크바 예술극장의 수많은 베테랑들은 분노와 혼란이 뒤섞인 감정을 느꼈지만, 젊은 배우이자 연출가 지망생인 리차드 발렌티노비치 볼레슬랍스키는 그의 부름을 듣고 응답했다. 볼레슬랍스키는 세상을 떠나 1937년 무렵에 스타니슬랍스키의 테크닉과 가르침을 온 세상에 전하는 가장 중요한 홍보대사 중 한 명이자, 영어로 "시스템"을 다룬 최초의 책을 쓴 저자가 될 터였다. 그러나 1907년에 모두가 볼리Boley라고 부른 이 남자는 연습실 안에서는 친화적인 매력을 발산하고 밖에서는 신비로운 분위기를 풍기는 것으로 유명한 모스크바 예술극장의 젊은 수습 단원이었다. 리차드 볼레슬랍스키가 심지어 그의 본명도 아니었다. 스타니슬랍스키처럼 그 역시 배우이자 연출가로서 점차 성공해감에 따라 가족의 평판을 보호하기 위해 예명을 썼다. 원래 이름은 폴란드 이름인 볼레스와프 리샤르트 스셰드니츠키였지만4 그의 젊은 시절 폴란드는 사람들의 꿈속에만 존재하는 나라였다. 폴란드 문화는 불법화되었고, 아이들은 비밀리에 자국의 언어와 관습을 교육받았으며, 폴란드는 영토의 일부를 차지하고 있던 독일, 오스트리아, 러시아 제국이 전복된 후에야 탄생할 수 있었다. 볼레슬랍스키는 폭정을 결코 알지 못하는 선출된 군주가 있는 잃어버린 공화국, 유명한 기사騎士인 폴란드 창기병Polish Lancers이 나라를 지키고 섬기는 낭만적인 폴란드를 믿었다. 그는 언젠가 폴란드의 광복을 돕는 날이 오기를 갈망했다. 이는 그가 가진 평생의 꿈이나 다름없었지만 그의 연인들조차 그가 폴란드어를 할 줄 안다는 사실을 몰랐다.[5]

청소년기를 오데사에서 보낸 볼레슬랍스키는 열네 살 혹은 열다섯 살 때인 1903년에서 1904년 즈음에 '폴란드식 난로Polish Hearth, Ognisko Polski'라는 이름의 폴란드 극단에 들어갔다.[6] 모스크바 예술극장을 투어에 나서게 만든 1905년 혁명이 일어나는 동안, 그는 예이젠시테인의 〈전함 포템킨〉에 묘사된 악명 높은 "오데사 계단" 사건을 목격했다.[7] 그는 사건의 여파로 배편으로 이송되는 죄수들에게 줄 빵을 사기도 했다. 보수적인 기질을 타고난 볼레슬랍스키는 평생 1905년 사건에 대한 언급을 꺼렸다. 또한 모스크바 예술극장을 떠돌던, 그가 폴란드식 난로 단원 시절 결혼했고 아이가 하나 있다는 소문에 긍정도 부정도 하지 않았다.[8]

어쨌든 그는 연기를 하느라 너무 바빠서 정치에 관여할 틈이 없었다. 1905년 그는 폴란드식 난로의 주연 배우이자 연출가로서 하웁트만, 입센, 비에른스티에르네 비에른손, 프랑크 베데킨트의 작품에 출연했다. 스타니슬랍스키는 투어를 마친 후 아내와 여행을 다니던 1906년 초에 크림반도에서 볼레슬랍스키의 연기를 본 후 그에게 모스크바 예술극장의 배우 훈련 프로그램 오디션을 보라고 권했다. 몇 안 되는 자리를 위해 해마다 수백 명이 참가하는 오디션이었다.[9] 볼레슬랍스키는 오디션을 망쳤다고 생각했지만, 폴란드 억양을 버리고 모스크바인처럼 말하는 법을 배우기 위한 발성 레슨을 받는다는 조건으로 합격했다.[10]

1927년에 볼레슬랍스키는 자신이 받았던 교육을 이렇게 요약했다. "모든 선생님들이 너무나 간단한 방법으로 나를 가르쳤다. (…) 그들은 하나같이 나에게 세상에서 제일가는 멍청이라고 말했다."[11] 모스크바 예술극장의 수습 단원들은 3년간 발성, 동작, 펜싱, 장면 연구scene study, 그 밖에 연기의 필수 요소 등을 교육받았다.[12] 짙은 색 옷을 입었고, 볼레슬랍스키가 "수도사에 가깝다"고 묘사한 삶을 살았으며, "사람들의 이목을 끌지 않게, 예의 바르고 고상하게" 행동했다. 그들은 모스크바 예술극장의 모든 리허설과 공식 회합에 참석하면서 극장의 일상을 최대한 많이 흡수했다. 이 프로그램은 가라앉거나 헤엄치거나 둘 중 하나였다.[13] 극단은 배우 지망생을 가르쳤지만, 그들이 스스로 자기 자리를 따내기에 충분할 만큼 유용한 사람이 되기를 기대했다. 수업료가 무료인 대신 극단의 일을 해야 했다.[14] 3년 차 수습 단원은 단역으로 공연에 출연하고 별도의 시험을 치른 후에야 극단의 번듯한 단원이 될 수 있었다.[15]

멍청이로 불렸던 볼레슬랍스키가 1908년 극단에 공식 합류했다. 그는 2년도 안 되어 극단의 스타 중 한 명이 되었다. 1909년에 스타니슬랍스키는 그를 이반 투르게네프의 〈시골에서의 한 달〉에 벨라예프 역으로 캐스팅했다. 이 작품은 두 사람 모두에게 시험대가 될 터였다. 볼리는 처음으로 비중 있는 역할을 맡을 기회를 얻게 될 것이고, 스타니슬랍스키는 "시스템"의 첫 번째 주요 시험 운행을 시작할 기회를 갖게 될 것이다.

이반 투르게네프는 사랑받는 소설가였지만 극작가로서는 그다지 인정받지 못했다. 그리고 〈시골에서의 한 달〉은 생전에 그의 명성을 바꾸는 데 조금의 힘도 보태지 못했다.[16] 이 희곡은 체호프가 〈갈매기〉를 쓸 때 기초로 삼은 작품이었지만, 〈갈매기〉보다 더 플롯이 없었다. 글의 대부분이 사람들이 둘러앉아 이야기를 나누거나, 엉뚱한 사람과 사랑에 빠지는 내용이다. 이런 소재로 구성된 위대한 드라마가 세상에 존재하기는 하지만, 〈시골에서의 한 달〉은 "시스템"이 발명되기 전 사실주의적 심리를 요구하는 다른 많은 희곡들과 같은 운명을 겪었다. 투르게네프가 〈시골에서의 한 달〉을 쓴 1850년만 해도 서브텍스트, 즉 대사 이면에 숨은 의미가 있다는 개념 자체가 없었고, 역할이 감추고 있는 심오함을 배우가 연기로 드러내줄 것이라는 기대 또한 존재하지 않았다. 따라서 〈시골에서의 한 달〉의 상당 부분이 캐릭터들이 관객에게 그리고 서로에게 자기를 장황하게 설명하는 데 할애되어, 극의 연기는 거의 중단된 것이나 다름없었다. 모스크바 예술극장의 초창기였다면, 이 작품을 따분하다고 여긴 스타니슬랍스키는 엄청나게 창의적이고 지독히도 세밀한 무대 장치와 굉장히 대단한 극적 사건들로 이 문제를 해결하려 들었을 것이다.[17] 그러나 "시스템"을 손에 쥔 지금, 그는 다른 길로 가길 원했다. 내면의 진실을 향해 떠나는 길. 그곳에 도달하기 위해 그는 자신의 시각적 감성은 물론 리허설 과정까지 근본적으로 재정의했다.

"미장센은 없을 것이다."[18] 스타니슬랍스키가 일기에 적은 약속이다. "음향 효과도, 디테일도, 부수적인 요소들도 없을 것이다." 이를 위해 비교적 미니멀하고 암시적인 세트들을 만들고자 화가 므스티슬라프 도부진스키에게 도움을 청했다. 도부진스키는 『예술 세계』와 관련이 있었다.[19] 『예술 세계』는 상징주의 잡지이자 예술운동이었는데, 그들 중 특히 주도적인 인물이 훗날 발레 뤼스Ballet Russes를 설립하는 평론가 겸 발레단 단장 세르게이 댜길레프였다.[20] 또한 발레리 브류소프가 모스크바 예술극장에 대해 한탄한 「불필요한 진실」을 게재한 바로 그 잡지이기도 하다.[21] 『예술 세계』는 이동파와 그들의 자연주의 스타일에 반대했다.[22] 예술 세계 운동을 함께하는 화가들은 러시아의 전통공예를 되돌아보는 동시에 아르누보와 표현주의를 고대했다. 시모프의 〈갈매기〉와 〈차르 표도르 이바노비치〉 세트가 대칭을 피한 반면, 도부진스키의 〈시골에서의 한 달〉 세트는 이를 수용했다. 그리고 도부진스키는 스타니슬랍스키의 허락을 받아 세세한 1천 가지 세부 사항 대신 주요 표현 몇 개에만 집중하여 작품의 비주얼을 단순화했다.

오늘날의 기준으로 보면 이 세트들이 지나치게 화려해 보이지만, 모스크바 예술극장 관객들은 극의 분위기를 환기하거나 상징하는 무대 장치로 받아들였다.[23] 한편 이 세트는 연출가의 새로운 접근법을 예고했다. 기존 방식을 폐기하고 리허설을 진행하는 새로운 방법을 필요로 했기 때문이다. 스타니슬랍스키는 모스크바 예술극장 역사상 처음으로 리허설 장소를 극장에서 리허설 스튜디오로 옮기고 제작과 관련 없는 사람들이 리허설을 보지 못하게 문을 닫아걸었다.[24] 그는 정서 기억에 관한 리보 이론의 요약본을 작성해 배우들에게 배포했다.[25] 스타니슬랍스키는 과하다 싶을 만큼 상세했던 연출 노트를 버리고 텍스트를 조각들로 분해하는 작업에 집중했다. 마이닝겐 스타일의 반복 훈련 대신, 즉흥 연기와 정서 기억을 길잡이로 활용하면서 각 조각의 진실을 탐구하는 방향으로 배우들을 이끌었다. 또한 각 캐릭터의 심리적 개요를 작성하여 캐릭터의 내면이 변화하는 궤적을 그려보이기도 했다.

1909년 8월에 시작된 〈시골에서의 한 달〉 리허설은 넉 달이 걸렸다.

도부진스키가 제작한 〈시골에서의 한 달〉 실제 세트의 모습.

10월 말까지는 거의 대부분 훈련과 분석에 초점을 맞춰 리허설했다. 스타니슬랍스키는 품이 많이 드는 독백을 쳐내고, 생각을 말없이 "발산하는" 방식으로 텍스트를 전달하라고 배우들을 압박했다. 동료 배우들은 이런 생각의 "화살을 받아들이려" 애썼다.26 그는 때로 테이블 맞은편에 앉은 어리둥절한 표정의 상대 배우를 보며 오로지 눈만을 활용해 격렬하게 생각을 전달하도록 제약을 가하기도 했다. 그러고도 남은 대사는 낮은 소리로 말하라고, 열정을 텍스트 아래로 누르라고 강제했다.27

대사를 줄이고 창조적인 예술가인 배우 한 명 한 명에게 집중함으로써, 스타니슬랍스키는 극단 설립 당시 세웠던 원칙에서 멀어지는 첫발을 뗐다. 1898년 슬라빅 바자르에서 장시간 이어졌던 미래의 극단에 관한 끝장 토론에서 스타니슬랍스키와 네미로비치는 배우를 러시아 연극의 중심이 되는 예술가로 만들고자 한다면 위대한 예술을 대가로 치러야 한다는 사실에 동의했다. 푸시키노에서 그들은 배우에게 문학과 작품에 복무할 것을 강요했다. 이제 스타니슬랍스키는 배우에게 진실에 복무하기를 요구했다. 다만 이 진실은 철학적인 것도, 공공연하게 정치적인 것도 아니었다. 그것은 바로 푸시킨이 요구했던 바, 내면적인 것이자 감정의 핍진성이었다.

스타니슬랍스키는 목표를 알고 있었지만, 배우들이 그곳에 도달하도록 돕기 위해 여전히 고군분투했다. 그는 "광선 방출ray emission"이나 "광선 흡수ray absorption" 같은 난해한 말들로 가득한 특이한 전문 용어에 의존했다.28 또한 "전체의 각 구성 요소들을 그것들로 구성된 전체 자체와 비교하는 것은 불가능하다" 같은 이해하기 어려운 지침을 발표했다.29 캐릭터의 감정 상태를 상세하게 표시하기 위해 상형문자 표기법을 만들어 배우들에게 이를 사용해 대본에 주석을 달라고 지시했다.[30] 귀는 "경청한다"는 뜻이었고, 괄호 안에 있는 귀는 "조용히 경청한다"는 뜻이었다. 위로 향한 화살표는 "무관심에서 창조적 상태로의 이행"을 뜻하는 반면, 아래로 향한 화살표는 "영적 교활함과 신념"이라는 뜻이었다. 그 밖에도 다양했다. 출연진 중 젊은 배우였던 알리사 쿠넨은 이렇게 썼다. "이 공들인 분석은 나를 역할에서 멀찌감치 떨어진 어딘가로 데려가 겁먹게 만들었다. (…) 나는 동그라미와 화살표와 막대기로 표시된 베로치카 역할의 대사를 숙달하려고 애쓰는 동안 툭하면 눈물을 쏟아냈다."[31]

결국 스타니슬랍스키는 쿠넨이 자기 나름의 방식으로 역할을 준비해도 좋다고 허락했다. 그러고는 자신은 여가 시간의 대부분을 "시스템" 이론을 부호화하는 데 썼다. 하지만 그가 다양한 구성 요소의 정의를 적어내려갈수록 더욱 더 복잡해지기만 했다. 1909년 작성한 문서에서 스타니슬랍스키는 매직 이프를 실현하기 위한, 새롭지만 대체로 불필요한 여섯 단계 절차를 구체화했다.[32] 또한 「나의 '시스템'」이라는 제목을 단 끝내 완성하지 못한 문서도 작업했는데, 이는 그가 자신의 이론을 '시스템'이라고 지칭한 최초의 사례였다.[33] 이 문서에서 그는 연기를 세 종류로 나눠 서술했다. 첫째는 "돈벌이를 위한 연기hackwork," 또는 배우가 캐릭터와 캐릭터의 감정 상태를 합의된 클리셰 버전으로 연기하는 낡아빠진 수법들이었다. 이것보다 더 나은 것이 "재현"으로, 재현은 배우가 리허설에서 캐릭터의 감정을 진정으로 경험하는 것에서 시작해 무대 위에서 그 감정을 신체적 표현으로 재창조하는 것이다. 그 중에서도 제일은 당연히 "경험하기"였다. 경험하기는 "재현"과 동일한 지점에서 시작하지만 매일 밤 그 역할을 진정으로 재경험re-experience하려 애쓴다.

　스타니슬랍스키는 "시스템"이 배우들을 페레지바니예라는 산봉우리로 이끌 수 있을 거라 믿었지만, 1909년 10월 네미로비치에게 새로운 리허설 과정의 결과물을 보여줬을 때, 그의 파트너는 기대와 달리 스타니슬랍스키가 작품을 시궁창에 처박았다고 느꼈다. 네미로비치는 아내에게 쓴 편지에 "모스크빈과 스타니슬랍스키는 (…) 이미 80~90회 정도 리허설을 했지만, 지금 그들은 총 5막 중에서 1막과 2막 공연 준비만 마쳤을 뿐이오"라고 적었다.[34] 이보다 한 달 뒤에 제작진은 3막 작업을 마쳤다. 이제 "총 두 막이 남았소. 그들의 연기는 한 달 반 전보다 더 나빠졌고. 그들이 그 시간 내내 무슨 짓을 하고 있었는지 나는 죽을 때까지 상상하지 못할 거요!"[35]

　스타니슬랍스키의 방법에 좌절한 사람은 알리사 쿠넨과 네미로비치단첸코만이 아니었다. 올가 크니페르는 스타니슬랍스키가 "시스템" 작업을 시작하기 한참 전부터 그를 상대하느라 애를 먹었다. 두 사람이 예술적 관계를 맺은 지 10년이 된 지금, 그들의 사이는 한계에 다다랐다. 크니페르는 훗날 스타니슬랍스키에 대해 이렇게 말하곤 했다. "그와 일하는 건 고문인 동시에 즐거움이었어요. 그렇지만 즐거움일 때보다는 고문일 때가 더 많았죠. (…) 그는 예술에 미친 사람이었어요."[36] 1909년 11월 그녀는 신경쇠약에 시달리다 리허설장을 떠났다.

　스타니슬랍스키는 그녀에게 꽃다발과 편지를 보냈다.[37] 긍정적으로 보자면 이 편지는 연출가가 배우에게 베풀어주는 연출 지도의 걸작이다. 부정적으로 보자면 권력을 가진 남성이 불안정한 여성을 조종하는 전형적인 사례. "지금 이 순간 당신은 예술적 의혹이라는 어려운 시기를 거치고 있습니다. 그런 고통에서 괴로움이라는 깊은 감정이 생겨냅니다. 동시에 이 고통이 놀라운 열매를 맺는다는 사실을 알아두세요."[38] 그는 과학적인 전문 용어로 그녀를 어쩔 줄 모르게 만든 것에 대해 사과한 후, 앞에 놓인 과업은 극복할 수 없는 것이 아니라고 장담했다. "역할 전체를 살펴보면서 그것들을 어떤 단위로 분해할 수 있는지 명쾌하게 결정하십시오. '여기서는 내 분노를 감추고 싶다, 여기서는 내 감정을 다른 사람에게 털어놓고 싶다, 여기서는 놀라고 겁에 질린다'는 식으로 말입니다." 그는 그녀의 한없는 매력을 묘사하며 그녀를 추켜세우고, 그녀에게는 너무나 자연스러운 "그 매력을 (…) 나머지 우리들은 (…) 계산을 통해 만들어내야 한다"고 한탄하면서 편지를 끝맺었다.

그 편지는 "나에게 엄청난 고통을 안겨주었다"고 크니페르는 회상했다.[39] "반면 편지에서 커다란 위안을 받기도 했습니다. 더 이상은 외롭지 않다고 느꼈기 때문입니다. 그리고 스타니슬랍스키가 (…) 나를 지지하고 있다는 걸 깨달았습니다." 그녀는 스타니슬랍스키에게 답장을 쓰면서 문제를 일으킨 것에 대해 용서를 구하고 리허설에 복귀했다. 이제야 출연진을 통제하게 되었는데, 다음은 스타니슬랍스키의 몸이 반란을 일으킬 차례였다. 11월 그는 흉통에 시달리기 시작했다.[40] 종국에 그의 목숨을 앗아가게 될 심장에 문제가 생겼음을 알리는 첫 징후였다. 스타니슬랍스키는 몸이 편치 않은데도 리허설을 계속했다. 네미로비치가 또 다른 리허설을 보러 와서 연극이 엉망진창이라고 대놓고 말했다.[41]

그러나 모든 노고는 어쨌든 성과를 올렸다. 〈시골에서의 한 달〉이 1909년 12월 9일 수요일에 마침내 막을 올렸을 때, 평론가들은 "무대화할 수 없을 거라 생각했던" 작품이 놀랄 만한 성공을 거뒀다고 선언했다.[42] 스타니슬랍스키는 〈갈매기〉 때 그랬던 것처럼 실존적 위기에 직면했지만 기적을 이뤄냈다. 다만 배우들의 연출가로서는 그다지 좋은 성과를 거두지 못했다. 출연진은 대체로 좋은 평가를 받았지만, 평론가들은 올가 크니페르를 약한 고리라고 생각했다. 스타니슬랍스키는 이미 나름의 연기 방식을 확립한 배우들에게 "시스템"을 강요할 수는 없다는 것, 그리고 리허설 과정을 고안하면서 동시에 그 과정을 사용해 연극을 무대에 올릴 수는 없다는 것을 깨달았다. 그는 공간이 필요했고, 더 젊고 유연한 협력자들이 필요했다. 무엇보다 자신이 만든 기관으로부터 독립할 필요가 있었다.

1910년 1월, 〈시골에서의 한 달〉의 성공으로 대담해진 스타니슬랍스키는 다루기 힘든 그의 극단에서 자신이 지닌 영향력을 발휘하기로 결심했다. 그는 17개 항목을 담은 성명서 초안을 작성해 점심식사 자리에서 네미로비치에게 큰 소리로 읽어주었다. 성명서에서 그는 자신이 올바른 궤도에 올랐음을 입증하는 증거로 투르게네프의 연극을 꼽았다. 또한 "모든 것을 종합하고 연극에 도움이 될 단어의 단순한 형태를 발견"하게 해줄 자원과 시간을 요구했다.[43] 그리고는 모스크바 예술극장에 "연극을 향한 순수하고 사심 없는 애정에 사로잡힌" 이들이 "완전한 자유"를 누릴 수 있는 공간을 만들어달라는 것을 포함한 몇 가지 요구를 덧붙였다. 그는 "시스템"을 이론으로 정립할 역량은 물론 실행에 옮길 역량까지 원했다. 여기에는 실패할 자유가 필요했는데, 이는 공연 제작의 현실적 요구와는 분리된 순수한 실험적 환경에서만 가능할 터였다.

"어쩌면 이건 정신 나간 오만일 겁니다."[44] 스타니슬랍스키는 썼다. "그러라고 하지요! 그렇다면 그건 제 힘닿는 곳 너머에 있는 무엇으로 판명될 것이고, 저는 머리가 깨질 겁니다. 그래도 싸죠. (…) 저는 미치광이이자 몽상가일지도 모릅니다. 그렇지만 저는 다른 사람이 될 수도 없고 되고 싶지도 않습니다. 누구나 제 나이쯤 되면 이미 자신이 선 곳에 뿌리를 깊이 내린 까닭에 다른 곳에 뿌리를 내리지 못하는 법이니까요." 스타니슬랍스키가 그저 정당한 평가를 받지 못해 불만을 품은 거라고 생각한 네미로비치는 아첨으로 대응했다. 그러나 스타니슬랍스키를 여기까지 이끈 것은 단순한 자존심이 아니었다. 그는 자신의 모든 능력을 "시스템"과 페레지바니예라는 문제를 해결하는 데 쏟아부은 상태였다. 이것은 그의 최우선 과제이자 필생의 과업이었던 모스크바 예술극장을 대체하는 집착의 대상이었다. 예술의 혁명을 완수할 수 있을지 확신하지 못한 채 죽음을 맞을지도 모른다는 걱정으로 그를 몰아간 건 어쩌면 그의 쇠약해진 심장이었을 것이다.

그해 8월 스타니슬랍스키는 중병으로 앓아누워 사경을 헤맸다. 술레르는 막심 고리키에게 보낸 편지에서 병상에 누운 스타니슬랍스키가 모스크바 예술극장에 대해 내뱉은 한탄을 전했다. "극장은 더 이상 성공 가능성이 없어."[45] 스타니슬랍스키는 이렇게 말한 것으로 전해진다. "우리는 극장이 이 정도의 높은 수준을 유지하도록 떠받치고 있지만, 그건 체호프와 고리키 시절에만 제대로 살아 있었을 뿐이야. 체호프는 세상을 떠났어. 고리키는 우리 곁을 떠났고, 새로운 작가는 아무도 찾아오지 않지." 스타니슬랍스키는 모스크바 예술극장을 구할 유일한 방법은 오랜 꿈 두 가지를 실현하는 것이라고 믿었다.[46] 최고 수준의 사실적 연기를 실천하는 지방 극장 네트워크, 그리고 본인의 아이디어를 시험하고 개선할 일종의 실험실.

이 꿈은 그가 건강을 회복해가는 1910년 가을 대부분의 기간 동안 보류해야 했다. 그는 술레르에게 "모스크바에 가고 싶어 미치겠어. 하지만 여행을 떠나기에는 몸이 여전히 약해"라고 썼다.[47] 여행 대신 그는 자신의 아이디어들을 작업했다. 의사들이 그에게 러시아의 겨울을 피해 로마로 가라고 명했고, 스타니슬랍스키는 막심 고리키를 데려갔다. 두 오랜 친구는 나폴리로 여행을 가 코메디아델라르테(commedia dell'arte, 이탈리아에서 유행한 즉흥 연희극-옮긴이)를 즐겼다. 스타니슬랍스키는 훗날 리허설 과정과 "시스템"에 도입하게 될 즉흥 연기의 위력과 잠재력을 보았다. 두 사람은 공연에서 생생한 진실의 감각을 포착하는 최상의 방법에 대해 논의하며 많은 시간을 보냈다.

고리키에게 이 질문들은 정치적인 것이었다.[48] 개인적 진실을 극화劇化하는 작업은 차르 체제에서 억압되어온, 권리와 존엄을 지닌 개인에게 가치를 부여했다. 니콜라이 2세는 두마 창설에는 합의했을지 몰라도 인민이 진정한 주권자가 되는 입헌군주제를 원하지는 않았다. 전제정치 신봉자인 그는 자신이 창설한 새 의회를 약화시키려 했다. 걸핏하면 의회를 정회시키고 의회에 참여할 수 있는 정당을 제한했다. 제2차 두마가 지나치게 좌파 위주로 구성되자, 니콜라이의 내무장관 표트르 스톨리핀은 사회주의자 의원 대다수를 체포한 후, 비러시아인의 투표를 금지한 새 선거를 치러 전제정치에 찬성하는 10월당Oktyabristy 당원이 다수를 차지하는 새로운 두마를 구성했다.[49] 스톨리핀은 인민의 친구는 아니었지만, 하층 계급을 포섭해 군주제의 정당성을 강화할 필요가 있다는 점은 이해하고 있었다. 그는 니콜라이에게 제한적인 지방 자치 제도인 젬스트보 시스템을 폴란드 영토로 확대할 것, 농민 친화적인 토지 개혁 정책을 도입할 것, 소수자 특히 유대인에게 더 많은 권리를 허용할 것 등이 포함된 여러 포퓰리즘 조치들을 강력히 촉구했다. 그러나 니콜라이 2세는 거부했고, 스톨리핀은 1911년 사임했다.[50] 러시아 사회는 제1차 세계대전이라는 성냥을 기다리는 불쏘시개 더미 같은 긴장 상태로 빠져들었다.

　몇 년 전 모스크바 예술극장에도 긴장 상태가 닥쳤다. 무슨 조치를 취해야만 했다. 1911년 2월, 스타니슬랍스키 때문에 진이 다 빠진 극장 이사회가 그를 해고하는 문제를 논의했다. 이에 대응하여 극장의 스타 배우인 바실리 카찰로프가 즉각 극단을 탈퇴하겠다고 으름장을 놓았다.[51] 모스크바 예술극장과 스타니슬랍스키는 한 몸이라고 그는 주장했다. 둘은 떼려야 뗄 수 없는 관계였고, 서로가 없이는 죽을 수도 있었다. 하지만 스타니슬랍스키조차 현재 주된 관심사는 자신의 건강이며, 앞으로는 기존 방식대로 작업할 수 없다는 것을 인정해야 했다. 그는 자신의 업무 부담을 줄여주고 경영상의 모든 책임에서 벗어날 새로운 고용 조건을 제안했다. 1911년 5월 7일, 블라디미르 네미로비치단첸코는 마침내 공식적으로 모스크바 예술극장을 완전히 장악했다.[52]
　그러나 오랜 파트너를 통제하는 것은 전적으로 다른 문제였다. 스타니슬랍스키는 날이 갈수록 더 변덕스럽고 예민해졌다. 네미로비치는 어찌할 바를 몰랐다. 예술가 스타니슬랍스키는 더없이 존경했지만 인간 스타니슬랍스키를 존경하는 것은 불가능한 일이었다. 네미로비치는 연기를 체계화할 수 있다는 것도 믿지 않았다. 연기는 근본적으로 불가사의하다. 의식을 너머, 그게 뭐든 간에, 초의식에 접근할 수는 없는 노릇이었다. 그 결과물들은 필연적으로 "찍어낸 듯한, 조악하고 인공적인 대용품"일 수밖에 없었다.[53] 게다가 그가 모스크바 예술극장이 **문학**의 신전이라는 것을 모두에게 상기시키기 위해 얼마나 많은 말을 해왔던가?
　두 사람의 관계가 여전히 망가진 상태에서는 그가 우려하는 어떤 점도 해결할 수 없었기에 네미로비치는 상황을 수습하기로 결심했다. 그는 몇 년 만에 처음으로 자신의 리허설에 찾아온 스타니슬랍스키를 반겼고, 그 역시 스타니슬랍스키의 리허설을 보러 갔다. 개인적으로는 "시스템"을 "스타니슬랍스키 질환Stanislavski sickness, stanislavshchina"이라고 부르면서도 그걸 어렵사리 이해하고는 스타니슬랍스키에게 공개적인 지지를 보냈다.[54] 얼마 후 스타니슬랍스키가 영국의 실험적인 연출가 에드워드 고든 크레이그와 공동 연출로 〈햄릿〉 공연을 준비하는 동안 네미로비치에게 이 모든 일을 할 기회가 생겼다.

1908년 무용가이자 이론가인 이사도라 덩컨의 소개로 만난 고든 크레이그와 스타니슬랍스키는 철학적으로 달라도 그렇게 다를 수가 없는 사람들이었다. 에너지의 대부분을 디자인에 쏟아붓는 고든 크레이그에게 배우는 연출 과정의 핵심과는 한참 먼 존재였다. 배우가 할 일은 그가 초超마리오네트übermarionette라고 부르는 존재가 될 정도로 몸의 작동 원리를 숙달하는 것이었다.[55] 이 시기에 스타니슬랍스키는 다양한 장르에 심리적 사실주의 연기를 도입하는 작업을 하고 있었다. 고든 크레이그는 한때 사실주의를 거부하면서 "내가 세상에서 사랑하는 것이 있다면 바로 상징이다"라고 선언한 적이 있다.[56] 하지만 새로운 아이디어를 향한 채워지지 않는 욕구, 초기 단계에 있는 "시스템"을 되도록 다양한 방식들로 시험해보고 싶은 열망에 자극받은 스타니슬랍스키는 고든 크레이그가 작업장에서 디자인 개선에 몰두하는 동안 배우들과 함께 공연 제작에 최선의 노력을 기울였다.

〈햄릿〉은 스타니슬랍스키가 "시스템"의 여러 핵심 개념을 한데 모은 최초의 사례였다.[57] 그는 이미 대본을 조각으로 분해할 수 있고 캐릭터가 초과업을 갖는다는 것을 알고 있었다. 그리고 이는 각 캐릭터의 조각마다 나름의 과업(자다차zadacha)을 갖는다는 깨달음으로 이어졌다. 과업을 갖는다는 것은 캐릭터가 궁극적인 목표를 향해 내딛는 (종종 성공하지 못하는) 작은 한 걸음을 의미한다. 자다차에는 "과업task"과 "문제problem"라는 두 가지 함의가 있다. 자다차는 캐릭터가 필요로 하는 것중 **행동**을 요구할 만큼 중요하다. 그런 행동은 일반적으로 부정사("나는 ＿＿을 하고 싶다")로 표현된다.[58] 일상의 예를 들자면, 목이 마른 것이 문제라면 당신의 행동은 물 한 잔을 마시는 것이 될 테다. 스타니슬랍스키에게 자다차는 심리적인 것이 아니었다.[59] 캐릭터가 목표에 더가까워지기 위해 달성해야 하는 즉각적인 행동이었다.

조각의 과업/문제 또는 행동에 대한 해석을 바꾸면 대화를 전달하는 방법도 바뀐다. "드레스 멋지다, 어디서 났어?"라는 간단한 대사를말해보라. 이 대사의 뒤에 있는 행동은 무엇인가? 아마도 듣는 이에게**아첨**하고 싶거나 듣는 이를 **무시**하고 싶을 것이다. 어쩌면 **본보기로 삼고**싶을지도 모른다. 이 모두가 서로 다른 과업/문제에서 나올 것이다. 캐릭터가 초과업에 더 가까워졌을 때 배우는 올바른 행동을 찾았음을 알게 될 것이다. 정확하게 정의하면, 자다차가 미끼로 작용해 머뭇거리는감정을 숨어 있는 곳에서부터 나오도록 구슬리는 역할을 한다. 물론 또다른 미끼도 있다. 정서 기억과 매직 이프 역시 미끼에 포함되지만 과업/문제는 **행동**을 필요로 한다는 점에서 특별하다.[60] 행동의 결과를 한데 모으면, 배우는 초과업을 실현하기 위해 하는 모든 행위인 캐릭터의**행동 관통선**throughline of action을 얻게 된다.[61] 매직 이프를 활용하는 동안주어진 상황에서 과업에 집중하면 '경험하기'가 생겨난다.[62]

조각, 과업, 초과업, 행동, 행동 관통선, 주어진 상황. 이러한 개념들은 종종 다른 이름으로 불리기도 하지만 오늘날의 극적 구조, 극작, 연기에 대한 이해의 상당 부분을 뒷받침한다. 1911년 각자의 과업을 궁리하고 캐릭터의 감정적 삶에 살을 붙이는 훈련으로 배우들은 고든 크레이그의 신념에 영향을 덜 받게 되었다. 그래도 그들이 리허설할 때 발견했던 엄청난 깊이와 구체성을 관객에게 늘 전달할 수는 없었다. 스타니슬랍스키는 낙관적인 태도를 유지했다. "한 번 더 더듬거리며 앞으로 나아갈 때마다, 한 번 더 사실주의를 풍요롭게 만들 것이다."[63]

8월에는 네미로비치가 〈햄릿〉 리허설에 여러 차례 찾아와 출연진에게 자신이 이해하는 "시스템"에 대해 연설했다.[64] 스타니슬랍스키는 이렇게 지지를 표하는 그의 행동이 고마웠다. 네미로비치가 몇몇 사소한 점을 잘못 이해하고 있지만 말이다. 다음으로 네미로비치는 파트너의 이론에 대한 꾸며낸 열광을 한 단계 더 발전시켜 자신이 제작하는 톨스토이 희곡 〈산송장〉 리허설에 "시스템"을 도입했다. 그가 아내에게 보낸 편지에 쓴 설명에 따르면, 스타니슬랍스키의 분노를 자극하지 않으면서 그의 이론에서 유용한 것만 취하고 나머지는 조용히 무시하는 전략이었다.

하지만 네미로비치의 계획은 역효과를 불러왔다. 8월 10일, 스타니슬랍스키는 희곡의 5쪽까지 가지도 못한 채 14시간 반 동안이나 〈산송장〉 리허설을 계속했다.[65] 격분한 출연진은 네미로비치에게 불만을 쏟아냈다. 그는 양쪽을 다 달래려고 노력하면서 "시스템"에 대한 두 번째 강의를 했다. 배우들의 걱정을 인정하는 동시에 스타니슬랍스키의 아이디어를 칭찬하는 가느다란 외줄 타기를 시도한 것이다. 자신의 느린 작업 속도에 대해 네미로비치가 출연진과 뜻을 같이한 것에 뚜껑이 열린 스타니슬랍스키는 "이런 분석 작업은 집에서 해야 하는 것이 배우 개인의 책임"이라고 응수했다.[66] 그는 릴리나에게 썼다. "그건 너무 쉬운 일이지 않소." 스타니슬랍스키의 감독 아래 〈햄릿〉 리허설이 꼬박 3년 동안이나 진행되고 있음을 고려할 때, 출연진 중 누구도 시간 낭비에 대한 우려가 부당하다고 느끼지 않았다. 그럼에도 스타니슬랍스키는 납득할 수 없었다. "어린애 같고 귀가 얇다는 말을 들었소. 그들은 하나같이 나에게 말도 안 되는 소리를 합니다."

스타니슬랍스키는 1906년의 위기 이후 모스크바 예술극장 동료들이 진실한 연기를 향한 자신의 탐구에 함께해주기를 바랐다. 그러나 〈파랑새〉와 〈시골에서의 한 달〉이 엄청난 성공을 거두었음에도 불구하고 술레르 외에 아주 소수의 사람만이 그를 따르고자 했다. 모스크바 예술극장 주연 배우들의 머릿속은 오로지 명성으로 가득 차 있다고 그는 생각했다. 그리고 리허설에서 배우들이 돈 생각만 한다며 그들을 비난했다.

극단이 현 상태에 안주하지 않게 하기 위해 고심하며 수년을 보낸 뒤에야 마침내 해결책에 다다랐다. 스타니슬랍스키와 네미로비치는 1898년 푸시키노에서 혁명을 주도했다. 이제 스타니슬랍스키와 술레르가 차세대 젊은 모스크바 배우들과 함께 새로운 혁명을 주도할 것이다. "나는 특별한 집단과 함께 (…) 결별할 겁니다. 예전 환경을 복원하는 것을 목표로 경쟁 극단을 결성할 겁니다."[67] 그가 말했다. "내가 사랑했던 극단의 얼굴에, 더 정확히는, 콧대에 흠집을 내고 싶습니다."

6장
나는 새로운 극단이 필요하네

메이예르홀트의 시어터-스튜디오라는 값비싼 재앙을 겪은 후 6년 동안, 스타니슬랍스키는 연극 기법의 훈련과 실험에 전념할 실험실을 만들겠다는 생각을 결코 버리지 않았다. 시어터-스튜디오가 실패한 이유 중 하나는 단원들이 전부 풋내기였다는 것이었다. 스타니슬랍스키는 훈련받은 전문 배우 집단을 규합하는 일이 가능하다면 꿈을 실현할 수 있을지도 모른다고 생각했다. 1911년 무렵 스타니슬랍스키는 그의 부름에 응답할 숙련되고 열린 마음을 가진 젊은 배우들을 많이 알았다. 모스크바 예술극장에 "시스템"을 알리기 위한 스타니슬랍스키 본인의 노력 외에도, 모스크바 예술극장 단원인 알렉산드르 아다셰프가 운영하는 학교에서 술레르가 2년째 "시스템"을 가르쳐오고 있었다.[1]

술레르의 학생들—수업을 이수한 다음에는 모스크바 예술극장 단원이 되는 경우가 흔했다—은 "시스템"을 받아들이는 듯했다. 특히 전도유망한 젊은 배우인 예브게니 바흐탄고프가 그랬다. 스타니슬랍스키처럼 바흐탄고프 역시 부유한 가문 출신에, 어릴 적 무대와 사랑에 빠졌고, 작품에서 만난 여성과 결혼했다. 다만 그는 부모의 지원 없이 연극을 향한 열정을 좇았다. 아르메니아 담배업계의 거물인 예브게니의 아버지는 자신의 아버지를 자살로 내몬 엄청나게 포악한 사람이었다.[2] 그런 사람이 맏아들의 초기 실험작을 무대에 올릴 극장을 지어줄 리 만무했다. 대신 바흐탄고프는 혼자 힘으로 야외극장을 짓고, 아델하임 형제로 알려진 순회 비극 배우의 공연을 자주 보러 갔다.[3]

1903년 바흐탄고프는 자연과학을 공부하기 위해 모스크바로 이주했고, 1905년에는 법대에 편입했다. 그는 나데즈다 뱌추로바와의 결혼식 날 신혼부부가 함께 〈갈매기〉의 낮 공연을 보러 갔을 정도로 모스크바 예술극장의 열렬한 팬이 되었다.[4] 1911년 바흐탄고프는 파리로 건너가 술레르가 준비 중인 〈파랑새〉 상연 작업을 도왔고, 아다셰프 학교에서 1년 일찍 공부를 마쳤으며, 스타니슬랍스키가 〈햄릿〉 캐릭터들의 과업 목록 만드는 일을 거들었다.[5] 아직 서른도 안 된 나이였다. 야망 빼면 시체인 이 젊은 남자는 1911년 4월 일기에 나만의 스튜디오를 만들고 싶다고 고백했다. "우리가 배울 수 있는 곳. 주요 원칙―모든 것은 우리 스스로 해내야 한다. 모두가 리더. 우리는 스타니슬랍스키 시스템을 직접 시험해봐야 한다. 받아들이거나 거부하거나. 수정하고 완성하라. (…) 오류를 제거하라."[6]

1911년 여름, 한 제작자가 우크라이나의 유서 깊은 소도시인 노브고로드-세베르스키에서 공연하기 위해 아다셰프 학교의 최근 졸업생들을 채용했다. 바흐탄고프는 극단을 이끌면서 입센과 모파상의 희곡을 포함한 연극 열두 편 중 열한 편을 연출했다.[7] 공연은 전부 다 성공적이었고, 스타니슬랍스키는 바흐탄고프에게 "시스템"에 관한 반쯤은 은밀한 워크숍을 이끄는 직무대행을 맡겼다.8 그런 식으로 나이 많은 단원들이 소외감을 느끼지 않게 하면서 모스크바 예술극장의 젊은 배우들 사이에 연기 테크닉을 퍼뜨렸다. "열심히 작업하게." 스타니슬랍스키가 젊은이에게 말했다. "방해하는 사람이 있으면 내가 떠나라고 할 걸세. 나는 새로운 극단이 필요하네. 조용히 계속 작업하게나. 내 이름은 들먹이지 말고."9 바흐탄고프는 스타니슬랍스키의 간섭 없이 자기만의 방식으로 가르치겠다고 선언하고 집중, 이완, 단순함에 초점을 맞춰 수업을 진행했다.10

얼마 안 가 바흐탄고프의 워크숍은 비밀을 유지하기 어려울 정도로 수많은 추종자를 끌어모았다. 이제 스타니슬랍스키가 움직일 차례였다. 우선 모스크바 예술극장, 술레르의 수업, 바흐탄고프의 워크숍에서 발견한, 경력은 짧지만 최고 실력을 갖춘 배우들을 선발하는 것부터 시작했다. 그는 사랑해 마지않던, 신화의 반열에 오른 푸시키노 헛간과 비슷한 공간을 모스크바에서 찾았다. 그곳에서 스타니슬랍스키는 실험적인 연구와 예술적 탁월함에 전념하는 환경을 창조할 터였다. 그가 견지한 무대 윤리, "시스템"이라는 새로운 아이디어, 술레르가 품은 톨스토이언 공동체의 이상을 융합한 환경을.

그곳은 처음에 그냥 스튜디오the Studio로 불렸지만, 몇 년 후 퍼스트 스튜디오the First Studio로 불리게 된다. 럭스라는 영화관 위층에 있던 허름한 방, 바로 이곳에서 미국에 도입된 "시스템" 버전이 탄생했다.11

퍼스트 스튜디오는 1912년 문을 열었다.12 모든 비용은 스타니슬랍스키가 전부 사비로 지불했다. 얼마 후 스투디치studytsi로 불리게 되는13 스튜디오 단원들은 바흐탄고프와 볼레슬랍스키, 훗날 미국으로 건너가 뛰어난 연기 교사가 된 두 젊은 여배우 베라 솔로비예바와 마리야 우스펜스카야를 포함해 대략 열다섯 명이었다.[14] 사실주의 스타일 연기가 유럽 전역에서 대형 무대가 아닌 규모가 작은 프라이빗 클럽에서 형성된 것처럼, 러시아의 "시스템"은 모스크바 예술극장보다 훨씬 작고 더 친근한 공간에서 유명해질 터였다. 럭스 위층의 방은 객석이 50석밖에 안 되었고, "무대"는 객석 첫 줄과 뒷벽 사이 바닥 일부에 불과했다. 윙(wing, 무대의 양 옆 공간-옮긴이)도 없었고, 플라이(fly, 커튼과 조명 등을 설치하고 조작하는 데 필요한 무대 위 공간-옮긴이)도, 백스테이지backstage도 없었다.[15]

스타니슬랍스키는 퍼스트 스튜디오를 이끌지 않았다. 그는 "시스템" 강의를 하고, 이따금 워크숍을 진행하고, 리허설 때 의견을 제시하기 위해 벽 쪽에서 나타나는 명망가였다. "시스템"을 가르치고 젊은 배우들이 공연의 실질적 요구에 적응하도록 돕는 일은 술레르의 몫이었다.[16] 배우들이 스타니슬랍스키에게 홀딱 반해 있었기 때문에 그에게서 무언가를 배우기란 어려웠다.[17] 스타니슬랍스키 역시 자기 아이디어에 완전히 도취되어 있었기 때문에 제대로 설명하지 못했다. 게다가 그는 업무량을 제한할 필요가 있었다. 건강이 조금도 나아지지 않은 상태인 데다 여전히 가문의 공장들을 운영했고 모스크바 예술극장의 여러 책임도 지고 있었다.

퍼스트 스튜디오에서 술레르의 영향력은 연기 테크닉 차원을 넘어 윤리와 철학의 영역으로까지 확장되었다. "그가 왜 스튜디오를 그토록 사랑했을까요? 스튜디오가 그의 인생 최대 목표 중 하나를 실현시켜주었기 때문입니다."[18] 스타니슬랍스키가 말했다. "사람들을 하나로 모으고 공동의 대의와 공동의 목표와 공동의 노동과 즐거움을 만들어내는 것, 진부함과 폭력과 불의에 맞서 싸우는 것, 사랑과 자연과 아름다움과 신을 섬기는 것." 이는 톨스토이언의 계율이었고, 술레르는 예술이, 그리고 예술이 만들어지는 과정이 이런 계율을 여기 지상에 뿌리내리게 만들 수 있다고 믿었다.[19] 세상은 거짓으로 가득하고 망가진 곳이지만, 사람들은 근본적으로 선하며 세상을 진실하고 아름다운 곳으로 만들 잠재력을 갖고 있었다. 연극은 진실을 말함으로써, 또 모두를 하나로 이어주는 무언無言의 공통 언어를 드러냄으로써 이 목표를 이룰 수 있을 것이다.[20] 이런 생각은 그의 사후에도 오랫동안 이어져 스투디치에게 영향을 줄 터였다. 일례로 바흐탄고프는 언젠가 술레르가 들었다면 자랑스러워했을 용어들을 사용해 이렇게 말했다. "예술의 목표는 사람들이 서로가 하는 말에 더 귀 기울이게 만드는 것, 그들의 마음을 부드럽게 만들고 그들의 행동을 고상하게 만드는 것이다."[21]

술레르는 독재자가 아니었다. 그와 스타니슬랍스키는 퍼스트 스튜디오 입구에 놓인 공책에 스투디치들이 적어두는 아이디어를 반겼다.[22] 불만이 있는 사람 또는 훈련이나 연구 영역, 작업할 텍스트를 제안하고 싶은 사람은 누구든 공책에 원하는 바를 적기만 하면 되었다. 그러면 술레르는 그것들을 이행할 시간을 찾으려 노력했다. 공책은 대부분 사라졌지만, 스튜디오의 많은 단원들이 나중에 회고록을 썼다.[23] 그 회고록들을 통해 스튜디오 작업이 근육 이완, 주의의 원, 역할을 과업으로 분할하기, 행동 관통선을 비롯한 다수의 스타니슬랍스키 계율들에 초점이 맞춰져 있었음을 알 수 있다.[24] 학생들은 때로 "시스템"에서 자신이 어려워하는 부분을 가져왔고 술레르는 학생들이 작업할 수 있도록 훈련을 설계해주었다.

배우들은 상상력을 키우기 위해 노래, 짧은 이야기, 이미지 등을 가져와 에튀드(études, 러시아어로 읽으면 '에튜트'라고 표기해야 하지만 보통 '에쮸드'라고 쓴다—옮긴이)라고 부르는 공연 전체를 창조해냈다.25 평소에는 즉흥 연기를 통해 내면의 진실을 발견하는 작업을 하곤 했다. 술레르가 시나리오를 만들면 배우들은 과장 없이 진짜인 양 행동하며 눈앞에 놓인 간단한 과업에 집중해야 했다. 단원들은 며칠, 때로는 몇 주에 걸쳐 시나리오를 반복해 연기했고, 그러는 동안 배우가 해결해야 할 새로운 상황이나 문제가 더해졌다. 이러한 즉흥 연기는 상당히 정교한 수준까지 발전할 수 있었다.26 한번은 스투디치 전원이 양복점 점원을 연기했는데, 술레르가 그들에게 구체적인 업무를 지정해주었다. 처음에 그들은 자기에게 맡겨진 다양한 업무를 정확히 묘사하는 데 집중했지만 서로를 밀쳐가며 분주하게 일하던 열다섯 명의 사람들에게서 곧 작은 장면들이 생겨나기 시작했다. 술레르는 잠재력 있는 장면을 보여준 사람을 불러 더 발전시키라고 요구했고, 나머지 스투디치에게는 "그 안에서 살아 있는 무언가"를 일깨우기 위해 다른 대사를 부여했다. 그런 다음 짧은 앙상블 작품으로 발전할 때까지 이 훈련을 반복했다.

스투디치는 감각 기억과 정서 기억도 탐구했다. 솔로비예바는 이렇게 묘사했다. "정서 기억은 (…) 감각 기억에서 출발한다. 나는 찻잔이 얼마나 뜨거웠는지를 떠올린다. 스튜디오로 걸어가는 동안 찻잔이 얼마나 차가웠는지를 떠올린다."27 감각은 기억을 깨우고, 기억은 감정을 깨운다. 그들은 "영감, 또는 스타니슬랍스키의 표현에 따르면 '아폴론'(Apollon, 예술의 신—옮긴이)이 선뜻 응답하지 않을 때"를 대비해 이런 능력을 개발했다.28 "다만 직관이 필요한 것을 제공한다면 정서 기억을 활용하지 않아도 된다." 그런 경우 스타니슬랍스키는 딱히 특정 테크닉에 대해 고민하지 말고 "그냥 아폴론에게 감사하고 연기를 하라!"고 말했다.[29] 외적인 문제들에는 덜 집중했다. 수년에 걸쳐 이미 발성 연습과 신체 훈련을 마친 스투디치는 배역에 걸맞은 춤을 추는 법, 펜싱을 하는 법, 목소리를 조정하는 법을 알고 있었다.

퍼스트 스튜디오의 초창기에는 술레르 역시 배우들의 연기에서 과장된 연극적 요소를 모조리 벗겨내는 작업을 했다. 그는 아내를 마녀로 의심하는 교회지기를 다룬 체호프의 단편소설 「마녀」를 희곡으로 각색하는 동안, 스튜디오 공간을 여러 개의 부스로 나누었다.[30] 각각의 부스에는 교회지기와 마녀를 연기하는 스투디치만 앉을 수 있었고, 전원이 동시에 연습을 했기 때문에 배우들에게 극도의 제약이 가해졌다.

이 모든 작업은 퍼스트 스튜디오의 첫 번째 상연작인, 네덜란드 극작가 헤르만 헤이에르만스의 희곡을 리차드 볼레슬랍스키가 연출한 〈희망호의 난파〉에 지대한 영향을 끼쳤다.[31] 어부들과 윗사람들 사이의 갈등이 팽배한 어촌 마을을 배경으로 한 사실주의 드라마 〈희망호의 난파〉는 극단에 딱 맞는 연극이었다. 스타니슬랍스키가 추구했던 시대극 배경에 인류학적 관심과 술레르가 사랑했던 사회정치적 주제가 어우러진 작품이었다. 게다가 바흐탄고프를 제외하면 퍼스트 스튜디오에서 볼레슬랍스키보다 연출을 맡을 준비가 된 사람은 없었다. 그는 이미 '폴란드식 난로'에서 수많은 작품을 연출했다. 게다가 스타니슬랍스키의 총애를 받는 사람으로서 극단에서 그 누구보다 현실적으로 "시스템"을 경험해본 사람이었다. 베라 솔로비예바가 썼듯, "리차드는 [스타니슬랍스키의] 가르침을 예술적인 진심을 다해 받아들였고, 그걸 제대로 소화한 다음에야 사용했다."[32]

하지만 볼레슬랍스키는 멘토의 방법들을 맹목적으로 재연하지 않았다. 우선 한 가지 이유를 꼽자면, 그는 한 작품을 몇 년이나 리허설하는 호사를 누릴 처지가 아니었다. 그에게 주어진 시간은 단 몇 주뿐이었고, 배우들이 낼 수 있는 시간은 모스크바 예술극장에서 작업을 마친 뒤에 남는 하루 두 시간 남짓이 다였다. 볼레슬랍스키는 테이블 작업을 시작으로 배우들과 함께 작품을 완독한 후 조각으로 분할한 뒤, 이른바 "장거리 무드long-distance mood"라는 것을 갖고 작업해나갔다. 스타니슬랍스키는 예전에 연극의 초과업(또는 연극의 "척추"), 그러니까 극을 앞으로 나아가게 하는 핵심 행위에 대해 논한 적이 있다. 그러나 장거리무드는 연극의 분위기와 미학을 하나로 통일시키는 핵심 이미지였다.33 〈희망호의 난파〉의 경우, 그 핵심 이미지는 당연히 바다였다. 볼레슬랍스키는 배우들과 작업하면서 어부가 느끼는 항해의 리듬과 육체노동으로 배우들을 이끌기 위한 새로운 훈련을 만들어냈다.

　볼레슬랍스키는 제멋대로 구는 태도와 감정에 집착하는 상태, 이른바 사람들이 이미 주목하기 시작한 "시스템"의 두 가지 함정에 빠져 있는 배우들을 끌고 나와 소박하지만 활력 넘치는 연극을 무대에 올렸다.34 럭스의 규모가 볼리의 작업에 도움을 주었다. 공간이 너무나 좁은 탓에 통상적인 크기의 무대에서처럼 연기하면 지나치게 과장된 느낌을 주었다. 자금, 적절한 공연 공간, 각광脚光, 조명을 매달 천장 격자, 백스테이지 공간이 부족한 상황에서 스투디치들은 미친 듯이 대책을 마련했다. 훗날 이 공연에 대한 논평에서 볼레슬랍스키는 "[모스크바 예술]극장의 막을 내린 작품들에서 쓰고 남은 분장도구와 의상을 가져와 기발한 재주를 발휘하여 네덜란드 어부를 만들어냈다"고 말했다.35 또한 소품 보관실을 급습해 충분히 소박하면서도 네덜란드풍으로 보일 때까지 가구들을 다시 칠하고 손봤다. 배경막을 걸 공간이 부족하자 창유리 위에 풍경을 그려 뒷벽을 가린 커튼에 걸었다.

그런데 이 공연은 누군가 보기도 전에 막을 내릴 뻔했다. 퍼스트 스튜디오 단원들은 과로와 연습 부족에 시달렸다. 밤샘 작업으로 인한 피로가 발목을 잡고 있는 게 분명했다. 한 단원이 적었듯, 어떤 배우들은 "본인의 역할이 불만스러웠다."36 공연 준비 과정에서 못마땅한 기색이 역력했다. 스타니슬랍스키는 처음에 볼레슬랍스키에게 앓는 소리를 하는 사람은 잘라버리라고 조언했다. 이 일에 적합하지 않은 사람들을 솎아내는 것이 장기적으로 보면 퍼스트 스튜디오에 도움이 될 터였다. 그러나 그 조언을 따르기도 전에 스타니슬랍스키는 또 다른 영감을 주는 연설로 사태에 개입했다. "쇼는 계속되어야 합니다. 설령 우리가 불가능한 일을 해야 할 때조차 말이죠." 그가 자신과 모스크바 예술극장에 축적된 전설적인 분위기를 풍기면서 배우들에게 말했다. "여러분의 미래가 이 공연에 달려 있다는 사실을 명심하세요. 딱 우리가 그랬던 것처럼 여러분은 여러분의 '푸시키노' 단계를 거쳐야 합니다."37

1913년 1월 31일, 퍼스트 스튜디오는 스타니슬랍스키와 모스크바 예술극장의 핵심 단원들 앞에서 〈난파〉를 선보였다. 첫 공연의 막이 오르기 세 시간 전 배우 한 명이 중도하차했다.38 그는 쪽지에 세 살배기 딸이 죽었다고 적었다. 아내가 거의 제정신이 아니었고, 그런 아내를 혼자 둘 수는 없었다. 그 배우의 역할을 대신 맡은 볼레슬랍스키는 예술에 목숨을 바치겠다는 스투디치의 광신적 신념을 보여주듯 이렇게 말했다. "그 배우를 절대 용서하지 않겠다. 그리고 [그 배우도] 스스로를 결코 용서하지 못할 것이다."39

막판에 배역을 교체했음에도 모스크바 예술극장 단원들 앞에서 펼친 공연은 성공적이었다. "우리의 기대를 훨씬 뛰어넘었다. 단원 전체가 우리에게 박수를 보냈고, 우리를 칭찬하며 악의 없이 놀렸다."40 네미로비치는 "모스크바 예술극장이 낳은 아들 아니면 딸의 세례식"을 지켜보는 것 같았다고 말했고, 스타니슬랍스키도 동의했다.[41] 그달 말 럭스 위층의 50개 객석을 가득 채운 초대 관객들은 자신이 본 공연에 넋을 잃은 듯 보였다. 연극 전문 잡지 『마스크』는 "연극 시즌 전체를 통틀어 가장 큰 사건"이라며 칭찬 세례를 퍼부었다.[42] 사람들은 비교적 작은 역할인 "멍청한 어부" 코베를 연기한 퍼스트 스튜디오의 떠오르는 스타 미하일 체호프—안톤 체호프의 조카—의 연기에도 주목했다.[43] 체호프는 자신이 고안한 몸짓을 통해 역할을 부풀려 코베를 극의 핵심에 가까운 인물로 만들었다. 체호프는 그 일로 질책을 받기도 했지만, 배우는 텍스트의 차원을 뛰어넘어 캐릭터의 본질을 찾아야 한다는 체호프의 신념은 20세기 동안 배우, 교사, 이론가로서 그가 한 작업의 특징이 될 터였다.[44] 〈난파〉는 그해 내내 드문드문 공연되었지만, 이후 퍼스트 스튜디오의 대들보 같은 작품이 되었다. 1924년까지 총 429회 상연되었다.[45] 이 공연은 "시스템"이 가르칠 수 있는 이론이라는 것, 그리고 가르침을 받은 이들이 위대한 목적을 위해 그것을 사용할 수 있다는 것을 입증했다. 공연의 막이 오른 후, 모스크바 예술극장 이사회는 퍼스트 스튜디오에 자금을 지원한다는 데 합의했다.

스튜디오의 다음 작품은 바흐탄고프가 연출한 하웁트만의 〈평화의 축제〉였다. 이 연극은 "시스템"을 수행하는 과정에서 배우가 진실을 추구하는 것과 그걸 관객에게 전달해야 할 필요성 사이에 균형을 잡는 일이 얼마나 까다로운지를 보여주었다. '가족의 참사'가 부제인 〈평화〉는 사회의 위선을 향한 신랄한 비난을 입센의 〈유령〉 스타일로 담아낸 작품이다. 바흐탄고프는 작품의 염세주의를 받아들이면서 거의 모든 것을 희생시켜가며 배우들을 그 안으로 이끌었다. 바흐탄고프의 학생 중

한 명은 훗날 "배우와 이미지의 결합, 상상의 진실에 대한 믿음, 무대 위 삶을 향한 배우의 헌신, 그런 것들은 전혀 알려진 적 없던 것들이었다"고 썼지만, 스타니슬랍스키는 노발대발했다.[46]

감정적 상태에 집착하는 것은 "시스템"을 남용하는 것이라고 그는 선언했다. "시스템"의 목표는 '경험하기', 즉 야 예슴 상태였다. 진정한 감정은 목표를 향해 가는 경로이지 목표 자체가 아니었다. 한 스튜디오 단원은 이렇게 썼다. "K. S.가 그렇게까지 화를 내는 모습은 난생처음 보았다. 그는 말 그대로 분노에 휩싸여 우리에게 그리고 바흐탄고프에게 욕설을 퍼부으면서 이것은 일종의 병이자 히스테리라고 말했다."[47] 다른 단원은 고함을 쳐대는 그의 모습을 "천둥의 신 제우스도 그 순간에는 [스타니슬랍스키를] 질투했을 것"이라고 묘사했다.[48] 다양한 관점을 제시하여 관객 스스로 판단할 여지를 남겨두는 대본을 선호했던 스타니슬랍스키는 이 연극이 공공연하게 정치적인 주장을 하는 것도 신경에 거슬렸다.[49] 격분한 그는 제작을 중단시키겠다고 으름장을 놓았고, 카찰로프가 만류한 끝에 겨우 노여움을 누그러뜨렸다.[50] 결국 막을 올린 연극은 호오가 엇갈린 평가를 받았고, 퍼스트 스튜디오의 레퍼토리에는 남았지만 상연되는 일은 좀처럼 없었다.[51]

스타니슬랍스키가 제자의 집착을 좀더 이해했더라면 좋았을 것이다. "시스템"을 완성하려는 끈질긴 추진력이 그와 모스크바 예술극장 사이를 계속 벌리고 있었다. 퍼스트 스튜디오는 〈희망호의 난파〉가 성공하면서 더 좋은 건물로 이사했다. 모스크바 예술극장의 젊은 단원들은 퍼스트 스튜디오에서 더 많은 시간을 보내며 모스크바 예술극장을 그저 생계를 위한 본업처럼 여겼다. 스타니슬랍스키조차 그의 연출작 몰리에르의 〈상상병 환자〉 리허설을 소위 자신의 예술적 본거지가 아

닌 퍼스트 스튜디오에서 했다. 그에게 "시스템"은 일평생 진정한 사랑이
되었다. 그는 페레지바니예를 찾기 위해서라면 기꺼이 푸시키노에서 자
신의 의지력으로 설립한 극단을 포함한 모든 것을 대수롭지 않게 취급
했다.

톨스토이언 동지들과 마찬가지로 술레르는 러시아 농민들, 그리고
공동의 토지에서 공동생활을 하며 함께 노동하는 젬스트보 시스템을
이상적이라 여겼다. 그는 스투디치 또한 농민들이 그랬듯 일상생활과
농사를 통해 인성을 기를 수 있고 그 과정에서 오랫동안 좌절되었던,
극장을 인민에게 가져다준다는 꿈을 실현할 수 있다고 스타니슬랍스
키를 설득했다. 스타니슬랍스키는 1912년 봄 퍼스트 스튜디오를 위해
크림반도 옙파토리야의 땅을 매입했다.[52] 스투디치가 성스러운 기사단
과 비슷한 존재라면, 크림반도의 사유지는 그들의 신전이었다. 배우들
은 여름 동안 옙파토리야에서 지내며 낮에는 사유지에 건물을 짓고 밤
에는 연습과 훈련을 할 터였다. 스타니슬랍스키와 술레르는 관객이 머
무르면서 퍼스트 스튜디오의 공연을 감상할 수 있는, 철도로 접근 가능
한 호젓한 곳을 마음속에 그렸다. 사유지의 운영 자금은 티켓 판매와
배우들의 토지 경작으로 마련할 것이다. 향후 몇 년에 걸쳐 그들은 공
동으로 숙식할 건물, 호텔, 마구간, 외양간, 헛간, 얼음 창고를 지었다.
스투디치는 1914년 옙파토리야에서 두 번째 여름을 보내며 시설을
세우고, 농사를 짓고, 리허설을 했다.[53] 그해 6월 세르비아 민족주의자
가브릴로 프린치프가, 성공 가능성이 희박했음에도, 사라예보에서 오
스트리아의 페르디난트 대공을 암살하면서 세계열강들을 제1차 세계
대전이라는 대재앙으로 더욱 가까이 끌어들이는 소용돌이를 일으켰

다. 러시아는 러일전쟁이라는 참사를 겪은 후 지난 몇 년간 재무장해왔
다. 페르디난트 대공이 사망할 무렵, 러시아는 독일보다 더 많은 군비를
지출하고 있었다. 이런 상황은 독일을 뒷걸음질치게 만들기는커녕 오히
려 러시아를 신속하게 공격하는 것이 더 매력적인 대안으로 떠오르게
했다. 독일인들은 너무 오래 기다리면 차르의 군대가 격퇴하지 못할 만
큼 대단히 강해질지도 모른다는 걸 알고 있었다.[54]

전쟁의 그림자가 유럽에 드리웠다. 전쟁은 불가피해 보였다. 모스
크바로 돌아온 퍼스트 스튜디오는 모스크바 전체가 민족주의의 불길
에 휩싸여 있음을 발견했다. 러시아의 위대함은 국제무대에서의 군사
력 및 국력과 한 덩어리가 되었다. 러시아의 군사력과 국력 모두 20세기
초를 지나며 쇠퇴했지만, 니콜라이 2세는 오스트리아와 독일을 상대로
치르는 전쟁이 러시아에 발트 해협을 장악하고 제국을 확장할 기회를
가져다줄 거라 생각했다.[55] 제1차 세계대전 개전 시점에 군 병력 140만
명이 동원되었다. 그해 연말 러시아는 추가로 500만 명을 징집해 군에
배치했다.[56] 퍼스트 스튜디오의 단원 일부가 즉시 입대했다. 한편 볼레
슬랍스키는 선전 영화에 배우로 출연했다.[57] 그중 하나인 〈코사크 기병
쿠즈마 크류츠코프의 위업〉은 단기간에 그를 스타로 만들었다.

스타니슬랍스키 역시 모스크바를 떠나 있었는데 그가 돌아오는 여
정은 훨씬 더 험난했다. 스타니슬랍스키는 6월 마리안스케 라즈네에
서 카찰로프, 릴리나, 평론가 니콜라이 예프로스와 휴가를 보냈다. 그
들은 그곳에서 체호프의 사망 10주기를 기렸고, 스타니슬랍스키는 '연
극 예술의 다양한 경향'이라는 제목의 글을 계속 작업하면서 다시금 저
질 연극, 재현, 경험하기의 차이점을 개략적으로 서술했다.[58] 페르디난
트 암살 소식을 들은 그들은 전쟁이 임박했음을 깨달았다. 그렇지만 병

력이 대규모로 이동 중이어서 모스크바로 돌아가는 기차표를 구하기가 쉽지 않았다. 독일이 벨기에를 침공한 8월 4일, 스타니슬랍스키와 릴리나, 그리고 나머지 두 명은 순식간에 적의 영토로 바뀐 곳에 남아 있었다.[59] 그들은 기차를 타고 뮌헨으로 간 다음, 러시아로 이동 가능한 스위스로 가는 기차로 갈아탄다는 탈출 계획을 세웠다. 스타니슬랍스키가 묘사했듯, 그들이 뮌헨에 도착했을 무렵에는 전쟁의 열기가 모든 것을 괴롭히고 있었다. "인간관계가 전부 다 변했다."[60] 그는 『나의 예술 인생』에 썼다. "외국인으로서 적국에서 견뎌야 했던 온갖 고초는 묘사하지 않으련다."

스타니슬랍스키의 타고난 성향이 그의 취약하고 순진하고 솔직한 면을 더욱 키워만 갔다. 그는 이 여행에 유독 어울리지 않는 존재였다. 스위스로 가는 길에 독일군이 그가 탄 기차에 올라 러시아인들을 스파이로 몰아 체포했다.[61] 그날 스타니슬랍스키가 목숨을 건질 수 있었던 유일한 이유는 탄약이 부족한 상황에서 그가 총알 하나를 허비할 만한 가치도 없는 존재였기 때문이다.[62] 대신 군인들은 (불과 10년쯤 전 독일 황제에게 깊은 인상을 남겼던) 위대한 연출가를 요새로 끌고 가 그와 그의 아내, 친구들을 이틀간 감금한 후 그들이 애초에 가려고 했던 나라로 추방했다. 그들은 제네바에서 마르세유로, 마르세유에서 오데사로, 그리고 마침내 오데사에서 모스크바로 이동했다.[63]

이런 시련을 겪으면서 스타니슬랍스키는 새로이 애국심을 갖게 되었다. 러시아 문화는 대단히 아름답고 가치 있다. 유럽 문화와 섞이는 것은 모두에게 이로운 일이지만, 스타니슬랍스키가 보기에 러시아 문화는 러시아 국경 내에서 최고로 남아야 했다. 그리고 맞춤맞게도, 그는 "시스템"이라는, 순전히 러시아적인 무언가를 개발하지 않았던가?

"시스템"은 러시아 땅을 걸었던 셉킨, 푸시킨, 고골, 이 위대한 세 명의 예술가에게서 탄생한 것 아니었나?

1914년 9월 그는 모스크바 예술극장에서 이런 내용의 연설을 했다.[64] 이 시점에서 그곳에 모인 사람들은 분명 어느 정도 회의적인 반응을 보였을 것이다. 스타니슬랍스키가 맞닥뜨렸던 모든 일—전쟁, 개인적인 성공과 실패, 어쩌면 그가 먹은 점심까지—이 "시스템"을 완성하기 위한 노력을 배가하는 쪽으로 그를 이끌었지만, 스스로도 『나의 예술 인생』에서 인정했듯, 이러한 노력은 연극 예술가로서 그가 하는 실제 작업들에 상처를 주었다. 리허설장을 실험실로 사용하면서 "시스템"을 개선하는 동안 작업 과정이 몇 달, 때로는 몇 년이나 질질 늘어지게 만들었다. 배우로서 새로운 배역을 준비할 때 그는 키 큰 잡초들 사이를 헤매다 종종 길을 잃기도 했다.

퍼스트 스튜디오는 보리스 수시케비치가 연출한 찰스 디킨스의 〈화롯가의 귀뚜라미〉 연극을 무대에 올림으로써 전쟁 발발에 맞대응했다. 이 공연을 추진한 인물은 당연히 술레르였다. 그는 연극이 우리 모두를 계몽할 힘이 있는지 시험해보고 싶었다. 스투디치는 이 작품의 따뜻한 휴머니즘이 세상 만물의 선함을 보고, 평화주의를 수용하며, 전쟁을 종식시키도록 사람들을 자극할 수 있기를 바랐다.[65] 장난감 제작자 역을 맡은 미하일 체호프는 장난감 만드는 법을 배워 자신의 소품을 전부 직접 만들었다.[66] 악당 태클턴 역의 바흐탄고프는 이 작품이 낳은 최고 스타가 되었다.[67] 베라 솔로비예바는 정서 기억을 활용하는 법을 배웠다.[68] 그녀는 매일 밤 무대 위에서 눈물을 흘리기 위해 어머니의 죽음에 대한 기억을 떠올렸다.

1913년 스튜디오는 스코벨렙스카야 광장이 내려다보이는 새로운 셋방으로 이사했다.[69] 시설이 더 커졌다. 이제 객석은 더 나은 기술력을 갖췄고, 무대는 지면에서 약 30센티미터 높은 곳에 있었다. 그래도 공간은 여전히 50명 내외 정도만 앉을 수 있어 작업이 기대고 있는 친밀함을 그대로 유지할 수 있었다. 〈귀뚜라미〉는 퍼스트 스튜디오의 역대 최고 히트작이 되었다. 스타니슬랍스키가 퍼스트 스튜디오에서 점점 더 많은 시간을 보내고, 평론가들이 퍼스트 스튜디오가 예술성 면에서 모#극단을 능가했다고 쓰기 시작하자, 네미로비치는 예전 파트너가 억지로라도 원래의 자리로 복귀하기를 희망하면서 퍼스트 스튜디오를 독립 극단으로 분리하려는 시도를 했다.[70] 노력은 실패로 돌아갔다. 퍼스트 스튜디오는 모스크바 예술극장의 일부로 남았다. 게다가 스타니슬랍스키는 더욱 멀리까지 떠돌아다니기 시작했고, 전 세계의 예술가들이 "시스템"을 작업하고 연구하도록 끌어들일 국제 스튜디오 설립 계획을 세우기까지 했다.

이즈음 퍼스트 스튜디오가 그 자체로 극단임을 모두가 인정했다. 연극 제작의 무자비한 현실을 피해 숨어버린 실험실로 시작했던 극단이 이제 최고 수준의 작품을 정기적으로 제작하고 있었다. 이 극단은 스타니슬랍스키가 언제나 꿈꿔왔던 상설 앙상블의 일종이자, 성공했을 때조차 훈련과 서로에 대한 도전을 멈추지 않는, 탁월한 연극을 향한 끊임없는 헌신으로 똘똘 뭉친 그룹이었다. 모극단의 모든 이들에게 "시스템"은 계속해서 골칫거리를 안겨준 반면, 퍼스트 스튜디오에서는 번창하는 예술 단체를 탄생시켰다.

하지만 극단 단원 중 한 명이 막 인생의 방해를 받을 참이었다. 그에게서 2년 가까운 세월을 앗아간 방해 말이다. 리차드 볼레슬랍스키는 1915년 4월 네미로비치단첸코가 제작한 〈가을 바이올린들〉에서 새 배역을 맡았다(이는 모스크바 예술극장에서 그의 마지막 배역이 되었다). 그해 가을, 바흐탄고프가 연출하는 퍼스트 스튜디오의 작품 〈폭우〉의 리허설도 시작했다. 그렇지만 그는 〈폭우〉에 출연하지 못했다. 차르는 러시아가 제1차 세계대전에 승리할 경우 폴란드를 독립시켜주겠다고 약속했다.[71] 어렸을 때 어머니가 그의 마음속에 심어준 전설의 주인공인 바로 그 폴란드 창기병이 이제 폴란드의 해방과 독립을 위해 싸울 수 있게 되었다. 1915년 12월, 볼레슬랍스키는 그들과 함께하기로 결심했다. 최전선에서 싸우면서 그는 결국 자신과 "시스템"을 미합중국으로 가져다줄 일련의 사건들에 시동을 걸게 된다.

7장

자네는 예술의 비밀을 아나?

제 1차 세계대전 동안 러시아는 연전연패했다. 세세한 부분까지 일
일이 챙기는 사람이었던 니콜라이 황제는 아내 알렉산드라 황
후와 그들의 종교적 스승인 미치광이 사기꾼 그리고리 예피모비치 라
스푸틴에게 국정을 맡기고 전쟁을 직접 지휘하기로 결정했다. 하지만
이 두 결정 모두 재앙으로 판명났다. 차르는 최소 150만 명의 러시아인
이 목숨을 잃은 참혹한 전쟁에 직접적인 책임자가 되었고, 실정의 결과
로 국내 전선은 결딴이 났다. 작황이 풍년이었음에도 식량 부족 문제가
심각했다. 곡물이 선로 위에서 썩는 지경까지 철도 시스템이 악화되었
기 때문이다.[1] 사회 구석구석에서 차르에게 등을 돌렸지만, 그는 러시아
의 민심을 되돌릴 행보를 취하라는 참모들의 간청을 들으려 하지 않았
다. 그가 물었다. "내가 자신감을 되찾는 것이 백성들에게 오히려 좋은
일 아니오?"[2] 광범위한 파업이 벌어진 1917년 2월, 니콜라이의 군대가

페트로그라드에 대한 통제력을 상실했다. 3월 2일, 그는 퇴위하면서 왕위를 동생 미하일에게 넘겼다. 미하일 2세의 통치 기간은 딱 하루뿐이었다. 그 역시 즉위한 이튿날에 퇴위했기 때문이다. 러시아 군주제가 막을 내렸다.

몇 달 뒤인 1917년 9월 말에서 10월 초 무렵, 제1차 세계대전에 참전했던 리차드 볼레슬랍스키가 모스크바로 돌아왔다. 이 도시가 자신에게 어떤 의미인지 확신하지 못한 채 말이다. 그에게 모스크바는 사랑하는 의붓어머니이자, 그가 훗날 회상했듯, 스튜디치가 리허설을 마친 야심한 밤이면 "거리를 걷는 이들을 어루만지고 달래주던," 보헤미안을 위한 멋진 도시였다.³ 하지만 볼리는 여느 때보다 스스로를 폴란드인이라고 생각했다. 이 **러시아**의 도시에서 그는 누구인가? 부잣집 저택의 한 지붕 아래에 모여 있는 "프랑스인 요리사, 영국인 집사, 러시아인 유모, 이탈리아인 하인, 코카서스인 경호원, 타타르인 청소부" 등, 세계 각국에서 온 일꾼들과 어떻게 어울릴 수 있을까?⁴

볼레슬랍스키가 전시戰時 복무를 마치고 모스크바로 돌아온 것은 그가 전선에 있었을 때만큼이나 위험천만한 일이었다. 차르 퇴위 이후 몇 달간, 러시아는 두 명의 주인을 섬기는 하인 신세가 되었다. 두마가 운영하는 러시아 임시정부, 그리고 페트로그라드 노동자-병사 대표 소비에트. 차르의 퇴위가 제1차 세계대전의 적국들에게 악용될지도 모른다고 우려했던 임시정부는 병사들에게 임무에 복귀해 장교에게 복종하라는 명령을 내렸다. 이에 페트로그라드 소비에트는 부대의 민주화를 촉구하고 무엇보다 군인과 선원에게 페트로그라드 소비에트에 복종할 것을 요구하는 '제1호 명령Order Number One'으로 대응했다. 제1호 명령은 한 걸음 더 나아가 각 부대에 페트로그라드 소비에트 대표를 선출하고, 장교를 대신해 부대를 통치할 위원회를 구성하고, 위원회의 권력을 보장하기 위해 무기를 전부 몰수하라고 명령했다.

볼셰비키 입장에서 보면, 제1호 명령은 혁명의 진정한 잠재력을 처음으로 실현한 것이었다.5 그러나 장교로 복무했던 볼레슬랍스키는 제1호 명령을 유혈이 낭자한 막간 소극笑劇이라고 보았다. 그는 훗날 이렇게 썼다. 확실히 "제1호 명령의 의도는 프랑스 인권 선언과 똑같았다. 정신적 자유는 훌륭했고 정치적 자유는 찬란했으며 평화는 아름다웠다."6 하지만 이 명령이 빚어낸 즉각적인 효과는 "병사들이 장교를 총으로 쏘아 죽이고, 군대의 명령이 무시되고, 전투 군대가 소멸한" 것이었다.7 장기적으로는 "군대를 박살냈고 개인적인 복수심을 분출시켰으며 내전의 문을 열었다." 볼레슬랍스키는 폴란드를 위해 제1차 세계대전에 참전했다. 그는 정치적 성향을 묻는 질문에 이렇게 답하곤 했다. "그런 것은 없습니다. (…) 나는 폴란드인입니다."8 자신의 의무가 의붓어머니 러시아가 아니라 친어머니 폴란드에 있다고 생각했다. 러시아를 위해 싸우는 것은 마음이 내키지 않았다. 러시아의 프롤레타리아와 지배 계급 사이에 벌어진 두 번째 전쟁은 더 내키지 않는 일이었다.

몇 달 동안 소비에트의 통제에 수모를 겪은 폴란드 창기병들은 계획을 세웠다. 탈영하여 분쟁 세력 양편에 속한 폴란드인 부대원들을 만나 폴란드 독립을 위해 싸우자는 것이었다.9 이 계획은 실패로 돌아갔고, 창기병들은 갈리시아 전선 부근에서 오도 가도 못하게 되면서 옛 전우였던 러시아군과 교전하기에 이르렀다. 창기병은 해산했고, 볼레슬랍스키는 콩나물시루 같은 열차에서 손바닥만 한 자리를 얻으려고 역무원에게 뇌물을 바치면서 의붓어머니에게로 도망쳤다.10 사람들은 선 자리에서 오줌을 눴고, 기차가 역에 도착하자 서로 내리려고 멱살잡이를 했다.

모스크바는 리처드에게 안전한 피난처가 아니었다. 그는 "화이트 White", 즉 반공주의자이자 전직 장교였다. 게다가 신념을 숨기기에는 자부심이 너무 강한 사람이었다. 그가 목숨을 부지할 수 있었던 건 십중 팔구 극단 덕이었다. 극단은 그에게 입대했을 때와는 다른 예명과 스투디치의 동지애를 제공했다. 아무리 강경한 볼셰비키조차—극단 내에 몇 명 있었다—감히 동료 단원을 배신하지 않았다.

퍼스트 스튜디오 자체도 전쟁 동안 격변을 겪었다. 1916년 스튜디오의 사랑받는 리더였던 레오폴드 "술레르" 술레르지츠키가 캐나다에서 두호보르파의 재정착을 돕던 중에 걸린 신염에 결국 굴복하고 말았다. 그의 죽음은 스타니슬랍스키의 마음을 갈기갈기 찢어놓았다. 하루도 거르지 않고 입원 중인 술레르를 면회하러 갔던 콘스탄틴 세르게예비치는 무덤가에서 어린아이처럼 울었다.[11] 그가 떠나보낸 이는 단지 절친한 친구가 아니라 지구상에서 자신을 진정으로 이해해주는 한 사람이었다.

볼레슬랍스키는 퍼스트 스튜디오로 돌아와 스튜디오의 미래를 놓고 벌어진 열띤 토론 자리에 참석했다. 스튜디오는 이제 예브게니 바흐탄고프가 운영하고 있었다. 볼레슬랍스키의 〈희망호의 난파〉 제작 이후 모스크바 예술극장으로 공식 흡수되었던 집단은 독립을 원했다. 모극단의 지시에 짜증이 난 그들은 시즌 계획, 미학, "시스템"에 대한 접근법 면에서 더 많은 자유를 원했다.[12] 스타니슬랍스키와 네미로비치는 1880년대 탄압 이전의 농노 해방과 20년 동안의 점진적인 자유화라는 획기적인 변화의 시대가 낳은 아이들이었다. 퍼스트 스튜디오 단원들은 실패한 1905년 혁명의 아이들이었다. 그들은 군주 치하의 점진적인 해방이 아닌 자치권을 원했다. 그 군주가 스타니슬랍스키처럼 자애로운 사람일지라도 말이다.

볼레슬랍스키는 러시아 정치에 대해서는 '화이트'였지만 퍼스트 스튜디오 문제에 관한 한 자결권과 집단 노동이라는 '레드Red'의 원칙에 전적으로 찬성했다. 그는 열정적으로 스튜디오의 자율성을 옹호하는 연설을 했다. 스타니슬랍스키의 반응은 이랬다. "여전히 뜸 들이는 중이야. (…) 아직 뜸이 덜 들었다고, 이 친구야."[13] 그러면서도 단원들이 추구했던 더 큰 자유를 허용했다. "그러고 나서야," 볼리는 깨달았다. "극단에서 내가 참여했던 일들은 군대였다면 사형감이었다."[14] 술레르의 죽음과 퍼스트 스튜디오의 독립은 "시스템"이라는 성스러운 신전과 그것의 창시자 사이를 갈라놓았다. 세월이 흐르면서 스타니슬랍스키는 퍼스트 스튜디오를 "내 영혼을 오래도록 괴롭힌 질환"이라고 부르게 된다.[15]

볼레슬랍스키가 참전하는 동안 스타니슬랍스키와 "시스템"은 커다란 도전에 직면했다. 우선 1915년 스타니슬랍스키는 푸시킨의 〈모차르트와 살리에리〉에서 살리에리를 연기하면서 "시스템"을 따랐지만, 그 역을 연기해본 경험이 있었는데도 불구하고 "진실한 내면의 감정을 외적인 형태로 구현할 수가 없다"는 것을 발견했다.[16] 이 깨달음은 배우가 캐릭터의 모습을 구체적으로 표현함으로써 자기 경험을 겉으로 드러나는 수단을 통해 전달하는 외부적인 테크닉에 새롭게 집중하는 방향으로 그를 이끌었다. 그는 "미묘하고 종종 초의식적인 삶을 반영하기 위해서는, 특출나게 반응하며 굉장히 발달된 발성 기관과 신체 기관을 갖고 있어야 한다"라고 썼다.[17] 이때부터 그는 배우가 가진 **도구**로서의 몸과 목소리라는 아이디어뿐만 아니라 배우의 신체 습관과 발성 습관을 저장하는 **근육 기억**muscle memory이라는 개념을 발전시켰다.[18]

그 후 1916년 1월, 스타니슬랍스키는 도스토옙스키의 단편소설 「스테판치코보 마을 사람들」을 각색한 연극에서 로스타네프 대령 역을 맡았다. 네미로비치와 스타니슬랍스키가 공동 주관한 이 공연은 두 사람의 예술에 관한 사소한 언쟁에 더욱 불을 지폈다. 싸움은 "시스템" 내에서 텍스트에 접근하는 방식, 그리고 모스크바 예술극장에서 핵심적인 창조의 힘이 배우에게 있는지 작가에게 있는지와 관련이 있었다. 연극에는 두 가지 주요 표현 요소가 있다. 대사로 전달되는 텍스트, 그리고 무대 이미지. "시스템"의 위대한 발견 중 하나는 배우가 자신만의 추론과 발상을 통해 이런 기초 요소들 사이의 틈을 메우는 역할 비중이 상당하다는 것이었다. 산문 형식의 소설에서는 이런 작업을 대부분 작가가 하는데, 텍스트에 활력을 불어넣어줄 다른 해석자가 없는 경우 이는 필수적이다. 동시에 산문은 캐릭터와 그들이 사는 세계를 창조하는 데 사용할 수 있는 훨씬 더 큰 도구 모음을 갖고 있다.

원작인 단편소설 「스테판치코보」에서 도스토옙스키는 로스타네프 대령의 심리와 배경 사연을 꽤 자세히 묘사한다. "이보다 더 유순하고 고분고분한 사람은 상상하기 어려울 것이다. (…) 그는 대단히 너그러운 사람이라 때로 자기와 관련된 모든 것과 헤어질 준비가 되어 있다. 그가 가진 마지막 셔츠까지. 그는 우연히 마주친 궁핍한 사람에게 그 셔츠를 건넬 것이다."[19] 배우들에게 악당에게서 선함을 찾고, 영웅에게서 악함을 찾으라고 가르친 스타니슬랍스키는 이런 단순한 성격 묘사를 절대 받아들일 수가 없었다. 그래서 그는 "시스템"이 요구하는 대로 원작이 아니라 스스로를 그 배역의 원재료 삼아 작업을 시작했다.[20] 텍스트 우월주의를 표방하는 네미로비치가 보기에, 스타니슬랍스키의 접근법은 객관적으로 틀린 것이었다. 네미로비치는 로스타네프가 어떤 사람이고 어떻게 해석해야 하는지 잘 알고 있었다.[21] 왜냐하면 도스토옙스키가 그 인물을 묘사하는 데 모든 호의를 베풀었고, 네미로비치는 소설을 무대용으로 각색한 대본을 공동 집필한 사람이었기 때문이다.

　스타니슬랍스키가 "초의식에 먹이 주기feed the subconscious" 방법을 찾는 동안 리허설은 질질 늘어졌다.[22] 출연진은 각자 맡은 캐릭터의 어린 시절에 살을 붙이고 각 조각들을 위한 과업을 결정했지만, 연극을 관객에게 선보일 만한 수준에는 접근도 못하고 있었다. 볼레슬랍스키가 전선에서 전쟁을 치르던 1916년 8월, 네미로비치는 스타니슬랍스키에게 최후통첩을 보냈다.[23] 9월이나 10월에는 〈스테판치코보〉를 반드시 무대에 올려야 한다. 모스크바 예술극장의 레퍼토리는 여느 극단에 뒤지지 않았지만, 그래도 극단은 정기적으로 초연작이 필요했다. 1915년에는 신작이 단 한 편뿐이었다. 그것도 푸시킨의 단막극을 딱 하루만 상연했다. 초연작 없이 1년을 보내는 건 극단 평판에 치명적일 수 있었다. 하지만 〈스테판치코보〉는 9월에도 마무리되지 않았고 술레르의 죽음은 1916년에 초연작을 올린다는 생각마저 잠재워버렸다. 1917년 1월 5일, 네미로비치는 스타니슬랍스키에게 재차 편지를 썼다. 10개월, 156회의 리허설을 끝낸 후에도 〈스테판치코보〉는 완성과 거리가 멀었고, 스타니슬랍스키 역시 로스타네프를 이해하는 데 한 발짝도 다가서지 못했다. 한 시즌이 초연작 없이 거의 끝나가고 있었다. 스타니슬랍스키는 가까워졌다고 생각했지만 진실은 좀처럼 닿지 않는 곳에 있었다. 그가 네미로비치에게 설명했듯, 그에게 시간이 조금만 더 주어진다면, 협력자가 자신을 조금만 더 믿어준다면, 그는 자기와 도스토옙스키의 "아들", 그러니까 "어머니와 아버지 모두를 빼닮은" 아들을 낳을 수 있었다.[24] 하지만 상황은 그렇지 못했다. 모스크바 예술극장의 평판을 우려한 네미로비치가 공연을 장악했고, 스타니슬랍스키는 '제길, 빌어먹을' 하는 심정이었다.

'제1호 명령'이 공표되고 2주가 지난 시점이자 〈스테판치코보〉 작업이 시작되고 열네 달이 지난 3월 28일, 마침내 첫 드레스 리허설을 했다. 그 열네 달 동안 스타니슬랍스키는 로스타네프 역할을 구축하는 한편, 레퍼토리 공연 여섯 편의 주연을 맡았고, 가장 친한 친구의 죽음을 지켜봤으며, 그의 공장들이 겪는 위기를 극복했고, 제2의 스튜디오를 설립했다. 드레스 리허설이 진행되는 동안 스타니슬랍스키가 자기 대사를 알지 못하고, 자신이 맡은 역할을 명확하게 이해하지 못하며, 무엇을 해야 할지 모르고 있다는 게 객석에 있는 모든 사람의 눈에 분명해졌다. 카찰로프의 아들 바딤은 회고록에서 겉보기에도 패닉에 빠진 스타니슬랍스키를 묘사했다. "프롬프터 박스(prompter's box, 배우에게 대사나 행동을 일러주는 사람이 있는 박스-옮긴이) 쪽을 바라보는 모습에서 그가 어리둥절해하고 두려움에 떨며 겁에 질려 있다는 걸 알 수 있었다."[25] 인터미션 시간에 카찰로프가 바딤에게 다가왔다. "집에 가거라."[26] 그가 말했다. "콘스탄틴 세르게예비치에게 뭔가 끔찍한 일이 일어나고 있구나."

그날 밤늦은 시각 스타니슬랍스키는 얼굴이 잿빛이 된 채 윙에 서서 울고 있었다. 네미로비치는 불가피한 현실에 체념하며 스타니슬랍스키를 공연에서 해고했다. 이 일은 스타니슬랍스키에게 있어 최악의 실패였다. 비난의 화살은 그의 "시스템"으로 향했다. 스타니슬랍스키는 결코 공개적으로 불만을 표시하지 않았지만 평생 레퍼토리의 역할들만 맡으면서 "다시는 절대로 새로운 연극에 출연하지 않겠다"고 다짐했다.[27] 그의 경력에서 새로운 배역을 맡는 일은 그렇게 끝나고 말았다.

혁명이 벌어지는 동안, 스타니슬랍스키는 극장을 찾는 새로운 관객들에게서 위안을 얻었다. 임시정부가 권력을 장악한 다음 취한 첫 번째 행보 중 하나가 러시아 문화에서 왕관의 보석이라 할 러시아 극장을 보호하는 것이었다. 두마는 엄청난 공연 애호가인 니콜라이 르보프를 임명해 제국 극장을 인수하고 탈제국화하는 작업을 진행시켰다.[28] 차르가 퇴위한 지 겨우 열흘 만에 새로운 이름을 단 국영 극장들이 문을 열었다. 임시정부가 수립되면서 누구를 대상으로 어떤 작품을 공연할 수 있는지 제한하던 규정이 철폐되었다. 모든 이에게 열려 있는 극장이라는 스타니슬랍스키와 네미로비치의 꿈이 드디어 실현되기 시작한 것이다.

스타니슬랍스키는 처음에는 모스크바 예술극장의 새 관객에게 실망했다. 객석으로 터벅터벅 들어오는 방문판매원, 군인, 상인, 노동자 등 대다수는 공연에 어떻게 반응해야 하는지 알지 못해 당황한 듯 조용히 연극을 관람했다. 하지만 극단과 관객들이 서로를 알아가면서 스타니슬랍스키는 예술에 대한 그의 헌신이 새로워지고 있음을 느꼈다. "연극에는 얼마나 강한 힘이 있단 말인가!"[29] 10년 후 그는 이 순간에 대해 썼다. "이 새롭고, 때 묻지 않았으며, 의심 없고, 투박한 관객"의 눈을 통해 자신의 극단을 본 그는 "배우와 예술가와 무대감독과 음악가가 동시에" 역량을 발휘해 "미술, 음악, 드라마, 회화, 연설, 춤 등 다양한 예술"을 결합시켜 만들어낸 집단적 노력의 힘을 감지할 수 있었다.

정치 성향이 레드든 화이트든, 또는 스타니슬랍스키 경우처럼 대놓고 무관심이든 관계없이 사람들은 1917년 대부분의 기간 동안 모스크바 예술극장에서 일할 수 있었다. 그들은 그간 임시정부와 페트로그라드 소비에트 사이에 벌어진 격렬한 팔씨름이나 소비에트가 권력을 장악하기 위해 어떻게 물밑 작업을 하고 있는지 등은 거의 알아차리지 못했다. 모스크바로 돌아온 리차드 볼레슬랍스키는 아무 일도 없었다는 듯 그의 역할들을 다시 맡았고, 스튜디오에서 새 공연 〈십이야〉 작업을 시작했다.[30] 하지만 비교적 평온했던 시기는 1917년 10월 24일 끝이 났다. 볼레슬랍스키의 회고록 『창槍을 내려놓다』에 따르면, 모스크바 경찰서장이자 모스크바 예술극장의 오랜 단골 관객이었던 모들 대령이 백스테이지로 뛰어와 전화를 쓰게 해달라고 요구했다. 배우들은 통화 내용을 엿들으려고 숨을 필요도 없었다. 그가 전화기에 대고 소리쳤기 때문이다. "태워버려. (…) 전부 다 태우라고. (…) 당장 태우라니까!"[31]

모들이 배우들을 돌아보며 말했다. 페트로그라드가 빨갱이들 손에 넘어갔다고. 트로츠키의 적위대Red Guard가 러시아 수도의 핵심 기관들을 점령했다. 그들은 몇 시간 만에 페트로그라드의 철도, 전화 교환소, 전신국, 은행, 인쇄소를 장악했다. 다음 날 아침에는 겨울궁전을 급습해 러시아 임시정부를 영원히 끝장냈다. 모들은 정복 차림이었다. 어쩌면 살해당하지 않고 무사히 집에 돌아갈 수 있도록 극장에서 의상을 빌릴 수 있지 않았을까?[32]

몇 시간 만에 모스크바는 여러 언어를 사용하는 사람들로 북적이던 대도시에서 간간이 총성이 들리는 침묵의 도시로 변해버렸다. 볼셰비키가 인민의 적을 색출하는 동안 검문소들이 모스크바 도로의 숨통을 조였다. 퍼스트 스튜디오도 다른 모든 극장들과 마찬가지로 문을 닫았다. 볼레슬랍스키, 미하일 체호프, 베라 솔로비예바 그리고 몇몇은 스튜디오를 지키기 위해 거처를 건물 안으로 옮겼다.[33] 체호프와 볼레슬랍스키가 방 하나를 같이 쓰며 옥상에서 교대로 경계 근무를 서는 동안, 여자들은 식료품 가게에 가서 먹을거리를 장만해왔다. 그들은 소중한 담배를 제외한 모든 것을 공유하며 공동체 생활을 했다. 제1차 세계대전 동안 퍼스트 스튜디오는 부상자를 위한 병원을 운영했다. 혁명을 위해 그들은 레드와 화이트 모두 간호사에게 기본적인 치료를 받을 수 있는 중립 지대인 병원을 열어두었다.[34]

볼레슬랍스키는 퍼스트 스튜디오 단원들에게 예술의 고향을 위해 정치적 신념은 제쳐두겠다고 맹세했다. 하지만 그의 가슴속에서는 창기병의 심장이 뛰고 있었고, 모스크바를 빨갱이들로부터 구해내려는 필사적인 노력에 휘말리게 되었다. 『창을 내려놓다』에 알렉이라는 호칭으로만 등장하는 창기병 시절 옛 친구가 계획을 들고 볼리에게 접근했다. 둘은 함께 트베리에 있는 예전에 다니던 기병 학교로 갈 것이다.[35] 장교들과 훈련 생도들에게 도시를 공격하자고 설득할 것이고, 그들의 공격은 모스크바 내에 있는 화이트들을 자극해 봉기하게 만들 것이다. 이내 볼리는 트베리로 향하는 길에 올랐다. 계획은 수포로 돌아갔다. 그의 옛 교관이 말했듯, 군은 정부의 명령을 따랐다.[36] 차르의 명령을 따랐다. 두마의 명령을 따랐다. 이제 군은 페트로그라드 소비에트의 명령을 따라야 한다. 민간 지도부를 존중하지 않으려면 혼란을 각오해야 했다.

옛 교관이 혼신의 힘을 다했음에도 불구하고 혼란은 어쨌든 찾아올 터였다. 겨우 넉 달 뒤, 러시아 내전이 시작되었다.

1917년 11월 러시아의 극장들과 스타니슬랍스키 개인에게 더 큰 변화가 찾아왔다. 정부가 콘스탄틴 세르게예비치 개인 및 가문 재산의 원천인 알렉세예프 공장을 국유화했다.[37] 한때 재산을 모두 잃고 예술에 평생을 바치는 삶을 꿈꿨던 스타니슬랍스키는 이제 아내 릴리나와 함께 모스크바 예술극장에서 받는 급여로 생계를 꾸리며 시내의 작은 아파트로 이사했다. 돌연 재산이 쪼그라들면서 근근이 살아가야 했던 상황을 그가 어떻게 느꼈는지는 알려져 있지 않다. 그의 개인 재정은 곧 바닥을 드러냈지만 그의 극단은 교육인민위원회 산하에 신설된 예술국을 통해 처음으로 국가 기금을 지원받았다.[38]

10월 혁명이 일어나고 불과 몇 주 만에 다시 문을 연 러시아의 극장들은 노동자와 농민이라는 또 다른 새로운 관객으로 가득 찼다. 한 세기가 넘는 세월 동안 극장은 귀족들이 사사로이 즐기는 싸구려 보석 같은 존재였다. 이제 극장은 지배 계급이 보관해둔 다른 보석들과 함께 인민의 것이 되었다. 이러한 전개를 모두가 기뻐했던 건 아니었다. 페트로그라드에서 발레 〈잠자는 숲속의 미녀〉를 관람한 익명의 영국 귀족은 "황태자가 앉는 게 보통이던 무대 왼쪽의 황실 전용 1층 특별석에 여러 명의 여성 무용수와 남자 한 명이 있었다"며 못마땅해했다.[39] 한편, "그들의 머리 위에 있는, 황태자의 자제들이 모여 있던 특별석에는 유대인 남녀가 앉아 있었다"며 그는 경악했다. 스타니슬랍스키는 새 관객들에게 올바른 관람 예절을 교육하면서, 수년간 초연작을 겨우 세 편 제작했고 예술적으로도 침체되어 있던 모스크바 예술극장에 혁명이 다시 활력을 가져다줄 기회가 될 거라고 보았다.[40] 그런데 극장에 새 생명을 불어넣기 위해 그가 세운 계획—모스크바 예술극장의 예술적 발전이라는 임무를 스튜디오로 옮기고 에드워드 고든 크레이그와 영향력 있는 프랑스 연출가 자크 코포와 함께 국제 스튜디오를 설립한다는 것 등을 포함한—들은 허사가 되었다.[41]

1917년이 끝나갈 무렵 두 사람이 미국을 출발해 모스크바로 향했다. 그들은 훗날 "시스템"이 대서양을 건너 미국으로 가는 데 도움을 줄 터였다. 첫 번째 인물은 제국 극장 소속의 젊은 배우로, 미국에 있는 친구들과 함께 혁명을 견뎌낸 나타샤 플라티노바였다.[42] 그녀는 모스크바 예술극장과 퍼스트 스튜디오에 다니면서 볼레슬랍스키를 만났고, 두 사람은 순식간에 사랑에 빠졌다. 당시 볼리는 무일푼에다 비밀스러운 구석이 있는 사람이었다. 그리고 창기병의 붕괴를 원통해했다. 베라 솔로비예바를 포함한 최소 세 명의 여자들 사이를 오가는 곡예를 부리는 중이기도 했다. 물론 나타샤 역시 또 다른 애인이 있었다. 나타샤는 언젠가 볼리에게, 그녀의 표현으로 하자면, 어떻게 "그렇게 많은 여자들과 관계를 맺을 수 있느냐"고 물었다.[43] 사람들이 자기를 필요로 하고, 그녀들을 실망시킬 수 없다고 그는 대답했다. 나타샤에 따르면, 모스크바의 상황이 악화되고 러시아 내전이 본격적으로 시작되자, 그녀는 그에게 미국에 대해 말했다. "내가 그를 심하게 부추기자 그가 말했다. '내 사랑, 언젠가 나는 그곳에 갈 거야.'"[44]

비슷한 시기, 두 번째 인물인 미국의 평론가 겸 기자 올리버 세일러가 모스크바 여행에 나섰다. 극장이 전쟁에서 살아남았을 뿐만 아니라 번성하기까지 한 이 신기한 나라를 직접 보기 위해서였다. 모스크바 예술극장 얘기를 들은 적 있던 그는 우선 모스크바로 향했고, 혁명이 한창이던 10월 그곳에 도착했다. "11월부터 3월까지,"[45] 그는 1922년 출간된 저서 『혁명기의 러시아 연극』에 이렇게 썼다. "연극이 막을 내리고 집으로 돌아갈 때 (…) 도시를 가로지르든 길모퉁이를 돌든 총성을 듣지 않은 적이 한 번도 없었다." 세일러는 고리키의 〈밑바닥에서〉에 출연한 스타니슬랍스키를 보러 가는 길에 피로 얼룩진 눈밭을 지났다. 그리고 그날 러시아에서 보낸 겨울을 통틀어 "그야말로 너무나 감동적인" 연기에 눈물을 흘렸다. 세일러가 보기에 "러시아 연극은 끈질기게 계속되어왔다. (…) 이는 (연극이) 잠깐이나마 일상의 고단함을 잊게 하는 위안이기 때문이 아니다."⁴⁶ 오히려 "러시아인들에게 연극은 (…) 삶에 대한 집중이자 해설이다. 설령 삶을 설명할 수 없더라도, 삶의 불가해함을 대면할 수는 있다."⁴⁷

그러나 모스크바에 있는 모든 이가 모스크바 예술극장에 반한 건 아니었다. 평론가들은 모스크바 예술극장이 혁신을 중단했다며 투덜거렸다고 세일러는 전했다. 혁명가들은 수구 세력이 되었다. 사실주의라는 새롭고 획기적인 형식을 발전시켜온 모스크바 예술극장은 "한계에 다다랐으며, 새로운 연극을 제작할 때마다 그저 [사실주의를] 처음부터 다시 적용하고 있다."⁴⁸ 세일러는 이 비판에 동의했지만 그게 문제라고 보지는 않았다. 모스크바 예술극장은 사실주의가 "목표가 아니라 수단, 삶을 더 생생하게 해석하기 위한 수단"이라고 보는 "영적 사실주의spiritualized realism"를 계속해서 완성해나갔다.⁴⁹ **이것**이 바로 이 극단을 전 세계 연극계의 정점에 올려놓은 특징이자, 세일러가 지칠 줄 모르고 극단을 지지하게 만든 이유였다. 세일러의 지지 덕분에 그가 방문하고 몇 년 후 모스크바 예술극장이 미국 투어에 나서는 길을 닦을 수 있었다.

1917년 말에 "시스템" 자체는 세상이 다 아는 지식이었다. 스타니슬랍스키가 퍼스트 스튜디오 단원들에게 언론에 우리의 작업에 대해 말하지 말라는 금지령을 내렸지만, 그는 너무나 유명한 사람인 데다 그의 아이디어가 대단히 흥미로웠기 때문에 세간의 주목을 피할 수가 없었다. 술레르가 그랬던 것처럼, 그도 "시스템"에 대한 강의를 하고 글을 썼다. "시스템"이 발전함에 따라 스타니슬랍스키의 주변 핵심층 내외부 모두에서 그에 도전하는 주장들이 생겨났다. 예술문학협회 회원이던 베라를 누이로 둔 표도르 코미사르젭스키는 처음부터 끝까지 "시스템"이 틀렸다는 것을 밝히는 내용을 담은 책을 쓰기까지 했다. 1916년에 출판된 『연기 예술과 스타니슬랍스키 이론』에서 그는 메소드에 대한 비판으로 점철된 수십 년 세월을 예견하면서, "시스템"이 텍스트를 세심하게 분석하는 작업에 뿌리를 두기보다 "경험의 논리적 흐름을 교묘하게 하나로 묶는 법을 가르친다"면서 "배우의 세속적이고 따분하며 반反예술적인 경험이 (…) 주제넘게 끼어들어 작가의 의도를 훼손한다"고 적었다.[50] 이 구절을 읽으면서 고개를 끄덕이는 네미로비치의 모습이 상상된다. 정서 기억이 배우의 "의식"에서 벌어지는 "활동을 제약"한다고 본 코미사르젭스키의 비판을 읽으면서도 마찬가지였을 것이다. 코미사르젭스키가 보기에 "시스템"을 활용할 수 있는 건 스타니슬랍스키 본인 같은 천재들뿐이었다. 그보다 못한 예술가의 손에서 그의 테크닉은 쓰레기만 만들어낼 것이다.

외부인들만 "시스템"을 반박하면서 이탈하고 있던 것은 아니었다. 예브게니 바흐탄고프와 미하일 체호프 둘 다 "시스템"에 반기를 들고, 시스템이 주장한 개념을 수정하며 새로운 기법을 개척하고 있었다. 한결같은 선동가 브세볼로트 메이예르홀트는 "시스템"을 철저히 거부했다.

바흐탄고프는 스튜디오에서 했던 초기 작업에서 다른 모든 것을 배제하고 내면에만 집중하는 것으로 명성을 얻었다. 그는 주어진 상황의 과업에 대한 스타니슬랍스키의 아이디어를 뜻이 더 명확해지도록 바꿔, **무엇**에서 **왜**로, 그다음 **어떻게**로 이동하는 '행동의 세 부분 이론three-part theory of action'을 고안해냈다. 캐릭터는 욕망(원하는 것)을 실현하기 위해 그들이 처한 상황(적응)에 따라 형성된 방식으로 무언가(행동)를 한다. 이 공식에서 자다차는 심리와 감춰진 충동을 향해 어쩌면 거침없이 표류하기 시작하고 있었다. 하지만 바흐탄고프 역시 정서 기억을 스타니슬랍스키가 부여했던 연기 실습의 핵심적인 지위에서 밀어냈다.[51]

1910년 스타니슬랍스키는 역할의 출발점으로서 정서 기억을 논했다. 자신, 즉 본인의 인생, 경험, 정서 기억에서부터 시작해, 자신을 그 역할로 가져오는 작업을 했다. 그러나 1914년 바흐탄고프는 반드시 주의 attention에서 시작해 과업/문제로 방향을 돌려야 한다고 주장했다. 그런 다음에 과업/문제를 충족시키기 위해 착수한 행동의 결과가 정서적 느낌을 생겨나게 할 것이다.

바흐탄고프의 가장 큰 기여, 즉 메소드에 어마어마한 영향을 끼친 기여는 그가 배우와 캐릭터 사이의 긴장 관계에 접근하는 방식이었다. 바흐탄고프는 스타니슬랍스키처럼 긴장 관계를 해소하려 노력하는 대신, 배우와 캐릭터 사이의 거리를 그의 과정에 통합하여 "시스템"에 내재된 일부 모순을 해결했다. 그는 배우의 현실을 캐릭터의 현실을 창조하는 데 도움이 되도록 고칠 수 있다고 생각했고, 그 생각은 **정당화** justification 개념으로 이어졌다. 스타니슬랍스키는 각각의 조각이 캐릭터와 주어진 상황에 뿌리를 둔 과업에 의해 동기를 부여받도록 만들어야 한다고 요구했다. 정당화는 이 과정을 수정했다. 바흐탄고프는 "캐릭터는 왜 이런 식으로 행동하는가?"라고 묻는 대신, 배우가 "이 장면에서 내가 이런 식으로 행동하도록 동기부여를 하기 위해서는 무엇이 필요한가?"라고 묻기를 원했다.52 그러면 배우는 극 안에서 대본과 전혀 관련이 없거나 심지어 다른 사람들이 납득하지 못하는 방식으로 다양한 행동을 정당화할 수 있다.

정당화는 주어진 상황과 동기를 떼어놓는 실용적이면서도 절묘한 한 수였다. 연기는 더 이상 캐릭터로부터 직접 흘러나오지 않아도 되었다. 만약 캐릭터가 서 있는 게 현실성 있어 보이는 장면에서 연출가가 계속 앉아 있으라고 말했다면, 당신은 어떤 짓궂은 장난꾸러기가 의자에 접착제를 발라 바지가 의자에 붙어버렸다고 상상함으로써 이 행동을 간단하게 정당화할 수 있다. 그리고 관객은 전혀 알아채지 못할 것이다. 정당화 덕에 바흐탄고프는 사실주의의 제약을 밀어낸—때로는 제약을 통해—더 양식화된 접근법을 받아들일 수 있었다. 바흐탄고프는 1915년 무대에 올린 〈폭우〉에서 배우가 다급하게 무대에 올라 수프 한 그릇, 치킨 한 마리, 디저트를 주문해 먹은 다음 돈을 지불하고 무대에서 퇴장하는 일련의 동작을 한 번에 재빠르게 진행함으로써 미국 술집이 풍기는 광란의 리듬을 표현했다.[53] 이 최대주의적maximalist이고 표현주의적이며 그로테스크한 일련의 제스처는 바흐탄고프 연극의 분위기를 잘 보여주는 축소판이다. 이는 스타니슬랍스키의 조용하고 내면적이며 강박적으로 세밀한 연출과는 완전히 딴판이다.

미하일 체호프와 스타니슬랍스키의 차이점은 아마 두 사람이 함께 작업했던 초창기 (지어낸 이야기일 가능성이 큰) 일화를 통해 가장 잘 설명할 수 있을 것이다. 연습을 진행하는 동안 스타니슬랍스키는 체호프에게 정서 기억을 사용해 어떤 감정 상태를 재현해보라고 했다. 체호프가 아버지의 장례식을 지켜보며 느꼈던 대단히 복잡한 감정을 재빨리 소환해내는 모습을, 모든 학생이 놀라움을 금치 못한 채 지켜보았다.[54] 스타니슬랍스키는 체호프의 연기에 압도되었다. 체호프를 껴안으며 그의 기억력에 찬사를 보냈다. 그러나 체호프 아버지의 죽음에 대한 소문은 엄청난 과장이었던 것으로 밝혀졌다. 당시 체호프의 아버지는 여전히 생존해 있었고, 장례식은 순전히 꾸며낸 거짓이었다. 그는 자신의 상상력, 그리고 선생님이건 연출가건 텍스트건 누구의 규칙에도 제약받지 않겠다는 나름의 반골 기질에 의지했다.

1919년 잡지 『용광로』에 기고한 체호프 버전의 "시스템"은, 스타니슬랍스키로서는 무척이나 약이 오르게도, 스승의 이론과는 여러 면에서 다르다. 체호프는 우선 정서 기억은 스타니슬랍스키의 감각-기억 테크닉보다 차라리 외부 자극으로 유발할 수 있다고 말한다. 그도 과업이나 행동보다 주로 욕망과 감정에 의지했다. 체호프가 보기에 배우는 했던 연기를 반복하는 게 아니라, 극장 밖 삶이 현재의 순간을 살아가는 역할을 창조하는 데 도움을 주어 "오늘의 캐릭터"를 연기했다.[55]

체호프가 연기 교육에 있어 크게 기여한 부분은 **심리적 제스처** psychological gesture였다. 심리적 제스처는 단 하나의 간단한 동작으로 "예술적 목표와 목적에 맞게 내면의 삶 전체에 영향을 주고, 자극하고, 형성하고, 조율하는 것을 목표"로 한다.[56] 클린트 이스트우드를 생각해보라.[57] 그는 심리적 제스처가 작품의 중요한 요소라고 믿었고, 영화 〈석양의 무법자〉(1966)에서 자신이 상대보다 우월하다고 주장하기 위해 눈을 찡그렸다. 캐릭터가 초과업과 과업을 갖는 것처럼, 그들은 전체적인 심리적 제스처와 극의 각 순간마다 더 작은 심리적 제스처를 가질 수 있다. 심리적 제스처는 종종 직관적으로 찾아오기도 한다. 대본을 분석하고 분해하는 좀더 의식적인 과정에 들어가기 전에 말이다.

"시스템"을 향한 메이예르홀트의 도전은 훨씬 더 과격했다. 스타니슬랍스키와 공동 설립한 시어터-스튜디오가 1906년 파산한 후, 메이예르홀트는 페트로그라드로 이주하면서 사실주의와는 가능한 멀리 거리를 두었다.[58] 그가 있는 그대로 그리고 싶은 대상은 놀이공원의 유령의 집에서나 찾을 수 있었다. 그도 스타니슬랍스키처럼 코메디아델라르테를 무척 좋아했지만, 스타니슬랍스키가 즉흥 연기의 유용성을 발견한 지점에서 메이예르홀트는 캐릭터의 유형과 가면을 활용하는 코메디아의 방식에 빠졌다.[59] 코메디아에서 배우들은 전형적인 인물을 연기하도록 훈련받은 다음, 과장된 가면을 쓰고 (종종 그저 할리퀸이나 피에로 같은 이름으로 통하는) 역할을 연기하면서, 라치(lazzi, 극의 이야기 진행과 상관없이 관객을 웃기기 위해 미리 짜둔 우스꽝스러운 행동. 주로 짤막한 지시문만 있고 배우들이 즉흥으로 연기한다-옮긴이)라고 부르는 다양한 코믹 루틴comic routine들 사이를 이어주는 장면을 즉흥적으로 만들어냈다. 메이예르홀트는 여기에서 전형적인 인물, 과장된 신체 연기, 마스크 작업이라는 아이디어를 얻었다. 그는 라치 아이디어를 에튀드로 바꿨다. 하지만 메이예르홀트의 에튀드는 퍼스트 스튜디오의 그것과는 전혀 달랐다. 메이예르홀트의 에튀드는 신체 행동에 대한 연구가 거의 없었다.[60] 또한 "비수로 찌르기"나 "돌 던지기"처럼 이름과 동작이 정해져 있었다. 그리고 라치와 마찬가지로 훈련과 무대에서 다 활용할 수 있었다. 메이예르홀트는 이 모든 것을 라이브 음악, 그로테스크한 이미지, 급격한 음색 변화 등과 결합시키면서 사실적인 심리와 핍진성을 완전히 배제했다. 그의 연극 연출은 그것이 현실이 아니라 연극임을 의식하게 만드는 스타일이었다. 그는 자주 극장의 불을 켜놓아 관객과 배우가 서로를 지켜보게 만들었다. 올리버 세일러가 언급했듯, "메이예르홀트의 무대에 서면 그곳이 무대가 아니라는 착각이 전혀 들지 않는다. 당연히 그곳은 무대다! 그렇지 않은 척해야 할 이유가 뭐란 말인가?"[61] 이후 몇십 년 동안, 메이예르홀트의 테크닉과 "시스템"에 대한 거부는 메소드와 심리적 사실주의를 전복하고자 한 미국 아방가르드에 영감을 주었다.

스타니슬랍스키는 이런 도전들과 화해한 것처럼 보인다. 그는 해가 갈수록 이 세 사람과 (논쟁의 여지는 있지만) 끈끈한 관계를 유지했다. 게다가 여러 위협이 가해지면서, 이론을 두고 벌어진 몇 가지 의견 충돌은 프롤레타리아 문화의 황금기를 열기 위해 예술을 활용하려는 계획을 세운 새 정부에 비하면 별것도 아니었다.

문맹률이 80퍼센트에 달하는 나라를 변화시키기 위해 노력했던 혁명 이후의 러시아에서 연극의 중요성은 아무리 강조해도 지나치지 않았다.[62] 내전이 벌어지는 동안 모든 부대가 자체 극단을 보유했던 것 같다. 1919년 발행된 잡지 『시어터 불러틴』이 밝혔듯, "미래의 역사가는 유혈이 낭자하는 가장 잔혹했던 혁명 기간 내내 러시아 전체가 연기를 하고 있었다고 기록할 것이다."[63] 특유의 강력한 생동감, 손쉬운 이동성, 영감과 교화와 오락과 인간의 조건에 대한 탐구가 뒤섞인 연극은 러시아에서 새로이 권한을 부여받은 인민을 향한, 그리고 인민을 위한 목소리를 낼 수 있었다. 하지만 볼셰비키 내부에서 극단이 어떤 목소리를 내야 하고, 누가 극단을 운영해야 할지 등에 대한 합의는 거의 이루어지지 않았다. 한쪽에는 정부의 혁명을 반영하고 뒷받침할 예술 혁명을 추구한 프롤레타르스카야 쿨투라(프롤레타리아 문화) 운동이 있었다. 프롤레트쿨트Proletkult로 알려진 이 운동은 프롤레타리아에 의한, 프롤레타리아를 위한, 프롤레타리아에 관한 예술을 원했는데,[64] 운동의 지도자들은 스타니슬랍스키를 포함한 예술계의 낡은 체제 전체를 해체하는 방안을 공개적으로 지지했다.[65] 1918년 초, 프롤레트쿨트는 아마추어 집단을 장악하면서 연극 스튜디오를 시작하고, 노동자 클럽과 공장에 새 극단을 열어 차세대 연극 예술가들을 양성했다.[66] 이 극단들이 무대에 올린 연극은 혁명 이후 상연되었던 엄청난 규모의 야외극pageant들처럼 체제 선전 성향이 뚜렷했다. 혁명 기념일을 축하하기 위해 자주 공연된 공공 극장public theater이라는 새로운 형식은 〈세계 코뮌을 향하여〉나 〈겨울궁전의 습격〉 같은 제목을 달고 역사적 사건을 대규모로 재

현해 무대에 올렸다. 공연자가 1만 명, 관객은 최대 10만 명에 달했다.[67]

스타니슬랍스키는 노골적인 정치적 작업을 싫어했고, 농민들이 자기들의 삶을 무대에서 보고 싶어 한다는 프롤레트쿨트의 주장에도 동의하지 않았다. 그는 농민들이 자기 삶에 대해 잘 알고 있다고 생각했다. 농민을 위해 농민의 삶을 재현한다면 그들은 어쨌든 지치고 치욕스러운 삶, 다시 말해 "자기가 아는 삶과 다르지 않다는 점을 비판할" 것이다.[68] "소박한 관객은," 그는 믿었다. "아름다운 삶을 갈망한다."

스타니슬랍스키로서는 다행스럽게도, 블라디미르 레닌도 그와 뜻을 같이 했고, 소비에트 인민계몽위원회의 초대 수장 아나톨리 루나차르스키도 마찬가지였다.[69] 루나차르스키는 극작가이자 시인이었으며, 혼신을 다해 예술의 힘을 믿는 사람이었다.[70] 러시아 문화를 책임지는 최고위 관료로서 루나차르스키는 모스크바 예술극장을 프롤레트쿨트로부터 보호하고, 스타니슬랍스키를 제거하려는 정부 인사들로부터 그를 보호할 수 있었다. 그러나 모스크바 예술극장과 퍼스트 스튜디오에 가해지는 압박은 수그러들 줄 몰랐다. 심지어 러시아의 최고 권력자 레닌조차 내전과 그에 따른 경제적 혼란, 식량 부족, 화폐 가치 하락으로부터 극장을 보호하지 못했다. 볼레슬랍스키와 나타샤가 미국을 꿈꾸던 1918년 여름, 모스크바 예술극장의 배우들은 길거리로 나가 공연을 하면서 할투리("돈벌이만을 위한 공연")를 음식이나 연료, 값어치라고는 없는 루블 더미와 물물교환하기 시작했다.[71]

혁명 직후 교육인민위원회는 러시아 극장에 반反소비에트 배우를 내쫓으라고 요구했다.[72] 가을이 가면 겨울이 오듯, 배우들의 해고 다음 수순은 체포였다. 볼레슬랍스키는 어찌어찌 정치적 고발을 피했지만, 모스크바에서의 생활은 이제 파멸의 끝자락에 아슬아슬하게 서 있는 형국이 되었다. 그런데 생각지도 못한 일이 일어났다. 1918년 8월 29일 루나차르스키가 시외로 나간 사이에 경쟁 관계에 있던 파벌이 들이닥친 것이다.[73] 비밀경찰이 스타니슬랍스키와 모스크빈, 모스크바 예술극장의 배우 몇 명을 체포하고 네미로비치의 아파트를 급습했다. 주장하는 바를 행동으로 증명한 그들은 다음 날 스타니슬랍스키와 모스크빈을 석방했지만, 루나차르스키가 돌아와 자신의 모든 권한을 사용해 배우 전원을 석방하기까지는 2주가 걸렸다. 메시지는 분명했다. 정부가 쥠틀을 들고 있다. 그리고 루나차르스키는 쥠틀을 조이는 정도도, 쥠틀 안에 누구의 머리가 놓일지도 통제하지 못할 것이다.

1년 후, 러시아 국내 투어를 마친 볼레슬랍스키는 지금까지 그가 했던 일 중 가장 개인적인 프로젝트인 율리우시 스워바츠키의 〈발라디나〉 작업을 시작했다.[74] 폴란드의 가장 중요한 비극 작가가 쓴 반半상징주의 희곡 〈발라디나〉는 고대 폴란드를 배경으로 한다. 내용은 왕관을 차지하기 위해 살인을 저지르다 벼락을 맞는 농민 소녀의 이야기다. 볼레슬랍스키는 몇 년 동안이나 이 작품의 연출을 꿈꿔왔다. 1919년 11월, 그는 드디어 기회를 잡았다. 그는 이제 퍼스트 스튜디오와 점점 멀어지고 있는 스타니슬랍스키를 리허설에 초대했다. 초반에는 스타니슬랍스키가 참석해 익숙한 맨 앞자리에서 연필로 메모를 하며 앉아 있었지만, 어느 시점부터 알 수 없는 이유로 방문이 중단되었다. 1920년 2월 16일에 막을 올린 〈발라디나〉는 훈훈한 평가와 함께 진가를 알아보는 관객들을 얻었다.[75] 이 시점에 볼레슬랍스키는 연출가로서 뚜렷한 미적 세계와 "시스템"에 대한 명확하고 실용적인 견해를 갖고 있었다. 그는 퍼스트 스튜디오의 협소한 공간과 적은 자원을 이점 삼아 미장센과 스타니슬랍스키의 방법 모두를 단순화했고, 그 과정에서 더 직접적이고 간결한 연기 스타일을 구현했다.

〈발라디나〉가 개막하고 얼마 안 있어 새로 독립한 폴란드가 키이우에서 러시아군을 공격했다. 그러자 폴란드의 예술 문화를 사랑스럽게 구현한, 게다가 다름 아닌 폴란드인이 연출한 이 모범 사례에 대한 반응이 차갑게 얼어붙었다.[76] 우호적인 리뷰를 실었던 바로 그 신문들이 연극을 보러 돌아왔는데, 충격적인 우연의 일치로, 모든 신문이 이전에는 연출가의 수많은 판단 실수를 보지 못했다는 걸 깨달았다. 알고 보니 공연은 형편없었고 연기는 들쑥날쑥했다. 어떻게 그걸 못 본 거지?

신문들로부터 망신을 당하는 동안 볼레슬랍스키와 스타니슬랍스키 사이에 의견 충돌이 벌어졌다. 두 사람이 싸우게 된 이유 또한 알려지지 않았지만, 퍼스트 스튜디오 단원이었던 나데즈다 브롬레이는 볼레슬랍스키가 어느 순간 이렇게 외쳤던 걸 기억했다. "내 작품을 전 세계에 보여주고 싶습니다!"[77]

"그건 퍼스트 스튜디오에서는 특히 튀는 짓이야."[78] 스타니슬랍스키가 맞받아쳤다. "건방진 짓이라고. 더 이상은 말하지 않겠네. 자네는 (…) 〈발라디나〉를 연출을 처음 맡아본 사람처럼 만들었어. 그것만으로도 여전히 변변찮은 성과지. 자네는 예술의 비밀을 아나?"

이 언쟁의 발단이 〈발라디나〉를 모스크바 예술극장의 메인 무대로 옮기는 것에 관한 의견 차이였을 수도 있다. 스타니슬랍스키는 향후 모스크바 예술극장의 초연작 개발에 퍼스트 스튜디오를 활용하는 일에 관심을 표명해왔다.[79] 아니면, 볼리가 자신의 멘토에게 러시아를 떠나는 문제를 고민하고 있다고 말했기 때문에 언쟁이 일어났을 가능성도 있다. 몇 달 동안 볼레슬랍스키와 나타샤는 유럽으로 탈출할 계획을 세웠다. 두 사람은 친구인 니콜라스 콜린 부부와 함께 당국에 접근해 제안했다. 무대에서 산전수전 다 겪은 베테랑인 우리들이 전선으로 투어를 가서 내전에 참전한 병사들에게 여흥을 제공하면 큰 도움이 되지 않겠습니까?[80] 그러고 나서 폴란드에 충분히 가까워졌을 때 도망쳐 국경을 넘을 생각이었다. 나타샤와 리차드는 앞으로 있을 이민 관련 문제들을 피하기 위해 결혼했다.

리차드와 스타니슬랍스키가 언쟁을 벌이고 불과 몇 주 후, 리차드와 나타샤는 계획을 실행에 옮겼다. 짐은 가볍게 쌌다. 패물은 옷 안쪽에 넣고 꿰맸다.[81] 기타와 몇 가지 기념품, 그리고『셰익스피어 전집』은 확실하게 챙겼다. 볼레슬랍스키 부부와 콜린 부부는 폴란드 국경 근처에서 경계 근무를 서던 군인들을 따돌리고 도망쳤다. 그들은 농민들에게 뇌물을 주고 피신처를 마련해달라거나 마차의 건초더미 아래 숨겨 이동시켜달라고 부탁하며 며칠 밤을 이동했다. 언제라도 배신을 당할 수 있는 상황이었지만, 행운은 그들 편이었다.

민스크에 가까워졌을 무렵 그들은 아프고 지치고 배가 고팠다. 그리고 어쩌다보니 중립 지역의 가장자리에 도착했다는 걸 알게 되었다. 한쪽에는 러시아군이 다른 쪽에는 폴란드군이 있었다. 그들에게 남은 선택지는 뜀박질을 하면서 기도하는 것뿐이었다. 양쪽에서 날아온 총알이 그들을 스쳐 지나갔다. 나타샤와 다른 사람들은 몸을 최대한 작고 눈에 띄지 않게 만들어 웅크린 채로 기어갔지만, 리차드는 달랐다. 그의 마음 깊은 곳에 스타니슬랍스키가 근육 기억이라고 부른 것이 자리를 잡고 있었다. 나타샤는 볼리가 등을 꼿꼿하게 세우고 단단한 걸음으로 폴란드를 향해 한 발 한 발 내딛는 모습을 공포에 떨며 지켜보았다. 그녀가 볼리에게 몸을 낮추라고 소리를 질렀지만 그는 다만 이렇게 대답했다. "나는 폴란드 창기병이야. 폴란드 창기병은 포복 같은 건 하지 않아."[82]

볼레슬랍스키는 나타샤를 등지고 폴란드군 쪽으로 몸을 돌렸다. 그는 창기병 부대 중위의 모든 권한을 동원해 그들에게 폴란드어로 사격을 멈추라고 외쳤다. 폴란드어를 모르는 데다 남편이 폴란드어를 할 줄 안다는 사실을 꿈에도 몰랐던 나타샤는 총격이 멈추자 어안이 벙벙하여 그저 쳐다만 보고 있었다. 나타샤와 볼리는 니콜라스 콜린 부부와 함께 국경을 넘어 그들 자신과 스타니슬랍스키의 "시스템"을 러시아 밖으로 안전하게 옮겼다.

연대감

우리는 공통된 기반을 찾기 위해 서로 도와야 한다.
그 기반 위에 우리의 집을 짓고, 품위 있는 인류의 모든 가족을 위한
안식처를 준비해야 한다.
인생은, 결국 저마다의 인생일 테지만,
함께하는 사람들이 없으면,
확실하고 강한 연대감이 없으면 살 수 없기 때문이다.

_해럴드 클러먼, 『열광의 시절』

The
METHOD

8장

무대 위에서 '진짜 사람'을 봤습니다

1921년 9월 스물한 살의 해럴드 클러먼(1901~1980)에게 당신은 미국 연극계에서 가장 영향력 있고 중요한 인물 중 한 명이 될 운명이라고 말했다면, 그는 충격에 빠진 표정으로 말한 사람을 쳐다봤을 것이다. 당시 클러먼의 내면은 이제 막 움트기 시작한 갈망과 혼란스러운 갖가지 충동으로 가득 차 있었다. 그는 음악과 미술은 물론 다른 무엇보다도 비평에 관한 뚜렷한 의견을 갖고 있었지만, 목적을 어디에 두어야 할지 알지 못했다.[1] 그래서 그는 당시 방황하던 수많은 젊은이들이 그랬던 것처럼 파리에서 자신의 정체성을 찾아보기로 결정했다.

파리에서 클러먼은 소르본 대학에서 공부하며 사촌인 에런 코플런드와 한방에서 생활했다. 클러먼보다 한 살 많은 코플런드는 퐁텐블로 음악학교의 나디아 불랑제를 비롯한 저명한 교사들로부터 작곡을 배우기 위해 빛의 도시에 왔다. 기질 면에서 코플런드와 클러먼은 정반대였다. 코플런드는 자기 자신을 잘 알았다. '내 인생의 목적은 작곡가가 되는 것이다.' 훗날 클러먼이 언급했듯, 그의 사촌은 "타고난 균형 감각을 지닌 사람처럼 보인다. 그의 성품은 본받을 만한 모범의 전형이다. 감수성이 풍부하고 분별력이 뛰어나며 한결같이 올바르다."[2] 이렇게 대조적인 성격에도 불구하고 둘은 만나자마자 마음이 통했고 평생 친구로 지냈다.

해럴드 클러먼은 아버지로부터 문화를 사랑하는 마음을 물려받았다. 그의 아버지는 1888년 지금의 우크라이나 지역에 있는 작은 유대인 촌shtetl에서 미국으로 이민 온 유대인 의사였다. 클러먼이 한 번도 본 적 없는 할아버지는 우상숭배를 하지 말라는 계명을 어길까봐 눈에 띄는 사진을 모조리 파기해버리는 골수 정통파 유대교도였다.[3] 클러먼의 아버지는 세속적인 유럽 문화, 특히 연극을 받아들이는 것으로 반항했다. 아버지는 해럴드가 여섯 살 때 처음으로 그를 데려가 연극을 보여주었다. 세계적으로 유명한 배우 제이컵 애들러가 이디시어(Yiddish, 중부 유럽과 동부 유럽에서 쓰이던 유대인 언어-옮긴이)로 연기한 〈우리엘 아코스타〉라는 작품이었다.[4]

클러먼 가족은 빈곤층에서 중산층으로 가는 길을 성공적으로 개척한 20세기 유대인 이민자의 첫 물결에 속해 있었다. 해럴드가 어린 시절을 보내는 동안 가족은 로어 이스트사이드의 리빙턴과 에식스에 있는 공동주택에서 두 블록 떨어진 곳에 있는 단독주택으로 이사했고, 나중에는 브롱크스의 더 넓은 주택으로 이사했다.[5] 클러먼이 성년이 되었을 무렵 그의 부모에게는 아들을 파리로 발견의 항해를 보내기에 충분한 돈, 그리고 예술과 아들을 향한 충분한 사랑이 있었다.

"나는 이번 세기의 첫해에 뉴욕의 로어 이스트사이드에서 태어났습니다."[6] 클러먼이 말했다. "그리고 1920년대에 파리에서 다시 태어났습니다." 그와 코플런드는 셰익스피어 앤드 컴퍼니 서점을 자주 드나들며 포드 매덕스 포드와 제임스 조이스의 이야기를 엿듣곤 했다. 일요일에는 루브르에서 시간을 보냈고, 경제 사정이 허락하는 한 모든 콘서트, 오페라, 연극을 보러 다녔다. 당시 클러먼은 평론가가 되고 싶다고 생각했다. 그는 글쓰기에도 잠깐 손을 대고 앙드레 지드와 도스토옙스키를 영어로 번역하려 애썼지만, 이 모든 노력의 결과라고는 출판된 글 한 편이 전부로, 그가 받은 원고료는 25달러였다.7

무언가가 그를 계속 극장으로 이끌었다. 처음에는 그게 무엇인지 몰랐다. 하지만 1922년 12월 그는 이제껏 본 그 어떤 것보다 실감나는 연기를 펼친 〈벚꽃 동산〉 공연에 완전히 빠져들었다. 훗날 그는 "황홀경"을 경험했다고, 특히 〈벚꽃 동산〉의 연출자 콘스탄틴 스타니슬랍스키의 연기가 환상적이었다고 말하곤 했다. 클러먼은 스타니슬랍스키가 결정적인 장면에서 뻔히 예상되는 과장된 신파로 빠지는 대신 "눈물을 쏟아내지 않으려 자제하는" 방식이 믿어지지 않았다.8 러시아의 연극적 기량을 보고 황홀경에 빠진 사람이 클러먼 혼자만은 아니었다. 극단의 작품이 파리에서 초연된 후, AP통신은 "러시아 제국의 옛 황태자, 황태자비, 대사, 그 밖의 유명 인사들"이 모스크바 예술극장의 공연을 보기 위해 몰려들었다고 보도했다.9 이제는 궁핍한 신세가 된 그들 중 일부는 "티켓을 사려고 갖고 있던 마지막 한 푼을 바쳤다."

클러먼은 아직 깨닫지 못했지만, 모스크바 예술극장의 1922년 월드 투어를 관람하면서 그는 자신의 목적을 찾았다. 그와 러시아 극단 모두 머지않아 미국으로 향할 터였다. 몇 년 안에 그는 모스크바 예술극장의 테크닉을 공부하고 미국 연극의 새로운 시대라는 꿈이 실현되는 일을 거들게 될 것이다.

모스크바 예술극장은 러시아 내전과 그에 따른 즉각적인 여파로 거의 와해될 뻔했다. 1919년, 바실리 카찰로프와 올가 크니페르-체호바가 이끄는 일군의 모스크바 예술극장 배우들이 러시아 남부와 우크라이나로 투어를 떠나 〈벚꽃 동산〉〈바냐 아저씨〉와 더불어 〈카라마조프가의 형제들〉〈줄리어스 시저〉의 몇몇 장면을 공연했다. 1919년 6월 24일 자신들이 백군白軍에 의해 모스크바와 단절되었다는 것을 알게 된 카찰로프 그룹(이 이름으로 알려지게 되었다)은 배를 타고 조지아로 도망갔다. "배에 탈 때 느꼈던 온갖 공포는 묘사하고 싶지 않습니다."[10] 카찰로프의 아들 바딤이 회상했다. "여자들이 울었고, 노인들은 이탈리아 선원들 앞에 무릎을 꿇었습니다. (…) 우격다짐으로 배에 타려고 기를 쓰는 사람들은 개머리판으로 얻어맞았습니다. (…) 어떤 사람들은 미친 듯이 비명을 지르면서 승선한 사람들에게 욕설을 퍼부었습니다."

조지아에 도착한 카찰로프 그룹은 공연을 다시 시작했고 극찬을 받았으며 레퍼토리를 확장했다. 러시아 내전이 끝나갈 무렵 그들은 본인들의 안전을 위해 모스크바로 돌아갈 수 없다는 성명을 발표했다.[11] 그리고 1921년 8월 1일 모스크바 대신 프라하로 갔다. 그들은 러시아로 귀국하는 것과 해외에서 새로운 상설 극단을 설립하는 것 사이에서 갈팡질팡했다.

스타니슬랍스키는 그들이 돌아오기를 간절히 바랐다. 두 명의 주연 배우와 다수의 조연 배우들이 1년 넘게 자리를 비우고 있었다. 모스크바 예술극장은 레퍼토리 출연진을 스튜디오 단원들로 채우고, 될 수 있는 한 출연진이 적은 연극을 무대에 올리는 방법에 기댈 수밖에 없었다. 이 기간 동안 스타니슬랍스키는 연출가로서 침체기를 맞았다. 그가 160회의 리허설을 한 후에 올린 바이런 경의 〈카인〉은 실패했다.[12] 또한 톨스토이의 〈계몽의 열매〉를 시도했다가 완성도 하지 못한 채 공연을 포기했다.[13] 1921년 10월 8일에 막을 올린 〈검찰관〉 재공연만 제법 성공을 거두었다.

볼셰비키는 모스크바 예술극장에 당의 노선을 따르는 작품들을 무대에 올리라고 점점 더 압박의 수위를 높였다. 1920년 작가 겸 배우 블라디미르 마야콥스키는 교육인민위원회 위원장 루나차르스키에게 보낸 편지에 모스크바 예술극장이 정치적으로 "부패했다"고 썼다.[14] 모스크바 예술극장을 옹호하는 평론가들은 화이트 동조자라는 비난을 받았다. 1921년 러시아는 시장과 국유 경제를 혼합한 신경제정책NEP을 시행하기 시작했다. 극장들은 보조금을 받지 못하게 되었는데, 그 시점에 정부 보조금은 모스크바 예술극장의 연간 예산 15억 루블의 3분의 2를 차지하고 있었다.[15] 모스크바 예술극장은 몇 년 만에 처음으로 돈을 벌어야만 하는 처지가 되었다. 모스크바 예술극장의 가장 충직한 후원자들의 재산이 전부 몰수된 상황에서 그들이 어떤 행동을 취해야 할지는 미스터리였다.

블라디미르 네미로비치단첸코는 이제 정치적으로는 인기가 없고 재정적으로는 불안정한 그의 극단이 살아남지 못할지도 모른다는 공포에 떨었다. 그는 루나차르스키에게 도움을 청하는 편지에 본인은 "예술극장의 구원을 위해 절규하고 있다"고 썼다.[16] "예술극장이 죽어가고 있습니다!" 그가 깨달은 해법은 카찰로프 그룹과 모스크바 예술극장을 재결합시켜 극단의 일부를 투어에 보내 수익을 창출하는 것이었다. 카찰로프 그룹을 귀국시키려는 협상이 본격적으로 시작되었다.[17] 하지만 모든 단원이 귀국을 원한 것은 아니었다. 그들 중 다수는 정치적인 이유로 귀국할 수가 없었다.

러시아 태생의 미국인 연극 제작자 모리스 게스트가 우연히 이 위기를 해결해주었다. 유럽의 작품을 미국 무대에 올리는 일을 전문으로 하던 게스트는 미국 투어에 관해 논의하기 위해 모스크바 예술극장 측에 접근했다.[18] 게스트의 제안에 솔깃해진 스타니슬랍스키는 일지에 그가 한 생각들을 목록으로 기록했다.

대형 증기선을 타고 가기.
15만에서 20만 정도를 벌고 싶음.
가족 전체와 리가로 감.
주당 3~4회까지만 공연.
집에서 요리해 먹고 생활함.
여러 외국어를 구사하는 비서들.
나는 서한이나 글을 쓰지 않는다. 연설을 하지 않는다.
내 윤리와 품위를 유지한다.
내 서면 동의 없이 내 이름을 사용해서는 안 된다.
규율과 관련하여 여행을 하는 모든 이들이 공동 책임을 진다.
애국심과 관련된 책임들.
내 검토 없이 배우들이 부업을 뛰는 것 금지. 위반할 경우 벌금 부과.
모든 일에 대한 책임은 나에게 있다는 사실을 전원이 명심해야 함.
내 성격상 저질 작품은 견딜 수 없다.
나는 언제든지 고국으로 돌아갈 권리가 있다.[19]

스타니슬랍스키와 게스트는 합의에 도달했고, 절박해진 모스크바 예술극장은 1922년 4월에 프라하로 전보를 보냈다.[20] 투어가 시작되었다. 그들이 올 것인가, 오지 않을 것인가? 카찰로프 그룹은 분열되어 일부는 프라하에 남았고, 마리야 게르마노바가 1927년 그룹이 해산할 때까지 그곳에서 그룹의 운영을 주도했다. 카찰로프와 크니페르-체호바를 비롯한 나머지 단원들은 모스크바로 돌아갔다.

1922년 5월 21일, 모스크바 예술극장 단원 전체가 미국으로 "시스템"을 가져다줄 투어를 준비하기 위해 3년 만에 처음으로 한자리에 모였다.[21] 그들은 〈차르 표도르〉〈세 자매〉〈밑바닥에서〉〈벚꽃 동산〉 등등의 히트작들을 리허설했다.[22] 스타니슬랍스키 본인의 설명에 따르면, 리허설에서 그의 행동은 더더욱 가혹해졌고, 기준은 갈수록 더 엄격해졌다. 그는 극단의 준비 상황에 대해 쓰면서 "나는, 말하자면, 계엄령을 선포해야 했다"고 기억했다.[23]

이제 다시 한편이 된 올가 크니페르-체호바는 또 한 번 스타니슬랍스키가 쏟아내는 분노의 빈번한 표적이 되었다. 크니페르-체호바는 그녀가 맡았던 수많은 역할을 20년이 넘는 세월 동안 연기했기 때문에 강박적으로 작업할 필요를 느끼지 못했고, 리허설에서 자기 대역이 그 역할을 대신하는 것에 만족했다. 스타니슬랍스키가 보기에 이는 태만한 작태이자 무대라는 성스러운 예배당과 그의 극단을 해외로 보낼 대표로 선택한 러시아를 엄청나게 모욕하는 짓이었다. 한 리허설에서 그는 화가 머리끝까지 나서 단원 전체가 보는 앞에서 그녀에게 "아마추어! 당신은 배우였던 적이 한 번도 없었고, 앞으로도 절대 없을 거요!"라고 소리치며 면전에 대고 그녀의 매너리즘을 무자비하게 비꼬았다.[24]

1922년 9월 초 극단은 모스크바를 떠나 투어에 나섰다. 그들은 2년간 모스크바를 비울 터였다. 모스크바 예술극장의 나머지 단원들은 러시아에 남았는데, 그들은 사실상 극단이 해외에 있는 동안 제대로 처신하도록 보증할 인질이었다.[25] 러시아에서 사상과 표현의 공간이 다시 한 번 축소되고 있었다. 투어가 시작된 지 불과 며칠 만에 정부는 러시아 인텔리겐치아 300명을 유배 보냈다.[26] 고지식한 스타니슬랍스키조차 조국에 대해 올바른 발언만 해야지 그러지 않으면 끔찍한 결과를 초래할 수 있다는 걸 잘 알고 있었다. 위협은 언제나 존재했다. 파리에 있는 동안 올가 크니페르-체호바가 한 자선 행사에서 망명한 러시아 귀족의 옆에 우연히 서 있다가 사진이 찍혔는데, 이 사진으로 인해 러시아에 모스크바 예술극장이 러시아 보물을 서구로 밀반출해 판매한다는 소문이 퍼졌다.[27] 몇 달 뒤 스타니슬랍스키가 미국에서 네미로비치에게 보낸 편지에 브로드웨이에서 몇몇 지지자들이 다가왔던 일을 묘사할 때, 어쩌면 그는 이 사건을 떠올렸을지도 모른다. "세상에, 커다란 쇼윈도에서 어떤 사람이 우리 쪽으로 카메라를 겨누고 있지 뭡니까. 나는 등을 돌렸습니다. 그랬더니 세상에, 모퉁이에서 다른 사람이 스냅 사진을 찍고 있더라고요."[28] 이 순간 네미로비치는 공포에 휩싸였다. 그 사진사들이 스타니슬랍스키를 고발하려는 정보원이었다면 어쩔 뻔했는가? "러시아에서는 아무리 흠 없는 삶을 살고, 사회적으로 순결하고 순수하게 행동한다 해도, 사기꾼으로 알려진 악당의 중상모략으로부터 여전히 스스로를 보호할 수 없다."

투어의 시작은 모스크바 예술극장이 1906년에 대성공을 거둔 곳인 베를린이었다.[29] 극단은 오전 9시부터 한밤중까지 리허설을 했고, 스타니슬랍스키는 목소리조차 나오지 않는 지경이 되었다. 20여 년 전에 초연했던 연극들이 포함된 레퍼토리는 상태가 심각했다. 〈벚꽃 동산〉은 호흡이 거의 맞지 않았다. 무너져가는 집을 버팀목으로 간신히 지탱하는 형국이었다. 관객은 어느 때보다도 열광하는 것처럼 보였지만, 스타니슬랍스키는 모스크바 예술극장의 해묵은 작품들에 넌더리가 났다. "제가 우리의 성공, 박수갈채, 꽃다발, 연설에 대해 묘사해야 할까요?"[30] 그는 베를린에서 네미로비치에게 비아냥거리는 투의 편지를 썼다. "〈표도르〉와 체호프의 성공에 기뻐하며 흐뭇해하다니 기가 찰 노릇입니다. 마샤와 내가 〈세 자매〉의 이별 장면을 연기할 때, 나는 민망해지기 시작했습니다. 우리가 그 모든 일들을 겪은 뒤, 장교가 떠나고 그의 연인이 남았다는 이유로 눈물을 흘리는 건 불가능한 일입니다. 체호프는 나를 기쁘게 하지 않아요."

극단은 프라하와 자그레브에서 공연한 다음 파리로 이동해 해럴드 클러먼의 눈과 상상력을 사로잡았다. 1922년 12월, 극단은 왕립 우편 기선RMS인 머제스틱호를 타고 미국으로 향했다.[31] 스타니슬랍스키는 원양 정기선 같은 것을 난생처음 보았다. 배의 엄청난 규모에 위압감이 느껴졌다. 극단은 2등 선실에 묵었는데, 스타니슬랍스키는 선실의 소박함과 안락함이 마음에 들었다. 그런대로 쓸 만한 영어를 구사했던 올가 크니페르-체호바가 그의 통역 역할을 했다.[32] 스타니슬랍스키는 선상에서 심리학자를 만나 정서 기억에 대해 질문 공세를 퍼부었고, 위대한 이디시 작가 숄럼 아시와 친구가 되었다.[33]

극단은 배에 있는 체육관에서 연습하며 하루하루를 보냈다.[34] 매일 정오가 되면 미국까지 남은 거리를 보여주는 업데이트된 해도海圖를 확인했다. 5시에는 여덟 명의 음악가들이 연주하는 콘서트를 관람했다. 저녁식사가 끝나면 2등석 승객들이 다시 모여 8중주를 들으며 폭스트롯을 추었다. 모스크바 예술극장 단원들은 익사한 선원들의 가족을 위한 기금 마련을 위해 저녁에 짧은 공연을 했다. 줄리어스 시저가 러시아어로 고함치듯 하는 연설은 드센 바람소리를 뚫고 관객의 귀에 도달했다.

도착 전날 밤, 스타니슬랍스키는 두려워지기 시작했다.

"책임이 너무나 막중해!" 시도 때도 없이 이런 생각이 들었다. "우리 조국에 대해 아는 것도 거의 없고 관심도 없는 완전히 낯선 나라로 여행을 오다니. 아무도 알아듣지 못하는 언어로 친숙하지 않은 레퍼토리를 공연하다니. 불행하게도 극장이 텅텅 비기라도 하면 어쩐단 말인가! 모두들 실패라고 생각할 텐데! 우리는 러시아를 혼란에 빠뜨릴 거야. 러시아가 최소한 예술 영역에서만큼은 고급문화를 과시하면서 마땅한 자격이 있는 자리를 차지할 수 있기를."[35]

스타니슬랍스키는 자신들이 해외에서 열광적인 박수갈채를 얼마나 자주 받는지 떠올리며 스스로를 진정시키려 애썼지만 미국은 특히 걱정스러웠다. "사람들은 그곳에 예술은 필요 없다고, 미국인이 필요로 하는 건 일과 달러와 비즈니스라고 말한다. 그들이 원하는 건 보드빌과 온갖 수법을 동원해 꾸민 근사한 무대이고, 가장 중요한 것은 화려한 구경거리와 아름다운 여성이라고 말한다."

한편 화려한 구경거리와 아름다운 여성의 땅은 엄청난 기대감을 품고 그의 도착을 기다리고 있었다. 이제 모리스 게스트 밑에서 일하는 올리버 세일러가 몇 달에 걸쳐 러시아인에 대한 미국인의 구미를 돋우는 중이었다.[36] 『뉴욕 타임스 북 리뷰』에 실린 글에서 세일러는 "모스크바 예술극장은 러시아 현대 연극계 전체의 분수령"이며, 러시아 무대의 "모든 중요한 발전"은 "이 극단의 계율과 관행을 모방하거나 반대하는 과정에서" 일어났다고 명확히 밝혔다.[37] 세일러에 따르면, 그들의 비밀은 "시스템"이었다. "외적 자연주의 초기 이론의 성장을 내면의 심리적·영적 사실성을 깊이 탐색하고 제시하려는 유익한 시도로까지 (…) 확장한" 스타니슬랍스키의 성공은 상당히 비범한 것이었고, 러시아 전역에 숱한 모방자를 양산했다. 세일러의 홍보 캠페인이 제대로 효과를 발휘했다. 게스트가 대중의 요구 때문에 브로드웨이의 더 큰 공연장으로 투어를 옮길 수밖에 없었다고 신나게 발표하기에 충분할 만큼, 티켓이 불티나게 팔려나갔다.[38]

늘 소리에 예민했던 스타니슬랍스키는 뉴욕에 도착했을 당시를 "목소리가 일으키는 어마어마한 소란"에 의해 증폭되는 온갖 소리의 소용돌이로 기억했다. 그 소리는 "얼굴을 마주한 부모와 자식과 형제자매가 느끼는 격정, 행복에 겨운 울음 소리에서 들을 수 있었다.[39] 미국에 도착한 이들 중 상당수가 새로 온 이민자였다. 일부는 "낯선 나라에서 죽음을 맞기 위해 온 고령자들"로, 이제 그들은 미국인 자녀와 함께 지낼 수 있었다. 모스크바 예술극장은 연이은 유럽계 이민자 물결로 인한 격변을 여전히 향해 중인 뉴욕에 도착했다. 1892년 문을 연 엘리스 섬은 이민이 정점에 달한 몇 년간 하루에 1만 2천 명에 육박하는 이민자를 처리했다. 엘리스 섬이 운영되던 30년 동안 1200만 명이 이민자 등록 구역을 통과했다. 그중 400만 명이 뉴욕에 정착했고 러시아인들이 많았다. 1905년에 뉴욕 시민 다섯 명 중 네 명은 이민자거나 그들이 낳은 1세대 자녀들이었다. 초등학생의 70퍼센트가 미국 밖에서 태어났다. 1908년 당시 뉴욕은 세계에서 가장 규모가 큰 유대인 도시였으며, 뉴욕에 거주하는 이탈리아인의 수가 로마 인구보다 많았다.

하지만 스타니슬랍스키가 도착할 무렵 이민에 반대하고 볼셰비키에 반대하는 열기가 엘리스 섬을 바꿔놓았다. 1921년 의회는 처음으로 유럽인 이민에 대한 엄격한 쿼터를 설정한 '긴급이민법'을 통과시켰다. 1924년에는 '이민제한법'을 통과시키면서 쿼터를 더욱 줄였다. 엘리스 섬은 한때 미국이 전 세계에 제공할 수 있는 최상의 것, 이른바 희망과 포용의 상징이었지만 이제 정반대가 되었다. 강제 추방을 기다리는 이들을 수용하는 구금 시설. 스타니슬랍스키는 이곳을 '눈물의 섬'이라고 불렀다. "이 섬은 미국이 자국 영토에 받아들이지 않으려는 개인들을 붙잡아두는 장소 역할을 한다. (…) 그들은 자신의 운명이 결정될 때까지 이 작은 섬에 머무르며 조국을 잃은 상실감에 쓰라린 눈물을 쏟아낸다."

공산주의자와 외국인을 향한 광범위한 적대감으로 인해 심지어 그들이 도착하기 전에 모스크바 예술극장의 투어를 무산시키겠다는 위협까지 있었다. 1922년 크리스마스 아침 뉴욕 『데일리 뉴스』는 다음과 같은 기사를 실었다. "미국수호협회는 곧 있을 모스크바 예술극장의 미합중국 방문의 주된 목적이 러시아 소비에트를 위한 기금 모금과 볼셰비키 프로파간다를 퍼뜨리는 것이라는 이유로 그들의 방문을 미연에 막아내려 한다."[40] 또한 모스크바 예술극장이 "폭력으로 미국 정부를 전복시킬 방안"을 강구했다고 주장했다. 이틀 뒤에는 『뉴욕 헤럴드』와 『뉴욕 타임스』에도 동일한 비난이 등장했다. 모리스 게스트는 코멘트를 해달라는 요청을 받자 "그런 비난들에 코웃음을 치며" 말했다. "극단의 모든 단원은 갓 태어난 아기처럼 정치로부터 자유로운 사람들입니다."[41]

모스크바 예술극장이 3년 전 제1차 적색공포가 고조되던 시기에 미국에 갔다면 그들을 향한 거짓 비난이 투어를 침몰시켰을 수도 있다.

하지만 1922년 12월 30일 볼쇼이 극장에서 소비에트 연방 성립이 선포되었는데도, 러시아를 향한 미국의 태도는 적대감이 어느 정도 사라진 상태였다. 『뉴욕 타임스』에 실린 한 익명 사설에 따르면, 모스크바 예술극장의 재정을 위태롭게 만든 신경제정책은 "자본주의로의 솔직한 복귀"로 "전 세계 사람들의 긴장을 누그러뜨렸다."[42] 머제스틱호에서 열린 선상 기자회견에서 스타니슬랍스키가 특유의 비정치적이고 어린아이 같은 태도로 기자들을 매료시키자 스캔들은 그의 뉴욕 무대 정복에 찬물을 끼얹기는커녕 흔적도 없이 사라져버렸다. 1월 5일 몬트리올 『가제트』는 스타니슬랍스키가 전파하고자 하는 유일한 신조는 "극장에서 펼쳐지는 사실적인 예술"로, 극단이 투어에 나선 것은 재정적인 이유 때문이라고 보도했다. 어떤 기자가 미국수호협회가 투어에 항의한 일에 대해 묻자 스타니슬랍스키는 이렇게 대답했다. "그렇지 않습니다. (…) 우리는 소비에트 정부와 무관합니다. 우리의 관심은 오로지 예술뿐입니다. 여러분에게 드리려고 가져온 것은 우리의 예술이지 정치가 아닙니다."[43]

뉴욕은 스타니슬랍스키를 황홀경에 빠뜨렸다. 이곳은 제1차 세계대전의 여파가 남아 있는 와중에도 세계 금융 및 문화의 중심이 되었고, 도시 곳곳이 새로 발견한 우월한 지위를 선포하고 있었다. 스타니슬랍스키는 특히 맨해튼의 도로망, 그리고 사방에서 하늘을 향해 솟아오르는 초고층 빌딩의 건설 과정에서 끊임없이 발생하는 소음에 매혹되었다.[44] 모스크바의 빌딩은 동서를 막론하고 태곳적부터 그래왔던 것처럼 벽이 건물을 지탱했다. 뉴욕의 빌딩은 강철 뼈대로 지탱했다. 화강암 암석 위에 세워진 건물들은 하늘 높은 줄 모르고 뻗어 있었다. 스타니슬랍스키가 지금껏 봤던 그 어떤 것보다 높은 건물 수백 채가 하늘에 닿아 있었고, 그중 가장 높은 빌딩은 40층이 넘었다.

호황의 기운은 무대로도 이어졌다. 스타니슬랍스키가 들었던 것과는 달리, 미국의 극장은 보드빌이나 화려한 쇼들보다 훨씬 더 많은 것을 제공했다. 모스크바 예술극장을 기다리고 있던 브로드웨이는 한창 황금기였다. 스타니슬랍스키가 방문하고 5년 뒤 브로드웨이는 정점에 도달했는데, 1927-28년 시즌에는 254편, 1928-29년 시즌에 264편의 신작을 무대에 올렸다.[45] 1927년 영화 〈재즈 싱어〉의 개봉으로 "유성영화 talkie"가 탄생하면서, 브로드웨이는 대중의 의식 속에서 끝없는 내리막길로 들어서게 된다.

하지만 1923년에 브로드웨이는 미국의 대중문화였고, 극장가는 자본주의가 세운 환상의 나라였다. 불야성의 거리Great White Way에는 전광판이 등장하면서 새로운 기술이 가져다준 화려함을 선사했다. 1925년에 연극 평론을 시작한 브룩스 앳킨슨은 1920년대의 브로드웨이를 "번쩍이는 슬로건, 화사한 색상, 경쟁적인 디자인으로 가득한 초대형 광고판"으로 묘사했다.[46] "브로드웨이 서쪽 45번가와 46번가 사이의 모든 낡은 건물들은 창문을 전부 다 가린 길고 거대한 광고판이 설치되어 있었다." 보행자들은 러키스트라이크 담배, 포로지즈 버번위스키, 캐나디안클럽 위스키, 펩시콜라, 스퀴브 치약을 홍보하는 광고판을 봤다. 리글리 껌은 43번가부터 44번가까지 전체 블록을 차지하는 광고판을 내걸었다.

연극의 인기는 조 레블랑 같은 티켓 중개인을 탄생시켰다.[47] 레블랑은 30번가와 6번가 교차로에 있는 자신의 담배 가게에서 당일 공연 할인 티켓을 판매하기 시작했고, 1931년 사망할 즈음에는 42번가와 43번가 사이 브로드웨이 블록 전체를 소유할 정도로 대단히 성공했다. 연극의 인기는 또한 극장 건축 광풍에도 불을 붙였다. 모스크바 예술극장의 투어로 이어지는 5년 동안, 브로드웨이는 플리머스, 모로스코, 브로드허스트, 비저, 헨리 밀러 극장이 지어지는 것을 지켜보았다.48 그 시절에는 오늘날의 화폐 가치로 3만 달러밖에 안 되는 예산으로도 연극을 올릴 수 있었다.49 일반적인 편당 제작비는 15만 달러 안팎이었지만 말이다. 극장, 특히 연극에 더 적합한 소극장 수요가 너무 많아서 제작자들은 어떤 건물이든 찾아내 개조하기 시작했다. 브로드웨이 바로 동쪽 44번가에 있는 메이페어는 이런 유행의 가장 악명 높은 사례가 되었다. 오래된 레스토랑을 개조한 이 극장은 길고 좁은 데다 양옆 출입구와 백스테이지가 없었다.

모스크바 예술극장은 브로드웨이 무대에 진지한 예술이 번성하기 시작하던 전환의 순간에 도착했다. 제1차 세계대전 종전 전까지 브로드웨이의 연극, 특히 미국인이 쓴 연극은 대개가 정형화된 작품이었다. 미국 무대는 멜로드라마가 지배하고 있었다. 미국에서 가장 성공한 극작가들은 관객이 기대하는 바를 정확히 제공하는 데 열을 올렸다. 그들은 관객을 만족시키기 위해 기성품 같은 장르물을 공장에서 물건 찍듯 써냈다. 클라이드 피치—사회적 문제에 논평을 하고 싶어 했던 극작가로 도금 시대에 다작을 하며 엄청난 성공을 거두었다—같은 작가조차 관습의 굴레에서 벗어날 수가 없었다.50 미국 본토에서 만든 드라마는 보잘것없는 것으로 여겨졌다. 보스턴의 어느 평론가는 이렇게 투덜거렸다. "우리 드라마에는 영속적인 문학적 가치가 없으며 우리 민족의 지적 자산으로 남을 만한 것을 전혀 만들지 못한다."51 19세기 러시아와 마찬가지로 무대는 문학이 아닌 스타의 영역이었고, 연극은 스타를 위해 기획된 작품으로 인식되었다. 프랑수아 델사르트가 주장했던, 외적인 표현을 통해 감정을 전달하는 테크닉이 1800년대 말 연기에 관한 미국인의 사고를 지배했다.[52] 20세기 초에 입센을 옹호한 미니 매던 피스크, 스타니슬랍스키가 지배력을 확립하는 데 일조한 자연주의 스타일의 선구자 로렛 테일러를 포함한 주목할 만한 몇몇 예외가 있었지만,[53] 델사르트의 아이디어는 여전히 미국의 전역에서 연기 훈련의 기초를 형성하고 있었다.[54]

당신이 진지한 연극을 원한다면 몇 가지 방법이 있었다. 제작한 작품, 예컨대 〈햄릿〉 같은 작품이 쪽박을 차더라도 만족스러워할 어떤 제작자가 나타나기를 기다릴 수 있다. 물론 여전히 존 배리모어 같은 스타가 주연을 맡아야 하지만 말이다. 이디시어 연극, 특히 제이컵 애들러가 운영하는 극단의 연극을 보러 시내에 갈 수도 있다. 이디시어로 번역된 고전과 이디시어로 쓴 신작 연극을 볼 수 있으며, 당시 대부분의 미국 연극보다 훨씬 자연주의 스타일의 공연이다. 외국어로 하는 연극이 내키지 않는다면 소극장운동Little Theatre Movement을 지지하는 극단들 중 한 곳을 찾아가는 모험을 할 수도 있다.[55] 소극장운동은 매우 진지한 목적의식을 갖고 소규모 공연장에서 상연하는 아마추어와 준프로 연극 애호가들의 모임이다. 1910년대 초, 전국적으로 3만 명의 사람들이 이런저런 드라마 리그drama league의 회원을 자처했다.[56] 1915년에 몇 차례 공연을 함께 했던 한 배우 집단이 그랜드 스트리트 455번지에 공간을 마련해, 작지만 막강한 '네이버후드 플레이하우스'를 설립했다. 이 극단은 이후 미국 연극계에 상당한 영향력을 행사하게 된다. 같은 해 '워싱턴 스퀘어 플레이어스'(그들이 즐겨 모였던 서점 이름을 땄다)가 이스트 57번가에 밴드 박스라는 공간을 열었는데, 이 극장의 티켓 가격은

50센트였다. 그로부터 1년 후 프로빈스타운에서 서로의 연극에 참여했던 친구들이 그리니치빌리지의 맥두걸 스트리트에 '프로빈스타운 플레이하우스'를 열었다.[57] 그 친구들 중에는 존 리드(『세계를 뒤흔든 열흘』의 저자), 수전 글래스펠(미국 최초의 주요 여성 극작가), 유진 오닐 등이 있었다.

오닐은 1920년 희곡 〈지평선 너머〉로 첫 퓰리처상을 수상하면서 미국 연극과 미국인의 취향의 거대한 변화를 알리는 신호탄을 쏘았다.[58] 불과 2년 전만 해도 지금은 잊힌 판에 박힌 코미디 희곡 〈왜 결혼하는가?〉가 퓰리처상을 받았다. 이후 10년 동안 오닐은 퓰리처상을 두 번 더 수상할 터였다. 이 시기에 중요한 미국 극작가가 오닐 한 명은 아니었다. 퓰리처상은 엘머 라이스의 〈거리의 풍경〉, 시드니 하워드의 〈무엇을 원하는지 알고 있다〉, 조나 게일의 〈미스 룰루 벳〉 같은 무게감 있는 작품에도 수여될 것이다. 이런 극작가들의 성공은 소극장운동이나 새로운 형식에 대한 대중의 요구가 없었다면 불가능했을지 모른다. 이 시기의 관객들 중에는 재앙을 초래한 국제적인 전쟁에서 아무 이유도 없이 싸우다 돌아온 수천 명의 참전용사, 1918년 가을 내내 50만 명이 넘는 미국인의 목숨을 앗아가고 박스오피스를 곤두박질치게 만든 스페인 독감에서 살아남은 이들이 있었다. 그들의 경험이 반영된 드라마를 원하는 욕망이 미국 연극을 새로운 방향으로 급격히 전환하도록 이끌었다. 오닐을 위시한 여러 작가들이 등장하면서 브로드웨이의 표준이던 정형화된 익살극이나 가벼운 드라마는 더 이상 미국 무대를 지배하지 못하게 되었다.

오닐과 더불어 급부상한 브로드웨이 제작 단체가 바로 '시어터 길드'로, 이 단체는 곧 진취적인 관객이 진지한 연극을 감상할 수 있는 네 번째 방법이 되었다. 얼마 전 해체한 워싱턴 스퀘어 플레이어스의 동기들이 모여 1918년 12월 설립한 길드는 600석 규모의 개릭 극장에서 그들의 첫 작품을 무대에 올렸다.[59] 주로 영국과 유럽의 극작가, 특히 조지 버나드 쇼의 작품을 제작했다.[60] 길드는 일종의 구독 모델을 활용했는데, 이는 극단이 위험을 감수할 수 있도록 허락하는 동시에 뉴욕 관객은 외국의 교양 있는 작품이라면 꽁무니를 뺀다는 세간의 선입견을 불식시키는 데 기여하여 재정 안정성을 제공했다.[61]

오닐, 길드, 이디시어 극단, 소극장 등이 뉴욕 연극의 토양을 다진 덕분에 모스크바 예술극장의 투어가 단박에 대중적인 센세이션을 일으키며 만개할 조건을 마련할 수 있었다. 비록 관객 대다수가 연극에 등장하는 대사 하나하나를 이해하지는 못했지만—러시아어를 못하는 관객은 작품의 전개를 알기 위해 미리 최근 출간된 번역물을 구입해 읽어야 했다—앨 졸슨 극장의 관객들은 〈차르 표도르〉의 1월 8일 초연을 30분 동안이나 이어진 박수갈채로 환영했다. 『뉴욕 타임스』는 "이 한 편의 작품으로 (…) 그들이 테크닉적으로 얼마나 통달했는지 그 증거를 제시했다. (…) 최근 기억에는 비슷한 사례가 없으며 역사적으로도 마찬가지다"라고 극찬했다.[62] 스타니슬랍스키는 아내에게 보낸 편지에 모스크바 예술극장 역사상 가장 큰 성공이라고 썼다.[63] 라흐마니노프, 표도르 샬랴핀(Fedor Chaliapin, 러시아 출신의 오페라 가수-옮긴이), 데이비드 벨라스코(David Belasco, 미국의 배우 겸 극작가-옮긴이)가 보낸 전보와 꽃다발과 편지가 분장실을 가득 채웠다. 1월 15일에 막을 올린 〈밑바닥에서〉는 한층 더 열광적인 박수를 받았다. 1월 19일 극단은 브로드웨이의 다른 공연에 출연하는 배우들을 위한 특별 낮 공연을 열기도 했다. 신문에 게재된 모리스 게스트에게 보내는 공개서한에서 존 배리모어는

모스크바 예술극장의 연극을 감상한 일이 자기 인생에서 가장 위대한 연극 경험이었다고 선언했다.[64]

티켓 구매자들은 모스크바 예술극장의 사실주의 수준에 특히 감동했다. 이 무렵에는 좀더 자연주의적인 연기 전통이 배우들을 델사르트에게서 떼어놓기 시작했다. 몇몇 소극장, 특히 워싱턴 스퀘어 플레이어스 등에서 연기 교육을 제공했고, 미국극예술아카데미AADA는 찰스 젤린저의 지도 아래 1898년 초부터 자연주의 테크닉과 대본 분석을 가르치기 시작했다.[65] 에드워드 G. 로빈슨, 윌리엄 파월, 루스 고든 등을 훈련시킨 젤린저는 자신만의 매직 이프 버전을 갖고 있기도 했다.[66]

하지만 영어로 공연하는 미국 전문 극장에는 1년 내내 여러 작품에 출연할 배우를 한번에 고용해, 배우들과 함께 정교하게 조율되고 양식적으로도 통일된 앙상블을 만드는 극단이 없었다. 미국에서 앙상블 극단 모델과 가장 비슷한 것이 레퍼토리 극단이었다. 레퍼토리 극단은 전국 도시들에 있는 배우 집단으로, 스타들이 투어를 다니면서 각 지역에서 하는 공연을 지원해줄 배우들을 이곳에서 고용했다. 중서부 지역의 레퍼토리 극단에서 배우 생활을 시작한 앤 하틀리 길버트는 회고록에서 레퍼토리 극단의 작업 방식을 이렇게 설명한다.

월요일에 연기할 배역을 토요일에 받았다. 그러면 일요일 하루 동안 그 배역을 공부할 수 있었다. 하지만 주중 나머지의 경우, 화요일에 연기할 배역을 월요일에 받았고, 그러면 공부할 시간은 월요일 오후 잠깐과 월요일 밤 공연이 끝나고 난 이후뿐이었다. 화요일 오전에 리허설을 하고 화요일 밤에 그 배역을 연기한 다음, 수요일 밤에 연기할 또 다른 배역의 작업을 시작했다. 매일 밤 다른 작품을 공연하는 것이 규칙이었다.[67]

당연한 말이지만, 대사를 전부 외우기란 불가능했다. 그래서 배우들은 "배역의 대사를 어디에건 끼워놓았는데, 양쪽 윙에 있는 나무로 만든 세트의 가느다란 틈바구니 아래에 넣는 게 보통이었다."[68] 그녀는 이런 관행에서 "(준비 없이) 즉흥적으로 하다winging it"라는 표현이 탄생했다고 주장했다. 1920년대에는 레퍼토리 극단마저 줄어들었다.[69] 전문 제작자들, 특히 뉴욕의 제작자들은 대체로 연출가, 디자이너, 배우를 특정 연극의 필요에 따라 그때그때 독점 고용하는 방식으로 작업했다.

앨 졸슨 극장을 찾은 티켓 구매자들 중 스물두 살의 이민자이자 배우인 리 스트라스버그(1901~1982)만큼 모스크바 예술극장 앙상블의 진가를 알아본 사람은 없을 것이다. 가족들은 그를 스룰케라고 불렀다. 스룰케는 그의 진짜 이름인 이스라엘의 약칭이었다. 스트라스버그Strassberg 가족—리는 성년이 되자 발음을 명확하게 하기 위해 자신의 성姓에 있던 S 하나를 떼버렸다—은 폴란드 유대인촌에서 미국으로 이민 온 후 로어 이스트사이드에 있는 클린턴 스트리트 40번지에 정착했다.[70] 해럴드 클러먼이 어린 시절 살던 집에서 네 블록 떨어진 곳이었다. 폴란드에서는 여관 주인이었던 그의 아버지는 이곳에서 바지 주름 펴는 일을 했다.[71] 스룰케는 가정에서 온기도, 겉으로 드러나는 사랑의 표현도, 아니 그 어떤 다양한 감정도 전혀 알지 못했다. 유일한 예외는 그의 형 잘몬이었다. 잘몬은 이디시 문화에 관심이 있었고, 주말에 동네에 있는 유대 민족 래디컬 스쿨Jewish National Radical School에 스룰케를 데려가 이디시와 히브루어를 배우게 했다.[72] 하지만 무심코 그를 극장으로 이끈 사람은 영어식 이름이 베키인 스룰케의 누나였다.

베키에게는 맥스 리파라는 남자친구가 있었다. 맥스는 금붙이를 몸에 걸치고 이곳저곳을 다니며 물건을 팔았지만, 그의 진정한 애정의 대상은 연극이었다. 그는 관객의 한 사람이자, 유대인 아마추어 극단 페어반트Verband의 분장사로 일하면서 자신의 갈망을 채웠다.[73] 맥스의 형과 형수는 "이디시 무대의 문화적 환경을 향상시키고 아름답게 만들며 개선하는 것"이 사명인 아마추어 극단 프로그레시브 드라마틱 클럽에서 활동했다.[74] 스룰케의 첫 번째 직업은 클럽의 아역 배우였다. 그는 오래지 않아 네이버후드 플레이하우스에서 위대한 이디시 배우 제이컵 벤-아미의 또 다른 아역을 맡게 된다.

스페인 독감이 형 잘몬을 앗아가기 전까지 스트라스버그는 학교에서 뛰어난 학생이었다. "형의 죽음은 나에게 큰 영향을 미쳤습니다."[75] 스트라스버그가 말했다. "내 인생의 일부가 끝장났죠. 나는 학교를 그만두었고 철이 들었습니다." 학교를 중퇴하고 독학으로 공부한 그는 여가 시간이면 도서관에 가 온갖 지식을 빨아들였다. 유대 민족 래디컬 스쿨 출신 친구 몇 명이 그의 집 근처에 있는 크리스티 스트리트 사회복지관에서 연극 클럽을 결성했다. 숫기가 없는 스룰케였지만 그들의 모임에 참석하기 시작했다. "나는 무언가가 필요했습니다. 누군가가 필요했어요."[76] 그에게 필요했던 건 무대였다. 그는 이름을 "리"로 바꾸고 아마추어 배우가 되었다. 동시에 사회사에도 관심이 생겨 성서 이야기를 해석한 학자 하인리히 에발트의 저서를 읽었다.[77] 그러면서 대본도 해석의 대상이 될 수 있음을 깨달았다. "대본을 읽을 때 글 너머의 삶을 보는 데 익숙해지게 되었습니다."[78] 얼마 후 그는 연극에 관한 글이란 글은 손에 잡히는 대로 읽었다. 하이럼 머더웰의 『오늘날의 연극』과 에드워드 고든 크레이그의 『무대 예술론』을 읽었다. 모스크바 예술극장에 대해 읽었다. 그는 크리스티 스트리트에서 연극의 역사나 그들이 읽고 있는 대본 분석에 관한 즉석 강의를 하는 등 점점 더 활발하게 활동했다. 그리고 '예술연극학도들Students of Arts and Drama'의 책임자가 되어 연출을 시작했다.

모스크바 예술극장에 너무나 압도된 스트라스버그는 모스크바 예술극장이 뉴욕에서 했던 공연을 한 편도 빼놓지 않고 보러 갔다.[79] 다만 그를 열광시킨 것은 무대 위 작품이 아니었다. 세트는 구닥다리였고 분장은 화려하기만 했다. 작품들 중 일부는 지난 세기부터 레퍼토리에 포함되어 있었고 그 사실을 한눈에 알 수 있었다. 그러나 '어이쿠!' 연기는 차원이 달랐다. 아무리 작은 역할도 진짜 사람처럼 느껴졌다![80] 리 스트라스버그는 그들의 방법을 배워야 했다. 배우들이 어떻게 그렇게 사실적이고 표현력이 뛰어나 보이는지, 그의 눈앞에 있는 무대에서 어떻게 실제 감정을 경험하고 있는 것 같은지 말이다.

모스크바 예술극장의 비밀을 알고 싶었던 사람은 리뿐만이 아니었다. 머지않아 「모스크바 예술의 격언들」 같은 제목의 기사가 언론에 등장하면서 "무대 위 당신 주변 사람들의 감정 동그라미에 자신을 소개해 보라. 당신의 세계는 여기에 있다. 저 객석에 당신에게 관심을 갖는 사람은 아무도 없다" 같은 알쏭달쏭한 경구들을 퍼뜨렸다.[81] 뉴욕 『글로브』는 모스크바 예술극장이 과대평가되고 있는지를 주제로 토론을 주최했는데, 그 토론에서 모스크바 예술극장을 반대하는 쪽 패널조차 "앙상블 작업은 (…) 명백히 훌륭하다"는 것을 인정해야 했다.[82] 제작자 윌리엄 A. 브래디는 컬럼비아 대학 학생 1500명을 대상으로 한 강의에서 모스크바 예술극장의 작품은 "유형, 전문가, 개인주의자 무리에 의해 만들어진 우리 연극이 암흑기에 있다는 것"을 보여주는 실례라고 말했다.[83] 그는 상주 극단을 고용한 국립 극장만이 러시아가 무대에 올린 결과에 맞먹는 작품을 만들어낼 수 있을 것이라고 주장했다.

투어가 계속되고 극단이 미국이 한 번도 보지 못했던 최고 수준의 앙상블 연기를 선보이자 연극에 관심이 있는 사람이라면 누구나 모스크바 예술극장의 방법을 알고 싶어 했다. 역할은 어떻게 준비하는가? 앙상블은 어떻게 작업하는가? 극단의 에토스ethos는 무엇이었나? 이 질문들에 답을 할 사람은 스타니슬랍스키의 "늘상 뜸 들이는 중인" 수습생 리차드 볼레슬랍스키였다.

리차드와 나타샤는 무인 지대를 가로지르는 용맹한 탈출 이후 폴란드에 정착했다. 볼레슬랍스키는 곧 배우 겸 연출가로 활동하며 평단의 인정과 박스오피스의 성공을 동시에 누리게 되었다. 1920년 7월 러시아가 폴란드를 침공하자 창기병 부대에 재합류한 리차드는 〈폴란드 정찰병의 용기〉 같은 제목의 선전 영화를 만들었다.[84] 그러나 얼마 지나지 않아 바르샤바의 극장을 모스크바 예술극장의 분위기로 재편하고자 했던 그의 노력이 수많은 권력자들의 심기를 건드렸고, 이에 대한 대응으로 권력자들이 작품 제작에 간섭하면서 리차드의 경력이 박살났다. 1922년 그와 나타샤는 폴란드를 떠났다. 친구 레온 실러가 썼듯, "볼레슬랍스키는 바르샤바에서 겪었던 굴욕보다 (…) 파리의 가난을 더 좋아했다."[85] 영원히 정착할 집을 찾아 나선 그들은 유럽을 여행하면서—심지어 리차드는 카찰로프 그룹과 작업했고, 〈햄릿〉에 출연하는 올가 크니페르-체호바의 연기 지도도 했다—저녁이면 러시아 노래를 부르고 〈레뷔 루스〉 같은 촌극을 공연하며 투어를 다녔다. 파리에서 흥행에 꽤나 성공한 덕에 1922년 10월 슈버트 형제의 제작사가 그 공연과 볼레슬랍스키 부부를 브로드웨이로 데려왔지만 〈레뷔 루스〉는 너무나 빨리 망하고 말았다. 스타니슬랍스키가 적었듯, 그의 제자는 "불운했던 몇몇 사업으로 인해 미국에" 내팽개쳐졌다.[86] 그래서 그는 볼리를 미국 투어의 조수로 고용했다.

그 후 리차드는 스타니슬랍스키의 허락을 받아 처음에는 웨스트 39번가에 있는 프린세스 극장에서, 다음에는 브린모어 대학과 프로빈스타운 플레이하우스에서 "시스템" 강의를 하기 시작했다. 오늘날 '프린세스 극장 강연' 또는 '크리에이티브 시어터 강연'으로 알려진 이 강의들은 스타니슬랍스키와 같이 일했던 사람이 스타니슬랍스키의 아이디어를 미국 청중에게 공개적으로 발표한 첫 사례이다. 볼레슬랍스키는 『시어터 매거진』에 기고한 글에서 스타니슬랍스키는 마침내 연기를 "체계적인 과학systematic science"으로 만들었다고 썼다.[87]

이것이 바로 미국에서 "시스템"이 처음으로 유명해진 순간이었다. 그러나 "시스템"에 대한 관심은 대개 스타니슬랍스키가 1906년 위기를 맞기 전에 연출했던 연극에서 발생된 것이었다. 그 연극에 출연한 극단의 수많은 배우들은 "시스템"에 저항했고, 이는 스타니슬랍스키를 퍼스트 스튜디오를 설립하는 쪽으로 이끌었다. 모스크바 예술극장의 조화로운 앙상블은 "시스템" 이전 시기에 만들어진 것이다. 오히려 "시스템"은 이 앙상블을 파괴 직전까지, 그리고 스타니슬랍스키를 폄훼하는 사람들이 보기에 스타니슬랍스키의 연출가 경력을 파괴하기 직전까지 몰고 갔다. 그런데 언론에서도, 프린세스 극장의 무대 위에서도 모스크바 예술극장을 성공시킨 공로는 "시스템"에게 돌아갔다.

이것이 스타니슬랍스키의 방문 이후 미국에 남게 될 첫 번째 큰 혼란이었다. 그리고 이것이 마지막 혼란은 아닐 것이다.

9장

스트라스버그, 애들러, 클러먼, 메소드의 맹아

프린세스 극장 무대에 선 리차드 볼레슬랍스키는 그럴싸한 말과 함께 교육자로서의 경력을 시작했다. **인간은 예술 없이는 살 수 없습니다!**[1] 그리고 이내 겸손한 재치를 보여주는 한 마디—**이 문장이 처음에는 경구처럼 들리지만, 여러분은 곧 내가 무슨 말을 하는지 알게 될 겁니다**—를 덧붙였다. 볼레슬랍스키는 **극장, 배우, 디자이너** 등의 개념에 대한 그만의 독특한 정의를 쭉 훑은 후, 미국에서 메소드Method로 서서히 변모하기 시작하던 "시스템"의 몇 가지 핵심 요소로 넘어갔다.

이 강의에 따르면 연극 예술가의 궁극적인 목표는 창조적인 연극 공연인데, 볼레슬랍스키는 연극 공연을(강조를 위해 밑줄을 쳤다) "인간 영혼의 <u>명료하고 정확하며 타고난 느낌과 감정</u>을 통해 <u>상상의 삶과 장소와 사람</u>을 <u>시각적, 청각적, 리드미컬한</u> 이미지로 표현하여 <u>사실적으로</u> 보이도록 하는 <u>집단적인 창조물</u>"로 정의했다.[2] 그중 가장 중요한 요소는 배우로, 배우는 예술가인 동시에 예술가의 작업 소재로서, "자신의 배역을 살아가는 존재다."3 볼레슬랍스키에게 배역을 살아간다는 것은 진정한 감정을 느끼는 것을 의미했다. 다시금 등장하는 페레지바니예는 배우가 "지능과 의지와 감정을 발전시켜야"만 파악할 수 있는, 매우 달성하기 힘든 목표다.4

"시스템"의 가장 혁명적인 아이디어 중 하나는 배우의 내면의 삶을 훈련시킬 수 있다는 것이었다. 창작을 위한 의지, 정서 기억, 상상력은 신이 주신 고정된 자질이 아니었다. 오히려 의도적으로 개발할 수 있는 능력이었다. 예전에 우리는 이런 모든 속성을 "재능talent"이라고 불렀다. 이제 볼리에 따르면 하루에 30분, 스무 개의 연습 방법을 이런저런 방식으로 조합해 활용함으로써 내면의 자아를 확장할 수 있었다.5 읽었던 희곡의 세트 디자인을 ("총천연색으로") 상상하거나, 숨을 들이쉬고 내쉬며 "폐의 움직임을 느끼고 (⋯) 이해하거나," 최근에 겪었던 강렬한 감정 경험을 떠올리고 "일정 시간 동안 그 경험을 유지하려고 노력하며" 그 시간을 보낼 수 있다. 이런 방법은 볼레슬랍스키가 "우리 예술의 가장 중요한 요소 중 하나"라고 말한 정서 기억을 활용할 수 있도록 배우를 더 잘 준비시켜줄 것이다.6

볼레슬랍스키에게 연극은 삶이었다. 창조적인 연극, 공동 창작, 영적인 집중, 역할 경험. 이 모든 것은 연극을 더 뛰어나게 만들어줄 뿐 아니라 인생을 더 풍부하게 만들어주기에 중요했다. 인간은 신비로움을 갈망하고 지향한다.7 또한 타락한 세상과 부서진 자아가 완전해지기를 갈망한다. 연극은 그런 충동에서 발전한 것으로, 예술을 통해 정제된, 어쩌면 완성된 존재의 신비를 관객에게 제공한다. 아니면 적어도 그렇게 될 가능성을 만들 수 있다. 공통의 작업 방식을 공유한 진짜 예술가들이 제대로 창작을 한다면 말이다.

이 강연의 청중석에 앉아 있던 젊은 여성 미리엄 킴벌 스톡턴은 "미국 문화를 해방시키고 일깨울 수 있는 새로운 종교의 도래"를 경험했다고 느꼈다.8 1923년 4월 그녀는 새로운 연극 학교 설립을 제안하고자 볼레슬랍스키를 찾아갔고, 6월에 그녀의 남편인 허버트 K. 스톡턴과 다른 주요 주주 몇 명, 그리고 볼레슬랍스키가 모여 공식적인 문서를 갖춘 파트너십을 맺게 되었다. 그들은 '아메리칸 래버러토리 시어터'라는 이 새 단체가 "미국 땅에 뿌리를 내리고 (…) 앞으로 각 세대들이 당대의 사상과 소재를 바탕으로 그 시대에 맞는 새로운 극단의 모습을 지속적으로 만들어나가기를" 원했다.9 이 단체는 실제로 한 세대도 버티지 못할 터였다. 그렇지만 아메리칸 랩 시어터의 가르침은 살아 있는 힘이 되어 거듭 스스로 재창조되었다. 바로 이 랩에서 볼레슬랍스키는 "시스템"을 메소드로 변형시켜 전 세계로 전파한 사도들을 훈련시켰다.

볼레슬랍스키는 자신이 배우 훈련과 연극 자체의 디자인에 있어 국가적인 변화를 주도하는 인물이라고 생각했다. 1923년 7월 『시어터 아트 매거진』에 게재된 「래버러토리 시어터」라는 글에서 그는 진정 위대하고 창의적이며 미래지향적인 극단이 번창하기 위해서는 배우들이 함께 훈련하고 작업하며 성장할 수 있는 공간인 연기 실험실을 국영 시설로 만들 필요성이 있다고 주장했다. 여기에는 공간과 자금뿐 아니라 그가 술레르와 스타니슬랍스키에게 배운 도덕도 요구되었다. "이러한 연극 실험실을 설립하려면 연극 작업에 참여하는 단원들의 헌신이 필요하다."10 작업에는 "실망과 실수, 진실과 계시"가 포함된다. "실험실에 사람들을 신속하게 한몫 챙기게 해줄 공간은 없다." 실험실은 발견의 장소일 뿐만 아니라, 모스크바 예술극장이 말리에게 반대했던 것처럼 브로드웨이의 상업적 명령에 맞서는 예술의 신전이기도 했다.

하지만 볼리가 보기에 창의력은 개인의 토대 위에서 생겨나는 것이 아니었다. 집단이 필요했다. 그는 1924년 아메리칸 랩 시어터 카탈로그에 "배우가 다른 사람의 도움 없이 혼자서 자기 배역을 수행할 수 있을 만큼 천부적인 재능을 타고나는 경우는 매우 드물다"고 썼다.11 배우들은 함께 작업해야 하며, "가장 조화로운 결과를 얻기 위해 집단은 단체로 훈련받아야 한다." 그 훈련은 배우의 내면의 존재라는 "신비롭고 낭만적이며 시적인 꿈의 나라"를 일궈나감으로써 그가 지나치게 실용적인 접근법이라고 본 다른 학교들의 방식에 맞서게 될 것이다. 그의 학교는 총체적인 배우를 길러낼 터였다. 발성 및 움직임 수업은 배우들의 신체적인 도구를 연마해줄 것이고, 연기 수업은 내면의 자아를 들여다 볼 것이며, 예술의 역사에서 미학에 이르기까지 다양한 수업은 영혼을 확장시킬 것이다.

그러면 이 배우들 중 최고의 배우들이 극단을 결성하고, 뒤이어 최고의 졸업생들이 가세하면서 해를 거듭할수록 극단의 규모가 커질 것이다.12 볼레슬랍스키는, 그 이후에 등장한 많은 이들처럼, 모스크바 예술극장의 틀에 들어맞는 극단을 꿈꿨다. 연중 내내 앙상블을 고용하고, 극단의 에토스로 극단을 정의하며, 협업을 통해 더 나은 작품을 만드는 레퍼토리 극단. 다만 "시스템"은 특정 종류의 리허설 과정이 필요했기 때문에 이를 위한 레퍼토리 또한 반드시 있어야 했다. 그는 "[연출가는] 그가 이끄는 집단의 미묘한 심리적 구성을 이해해야 한다"고 썼다. 오랜 기간에 걸쳐 발전되어온 관계만이 이러한 지식을 만들어낼 것이다. 볼리의 비전, 다시 말해 미국의 모든 도시에서 각자의 정체성을 추구하고 무대 예술에 혁명을 일으킬 학교 역할도 하는 극단은 결코 열매를 맺지 못했지만,13 이 생각은 20세기 미국에서 가장 중요한 연기 스승이 된 아메리칸 래버러토리 시어터의 두 학생 리 스트라스버그와 스텔라 애들러(1901~1992)에게 영감을 주었다.

모스크바 예술극장이 뉴욕을 떠난 후, 새로운 영감을 받은 스트라스버그는 클레어 트리 메이저 연극학교에 입학했다. 이 학교의 교과 과정은 리가 결국 불태워버린 규정집을 따랐다. 선생님이 대사를 전달하는 올바른 방법을 시범으로 보여주면 학생들은 그걸 모방했다. 스트라스버그의 동창 피비 브랜드에 따르면, 그는 "가장 배우답지 않아 보이는 부류였다. (…) 눈에 띄게 내성적이었다. 그와 친해지거나 팔짱을 끼는 일은 할 수가 없었다. 이상한 사람이었다."14 당시에 스트라스버그를 알았던 다른 사람들과 마찬가지로, 그녀는 그렇게 말수가 적고 감정을 드러내지 않는 사람이 왜 배우가 되려는 건지, 아니 어떻게 배우가 되겠다는 희망을 품을 수 있는 건지 이해할 수 없었다.

스트라스버그가 클레어 트리 메이저의 방식에 공공연히 불만을 표출했던 게 분명하다. 어느 날 동료 학생이 스트라스버그가 찾고 있던 학교와 비슷한 것 같은 아메리칸 래버러토리 시어터라는 학교에 대해 들어본 적이 있다고 스트라스버그에게 말했기 때문이다.15 그 학교는 스타니슬랍스키의 방식을 가르치고, 두 명의 러시아인이 운영했다. 그 사람들의 이름은 리차드 볼레슬랍스키와 마리야 우스펜스카야라고, 그 학생은 말했다.

우스펜스카야는 모스크바 예술극장이 미국 투어 기간을 1년 더 연장하기 위해 뉴욕으로 돌아온 1923년 11월에 연기 교사로 랩의 교수진에 합류했다. 모스크바 예술극장이 고국 러시아로 돌아간 후에도 그녀는 미국에 남아 랩의 주요 연기 교사가 되었고 평생 미국에 머물렀다.

그녀는 훗날 이렇게 말했다. "내 안에 있는, 집시와는 반대되는 성향이 (…) 나를 미국에 정착하게 만들었다. 나는 미국을 벗어날 의향이 눈곱만치도 없었다."[16]

사실대로 말하자면, 그녀는 러시아로 돌아가고 싶어도 돌아갈 수가 없었다. 모스크바 예술극장이 미국에 머물렀던 두 번째 해는 거의 완벽한 실패였다.[17] 극단을 환영하는 분위기는 어느 틈엔가 사라졌고, 대중은 그들의 공연 레퍼토리를 받아들이지 않았다. 네미로비치가 스타니슬랍스키에게 보낸 편지들에서 명확하게 밝혔듯 고국의 상황이라고 별반 나은 것도 아니었다. 정치적 바람의 방향이 다시 한 번 바뀌고 있었다. 두 사람이 1898년에 띄운 배는 조심하지 않을 경우 뒤집힐 수도 있었다. 개인적으로 모스크바 예술극장을 후원하고 보호했던 블라디미르 레닌이 연이은 뇌졸중에 시달리다 은퇴한 후 이오시프 스탈린 서기장의 집권이 시작되었다. 이런 새로운 현실에서 미학과 정치는 분리될 수 없었다. "극단이 이곳에 돌아와 이전 작품들을 예전과 똑같은 방식으로 공연하기 시작하면,"[18] 네미로비치가 썼다. "세 달도 지나기 전에 모스크바 예술극장은 맹비난을 받게 될 것이고 이로부터 결코 회복되지 못할 것입니다." 스타니슬랍스키와 네미로비치 둘 다 일부 배우들은 스탈린 치하의 모스크바 예술극장이 요구하는 바에 적합하지 않다는 것을 알고 있었지만, 스타니슬랍스키는 누가 남고 누가 떠나야 하는지 차마 따질 수가 없었다. 그 일은 네미로비치의 몫이 되었고 1924년 투어가 끝나자[19] 그는 우스펜스카야와 투어에 참여했던 몇몇 단원을 해고했다.[20] 사실상 조국에서 추방한 것이었다. 그가 모스크바 예술극장에 남기로 한 배우들에게는 선택권이 주어졌다. 정부가 요구한 정확한 날짜에 모스크바에 나타나거나, 또는 "정치적 망명자로 간주되어" 소비에트 연방 재입국이 거부되거나.[21] 한 달 후, 모스크바 예술극장의 잔류 단원들은 고국으로 돌아갔다. 스타니슬랍스키는 볼레슬랍스키나 우스펜스카야를 다시는 보지 못했다.

1924년 아니면 1925년 1월에 리 스트라스버그는 워싱턴 스퀘어 공원 옆의 맥두걸 스트리트에 있는 랩 공간에 들어섰다.[22] 입학 오디션을 보기 위해서였다. 먼저 그는 감각 기억을 활용해 가상의 물체와 교감해보라는 지시를 받았다.[23] 그다음에는 나이 많은 배우에게 돈을 빌리는 상황을 즉흥적으로 연기해보라, 셰익스피어가 쓴 연설을 해보라는 요청을 받았다. 그는 〈줄리어스 시저〉의 카시우스를 골랐다. 마지막으로 오디션장을 한쪽 끝에서 다른 쪽 끝까지 가로지르는데, 이때 바닥이 굶주린 야수들과 독사들로 뒤덮여 있는 것처럼 행동하라는 지시를 받았다. 스트라스버그에 따르면 오디션은 예상보다 짧게 끝났고 그 자리에서 수업에 들어오라고 제안받았을 정도로 충분히 잘 해냈다. 며칠 후, 그는 공부를 시작했다.

우스펜스카야는 학생들에게 "시스템"의 구체적인 단계별 가르침을 제공했다. 그녀는 1909년 아다셰프 학교에서 술레르와 함께 공부할 때 처음으로 "시스템"을 배운 이들 중 한 명이었고,[24] 그녀가 헌신해 마지않던 볼레슬랍스키와 자주 작업했다. 학생들은 마리야와 리차드가 사귀는 사이일 거라고 의심했다.[25] 두 사람은 실제로 불륜 관계였을 것이다. 우스펜스카야는 볼레슬랍스키 부부와 함께 살았고,[26] 리차드는 수년간 여러 애인을 두었다. 그는 불륜이 들통나면 늘상 자신을 원하는 가여운 여성들을 실망시키고 싶지 않았다고 해명하곤 했다. 대부분의 경우 나타샤는 그를 용서하고, 이런 사이클이 새롭게 시작되었다.

자신의 나이인 서른여덟 살보다 훨씬 더 늙어 보이고 체구가 상당히 왜소했던 우스펜스카야는 얇고 까만 시가를 피우고 외알 안경을 쓰는 등[27] 엄격해 보이는 페르소나를 구축했다.[28] 수업 시간에는 무시무시한 태도로 유명했다. 그녀의 수업에서는 담배를 피우거나 음식을 먹을 수 없었다. 몸을 움직이는 작업에 적합한 옷차림으로 출석해야 했고, 경건하고 진지한 태도로 연기에 접근해야 했다. 그녀가 끊임없이 쏟아내는 비판은 혹독했다. 그녀의 입에서 칭찬이 나오는 일은 없었다. 그녀의 학생 중 한 명인 도널드 키스가 설명했듯, "마담Madame의 수업에 참여하는 것은 때로 감정적으로 고통스러운 경험이었다."[29] 그녀가 쏟아낸 비판에 학생들은 걸핏하면 울음보를 터뜨렸다.

수업 중에 그녀는 밀조한 진bathtub gin을 마셨다.[30] 그녀는 랩의 초기 몇 년간 술을 약병에 담아 마시면서 기침 때문이라고 주장했다. 학생 조교가 테이블스푼으로 밀주密酒를 떠먹여주기도 했다. 수업이 형편없게 진행되면 그녀의 기침은 마술처럼 악화되었다. 최소한 한 번은 병을 통째로 비운 적도 있다. 말년에 그녀는 진을 주전자에 담아두었다가 잔에 따라 마시면서 맹물로 위장하려 애썼지만 그런 꼼수에 속아 넘어가는 사람은 아무도 없었다.

하지만 술에 취한 상태에서도 그녀의 사나운 독설은 교육 목적을 제대로 수행했다.[31] 그녀는 배우들이 두려움을 넘어서고 한계를 깨부수기를 원했다. 그녀를 견뎌낼 수 있다면 학생들은 어떤 오디션, 무대공포증, 연출자의 터무니없고 까다로운 요청도 견뎌낼 수 있을 것이다. 교실 밖에서 학생들은 그녀가 따스하고 너그러운 사람이라는 걸 알게 되었다. 밤 시간이라도 언제든 그녀를 찾아가면 그녀는 자다가도 일어나 연기에 대해 도움을 줄 것이다. 무료로 말이다.

우스펜스카야의 가르침은 한 편의 공연이었다. 어쩌면 그녀 인생에 있어 최고의 공연이었을 것이다. 그녀는 교실에 들어가 학생들에게 "나를 위해 화기애애한 분위기를 만들어주세요!"라고 말했고, 그런 분위기가 조성되고 나서야 수업을 시작했다.[32] 이 수업과 관련된 문서는 거의 남아 있지 않다.[33] 가장 상세한 노트 중 일부는 리 스트라스버그가 그녀와 공부하던 초기 며칠간 작성한 것이다. 그는 "우스펜스카야 여사가 우리에게 한 첫 번째 요구는 일어나서 걸어보라는 것이었다"고 썼다.[34] 다른 지시 없이 그저 교실을 걸어 다니던 학생들은 남의 시선을 의식하게 되고, 자신이 관찰되고 있음을 인식하고 나면 자연스럽게 움직이는 이 단순한 행위가 불가능해진다. 다음으로 그녀는 학생들에게 무언가를 생각하면서 걸어보라고 했다. 그러자 즉시 학생들이 개선되는 것을 확인했다. 목적을 갖게 되자 자연스러운 행동을 만들기가 더 쉬워졌다. 심지어 관찰 당하고 있을 때에도 말이다. "항상 이유/문제를 가져라." 스트라스버그는 그녀의 말을 기록했다. 배우에게는 "무대에 서야 할 이유"가 필요했다.[35]

스트라스버그는 우스펜스카야로부터 "시스템의 핵심은 집중과 정서 기억"이라는 것을 배웠다.[36] 정서 기억이 필수적인 이유는 "(배우는) 무대 위에서 생명이 없는 것, 상상의 것들을 다루는데 정서 기억을 훈련하면 이런 것들이 생생하게 나타나기" 때문이다.[37] 소품으로는 충분치 않았다. 가상의 상황 안에서 캐릭터처럼 행동하며 소품에 진정한 의미를 가득 채워야 한다. 오직 정서 기억만이 그런 일을 할 수 있게 해줄 것이다.

우스펜스카야의 수업을 듣는 배우들은 기억력을 연마하기 위해 보이지 않는 물체를 가지고 감각 기억 훈련과 작업을 했다. 그들은 실크와 비교해 벨벳의 감촉이 어떤 느낌이었는지 떠올렸다.[38] 존재하지 않는 물속에 두 손을 집어넣었다. 처음에는 뜨거운 물, 다음에는 차가운 물속에. 가상의 다친 새를 이 학생에게서 저 학생에게로 전달했다. 가상의 물컵으로 물을 마시고 존재하지 않는 자몽을 먹었다. 중요한 점은 마임을 하는 것이 아니라 물을 마시고 과일을 먹는 느낌을 포착하기 위해 기억과 상상력을 활용하는 것이었다. 이런 훈련들은 꽤나 정교해질 수 있다. 셜리 화이트라는 학생은 밖을 내다보라는 말을 들었던 일을 회상했다. "아마도 나는 바닷가에 있었다. 돛단배를 보고, 그런 다음 갈매기가 물고기를 잡으려고 급강하하는 모습을 보고, 마지막으로 달을 보았다."[39] 목표는 그러는 척하는 것이 아니었다. 학생들은 "마음의 눈으로 그것들을 진짜로 볼 때까지 집중"해야 했다.

얼마 후 우스펜스카야는 학생들에게 "1분 연극one minute play"을 소개했다.[40] 술레르의 에튀드와 비슷한 집단 즉흥 연기였다. 그녀가 시나리오를 제안—랩에서 쓰는 은어로는 "문제를 내다"[41]—하면 학생들은 그걸 연기로 옮겼다. 우스펜스카야 여사는 종종 연기가 진행되는 동안 1분 연극이 복잡해지도록 캐릭터의 성격과 상황을 바꾸는 식으로 연습에 문제들을 추가했다. 한 작품에서 그들은 "인디언이 되어야 했는데, 추가된 문제는 백인에게 무언가를 내놓아야 하는 것이었다."[42] 다른 시나리오에서 스트라스버그는 학생에게서 선물을 압수하는 학교 선생님이 되어야 했다. 학생 역할은 에스텔이라는 배우가 맡았다. 에스텔은 곧바로 눈물을 쏟기 시작했다. 우스펜스카야가 에스텔을 질책했다. "넌 울고 싶지 않았지, 하지만 울었어."[43] 교훈은 이것이다. "항상 내면의 분위기를 설정하고 가진 것 이상을 내보이지 마라. 그러지 않으면 거짓으로 보일 것이다. 항상 덜 보여주어라. 그러면 관객의 상상력이 그것을 확대시킬 것이다." 35년 후 스트라스버그는 제자 알 파치노에게 같은 말을 해주게 된다.

학기 후반에는 다른 학생들이 연출한 장면에서 발췌한 역할을 맡는 장면 연구를 시작했다.[44] 실력이 뛰어난 학생들은 단막극을 처음부터 끝까지 연기했는데, 때로는 관객 앞에서 공연하기도 했다. 볼레슬랍스키는 단막극과 장면 작업에 대한 비평을 했는데 우스펜스카야도 그 자리에 참석해 향후 지도를 위한 메모를 했다. 그녀는 연극 리허설에도 참석해 배우들을 지도했고, 수업 시간에 그들이 무대에서 겪는 어려움과 관련된 문제를 내주었다.

볼레슬랍스키는 정기 강의, 그리고 아메리칸 랩 시어터의 공연작 연출을 통해 학생들을 가르쳤다. 그의 페르소나는 파트너의 그것과는 정반대였다. "여사"는 엄격하고 단호한 반면, 리차드는 따뜻하고 친근하며 겸손했다. 그는 학생들이 자신을 별명인 볼리로 부르는 것을 반겼다. 언제나 비밀스러웠던 그는 스타니슬랍스키라든가 과거에 그가 극장에서 거둔 성공에 대한 언급을 거의 한 적이 없었다. 랩의 학생 엘리자베스 페너 그레셤은 볼레슬랍스키의 강의를 처음 들었던 때를 회상했다. 그레셤에 따르면 40명쯤 되는 학생이 랩의 작은 강당에 터덜터덜 걸어 들어갔다. 그곳을 다닌 지 한 달쯤 된 무렵이었다. 그들은 그 전에 "희극 대사 열 줄, 비극 대사 열 줄, 선생님을 위한 '캐릭터' 대사 열 줄"을 준비하라는 말을 들었다.[45] 그들은 전부 다 하나같이 겁에 질려 있었다. 당시만 해도 덩치 큰 남자였던 볼레슬랍스키는 어떤 공간이든 들어서기만 하면 그곳을 호령하는 사람이었다. 그런데 지금 이 순간 그는 자리에 앉아 따스한 목소리로 학생들 중 한 명에게 스스로 고른 대사를 낭송해달라고 말했다. 그녀는 입을 떼는 것조차 못할 만큼 몸을 바들바들 떨었다.

"당신 좀 봐요." 볼리가 말했다. "당신은 겁을 먹었어요, 그러면 안 돼요." 그런 다음 그는 교실을 둘러보았다. "모두들 어린 잎처럼 심하게 떨고 있군요." 그레섬은 그 순간 볼리의 목소리가 "아름답고" "동정심으로 가득하다"는 것을 깨달았다. 그는 떨고 있는 여학생에게 자리에 앉으라고 한 뒤 학생들에게 말했다. "눈을 감고 지금껏 본 적 없는 가장 잔잔하고 근사한 물을 떠올려보세요. (…) 거기, 빨간 타이 맨 학생, 학생은 잔잔한 물을 생각하고 있지 않아요. (…) 거기, 손가락을 물어뜯고 있는 학생, 그렇게 한다고 해서 잔잔한 물이 찾아지지는 않을 거예요." 볼리는 학생 전원이 차분해질 때까지 한 명씩 돌아가며 그런 이야기를 해주었다. 그제야 그는 앞서 요청했던 여학생이 스스로 고른 대사를 낭송하는 모습을 지켜볼 수 있었다. 그는 학생 한 명 한 명을 지켜보고는 말했다. "여러분 모두가 나를 위해 열심히 작업을 해주었습니다. 아주 어려운 시도였어요. 나도 여러분을 위해 한번 해보겠습니다. '줄리엣'이 되겠습니다."

그레섬은 다음에 일어난 일을 이렇게 설명했다.

우리는 꼼짝도 하지 않고 조용히 앉아, 완전히 긴장을 풀고 고개를 숙인 채 무대 중앙에 서 있는 이 거구의 남자를 지켜보았다. 이렇게 생각했을지도 모른다. '줄리엣이라고? 줄리엣!' '저분은 절대 줄리엣을 연기하지 못할 거야.' 얼마 후 학생들 사이에서 일종의 경외감이 섞인 기대가 퍼지는 것을 감지할 수 있었다. 우리는 믿기 시작했다. 우리는 믿었다. 그리고 그는 여전히 움직이지 않았다. (…)

꼬박 10분이 지나자 그가 고개를 들고 입을 열었다. 그리고 그는 줄리엣이었다.

그가 연기를 마치자 40명의 목에서 약간의 신음 섞인 한숨이 새어나왔고, 그는 우리를 향해 활짝 웃었다. 우리는 그를 사랑했다.

볼레슬랍스키는 자신이 학생들에게 끼치는 영향을 잘 알고 있었기에 전지전능한 구루guru가 되기를 거부했다. "여러분은 말하죠. 볼레슬랍스키 씨는 천재라고."[46] 언젠가 그는 수업 중에 이렇게 말했다. "여러분은 그 사람이 여러분을 뛰어난 배우로 만들어줄 수 있다고 생각합니다. 여러분에게 큰 성공을 안겨줄 거라고 생각합니다. 이건 말이 안 됩니다. 오직 여러분, 수업에 들어온 아담한 여성분—우스펜스카야를 가리킨다—에게서 배운 진실을 갖춘 여러분만이 배우가 될 수 있습니다."

볼레슬랍스키는 이론가가 아니었다. 그의 진정한 재능은 실용주의에 있었다. 그가 펼친 가장 철학적인 상상의 나래조차 구체적인 설명과 짝을 이루었다. 그는 감정을 자세히 설명했다. "배우의 작업에서 가장 중요하고 어렵고 정밀한 부분입니다"[47] 또한 "예술에서는 비현실적인 것을 다룰 수 없기" 때문에 감정을 찾기 위해 상상력을 활용하는 일을 분명하게 거부했다.[48] 그러나 그는 무대에서 사용할 정서 기억의 목록을 구축하기 위한 단계별 방법을 학생들에게 알려주었는데, 이 방법이 정서 기억에 대해 쓰인 대부분의 글보다 훨씬 더 큰 도움이 되었다.[49] 볼리는 이렇게 설명했다. 먼저 불시에 어떤 감정이 생겨날 때를 그저 알아차려보라. 예컨대 초대하지 않은 외로움이라는 감정이 슬금슬금 다가오는 것을 느낄 때가 있을 것이다. 그다음 손 안에 든 나방처럼 이 감정을 "붙잡고" 감정을 촉발한 감각 신호sensory cue가 무엇이었는지 알아내려 노력하라. 어쩌면 흐린 날, 이웃집에서 바비큐를 굽던 어떤 사람일지도 모른다. 이 두 요소가 한데 어우러져 처음 새 도시로 이사와 아는 사람 하나 없던 시절을 떠올리게 만들었을 수 있다. 그러면 그 감정과 감정을 촉발시킨 요소들을 공책에 적어두라. 몇 주 뒤에 실제 감정이 아니라 흐린 날의 어스레한 빛과 뜨거운 그릴 위에서 구워지는 치킨 냄새를 떠올림으로써 그 외로움이 다시 느껴지도록 시도해야 한다. 이것을 달성할 수 있다면, 그다음에는 감정을 그대로 유지하면서 우편물을 가지러 가는 것과 같은 2~3분짜리 과업을 완성하는 걸 시도해볼 수 있다. 다양한 감정에 대해 이런 작업을 계속하다보면, "골든북golden book"에 감정의 레퍼토리가 쌓이게 될 것이다.[50] 그런 다음 배역을 연구하다가 특정 감정 상태가 필요한 순간을 발견하면 골든북으로 돌아가 해당 감정을 불러낼 수 있다.

"대단히 흥미롭다. 이런 역할 작업 방식은 정신분석적 방법에 상당히 가깝다."[51] 스트라스버그가 공책에 쓴 메모로 보건대 아마도 스트라스버그는 자신이 느낀 열광의 정도를 과소평가했거나, 아니면 그가 우연히 발견한 것이 무엇인지 아직 깨닫지 못했던 것 같다. 이 아이디어들은 평생 동안 연기에 대한 그의 사고의 핵심이 될 터였다. "내가 손에 넣은 건 비범한 것이었습니다." 스트라스버그는 훗날 랩에 대해 이렇게 말했다. "내 관점을 통째로 바꿔놓았어요. 프로이트를 읽었기 때문에 인간의 무의식에서 어떤 일이 일어나는지에 대해 이미 알고 있었습니다. 하지만 랩은 나에게 그것이 무엇을 의미하는지 보여주었습니다. 내가 보고 듣고 알고 있었지만 이해할 수단이 없었던 것들의 열쇠를 주었습니다."[52]

동시에 그의 눈에 선생님들의 한계가 보이기 시작했다. 아메리칸 랩 시어터의 실제 무대 작업이 그에게는 딱히 흥미롭지 않았다. 그는 볼레슬랍스키가 "창의적인 예술가"는 아니며, 랩은 뚜렷하게 미국적인 극단이 되는 것에는 실패했다고 생각했다. 공부를 시작하고 불과 몇 달 만에 랩에서 자신이 필요한 것은 전부 얻었다고 생각한 스트라스버그는 전문 배우가 되기 위해 홀로서기에 나섰다.

리 스트라스버그가 떠나고 머지않아 또 다른 구도자가 랩으로 가는 길을 발견했다. 스텔라 애들러는, 그녀의 표현에 따르면, "왕국에서 태어났다."[53] 그녀의 아버지 제이컵과 어머니 사라는 이디시어권 세계에서 가장 유명하고 큰 사랑을 받는 사람들이었다. 애들러 가족—아니, 전 세계를 대상으로 했던 애들러의 엽색 행각을 감안하면, 애들러 가족으로 알려진[54]—의 아이들은 대사를 암기할 수 있게 되자마자 연기를 시작했고 왕족 대우를 받았다. 스텔라는 다섯 살 때부터 가족과 함께 공연을 시작했다. 공연이 끝난 후 아버지는 스텔라를 잽싸게 안아 올렸다. "여러분의 아이입니다!"[55] 그는 환호하는 관객을 향해 허공에서 두 발을 달랑거리고 있는 여자아이를 내보이며 소리쳤다.

연기는 가족 사업이었고, 가족을 하나로 묶어준 끈이었다. 스텔라는 아버지와 시간을 보내고 싶을 때면 아버지가 리허설하고 공연을 준비하는 모습을 지켜보곤 했다. 아버지는 여덟 살의 스텔라에게 무대에서 철학자 역할을 할 수 있도록 도서관에 가서 바뤼흐 스피노자의 저서들을 조사하라고 말했다.[56] 그 무렵 이미 그녀는 연극을 안팎으로 속속들이 알고 있었다. 사업 덕분에 부유해진 애들러 가족은 빈민가를 벗어나 부유층 거주지로 이사했다. 사라는 스텔라를 스타의 반열에 올라 화려한 삶을 사는 아이로 키웠다. 스텔라에게는 가정교사가 두 명 있었다. 한 명은 독일인, 다른 한 명은 프랑스인이었다.[57] 음악과 무용 레슨도 받았다. 사라는 해마다 최신 패션을 보기 위해 파리로 여행을 갔는

데, 종종 딸을 데리고 다녔다. 스텔라는 성장하면서 주변 환경의 위엄 있는 분위기에 어울리는 새로운 억양을 쓰게 되었다. 그녀의 말투는 마치 코네티컷에 있는 조상 대대로 부유한 귀족 가문에서 자라다가 런던의 예비신부학교finishing school에 보내진 사람처럼 들렸다. 공연은 그녀의 삶이었다. 하지만 무대 밖 세상, 특히 학교와 평범한 아이들의 세계는 그녀에게 거의 이해가 되지 않는 곳이었다.

1925년이 되자 이디시어 극장은 그녀에게 더 이상 의미가 없어졌고 이디시케이트(yiddishkeit, 유대인의 생활 방식-옮긴이) 사회도 갈수록 갑갑하게 느껴졌다. 그녀의 아버지는 1920년 여름 뇌졸중으로 쓰러진 후 예전 모습을 찾아볼 수 없을 정도로 변해버렸다. 스텔라는 아직 스물다섯 살에 불과했지만 이미 세계 여러 나라를 여행했고, 브로드웨이에 데뷔했으며, 결핵으로 목숨을 잃을 뻔했고, 세르게이 프로코피예프(소련의 작곡가-옮긴이)에게 구애했으며, 말쑥한 영국인 바이올리니스트 호러스 엘리아셰프와 결혼했다.[58] 그녀는 투병하느라 2년간 무대를 떠나 있었지만, 무능한 남편이 일자리를 구하지 못하는 바람에 다시 등 떠밀려 다시피 무대에 섰다. 그녀는 시급 1달러를 받는 코트 모델로 일했고 생필품을 사기 위해 돈을 빌렸다.[59] 유대인의 뉴욕 이민이 정점에 달한 지 10년이 넘었다. 스텔라의 세대는 미국에 동화되고 있었고, 그 결과 이디시어 극장의 문화적 명성이 무너지고 있었다. 이디시어 극장은 결코 평생 배우로 일할 수 있는 수단이 될 수 없었지만, 그녀는 달리 무엇을 해야 할지 몰랐다.

여덟 살 때 그랬던 것처럼 스텔라는 해결책을 찾기 위해 도서관에 갔다. 그녀는 맨해튼 중심가에 있는 도서관에서 "연기 테크닉"으로 분류된 색인 카드를 찾아 서고에 가 책을 꺼냈다.[60] 그중에는 콘스탄틴 스타니슬랍스키가 최근 출판한 『나의 예술 인생』—연기 테크닉에 대한 내용은 거의 나오지 않는 583쪽에 달하는 회고록—도 있었을 것이다. 이름도 모르고 생김새도 결코 묘사되지 않은 한 젊은 남성이 서고에 있던 그녀를 보고 말을 걸어왔다. 연극에 관심을 가진 사람을 기꺼이 돕는 연극광이라서 그랬을 수도 있고, 스텔라의 빼어난 미모를 고려하면 그녀에게 수작을 걸어보려는 심산이었을 수도 있다. 어느 쪽이건 그는 그녀에게 맨해튼 빌리지의 아파트 같은 곳에서 상연 중인 트루베츠코이의 〈바다 여인의 망토〉를 본 적이 있느냐고 물었다.[61] 그는 그 연극이 학교와 연관되어 있다고 생각했다.

그날 스텔라는 객석이 20석 남짓 되는 아메리칸 랩 시어터의 공연 공간에 들어섰다. "많은 면에서 깜짝 놀랐어요."[62] 그녀는 훗날 이렇게 회상했다. "우선 완벽하고 환상적인 공연이었어요. 연기, 관객 모두 다. 객석에 검은색 옷을 입고 외알 안경을 낀 여자가 있었는데, 마치 한 점의 동판화 같았어요." 강렬한 인상을 풍기는 검은 복장의 키클롭스는 물론 마리야 우스펜스카야였다. "래버러토리 시어터에 가서 입단하고 싶다고 말했어요. 그들은 즉시 나를 받아주었고요." 스텔라는 그곳에서 공부를 시작하고 극단에 가입했지만 그녀와 랩의 관계는 시작부터 파란만장했다. 입단 직후 볼리는 그녀에게 〈주홍글씨〉의 한 배역을 제안했지만, 그녀는 대사가 한 줄도 없다는 이유로 거절했다.[63] 스텔라는 볼리가 자신을 온전히 신뢰하지 않는다고 느꼈다.

스텔라가 랩에서 자리를 찾아가는 동안, 리는 전문 배우로서의 경력을 쌓기 시작했다. 시어터 길드의 캐스팅 디렉터 필립 러브는 그에게 길드 공연의 단역 몇 개를 주었다. 리가 맡은 첫 역할은 존 하워드 로슨의

〈행렬성가〉에 등장하는 KKK 단원이었다. 이 역할을 연기하면서 리는 샌퍼드 마이즈너(1905~1997)라는 젊은 배우 겸 피아니스트를 만났고, 둘은 친구가 되었다.[64] 그리고 연극 오디션을 보기 위해 줄에 서서 대기하던 중에 둘은 해럴드 클러먼을 만났다.

파리에서 돌아온 후 클러먼은 프로빈스타운 플레이어스의 수습 단원으로 활동하다 길드로 옮겨 각본 리더script reader 겸 단역 배우로 일하기 시작했다. 리의 연기를 본 클러먼은 리를 "매우 작은 키, 강렬한 인상, 넓은 이마에 팽팽한 피부"로 기억했다.[65] 로어 이스트사이드 출신 유대인 지식인이라는 공통된 성장 배경 덕에 두 사람의 우연한 만남은 강렬한 우정으로 꽃피울 수 있었다.

그들의 우정은 시작부터 서로가 서로를 가르치는 토대 위에서 구축되었다. 스트라스버그와 클러먼은 둘 다 지적이었지만, 사고방식이 달랐다. 클러먼은 음악, 시각예술, 문학, 시를 사랑했다. 스트라스버그는 연극에 거의 편집광에 가까운 흥미를 발전시켰다(만년에는 야구라는 제2의 집착 대상을 얻게 된다[66]). 스타니슬랍스키와 네미로비치처럼 한 사람은 형식을, 다른 사람은 내용을 이해했다. 클러먼은 스트라스버그로부터 연극이 단순히 텍스트를 연기로 옮기는 것이 아님을 배웠다. 볼리의 가르침대로 연극은 연출, 연기, 디자인, 입말이 한데 섞이면서 각 개별 요소보다 더 위대한 무언가를 탄생시키는 것이었다. 클러먼은 스트라스버그에게 텍스트가 그저 "문학적 소재"가 아닌, "인간의 의미를 전달하는 매개체"라는 것을 가르쳐주었다.[67]

연기와 연출에 관한 스트라스버그의 이론에 흥미를 느낀 클러먼은 친구가 정서 기억과 그 밖의 테크닉들을 실험하는 것을 보기 위해 크리스티 스트리트 사회복지관으로 향했다. 감사의 표시로 클러먼은 스트라스버그에게 『뉴욕 타임스』가 "프랑스 연극계의 대반역자"라고 부른 전설적인 프랑스 연출가 자크 코포와의 만남을 주선했다.[68] 클러먼은 파리 시절부터 코포와 알고 지낸 사이였다. 그는 코포를 크리스티 스트리트로 초대했는데, 스트라스버그가 그곳에서 다름 아닌 코포의 작품 〈생가生家〉 공연을 호령하고 있었다. 프랑스의 거장은 공연이 끝나자 열렬한 박수를 보내면서 "굉장히 근사했습니다. (…) 정말 좋았어요"라고 말한 다음, 프랑스인 특유의 양면적인 분위기를 풍기며 "우리는 다르게 했습니다"라는 말을 시작으로 자세한 설명을 덧붙였다.[69]

　클러먼은 스트라스버그가 그에 대한 반응으로 무슨 말을 하건 통역해주려고 자리에서 일어났지만 친구는 아무 말도 하지 않았다. 앞으로 오랜 세월 동안 클러먼은 이 사건을 어떤 패턴의 하나로 여기게 된다. 스트라스버그는 오만함으로 자신의 무능을 감추었다. 이 순간 해럴드에게 비친 리의 모습은 "두려움과 불안으로 겁에 질린 사람"이었다.[70] 스트라스버그는 그저 남들과 대화하는 데 어려움을 겪었을 뿐이라고 주장했다. 그는 가족들과도 거의 대화를 나누지 않았다. 사회적 상호작용의 기본 원칙들이 스트라스버그에게는 완벽한 미스터리였다. 그는 사람들에게 '안녕'이나 '잘 가' 같은 인사조차 하지 않았다. 그 말이 의미하는 바를 이해하지 못했기 때문이다. "자라면서 우리 가족은 '안녕'이라는 인사를 한 적이 없습니다."[71] 언젠가 그는 이렇게 설명했다. "누가 '안녕'이라는 말을 썼을까요? 어머니는 거의 군대 수준의 많은 아이들과 하숙생, 그리고 남편을 건사했습니다. 바닥을 걸레질하다 고개를 들어 나에게 '안녕'이라는 말을 할 겨를이 있었을까요? 그리고 누가 '잘 가'라고 인사를 했을까요? '잘 가'가 무슨 뜻이죠? (…) '잘 가'라니, 무슨 말도 안 되는 소리예요?"

클러먼은 리가 어울리기 쉽지 않은 사람일 수도 있다는 것을 알고 있었다. 하지만 크리스티 스트리트에서 하는 그의 작업은 그가 배우 예술의 미스터리를 풀어냈음을 보여주었다. 결코 겸손한 사람이 아니었던 스트라스버그는 자신에게도 특별한 무언가가 있다고 믿었다. 어느 날 두 사람이 길드에서 특히 안 풀리던 리허설을 지켜보고 있을 때였다. 한 배우가 어떤 장면에 필요한 감정을 찾지 못하자 스트라스버그가 클러먼 쪽으로 몸을 기대며 속삭였다. "나라면 저 배우에게서 감정을 끌어낼 수 있을 거야."[72]

그 무렵 클러먼은 길드에 환멸을 느끼기 시작했다. 그는 훌륭한 연출가가 훌륭한 출연진과 함께 만든 훌륭한 연극들이 무대에서 죽어가는 광경을 지나치게 자주 목격했다. 어느 누구도 소재에 명확한 관점을 갖고 있지 않거나, 그것을 사람들의 삶에 어떤 방식으로 전달해야 할지에 대한 진정한 이해가 없었기 때문이다. 에런 코플런드는 유럽에서 개발된 도구와 기술을 활용해 미국의 갈망, 미스터리, 투쟁, 잠재력, 고통에 어울리게 변형한 새로운 미국식 교향악을 창조할 방법에 대해 고민하기 시작했다. 누군가는 연극을 위해 이런 일을 해야 했다. 어쩌면 클러먼이, 또는 그와 스트라스버그가 그런 일을 할 수 있을지도 모른다.

스트라스버그와 클러먼은 볼레슬랍스키가 1927년 아메리칸 래버러토리 시어터에 개설한 연출가 과정에 등록했다. 스트라스버그가 수업에 출석했는지 여부는 불분명하다.[73] 반면 클러먼은 랩에서 보내는 시간을 힘닿는 데까지 활용했다. 강의와 장면 연구 워크숍을 수강하고, 볼레슬랍스키가 지휘하는 리허설도 참관했다. 스트라스버그와 마찬가지로 클러먼도 랩의 공연작들에 부족한 점이 있다고 생각했다.[74] 20대

초반의 사람들이 할머니를 연기하면서 작품에 전문가적인 가치가 있다는 것을 세상에 납득시키기란 어려운 일이라고 그는 느꼈다.

볼레슬랍스키는 연출가 과정 학생들에게 극적인 행동을 반복해서 훈련시켰다. "여러분이 세상에 태어났을 때,"[75] 그가 말했다. "첫 순간부터 행동을 하기 시작합니다. 무언가를 하기 시작합니다." 연극에서 배역은 "여러분이 원하고 행하는 문제들의 집합입니다."[76] "시스템"에서처럼 배우는 부정사infinitive verb를 활용해 자신의 욕망을 기록하여 각 순간의 문제와 그 문제에 적합한 행동을 찾아내야 한다. 이 행동들은 결과적으로 주어진 상황에 좌우된다. '캐릭터의 중심에는 행동이 있고, 행동은 문제의 결과로 발생하며, 문제는 세심한 텍스트 분석과 창조적인 해석을 통해 결정될 수 있고, 그것들은 부정사의 형태로 표현할 수 있다.' 이 기본 아이디어가 리차드 볼레슬랍스키가 미국에 준 위대한 선물이었다. 그리고 이 선물은 20세기 대부분의 기간 동안 캐릭터를 탐구하고 연기를 가르치는 기준이 되었다.

우리가 연기와 극작 분야에서 쓰는 예술 용어인 "비트the beat"라는 단어 역시 그의 가르침에서 얻었을 가능성이 크다.[77] 스타니슬랍스키는 캐릭터의 기본 행동 단위를 "조각bit"이라고 불렀다. 과업/문제가 바뀌면 새 조각이 시작된다. 그 조각들을 정렬하면 스타니슬랍스키가 행동 관통선이라고 불렀던 역할의 기본 형태를 얻게 된다. 맡은 배역이 감당하기 어렵게 느껴진다면, 당신이 해야 할 일은 오로지 당장 앞에 있는 조각에 집중하는 것이다. 볼레슬랍스키와 우스펜스카야 둘 다 이 용어를 사용했다. 다만 그들의 강한 러시아 억양 때문에 "조각(bit)"이 "비트(beat)"로 들렸다.

클러먼은 랩의 단원이던 시절에 스텔라 애들러를 만났다. 아마 1927년 3월 아니면 4월이었을 것이다. 스텔라는 최근에 딸 엘런을 출산했다. 1년 전 그녀의 아버지이자 클러먼의 영웅이었던 제이컵 애들러가 세상을 떠났다. 그의 시신은 히브리 액터스 클럽에 안치되었고, 수만 명의 조문객이 문상했다.[78] 아버지의 죽음과 딸의 출생으로 1927년 무렵 스텔라에게 재정 위기가 닥쳤고, 이는 그녀와 랩 사이의 갈등을 더욱 고조시켰다. 어빙 플레이스 극장에서 극장의 다음 시즌에 그녀를 캐스팅하고 싶어 했다. 평소 자제심 강하고 따스한 사람인 볼레슬랍스키는 스텔라에게 "당신이 랩을 떠나겠다면 랩을 떠나는 정확한 이유를 적은 메모"를 달라는 편지를 보냈다.[79] "나는 랩의 모든 사람들, 내가 최상의 연기를 보고 싶은 배우들을 중심으로 레퍼토리를 구성하고 있기" 때문에 그녀가 뒤늦게 이탈한다면 극단의 시즌이 혼란에 빠질 것이라고 호소했다.

볼리와 우스펜스카야 앞으로 보낸 스텔라의 답장은 그해 연말 그녀가 얼마나 큰 상실감과 분노를 느끼고 있었는지를 보여준다. 그녀는 극장은 "나의 집이고 놀이터고 성전이었습니다. (…) 다른 삶은 모릅니다. 나에게 다른 집은 없습니다. 이곳은 아버지가 병에 걸리기 전까지 나를 보호해주었습니다"라고 썼다.[80] 그녀는 아버지의 장례식 비용이 가정을 거의 파탄 지경으로 몰고 갔다고 설명했다. 스텔라는 이 위기를 무사히 넘겼다. 어느 정도는 랩과 랩의 이상理想, 좋은 배우에게서 위대한 예술가가 탄생할 수 있다는 랩의 약속 덕분이었다. 하지만 그런 이상도 뉴욕의 고달픈 현실에 부딪혀 좌초하고 말았다. 랩은 스텔라에게 충분한 급여를 주지 못했다. 그녀가 랩이 아닌 다른 극단에서 일하고자 했을 때 그녀는 "주거 환경도 좋고 잘 먹으며 안락하게 사는 이상주의자들로 구성된 위원회"에 주말에 단 하루라도 다른 곳에서 연기할 수 있도록 특별 허가를 내달라고 간청해야 했다. 이제 그녀에게는 별도의 일거리를 찾는 것 외에 다른 선택지가 없었다. 그녀의 남편은 "신경이 완전히 망가져" 일을 그만두었다. 그녀는 곧 가족의 생계를 위해 돈을 빌려야 하는 처지가 되었다. "이번에는 위원회도 나를 붙잡아둘 수 없습니다." 그녀는 반항조로 썼다. "나와 같은 문제를 맞닥뜨린 래버러토리 시어터의 사람들은 개인 소득이 있습니다. 다른 사람들은 아이를 갖지도 않았죠." 스텔라는 워킹맘이자 가족의 생계를 책임지는 유일한 사람으로서 랩이 표방하는 집단적 에토스의 한계를 분명히 볼 수 있었다. 그녀 주변 사람들은 아무도 보지 못할지라도 말이다.

그러나 볼리는 그녀의 상황을 자신이 말하는 것보다 훨씬 더 잘 이해했을지도 모른다. 1927년에 리차드의 연소득은 랩에서 일하고 받은 2600달러가 고작이었다.[81] 그는 학교 외부에서 연출 일을 하면서 연소득이 3850달러로 올랐는데, 오늘날의 화폐 가치로는 연간 5만 달러쯤 된다. 하지만 그의 문제는 금전적인 문제 그 이상이었다. 인기를 얻고 진정한 성공을 거둔 랩이 되는 것에 실패한 그는, 완전 상심까지는 아니지만, 실망하기 시작하고 있었다. 미국에서 랩의 분파는 단 하나도 생겨나지 않았고 자금은 늘상 씨가 말랐다. "볼레슬랍스키가 처음 랩을 시작했을 때 (…) 그는 이 나라에서 극장이 어떤 곳인지 전혀 몰랐습니다."[82] 그의 제자 프랜시스 퍼거슨이 말했다. "그는 잘 훈련되고 좋은 취향 등에 의해 관리되는 작은 그룹을 만들 수 있다면 성공할 거라 생각했죠." 그러나 오히려 최고의 배우들이 랩을 떠났다. 랩이 그들을 거둘 형편이 못 되었기 때문이다. 그는 브로드웨이에서 연출을 맡았지만, 축약하고 대충대충 하는 리허설, 스타 시스템, 자본주의적 가치관을 가진 상업

극장을 싫어했다. 1926년 11월 볼레슬랍스키는 『뉴욕 타임스』에 자신이 느낀 환멸과 랩의 실패는 이제 불가피한 일이 되었다는 생각을 밝히는 칼럼을 기고했다. 스스로를 비꼬며 "실험자"라고 부른 그는 "한 가지 단순한 사실, 그러니까 레퍼토리 극단은 특별한 국가의 특별한 산물이라는 것, 심지어 국가 발전 단계에서 특정 시기의 산물이라는 것"을 잊었다며 사람들을 질책했다.[83] 레퍼토리 극단은 지금 이 순간 미국에서는 가능하지 않았다. "미국은 군중에게서 태어나 군중에게 받아들여지는 개인들의 나라이다. 개인주의는 국가의 타고난 특징이다. 그것은 역사적 유산이다." 그는 분명 젊은 시절의 자신을 가르치고 있었다.

볼레슬랍스키의 결혼 생활도 랩만큼이나 성취감을 주지 못했다. 1929년 초 그는 나타샤와 이혼하고 음악가 노마 드루리와 결혼했다.[84] 드루리는 볼레슬랍스키의 연출작 중 한 편의 피트(pit, 무대 앞 아래쪽에 마련된 연주자들의 자리-옮긴이)에서 연주한 적이 있었다. 같은 해 4월 볼리는 영화를 연출하기 위해 할리우드로 떠났다. 그는 잠시 휴가를 떠나는 거라고 주장했지만, 모두들 그가 다시는 돌아오지 않으리라는 것을 알고 있었다. 모스크바 예술극장의 프라하 그룹을 이끌었던 마리야 게르마노바가 그를 대신해 잠시 랩을 맡았다. 그해 10월 주식 시장이 붕괴하면서 랩을 후원하던 이들의 재산을 휩쓸어갔고, 랩은 영원히 문을 닫았다.

하지만 랩의 꿈은 아직 끝나지 않았다. 1926년 『뉴욕 타임스』에 쓴 글에서 볼레슬랍스키는 앞으로 나아갈 수 있는 길을 분명하게 설명했다. "미국에서 레퍼토리의 선지자들은 미국인의 삶 속으로 들어가 미국이 어떤 종류의 레퍼토리 극장을 원하는지 파악해야 할 것이다. 답을 찾아낸다면, 그들은 미국을 정복할 것이다."[85] 1920년대 말 리 스트라스버그와 해럴드 클러먼이 답을 찾기 시작했다. 두 사람은 시어터 길드의 백스테이지와 사무실에서, 작은 식당과 서로의 아파트에서 했던 대화를 통해 유럽 최고의 아이디어를 미국적인 연극과 미국인 배우와 미국의 사회 문제에 맞게 각색하는 진정한 미국식 레퍼토리 극단을 상상했다. 그런 극단은 함께 훈련하고 연기 테크닉을 공유해야만 비로소 이뤄낼 수 있을 것이다. 연기 테크닉은 "시스템"을 기반으로 하겠지만, 당시 그들은 이 단어가 지나치게 거창하다고 생각했다. 그들은 조금은 겸손하면서도 더 서술적이고 더 단순한 이름을 원했다.[86] 그리고 이 테크닉을 그들만의 메소드method라고 불렀다.

10장

나는 이 작업에 열정이 있다오

1930년 해럴드 클러먼은 넌더리가 났다. 그에게는 함께 뉴욕 거리를 거닐며 대공황기에 접어든 새로운 미국의 문제를 다룰 수 있는 극단을 설립하는 문제에 대해 밤늦게까지 이야기를 나눌 리 스트라스버그라는 몽상가 친구가 있었다. 하지만 그에게는 둘이 서로에게 끊임없이 설명하는 이 극단을 설립할 수단이 없었다. 해럴드가 보기에 이 나라가 겪는 경제적·문제는 이 나라의 정신적 문제를 반영한 것이었다. 1920년대에 미국인들은 전후 경제 호황의 눈부시면서도 공허한 즐거움에 열광하고 있었다. 의미는 결여된 채 전염성 강한 추진력만이 난무하던 시대이자, 맹렬한 행동의 회오리 속에서 소용돌이치는 사람들로 가득했지만 실질적인 성과는 전혀 이루지 못한 시대였다. 프랑스 예술가들은 제1차 세계대전이라는 대재앙과 삶의 공허에 다다Dada 같은 아방가르드 도발로 맞대응했다. 그들의 횡설수설하는 시詩는 감각과 의미라는 바로 그 생각을 거부했다. 프랑스 문화의 전투적인 기상과 독창성이 클러먼을 황홀하게 만들었지만, 프랑스 문화는 미국에 맞지 않았다. "우리 미국인들은 **새로워**."[1] 클러먼이 에런 코플런드에게 말했다. "우리에게는 우선 우리 경험을 그야말로 의식적으로 구현한 예술이 필요해. 문화는 개인이자 공동체인 우리의 자아실현에 기여해야 한다고."

그의 주변에 있는 다른 예술 분야에서 활동하는 친구들이 미국적 경험을 구현하는 일에 도전장을 냈다. 앨프리드 스티글리츠는 앤더슨 갤러리의 수장으로서 조지아 오키프, 존 마린, 아서 도브 같은 화가들을 "단순히 개인의 재능이 아니라, 예술계보다 더 큰 무언가, 이 나라에서 약동하는 무언가를 대표하는 사람"으로 옹호했다.[2] 그리니치빌리지에서 벌어진 좌파 연극운동을 통해 부상한 존 더스패서스는 전통적인 내러티브, 신문 기사의 조각, 의식의 흐름, 역사적 인물의 전기를 뒤섞어 미국을 소환하는『미합중국』3부작의 1권을 막 출판했다.

클러먼은 미국의 극장이 지금보다 더 나은 곳이 될 수 있다는 걸 알았다. 물론 극장이 길게 늘어선 식량 배급 줄을 해결해주지는 못하겠지만 정신적인 자양분을 제공할 수는 있다. 누군가가 그와 스트라스버그에게 그 방법을 알아내는 데 필요한 돈을 주기만 한다면! 1928년에 그들은 잠시나마 기회를 가졌다.[3] 시드니 로스라는 연극 기획자 지망생이 리허설 과정에 "시스템"을 적용하는 방법을 궁리해보라며 자기 건물을 사용하게 해주었다. 잠정적으로 향후 투자도 약속했다. 결과물은 가망이 있었지만, 로스가 막판에 겁을 집어먹고 약속을 취소했다. 그러면서 해럴드는 시어터 길드에서 꼼짝없이 희곡을 읽는 주요 스태프 중 한 명으로 일했고,[4] 리는 배우로서 무대에 섰다.[5] 두 사람 모두 그들에게 귀를 기울이는 누구에게든 고용주와 그들의 비전 부재에 대해 불평을 늘어놓았다.

    10월의 어느 날 밤 백스테이지에서 친구이자 동료인 셰릴 크로퍼드가 두 사람에게 가세했다.6 오하이오주 애크런에서 나고 자란 크로퍼드는 클러먼이나 스트라스버그와 마찬가지로 어렸을 때부터 열렬한 독서광이었다. 그녀는 어린 시절 디킨스와 월터 스콧의 글을 모두 탐독한 후 19세기 시로 관심을 옮겼고, 19세기 시는 그녀의 진정한 첫사랑이 되었다. 저녁이면 그녀는 동네 아이들의 아이디어에 응하여 즉흥으로 지어낸 정교한 이야기로 아이들을 즐겁게 해주곤 했다. 젊고, 유난히 똑똑하며, 추진력 있고, 동성애자였던 그녀는 애크런을 벗어날 날만을 학수고대하다 1921년 스미스 대학에 진학했다. 그리고 2년 만에 스미스 연극협회를 장악했다. 일부 학생들이 그녀는 "괴팍한 데다 '행동이 미덥지 못하기' 때문에" 자격을 박탈해야 한다고 주장했는데도 말이다.7 크로퍼드는 자신의 첫 공연작인 인도의 고전 〈샤쿤탈라〉를 연출하면서, 창의력을 발휘해 제작비 한 푼 들이지 않고 연극을 무대에 올렸다. 그 후에는 프로빈스타운의 보헤미안들에게 합류했고, 동료 학생들과 담배를 피운다는 이유로 스미스 대학에서 쫓겨날 뻔했으며, 졸업 후에는 시어터 길드가 새로 만든 연기 학교에 입학했다. 클러먼과 스트라스버그를 처음 만났을 때, 그녀는 길드에서 무대감독 보조로 일하면서 받는 몇 푼 안 되는 보수를 도박, 밀주 제조, 그리고 그녀의 표현에 따르면 "슈거 대디(sugar daddy, 돈으로 젊은 여성들의 환심을 사는 부유한 중년 남성-옮긴이)"를 확보하는 것으로 보충하고 있었다.8 1930년에 크로퍼드는 길드의 캐스팅 디렉터로 일했다. 해럴드는 크로퍼드가 고용주에 대해 자기와 같은 감정을 공유하고 있다는 것을 알았다. 1년 전 두 사람은 현시대를 이야기하는 연극을 제작하는 실험적인 스튜디오였지만 단명하고 만 시어터 길드 스튜디오를 책임지고 있었다.9 길드는 한 작품을 제작한 후 스튜디오를 접었다.

백스테이지에서 해럴드는 그녀 옆에 앉아 다시 길드를 비판하기 시작했다. 길드는 "창작자라기보다 숭배자였다. 주도자이기보다 모방자였고, 최초의 정착자이자 개척자라기보다 구매업자이자 유통업자였다."10 그들은 문학적 가치가 있는 작품을 무대에 올렸지만, 이렇다 할 관점이랄 것이 딱히 없었다. 연출가와 대본이 서로에 대한 진정한 감정 없이 중매결혼을 한 채 불안하게 공존했다. 또한 훌륭한 연기를 얻기 위한 방법론이 전혀 없었다. 앨프리드 런트를 봐! 그의 감정 연기는 막연해. 감정은 구체적이어야 한다고. 모스크바 예술극장의 배우들이 보여준 것처럼.11

결국 그는 크로퍼드에게 시선을 돌렸다. "이건 네가 원하는 게 아냐, 그렇지?"12

클러먼과 스트라스버그에게는 아이디어가 있었지만 크로퍼드는 그들이 어떻게 운영해야 할지 모르고 있다는 것을 알았다. 그녀는 마음에 드는 배우 몇 명을 방으로 데려와 배우들이 **그룹 아이디어**Group Idea라고 알려지게 될 것을 어떻게 생각하는지 알아보자고 제안했다. 훗날 그녀가 썼다. "4년이 걸리기는 했지만, 해럴드와 리는 내 마음을 유혹하는 데 성공했다."13

그들이 곧 설립할 극단의 나머지 단원들에게는 유혹이 훨씬 더 빠르게 진행될 터였다.

그룹 시어터가 눈부시게 부상했다 떠들썩하게 몰락하고 수십 년이 지난 후, 스텔라 애들러는 한 다큐멘터리 작가와의 인터뷰에서 그룹 시어터의 기원에 대해 이야기했다. "클러먼의 설득력은 뭔가 유별났어요."14 해럴드의 설명은 이런 식이었다. "사람들이 꿈속에서 찾고 있는 것이 무엇인지 분명하게 표현하고, 그 자리에서 꿈에 대해 대단히 감명 깊게 포장하면 사람들은 그 꿈을 믿었죠." 1930년 11월 클러먼은 자신의 아파트에서 "대단히 감명 깊은" 발언들을 쏟아내기 시작했다.15 참석자는 그가 자신들의 신념에 동조할 거라 믿은 프랜쇼 톤과 모리스 카노브스키 같은 배우들이었다. 해럴드는 이렇다 할 대의명분이 없을 때는 밤중에 묵묵히 숲을 지켜보는 부엉이처럼 과묵한 사람이었다. 하지만 일단 내면에 불꽃이 타올랐다 하면 전도사처럼 즉석에서 몇 시간이나 연설을 할 수 있었다. 심지어 자신의 주장을 강조하기 위해 공개적인 비난이나 무례한 행동도 서슴지 않았다.16

그의 일장 연설에서 몇 번이고 반복된 주제는 "미국은 아직 제대로 된 극단을 갖지 못했다"는 것이었다.17 사람들은 미국에 좋은 대본이 없다고 불평을 늘어놓지만, 제작자 사무실에 멋들어진 작품이 넘쳐나도 "여전히 극단 설립에는 거의 영향을 미치지 않았을 것이다. 우리 친구들은 연극에 대한 진정한 이해도, 연극이 무엇인지에 대한 기본 개념도 없는 채로 감상적인 생각에서 나온 사소한 비판과 비난만 일삼을 뿐이다." 연극은 세련된 교양인을 위해 상연하는, 유럽에서 들여온 그저 그런 중간급의 성공작이 아니었다. 보드빌이나 시사풍자극도 아니었다. 연극은 예술이었다. 고대 이야기꾼이 모닥불 곁에서 했을 법한 방식으로 "배우의 존재감"을 활용해 시대를 이야기하고 관객이 느끼는 영적 욕구에 대해 이야기하는 예술 말이다.18 미국은 그런 느낌을, "배우와 극작가"가 "서로와, 그리고 대중과 하나"가 되어 "과거와 현재의 모든 경험을 보편적인 언어"로 함께 표현하는 존재라는 **아이디어**를 상실했다.19

이는 모든 배우들의 관심이 온통 브로드웨이에서 고정적인 일자리를 따내는 데에만 쏠려 있었기 때문이었다. 한편 제작자들은 고대의 뮤즈 대신 전능한 달러를 맹종했다. 미국의 연극은 스스로 상품이 되었다. 연극은 사회의 생명선이 되어야 한다.

연극이 단순한 오락 이상의 것이 되려면 제작사들이 당대의 사회상에 대한 관점을 갖출 필요가 있다. 통일된 관점을 가진 극단만이 이 목표를 달성할 수 있을 것이다. 훗날 클러먼은 "삶이 출발점이고, 삶에 미치는 영향이 우리 노력의 목표라면, 그룹의 모든 단원에게 공통적으로 적용 가능한 접근법을 규정해야 했다"라고 썼다.[20] 그 방식은 스트라스버그와 클러먼이 아메리칸 랩 시어터에서 배운 "시스템"이었다.

1930년 11월부터 1931년 5월까지, 해럴드 클러먼은 거의 빼놓지 않고 금요일 밤마다 연설을 했다.[21] 연설은 정확히 11시 반에 시작해 할 말이 바닥났을 때에야 끝났다. 배우들은 친구를 데려와 클러먼의 연설을 경청하고 그가 졸도 직전이다 싶을 정도까지 연출해내는 놀라운 광경을 지켜보았다. 주간週間 담화는 클러먼의 아파트에서 더 많은 인원을 수용할 수 있는 크로퍼드의 아파트로, 최종적으로 스타인웨이 홀의 넓은 방으로 옮겨갔다. 청중의 규모는 갈수록 커졌지만 클러먼이 군중 속에서 보고 싶었던 사람은 단 한 명뿐이었다. 바로 스텔라 애들러. 그는 랩에서 그녀를 만난 후 몇 년 동안, 그로서는 다소 경악스럽게도, 그녀에게 푹 빠져버렸다. 새로운 연극을 향한 갈망과 애들러를 향한 갈망을 그는 분리할 수 없었다. 그 일은 동시에 발생했다. "누릴 수 없는 즐거움, 추구하지 않는 목적을 위해 스스로도 알지 못하는 곳으로 끊임없이 이동하는" 시시한 인생을 살아가고 있는 미국인에 대한 그의 진단은 잃어버린 세대Lost Generation에 대한 전망인 동시에 스텔라가 없는 그의 인

생에 대한 전망이기도 했다.[22]

1930년에 스텔라는 위태위태한 결혼 생활을 이어가고 있었지만 자신이 해럴드를 원하고 있는지 아닌지를 판단하지 못했고, 해럴드도 그런 상황을 알고 있었다. 그녀는 항상 자기가 아버지 같은, 그러니까 카리스마 넘치고 똑똑하며 잘생기고 자기 분야의 거물인 남자를 찾을 거라고 생각했다. 그렇다, 클러먼은 똑똑했다. 그리고 카리스마도 있었다. 다만 남자다운 강건함이 없었고 미남도 아니었다. 게다가 그는 무일푼이었는데, 그녀에게는 보살펴야 하는 딸이 있었다. 클러먼은 무대 뒤에서 그녀를 만나 강연에 와달라고 애걸하는 등 온갖 수단을 동원해 그녀에게 구애했다. 스텔라는 클러먼의 강연이 인상적이라고 생각하긴 했지만, 여전히 그에 대한 확신이 없었다. 어떤 면에서 보면 그녀는 시종일관 해럴드가 자신을 사랑한다는 사실 그 자체를 사랑했던 것 같다. 스텔라가 투어 중에 해럴드에게 보낸 한 전보에는 이렇게 쓰여 있었다. "당신이 나를 잊는 중이라면 돌아갈 거야. (…) 그렇지 않다면 여기 머무를게."[23]

그의 강연에 참석했던 수많은 사람들이 가진 확신은 그녀가 가진 확신보다 컸다. 그들 중 일부는 시드니 로스나 시어터 길드 스튜디오와의 협업에 실패한 경험이 있었다. 또 다른 일부는 클러먼에게 마음을 빼앗긴, 그의 포부에서 활력을 얻은 이들이었다. 그의 강연이 끝나면 사람들은 콜럼버스 서클에 있는 차일즈Child's에 가서 커피를 마시며 미국인의 삶을 분석하고, 미국인의 삶을, 그리고 동시에 연극을 어떻게 바로잡을 것인지에 대한 이야기를 나눴다.[24] 곧 클러먼이 꿈꿔왔던 극단이 현실이 되고 있음이 분명해졌다. 크로퍼드, 클러먼, 스트라스버그는 앙상블의 에토스에 경의를 표하기 위해 극단 이름을 '그룹 시어터'라고 지었다. 그들이 세운 계획은 상설 레퍼토리를 보유한 극단으로서 브로드웨이에서 연극을 제작한다, 작업을 하건 하지 않건 단원들에게 급여를 지급한다, 스트라스버그의 연기 방법과 클러먼의 그룹 아이디어를 한데 묶는다,는 것이었다.

크로퍼드와 클러먼과 스트라스버그는 오디션과 인터뷰를 통해 극단에서 새로운 연기를 펼칠 사람들을 선발했다. 업계 전문지들은 길드의 단원들이 벌인 반항 행위를 요란하게 떠들어대기 시작했다. 시어터 길드의 최고위 인사인 테리사 헬번이 해럴드를 만났다.[25] 해럴드는 헬번에게 극단 설립을 준비 중이라고 말했다. 그는 길드가 자신들의 행보에 관심을 가지게 될 거라고 생각했다. 길드는 이 모든 것을 어떻게 해야 할지 확신이 서지 않았지만, 폴 그린의 〈코넬리의 집〉의 제작 옵션, 그리고 길드와 계약에 묶여 있는 프랜쇼 톤과 모리스 카노브스키의 출연 허가와 함께 그룹Group을 승인했다.

은행이 수십 곳이나 파산하고 실업률이 15퍼센트 이상 치솟았지만, 크로퍼드와 클러먼과 스트라스버그—이제 셋을 통칭해 "연출가들the Directors"이라고 불렸다—는 친구들로부터 자금을 모았다. 그들은 "연극에 어떤 기회가 있는가?"라는 제목의 심포지엄을 개최했다. 『데일리 뉴스』는 그룹이 거부했던, 휘황찬란한 즐거움과 특별 즉흥 공연 모델의 제왕이던 전설적인 연극 기획자 데이비드 벨라스코의 죽음을 애도하는 칼럼과 같은 지면에 심포지엄에 대한 기사를 게재했다.[26] 몇 달 후인 1931년 여름, 새로운 극단은 코네티컷주 브룩필드 센터에 있는 그들만의 '푸시키노'로 출발했다.

메소드는 뜨거운 물이 나오지 않는 휴양지에서 떠들썩하게 보낸 10주

동안 벼려졌다. 배우들은 그 자리에 함께하는 특권을 얻기 위해 90달러를 지불했다.27 극단에는 스트라스버그, 보비 루이스, 샌퍼드 마이즈너, 모리스 카노브스키, 스텔라 애들러 등 20세기의 걸출한 연기 교사가 될 이들이 많았다. 그 밖에 프랜쇼 톤처럼 인기 영화배우가 된 사람들도 있었다. 단원 중 한 명이자 신경이 과민한 왕따였던 클리퍼드 오데츠는 1930년대의 가장 중요한 미국 극작가이자 프롤레타리아의 정서를 담은 시로 아서 밀러와 테너시 윌리엄스에게 영감을 준 작가가 되었다. 하지만 1931년 여름 그들은 이제 막 발걸음을 뗀 1세대 유대인과 와스프(WASP, 앵글로 색슨계 미국 신교도-옮긴이) 무리였을 뿐이었다. 그들의 임무는 스트라스버그와 클러먼의 지도와 감독 아래 똘똘 뭉친 극단이 되는 것, 동시에 9월 말에 막을 올릴 〈코넬리의 집〉을 준비하는 것이었다. 목적의식에 불타오른 그들은 후대를 위해 '브룩필드 다이어리'라고 부른 집단 일지에 그들의 첫 여름을 기록했다. 배우 메리 모리스는 이렇게 썼다. "창조적인 일을 하는 사람으로서 우리가 맡은 작업은 (…) 수많은 단계를 거쳐야 한다. 많은 작업과 재작업. 우리의 작업은 인내심을 요구한다. 지금 이 순간 일어나는 일의 너머 혹은 저변을 보기 위한 비전. 우리에게는 이곳에서 하는 작업으로 온전히 흘러들어오게 할 에너지가 있다. 걱정 따위에 쏟을 시간이 없다. (…) 나는 정말 너무나 행복하다."28

첫날 그들은 짐을 풀고 점심을 먹고 야구를 했다(하드 슬러거스가 케이지 번터스를 이겼다29). 수영을 하고 낮잠을 잤다. 해 질 무렵 클러먼의 또 다른 연설과 함께 본격적인 작업이 시작되었다. 루이스 레버럿은 "해럴드가 현재의 연극이 배우들에게 주입하는 독毒에 대해 다시 한 번 언급하며, 그 독이 배우들을 진짜처럼 보이는 것은 무엇이든 본능적으로 기피하게 만들었다고 말했다"라고 썼다.[30] 그들은 스트라스버그를 〈코넬리의 집〉 연출가로, 셰릴 크로퍼드를 공동 연출가로 정했다. 크로퍼드는 이 결정에 깜짝 놀랐는데, 이 작품을 제작하자는 아이디어를 낸 사람이 바로 자신이었기 때문이다.[31] 그러나 스트라스버그가 연출 경험이 더 많은 데다 "극단을 위한 통합된 단일 방식"을 만들어낼 사람이 될 것이므로 그를 우선적으로 연출가 자리에 앉히는 것이 합리적일 수밖에 없었다.[32] 크로퍼드가 맡은 주된 책임은 출연진 중에서 극단 설립 워크숍에 초대받지도, 그룹 활동 참여를 허락받지도 못한[33] 아프리카계 미국인 단원들을 데리고 연습을 하는 것이었다.[34]

그룹은 미국의 사회 문제가 작업에서 차지하는 중요성에 대해 쉬지 않고 이야기를 나누었지만 백인 우월주의는 거의 언급되지 않았다. 1930년대에 그들은 지구상에서 가장 미국적인 극단이 되기를 원했지만, 그들의 미국은 랭스턴 휴스가 아닌 월트 휘트먼의 미국이었다. 그들은 듀크 엘링턴이 아니라 베토벤을 들었다. 조라 닐 허스턴이 아니라 존 더스패서스의 친구였다(랭스턴 휴스, 듀크 엘링턴, 조라 닐 허스턴은 흑인이다-옮긴이). 그들이 이야기를 들려주고 싶은 미국은 자신과 닮은 미국이자 자신과 같은 문제, 예컨대 일자리 부족, 생활비 부족, 삶의 의미 결여 등으로 고통받는 미국이었다. 〈코넬리의 집〉에 출연하는 흑인 배우 로즈 매클렌던과 패니 디나이트는 브룩필드 다이어리나 해럴드 클러먼의 회고록, 셰릴 크로퍼드의 회고록에서 거의 언급되지 않는다. 오데츠는 브룩필드 다이어리에 〈코넬리의 집〉에 캐스팅되지 못한 단원들의 운명에 대해 논하면서 조롱하듯 흑인 영어 사투리를 슬쩍 끼워넣어가며 극단의 B급 단원들을 "우리 불쌍한 검둥이들niggers"이라고 불렀다. 극단이 존속한 10년이 넘는 기간 동안 그룹은 좋은 대본이 없다고 끊임없이 한탄했지만, 도심에서 지하철로 몇 정거장 떨어진 곳에서는 할렘 르네상스가 만개하고 있었다. 백인만으로 구성된 앙상블인 이 극단은 흑인 연극에 대한 권리를 어떻게든 확보했더라도 그걸 무대에 올릴 능력이 없었을 것이다.

보비 루이스는 그룹이 흑인 예술과 흑인 예술가를 보지 못하고 있다는 사실에 신경 쓴 몇 안 되는 단원 중 한 명이었다. 로즈 매클렌던은 그의 친한 친구였다.[35] 두 사람은 브로드웨이 스타 에바 르 갈리엔이 모스크바 예술극장을 모델로 설립한 극단인 시빅 레퍼토리 시어터에서 만났다. 시빅 렙은 루이스뿐만 아니라 그룹의 창립 멤버인 J. 에드워드 브롬버그를 훈련시킨, 그룹에 있어 일종의 동기간 같은 존재였다. 루이스에 따르면, 그와 매클렌던은 패츠 월러를 비롯한 음악가들의 활동을 보기 위해 정기적으로 할렘을 다녔다. 루이스는 매클렌던을 통해 폴 로브슨, 랭스턴 휴스, 카운티 컬런을 만났다. 언젠가 평론가 알렉산더 울컷이 매클렌던을 무대에 자연주의를 도입한 선구적인 스타 엘레오노라 두세와 비교한 적이 있을 정도로 그녀 자체가 경이로운 재능을 지닌 배우였다. 루이스가 회고록에 비꼬듯 적은대로, 리 스트라스버그는 두세가 젊은 시절의 자신에게 남긴 인상에 대해 이야기하기를 무척 즐겼지만 자신이 두세의 후계자가 될 수도 있는 배우와 작업하고 있다는 사실은 알아차리지 못했다.[36]

1931년 6월 9일 화요일, 극단은 본격적으로 〈코넬리〉 작업을 시작했다. 단원들은 대본을 강독했고, 스트라스버그는 대사에는 대본에 적힌 단어보다 더 큰 의미가 있을 수 있다는 아이디어인 연극의 "내적 의미inner significance"에 대해 논했다.[37] 스트라스버그와 클러먼이 동시에 각자의 연기 방법을 가르치기 시작했다. 리는 실제 수업을 이끈 반면, 해럴드는 배우들을 개별적으로 만나 새로운 방법을 가르치고 정서 기억을 훈련시키고 조언을 해주었다. 그룹은 "허다한 예술적 문제를 다루는 방식이 (…) 오로지 그 문제에만 논의를 국한시키기 때문에 피상적"이라고 생각했다.[38] 배우들의 개인적인 결점을 보완해주는 작업이 그들이 더 나은 예술가가 되는 데 도움을 줄 것이다. 게다가 그룹에게 있어 삶과 예술은 하나였다.

에런 코플런드는 그런 접근법이 잘못되었다고 처음부터 클러먼에게 경고했다.[39] 친밀함이 무엇을 낳을 것인가? 클러먼이 이런 우려를 스트라스버그에게 전하자, 리는 그룹이 친밀해져야 한다고 대답했다. 그들은 단순히 한 무리의 장인匠人이 아니었다. 그들은 뭔가 새로운 것을, 최초의 진정한 집단적 앙상블을 만들어내고 있었다. 미국의 진실에 대해 말하기 위해서는 연기에 다가가는 보다 진실한 접근법과 새로운 앙상블 에토스가 요구되었다. 이 두 가지 다 결국 극단을 향한 개인의 절대적인 헌신을 필요로 했다.

젊고 열정적이었던 그들은 서로의 경계선을 거의 존중하지 않았다. 얼마 지나지 않아 그룹 내에서 짝짓기가 시작되었다. 극단의 남성들은 클레어 트리 메이저 연극학교 시절 스트라스버그의 동창이었던 피비 브랜드를 향한 욕정을 기반으로 "피비 따먹기 클럽"을 결성했다.[40] 피비와 모리스 카노브스키는 사랑에 빠졌다. 셰릴 크로퍼드와 젊은 배우 도러시 패튼이 커플이 되었다.[41] 해럴드와 스텔라는 그해 여름 이곳에 도착하기 전부터 본격적으로 관계를 시작했지만, 그들이 평생 그랬던 것처럼 끊임없이 싸웠다. 싸움의 원인은 본질적으로 똑같았다. 해럴드는 스텔라를 사랑하는 것만큼 열정적으로 스텔라로부터 사랑받고 싶었고, 스텔라는 자유와 존중을 원했다. 그룹의 또 다른 젊은 배우 폴라 밀러는 리를 유혹했다.[42] 클리퍼드 오데츠는 그 대열에 끼어보려고 동료 배우 유니스 스토더드에게 매일같이 연애편지를 보냈지만, 그의 노력은 수포로 돌아갔다.[43]

그해 여름 동안 스트라스버그와 클러먼은 즉흥 연기와 정서 기억 훈련을 집중적으로 가르쳤다.[44] 스트라스버그는 배우들에게 수직갱도에 갇혀 있으며 탈출구를 찾아야 한다고 말하곤 했다.[45] 배우들은 그 문제 안에서 캐릭터에 완벽하게 살을 붙이는 작업을 즉석에서 해내야 했다. 모스크바 예술극장 각본의 한 페이지를 참고해, 그들은 연습 과정에서 어떤 신의 행동을 나름의 방식으로 즉석에서 연기했다. 대본에 적힌 대사를 그대로 말할지 여부는 나중에 걱정할 문제였다. 스트라스버그는 작품에 등장하는 대규모 집단 신, 특히 출연진이 술을 마시고 술병을 돌리며 노래를 부르는 한밤중 술잔치 시퀀스에서도 즉흥 연기를 활용해 무대 연출을 발전시켜나갔다.[46] 언제나 작업에 복잡성을 더할 방법을 궁리하던 스트라스버그는 배우들에게 아파트의 옆집 남자로부터 시끄럽다는 불만을 듣고 싶지 않을 때 어떤 식으로 행동하는지를 기억하라고 말했다. 파티를 즐기면서 **동시에** 자신들이 지나치게 시끌벅적할까봐 걱정하는 일이 가능할까?

정서 기억의 경우, 스트라스버그와 클러먼은 연습 방법을 볼리와 우스펜스카야가 했던 것보다 훨씬 더 멀리까지 밀어붙였다. 볼리는 학생들에게 물고기를 잡아올리듯 감정을 포착하고, 초의식을 잡아당길 때마다 그 결과를 "골든북"에 기록하라고 말했다. 스트라스버그와 클러먼은 이해하기 어려우며 종종 트라우마가 되기도 하는 감정을 찾기 위해 의도적으로 감각 기억 탐험을 안내하는 동굴 탐험가였다. 그룹은 리허설과 공연 현장에서 정서 기억을 소환하는 감각 촉발 장치를 활용하는 "훈련 취하기take an exercise"도 배웠다.[47] 클러먼은 훗날 스트라스버그는 진정한 감정이라는 "주제에 있어 광신도"였으며, 배우들에게 "진정한 감정은 극장에 내려온 신의 계시였고, 스트라스버그는 극장의 선지자였다"고 말했다.[48] 해럴드 역시 진정한 감정을 개인적으로 주님이자 구세주로 받아들였다. 6월 말 그는 이 주제로 강연을 했는데, 피비 브랜드는 브룩필드 다이어리에서 최근에 개종한 사람만이 보여줄 수 있는 열정으로 당시를 묘사했다. "해럴드는 모두가 평생을 들어왔던 질문에 대해 말했다. '배우가 자기 배역을 느껴야 하나요?' 그는 그것이 얼마나 멍청한 질문인지 보여주었다. 그룹에서 자기 배역을 느끼지 못하는 배우를 상상해보라!"[49]

'훈련 취하기'는 계시를 입증해 보였지만 또한 시작부터 문제를 일으키기도 했다. "내 안에서 솟구치는 감정의 고조를 경험하는 일은 대단히 멋진 경험으로 여겨졌고, 방종에 대한 유혹을 거부할 수 없는 기분이 들었다"고 보비 루이스는 회상했다.[50] 정서 기억에 지나치게 의존하면 배우가 "극중 인물이 가져야 하는 감정이 아니라 특정 상황에 대한 배우 자신의 반응에 충실한 감정을 끌어낼" 위험이 있었다. 브로드웨이의 베테랑 모리스 카노브스키는 1930년에 클러먼에게 이렇게 물으면서 문제를 더 간단명료하게 정리했다. "대체 이 말장난은 다 뭐죠?"[51]

'훈련 취하기'는 때로 자기 패러디에 빠질 위험도 있었다. 한 리허설에서 프랜쇼 톤은 모든 대사마다 대사 한 줄을 내뱉고 과거의 깊은 기억으로 들어가 적절한 감정을 찾기 위해 잠시 멈추는 식으로 연기했다. 스트라스버그는 프랜쇼 톤의 상대역인 피비 브랜드를 돌아보며 프랜쇼의 방식대로 연기하지 않는다고 그녀를 질책했다. 브랜드는 그런 식으로 할 수 없다고 설명했다. 그녀는 리를 믿었고 그의 가르침을 믿었지만, 거듭 자아의 내면으로 향하고 시간을 거꾸로 돌리는 이런 방식은 연기에 추진력이 없고 희곡에 행동이 없다는 것을 의미했다. 그리고 이는 수년간 스트라스버그가 거의 끊임없이 받게 될 비판이었다. 스트라스버그는 당황스러워 어쩔 줄 몰랐다. 그러면서도 "어쨌든 그렇게 해봐"라며 밀어붙였다.[52] 브랜드는 노력했지만 오히려 감정을 억지로 쥐어짜면서 감정을 살아내는 대신 그저 감정을 연기했다. 스트라스버그는 한 손으로 그녀를 잡고 다른 손으로 그녀의 팔을 쓰다듬으며 긴장을 풀라고 재촉했다.

스트라스버그에게 있어 이완relaxation은 핵심이었다. 몸이 이완되지 않으면 긴장된 근육이 작업의 흐름과 감정의 흐름을 방해할 것이다. 그러나 리는 좀처럼 긴장을 풀기가 어려운 사람이었다. 그는 말수가 적고 고압적이고 내성적이었다. 스스로 감정을 내보이고 있다는 걱정이 들 때면 신문의 스포츠면 뒤로 숨었다.[53] 또한 자신이 원하는 연기를 해내지 못하는 배우들에게 툭하면 화를 내며 호통을 치곤 했다. 여름 동안 그룹의 단원들이 스트라스버그를 흠모하는 마음이 커질수록 그 흠모가 스트라스버그를 더욱 까다로운 사람으로, 그의 기준을 더욱 충족시키기 어려운 것으로 만들어버리기만 했다. "그의 겸손한 태도에는 엄격하고 독재자스러운, 정력적이고 맹렬한 무엇인가가 있었습니다."[54] 클러먼이 말했다. "그는 사람들이 자신을 좋게 평가할 때 보여주는 안하무인 격의 유치한 태도와 방해를 받을 때 보여주는 가학적이라 할 만한 분노 사이를 오가곤 했습니다."

코넬리 삼촌 역을 맡은 모리스 카노브스키는 한 장면에서 의자에 올라가 잔을 공중에 들어 올려야 했다. 카노브스키가 뛰어올라 잔을 들어 올렸지만 스트라스버그는 그저 NG라는 말만 했다. 다시 뛰어오르고 다시 잔을 들었지만 또다시 형편없다는 말만 나왔다. 리의 기준을 충족시키기 위해 열다섯 번이나 시도한 끝에 카노브스키는 진력이 났다. "나는 이미 배우로서 일가를 이룬 사람이었습니다."[55] 훗날 그가 설명했다. "반면 리는 '듣보잡'이었죠." 짜증이 잔뜩 난 그는 테이블 위에 잔을 떨어뜨렸다. 방이 조용해지자 스트라스버그의 얼굴에 핏기가 싹 가셨다.

처음에 리는 그냥 넘어가는 게 낫겠다고 말했다. 하지만 카노브스키가 불만의 포문을 열자 스트라스버그가 그에게 소리를 지르기 시작했다. "당신은 (…) 지금 그룹 전체의 정신에 반하는 중대 범죄를 저지르고 있는 겁니다."[56] 스트라스버그는 앙상블의 에토스를 설명하면서 카노브스키가 어떻게 그걸 깨트리는 범죄 행위를 저질렀는지 통렬한 비판을 시작했다. 스트라스버그가 입에 거품을 물고 열변을 토하자 카노브스키는 그의 건강이 걱정되었다. "알겠네, 리." 그가 부드럽게 말했다. "알았다고." 스트라스버그는 진정했고 리허설은 계속되었다.

"나는 원칙을 잘 알고 있었지만 관행도 잘 알았죠."[57] 카노브스키는 수십 년이 지난 후 이렇게 말했다. "그곳에는 평등의 원칙이 있었지만 스트라스버그에 대한 알랑방귀도 있었어요. 원칙은 모두에게 적용되었습니다. 그를 제외한 모두에게요."

얼마 지나지 않아 배우들은 스트라스버그에게 "리 장군(General Lee, 원래는 남북전쟁 때 남군 총사령관 로버트 리를 부르는 호칭이다-옮긴이)"이라는 별명을 붙여주었다.[58] 애정이 담긴 별명이었다. 대체로는.

몇 주가 지나면서 그룹은 그들의 테크닉을 부르는 자체적인 전문 용어를 개발했다. 그들은 "훈련 취하기" 외에도 우스펜스카야의 "문제 내기giving a problem" 같은 용어도 채택했다. 스트라스버그는 배우들에게 입장하기 전에 60초 동안 자신의 캐릭터와 준비 과정을 떠올리는 "1분 갖기take a minute"를 강조했다.[59] 오늘날 연기과 학생 대다수가 아는 용어인 "꾸며낸 연기indicating"는 감정을 진정으로 느끼기보다 억지로 외적으로 드러내 표현하는 것을 지칭했다.[60]

그들은 자기들이 이뤄낸 발전에 깜짝 놀랐다. 브룩필드에서 그룹은 하룻밤 사이에 더 뛰어난 예술가가 된 듯 보였다. 오데츠는 브룩필드 다이어리에 "도대체 어떻게 이런 일이, (…) 나흘밖에 안 지났는데 이렇게 많은 일을 해냈다고? 지난 몇 달 동안 도시에서 있었던 모든 이론에 대한 탁상공론보다 더 설득력 있는 무언가가 이곳에 있다. (…) 번데기가 허물을 벗어던진 것 같은 기적이다"라고 썼다.[61] 아마도 오데츠는 그들이 인간으로서도 더 나아지고 있다고 느꼈던 것 같다. "나는 해냈다! 나의 달아오른 자아를 밤낮으로 쫓아다닌 일을 해냈다. 잿더미에서 불사조로 (…) 나는 이 작업에 열정이 있다!!"[62]

그러나 극단에는 두 명의 불평분자가 있었다. 첫 번째 인물은 프랜쇼 톤이었다. 부자에 바람둥이인 그는 무대는 사랑했지만 권위는 사랑하지 않았다. 오래지 않아 그는 클러먼의 오후 강연을 빼먹기 시작했고, 스트라스버그가 리허설 동안 테크닉에 대해 논할 때면 반항하듯 나뭇조각을 깎기 시작했다. 독립기념일인 7월 4일 아침에 그는 눈을 뜨자마자 폭죽을 터트린 후 하루 종일 곳곳을 돌아다니며 폭죽을 터트렸다. 모리스 카노브스키가 그를 말렸다. "프랜쇼, 제발, 시끄러워 못 견디겠어."[63] 톤은 카노브스키의 모차르트 음반들을 가리키며 대꾸했다. "나도 당신의 소음을 참을 수가 없어요!" 그러고는 자기 차를 몰고 뉴욕으로 떠나버렸다. 톤의 행동은 그룹의 공동체주의 이상을 시험대에 올려놓았다. 그룹의 유일한 주연 배우인 톤은 '연출가들'이 다른 사람이라면 절대로 용납하지 않았을 짓을 하고서도 처벌을 면할 수 있었다.

스텔라 애들러 또한 그룹이 지닌 젊은이 특유의 열정과 심리적 테크닉에 대한 의구심이 커졌다. 그녀와 그룹의 관계는 절대 간단하지 않았다. 그녀는 다른 단원들보다 세상에 대한 경험도, 직업인으로서 전문적인 경험도 많았다. 무대의 두 신神인 볼레슬랍스키와 우스펜스카야가 그녀에게 앙상블의 에토스를 주입하는 데 실패했다면, 이제 갓 20대를 벗어난 유대인촌 출신의 건방진 인간도 그러지 못할 터였다. 스텔라가 훗날 말했듯, 그녀는 "스타일이라는 걸 알지도 못하는 보잘것없는 사람들에 에워싸인" 자신의 처지가 너무나 싫었다.[64] "내게 있어 그룹은 재앙이었고, 그들도 나를 마음에 들어 하지 않았다. 나는 이 그룹에 어울리지 않았다. 날것 그대로의 삶, 함께 먹고 생활하며 힘들게 사는 공동체는 딱 질색이었다. 나는 스타덤에 오르기에 너무나 좋은 조건을 갖추고 있었다."

그럼에도 스텔라는 그곳에 머물렀다. 그녀는 해럴드를 사랑—어쨌든 지금은—했고, 그녀에게 맡겨지는, 다른 곳에서는 얻지 못했던 예술가로서 작업하고 성장할 수 있는 역할들도 좋았다. 하지만 그녀를 그룹으로 이끌었던 것과 동일한 갈망이 그녀가 그룹을 꺼리게 만든 요인이되었다. 한동안은 재능을 제대로 인정받지 못했지만, 스텔라 애들러는 그녀 자체로 천재였다. 스트라스버그처럼 독학을 한 학자였고, 클러먼처럼 아이디어들을 종합할 능력이 있었으며, '연출가들'과 이후의 일부인사들만큼이나 자존심이 강했다. 그러나 클러먼과 스트라스버그와달리 그녀는 그룹 운영에 발언권이 거의 없는 배우였고 여자였다. 이 부조화가 낳은 필연적인 결과는 격렬한 분노였다.

다만 지금 당장은, 예술과 서로에 대한 사랑에 들떠 있던 그룹이었기에 근본적인 갈등을 대부분 옆으로 제쳐둘 수 있었다. 도시로 돌아가기 전 마지막 날 밤에 클러먼은 또 한 번 영감을 불러일으키는 연설을 했고, 관객을 초청해 세트도 의상도 없이 연극을 공연했다. 리허설이 끝난 후 매니저가 배우 마거릿 "비니" 바커에게 극단 활동으로 얼마나 오래 바쁠 것 같으냐고 물었다. "우리 연극이 성공한다면, 20년이요."⁶⁵ 그녀가 말했다. "성공하지 못한다면, 20년이요." 그들만의 메소드를 단단히 챙긴 그룹은 세상 무엇도 자신들을 막을 수 없을 거라 믿으면서 브룩필드를 출발했다. 그들은 이상한 낌새를 전혀 채지 못하고 있는 뉴욕 연극계의 기득권 세력을 정복할 준비를 마쳤다.

11장
소련의 무대는 사람을 울려요

평론가들은 〈코넬리의 집〉이 시어터 길드의 어정쩡한 연출 과정에서 벗어나기를 오랫동안 기다려왔다. 그리고 그룹 시어터의 섬세하고 우아한 공연을 황홀경에 빠진 듯한 안도감을 느끼며 환영했다. "완전히 소박한 스토리와 구조, 분위기의 흐름과 균형, 진실성과 감각면에서 [〈코넬리의 집〉은] 새로움에 굴복한 옛 남부(the old South, 남북전쟁 이전의 남부-옮긴이)의 산문시에 가깝다."1 브룩스 앳킨슨은 『뉴욕 타임스』에 쓴 글에서 격찬을 아끼지 않았다. "이 작품은 변함없이 아름답다." 앳킨슨은 〈코넬리〉의 시적 감성과 이를 진정성 있게 전달한 배우들의 연기에 푹 빠졌다. "의도적으로 연기의 속도를 약간 늦춘 것처럼 보이기는 하지만, 그들은 음악가들이 모인 밴드처럼 연기한다. (…) 모두가 함께 선보인 연기가 대단히 아름답게 상상되고 조절된 까닭에 배우 개개인의 성취에는 집중할 수가 없다. 그들의 연기는 요란하거나 눈에 거슬리거나 안이한 구석이 없다."

1931년 9월부터 11월까지 공연된 〈코넬리의 집〉은 소소하게 히트를 쳤고, 리뷰들은 그룹이 무언가를 해낼 것이라는 사실을 분명히 밝혔다. 이제 그들에게 필요한 건 국가적 분위기를 포착한 적절한 대본뿐이었다. 대본만 있다면 돌파구를 찾아낼 것이다. 하지만 다음 작품 〈1931-〉은 겨우 열두 차례 상연에 그쳤다.[2] 세 번째 작품인 맥스웰 앤더슨의 〈타오스에 내린 밤〉은 간신히 열세 차례 공연했다. 코네티컷으로 향하는 카라반에서 의기양양하게 시작했던 한 해는 용두사미로 끝나고 말았다. 그래도 〈코넬리〉에 대한 고무적인 평가와 단원들의 열정은 극단이 뉴욕주 도버 퍼니스에서 두 번째로 여름 칩거에 들어가고, 새 시즌의 연극을 만들기에 충분한 원동력이 되었다.

도버 퍼니스에서 그룹은 진정으로 창의적인 앙상블로서 역량을 발휘할 수 있게 되었다. 시카고 굿맨 시어터 졸업생 로만 보넌이라는 새 단원과 최근에 예일 대학을 졸업한 엘리아 카잔을 비롯한 수습 단원들을 얻었기 때문이다.[3]

1908년 콘스탄티노플의 아나톨리아인 가족에게서 태어난 카잔은 자신이 늘상 연기를 하고 있다고 느끼며 성장했다. 예일 시절 그는 자기를 필요로 하는 사람이라면 누구에게든 도움이 되고자 하는 적극성 때문에 개짓(Gadget, '작고 유용한 도구'-옮긴이)을 줄인 개지Gadge라는 별명을 얻었다.[4] 그룹의 1932-33년 시즌이 끝날 무렵, 그는 극단에서 비공식 언론 부副담당자로 일하면서 연극 공연 간판도 그렸다. 남들의 환심을 사는 그의 매력 아래에는 야망과 분노라는 뜨거운 기류가 흐르고 있었는데, 그 기류는 겉으로 드러나기 무섭게 그가 '아나톨리아의 미소'라고 이름 붙인 웃음 뒤로 자취를 감추곤 했다.

카잔은 봄에 당시 브로드웨이의 48번가 극장에 있던 그룹의 사무실에서 면접을 봤다. 그는 먼저 셰릴 크로퍼드를 만났다. "앉아요. 곧 사람들이 당신을 보러 올 거예요."[5] 몇 분 뒤, "사람들"이 그를 불렀다. 어두침침한 방에 들어선 그는 눈 한 번 깜빡이지 않고 자신을 빤히 쳐다보는 부엉이 같은 남자를 만났다. 부엉이 옆에 앉은 남자는 두 손으로 신문의 스포츠면을 들고 있었다. 신문이 마지못한 듯 천천히 아래로 내려가자 리 스트라스버그의 무표정한 얼굴이 드러났다. 부엉이는 자신을 해럴드 클러먼이라고 소개했다. 카잔은 이내 자신이 심사를 받는 중이며, "배우의 길을 가기엔 이렇다 할 자질이 보이지 않는, 인종을 알 수 없는 음침한 젊은 남자"로서 부족한 점이 많은 사람으로 여겨지고 있다는 걸 알아차렸다.

"흐음," 클러먼이 입을 열었다. "자기소개 해보세요." 카잔이 말을 시작하자, 만약 이게 면접이라면, 면접은 갈수록 기묘한 꿈처럼 변해갔다. 스트라스버그는 간절한 눈빛으로 신문을 응시했고, 클러먼은 얼굴의 까칠한 수염을 문지르며 면도를 깜빡했다고 중얼거렸다. 인내심이 바닥난 리가 말했다. "원하는 걸 말해주세요."

카잔 역시 더는 짜증을 참을 수 없었다. "제가 원하는 건 당신들 자리입니다." 그들의 반응을 보자마자 카잔은 즉시 한 발 물러섰다. "연출가가 되고 싶다는 말입니다." 첫 만남이 이렇게 어색했는데도 '연출가들'은 카잔을 받아들이기로 합의했다.

도버 퍼니스에서 그룹은 두 편의 연극을 리허설했다. 클러먼은 다시금 두 작품 다 연출을 맡지 않겠다고 거절했다. 그룹의 주요 이론가가 자신의 아이디어를 실행에 옮기는 걸 주저하는 모습에 스트라스버그와 크로퍼드는 어리둥절했다.[6] 클러먼이 겁을 먹은 걸까? 망설이다가 무력해져버린 걸까? 스트라스버그와 크로퍼드 모두 기업의 야망을 위해 자신의 모든 이상을 희생하는 한 남자의 이야기를 다룬 존 하워드 로슨의 신랄한 드라마 〈성공담〉이 클러먼의 아이디어와 능력에 안성맞춤인 작품이라고 판단했다. 하지만 클러먼을 설득할 수가 없었다. 결국 스트라스버그가 연출을 맡겠다고 말했다. 셰릴 크로퍼드는 마지막에 〈빅 나이트〉로 제목을 바꾼 돈 파월의 〈파티〉를 연출하는 데 동의했다. 〈성공담〉과 동일한 주제에 풍자적인 시각으로 접근하는 파월의 작품은 자신의 아내를 잠재적인 고객과 동침시키려 애쓰는 광고계 남자의 이야기이다. 크로퍼드는 그 소재에 그다지 공감하지 못했지만, 누군가는 연출을 맡아야 했다.

〈빅 나이트〉가 그해 여름에 먼저 리허설을 했다. 출연진 수가 적었기 때문에 극단의 나머지 단원들은 연기 테크닉의 실험을 다각화하면서 자신들의 방법을 새로운 영역으로 밀어붙였다.[7] 그들은 전통 무용이 아닌 신체 행위에 뿌리를 둔 훈련을 창조한 무용가 헬렌 타미리스로부터 움직임 수업을 들었다.[8] 그녀는 단원들이 몸만 활용해 문제와 그에 따른 감정적인 내용을 표현하도록 도전 의식을 북돋았다. 보비 루이스는 특히 이런 강의를 좋아했다.[9] 그는 그룹 사람들 중에서도 감정적 진실이 아닌, **스타일**에서 작품을 통일하는 실마리를 찾으려는 생각에 가장 열중한 사람이었다.

러시아의 모든 것을 갈구하는 그룹의 허기는 아무리 해도 채워지지 않았다. 그들은 스타니슬랍스키로 시작해 그의 제자인 바흐탄고프와 그의 탕아인 메이예르홀트에게로 이동했다. 스트라스버그는 극장에 러시아어로 된 연극 관련 논문과 책을 가져왔고, 도버 퍼니스의 설거지 담당 마크 슈밋이 그걸 번역했다.[10] 둘러앉은 그룹은 슈밋이 밤마다 큰 소리로 읽어주는 퍼스트 스튜디오와 메이예르홀트와 바흐탄고프 이야기를 완전히 몰입해 들었다. 클러먼은 훗날 그들의 집중력을 셰에라자드에게 귀 기울이던 술탄에 비교했다.[11]

바흐탄고프와 메이예르홀트의 신체성 강조와 스타일에 영감을 받은 그들은 둘의 작업을 뛰어넘어 감정과 텍스트의 문제로 나아갔다. 스트라스버그는 배우에게 단어 하나를 제시하곤 했는데, 그러면 배우는 그 단어로 에튀드 전체를 창작해내야 했다. "미국"이라는 단어를 받은 오데츠는 정시에 출근하기 위해 미친 듯이 분주하게 아침 일과를 수행한 다음 사무실에 도착했는데 할 일이 하나도 남아 있지 않은 직장인의 상황을 담은 무언극을 내놓았다.[12] 또 다른 훈련에서 배우들은 "나는 당신을 만나야 해요" 같은 문장을 반복해 말하는 동안 강조 부분과 어조를 변화시킴으로써 문장의 의미를 바꾸는 연습을 했다.[13] 스트라스버그는 배우들에게 장면 전체를 횡설수설하며 연기해보라고 지시했다. 극단은 동물 무언극을 공연하고, 회화와 조각의 포즈를 바탕으로 캐릭터를 창조하고, 즉석에서 만든 캐릭터의 스타일에 맞게 유명 음악을 연주했다. 클러먼은 배우들에게 시詩를 주고, 그 시를 중심으로 문자의 차원을 뛰어넘는 신체적인 시나리오 창작법을 가르치는 수업을 진행했다. 이 중 가장 유명한 것은 보비 루이스의 "붉은 햄릿Red Hamlet"이었다.[14] 이 작품에서 그는 "죽느냐 사느냐" 독백을 대중을 선동하는 공산주의자의 제스처와 짝을 지었다. 여름이 끝날 무렵 배우들은 이 모든 것을 짧은 촌극과 연극으로 표현했다. 그들은 더 이상 스트라스버그의 가르침과 클러먼의 심리 진단을 위한 일개 그릇이 아니었다. 그들은 독립적으로 서로를 지도하고 가르치면서 훗날 여러 세대에 걸쳐 미국 배우들이 훈련의 일부로 배우게 될 연습 방법을 개척해나갔다.

"시스템"이 퍼스트 스튜디오에 그랬던 것처럼, 메소드는 배우들이 권력을 쥔 책임자들에게 덜 고분고분하도록, 덜 복종하도록 만들었다. 연출가의 개인적인 약점이 두드러질수록 특히 더 그랬다. 클러먼은 분명 작품을 연출하고 싶었다. 그는 탁월한 말솜씨로 그룹을 실현시켰다. 그에게는 극단을 위한 정치적·사회적 비전이 있었다. 그런데도 그룹이 보기에 그의 아이디어를 시험할 단 하나의 유의미한 방법인 연출 직을 그는 계속 거부했다. 그의 이런 태도는 동료 연출가들뿐만 아니라 스텔라의 신뢰까지 훼손했다. 스텔라는 어떤 행동 앞에서 무력해져버리곤 하는 그의 성향을 나약함의 표시로 여겼다. 클러먼이 "그룹을 위한 위대한 생각들"을 끊임없이 쏟아낸 것 역시 도움이 되지 않았다.[15] 이는 결국 단원들이 무시로 주고받는 다양한 농담의 소재가 되었다. 잡지를 만들어야 할지도 모르겠는걸? 아니, 아트 갤러리를 여는 건 어떨까? 오호라, 영화 스튜디오는 어때? 레스토랑은?

한편 셰릴 크로퍼드는 대체로 운영진 역할로 밀려났다. 클러먼은 선각자였고, 스트라스버그는 혁명가였다. 크로퍼드는 공무원이 되었다. 남성 독재자들의 이익을 위해 기차를 정시에 운행하게 만드는 여성. 이 문제를 들고 클러먼을 찾아갔을 때, 그는 크로퍼드가 괜한 자존심만 내세운다며 묵살했다. 그녀에게 필요한 것은 "자신의 실제 역량을 바탕으로 극단에 기여하는 것"이었다.[16] 하지만 공교롭게도 그 일은 클러먼과 스트라스버그가 하기 힘들어 하는 일, 하고 싶지 않은 일들이었다. 그녀는 자신이 시어터 길드에서 하던 일을 버리고 그룹에 와서 같은 일을, 그것도 대부분 무보수로 하고 있는 상황이 불안해지기 시작했다. 배우들은 크로퍼드가 불만스러워한다는 것뿐만 아니라 그녀의 연출 데뷔작이 될 예정인 〈빅 나이트〉에도 열의가 없다는 것을 알아차렸다.

단원들은 스트라스버그와 진실된 감정에 대한 그의 주장도 부정적으로 바라보기 시작했다. 1932년 오데츠는 일기에 리가 감정을 강조하는 것은 어린 시절의 애정 결핍에서 비롯되었다고 썼다.[17] 샌퍼드 마이즈너는 오로지 노련한 배우들만 그룹의 메소드에 반응한다고 생각했다. 그런 사람들만이 스트라스버그의 가르침에서 무엇을 사용할지 "골라서 선택"할 수 있기 때문이다. 반면 "젊은 사람들은 (…) [스트라스버그의] 권위에 빠져 그로 의해 상처받았다."[18]

무대 연기는 동일한 제스처, 톤, 동작, 행동을 반복하면서도 매번 즉흥적인 듯한 착각을 불러일으켜야 한다. 그룹은 '훈련 취하기'로 촉발시킨 감정을 소환해 이런 목표를 달성할 방법 하나를 찾아냈다. 감당하기 어려운 감정을 불러내야 할 경우, 이 방법은 공연이 계속되는 한 트라우마를 거듭해서 다시 찾아가야 했다. 비니 바커는 〈코넬리의 집〉을 공연하는 동안 캐릭터에 적합한 감정을 찾기 위해 살해당한 룸메이트에 대한 기억을 활용했다. 그녀는 91회를 공연하는 두 달이 넘는 기간 내내 세상을 떠난 룸메이트와 함께 지내야 했고, 그로 인해 "묵사발이 된 듯한" 기분이 들었다.[19] 이 관행은 예술적인 문제 또한 야기했다. 모리스 카노브스키는 "매일 밤 공연을 할 때마다 똑같은 감정을 재현하려는 시도가 사람을 무력하게 만드는 결과로 이어졌다"고 말했다.[20]

스트라스버그의 접근법에 가장 불만을 가진 사람은 스텔라 애들러였다. 가르침은 감사하지만 그녀는 이미 어떻게 연기해야 하는지 잘 알고 있었다. 다섯 살 때부터 지금까지 연기를 해왔기 때문에 그녀에게 풋내기가 내세우는 심리 테크닉의 도움은 필요 없었다. 스트라스버그는 애들러가 툭하면 눈물을 짜내는 모호한 연기에 의존하고 있다고 생각했다. "그녀가 하는 감정 표출은 심각한 체하면서 지나치게 감상적인 이디시 연극 스타일이었다."[21] 〈성공담〉에서 애들러가 맡은 역할에 필요한 것은 무언가가 항상 억누르고 있는 듯한 감각이었다. "문제는 감정을 불러일으키는 것이 아니라, 감정을 정의하는 것이었다."[22] 스트라스버그가 말했다. "스텔라는 (…) 대단히 풍부하고 생생한 감정을 갖고 있었지만, 솔직히 내 심기를 불편하게 했다. 〈성공담〉 작업 중에 그녀에게 이렇게 말한 순간이 기억난다. '울기만 해봐, 죽여버릴 테니까!' 진심으로 한 말이었다."

이 모든 싸움에도 불구하고 스트라스버그와 스텔라의 공동 작업은 근사한 열매를 맺었다. 〈성공담〉의 결말 부분에 애들러가 연인과 권총을 두고 몸싸움을 벌이던 와중에 연인을 죽이는 장면이 있다. 연인 역할은 그녀의 남동생 루서가 맡았다.[23] 극이 진행되는 동안 스트라스버그가 바라는 대로 자제하는 스타일의 연기를 하던 애들러가 이 대목에서는 감정을 조금도 억제하지 않았다. 보비 루이스가 묘사한 대로, "스텔라는 연인의 시신을 품에 안고 성경의 '아가雅歌'를 읊조리면서 (…) 애끓는 분위기를 연출해 그녀 자신과 관객에게 엄청난 충격을 안겨주었다."[24] 이 순간은 깊은 트라우마가 배우를 자기의 과거 삶으로, 또 배우가 속한 문화의 머나먼 과거로 퇴행시킬 수 있다는 믿음에 기반하고 있다. 결과는 믿기 어려울 정도였다. 『뉴욕 타임스』는 그녀가 "대단히 훌륭하고 심오하며 감정이 충만한 진실된 연기를" 펼쳤다고 평했다.[25] 루이스는 "그 뛰어난 연기를 목도한 사람이라면 누구나 (…) 언제 다시 그런 연기를 보게 될까 궁금해할 것이다"라고 썼다. 노엘 카워드는 오로지 그 마지막 부분을 보기 위해 몇 번이나 극장을 다시 찾았다.[26]

평론가들은 스텔라와 루서의 연기를 무척 좋아했지만, 연극 자체에 대한 평가는 확실히 엇갈린 반응을 보였다. 셰릴 크로퍼드가 말했듯, "냉정하고 사실적인 1막과 2막이 끝나고 이어지는 3막은 다소 신비주의적인 분위기로 변해 관객을 혼란스럽고 무관심한 상태로 몰아넣었다."[27] 그룹은 이 연극을 살리려 분투했다.[28] 클러먼은 언론에 편지를 썼다. 그룹은 작품의 가치를 설명하는 심포지엄을 개최하고 객석을 채우기 위해 할인 티켓을 판매했다. 그들은 결국 관객을 찾아냈다. 혹평에도 불구하고 〈성공담〉은 121회 상연되었다. 하지만 연극을 계속 이어가려면 희생이 필요했다. 배우들은 출연료를 삭감했다. 투자자와의 문제 때문에 배우들은 출연료를 100퍼센트 받은 적이 한 번도 없었다. "해럴드,"[29] 모리스 카노브스키가 낄낄거리면서 그에게 말했다. "자네는 우리가 느끼는 모든 비애의 아버지야!"

앞으로 느끼게 될 비애는 더 많았다. 〈성공담〉을 공연하는 동안, 프랜쇼 톤의 음주와 반사회적 행동이 마침내 '연출가들'이 감당하기 힘든 지경에 이르렀다. 스트라스버그는 단원들 앞에서 연설하는 자리에서 톤을 맹렬히 비난했고, 톤은 그룹에서 탈퇴했다.[30] 그가 잠시나마 복귀했지만 화해는 이루어지지 않았다. 얼마 안 있어 그는 클러먼과 눈물을 흘리며 술잔을 기울이고는 할리우드로 떠났다.[31] 스타가 되고 유명한 여배우와 결혼하겠다고 다짐하면서. 톤이 로스앤젤레스로 이탈하면서 그룹과 〈빅 나이트〉는 사면초가 상태가 되었다. 이미 연출가와 텍스트의 궁합이 잘 맞지 않았던 작품에 이제는 주연 배우마저 없었다. 루이스 레버럿이 그 역할을 맡아 할 수 있는 최선을 다했지만 연극의 운명은 이미 결정되어 있었다. 1933년 1월 17일, 크로퍼드는 일기에 이렇게 썼다. "〈빅 나이트〉가 오늘 밤 막을 올린다. 내 첫 연출작이다. 사람들은 좋아하지 않을 것이다."[32] 그녀는 자신이 얼마나 옳았는지 전혀 몰랐다. 〈빅 나이트〉는 부정적인 리뷰가 쏟아지는 가운데 겨우 아홉 차례 공연을 끝으로 막을 내렸다.

그룹의 시즌이 끝났다. 그 무렵 그룹 단원들의 연기 방법에 대한 사람들의 관심이 충분히 형성된 덕에 그들은 강좌를 열어 약간의 돈을 벌 수 있었다. 이는 스타니슬랍스키의 복음을 뉴욕에 전파하는 데에도 도움이 되었다. 하지만 봄이 되자 단원들은 지치고 녹초가 된 데다 가난했다. 그들만 그런 게 아니었다. 1933년 실업률은 25퍼센트에 달했다. 클러먼이 보기에 1920년대의 뉴욕은 출세하겠다는 의지로 불타오르는, 일과 여가 사이를 질주하는 정장 차림의 젊은이였다. 이제 이 도시는 누더기를 걸치고 끝이 보이지 않는 무료 배식소 대기 행렬에 선, "동상이 걸린 듯 힘없이 발을 질질 끌며 걷는" 노년의 노숙자였다.[33] 셰릴 크로퍼드는 청구되는 각종 비용을 지불하기 위해 아파트를 에런 코플런드에게 임대해주고 자기는 도러시 패튼의 집으로 이사했다.[34] 많은 배우들이 웨스트 57번가 440번지에 있는 싸구려 여인숙으로 이사했다. 그들은 농담 삼아 그곳에 우크라이나 드니프로강에 있던 댐 드네페르스트로이에서 따온 "그룹스트로이"라는 별명을 붙였다.[35] 쾌활한 이름과 달리 그들의 삶은 전혀 그렇지 않았다. 그들은 온갖 잡다한 일을 하고, 공동의 식료품으로 요리하고 손에 넣을 수 있는 돈은 전부 긁어모아 공동체 생활을 했다. 오데츠는 감자 팬케이크를 만들었고, 카잔은 얼마 안 되는 남은 음식에 불가르 밀을 섞어 양을 늘렸다.[36] 클러먼의 추정에 따르면, 어느 시점에는 스트라스버그와 폴라 밀러를 포함한 그룹의 절반이 그룹스트로이에 거주했으며, 애들러와 관계가 잘 되어가다가 다시 헤어졌을 때 클러먼도 그곳에서 지냈다.[37] 수만 명의 동료 뉴욕 시민들과 달리, 그들에게는 적어도 집이 있었다.

그룹스트로이에서 오데츠는 자신을 점점 더 극작가라고 생각하기 시작했다. 극단이 예전에 도버 퍼니스에 머물던 시절, 그는 베토벤의 생애에 대강 기반을 둔 자신의 첫 희곡을 클러먼에게 보여주었다. 해럴드는 좋은 작품이 아니라면서 본인이 잘 아는 사람들에게, 보다 가까운 삶에 초점을 맞춰야 한다고 말했다.[38] 오데츠는 그룹스트로이에서 지내는 동안 지난여름에 시작한 또 다른 희곡의 집필에 본격적으로 매진했다. 그는 그 작품에 잠정적으로 〈아이 갓 더 블루스〉라는 제목을 붙였다. 밤에는 스트라스버그와 함께 해가 뜰 때까지 희곡에서 발췌한 부분을 낭독하고 작품과 작품의 캐릭터들에 대해 이야기를 나누곤 했다.[39]

어느 날 부유한 모피상의 아내 베스 이팅곤이 그룹스트로이에 나타났다.[40] 그녀가 연극보다 더 사랑했던 유일한 한 가지는 훌륭한 대의명분에 돈을 쓰는 것이었다. 그녀는 그룹에 대해 잘 알았고—샌퍼드 마이즈너와 약간의 사교적 연줄이 있었다—그룹을 믿었다. 전속 기사가 운전하는 리무진에서 내린 그녀는 극단이 거주하는, 양배추 냄새가 진동하는 토끼 굴 같은 곳에 발을 들였다. 그녀는 폴라를 만났고, 폴라는 리를 데리러 갔다. 이팅곤은 자신을 소개한 후 리에게 말했다. "저에게 4만 달러짜리 지급 보증 수표가 있어요. 그게 여러분께 약간이나마 도움이 되었으면 해요."

리는 아무런 반응도 보이지 않았다. 그녀는 그가 자기 말을 듣고 있는지조차 확신하지 못했다. 그의 얼굴은, 평소처럼, 무표정했다. 리는 코를 후비고 방 안을 서성거렸다. 점점 더 초조해지고 당혹스러워진 베스는 그에게 제대로 설명하려 애썼다. 오늘날의 화폐 가치로 75만 달러를 아무 조건 없이 당신에게 주고 싶다고.

스트라스버그가 그녀의 말을 끊었다. "우리는 지금 당장은 아무 작품도 제작하고 있지 않습니다."

이팅곤은, 아마도 자신의 주변 환경을 넌지시 언급하면서, 그 돈을 어떤 용도로 사용하든 상관없다고 말했다. 스트라스버그는 다시 한 번 대꾸했다. 현재 제작 중인 연극이 없다고. 이번에는 그의 목소리가 단호했다. 스트라스버그는 이팅곤을 내쫓았다. 그는 그녀가 왜 이런 일로 자기 시간을 허비하게 만드는지 이해하지 못했다. 공연작이 없는데 극단이 어떻게 돈을 쓸 수 있단 말인가?

베스 이팅곤은 눈물을 흘리며 그룹스트로이를 떠났다. 그룹은 그 돈을 다시는 보지 못했다.[41] 그녀가 돈을 다른 극단에 투자했고, 곧바로 날려버렸기 때문이다. 그룹이 살아남는다면 자선기금 때문은 아닐 것이다. 현재 상황에서 벗어날 수 있는 유일한 길은 애초에 그들을 그곳에 데려다준 바로 그 길뿐이었다. 고된 작업, 연극적 독창성, 그리고 그들의 메소드.

그룹이 경제적인 면에서는 파산했을지도 모른다. 그러나 1933년 여름 무렵 그들은 연기 앙상블로서의 명성을 상당히 구축한 상태였다. 셰릴 크로퍼드는 이러한 명성을 캐츠킬 산맥에 있는 리조트인 그린 맨션을 여름 숙소로 확보하는 데 활용했다. 그룹은 숙박, 식비, 리허설 공간을 얻는 대가로 여름철 손님들에게 오락을 제공한다는 데 합의했다.[42] 그곳에서 전년도 에튀드 일부, 오닐과 체호프의 몇몇 신들, 노래와 촌극, 그리고 어느 밤에는 〈아이 갓 더 블루스〉의 2막을 공연했다.[43] 관객들이 작품을 꽤 좋아하는 것처럼 보여 오데츠는 절실하게 필요했던 든든한 자신감을 얻었다.

그룹은 그해 여름 시드니 킹즐리의 〈위기〉를 작업하며 보냈는데, 그 작품은 얼마 안 가 〈백의의 사람들〉로 제목을 바꿔 달았다. 거처를 찾지 못한 채 여러 제작자의 손을 떠돌아다니던 또 하나의 희곡이었다.

그룹 내에서 이 작품을 좋아하는 사람은 거의 없었다. 겉으로 보기에는 자신의 원칙과 질투심 많은 약혼자 사이에서 오도 가도 못하는 젊은 의사를 다룬 꽤나 전형적인 멜로드라마였다. 그는 결국 간호사와 바람을 피우고 간호사는 임신을 하게 된다. 그리고 뒷골목의 돌팔이에게 낙태 수술을 받다가 수술대 위에서 숨을 거둔다. 약혼녀는 그를 떠나고 그는 홀로 남게 된다. 그룹 내 급진주의자들은 〈백의의 사람들〉이 이익만 추구하는 의료계의 참상을 드러내야 하는데, 킹즐리는 사랑에만 초점을 맞췄다는 이유로 반대했다.[44] 한편 다른 단원들은 그냥 스토리가 진부하다고 느꼈다.

크로퍼드와 스트라스버그는 이 작품에 단원들을 위한 좋은 배역이 있고, 이 작품이 결국에는 약간의 돈을 벌게 해줄 거라고 믿었다. 두 생각 다 옳았다. 과정에서 우여곡절은 있었지만 리가 처음부터 뭔가 특별한 것을 활용해왔다는 사실을 모두들 알고 있었다.[45] "의사들이 어떻게 하는지 배웁시다."[46] 그가 출연진에게 말했다. "그들의 행동을 전부 다 배우지는 않을 겁니다. 우리가 해야 할 일은 연극 공연이니까요. 다만 우리의 연극은 병원의 일상을 잘 아는 사람들이 올린 공연이 될 겁니다." 의학 전문가들이 리허설에 찾아왔다. 일부는 단원들의 친구였고, 일부는 리조트의 손님이었다.[47] 그들은 배우들과 의사라는 직업에 대해 이야기를 나누고, 전문적인 의학 용어를 구사하는 시범을 보여주었다. 배우들은 지역 병원을 방문해 의사와 간호사를 인터뷰했다.

그룹 단원들은 여름의 대부분을 즉흥 연기를 하며 보냈다. 시드니 킹즐리는 이렇게 회상했다. "그걸 리허설이라고 부르기는 어려울 겁니다. (…) 극중 신들을 리허설하는 일은 별로 없었거든요. 대신 뭔가 경이로운 일을 했습니다."[48] 스트라스버그는 출연진에게 각자 역할과 관련된 문제들을 부여하여 캐릭터가 살아가는 일상생활의 신체적·감정적 환경 모두를 환기하고자 했다. 이 모든 작업은 연극의 명장면인 2막 마지막 부분, 즉 젊은 의사가 연인의 생명을 구하기 위해 애쓰는 대사 한 마디 없는 수술실 시퀀스를 위한 준비였다. 출연진은 이 시퀀스를 연습하고 또 연습했다. 빠른 속도로 연습했다. 느린 속도로 연습했다. 베토벤 7번 교향곡에 맞춰 연습했다.[49] 오펜바흐의 〈즐거운 파리의 아가씨〉에 맞춰 연습했다. 수술 도구를 소독하고 손을 씻고 실제 수술을 집도하는 복잡한 과정을 잠결에도 할 수 있을 정도로 몇 번이고 연습했다. 어쩌면 출연진 중 몇몇은 정말로 가능했을지도 모르겠다.

스트라스버그는 〈백의의 사람들〉을 연습하는 동안 바흐탄고프의 **정당화**에 해당하는 그의 용어인 **조정**adjustment을 특별한 방식으로 활용했다. 바흐탄고프는 배우에게 주어진 상황 외부에서 행동의 이유를 찾아낼 수 있는 자유를 주었다. 리는 조정이라는 용어를 사용해 배우에게 극중 현실 바깥에 있는 새로운 주어진 상황들을 부여함으로써 연기의 틀을 잡았다.[50] 스트라스버그는 〈백의의 사람들〉에서 병원의 수석 외과의 역을 맡은 조 브롬버그에게 그룹을 조사하는 FBI 언더커버 요원인 것처럼 연기해보라고 말했는데, 그러면서 브롬버그의 연기에 그간 자연스럽게 끌어내지는 못하던 진지함과 자제력이 가득하게 되었다.[51]

극단 전체는 극이 제대로 자리를 잡지 못하는 초기 리허설 기간 동안 자제력의 가치에 대한 또 다른 중요한 교훈을 얻었다. 셰릴 크로퍼드가 묘사했듯, 배우들은 "환자들이 겪는 고통에 각자 자신만의 감성을 불어넣었다."[52] 그들은 보통 사람처럼 상황에 반응했다. 반면 의사와 간호사는 "전문적인 객관성"을 갖고 환자를 바라본다. 배우들은 일반인의 시선에서 몇 걸음 뒤로 물러서서 의료계의 전문직을 더욱 사실적으로 그려냄으로써 관객이 공감할 수 있는, 극에 적합한 감정적 풍경을 만들었다.

관객이 나름의 감정적 경험을 할 수 있도록 여지를 남겨둔 연출 덕분에 1933년 9월에 막을 올린 〈백의의 사람들〉은 흥행에 대성공을 거두었다. 희곡은 퓰리처상을 수상했으며, 연극의 인기가 어찌나 좋았던지, 1934년 7월 막을 내릴 즈음 이 작품은 희곡을 각색한 동명의 영화와 박스오피스에서 경쟁한 최초의 연극이 되었다. 기묘한 우연의 일치인지, 클라크 게이블과 머나 로이가 출연한 이 영화의 감독이 바로 리차드 볼레슬랍스키였다.

같은 해 리차드는 『연기: 첫 여섯 번의 수업』도 출판했다. 그가 랩에서 가르친 내용 대부분을 다룬 이 책은 자신과 크리처(the Creature, 피조물)라는 유감스러운 이름을 가진 훨씬 어린 연기 전공 여학생이 가상의 대화를 나누는 형식으로 되어 있었다.[53] 제목에서 분명하게 밝혔듯, 이 책은 "시스템"에 대한 완벽한 안내서가 아니다. 아직 시작에 불과한 이 책에 담긴 내용은 집중, 감정 기억memory of emotion, 극적인 행동, 캐릭터의 성격 묘사, 관찰, 리듬에 대한 가르침이었다. 볼레슬랍스키는 2권을 계획했지만, 책을 집필하기 전인 1937년 심장마비로 세상을 떠났다. 『연기: 첫 여섯 번의 수업』은 영어로 출판된, 스타니슬랍스키의 테크닉을 다룬 최초의 책이었다. 이 책은 처음으로 미국에서 연기에 관심을 가진 사람이라면 누구나 도서관에 가서 "시스템"의 기초를 배울 수 있게 해주었다.

〈백의의 사람들〉이 성공하면서 그룹이 리허설에서 정확히 무엇을 했는지에 대한 대중의 호기심이 한층 커지자 극단의 단원들 다수가 그 부름에 응답하기로 결정했다. 엘리아 카잔은 "우리는 예수의 사도들처럼 그룹 시어터를 나섰다. 형제애와 십계명 대신 스트라스버그라는 필터를 거친 스타니슬랍스키의 예술을 가르쳤다"라고 썼다.[54] 많은 단원들이 다운타운에 있는 좌파 극장 세 곳으로 중력에 이끌리듯 모여들기 시작했다. 바로 시어터 유니언, 시어터 오브 액션, 시어터 컬렉티브. 그들은 이 세 곳에서 연기를 가르치고 마르크스주의 정치를 배웠다.[55] 이곳에서 연극에 대한 질문에 답하고 대공황이 제기한 의문에 대한 새로운 답을 찾을 터였다.

보비 루이스는 다운타운에 가지 않았다. 대신 〈백의의 사람들〉이 일주일에 여섯 번 매진 기록을 세운 브로드허스트 극장의 지하에서 강의를 시작했다. 학생들 중에는 루이스가 시빅 렙 시절부터 알고 지낸 버지스 메러디스도 있었고, 친구들 사이에서 줄리로 불리는 줄리어스 가핑클이라는 젊은 청년도 있었다.[56]

1913년에 태어난 줄리어스 가핑클은 불우한 이민자 가정에서 태어난 아들의 교과서적인 사례라 해도 과언이 아닐 정도의 유년 시절을 보냈다.[57] 어머니는 그가 어렸을 때 돌아가셨고, 툭하면 화를 내고 정이 없던 아버지는 그와 남동생을 각각 다른 친척집에 보내버렸다. 줄리는 비행을 일삼고 갱단에 가입할 뻔했으며 학교에서 연달아 퇴학당했다. 마지막으로 그는 브롱크스로 이사해 45 공립학교P.S. 45에 입학했다. 그곳의 다정한 교장 앤절로 패트리는 불량 학생을 점잖게 교화시키는 것으로 유명한 사람이었다.[58] 패트리는 줄리가 대중 앞에서 자기를 표현하는 데 재능이 있음을 발견하고 그가 루스벨트 고등학교에 들어갈 수 있도록 도와주었다. 줄리는 그 학교에서 〈한여름 밤의 꿈〉에 캐스팅되었다.[59] 학교를 중퇴한 다음에는 패트리가 준 약간의 돈으로 주식 시장이 붕괴하기 직전이던 1929년 아메리칸 래버러토리 시어터에 들어갔다.

그는 자신을 공포에 떨게 만든 우스펜스카야 여사의 수업에서 고전했다.[60] 그녀가 내주는 감각 기억 훈련에서 그는 갈피를 잡지 못했다.

랩이 1930년에 문을 닫은 후, 줄리는 시빅 랩의 수습 단원 자리에 지원했지만 그곳에 오래 머무르지는 않았다. 대신 조 라스피나라는 친구와 함께 히치하이크를 해서 미국 전역을 돌아다니며 설거지, 농작물 수확 등 한두 푼이라도 돈을 벌 수 있는 일이면 무엇이든 했다.[61] 네브래스카에서 네바다로 이동할 때는 철도를 이용했는데, 달리는 열차에 뛰어오르거나 열차 뒤에 매달리는 식이었다. 줄리는 여행하는 동안 다른 사람이 열차에 뛰어오르다 달리는 열차에 뭉개지는 광경을 목격했고, 유타에서는 철도 경찰이 쏜 총에 맞을 뻔한 적도 있었다.[62] 네바다에서는 구경꾼들 앞에서 에드거 앨런 포의 「갈가마귀」를 공연해 돈을 벌었고, 캘리포니아에서는 라스피나와 함께 과일 따는 일을 했다.[63] 가핑클은 평생 무대와 스크린에서 연기하게 될 역할과 같은 종류의 사람들과 더불어 풍부한 경험을 쌓은 후 마침내 뉴욕으로 돌아왔다.

시어터 유니언에서 가르치던 학생들 중 처음으로 줄리를 발견한 사람은 오데츠였다. 줄리의 연기는 자연스러워 보였다. 오데츠가 그를 루이스에게 데려갔는데, 루이스의 생각도 같았다. 물론 겉으로 보기에 그는 거친 유대인 같았지만 "겉모습과 달리 따스함과 진실함, 진심 어린 상냥함을 발견하는 데에는 그리 오랜 시간이 걸리지 않았다."[64]

보비는 줄리에게서 길거리 청년들이 구사하는 말투와 행동거지를 없애기 위해 젊은 청년을 그린 피카소의 그림을 바탕으로 한 연습을 보여주었다. 훈련은 여러 단계로 구성되어 있었다.[65] 줄리가 젊은 청년의 포즈를 정확하게 흉내 내는 단계부터 배경 음악이 나오는 동안 시를 낭송하면서 어떻게 움직일 것인지를 상상하는 것까지, 각 단계는 앞 단계의 토대 위에 쌓아올리는 방식으로 진행되었다. 보비 루이스는 훈련 결과에 너무나 깜짝 놀랐다. 그는 곧바로 위층으로 뛰어올라가 '연출가들'에게 줄리가 다시 연기하는 장면을 보게 했다. 그들은 여름을 함께 하자며 줄리를 초대했다. 1934년 가을 줄리는 〈골드 이글 가이〉를 제작하는 그룹의 단원으로 데뷔했다.

그 무렵 줄리는 성姓을 가필드로 바꾸고 스타덤에 오르기 위해 유대인이라는 사실을 감추는 데 필요한 여러 단계 중 첫 단계를 밟았다.

〈백의의 사람들〉이 퓰리처상을 수상한 후, 시드니 킹즐리는 1934년 4월에 감사의 뜻으로 리 스트라스버그를 모스크바에 데려갔다.[66] 이후 두 달이 되기 전 먼저 스텔라 애들러가, 다음으로 해럴드 클러먼이 모스크바에서 그들과 합류했다. 스트라스버그는 도착하자마자 그에게 가장 신성한 장소, 즉 모스크바 예술극장으로 성지순례에 나섰다. 극단이 그들의 자연 서식지에서 펼치는 작업을 보기 위해서였다. 드디어 이상적인 형태의 스타니슬랍스키 작품을 감상하고 대가大家를 직접 만나 존경을 표하고 악수를 나눌 수 있을 터였다. 그러나 그가 첫날 본 작품은 끔찍했다. 리는 뭔가 실수가 있었던 게 분명하다고 생각했고 이튿날 다시 극장을 찾았다. 그는 엿새 동안 모스크바 예술극장이 올린 작품을 전부 감상했는데, 엿새 내내 자신이 본 결과에 구역질이 났다.[67] 한 번은 주연 배우가 관객들의 반응을 살피기 위해 제4의 벽을 위반하면서 객석을 살펴보기까지 했다. **스타니슬랍스키는 사실상 제4의 벽을 발명한 사람이었다!** 스트라스버그는 무대로 올라가 맨손으로 배우를 죽여버릴까 고민했다. 그러나 대신 불쾌감을 느낀 채로 그냥 두기로 했다. 스트라스버그는 자신의 우상을 만나지 않기로 결정했다. "내가 뭘 할 수 있었겠습니까? 그의 극단을 어떻게 생각하는지 말할까요?"[68] 훗날 그가 설명했다. "그에게서 배울 수 있는 게 더 이상 없다고 말할까요? 어린 풋내기가 대가에게 어떻게 '내가 당신의 무대에서 뭘 보고 있는 건가요?'라고 물을 수 있겠습니까?"

스트라스버그는 스타니슬랍스키가 10년간 겪은 예술적·개인적 퇴보의 결과를 자기도 모르는 사이에 목격해버렸다. 스타니슬랍스키는 1928년에 심장마비를 겪었다. 스트라스버그가 방문하기 바로 전해에는 폐기종이 너무 심해져 모스크바 예술극장 창립 35주년 기념식에도 참석하지 못했다.[69] 절대 작업을 멈추지 않았던 활기찬 인물인 스타니슬랍스키는 되도록 많이 쉬라는 의사의 지시를 귓등으로 들었다. 건강 악화 때문에 그가 목표로 했던 두 가지 대의가 새로이 시급해졌다. "시스템"에 대한 안내서를 남기는 것과 모스크바 예술극장을 구하는 것.

두 가지 모두 처음 떠올렸을 때보다 훨씬 큰 도전이었다. 스타니슬랍스키는 정치적·문화적인 이유로 고국을 위한 버전과 미국을 위한 버전, 두 가지로 책을 집필해야 했다.[70] 소련은 스타니슬랍스키와 그의 작품 및 영향력을 훨씬 더 친숙하게 여겼지만 스타니슬랍스키의 핵심 아이디어, 특히 인간 심리에 관한 몇 가지 아이디어는 거의 금지되어 있었다. 두 가지 버전으로 책을 쓰면서 그는 생각을 다듬고, 애초에 절대 규범화하고 싶지 않았던 일련의 아이디어와 테크닉을 적어야 했다. 또한 초고가 수천 페이지로 불어나는 일이 없도록 해야 했다. 이런 난제는 재능 있는 작가에게도 벅찬 일인데, 스타니슬랍스키는 그런 작가가 아니었다. 모스크바 예술극장의 경우, 그와 네미로비치의 관계는 활기 넘쳤던 미국 투어 이후 10년간 조금도 나아지지 않았다. 극장의 미학적 기준에 대한 스타니슬랍스키의 우려는 조금도 줄지 않고 계속되었고, 소비에트의 정치 광풍을 헤쳐나가는 일은 시간이 갈수록 어려워지기만 했다.

이 문제들은 서로 연결되어 있었다. "시스템"을 명확하게 설명하는 문헌이 없었기 때문에 공격에 무방비로 노출될 수밖에 없었다. 1931년 겨울, 프롤레타리아작가협회RAPP는 스타니슬랍스키와 그의 이론을 모두 "반역사적"이라고 공격하며, "배우의 복잡한 현실 인식 과정을 원초적이고 유치한 맹신, 순진한 행위, 크리에이티브 이프Creative If"로 잘못 바꿔놓았다고 비난했다.[71] 스타니슬랍스키는 초의식에 대해 이야기하거나, 마음에 대해 이야기하거나, "정서 기억affective memory"(이 용어는 곧 "감정 기억emotion memory"으로 바뀌었다[72])이라는 용어를 사용해서는 안 된다는 사실을 금세 깨달았다. 개인의 정신은 부르주아적인 개념이었다. "시스템"을 이념적으로 수용 가능하도록 재구성하는 작업, 예컨대 용어를 바꾸고, 리보와 심리학 대신 파블로프와 행동주의에 관찰의 뿌리를 두는 등의 방식은 "시스템"을 문헌으로 설명하는 일을 더 어렵게 만들었다.

정치적 상황도 모스크바 예술극장의 관리를 거의 불가능하게 만들었다. 1929년부터 스타니슬랍스키와 네미로비치는 정부가 임명한 모스크바 예술극장의 "정치" 책임자 미하일 세르게예비치 하이츠를 견디고 있었다.[73] 하이츠의 임무는 극단이 당의 노선을 따르게 만드는 것이었다. 스탈린이 추진하는 산업 성장을 위한 5개년 계획에는 예술에 대한 지침도 포함되어 있었는데, 이는 더 많은 작품, 더 신속한 준비, 더 빈번한 공연, 더 노골적인 정치적 메시지를 뜻했다. 하나같이 스타니슬랍스키와 네미로비치가 처음부터 반대했던 것들이다. 스타니슬랍스키는 하이츠를 반대하는 캠페인을 활발하게 전개했고, 1931년 말 하이츠와 간섭하기 좋아하는 관료들로 구성된 위원회가 사라졌다. 하지만 이런 변화에는 대가가 따랐다.[74] 그 대가로 모스크바 예술극장은 정부, 즉 이오시프 스탈린 동지의 질문에 직접 답해야 하는 상황이 되었다.

스타니슬랍스키 개인의 정치 성향은 알 길이 없다. 그는 정치와 예술은 별개의 세계라는 확고한 신념을 제외하고는 국가의 문제들에 대해 순진하고 현명한 어린아이 이미지를 구축했다. 하지만 1932년에 스타니슬랍스키와 많은 시간을 함께한 미국 연출가 조슈아 로건은 이렇게 기억했다. "그를 잘 아는 우리는 그가 [소련이라는] 주제에 대해 좋게 말하는 걸 들어본 적이 없다. (⋯) 우리와 대화할 때 그는 신중하게 입을 열었고, 사무실 벽에는 수도사의 옷감으로 만든 두툼한 방음 커튼이 걸려 있었다. 커튼을 조심스럽게 치기 전까지 우리와는 어떤 논의도 하지 않았다."[75] 하지만 로건이 방문한 동안에도 스타니슬랍스키는 스탈린과 직접 소통하기를 즐겼다. 이 관계는 그의 극장이 일종의 안정적인 겉모습을 연출하는 데 도움을 주었지만, 스타니슬랍스키가 지휘봉을 잡지 않는다면 그 안정이 얼마나 오래 지속될지는 누구도 모를 일이었다. 그가 친구에게 쓴 편지 그대로였다. "내 인생의 목표는 내가 죽은 뒤에도 극장의 생존과 위상을 보장하는 것이네."[76]

스트라스버그는 자신이 목격한 현실에 말문이 막히고 몸서리를 치며 모스크바 예술극장을 떠났을지 모른다. 그래도 바흐탄고프와 메이예르홀트가 다른 극장에서 무대에 올린 작품들에서는 자신이 굶주려왔던 통찰을 발견했다. 스트라스버그는 바흐탄고프를 늘 존경해왔지만 이제서야 그 연출가가 스타니슬랍스키의 연기 테크닉을 어떻게 받아들여 고도로 양식화되고 비현실적인 작품으로 만들어내는지 두 눈으로 확인했다.[77] 한편 메이예르홀트의 작품은 스트라스버그에게 흥미로운 새 방향을 보여주었다. 전적으로 배우의 신체에 기반하며, 심리적 사실주의 개념과 분리된 메이예르홀트의 방법은 순수하고 신체적인 연극성에 도달해 있었다. 스트라스버그가 여행 노트에서 묘사했듯, 메이예르홀트는 "삶을 좀더 온전히 반영하고 탐구하려는 욕망을 보여주었다. 그것의 전체적인 효과는 연극 예술을 과시하는 것 중 하나이지만 말이다."[78]

같은 여행에서 해럴드 클러먼은 열흘 동안 연극 열 편을 감상했다. 그 경험이 "나에게 다 흡수하지 못할 만큼 많은 인상을 남겼다"고 그는 말했다.[79] 어떤 한 작품보다 연극의 보편적인 인기, 사람들의 삶에서 연극이 차지하고 있는 중요성, 연출에 대한 수많은 접근법 등이 그에게 새로운 자신감을 불어넣어주었다. 그는 그룹 시어터가 이 모든 것에 필적할 만한 작업을 해왔다고 여겼고, 자신의 제작 아이디어가 성공을 거두기에 너무 고결하거나 학구적이지 않다는 것을 깨달았다. 오히려 지나치게 협소한 것은 미국인들이 갖고 있는 연극에 대한 개념이었다. 사회주의적 사실주의라는 제약이 있음에도 불구하고 모스크바에서 공연되는 다양한 작품들은 연극이야말로 모든 접근법이 번창할 수 있는 놀이터임을 입증했다. 그는 마침내 연출을 할 준비가 되었다.[80] 적당한 작품이 찾아온다면.

스텔라의 경우, 그녀 역시 모스크바에서 목격한 것들에 압도당했다. 그녀가 미국으로 돌아오자마자 좌파 잡지 『뉴 시어터』와 한 인터뷰에는 소련의 무대에서 느낀 놀라움이 생생하게 담겨 있다. "소련의 무대는 사람을 울려요."[81] 일단 학생들을 포함한 배우들이 후한 급여를 받았다. 전문 배우들은 1년에 40주를 일하고 휴가를 받았다. 규모가 큰 극장은 자체 숙박 시설을 보유하고 있어 극단들은 여름에 그곳을 함께 수리하고 작업하고 훈련했다. 게다가 훈련은 또 얼마나 대단한가! "그런 건 생전 처음 봤어요. 서너 가지 형태의 연기 작업, 무용, 아크로바틱, 조형 훈련, 체조… 발성 연습은 경이로워요. 연극과 정말로 잘 연계되어 있죠. 그렇게 하는 건 어디에서도 본 적이 없었어요." 그녀는 메이예르홀트의 생체역학 테크닉 수업을 참관했다. "열여덟 살과 스무 살 소년 소녀들이 하는 엄청난 발음 묘기를 봤어요. 그런 소리를 내는 배우는 태어나서 처음이었어요. (…) 소리로 저글링을 하더라고요."[82] 또한 "마르크스주의, 변증법적 유물론, 사회적 문제를 비롯한 온갖 것들"을 공부하며 배우를 세계 시민으로 양성하는 모습에 깊은 인상을 받았다. 리 스트라스버그와 함께 직접 극장을 방문해 승강기를 사용한 무대와 옷이 빽빽하게 걸려 있는 의상실을 봤을 때는 "기가 막혀 죽을 뻔했다."[83]

모스크바의 풍요로운 환경에 대한 부러움을 공유한 두 예술가는 보기 드문 의견 일치의 순간을 맞았다. 스트라스버그와 애들러는 지난 시즌 내내 싸웠다. 이번에는 〈백의의 사람들〉 이후 시즌 두 번째 연극인 존 하워드 로슨의 〈젠틀우먼〉에서 그녀가 맡은 꼬장꼬장한 과부 역할 연기를 두고 벌어진 싸움이었다. 그 역할, 특히 와스프의 감정 억압을 마스터하기 위한 애들러의 고군분투는 스트라스버그와의 지속적인 투쟁을 거울처럼 반영했다.[84] 동료들의 부정확한 감정 연기를 향한 스트라스버그의 분노는 조금도 수그러들지 않고 계속되었다.

전 시즌을 마친 스텔라 애들러는 낙담했고, 스스로에 대한 확신도 잃었다. 그녀는 미국에서 가장 흥미진진한 극단의 중요 단원이었으면서도 영원한 아웃사이더가 된 듯한 기분이었다.[85] 그녀에게는 해럴드 클러먼이라는 헌신적인 연인이 있었지만, 그녀는 그에게 헌신할 수가 없었다.[86] 연기는 그녀 인생의 전부였다. 그런데 그 연기가 지금 그녀를 비참하게 만들고 있다. 이 모든 것은 곧 바뀔 것이다. 1934년 여름 그녀는 마침내 거장을 직접 대면하면서 인생의 새로운 의미와 미국 연기가 나아갈 새로운 길을 발견하게 될 터였다.

12장

'정서 기억'은 출발점도, 핵심도 아니야

클러먼과 애들러는 모스크바에서 파리로 갔다. 연극을 보고, 해럴드가 소르본에 있을 때 사귄 친구들을 만날 계획이었다. 이제는 평론가로 활동 중인 자크 코포가 스타니슬랍스키가 파리에서 가족과 함께 휴가를 보내고 있다는 소식을 전해주었다. 스타니슬랍스키의 열성 팬이라면 당연히 그를 찾아가야 하는 게 아니냐며 코포가 방문을 제안했다.[1] 클러먼이 스타니슬랍스키에게 편지를 썼다. 곧 두 사람은 클러먼에게는 많은 것을 주었고, 애들러에게는 많은 것을 빼앗아갔다고 생각하게 만든 이론을 고안한 남자를 만나러 갔다.

해럴드 클러먼이 스타니슬랍스키가 머무는 엘리베이터가 설치된 아파트의 문을 열자 작은 거실 구석에 앉아 있는 거장이 모습을 드러냈다. 스텔라는 엄청나게 위축된 탓에 꼼짝도 할 수가 없었다.[2] 스타니슬랍스키의 곁에는 가족들, 그가 지나치게 동요하는 일이 없도록 어디든 따라다니는 의사, 그리고 올가 크니페르-체호바가 있었다. 클러먼은 훗날 스타니슬랍스키를 잘생긴 외모와 부스스한 백발, 주변 사람들 사이에 우뚝 솟은 약 183센티미터의 장신으로 회상했다. 클러먼과 애들러 모두 그가 보여준 정중한 태도—스타니슬랍스키는 미국 투어 도중 잠시 만났던 스텔라의 아버지에 대한 존경을 표했다—와 점잖으면서도 짓궂게 사람을 놀리던 매너를 기억했다.

"가서 스타니슬랍스키 씨와 악수하세요."[3] 올가 크니페르-체호바가 애들러에게 말했다.

"못해요." 스텔라가 대답했다.

"하셔야죠."

"안 돼요, 제가 어떻게 감히 그럴 수 있겠어요?"

무언가가 스텔라를 괴롭히고 있었지만, 그 이야기를 입 밖으로 꺼낼 수가 없었다. 스타니슬랍스키가 근처 공원으로 산책을 가자고 말했다. 그들은 의사를 대동하고 서둘러 집을 나섰고 밖에 앉아 연극 이야기를 나누었다. 클러먼은 스타니슬랍스키가 배우들의 게으름과 작업 도구를 꾸준히 개발하려는 의지가 없는 태도를 한탄하던 모습을 기억했다.

"당신이 작품에 대한 해석, 캐릭터의 성격 묘사, 과업의 풍부한 감정적 측면을 말해주면 그들은 당신이 원하는 대로 작업할 겁니다."[4] 스타니슬랍스키가 말했다. "그러나 발음이나 목소리를 개선하라고 요구하면 그들은 등한시 여기며 제멋대로 행동할 겁니다." 그런 다음 "잘못을 뉘우치는 여학생처럼 고개를 숙인" 크니페르-체호바를 향해 손가락을 흔들었다.[5] 이 연출가와 배우는 40년 동안 함께 일해온 사이였다. 그렇게 많이 다퉜으면서도 두 사람 사이에 따스한 애정이 흐른다는 점은 부인할 수 없는 사실이었다.

클러먼은 스타니슬랍스키에게 정치에 대해 물었지만 헛수고였다. 클러먼이 스탈린 얘기를 꺼냈을 때 스타니슬랍스키가 한 말은 "그분은 바보가 아닙니다"가 다였다.[6] 클러먼은 그 이슈로 스타니슬랍스키를 여러차례 압박해보았다. 연출가는 적어도 한 번 "낯선 사람이 듣고 있지 않은지 주위를 힐끔거렸다." 미국 투어 때 그랬던 것처럼 스타니슬랍스키는 자신이 러시아에 대해 공개적으로 너무 많은 말을 해서는 안 된다는 것을 잘 알고 있었다. 누가 귀를 기울이고 있을지 아무도 모를 일이었다.

그 자리에서 그의 말에 귀 기울이고 있는 사람은 **오로지** 스텔라 애들러뿐이었다. 불같은 성격에 호전적인 태도를 지닌 배우가 평소답지 않게 침묵하고 있었다. 마침내 스타니슬랍스키가 그녀를 돌아보았다. "젊은 숙녀분, 모두들 나에게 말을 거는 데 당신은 그렇지 않군요."[7]

스텔라는 더 이상 참을 수 없었다. "스타니슬랍스키 씨, 저는 선생님의 이론을 접하기 전까지는 연극을 사랑했어요. 그런데 지금은 연극이 싫어요!" 그녀는 자신의 극단이 "시스템"을 활용했고, 그로 인해 배우로서 삶이 망가지고 연기의 즐거움을 빼앗겼다고 설명했다.

스타니슬랍스키는 이런 감정 폭발에도 전혀 동요하지 않는 듯 보였다. "아마도 당신은 '시스템'을 이해하지 못하는 것 같습니다. 다만 그게 정말 걱정이라면, 그냥 잊어버리세요."[8] 그리고 다음 날 전화를 걸어 그녀를 곤경에 빠뜨린 "시스템" 일부분을 함께 작업해보지 않겠느냐며 스텔라를 초대했다.

그들은 한 달 남짓 되는 기간 동안 하루에 두어 시간씩 프랑스어로 함께 작업했다. 스텔라는 처음에 스타니슬랍스키가 자신의 비위를 맞추려고 그러는 게 아닐까 걱정했지만, 머지않아 그의 관심이 진심임을 분명히 알게 되었다. 그들의 리허설은 문제 학생과 스승의 만남이라기보다 두 예술가의 만남에 더 가까웠다.[9] 그녀는 가문의 명성, 물려받은 유산, 저명한 아버지, 재능 있고 단호한 어머니로 인해 오랜 세월 마음에 쌓여 있던 불안을 까맣게 잊을 수 있었다.

스타니슬랍스키는 그녀에게 상상력의 가치, 상상력이 배우가 주어진 상황 속에서 어떻게 살아갈 수 있게 만드는지, 그리고 주어진 상황이 결과적으로 어디서, 어떻게, 무엇을 통해 캐릭터를 만들어낼 수 있는지에 대해 이야기했다. 그리고 상상력 테스트를 시작했다. 스타니슬랍스키는 애들러에게 "그냥 몇 가지 일을 하고 그 주위에 플롯을 배치해보세요"라고 지시했다.[10] 애들러는 빠르게 한 장면을 고안해냈다. 창밖을 바라보고 깊은 감정적 의미가 담긴 무언가를 보고는 책상으로 가서 편지에 서명한 다음 떠나려고 모자와 코트를 챙겼다. 세 가지 단순한 행동이 간략하게 묘사된 주어진 상황에 연결될 때 감정적 리얼리티로 이어진다. 그녀는 행동과 상상력이 우리를 감정으로 이끌 수 있다는 것을 깨달았다. "훈련 취하기"는 할 필요가 없었다.

애들러에 따르면, 스타니슬랍스키는 그룹이 자신의 "시스템"을 잘못 이해했다고 말했다. 그는 정서 기억 훈련을 활용하지 않았고 사람들이 그걸 활용해야 한다고 생각하지도 않았다. 문제, 행동, 주어진 상황, 상상력이 "시스템"의 핵심이었다. 배우는 이것들을 통해 감정에 도달해야지 그 반대가 되어서는 안 된다. "연출가가 (…) 먼저 감정을 느낀 다음에야 연기를 할 수 있을 거라고 말하면, 그에게 '수영하는 법을 배운 다음 물에 들어가겠습니다'라고 말하세요."[11] 그가 말했다. "물에 들어가지 않고 수영할 수 있나요? 감정을 느낀 다음 문제를 해결할 수는 없습니다. 우선 문제에 대한 신체적 행동을 취하고 나면 감정을 느낄 수 있게 될 겁니다."

스텔라는 〈젠틀우먼〉에서 특히 어려움을 겪었던 신 하나를 프랑스어로 번역해 가져갔고, 두 사람은 함께 반복해 작업했다. 그러는 내내 스타니슬랍스키는 행동, 주어진 상황, 상상력의 가치를 강조했다.[12] 배우가 할 일이 더 명확해졌다. 오로지 주어진 상황 내에서 행동에서 행동으로 이동하는 것. 이는 그 신을 함께 연기하는 파트너도 동일했다. 캐릭터의 과업/문제가 상호배타적일 때 갈등이 생겨났다.

이런 새로운 접근법을 통해 애들러는 연기를 다시금 이해할 수 있게 되었다. 나아가 마침내 연기를 즐기게 되었다. 스타니슬랍스키와 함께하면서 그녀는 그룹의 방식을 바로잡고 스타니슬랍스키를 스트라스버그에게서 구해내야 한다는, 거의 선교사의 열의에 가까운 목적의식을 갖게 되었다. 자신의 저서 『연기 테크닉』에 넣은 이 이야기의 버전에서 그녀는 마지막 수업을 마친 후 파리의 거리를 배회하며 생각했다. **스타니슬랍스키 씨, 제가 개인적으로 감사를 드리지는 못하지만, 저는 평생 다른 사람들을 위해 헌신하며, 선생께서 저에게 주신 것을 그들에게 주면서 살겠습니다.**[13] 또 다른 버전(연극학자 멜 고든에게 들려준 버전)에서 그녀는 스타니슬랍스키에게 직접 말했다. "제 온 마음을 담아 반드시 이 가르침에 보답할게요. (…) 꼭 갚을게요."[14]

이 만남에 대한 스타니슬랍스키의 기억은 굉장히 평범하다. "그 작업에 나는 한 달을 통째로 허비했다"가 보리스 필리포프가 쓴 위대한 러시아 배우들의 일화 모음집 『분장하지 않은 배우들』에 실린, 거장과 "완전히 공황 상태에 빠진 여성"의 만남을 기술한 내용이다.[15] 이 이야기는 필리포프의 예술의 대가 클럽Masters of Arts Club 회원들이 스타니슬랍스키에게 "시스템"과 연기에 대해 엄청나게 많은 질문을 던지며 토론이 한창 진행되던 와중에 등장한다. 스타니슬랍스키는 애들러의 생애에 대한 몇몇 세부 정보를 틀리게—그는 "시스템"에 대한 오해로 그녀의 연기력을 망친 사람이 볼레슬랍스키와 우스펜스카야라고 생각했다—기억했지만, 그가 말하는 사람이 스텔라라는 것은 오늘날 분명한 사실이다.[16]

스타니슬랍스키는 이렇게 말했다. "그녀는 나를 붙잡고 울었습니다. '당신이 나를 망쳤어요! 나를 구해줘야 해요! 나에게 무슨 짓을 한 거죠?'"[17] 그의 말에 따르면, 그는 "시스템"의 명예와 국제적 명성이 위태로웠기 때문에 애들러를 제자로 받아들이는 데 동의했다. 그러나 "그녀가 배운 모든 것이 옳았음이 밝혀졌다. 그녀는 학교에서 모든 것을 보고 배운 상태였다." 그녀가 알아야 할 것은 그 모든 것들을 하나로 묶어내는 방법뿐이었다. 그래서 두 사람은 함께 역할을 조각들로 쪼개는 작업을 했다. 스타니슬랍스키는 "시스템" 차트를 만들어 각 구성 요소의 기능을 설명하면서 올바른 사용법을 보여주었다. "이걸 배운 그녀가 너무나도 훌륭하게 연기를 해냈고 우리는 기쁨에 겨워 '포효'했습니다. 행동 관통선과 과제를 이해하는 것만이 한 명의 배우를 완전히 재탄생시킬 수 있습니다."

이제 남은 것은 스텔라가 그룹을 재탄생시키는 일뿐이었다.

1934년 8월, 스텔라는 뉴욕주 엘런빌의 눅눅한 호텔에서 그룹에 다시 합류했다.[18] 그들은 이미 새 시즌을 위해 열심히 작업 중이었다. 그녀는 샌퍼드 마이즈너와 해럴드 클러먼과 연이은 비공개 미팅을 가진 후, 나머지 단원들에게 스타니슬랍스키와 함께한 시간에 대한 보고서를 전달했다.[19] 그녀는 스트라스버그가 "시스템"을 잘못 이해하고 있다고 직설적으로 말했다. 스타니슬랍스키는 역할을 창조하는 과정에서 정서 기억 훈련을 활용하지 않았고, 사람들이 그걸 활용해야 한다고 생각하

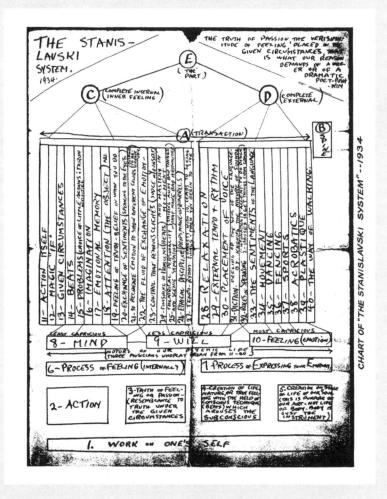

스텔라 애들러가 그룹에 보여준 차트(복사본).

지도 않았다. 중요한 것은 행동과 주어진 상황이지 감정이 아니었다. 그녀는 스타니슬랍스키와 공부하는 동안 만든 "시스템" 차트를 벽에 붙인 다음 단원들에게 그 내용을 자세히 설명했다.

파이프 오르간처럼 구조화된 차트는 "자아에 대한 작업"으로 시작해 40개의 상이한 단계를 거쳐 최종적으로 총체적인 역할the role in its totality에 도착한다. 목표는, 오른쪽 상단 구석에 적혀 있듯, 푸시킨의 경구를 변형한 문장이다. "주어진 상황 안에서 정념의 진실, 감정의 핍진성을 경험하는 것." 그다지 눈에 띄지 않는 자리에 배치된 열일곱 번째 항목이 "정서 기억"이었다. 정서 기억은 출발점이 아니었다. 스텔라의 설명에 따르면 "시스템"의 핵심도 아니었다. 그저 "내면적으로 느끼는 과정"의 일부인, 역할을 만드는 하나의 단계에 불과했다. 더군다나 감정은 "반드시 겉으로 표현되어야 한다. (…) 관객을 안으로 끌어들이기 위해." 스텔라가 프레젠테이션하는 동안 차트에 적은 것처럼 "우리 삶에 존재하는 느낌을 위한 느낌? 비정상적이다."20 그리고 "여러분의 기억을 찾아간다면, 여러분은 작가의 작품이 아닌 여러분 자신의 작품을 창조하게 될 것이다."

보비 루이스는 "그녀가 하나의 기술적 요점에서 또 다른 요점으로 나아가는 동안 안개가 걷히는 느낌이었다"고 말했다.21 샌퍼드 마이즈너는 훗날 그룹이 이때 처음으로 "주어진 상황"이라는 용어를 들어봤다고 주장했다.22 나중에 알고 보니 애들러가 그토록 소원하게 느꼈던 극단이 사실은 스트라스버그의 정서 기억 활용에 의구심을 키워오고 있었다. 피비 브랜드는 이렇게 말했다. "그건 초의식을 갖고 노는 것이었어요. 우리는 초의식의 삶을 파고들었는데, 숙련된 정신과 의사와 함께한 건 아니었죠."23

비니 바커는 더 멀리까지 나아갔다. 그녀의 의견은 감정에 너무 집착하면 질환과 히스테리에 시달릴 위험이 있다는, 바흐탄고프의 〈평화의 축제〉에 대한 스타니슬랍스키의 비판을 상기시켰다. "스트라스버그와 작업하는 건 끔찍한 일이었어요. 일단 울음을 터뜨려가며 감정을 한껏 경험할 경우, 매번 그런 모습을 보이지 못하면 그건 연기를 하는 게 아니었어요. 그것 말고는 무엇을 해야 할지 몰랐죠."[24] 모리스 카노브스키는 〈백의의 사람들〉 장기 공연이 정서 기억은 시간이 흐름에 따라 효력을 상실한다는 사실을 보여준 실례였다고 느꼈다. 마치 티백을 "순수한 결과물이 하나도 남지 않을 때까지" 지나치게 자주 우려먹는 것과 비슷했다.[25]

하지만 애들러는 단순히 기록을 바로잡는 데 그치지 않았다. 그들의 최고 지도자를 상대로 저항하고 있는 것이기도 했다. "스텔라는 공개적으로 리에게 도전했어요."[26] 피비 브랜드는 당시를 이렇게 회상했다. "있잖아요, 그건 있을 수 없는 일이었어요. 리는 실제로 권위자였고, 우리 모두는 그를 신이라고 생각했어요." 스트라스버그가 연출한 작품들이 성공을 거뒀음에도 (지금은 대부분 교사가 된) 배우들은 이래라저래라 지시하는 권위자에게 지친 상태였다. "많은 중산층 지식인들에게 당시는 의구심과 자기성찰의 시간이었다."[27] 훗날 엘리아 카잔이 썼다. "우리가 반항한 대상은, 많은 것이 그랬던 것처럼, 우리의 존재 그 자체였고, 나는 우리를 흠뻑 적신 색채가 죄책감이라고 생각했다." 1934년 여름 무렵, 그룹 내에 공산주의 조직이 생겼다.[28] 멤버는 카잔, 루이스 레버릿, 조 브롬버그, 폴라 밀러, 피비 브랜드, 모리스 카노브스키, 토니 크레이버, 아트 스미스였다. 곧 오데츠도 합류했다. 그들은 프롤레타리아였다. 그들이 작업의 대부분을 맡았다. 하지만 경영진―클러먼, 크로퍼드, 특히 스트라스버그—은 지휘하고 통제하기만 했다.

연기 이론, 그룹의 권력 역학, 좌파 정치가 한데 뒤섞이면서, 애들러의 발언이 끝나자 몇몇 그룹 단원이 갑자기 기립해 '인터내셔널가'를 부르는 지경에까지 이르렀다.[29]

> 깨어나라 그대들 노동자여, 그대들의 잠에서
> 깨어나라 그대들 빈곤의 죄수들이여
> 이제 봉기할 이유가 우레처럼 우르릉거리고
> 위선의 시대는 마침내 끝나는구나.
> 그대들의 미신은 모두 버리고
> 굽실거리는 대중이여, 깨어나라, 깨어나라
> 우리는 이제부터 낡아빠진 전통을 바꾸고
> 먼지를 털어내고 상을 받으리라.
>
> 그러니 동지여, 와서 단결하라
> 우리가 마지막 투쟁을 직면하게 하라
> 인터내셔널은 인류를 하나로 단결시킨다.

그룹과 메소드 모두에 공식적으로 분열의 순간이 찾아왔다. 스타니슬랍스키의 가르침과 그 함의를 둘러싼 애들러와 스트라스버그의 투쟁은 심지어 두 사람이 세상을 떠난 후에도 여전한 논란의 대상이 될 터였다. 그 결과 첫 번째 분쟁이 발생한 이 순간에 대한 설명들은 신뢰할 수 없게 되어버렸다. 스트라스버그를 비롯한 몇몇 사람은 8월 7일에 열린 애들러의 강연에 리가 참석했다고 기억한다. 다른 사람들은 그가 오지 않았다고 말한다. 해럴드 클러먼은 스텔라가 파리에서 돌아온 후에 그룹이 곧바로 스트라스버그의 정서 기억 기반 접근법을 팽개쳤다고 주장했다.[30] 스트라스버그는 "어려움은 배우들이 아닌 스텔라 애들러에게 있었다. (…) 스텔라가 1934년 파리에서 스타니슬랍스키와 작업한 이후에도 우리의 작업 방법은 바뀌지 않았다"고 말했다.[31] 그러나 1935년 카잔과 J. 에드워드 브롬버그와 스트라스버그가 공동 집필한 연기 강의 개요는 감정 기억이나 정서 기억에 대한 언급은 전혀 없이 행동에 중점을 두고 있다.[32]

스트라스버그는 또한 애들러의 프레젠테이션에 반응하지 않았다고 말한다. 오히려 "말을 할 수가 없었다. 엄청난 모욕감을 느꼈다."[33] 반면 다른 이들의 말에 따르면, 그는 이튿날 연설에서 감정을 강조하는 자신의 이론을 옹호했다. 보비 루이스는 이렇게 기억했다. 스트라스버그가 "깜짝 놀란 배우들에게 자신이 가르치는 것은 스트라스버그의 메소드이지 스타니슬랍스키의 시스템이 아니라고 선언했다. 또한 우리는 정서 기억을 우리만의 방식으로, 우리만의 결과를 위해 활용했다고 밝혔다."[34] 그러나 스트라스버그는 거기에서 멈추지 않았다. 그는 그룹이 모스크바 예술극장보다 더 뛰어난 극단이라고 말했다. 그룹은 "스타니슬랍스키의 핍진성을 뛰어넘었고," 그룹의 "작품들은 어느 때고 모스크바 예술극장의 작품들보다 더 강렬했다." 루이스는 스타니슬랍스키와 연기 테크닉에 대한 극단의 믿음에 활기를 되찾아준 애들러의 강연에 스트라스버그가 열변을 토하며 반박하는 것을 보고 깜짝 놀랐다. 누가 봐도 상처받은 자존심에 기인했음이 분명한 리의 대응으로 그의 평판은 돌이킬 수 없는 손상을 입었다. 그는 더 이상 그들의 신이 아니었다.[35]

그룹 입장에서는 스트라스버그가 갑자기 스타니슬랍스키를 부정한 것에서 불안의 분위기가 물씬 느껴졌지만, 리 자신에게 그것은 그의 작업 스타일과 완벽하게 일치하는 행동이었다. 그는 항상 다른 연출가와 연기 교사의 아이디어를 종합해왔다. 스트라스버그에게 스타니슬랍스키는 토대 같은 존재였다. 그러나 여행 중에 모스크바 예술극장에 실망하면서 이후 그는 스타니슬랍스키를 폐기한다는 입장을 취했다.

그가 그러면 안 될 이유가 뭐란 말인가? 이제 스트라스버그는 명망 있는 연출가였다. 그룹의 배우들 모두가 믿지 않았던 작품을 선택해 퓰리처상을 수상한 대히트작으로 탈바꿈시킨 인물이었다. 『뉴욕 선』은 "이 극단에서 실행하는 모든 연기 테크닉의 방법과 이론은 스트라스버그의 철학과 연극에 대한 신념에 뿌리를 두고 있다"고 썼다.[36] 〈백의의 사람들〉이 그렇게 잘 만들어진 것도 스트라스버그 덕분이었다. 재능이 들쑥날쑥한 데다 전전긍긍하는 제작진 수십 명을 데리고 일련의 창의력을 쏟아내면서 쉽지 않은 몇 해의 여름을 보낸 끝에 정교하게 조정된 앙상블을 탄생시켰기 때문이다.

몇 년 후 다시 스타니슬랍스키로 돌아간 스트라스버그는 애들러가 거장의 말을 오해했다고 주장하곤 했다. 그는 정서 기억을 부인한 적이 없었다. 대신, 리에 따르면, 스타니슬랍스키는 "배우가 준비를 잘했다면, 심리-신체적 행동들의 관통선만 기억하면 된다"고 믿었다.[37] 즉 감정, 대사, 신체적 행동에 대한 기억이 한데 어우러져 배우에게 각각을 상기시켜준다는 것이었다. 볼레슬랍스키도 거의 같은 말을 했다. 리허설 과정이 끝날 무렵 다른 모든 것이 제대로 행해졌다면, 배우가 해야 할 일은 준비 과정을 떠올리면서 첫 과업에 완전히 몰입하는 것뿐이다. 그러면 나머지 부분은 예정대로 펼쳐질 것이다. 스트라스버그는 항상 이에 동의했다고 주장했다. "다른 모든 작업이 완료되었는지 확인했다는 점만 제외하면."

스타니슬랍스키가 애들러에게 한 말과 당시 그가 믿었던 것은 수십 년이 지난 지금까지도 해결할 수 없는 논쟁거리다. 애들러와 스타니슬랍스키의 만남에 대한 기록은 하나도 남아 있지 않다.[38] 스타니슬랍스키는 학생에 맞춰 가르쳤고, 애들러에게 필요한 도움이 감정이 아니라는 점을 즉시 파악했을 것이다. 그는 또한 자기가 했던 말을 부인하는 버릇이 있었다. 한번은 다른 사람이 실행하는 자신의 훈련 방법을 지켜보다 물었다. "어떤 멍청이가 저런 걸 생각해낸 거죠?"[39]

수십 년 동안 "시스템"에 대한 통설은[40] 스타니슬랍스키가 처음에 감정과 정서 기억을 강하게 강조했다가 시간이 지남에 따라 점점 더 외적 사실성에 집중하면서 "시스템"의 형태를 갖추었고, 그의 사후에는 그것이 신체적 행동의 메소드Method of Physical Action[41]로 불렸다는 것이었다.[42] 1929년에 스타니슬랍스키가 작성한 〈오셀로〉 연출 노트는 이런 과정 변화의 낌새를 보여준다. 노트에서 그는 "어떤 역할, 특히 비극적인 역할을 연기할 때는 비극에 대해서는 되도록 적게 생각하고 단순한 신체적 과업들에 대해서는 되도록 많이 생각해야 한다"고 조언했다.[43] 이 이론에 따르면 볼레슬랍스키는 "시스템"의 초기 형태를 배워 스트라스버그에게 전수한 반면, 스텔라는 "시스템"의 후기 형태를 거장 본인에게 직접 배웠다.

스타니슬랍스키의 작업 방식이 생의 마지막 몇십 년 동안 신체적인 쪽으로 변화한 것은 사실이지만, 이 위대한 예술가가 부르주아 심리학에서 벗어나 유물론적 연기 테크닉으로 진화해가는 이야기는 소련의 이해관계와 너무 깔끔하게 맞아 떨어져서 곧이곧대로 받아들이기 어렵다. 스타니슬랍스키가 더 이상 심리에 대한 이야기를 해서는 안 된다는 어마어마한 압박감을 느꼈을 수도 있다. 또한 파리에 있는 동안 스타니슬랍스키가 정치적으로 선을 넘는 발언을 하지 않으려 조심했다는 사실은 클러먼의 설명에서도 명확하게 드러난다. "시스템"은 이미 공개적인 공격 대상이었고, 상황은 갈수록 악화되기만 했다. 스텔라 애들러가 그룹에 보고서를 전달한 바로 그달인 1934년 8월, 소비에트연방작가회의는 소련의 사회주의적 사실주의를 공식적인 예술 정책으로 선언했고, 국가는 지나치게 부르주아적이라고 여겨지는 모든 예술에 대한 공격을 시작했다. 스타니슬랍스키는 강조점을 바꿈으로써 그의 극장을 보호했다. 그의 이론은 소비에트 국가의 기본 구조에 편입되었고, "시스템"은 러시아에서 모든 연기 교육의 기초가 되었다.[44]

결국 스타니슬랍스키가 배우 연기의 원동력으로서 감정과 행동 중 어느 쪽을 더 중시했는지를 두고 벌어진 논쟁에서, 진실은 거의 확실히 그 중간 어디쯤에 있을 것이다. 스타니슬랍스키는 전적으로 외부성 externality에 초점을 맞춘 상태에서 경력을 시작했다. 그가 연기의 내적 메커니즘을 탐구한 것은 "시스템"을 발전시키던 도중일 뿐이었다. 배우가 관객에게 경험을 전달하는 음성적 수단과 신체적 수단에 대한 새로운 관심은 그와 볼레슬랍스키가 갈라서기 한참 전인 1915년에 시작되었다.[45] 그는 경력 말년에 집필 중이던 "시스템"을 다룬 책에서 한 장章 전체를 "정서 기억"에 할애했다. "정서 기억"을 부정할 계획이었다면 기묘한 선택이 아닐 수 없다. 편집자이자 번역가인 류보프 구레비치에게 보낸 편지에서 스타니슬랍스키는 그 장에 대해 이렇게 썼다. "배우는 무대 위에서 정서적 기원에 충실한 감정, 즉 정서 기억에 의해 촉발된 느낌에 따라 살아갑니다."[46]

애들러 추종자Adlerite와 스트라스버그 추종자Strasbergian의 이 논쟁은 현재 진행 중이다. 이론을 정당화해줄 강력한 힘이 스타니슬랍스키에게 있기 때문이다. 하지만 그는 여전히 평범한 인간이기도 했다. 스타니슬랍스키는 시나이산 정상에서 석판에 새겨진 "시스템"을 받은 게 아니었고, 그의 이론은 결실을 맺게 해주는 범위 내에서만 중요했다. 스트라스버그는 〈코넬리의 집〉〈성공담〉〈백의의 사람들〉을 가리키며, 스타니슬랍스키가 스텔라 애들러에게 한 말은 중요하지 않다고 말할 수 있다. 또한 그는 종종 그랬던 것처럼 그녀가 〈젠틀우먼〉에서 연기하며 겪은 문제는 자신의 메소드와 아무런 관련이 없다고 주장할 수도 있다. 스트라스버그는 이 주제에 대한 여러 인터뷰 중 하나에서 그 작품을 하면서 "우리는 그녀와 어떤 종류의 정서적 작업을 한 적이 없습니다"라고 말했다.[47] "스텔라는 대본 강독을 완벽하게 해냈습니다. 내가 원한 건 그게 다였어요. (…) 내가 그녀에게 도대체 뭐라고 말했는지 모르겠습니다. 나는 그저 그녀가 캐릭터를 구축하는 과정에서 채워 넣고 싶어 한 일들을 하지 않게 만들고 싶었을 뿐입니다."

한편 애들러는 극단에 대한 불만이 커져가고 있다는 점을 지적하면서 "훈련 취하기"는 이제 쓸모가 없을 뿐 아니라 심리적인 해악이 입증되었다고 말할 수 있다. 극단의 많은 단원들이 그녀의 의견에 동의했고, 스타니슬랍스키에게서 빌려온 권위를 상실한 스트라스버그는 그들을 설득할 다른 방법이 없었다. 단원들은 연극적 진실과 감정적 진실의 결정권자는 본인뿐이라는 스트라스버그의 주장에 휘둘리지 않고 자립적인 존재가 될 준비를 마쳤다. 그리고 같은 달 말 삼복더위에 접어들 무렵, 그룹의 또 다른 단원들이 슬며시 빠져나가 스텔라의 제자가 되었다. 스텔라는 스트라스버그에 대한 분노, 독립을 향한 열망, 연극에 대한 확고한 신념을 바탕으로 연기 교사라는 새로운 삶을 시작했다.

13장
시대를 대변하는 강력한 목소리

스텔라 애들러는 초기 수업에서 스타니슬랍스키의 아이디어를 취해 자다차, 즉 과업/문제를 중심으로 재편성했다. 그녀는 보비 루이스와 엘리아 카잔, 그리고 다른 몇몇 사람에게 매우 기초적인 활동을 과제로 주었다.[1] 안경 찾기, 안경에서 빠져 사라진 렌즈 찾기, 스텔라의 반지에서 떨어진 작은 다이아몬드 찾기. "문제에는,"[2] 애들러가 말했다. "항상 행동, 목표, 조정, 연결이 있습니다." 자다차는 배우가 무엇인가를 위해(목표) 주어진 상황(조정)과 신의 파트너(연결)를 고려한 방식으로 무엇인가를 할 것(행동)을 요구한다. 이건 독백을 할 때도 마찬가지였다. 햄릿이 "죽느냐 사느냐"를 읊조릴 때, 그에게는 분명 목표가 있다. 어쩌면 자기 자신일지도 모른다. 어쩌면 신일 수도, 마음일 수도, 덴마크 국가 전체일 수도 있다. 이 중 어느 것이든 행동의 목표가 될 수 있다.

행동에는 진실성이 담겨 있어야 한다. 진실성은 존재하지 않을 때 가장 눈에 띈다. 텔레비전에서 배우들이 분명 비어 있는 머그잔을 들고 마시는 모습을 얼마나 자주 보는지 생각해보라. 해법은 반복에 있다. 스타니슬랍스키는 애들러에게 말했다. "작은 신체적 문제가 완벽하게 진실이라고 느껴질 때까지 반복해야 합니다. 이것이 진실임을 스스로 느껴야 합니다."[3] 그룹이 수년간 집착해온 심리에 대해 그녀는 "모든 신체적 문제는 심리적 문제가 될 겁니다"라고 말했다.[4] 스타니슬랍스키는 그녀에게 "마음과 의지와 느낌, 이 세 가지는 항상 함께 있어요. (…) 그것들은 우리가 살아가는 심리적 삶의 원동력입니다"라고 가르쳐주었다.

이 과정에서 기억은 한 자리를 차지하고 있지만 애들러가 강조한 것은 감각 기억이었다. 커피잔을 들었을 때, 뜨거운 커피가 가득 담긴 잔을 들 때의 느낌, 특별한 따뜻함과 커피의 온기가 손바닥에 퍼지는 느낌, 커피를 쏟아 화상을 입는 일이 없도록 균형을 맞추기 위해 커피잔을 살짝 움직였던 기억을 떠올려야 한다. 배우는 세계를 관찰하고, 오감을 총동원하여 그 안에서 살다가, 그 감각을 리허설장으로 다시 가져와야 한다.

애들러는 세월이 흐르면서 감각 기억에 대한 관점을 바꾸었지만, 그해 여름에만 해도 감각 기억을 완전히 무시한 것은 아니었다. 그녀의 적대감은 감각 기억 **훈련**에 한정되어 있었다. 감각 기억은 배우가 무대 위에서 하는 모든 행동에 살아 있다. 오감을 통해, 느낌 자체를 다시 떠올리는 것을 통해, "그 느낌을 받았던 상황을 통해" 감각 기억으로 들어가게 된다.[5] 애들러가 보기에 배우의 정서 기억에서 중요한 점은 "상당히 많은 훈련을 해서 그것이 전화번호 같은 (…) 평범한 기억처럼 즉시 떠오를 수 있도록" 만드는 것이었다. 그런 식으로 하면 배우는 공연하는 동안 몇 분마다 '훈련 취하기'를 할 필요가 없었다.

8월의 나머지 기간 동안 스텔라는 그룹을 가르치는 동시에 스타니슬랍스키 문제를 놓고 스트라스버그와 언쟁을 벌였다. 이 문제를 비롯해 다른 여러 가지 이유로 엘런빌에서의 여름은 그룹이 보냈던 칩거 생활 중 가장 비참했다. 호텔은 눅눅하고 관리가 엉망이었다. 셰릴 크로퍼드는 이곳에 유령이 나온다고 주장했다.6 사람들이 끊임없이 몸에 탈이 났다.7 무엇보다 심각했던 건 그들이 연습 중이던 연극 〈골드 이글 가이〉의 상태였는데, 루서 애들러가 리허설장에서 던진 농담이 이를 가장 잘 요약하고 있다. "있잖아요, 나는 우리가 시체를 작업하고 있다고 생각해요."8 스트라스버그는 연극의 문제를 해결하는 것보다 메이예르홀트와 바흐탄고프의 작품들에서 영향받은 거창한 시각적 표현을 만들어내는 데 더 관심이 있는 듯 보였다.9 "리 장군"을 향한 극단의 믿음은 그의 분노를 기꺼이 감내하려는 의지와 함께 감소했다. 드레스 리허설 때였다. 스트라스버그는 비니 바커가 방문객들에게 차를 따라주는 장면을 반복해서 연습시켰다. 신이 진행되는 동안 방문객 중 한 명이 실신하지만 바커가 맡은 캐릭터는 아무 일도 없다는 듯 하던 일을 계속해야 한다. 하지만 한 리허설에서 바커가 무심코 평범한 사람이 할 법한 반응을 보였다. 실신한 손님을 도우려고 자리에서 일어선 것이다. 자신의 실수를 깨달은 그녀는 곧 바로잡았다.

"뭐하고 있었어?" 리가 그녀에게 물었다.10

"미안해요, 리. 실수였어요." 그녀가 말했다. "리허설 계속 해도 될까요?"

"뭐하고 있었냐니까?" 그가 거듭 물었다.

"아무것도 아니에요, 내가 실수를 했어요. 그게 다예요. 리허설 계속 해도 될까요?"

그러나 스트라스버그는 그녀를 추궁하고 또 추궁했다. 무엇을 하고 있었냐? 왜 그런 실수를 저질렀냐? 왜 내 질문에 답하지 않느냐? 보비 루이스에 따르면, 이는 〈골드 이글 가이〉 때문이라기보다는 바지 주름 펴는 일을 하는 이민자의 아들 스룰케 스트라스버그가 존스홉킨스 대학병원 수석 내과의의 딸을 호령하고 있다는 걸 보여주고 싶었기 때문이었다.

비니가 눈물을 터뜨리자 그룹에서 가장 다정하기로 정평이 난 루스 넬슨이 침착하게 다른 배우를 돌아보며 말했다. "내 손으로 저 작자를 죽여버리겠어." 그녀는 무대 앞으로 돌진하며 팔을 뻗어 스트라스버그의 목을 조르려는 듯 손가락을 구부렸다. 넬슨은 자신과 목표물 사이에 오케스트라 피트가 있다는 걸 깨닫지 못할 정도로 분노한 상태였다. 배우 몇 명이 그녀를 붙잡았고, 리는 극장 밖으로 도망쳤다. 그리고 돌아오지 않는 쪽을 택했다. 해럴드 클러먼이 마지막 주 리허설을 주관하면서 〈골드 이글 가이〉는 그가 설립한 극단에서 맡은 첫 연출작이 되었다.

리 장군에 대한 배우들의 환멸이 커지는 동안 클리퍼드 오데츠 역시 극단에 환멸을 느꼈고, 해럴드 클러먼에게 극단을 나가겠다고 말했다. 해럴드는 클리퍼드에게 극단에 남아달라며 열심히 설득했다. 클리퍼드는 자신이 제대로 된 배역을 맡아본 적도, 진지한 대접을 받아본 적도 없었다고 말했다. 미국의 새로운 연극이라는 희망에 대한 그 어떤 비전도 그가 쓰레기 같은 단역을 연기하면서 인생의 전성기를 날려버리는 걸 정당화하지 못했다. 클러먼은 기다려달라고 간청했다. 올해 말에 당신에게 좋은 역할이 찾아올 거라고. 오데츠가 대꾸했다. "당신은 시대에 뒤처졌어요, 해럴드."[11] 클리퍼드는 아예 더 이상 스스로를 배우라고 생각하지도 않았다. 그는 작가였다. 그린 맨션에서 관객들이 〈아이 갓 더 블루스〉의 2막을 따뜻하게 환영해준 이후로 그 희곡의 작업을 계속 이어갔고, 게다가 신작 희곡 〈실낙원〉의 초고도 집필하는 중이었다. 그는 그룹이 자신의 작품을 제작하지 않는 것에 신물이 났다. 해럴드는 머물러달라고 다시금 사정했고, 오데츠도 결국 뜻을 굽혔다. 오데츠는 중요한 사람이라는 느낌이 필요했지만, 자신이 얼마나 중요한 존재가 될지는 예측하지 못했다.

보스턴에서 〈골드 이글 가이〉 예행연습이 나른한 상태로 느릿느릿 진행되는 동안 클리퍼드 오데츠는 클러먼에게 자신은 "미천한 신세지만 그래도 살아보겠다고 발버둥치는 사람들로 구성할 수 있는 가장 큰 규모의 집단에 속하기를" 갈망한다고 말했다.[12] 그 갈망이 클리퍼드를 노조 회합과 퍼네일 홀(보스턴에 있는 유서 깊은 회합 장소-옮긴이)로 이끌었고, 그곳에서 선박 노동자들에게 파업하라고 설득하던 노조 조직가 조 켈러허의 열띤 연설을 보게 되었다.[13] 오데츠와 켈러허는 친구가 되었다. 켈러허는 오데츠에게 회합에서 공연할 수 있는 희곡이 필요하다고 말했다. 그룹의 동료들과 희곡을 공동 집필하려던 시도가 실패로 돌아간 뒤, 오데츠는 최근 발생한 택시 기사 파업에서 영감을 받아 혼자서 희곡을 쓰기 위해 자리에 앉았다.[14] 사흘 후, 그는 자리에서 일어섰다.[15] 〈레프티를 기다리며〉라는 제목의 새 대본을 움켜쥔 채. 이 작품은 온갖 불만의 목소리가 뒤섞인 오프닝 대사로 새로운 미국의 목소리가 도래했음을 선포했다.

당신이 얼마나 말도 안 되게 틀렸는지 웃음조차 나오지 않는구나. 글을 읽는 눈을 가진 사람이면 누구나 그걸 알 것이다. 섬유 산업의 파업을 보라—사자처럼 나갔다가 양처럼 들어온다. 샌프란시스코 연대 파

업은 어떤가—굶주림과 깨진 머리들뿐.[16]

그 목소리, 오데츠의 목소리에는 아무렇게나 던진 비속어로 가득한 거리의 웅변을 시로 만들어버리는 밀도와 강렬함이 있었다. 그것은 1930년대 뉴욕의 소리이자, 다양한 언어를 구사하는 이민자들의 말이 그들을 수용하기 위해 확장되고 있는 영어에 이민자의 리듬을 입히는 소리였다. 오데츠의 걸출한 작품들(《레프티》《깨어나 노래하라!》《실낙원》《골든 보이》)과 그리 걸출하지 않은 작품들(나머지 모든 작품)을 통해 울려퍼진 이 목소리는 도시적이고 유대교도적이며 신경질적이고, 분노로 가득하고 폭발적이며 갈망이 넘친다.

《레프티》에서 그 갈망은 대공황의 잿더미에서 다시 일어나 더 나은, 더 공정한 미국이 되기를 바라는 것이었다. 미국이 겪은 경제적 재앙은 오데츠가 거주하며 글을 썼던 뉴욕에서 특히 두드러지게 나타났다. 퇴거당한 수천 명의 새로운 노숙자들이 모여 생겨난 임시 판자촌인 후버빌이 가용할 수 있는 거의 모든 땅을 뒤덮었다. 1933년까지 태머니홀 정치기계(Tammany machine, 뉴욕시 민주당을 지배하면서 부정부패를 일삼은 파벌 기구-옮긴이)는 국가에서 주는 구호 자금의 대부분을 제 주머니에 챙기고 나머지는 측근들에게 나눠주었다. 그룹이 《골드 이글 가이》를 초연한 1934년, 센트럴파크 시프메도에는 방목하던 양이 도살되어 잡아먹힐까 두려워 국가가 양을 대피시켰을 정도로 너무나 많은 사람들이 살고 있었다.[17]

하지만 뉴욕의 일상 현실이 악몽 같았던 만큼이나 세상을 변화시킬 수 있다는 믿음, 즉 새로운 종류의 희망찬 낙관주의가 이 시기의 특징이기도 했다. "우리에게는 젊은이의 용기가 필요합니다."[18] 1932년 프랭클린 D. 루스벨트는 오글소프 대학 졸업생들에게 이렇게 말했다. "여러분의 임무는 세상에 여러분의 길을 만드는 것이 아니라, 여러분이 앞으로 찾게 될 세상을 새로 만드는 것입니다." 루스벨트는 대통령으로서 정부와 시민 간의 계약을 재창조한 뉴딜 정책을 통해 세상을 재편했다. 뉴욕시에서 피오렐로 라과디아와 로버트 모지스는 도시가 어떤 역할을 해야 하는지를 새로이 보여주었고, 공산주의자들은 사유재산 없는 미국을 꿈꿨다. 희망에 찬 선각자들의 시대였다. 〈레프티〉 이전까지 그룹에는 해럴드 클러먼과 리 스트라스버그라는 두 명의 선각자가 있었다. 이제 클리퍼드 오데츠가 가세하면서 제3의 선각자가 탄생했다. 현시점의 어둠은 물론 지평선 너머에서 서서히 모습을 드러내는 여명의 가능성까지 모두 직시하는 희곡을 쓴 극작가.

파업을 벌이는 문제를 놓고 숙고하는 택시 기사들의 회합으로 시작되는 〈레프티〉는 별안간 일련의 비네트(vignette, 특정 인물이나 상황을 선명하게 보여주는 짧막한 글-옮긴이)로 변하면서, 침실에서부터 과학자들이 독가스 제조의 윤리성을 두고 언쟁하는 실험실까지 관객을 이곳저곳으로 안내한다. 오데츠는 일곱 개의 짧은 장면을 통해 온갖 인간관계가 자본주의에 의해 형성되고 타락하는 세상을 극화한다. 아내는 부유한 남자를 찾아 남편을 떠난다. 형은 노동운동을 염탐하기 위해 동생을 배신한다. 재능 있는 젊은 의사는 유대인인 데다 사회적 연줄이 없는 탓에 병원에서 제일 먼저 잘린다. 그들은 차례차례 더 나은 내일을 꿈꾼다. 소련으로 가야 할까? 아니면 여기 미국에서 더 나은 세상을 발견, 또는 구축할 수 있을까?

〈레프티를 기다리며〉는 당연히 두 번째 선택지를 택한다. 이 희곡은 좌파의 정치적 이익을 위해 의도적으로 집필된 아지프로agitprop 작품이다. 실직한 배우에게 제작자의 비서가 「공산당 선언」의 사본을 건네며 고분고분한 자는 땅을 물려받지 못하지만 호전적인 자는 그렇게 될 거라고 안심시키는 신이 있다. 세련된 작품은 아니다. 스타니슬랍스키라면 이 작품의 노골적인 정치적 메시지에 움찔했을 것이다. 그런데 아게이트 켈러라는 택시 기사가 **여보세요, 미국! 여보세요. 우리는 노동 계급에게 폭풍우를 알리는 새stormbirds입니다. 전 세계의 노동자들 (…) 우리의 뼈와 피!**라고 외치며 관객에게 파업을 일으키라고 촉구할 즈음, 오데츠의 신념과 그의 글이 지닌 위태로운 아름다움은 거부할 수 없는 것이었음이 드러난다.[19]

오데츠는 〈레프티〉를 어디서나 리허설하고 제작할 수 있게 썼다. 세트는 반원형으로 놓인 의자들뿐이었다. 배우들은 의자에 앉아 있다가 자신의 비네트 차례가 오면 자리에서 일어나 신 안으로 들어갔고 신이 끝나면 다시 의자에 앉았다. 대부분의 신이 배우 두세 명만 있으면 되었다. 오데츠와 샌퍼드 마이즈너는 〈골드 이글 가이〉가 공연되는 동안 분장실에서 배우들과 작업하며 연극을 연출했다. 배우들은 이 작품을 무척 좋아했다. "해럴드,"[20] 루서 애들러가 말했다. "그룹이 미국 최고의 혁명적인 극작가를 배출했어요!"

그러나 〈레프티〉는 보스턴에서 한 번도 공연되지 못했다.[21] 절반 정도만 무대화된 채 실현되지 못한 희곡은 〈골드 이글 가이〉가 비틀거리는 동안 서랍 속에 처박히는 신세가 되었다. 오데츠의 불만 역시 다른 모든 단원과 마찬가지로 커져만 갔다. 어느 날 밤 오데츠는 클러먼에게 그룹이 당신에 대한 믿음을 잃기 시작했다고 말했다.[22] 이들은 모두 4년 동안 함께 작업해왔지만 클러먼은 여전히 연출 직을 거부했다. 클러먼이 하는 말은 전부 다 그럴 듯했다. 하지만 공연으로 스스로를 입증할 필요가 있었다. 그게 극단의 리더가 하는 일이었다. 클러먼이 대답했다. 그럴지도 모르죠. 그러나 그는 앞으로 제안받는 예전 희곡은 어느 것도 연출하지 않을 작정이었다. 시점이 적절해야 했다. 대본이 그래야 하는 것처럼.

〈골드 이글 가이〉는 그야말로 뻣뻣한 작품이었다. 이 작품에 가장 호의적인 리뷰 중 하나인 『뉴욕 타임스』에서 브룩스 앳킨슨은 이렇게 지적했다. 그룹은 "본인들이 인식하는 것보다 극단의 이상에 더 가까이 있다. (…) 연기 기술을 보다 수월하게 여겨도 무방할 것이다."[23] 다시 말하자면 그들은 너무 열심히 노력했고 작품을 지나치게 과시했다. 가벼워질 필요가 있었다.

한편 1934년에 소련의 극장에 관한 애들러의 인터뷰를 게재했던 바로 그 잡지인 『뉴 시어터』는 앞으로의 이익을 위해 오락적인 요소가 필요하다고 평했다. 그룹은 〈레프티〉를 서랍에서 꺼냈고, 출연진들은 다시 작업을 시작했다. "우리는 권력자의 감독 없이 〈레프티〉를 리허설했습니다."[24] 카잔이 회상했다. "공연은 연출된 작품이라기보다는 놀이에 가까웠습니다. 우리는 수년간 연기 수업에서 클리퍼드의 희곡과 비슷한 장면을 수없이 연습해왔습니다." 그럼에도 그들은 리허설에 리 장군을 초대했다. 리는 반항하는 자식들의 경기를 지켜보는 냉담한 아버지처럼 리허설을 지켜보았다. 오데츠가 공연을 어떻게 생각하느냐고 묻자 스트라스버그는 어깨를 으쓱했다. 그는 기획 전체가 실수라고 생각하면서 조용히 클러먼에게 말했다. "저놈들 추락해서 모가지가 부러지도록 놔두자고."[25]

하지만 추락하는 신세가 된 이는 오데츠가 아니라 스트라스버그였다. 〈골드 이글 가이〉의 브로드웨이 공연이 끝나갈 즈음 '연출가들'이 단원들을 모로스코 극장 지하에 소집한 뒤 시즌을 마감할 거라고 통보했다. 단원들은 충격을 받았다. 스텔라는 격분했다. 어떻게 이런 짓을 할 수 있단 말인가? 극단은 작업을 원했다. 함께 하는 작업. 스트라스버그가 대꾸했다. "연출가들이 시즌을 계속 진행하겠다는 결정을 들고 찾아왔더라도 여러분은 항의했을 겁니다."26

"우리는 그런 처사에 분개한 겁니다." 배우 월터 코이가 말했다.

스텔라는 "연기할 작품을 찾을 수 있는 한, 연기를 합시다"라고 말하며 오데츠에게 시선을 돌렸다.27 그에게는 희곡이 있었다. 그렇지 않나요? 오데츠는 이제 제목을 〈깨어나 노래하라!〉로 바꾼 〈아이 갓 더 블루스〉를 고려해보라고 제안했다. 어때요?

'연출가들'은 그 제안에 침묵으로 일관했고 배우들의 분노는 한층 더 격화되었다. 무대에 올릴 수 있는 연극이 있었다. 극단에 잘 어울리는 배역들이 있는 작품, 단원 중 한 명이 단원들을 위해 특별히 집필한 작품 말이다. 그런데 지금 '연출가들'은 그 작품을 고려조차 하지 않겠다는 건가? 스텔라는 해럴드를 압박했다.28 왜 동의하지도 않는 결정을 지지하는 거죠? 해럴드는 계속 침묵을 지켰다. 그는 동료 '연출가들'에게 시즌을 계속 해나가자고 남몰래 강력히 촉구했고, 심지어 〈깨어나 노래하라!〉를 제작하자고 제안하기까지 했다. 그러나 극단을 운영하느라 온갖 일을 다 하면서 지칠 대로 지친 리와 셰릴은 못하겠다고 말했다. 해럴드는 단합된 모습을 보여주기 위해 두 사람의 뜻에 동의하는 척했지만 회의가 진행되는 동안 그의 내면은 수치심으로 가득 찼다.29

이제 오데츠가 발언할 차례였다. 그가 말했다. 〈깨어나 노래하라!〉는 준비를 거의 마쳤으며 그룹은 이 작품을 공연해야 한다고. 리가 오데츠를 돌아보며 몇 마디 내뱉었다. 엘리아 카잔은 훗날 리의 그 발언이 그룹 내에서 리 스트라스버그의 입지를 영원히 무너뜨렸다고 주장했다. "이해가 안 되는 모양이군, 클리퍼드. **우리는 자네 작품이 마음에 들지 않아.**"30

배우들은 '연출가들'이 어떻게 하든 신경 쓰지 않기로 결정했다. 그들은 다음 작품을 직접 선택했고, 오데츠가 대본을 큰소리로 낭독하는 것을 듣기 위해 모였다. 스트라스버그는 〈깨어나 노래하라!〉 강독에 참석하지 않았다. 클러먼은 오데츠가 첫 장편 메소드 작품의 결말을 낭독하던 바로 그 순간에 도착했다. **제이크가 우리를 위해 동전푼 때문에 싸우다 목숨을 잃은 건가? 아니야! 그가 말했지. "깨어나 노래하라." 여기 이 자리에 서서 그렇게 말했어. 그가 죽던 밤 나는 벼락처럼 펼쳐지는 광경을 목격했어! 그가 죽는 것을 보았고 나는 태어났어! 신에게 맹세하지. 나는 태어난 지 일주일 됐다고! 나는 도시 전체가 듣기를 원해. 신선한 피와 무기. 우리는 그것들을 가졌어. 우리가 살아 있어서 다행이야.**31

"배우들의 얼굴이 환하게 빛났다. 모두가 열의에 타올랐다."32 클러먼은 곧바로 크로퍼드와 스트라스버그에게 그룹이 〈깨어나 노래하라!〉를 작업하고 있다고 알렸다. 한술 더 떠 클러먼은 그 작품을 연출할 터였다. 단원들에게 그 사실을 알리자 단원들은 "기쁨의 함성을 지르며 의상을 공중으로 던졌다."

거의 같은 시기인 1935년 1월 6일 시빅 렙에서 〈레프티를 기다리며〉가 초연되었다.33 첫 장면부터 군중을 향해 연달아 내리꽂히는 벼락에 전율이 느껴졌다. 여기에는 **사실적인 삶**이 있었다. 오데츠의 탁월한 귀에 의해 절박함, 품위, 극적인 형식을 부여받은 노동 계급의 삶이 있었다. 관객들은 배꼽을 잡았고 환호성을 터뜨렸으며 무대를 더 가까이 보려고 몸을 앞으로 기울였다. 클러먼은 당시를 이렇게 기억했다. "관객과 배우가 하나가 되었고, 대사 한 줄 한 줄을 말할 때마다 박수갈채, 휘파람, 환호성, 연대감에서 우러난 진심 어린 고함 소리가 터져나왔다."[34]

그러던 중 무언가 엄청 놀라운 일이 일어났다. 조 브롬버그가 연기한 아게이트 켈러가 "노동 계급에게 폭풍우를 알리는 새" 명연설을 시작하자 군중 내부에 에너지가 쌓이기 시작했다. 그가 "자, 대답은 무엇인가?"라고 묻고 객석에 심어놓은 몇몇 사람이 파업!이라고 외치자, 객석의 나머지 사람들이 곧바로 함께 외쳐댔다. **파업! 파업! 파업! 파업!**[35]

관객들이 벌떡 일어나 박수를 치고 고함을 지르며 기뻐 날뛰었다. 그들의 목에서 터져나온 소리를 클러먼은 이렇게 표현했다. "1930년대의 탄생을 알리는 첫 울음. 우리 시대의 젊은이들이 목소리를 찾았다."[36] 〈레프티를 기다리며〉는 행동에 나서달라는 요청이었다. 더 나은 세상을 위한 투쟁은 인생을 바칠 가치가 있고, 죽을 가치가 있다고 믿는 작품이었다. 『뉴 시어터』의 독자들도 전적으로 동의했다.

"발코니가 무너질까봐 겁이 났어요."[37] 루스 넬슨이 말했다. "극장에서 받았던 나무의 느낌을 기억합니다. 나무의 소리요. 우리는 클리퍼드와 함께 커튼 앞에 섰습니다. 그도 당연히 배역을 맡았으니까요. 커튼이 올라가고 내려오고 올라가고 내려왔어요. 우리 모두는 갓난아기처럼 울고 있었습니다." 넋이 나간 바람에 집에 갈 생각조차 못하는 관객들이 서성대며 이야기를 나누고 있었다. 몇 명은 자신들이 본 작품에 홀딱 빠져서 무대를 배회했다. "배우들은? 우리는 그날 밤 잠을 이루지 못했다."[38] 카잔이 회상했다. "우리—해럴드 클러먼도 있었다—는 고요한 거리를 헤매며 북쪽으로 걷다가 24시간 영업하는 차일즈Child's를 발견했다. 방금 전에 일어난 일에 큰 감동을 받은 우리는 저녁식사를 앞에 두고 오랜 시간을 보냈다. 그리 많은 말을 하지는 않았다. 우리 중 누구도 다시는 예전과 같을 수 없을 것이다. 나는 우리 모두가 그 사실을 알고 있었다고 생각한다."

이 연극은 딱 한 번만 공연될 예정이었지만 헨리 센버가 『모닝 텔레그래프』에 유일한 주류 언론 리뷰를 게재하면서 모든 것이 바뀌었다. "일요일 저녁 관객은 두 가지 확신을 품고 극장을 나섰다. 첫째는 학술적으로 동시대 미국을 묘사한 드라마로 일컬어질, 역사적으로 중요한 사건을 목격했다는 사실이다. 다른 하나는 무시할 수 없는 극작가를 발견했다는 것이다."[39] 그는 〈레프티〉의 재상연을 촉구하며 리뷰를 마무리했다. "이런 연극은 죽지 않는다."

뉴딜 정책은 노동 계급 미국인에 대해 새로이 발견한 관심의 물결을 부추겼고, 그것을 통해 스스로를 강화했다. 〈레프티를 기다리며〉는 그 물결에 올라탔다. 작품이 초연되고 몇 달 뒤인 1935년 5월 6일, 루스벨트 대통령은 공공사업진흥국을 신설하는 내용의 행정 명령에 서명했다. 진흥국은 사회기반시설 건설, 식당 서빙, 의복 제작, '연방프로젝트 넘버원'의 우산 아래 예술 작품 제작 등 미국인을 일터로 돌아가게 해주었다. 예산이 2700만 달러였던 "연방프로젝트 넘버원"은 시각예술가, 작가, 연극인, 음악가, 작곡가를 고용했다.[40] 예술가들은 벽화를 그리고, 도시 안내 가이드를 쓰고, 과거에 노예였던 흑인 미국인들의 인생사를 기록했다. 핼리 플래너건이 운영한 연방연극프로젝트는 연극과 뮤지컬을 무대에 올리고, 연구자와 작가로 구성된 팀이 대본을 쓴 시사 사건들을 극화한 대규모 공연인 리빙 뉴스페이퍼Living Newspaper를 창안했다. 연방연극프로젝트에 고용된 사람들 중에는 존 하우스먼, 엘리아 카잔, 그룹의 무대감독 마틴 리트, 오슨 웰스 등이 있었다.[41]

오데츠는 소규모 출연진이 등장하는 20분짜리 비네트 시리즈 한 편으로 미국의 연극 제작자들이 가장 많이 찾는 좌파 극작가가 되었다. 미국 전역의 극장들이 〈레프티〉의 라이선스를 얻고 싶어 했다. 클리퍼드는 아마추어 극단들에게는 무료로 작품을 공연할 수 있게 했고, 전문 극단의 경우 인세를 깎아주었다.[42] 그룹은 매주 일요일 밤 시빅 렙에서 〈레프티〉를 공연하기 시작했다. 동시에 그들이 도버 퍼니스 시절 이후 개발해온 실험적인 촌극과 즉흥 연극 공연도 병행했다. 한 평론가는 그 습작들이 "그룹의 공식 브로드웨이 공연작들보다 더 흥미롭다"고 썼다.[43] 존 메이슨 브라운은 『뉴욕 포스트』에 극단의 주 무대인 브로드웨이 공연은 때로 그들을 "정해진 규칙에 따라 단단히 조이는" 반면, 즉흥 연극은 더 자유분방한 모습을 보여준다고 썼다.[44] 그룹이 보는 재미가 있는 극단이 될 줄은 몰랐다. 누가 알았겠는가?

그렇다고 〈레프티를 기다리며〉가 돈을 쓸어 담고 있는 것은 아니었다. 소극장에서 공연되는 작은 연극인 데다 박스오피스 성적도 별로였다. 다만 〈백의의 사람들〉과 달리 그룹 아이디어를 구현한 연극이었다. 대공황이 한창이던 시절, 그룹은 관객과 배우와 작가를 하나로 연결해 사회적 지위와 상관없이 모든 이들이 즐길 수 있는 작품을 내놓았다. 평범한 미국인들의 삶을 반영할 뿐만 아니라 그 삶에 의미를 부여하는, 클러먼이 항상 그룹이 실행할 수 있기를 바라마지 않던 방식으로 구현해낸 작품 말이다. 오데츠, 카잔, 루이스, 마이즈너는 '연출가들' 없이 그룹의 유산과 역사에 남을 한자리를 확보했다. 그들은 최고의 좌파 미국 연극을, 아마도 20세기 최고작 중 하나를 만들어냈다. 이제 클러먼이 〈깨어나 노래하라!〉로 극단을 한 단계 더 발전시킬 수 있을지 지켜볼 차례였다.

그들은 신속하게 움직여야 했다. 지극히 현실적인 사업가 타입이 전혀 아니었던 클러먼은 제작비도 마련하지 않은 채 연극을 무대에 올리겠다고 발표했다. 그는 프랜쇼 톤에게 전화를 걸었다. 톤은 할리우드로 가겠다며 그룹에서 도망친 후 자기가 했던 말을 제대로 지켰다. 스타가 되었고 조앤 크로퍼드와 결혼을 앞두고 있었다. 클러먼은 톤에게 〈깨어나 노래하라!〉의 공연에 필요한 돈을 요청했다.[45] 프랜쇼는 대본을 읽어볼 수 있겠냐고 물었다. 클러먼은 당연히 읽어볼 수 있지만 먼저 돈부터 보내야 한다고 말했다. 톤은 껄껄 웃으며 수표책을 꺼냈다.

극단에 주어진 시간은 리허설에 드는 4주 정도였다. 그 후에는 작품에 얼마나 많은 수정이 필요하건 공연에 들어가야 했다. 퍼스트 스튜디오에서 볼리가 제작한 작품들이 그랬던 것처럼, 빠듯한 일정이 정교한 방법에 대한 새롭고 실용적인 접근법을 취하도록 극단을 몰아갔다. 해럴드가 연출하는 작품의 무대감독을 맡은 카잔은 해럴드의 작업을 누구보다도 가까이에서 지켜보았다. 마침내 극단을 이끄는 지도자로부터 배우며 최대한 많은 것을 빨아들였다. 카잔이 훗날 썼듯, 클러먼은 "우리 시대 최고의 첫 주 연출가이자, 최고의 연극 비평가였다."[46] 클러먼은 첫 주 동안 작품 분석으로 출연진을 (그리고 카잔을) 열광시켰다. 카잔은 "배우들이 각자의 역할을 열심히 연기하게 만드는 것이 연출가의 첫 번째 임무라는 것을 해럴드에게서 배웠다"고 회상했다.

클러먼은 그룹을 탄생시키는 데 기여한, 바로 그 영감을 주는 재능을 통해 이 일을 해냈다. 그는 캐릭터에 대한 비전, 캐릭터가 대본과 어떻게 연관되는지, 그리고 대본이 결국 미국과 어떻게 연관되는지에 대한 비전으로 배우들을 감동시켰다. 스트라스버그의 대본 분석은 종종 연극의 비트beat에 담긴 정서적인 내용과 그 내용을 어떻게 적절하게 표현할 수 있는지에 초점을 맞추었다. 평론가 마인드를 가진 클러먼은 행동을 통해 드러나는 텍스트의 의미에 더 많은 신경을 썼다.[47] "연극은 대사로 구성되지 않는다. 연극은 근본적으로 일련의 행동이다. 캐릭터가 방에 들어간다. 반드시 알아야 할 것은 그가 말하는 내용이 아니다. (…) 그는 무엇을 원하는가, 무엇이 그를 방에 들어오게 만들었는가, 그가 원하는 것을 얻기 위해 무엇을 하려고 하는가이다."[48]

이런 이유로 클러먼은 정서 기억을 위주로 하는 집중 작업을 그만두었다. 그는 "행동만으로는 충분치 않다"는 리의 의견에 동의하면서도, 행동이 없으면 "그 사람이 무엇을 하고 있는지 알 수 없다"고 생각했다.[49] "스트라스버그와 내가 다른 점—기질적인 차이를 제외한—이 있다면, 그는 항상, 또는 거의 항상 정서 기억에서 작업을 시작하는 반면, 나는 언제나 행동에서 시작한다는 것이다." 그가 조금은 느슨하게 행동으로 시작할 수 있었던 이유 중 하나는 스트라스버그의 단호한 눈빛이 쏘아대는 맹렬한 광선으로 수년 동안 자신의 잘못을 모두 태워 없애버린 잘 훈련된 배우들이 있었기 때문이다. 오데츠는 "해럴드 클러먼이리 스트라스버그가 만든 이 극단을 데리고 (…) 〈깨어나 노래하라!〉를 연출하는 것은 무척 쉬운 일이었다"고 말했다.[50]

리허설의 초반에는 더없이 즐거웠다. 카잔의 표현대로 클러먼은 "공연 제작을 위해 분투하는 동안 (…) 배우들의 파트너"가 되어주었다.[51] 하지만 리허설 장소에서 실제 무대로 넘어가면서 문제가 발생하기 시작했다. 클러먼은 시각적으로 사고하는 사람이 아니었기에 블로킹(blocking, 디자인된 극 공간 속에서의 움직임을 결정하고 연습하는 일-옮긴이)을 통해 극의 줄거리나 의미를 표현하는 법을 생각해내지 못했다. 배우들은 때로 등장과 퇴장을 직접 구성해야 했다. 연출가의 섬세한 손

길이 필요한 신의 경우, 카잔이 배우들의 몸을 공간에 배치하는 작업에 개입하면서 본격적으로 연출을 향한 자신만의 여정을 시작했다.[52]

클러먼과 카잔에 이어 이 여정에 동참한 사람이 또 있었다. 〈깨어나 노래하라!〉의 주인공 중 한 명인 랠프 역을 맡은 줄리 가필드였다. 그룹의 모든 단원이 그를 사랑했다. 모두의 남동생 같은 존재였다. 단원들은 줄리가 즐기는 말라프로피즘(malapropism, 말하려는 단어와 발음은 비슷하지만 뜻은 다른 단어를 말하는 재미있는 실수-옮긴이)을 사랑했다. 그는 "선천적인congenital"을 "마음이 통하는congenial"과 혼동하거나 "특이한 성격idiosyncrasy"을 "바보idiot"의 복수형이라고 믿기도 했다.[53] 단원들이 그에게 장난을 치고 그에 반응하여 다시 그들에게 장난치는 것을 좋아했다. 한번은 줄리가 모리스 카노브스키의 분장실에서 자살한 척 위장했는데, 그 장면을 어찌나 실감나게 연출했는지 나이 많은 배우가 그 자리에서 혼절할 정도였다.[54] 그룹의 "학장dean"이던 카노브스키는 줄리를 거둬 보살피면서 젊은 그에게 음악을 제대로 감상하는 법을 가르쳤다. **"베토벤은 어떤가?"**[55] 줄리는 카노브스키에게 가르침을 받은 후 친구들에게 이렇게 말하곤 했다. "베토벤, 졸라 끝내주지 않냐?"

〈레프티를 기다리며〉에서 맡은 다정한 택시 기사 역으로 대중이 줄리에게 빠져들었다면, 〈깨어나 노래하라!〉는 그를 스타로 만들었다. 메소드 시대의 첫 번째 주요 연극인 〈깨어나 노래하라!〉는 20세기의 나머지 기간 동안 미국 연극계에 평범한 사람들을 심리적으로 현실감 있게 묘사하는 모델을 마련했다. 이 작품은 버거라는 유대인 가족의 브롱크스 아파트를 배경으로 한 홈드라마다. 극은 버거 가족의 아이들인 헤니(피비 브랜드)와 랠프(줄리 가필드) 위주로 전개되지만, 모든 캐릭터가 복잡하기 때문에 작품이 성공하려면 배우들의 제대로 된 연기가 필요했다. 전형적인 인물 연기만으로도 스타가 되던 시대는 지나갔다. 바뀐 시대에 부응하려면 인간적인 경험이 필요했다. 추잡한 경험일수록 더 좋았다. "이 작품들은 그룹 시어터를 위해 만들어졌습니다."[56] 오데츠가 말했다. "여러분도 알다시피 우리 작품에 필요한 연기 테크닉은 집단 연기를 하는 극단에 특히 잘 어울립니다. 이 작품에는 주인공이 없습니다. (…) 모든 배역이 중요하고 모든 배우가 중요하며 (…) 모든 배우는 좋은 배역을 맡아야 한다는 내 신념에서 비롯되었기 때문입니다."

많은 메소드 연극이 그렇듯 이 작품의 주요 관심사는 계급과 돈이다. 말다툼이 끊이지 않고 감정은 격해진 상태. 오데츠는 희곡의 오프닝 노트에 "모든 캐릭터는 (…) 근본적으로 다음의 활동을 공유한다. 변변치 않은 환경에서 벌이는 삶을 위한 투쟁"이라고 썼다.[57] 어떤 면에서 이것은 20세기 미국 사실주의와 메소드 자체의 슬로건일 수도 있다. 〈깨어나 노래하라!〉에서 버거 가족의 부모(스텔라 애들러와 아트 스미스가 연기했다)는 경제적 불안 때문에 자녀들의 인생을 망칠 뻔할 정도로 타락해버린다. 딸 헤니는 아이를 가졌지만 남자친구가 다른 마을로 도망가버려 사랑하지 않는 남자와 결혼하게 된다. 아들 랠프는 여자친구가 가난하다는 이유로 그녀의 존재를 비밀로 해야 한다. 랠프가 사랑하는 할아버지 제이콥(모리스 카노브스키)이 돌아가시자, 랠프의 부모는 제이콥이 손자에게 남긴 보험금을 훔치려고 시도한다. 극은 랠프가 제이콥의 책들—대부분이 우리가 혁명공산당 서적이라고 믿게 될—을 발견하면서 절망에 맞서 희망을 품기로 결심하는 것으로 막을 내린다. 랠프는 지상 천국을 만들어 "생명이 달러 지폐에 인쇄되지 않도록 세상을 고치고" 싶어 한다.[58] 그는 좋아하지 않는 직장 동료에게까지 손을 내밀어 이를 실현하기 위해 노력할 것이다. 그룹이 지난 몇 년간 차이를 극복하기 위해 서로 노력해왔던 것처럼 말이다.

〈깨어나 노래하라!〉는 1935년 2월 19일에 막을 올렸다. 평론가들이 이 작품의 중요성을 이해하기까지는 몇 년의 시간과 브로드웨이에서의 재상연이 필요했다. 하지만 이 연극에는 이 작품을 사랑하는 관객, 작품에 말을 걸고 작품의 말을 대신 전해줄 관객이 있었다. 〈깨어나 노래하라!〉는 큰돈을 벌지는 못했다. 관객들이 1층 앞자리 좌석을 살 형편이 못 되었다. 그럼에도 이 연극은 센세이션을 일으켰다. 오데츠는 미국에서 가장 중요한 좌파 극작가가 되었다. 게다가 그에게는 여전히 매주 일요일 시빅 렙에서 공연되는 〈레프티를 기다리며〉도 있었다. 그룹은 〈레프티〉를 브로드웨이로 옮겨 오데츠가 새로 쓴 단막극 〈내가 죽는 날까지〉와 병행해 공연하기로 결정했다. 브로드웨이에서 두 작품을 공연하고 한 차례 돈이 들어오면서 그룹은 흡사 돈키호테 같은 그들의 비전이 지속 가능한 미래가 될지도 모른다고 생각하기 시작했다.

거의 동시에 할리우드에서 그들 전부를 찾는 전화가 걸려왔다. 단원들은 엄밀히 따지면 그룹 외부에서 작업할 때 그룹의 허가를 받아야 했다. 그러나 지금껏 보지 못한 스타덤의 가능성과 거금이 눈앞에 아른거리는 상황에서 클러먼은 꿈의 극단을 언제까지 붙들어둘 수 있을지 확신할 수 없었다. 1935년 여름, 이번에는 셰릴 크로퍼드와 함께 떠난 두 번째 러시아 여행에서 해럴드는 오데츠에게 편지를 썼다. 그는 편지에서 "희곡을 계속 쓰는 것은 자신, 동료, 관객에 대한 의무"라고 주장했다.[59] 오데츠도 같은 생각이었다. 그러나 그에게도, 그룹에 속한 다른 많은 단원들에게도 영원한 헌신이 의무는 아니었다. 마침내 뜻을 접고 할리우드로 떠났을 때 그들은 그들의 메소드를 함께 가져갈 터였다.

14장
꿈의 공장 할리우드를 향하여

그룹 시어터는 처음부터 신념이라는 자력磁力으로 결합된, 서로 맞지 않는 부품들을 임시방편으로 조립해놓은 작동이 불가능한 기계였다. 클러먼이 '그룹 아이디어'라고 모호하게 정의한 그 신념이 단원들을 영원히 지배할 수는 없었다. 그들은 브룩필드에서 보낸 마법 같은 첫 번째 여름 기간에 잠재되어 있던 개개인이 가진 결점이나 개인적인 갈등을 1936년까지 하나도 해결하지 못했다. 〈깨어나 노래하라!〉의 버거 가족처럼 모든 문제는 불안정한 재정으로 인해 악화되었다. 상업적인 기반 위에서 공연을 제작한다는 것은 히트작과 실패작을 오가는 호황과 불황의 사이클에 올라타야 한다는 뜻이었다. 슈버트 형제나 길드 같은 거물 제작자들은 이런 등락을 관리하는 법을 알고 있었다. 클러먼과 크로퍼드와 스트라스버그는 그렇지 않았다. 이유 중 하나는 그들이 상업주의를 거부했기 때문이었다. 그렇다고 도심의 작은 극장이나 티켓 구매 경쟁자 수가 적은 소도시로 옮겨가기에는 야망이 너무나 큰 사람들이었다. 클리퍼드 오데츠가 1930년대의 가장 중요한 작가 중 한 명으로 부상했지만, 그 사실 역시 그룹을 영원히 지속되게 할 수는 없었다. 작동이 불가능한 기계는 오래지 않아 덜커덩거리고 가쁜 숨을 몰아쉬더니 부품을 뱉어내기 시작했다. 그럴 때마다 할리우드는 기계에서 떨어져 나온 것이 무엇이건 낚아챌 준비가 되어 있었다.

첫 번째 탈주자는 프랜쇼 톤이었다. 〈레프티를 기다리며〉가 성공하고 1년 뒤 J. 에드워드 브롬버그가 두 번째 탈주자가 되었다. 그룹은 이 사실을 신문 기사를 보고서야 알았다. 리 스트라스버그가 브롬버그를 다시 데려오려 애썼지만, 그는 전보를 보내 이렇게 대답했다. "친애하는 리에게, 영화 출연 계약에 이미 서명함. 그룹을 떠나게 되어 유감임. 그러나 모든 관계자를 위해 필요한 조치였음=조Joe."[1] 브롬버그는 그룹과 상의하지 않았다. 그들이 떠나지 말라고 설득할 거란 사실을 알고 있었을 뿐만 아니라 극단에서 더 이상 그에게 줄 수 있는 것이 많지 않다고 생각했기 때문이었다. 오데츠도 할리우드로 갔다. 어디에 살건 그룹을 위한 글은 계속 쓸 수 있을 거라 믿으면서.

얼마 후 그룹 내 다수의 단원들은 세간의 이목을 끈 두 차례 큰 실패의 여파로 서부로 이주하게 된다. 첫 번째 실패작은 오데츠가 1935년에 〈깨어나 노래하라!〉 후속으로 내놓았지만 평론가들이 "질 낮은 체호프 모조품"이라고 일축한 〈실낙원〉, 두 번째 실패작은 폴 그린과 쿠르트 바일이 쓴 〈조니 존슨〉이었다.[2] 〈조니 존슨〉은 열아홉 개의 세트, 풀 오케스트라, 서른네 명의 배우가 필요한 엄청난 규모의 뮤지컬 풍자극이었다. 성공하려면 오랜 리허설 과정과 극찬하는 리뷰들이 있어야 할 터였다. 그러나 둘 다 얻지 못한 이 작품은 무대에 오른 지 두 달 만인 1937년 1월에 막을 내렸다. 〈조니 존슨〉의 첫 시사회가 끝날 무렵 앞으로의 일을 예고하듯 객석에는 고작 스무 명의 관객이 남아 있었다. 클러먼은 훗날 이를 "내 연극 인생에서 가장 고통스러운 경험" 중 하나였다고 회상했다.[3] 이런 대실패의 와중에 그룹은 리더십 구조를 재편했다.[4] 클러먼이 매니징 디렉터로 전체 조직을 책임지고, 스트라스버그와 크로퍼드는 그 아래에 배치되었다. 그룹은 권한을 중앙에 집중시키면 극단의 문제들을 해결할 수 있을 거라 희망했지만 〈조니 존슨〉이 망할 때쯤 클러먼이 적임자가 아니라는 사실이 분명해졌다. 그는 아무것도 바로잡지 못했고 스트라스버그와의 관계는 박살이 났다.[5]

결국 그룹의 배우위원회Actors Committee는 극단의 리더십 문제를 개략적으로 설명하는 긴 글을 작성해 '연출가들'에게 보냈다. '연출가들'은 각자가 맡은 직을 내려놓았다.[6] 제작 중인 작품이 한 편도 없었기 때문에 그룹이 1937년 1월부터 가을까지 보다 기능적인 극단 구조를 개발할 수 있을 거라고 희망하는 사람들이 있었다. 클러먼은 『뉴욕 타임스』에 이렇게 설명했다. "그룹 시어터는 (…) 새로운 발전 단계, 다시 말해 극단의 작품과 대중에게 다가가는 다른 접근법을 통해 좀더 안정적인 성과로 나아가야 할 순간에 이르렀습니다."[7] 그리고 그룹 시어터에게는 휴식이 필요했다.

그의 말은 극단의 대중적 이미지를 관리하려는 의도가 담긴 영리한 설명이었다. 물론 솔직하지도 못했고 말이다. 그룹이 재결합할 수 있을 거란 보장은 없었다. 그룹을 하나로 모으기 위해서는 극단의 미래에 대한 새로운 비전이 필요했는데 클러먼은 심하게 근시안적인 사람이었다. 지칠 대로 지친 데다 기가 꺾인 클러먼은 6개월 앞을 내다볼 수가 없었다. 그는 그 6개월을 할리우드에서 보내기로 결정했다. 3월에는 셰릴 크로퍼드와 리 스트라스버그가 극단의 직을 영구 사임했다.[8] 앞으로 펼쳐질 미래가 어떻게 되든 간에 오리지널 그룹은 이제 끝났다.

      한 달 후 클러먼은 오랫동안 기다려온 "시스템"을 다룬 스타니슬랍스키의 첫 저서 『배우 수업』에 대한 리뷰를 잡지 『시어터 아트』에 게재했다.[9] 스타니슬랍스키가 원고 작업을 하며 보낸 몇 년 동안 원고의 분량은 17만 단어 이상으로 불어나 있었는데, 미국 출판사 측은 분량을 절반으로 줄이길 원했다. 1936년 6월 7일에 번역가 엘리자베스 햅굿에게 원고를 보낼 때 스타니슬랍스키는 동봉할 편지를 구술해 받아쓰게 해야 할 정도로 건강이 좋지 않았다.[10]

      "시스템"을 일반 독자들도 읽을 수 있게 하기 위해 스타니슬랍스키가 내린 결정들은 책을 더 이해하기 어렵게 만들어버렸다. 우선 그는 연기의 내적 측면과 외적 측면을 두 권의 책으로 나눠 다루기로 결정했다. 그 둘을 "시스템"의 분리할 수 없고 상호의존적인 부분이라고 믿었으면서도 말이다. 그 결과 『배우 수업』에 설명하지 않는 개념들을 언급하면서 향후 언젠가 설명하겠다고 약속한다. 게다가 "시스템"을 실제 역할에 응용하는 것에 관한 모든 논의를 세 번째 책을 위해 남겨두기로 결정했다. 하지만 그는 책을 완성하기 전에 세상을 떠나고 말았다. 마지막으로 스타니슬랍스키는 기이하면서도 무척이나 생경한 방법에 의존했다. 『배우 수업』은 가상의 연출가 토르초프에게 수업을 듣는 가상의 연기학도 코스티야가 쓴 일기 형식으로 되어 있다. 둘 다 실은 스타니슬랍스키 한 사람이다. 연기학도는 스타니슬랍스키가 젊은 배우 시절에 직면했던 문제들에 직면하고, 토르초프는 이 문제들에 대해 스타니슬랍스키가 찾은 해결책을 제시한다.

      코스티야/토르초프 프레임은 독자들이 느낄 생소함을 장점으로 바꾸어 코스티야와 함께 "시스템"이 어떻게 작동하는지 배울 수 있게 하려는 의도를 갖고 있다. 하지만 실제로 이 책은 토르초프가 독자의 눈에는 보이지 않는 훈련을 이끌어가는 장면들을 모아놓은 개설서다. 햅굿은 스타니슬랍스키의 글을 좀더 명확하게 만들고자 노력했지만 책을 출판하기 위해 대대적으로 삭제를 한 탓에 많은 설명, 특히 **행동**action과 매직 이프에 대한 설명이 상당 부분 축약된 책이 되어버렸다. 그녀는 책에서 페레지바니예라는 단어를 완전히 삭제했고, "감정 식별emotional identification"을 비롯한 여러 오해의 소지가 있는 다양한 용어들로 그 단어를 대체했다. 햅굿이 자다차를 "과업/문제" 대신 "목표objective"로 번역하면서 의미를 바꿔놓는 바람에 자다차에는 감춰진 욕망이라는 의미가 부가되었다.[11]

『배우 수업』의 햅굿의 번역 그리고 그녀와 편집자 이디스 아이작스가 원서 원고에 가한 가위질은 이후 수십 년간 엄청난 맹비난의 대상이 되었을 뿐 아니라, 스타니슬랍스키 아이디어의 미국 버전이 갖고 있는 모든 잘못의 원흉이라는 비난을 받게 될 터였다. 이 책은 미국에서 변함없이 연극 연구의 주축을 이루고 있지만, 그룹의 메소드를 가르치는 여러 교사들에게 미친 직접적인 영향은 미미한 것으로 보인다. 스트라스버그는 1934년 여름에 모스크바 여행을 다녀온 후 스타니슬랍스키를 포기하다시피 했고 러시아의 대가에게로 돌아가는 길을 아직 찾지 못한 상태였다. 애들러가 당시 그 책을 어떻게 생각했는지는 기록이 남아 있지 않다. 여러 해 뒤에 『배우 수업』에서 무엇을 배웠느냐는 질문을 받은 해럴드 클러먼은 스타니슬랍스키가 "글솜씨가 뛰어난 분은 아니라는 것"을 배웠다고 농담을 했다.[12]

출판된 리뷰에서 클러먼은 훨씬 더 긍정적으로 썼지만『배우 수업』

이 그 자체로 딱히 유용한 책은 아니라는 점은 인정했다.13 그는 독자들에게 이 책의 가르침을 실행에 옮기려면 연출가나 교사와 함께하는 세심한 공부와 훈련이 필요할 거라고 말했다. 이는 "시스템"과 그 후손들이 직면한 가장 큰 문제 중 하나가 될 것이었다. "시스템"의 개척자들은 대체로 "시스템"에 대한 유용한 글을 많이 쓰지 못했다. 심지어 오늘날에도 다양한 책의 초고를 비롯한 일지, 공책, 연설문, 서한 등으로 남아 있는 스타니슬랍스키의 글에는 30년 이상에 걸친 그의 연기 사상의 발전 과정이 담겨 있지만, 그의 글은 이해를 돕는 것 못지않게 모호한 부분도 많다. 1936년에 스타니슬랍스키의 지혜를 발견할 거라 기대하며 『배우 수업』을 집어 든 사람들은 지혜 대신 (스타니슬랍스키의 가르침과는 반대로) 거의 전적으로 내적인 것으로 보이도록 만드는 연기 예술에 대한 설명과 함께 일련의 기묘한 비네트를 접했다.

스타니슬랍스키의 두 번째 책 『성격 구축』이 미국의 서점에 깔리기까지는 13년이 걸렸다. 그가 세상을 떠난 지 거의 10년이 다 되어가는 시점이었다. 스타니슬랍스키는 말년에 모스크바 예술극장을 보호하고 극단의 유산을 지키기 위해 고군분투했는데, 그 와중에 신생 극단인 오페라-드라마틱 스튜디오가 그의 관심을 사로잡았다. 하지만 스타니슬랍스키가 모스크바 예술극장의 벽 안에서 보낸 시간은 거의 없었다. 네미로비치와의 불화는 오히려 악화되기만 했고, 스타니슬랍스키는 교양 있는 당 간부였던 M. P. 아르카디예프를 두 사람의 중개인 역할을 하도록 임명해달라고 스탈린에게 요청했다.14 이 방식은 1936년 대부분의 기간 동안 작동했지만 이듬해 아르카디예프가 대공포 시대(Great Terror, 스탈린이 1930년대에 자행한 대대적인 숙청-옮긴이)의 깊숙한 곳으로 사라져버렸다. 아르카디예프의 자리는 알렉세예프 공장 시절부터 스타니슬랍스키와 친한 친구였던 니콜라이 예고로프로 대체되었다. 예고로프는 사람을 능수능란하게 다루는 모사꾼인 것으로 밝혀졌고 모스크바 예술극장의 단원들은 그를 경멸했다. 다른 모든 나쁜 소식들을 포함한 이런 상황 전개를 스타니슬랍스키에게는 알리지 않았다. 스트레스를 더 받는다면 심장발작이 다시 일어날 수 있다는 우려에서였다.

스타니슬랍스키는 1938년의 상당 기간을 예전의 탕아이자 오페라-드라마틱 스튜디오를 이어받을 자신의 후계자로 지명한 브세볼로트 메이예르홀트와 대화하며 보냈다.[15] 두 사람이 논의한 내용이 무엇인지는 알려져 있지 않다. 다만 당시 사람들은 그들이 "시스템"과 메이예르홀트의 "생체역학"이라는 외적 기법을 결합시킨 일종의 종합 이론을 계획했을 거라고 추측했다. 1938년 2월에 네미로비치의 아내가 사망한 것을 계기로 네미로비치와 스타니슬랍스키는 편지로 화해했다. "최근 몇 년 동안 우리 사이에는 많은 오해가 있었습니다. 친구로서 나는 진심으로 깊은 위로의 말을 전하며 당신을 도울 방법을 찾고 있습니다."[16] 네미로비치는 두 사람이 다 세상을 떠난 후의 미래를 상상하며 답장을 보냈다.

연극계를 어느 정도 아는 역사가라면 조금의 유머도 가미하지 않고 이렇게 말할 겁니다. "상상이 되시나요? 이 사람들은, 자기 자신과 주변 사람들은, 이 관계를 파괴하면서 관계를 두고 싸웠습니다. 역사는 이 모든 일을 완벽한 미스터리로 생각하게 될 것입니다."[17]

8월에 휴가 준비를 하던 스타니슬랍스키에게 또다시 심장마비가 발생했다. 쓰러진 그의 폐에는 물이 가득했고, 그는 고열에 시달리며 침대에 누워 있었다. 8월 7일 그는 고열과 약물의 안개 속에서 잠시 정신을 차리고는 간호사에게 물었다. "네미로비치는 누가 보살피고 있나요? (…) 그 사람도 아픈 거 아닌가요? 돈에 쪼들리지는 않나요?"[18]

간호사는 그에게 누이에게 메시지 쓰는 걸 도와주겠다고 제안했다. 그러자 그는 마지막 한 마디로 대답했다. "일부 상황에 대해서가 아니라 세상의 모든 것들. 그렇지만 지금은 할 수가 없어요. 다 뒤죽박죽이라 도무지 갈피를 잡을 수가 없소."

스타니슬랍스키는 1938년 8월 7일 오후 3시 45분에 숨을 거뒀다. 1년 후, 브세볼로트 메이예르홀트는 소련의 감옥 시스템으로 자취를 감춘 뒤 다시는 모습을 드러내지 않았다.

1937년 초 해럴드 클러먼, 스텔라 애들러, 보비 루이스, 모리스 카노브스키, 로만 보넌, 엘리아 카잔, 그리고 그룹 출신의 다른 많은 이들이 할리우드에 도착했을 때, 메이저 스튜디오들은 두 번의 위기를 성공적으로 견뎌낸 뒤였다. 바로 대공황과 동기화 사운드synchronized sound의 발명. 대공황은 1933년 당시 미국 영화관의 3분의 1이 문을 닫았을 만큼 업계에 큰 타격을 주었다.[19] 그리고 1934년 놀라운 반등이 시작되었다. 할리우드가 숨이 막힐 만큼 엄청난 수의 영화를 쏟아내면서 작은 수익이 곧 커다란 흥행 수익으로 이어졌다. 그러나 짧았던 만큼이나 갑작스러웠던 재정적 약점이 드러난 순간, 정부와 대형 은행부터 종교 단체와 노동조합에 이르기까지 모두에게 업계 내에서 힘을 거머쥘 수 있는 기회가 제공되었다. 1933년에 파라마운트와 RKO가 파산했고,[20] 오랫동안 활동을 중단했던 미국작가조합이 활동을 재개했다.[21] 같은 해 소수의 배우들이 미국영화배우조합SAG을 설립하면서 이후 영화업계와 카메라에 등장하는 배우 사이의 관계를 바꿔놓게 된다. 1930년대 중반부터 연방정부는 할리우드의 사업 관행에 개혁을 시도했다. 처음에는 국가부흥청NRA을 통해, 그리고 국가부흥청이 위헌 판결을 받은 후에는 1938년 반독점 소송을 통해 진행되었다. 이 소송, 즉 미합중국 대vs. 파라마운트 픽처스 소송이 해결되기까지는 10년의 시간이 걸릴 터였다.22 파라마운트가 패소할 경우 스튜디오 시스템이 어떤 형태가 될지 소송이 시작된 당시에는 명확하지 않았다.

스튜디오의 취약성으로 인해 야기된 가장 큰 변화는 미국 영화가 지켜야 할 품위의 기준을 확립하기 위한 새로운 제작 규범production code(할리우드 업계지 발행인과 예수회 소속 성직자가 공동 집필했다23)이 시행된 것이었다. 1929년에 작성되어 1930년에 채택된 규범은 애초에 할리우드에 그리 큰 영향을 주지 못했다. 이는 인간성의 아랫도리에 불룩하게 부풀어 있는 치부를 간신히 가리는 무화과 나뭇잎에 불과했다. 그러나 1934년 모든 것이 바뀌었다. 규범이 수정되면서 할리우드에서 제작되는 모든 영화는 독실한 가톨릭 신자이자 홍보 전문가인 조지프 브린이 감독하는 새로 설립된 제작규범국의 승인을 받아야 했다. 이후 20년간 헤이스 코드—미국 영화 제작사 및 배급사 협회 회장 윌 헤이스의 이름을 땄다—는 미국 전역의 스크린에 상영할 수 있는 내용을 엄격하게 통제했다. 헤이스 코드는 욕설, "도착적인" 성행위, 성직자 모독 같은 범죄 행위를 금지했고, 스튜디오들에게 약물 사용부터 "첫날밤 장면"이나 범행 수법에 대한 상세한 설명 같은 현실의 다른 측면을 스무 개 이상 보여주는 데 주의할 것을 경고하고 있다. 할리우드는 섹스와 범죄 없이는 생존이 불가능했기 때문에 규범은 부도덕한 행동을 묘사하는 것은 허용했다. 단 그 행동이 처벌을 받고 "도덕적 가치를 보상하는

것"으로 균형을 맞춘다는 조건하에서 말이다.[24]

한편 1927년에 〈재즈 싱어〉로 데뷔한 동기화 사운드는 스토리를 들려주는 방법, 화면을 구성하는 방법, 작품에 출연시켜야 하는 배우, 각본을 쓰는 작가 등 영화에 관한 모든 것을 변화시켰다. 심지어 영화를 촬영하는 물리적 환경까지 바꾸었다. 사운드는 영화를 더욱 물리적이고 더욱 본능적인 매체로 만들었다. 이제 관객은 유리잔이 부딪히는 소리를 듣고 다이너마이트가 폭발하는 소리에 몸을 움츠리거나 자동차 추격전의 바퀴 소리에 스릴을 느낄 수 있었다. 사운드는 뮤지컬 영화를 가능하게 만들었고, 영화가 복잡한 오케스트라 음악을 들려줄 수 있게 해주었다.

이런 발전은 업계를 불안정하게 만들었지만, 한편으로는 영화를 그 어느 때보다 대중적이고 강력한 산업으로 만들어주었다. 〈재즈 싱어〉를 제작한 스튜디오인 워너 브러더스는 단 한 개의 영화관을 소유한 보잘것없는 업체에서 불과 3년이라는 짧은 기간 만에 당대 최고의 수익성을 자랑하는 영화 스튜디오이자 700개의 극장을 보유한 업체로 성장했다.[25] 〈재즈 싱어〉의 발자취를 따라 만들어진 토키(유성영화)들은 유례없는 인기를 누렸다. 무성영화 시대에 절박했던 극장주들은 관객을 끌어모으기 위해 오케스트라와 라이브 연주자를 섭외하기도 했다. 동기화 사운드 시대가 되자 영화 수요가 대단히 커지면서 극장주들은 라이브 연주자들을 해고해버렸다. 라이브 극장과 보드빌이 미국의 인기 오락거리로 군림하던 시절은 영원히 끝났다. 티켓 구매자들이 모스크바 예술극장에서 스타니슬랍스키가 요구했던 존중의 태도로 토키를 대하면서 영화가 상영되는 동안 대화를 하거나 스크린을 향해 고함을 치는 사람에게 조용히 해달라고 요구하는 등 관객의 행동이 달라졌다.[26]

토키는 또한 새로운 연기 스타일을 요구했다. 무성영화는 몸짓과 표정을 통해 이야기를 전달해야 했기 때문에 배우에게 고도의 신체적 능력이 요구되었다. 배우들은 국적에 상관없이 영화에 출연할 수 있었다. 아무도 배우의 목소리를 들을 수 없었으니까. 훌륭한 배우는 몸과 얼굴로 관객에게 생생한 감정을 전달했다. 그러나 사운드가 등장함에 따라 배우들은 알아들을 수 있는 영어를 구사하고 언어를 통해 캐릭터를 표현할 수 있어야 했다. 연기에 있어 신체 사용은 더 절제되고 연기는 점점 더 자연스러워졌다. 사람들이 가능한 한 제대로 된 영어를 듣고 싶어한다는 가정하에 배우들이 여전히 과장된 방식으로 언어를 구사했음에도 불구하고 말이다.

배우들이 말할 대사도 필요했다. 할리우드는 일할 사람을 찾느라 미국의 언론사, 브로드웨이 극장, 주요 출판사의 출간 목록을 샅샅이 뒤지며 대소동을 벌였다. 헤이스 코드 시대가 도래하자 할리우드는 인물들이 말하는 내용 이면에 있는, 때로 물의를 빚을 수도 있지만 흥미로운, 진정한 의미를 미묘하게 전달해줄 작가, 감독, 배우가 필요했다.

1930년대 중반의 할리우드는 그룹의 메소드가 번창하기에 완벽한 장소인 것처럼 보였지만, 그들의 6개월간의 캘리포니아 체류는 대체로 실패로 끝나고 말았다. 그들은 대부분의 시간을 프랜쇼 톤의 수영장에서 느긋하게 휴식을 취하면서 보냈는데 한번은 톤이 클러먼을 돌아보며 이렇게 말했다. "매춘부의 삶은 꽤나 안락하죠, 그렇지 않나요?"[27] 스텔라와 루서 애들러 남매는 코를 손보고는 몇 편의 영화에 출연했다. 클러먼은 〈강은 붉다〉라는 영화에서 제작자 월터 웨인저의 보조로 일했고, 그 영화는 나중에 〈봉쇄 명령〉(1938)이라는 제목으로 개봉했다.[28] 클러먼이 영화업계에 한 가장 큰 기여는 〈성공담〉을 쓴 존 하워드 로슨을 고용하여 영화 시나리오를 수정하게 한 것이었다. 로슨은 10년 후 미하원의 반미활동조사위원회HUAC가 공산주의의 할리우드 침투를 조사할 때 위원회에 출석해 증언하는 것을 거부한, 그 결과로 블랙리스트에 오르고 투옥된 시나리오 작가들인 "할리우드 텐"의 일원으로 악명을 얻게 된다.

루이스 마일스톤의 조수로 일하며 영화 연출을 위한 특별 훈련을 받은 엘리아 카잔조차 얼마 지나지 않아 할리우드에 흥미를 잃었다.29 할리우드의 안일함과 천박함이 역겨웠다. 그는 서둘러 뉴욕으로 돌아왔다. 얼마 후 카잔은 클러먼에게 편지를 썼다. 해럴드, 대체 뭘 하고 있는 건가요? 극장에서 의미 있는 작업을 하며 땀을 흘릴 수 있을 때 어째서 뜨거운 태양 아래 여가를 즐기며 땀을 흘리는 데 시간을 허비하고 있는 건가요? 클러먼에게 두 개의 선택지가 있다고 카잔은 썼다. 서부에 있는 가시로 덮인 양귀비들 사이에 머무르면서 선탠을 하고 영혼을 잃거나, 아니면 돌아와 그룹을 위해 투쟁하거나. 어느 쪽을 택할 것인가?30

클러먼은 정답이 무엇인지를 알고 있었다. 1937년 8월 그는 뉴욕으로 돌아왔다.31 클러먼이 돌아왔을 때 그를 기다리던 것은 클리퍼드 오데츠가 쓴 신작 희곡의 두 막이었다. 클리퍼드 자신이 연극계와 할리우드 사이에서 겪은 갈등을 재능 있는 젊은 남성이 예술(바이올린 연주)과 흥행(권투) 사이에서 갈등을 겪는 스토리로 극화한 작품이었다. 제목은 〈골든 보이〉라고 지었다. 이 연극은 브로드웨이에서 250회 넘게 공연되었고, 전국 투어와 런던 제작으로 확장하면서 금전적인 면에서 그룹의 최고 성공작이 되었다. 또한 최초의 메소드 영화배우의 등장으로 이어지기도 했다.

클리퍼드 오데츠는 〈골든 보이〉의 주인공 조 역할을 원래 줄리 가필드를 염두에 두고 썼다. 그러나 클러먼은 그 역할에 루서 애들러를 캐스팅하기로 결정했고, 가필드는 조연인 지기Siggie 역으로 밀려났다. 루서 애들러는 그 역할을 맡기에 나이가 너무 많았지만 오데츠와 클러먼 모두 가필드는 통달하지 못한 감성을 애들러가 불어넣을 거라 생각했다.[32] 가필드는 펄펄 뛰었다. 루서 애들러가 스텔라의 남동생이라는 사실이 분명 눈에 거슬렸을 것이다.[33] 줄리에게 적절한 보수를 받을 수 있는 서부에서 연기 재능을 발휘해보라고 권유한 친구들과 에이전트들의 눈에도 그 사실이 뻔히 보였다. 공연이 막을 올린 후 가필드는 그룹을 탈퇴하고 캘리포니아로 떠났다. 1년 후 그는 "실패하기 위해" 할리우드로 떠났다고 주장했다.[34] "내 목적은 빨리 돈을 버는 것이었습니다." 그렇게 해서 내가 임신한 아내 로브(로버타 사이드먼)와 함께 "아이가 태어났을 때를 대비할 수 있도록 말입니다." 하지만 줄리 가필드는 실패하기는커녕 스타가 되었다.

1930년대에 할리우드로 건너간 가필드는 서로 맞물려 돌아가는 광대한 공장 시스템에 뛰어들었다. 이후 8년간 가필드의 본거지가 되어준 워너 브러더스는 서부 영화 촬영을 위한 자체 목장이 있을 정도로 규모가 엄청났다.[35] 스튜디오들은 작품이 상영되는 영화관 지분을 상당 부분 보유하고 있었기 때문에 제작할 작품 선정, 제작 방식, 배급 방식에 막강한 영향력을 행사할 수 있었다. 특정 스튜디오에 소속된 배우들은 불공평한 조건이 포함된 다년 계약에 묶여 도제 형태의 노동자, 심지어 노예에 비교되기 일쑤였다.

공장에서 영화를 찍어내는 바로 그 방식대로 영화에 등장하는 스타도 만들어냈다. 스튜디오 시스템이 정점에 달했을 때 할리우드는 시골 마을의 미녀 선발 대회부터 브로드웨이까지 온갖 곳을 다니며 스타성이 엿보이는 인재를 물색했다. 일단 발굴된 배우는 수습 기간을 거친 후 6개월 계약을 체결했다.[36] 6개월 이후의 계약 연장 권한은 스튜디오에게 있었다. 사실상 배우와 배우의 작업을 스튜디오가 6개월 더 소유하게 되는 것이다. 배우가 대박을 칠 경우, 스튜디오는 배우에게 7년 계약을 제안했다.[37] 이는 배우를 업계의 상위 계급으로 올려놓는다는 의미이기도 했지만, 배우가 특별한 방식으로 스튜디오에 묶인다는 뜻이기도 했다. 배우는 1년에 40주를 일하고 급여를 받는 대신 스튜디오의 홍보 기계가 벌이는 활동에 전적으로 참여하고 협조하는 데 동의해야 했다. 어떤 프로젝트에 배정될지 결정할 수 있는 권한은 거의 없었다. 또한 배우는 협의 없이 다른 스튜디오에 임대될 수 있었는데, 이 관행은 스튜디오들이 고분고분하지 않은 스타를 의도적으로 이류 영화에 출연시켜 대중적 이미지를 손상시키는 처벌을 가할 수 있도록 해주었다. 배우와 체결한 계약은 언제든지 해지할 수 있었고, 인기가 떨어지면 급여가 줄어들 수도 있었다.

이런 스튜디오 시스템이 착취적인 것이기는 했지만, 그룹이 그저 꿈만 꾸던 레퍼토리 극단의 시스템을 만들어냈다. 수십 명의 배우, 주당 풀타임 급여 지급, 작품 내용에 대한 명확한 관점을 가진 책임자 밑에서 프로젝트를 연이어 함께 작업하는 것. MGM은 안정적인 뮤지컬 배우들과 더불어 클라크 게이블이나 지미 스튜어트 같은 전형적인 미국의 영웅 이미지를 가진 배우들을 보유하고 있었다. 워너에는 터프가이, 갱스터, 도시의 건달, 범죄자의 애인, 이민자 이미지의 배우들이 있었다. 워너는 지미 캐그니, 에드워드 G. 로빈슨, 폴 무니, 험프리 보가트의 본거지였고 여배우로는 바버라 스탠윅과 베티 데이비스가 있었다. 스타 공장에 갓 들어온 신입은 광범위한 트레이닝을 받았다. 스튜디오 시스템에 일단 흡수되고 나면 발음, 행동거지, 승마, 펜싱, 그리고 카메라 앞에서 연기하는 것, 실제 생활에서 배우의 모습을 표현하는 데 도움이 되는 것은 무엇이건 반복 훈련해야 했다.[38] 또한 스튜디오에서 연기 학교를 운영하고 지역 극단과 계약을 맺어 배우를 훈련시키기도 했다.[39] 이런 전문적인 트레이닝과 함께 영화 제작의 실상에 맞춘 비공식적인 교육 시스템도 있었다. 카메라 앞에서 연기하려면 내가 있어야 할 위치를 파악하는 법, 대사를 기억하는 법, 순서가 뒤죽박죽인 신들을 연기하는 법, 그리고 가장 중요한, 카메라가—따라서 관객이—배우를 사랑하게 만드는 법을 알아야 했다. 감독의 명령에 따라 연기할 준비도 되어 있어야 했다. 빠듯한 마감일에 맞춰 분주하게 움직이는 세트에서 '골든 노트'에 적혀 있는 올바른 정서 기억을 찾아내기 위해 "1분 갖기"를 할 시간은 없었다. 배우들은 끊임없이 작업하면서 이 모든 것을 해내는 방법을 터득했다. 줄리 가필드는 데뷔 후 첫 3년 동안 열한 편의 영화에 출연했다. 클라크 게이블은 열일곱 편이었다.

입지를 굳힌 배우들은 신인 배우를 자기 휘하로 거뒀다. 1940년대에 영화 〈정복자의 도시〉 촬영장에서 카잔은 조지 래프트와 제임스 캐그니에게 연기 교육을 받았다. 래프트는 무대에서 하는 연기와 카메라 앞에서 하는 연기는 차원이 완전히 다르다는 것을 가르쳐주었다. 무대에서 배우는 같은 천장 아래에 있는 관객을 위해 연기한다. 스크린에서 배우의 연기는 온전히 카메라를 향하며, 카메라가 배우의 생각을 볼 수 있다. 따라서 배우는 이렇게 해야 한다. "대사를 되도록 많이 쳐내도록 해. 그렇게 쳐낸 대사를 다른 친구에게 넘겨. 그 친구가 이런저런 이야기를 하게 만들어."[40] 이런 일이 일어나는 동안 배우는 생각을 한다. 또는 적어도 생각하고 있는 것처럼 꾸민다. 손가락으로 튕길 동전이나 사소한 일을 할 다른 소품을 사용하면 큰 도움이 된다. 카메라는—그리고 관객은—배우의 신비롭고 고요한 분위기에 끌리게 될 것이다.

스타 공장이 작동하기 위해서는 각 배우의 타입을 파악한 다음, 타입을 사용하거나 타입과 연관된 영화에 연달아 출연시켜야 했다.[41] 이런 타입은 배우의 실제 성격의 연장으로 여겨져 종종 (툭하면 허위로 꾸며진) 전기 출판의 형식으로 관객에게 판매되었다. 1930년대에 뛰어난 연기에는 에롤 플린의 한없이 쾌활하고 낭만적인 이미지가 됐건, 험프리 보가트의 비정한 냉소주의가 됐건, 배우가 가진 타입을 믿을 수 있게 영화에 잘 적용하는 일이 필요했다.

시가를 씹어대며 허풍을 치던 워너 브러더스 부회장 잭 워너는 줄리에게 성공 가능성이 있다고 생각했지만 지나치게 유대인 느낌을 풍기는 이름을 듣고는 움찔했다. 전설에 따르면, 워너는 줄리에게 이름을 제임스로 개명하자고 제안했지만 젊은 배우로부터 제임스 가필드라는 이름을 가진 유명한 미국인—실은 대통령—이 이미 있다는 사실을 듣게 되었다고 한다. 이게 실제로 있었던 일이건 아니건, 미팅이 끝날 즈음에 줄리의 이름은 존이 되었다. 잭 워너는 그와 6개월 계약을 체결했다. 가필드는 워너 브러더스 구내식당에서 훗날 〈카사블랑카〉(1942)를 공동 집필하는 일란성 쌍둥이 줄리어스 엡스타인, 필립 엡스타인과 친구가 되었다. 엡스타인 형제는 어설픈 로맨틱 코미디 〈네 명의 딸들〉(1938)의 미키 보든 역에 가필드를 추천했다. 얼마 후 가필드는 클로드 레인스, 프리실라 레인, 마이클 커티즈 감독과 함께 촬영장에 있었다.

"처음에 영화를 찍을 때 정말 무서웠습니다."[42] 가필드는 첫 영화 촬영 경험에 대해 이렇게 말했다. "촬영장은 기계적으로 돌아갑니다. 리허설을 하면서 스크린에 어떻게 보일지 확인하는 작업은 절대로 하지 않습니다. (…) 제일 중요하지 않은 일, 예컨대 조명 작업 등이 먼저 행해집니다. 그게 꽤나 충격적이더군요." 그는 상대 배우와 직접 대화하는 경우가 거의 없다는 사실에 특히 놀랐다. 결국 그는 "연극에서는 연기를 하고 영화에서는 반응을 한다"는 것을 깨달았다.[43] "나는 영화 속의 감정이 부끄럽습니다. 괴물, 그러니까 카메라가 다가오면 배우는 곧바로 '연기'를 해야 하기 때문에 그걸 진정한 감정이라고 말할 수는 없죠. 따라서 영화에서는 감정을 덜 드러내는 편이 안전합니다."

이 모든 것은 전부 그가 꾸며낸 겸손일지도 모른다. 가필드가 실제 〈네 명의 딸들〉에서 보여준 연기는 완벽한 예술가의 작업으로 보이기 때문이다. 가필드는 스트라스버그로부터 그룹의 메소드를 배운 후, 베노 슈나이더라는 교사에게서 연기를 배웠다.[44] 슈나이더는 배우 개개인의 개성과 본능, 그리고 이를 활용해 역할에 색을 입히는 방법에 중점을 두었다. 가필드는 그룹에서 배운 캐릭터 준비 작업에 쏟는 집중력과 슈나이더에게 배운 개성을 원동력 삼는 느긋함을 결합한 덕에, 그가 맡은 첫 번째 영화 배역에서 20세기의 가장 놀라운 스크린 연기를 선보일 수 있었다. 가필드는 종종 몽고메리 클리프트와 말런 브랜도를 위한 기반을 닦고, 메소드 혁명을 위한 길을 여는 데 기여한 배우로 기억되곤 한다. 이 논평은 사실이지만 그의 연기 전체를 공정하게 평가한 견해는 아니다. 〈네 명의 딸들〉에서 존 가필드의 연기는 앞으로 다가올 변화를 알리는 신호탄이 아니라 변화 그 자체다.

가필드가 남긴 유산의 측면에서 보면 안타깝게도 그는 그의 재능과 어울리지 않는 소재의 영화에 자주 출연했다. 〈네 명의 딸들〉도 예외는 아니다. 〈네 명의 딸들〉의 줄거리는 다음과 같다. 클로드 레인스는 네 딸을 둔 아담 렘프라는 남자를 연기한다. 가족은 완벽한 집에 살며 별

다른 갈등 없이 생활한다. 딸들은 결국 각자의 배필을 찾는다. 그런데 프리실라 레인이 연기한 딸 하나가 가장 친한 친구를 위해 자신이 원했던 짝의 곁을 떠났다가 결국에는 다시 그에게 돌아온다. 그 적합한 상대는 제프리 린이 연기한 잘생기고 성격 좋은 작곡가 펠릭스 다이츠다. 다이츠의 가장 친한 친구는 미키 보든으로, 펠릭스가 편곡을 도와달라며 고용한 불운한 피아니스트 겸 작곡가다.

가필드가 보든 역으로 처음 영화에 등장할 때, 그는 무언가 다른, 미지의 신비로운 인물이다. 그가 등장하기 직전에 관객은 보든은 "술을 마시지 않아. 약간 어디로 튈지 모르는 친구지"라는 말을 들었다. 그는 면도도 하지 않고 부스스한 모습이다. 그가 입은 셔츠처럼 구겨져 있고, 그가 맨 넥타이처럼 삐딱하다. 보든은 동부 해안 출신으로 추정되며 소수민족 출신인 것은 확실하다. 관객은 개명하기 전 그의 본명이 미하일 볼가르라는 것을 나중에 알게 된다. 그를 보고 있노라면 거의 무한에 가까운, 거의 억누르지 못하는 무정부 상태의 에너지를 감지하게 된다. 이런 에너지의 땔감은 자기혐오인데, 이는 곧 미국의 남자 배우가 카메라 앞에서 펼치는 메소드 연기의 특징이 된다. 가필드의 또 다른 특징은 영화 전반에 걸쳐 지속적으로 소품을 활용함으로써 대사 이면에 감춰진 서브텍스트를 전달한다는 것이다. 미키 보든에게 경계 따위는 없다. 1, 2분도 지나지 않아 그는 아무도 권하지 않은 음식을 먹고 펠릭스의 담배를 피운다. 그는 자신이 어디에 속해 있는지 알지 못한다. 무일푼에다 최근에 임대한 집에서 쫓겨났다. 하지만 그는 렘프의 집을 "미국의 척추"라고 경멸하며 자신은 "철길 반대편에 있는" 곳을 선호한다고, "나는 이렇게 깨끗한 공기는 마실 수 없다"고 큰소리로 선언한다.

보든은 렘프의 가정을 혼란에 빠뜨린다. 가필드가 영화를 혼란스럽게 만드는 것처럼. 미키는 프리실라 레인이 맡은 앤과 함께 뉴욕으로 달아나지만 결국 교통사고로 사망하면서 앤이 펠릭스에게 돌아갈 수 있게 해준다. 이러한 혼란은 플롯 안에서 제대로 효과를 발휘한다. 하지만 더 중요한 것은 이런 혼란이 연기 스타일에서도 드러난다는 사실이다. 〈네 명의 딸들〉은 타입캐스팅 없이는 존재할 수 없는 영화다. 각각의 딸들과 각각의 남자친구들이 타입일 뿐 아니라, 그들 모두가 본인이 타입이라는 것을 알고 있다. 롤라 레인은 자신의 캐릭터를 "나는 테아예요. 영리한 딸이죠"라고 소개한다. 메이 롭슨이 맡은 에타 고모가 어떤 신에서 강인한 모습을 보이려 하자, 한 캐릭터가 이렇게 반응한다. "비정하게 굴려고 애쓰지 마세요, 에타 고모. 해낼 수 없을 거예요." 그런 캐릭터들이 보든을 낯선 예외로 받아들인다. 그는 어떤 존재인가? 그는 타입이라는 것을 전혀 갖지 않은 듯 보인다. 아니면 새로운 타입일지도 모른다. 도시적이고 재치 있으며 신경질적이고 단정치 못하며 매력적이고 불운한 타입.

타입캐스팅은 배우와 캐릭터 사이에 아이러니한 거리를 만들어주었다. 그 작은 틈새에 관객과 배우를 이어주는 연결고리가 생기면서 관객과 배우가 함께 영화를 탐색할 수 있게 한다.[45] 가필드가 〈네 명의 딸들〉에서 펼친 연기는 이 거리를 무너뜨렸다. 그는 카메라 앞의 그 어떤 배우보다도 존재감을 드러내며 생생하게 살아 있다. 심지어 오늘날에도 충격적일 정도로 새롭게 느껴진다. 그가 "내가 하는 어떤 짓도 나는 놀랍지 않다"고 말할 때, 관객은 그를 믿게 된다. 그가 앤과 몰래 달아난 것은 보든이 펠릭스보다 더 진정성 있고 솔직한 사람이기 때문이기도 하지만, 가필드의 연기 스타일이 더 진정성 있고 솔직하기 때문이기도 하다. 카메라 앞에서 캐릭터의 단정치 못하고 불편한 측면을 기꺼이 포용하고, 자신을 열어 보여 카메라의 공정한 판단을 받으려는 진정성은 부인할 수 없는 카리스마를 발휘한다. 그 결과 미국 영화에 최초로 반항적인 안티히어로라는 새로운 유형의 캐릭터가 탄생했다.[46]

대단히 짜릿했던 가필드의 연기 덕분에 〈네 명의 딸들〉은 흥행에 성공하고, 오스카 시상식의 여러 부문에서 후보에 올랐다. 또한 〈네 명의 아내들〉(1939)과 〈네 명의 어머니들〉(1941)이라는 두 개의 속편도 낳았다(제목만 봐도 어떤 이야기인지 짐작이 될 것이다). 다만 가필드가 맡은 캐릭터는 이미 죽었기 때문에 속편에는 그의 마력이 등장할 수 없었다. 그래서 워너 브러더스는 〈네 명의 딸들〉의 출연진과 감독을 다시 한 번 모아 거의 비슷한 (그렇지만 훨씬 나은) 영화인 〈용감한 딸들〉(1939)을 만들었다.

그 무렵 가필드가 할리우드에서 실패하는 데 실패했다는 사실이 분명해졌다. 3년 후 그룹이 완전히 해체됐을 때 많은 단원들이 다시 꿈의 공장으로 돌아왔다. 이번에는 엄청난 성공을 거둘 수 있었고, 연기에 대한 그들의 생각을 도시 전체로 천천히 퍼트리게 된다. 물이 담긴 컵에 떨어뜨린 잉크 한 방울처럼 서서히.

15장

새롭고도 낯선 배우, 말런 브랜도

〈골든 보이〉의 성공은 해럴드 클러먼과 그룹 단원들에게 몇 년의 시간을 벌어주었지만, 그들이 바라마지 않던 장기적인 안정을 제공하지는 못했다. 1940년 오데츠의 〈야상곡〉과 어윈 쇼의 〈쾌락으로의 도피〉가 망하면서 그들의 운은 바닥났다. 『뉴욕 타임스』에 그룹의 최후를 설명하는 일은 해럴드 몫으로 남았다. "우리의 수단과 목표는 근본적인 모순에 빠졌다."[1] 그는 1941년 5월에 이렇게 썼다. 브로드웨이의 상업적인 규칙을 따르는 예술극장은 불가능했다. 거의 10년 뒤, 미국 정부와 포드 재단은 이 점에 동의하고 오늘날에도 미국에 존재하는 비영리 극장 시스템을 키워낼 세법 개정과 종자돈 지원이라는 변화를 마련했다.

하지만 그룹은 10년은 고사하고 6개월도 버티지 못했다. 너무 많은 단원이 너무 많은 부분에서 믿음을 잃은 상태였다.[2] 1939년 반미활동조사위원회는 연방연극프로젝트가 공산주의 프로파간다의 창구라고 주장했고 의회가 프로젝트 자금 지원을 철회하면서, 미국 국민에게 말을 걸고 그들을 계몽하는 국립극장에 대한 희망이 사라졌다. 1930년대의 혼란과 창의성이 인류를 새로운 황금기로 이끌 것이라는 믿음은 스페인 내전과 히틀러의 폴란드 침공으로 끝났다. 히틀러-스탈린 협정은 소련이, 자체적인 문제가 있기는 했지만, 서구에 대한 올바른 대안이 될 수 있다고 믿었던 그룹의 대다수 단원들에게 환멸을 안겨주었다. 한편 지난 몇 년간 발생했던 여러 사건들 때문에 해럴드 클러먼에 대한 믿음도 크지 않은 상태였다.3 클러먼은 자신이 가진 문제들을 결코 해결하지 못했다. 영감을 받지 못할 때 보여준 무기력한 모습, 일상적인 관리 업무를 수행하지 않으려는 소극적인 모습, 필요하다면 언제든 극단을 희생해 바칠 제단 같은 존재로 남아 있는 스텔라와의 혼란스러운 관계까지.

그룹이 미국 연극계에 미친 영향은 그들이 거둔 상업적 성공을 훨씬 뛰어넘었다. 극단은 앙상블 연기와 심리적 사실주의에 있어 우수성의 새로운 기준을 만들었고, 리 스트라스버그와 스텔라 애들러와 샌퍼드 마이즈너라는 20세기의 가장 영향력 있는 세 명의 연기 교사를 배출했다. 해럴드 클러먼은 유명 연출가이자 당대의 가장 중요한 연극 평론가 중 한 명이 되었다. 셰릴 크로퍼드는 성공적인 제작자가 되었다. 그들의 꿈인 '그룹 아이디어'는 미국 비영리 극장 시스템의 꿈이 되었다. 오데츠가 없었다면, 〈깨어나 노래하라!〉의 투어를 보고 극작가가 되기로 결심한 아서 밀러도 없었을 것이다. 그룹이 없었다면, 1939년 그룹으로부터 극작가 상을 받고 궁극적으로 에이전트 오드리 우드를 만나게 되면서 그에게 정말 필요했던 큰 격려를 얻게 된 테너시 윌리엄스도 존재하지 않았을지 모른다.4

그룹이 없었다면, 무대와 스크린을 넘나들며 단숨에 미국에서 가장 걸출한 연출가이자 감독 중 한 명이 된 엘리아 카잔도 없었을 것이다. 1945년 카잔이 첫 영화의 메가폰을 잡았을 때 그는 "브로드웨이의 신동"이었다.5 카잔은 〈위기일발〉에서 변덕이 죽 끓듯 하는 털룰라 뱅크헤드와 당시 무명이던 몽고메리 클리프트를 데리고 연극을 연출하는 고난의 시험대를 거친 다음, 브로드웨이 개막이 얼마 남지 않은 시점에 있던 해리엇 비처 스토의 생애를 그린 연극 〈해리엇〉의 지휘봉을 넘겨받아 작품을 성공으로 이끌었다.6 이후 셰릴 크로퍼드는 쿠르트 바일, S. J. 페럴먼, 오그던 내시의 뮤지컬 〈비너스의 한 번의 손길〉의 연출가로 그를 고용했다. 이 작품은 567회 상연되었다. 이 성공작을 이은 그의 후속작은 시어터 길드에서 연출한 〈자코보우스키와 대령〉이었다. 이 작품은 1년간 상연되었다. 그 무렵 카잔은 네 편 연속 히트를 기록했고, 최소 한 편 이상이 브로드웨이에서 동시에 상연 중이었다. 할리우드가 그를 보러 온 건 당연한 일이었다. 『브루클린에서 자라는 나무』(한국어판은 『나를 있게 한 모든 것들』-옮긴이)의 영화 판권을 갖고 있던 폭스의 대릴 재넉은 카잔이 그 작품의 감독을 맡아주기를 원했다. 카잔은 그 책을 읽고 또 읽으면서 자기도 모르게 감동의 눈물을 흘렸다. 화자의 알코올중독자 아버지는 아내에게 충실하지 못한 카잔 자신의 무능력을 떠올리게 했고, 아이의 시선은 이제는 거의 보지 못하는 그의 두 아이와 겹쳐졌다.7

촬영장에서 카잔은 그룹의 메소드를 할리우드의 요구에 맞게 조정하는 방법에 대한 수수께끼를 풀었다. 카잔은 이론의 틀 안에 안주하기에는 상당히 실용적이고 의욕 넘치는 사람이었다. 몇십 년 후에 쓴 회고록에 따르면, 그는 정서 기억을 두고 벌어진 스트라스버그/애들러의 논쟁을 회피했다.[8] 배우가 어떤 경로를 취하는지는 중요하지 않다고 믿었기 때문이다. 중요한 건 결과물이었다. 심지어 카잔은 거의 전적으로 외적인 연기를 해내는 로런스 올리비에를 대단히 존경했다. "감정 소환 emotional recall"은 어떤 배우에게는 도움을 주었지만 어떤 배우에게는 방해가 되기도 했다.

하지만 카잔은 페레지바니예에 대한 믿음을 여전히 간직하고 있었다. "배우가 진정으로 느낀 실제 경험의 위력"을 능가할 수 있는 건 아무것도 없었다.[9] 훌륭한 연기는 배우가 "관객에게 자신의 삶의 일부를 내어주는 순간, 다시 말해 분명 예술가의 궁극적인 너그러움에서 비롯된다. (…) 이 예술가들은 당신의 비밀스러운 자아your secret self에 말을 건다. (…) 그들은 관객에게 훌륭한 솜씨나 테크닉 이상의 것, 즉 관객에게 상처와 전율을 안겨주는 진짜를 제공했다." 스타 시스템이 여전히 굳건히 자리 잡고 있던 시기였기에 이런 생각이 좋은 연기에 대한 합의된 관점이 되기는 어려운 일이었다. 그래서 카잔은 스타 배우나 관객에게 이미지가 고정된 배우와 작업하는 걸 피했다. 대신 실제 인생이 배역과 공명하는 배우들을 발굴했다. 그런 다음 그 배우의 어떤 버튼을 눌러야 할지 알기 위해 사적으로 파악하고자 했다. "배우와 가장 먼저 해야 할 일은 (…) 그와 함께 저녁식사를 하는 것입니다. 그리고 그와 산책을 합니다. 대화를 나누고, 그의 아내나 여자친구를 만납니다. (…) 배우가 무엇을 갖고 있는지 알게 되면 그곳에 손을 뻗어 자극할 수 있지요. 그렇죠?"[10] 그는 이 일을 점잖고 따스한 방식으로 했다. 스트라스버그처럼 출연진에게 소리를 지르거나 강압적으로 대하지 않았다. 대신 작은 힌트를 심어두고 배우가 무슨 일이 일어나는지 깨닫지 못한 채로 캐릭터와 자아 사이의 점들을 연결하는 과정을 지켜보았다.

카잔은 알코올 중독자이지만 사랑스러운 아버지 조니 놀런 역으로 배우 제임스 던을 찾아냈다. 던은 음주 문제로 경력이 단절된 재능 있는 배우였다.[11] 그는 마음속에 들끓던 자기혐오를 역할에 녹여냈고, 가족 곁에서 더 나은 일을 하길 원하는 조니의 열망을 휘감은 절박함을 거의 숨김없이 드러냈다. 믿어지지 않을 만큼 페이소스를 뿜어내며 깊은 감동을 준 던의 연기는 영화의 필수불가결한 요소가 되었다. 어린 주인공 프랜시 놀런 역에는 페기 앤 가너를 찾아냈다. 페기의 아버지는 당시 제2차 세계대전에 참전해 해외에서 복무하고 있었다(카잔은 신체검사에서 불합격 판정을 받았다[12]). 아이가 울어야 하는 장면에서 카잔은 페기에게 캐릭터나 주어진 상황을 이야기한 것이 아니라, 아버지에 대해 다정하게 묻고 아버지가 전쟁터에서 돌아오지 못할 수도 있다는 은근한 암시를 주는 방식으로 준비시켰다. 페기는 하루 종일 울었다. "아이가 고통과 두려움을 분출시키는 것은 아이의 연기에서 필수적이었습니다."[13] 카잔이 말했다. "그 행동은 진짜였습니다. 나는 그 장면이 자랑스럽습니다. 일말의 거짓 없는 진실이었어요."

그에게는 그것 말고도 자랑스러워할 것이 많았다. 〈브루클린에서 자라는 나무〉(1945)는 미국 영화에서 위대한 연출을 보여준 데뷔작 중 하나이다. 연극 연출가로서 무대의 공간 논리를 따르려는 느낌이 전혀 없다. 오히려 카메라가 놀런의 아파트 곳곳을 누비고 다니며, 필요한 장면을 포착하기 위해 통풍구로 뛰어들기까지 한다. 카잔은 진정한 메소드 스타일을 통해 〈브루클린에서 자라는 나무〉가 다른 영화보다 더 사실적인 느낌을 주기를 원했다. 영화에는 너무 가난해서 사생활이 보장될 만큼 충분한 거리를 두고 살아가지 못하는, 그래서 모두가 서로의 사정을 훤히 아는 뉴욕 빈민층의 곤궁한 삶에 대한 디테일이 가득하다.

전 세계의 축소판으로서 동네—실제로 두 블록—가 주는 느낌은 영화에 예상치 못한 깊이와 질감을 부여한다.

〈브루클린에서 자라는 나무〉가 개봉할 무렵 카잔의 활약은 그룹의 나머지 단원들을 압도했다. 오데츠는 성공했지만 그의 최고작은 이미 과거지사였다. 왕국에서 태어난 스텔라 애들러는 당시 아서 프리드와 함께 루이스 B. 메이어의 프로듀서로 일하며 〈퀴리 부인〉과 〈뒤바리는 숙녀였다〉의 개발을 돕고 있었다. 당시 언론 보도에 따르면, 그녀의 트레이드마크는 시나리오에 등장하는 모든 캐릭터에 "영화 내내 기억에 남을 대단히 사실적인 무엇인가"를 부여하는 일이었다.[14] 클러먼은 컬럼비아 픽처스의 협력 프로듀서associate producer로 일했고, RKO에서 1945년작 〈새벽의 데드라인〉의 감독을 맡기도 했다. 그는 "그 영화 작업과 관련해 가장 기억에 남는 일은 영화의 여주인공인 수전 헤이워드의 가슴골이 너무 많이 드러난다고 항의하기 위해 존슨(검열관) 사무소에서 누군가가 찾아온 것이었다"고 썼다.[15] 스트라스버그의 상황은 최악이었다. 할리우드의 사적인 규범과 의례가 리에게는 여전히 수수께끼로 남아 있었다. 그는 짧은 기간 동안 스크린 테스트 감독 일을 하다가 뉴욕으로 돌아갔다.[16]

카잔과 가필드가 성공하면서 그룹의 메소드를 위한 교두보를 마련하는 동안, 클러먼과 애들러는 새로운 할리우드 인텔리겐치아 무리에 흡수되었다. 영화 스튜디오가 보유한 엄청난 부富는 조밀한 태양계처럼 작동하면서 전 세계의 예술가, 작가, 사상가, 작곡가를 궤도 안으로 끌어당기고 있었다. 올더스 헉슬리, 베르톨트 브레히트, 토마스 만을 비롯해 무조 12음 음악의 아버지 아널드 쇤베르크까지 유명 인사들이 모두 로스앤젤레스로 둥지를 옮겼다. 여가 시간에 그들은 애들러, 클러먼과 함께 베르톨트-살카 비어텔의 집에 모였다.[17] 남편은 오스트리아인이고 부인은 유대계 폴란드인인 비어텔 부부는 둘 다 작가였다. 살카는 친한 친구인 그레타 가르보가 출연한 영화들의 스크립터로도 일했다. 게다가 그중 한 편인 〈페인티드 베일〉(1934)은 감독이 리차드 볼레슬랍스키였다. 유명인들이 모이는 할리우드의 살롱은 그곳만이 아니었다. 오데츠의 집에서 클러먼은 작곡가 한스 아이슬러, 무대 디자이너 보리스 에런슨, 배우 찰스 로튼과 함께 시간을 보냈다.[18] 해럴드와 스텔라는 프랜쇼 톤과 조앤 크로퍼드의 집에서 식사를 하고 술을 마시며 그룹 시절의 추억을 나누었다. 클러먼은 여전히 누구에게나 메소드의 복음을 전하고 있었다. 그는 톤에게 『배우 수업』을 보내기도 했다.[19] 연기에 대한 그룹의 아이디어는 모든 사교계 내에서 어느 정도 화젯거리였던 게 분명하다.

마침내 해럴드와 스텔라는 전설적인 연출가 막스 라인하르트를 만난 자리에서 뉴욕에 레퍼토리 극단을 설립하는 아이디어를 즉흥적으로 내놓았다. 스텔라는 여전히 어머니와 아버지처럼 무대에 선 훌륭한 배우가 되고 싶다는 열망을 품고 있었다. 세 사람이 제작을 꿈꾸던 작품 목록에는 〈헤다 가블러〉〈세인트 조앤〉〈여인들〉〈작은 여우들〉이 포함되어 있었다.[20] 상상 속에서나 가능할 법한 이 프로젝트는 결코 실현되지 못했지만, 스텔라를 다시 뉴욕으로 돌아오게 만들었다. 그녀와 해럴드는 몇 달간 각자 반대편 해안에 살면서 함께 만들어갈 미래에 대한 꿈이 담긴 편지를 주고받았다. 그녀가 뜻을 굽히고 해럴드와의 결혼에 이르게 된 것은 그렇게 떨어져 지낸 기간과 스텔라의 낭만적인 상상 때문인 듯하다. 클러먼이 뉴욕으로 돌아왔다. 1942년 9월 29일, 두 사람은 브루클린에 있는 해럴드 부모님의 집에서 결혼식을 올렸다. 에런 코플런드가 신랑의 들러리였다. 앞으로 닥쳐올 일들의 전조였을까, 스텔라는 결혼식을 마친 후 랍비에게 이혼식도 주재하느냐고 농담조로 물었다.[21]

이후 해럴드는 할리우드로 돌아가 몇 년 동안 RKO 영화사의 소위 개발 지옥(development hell, 영화 초기 단계에서 그다음 단계로 나아가지 못하는 상태-옮긴이)에서 일하며 생계를 꾸리다 1940년대 중반 영원히 뉴욕으로 돌아오게 된다. 그 무렵 스텔라의 연기 경력은 주춤했지만 교사 경력은 날개를 달기 시작했다. 곧 그녀는 뉴스쿨에 있는 에르빈 피스카토르의 드라마틱 워크숍에서 학생들을 가르쳤다. 제자들 중에는 잘생기고 반항적인 청년이 한 명 있었다. 네브래스카에서 태어나 일리노이에서 자란 그 청년의 이름은 말런 브랜도였다.

말런 브랜도 주니어가 연기에 열정이 있던 것은 결코 아니었다.[22] 그의 항변에도 불구하고, 향후 30년간 대중의 상상 속에 자리 잡은 메소드 연기를 정의하게 될 그 남자의 꿈은 배우가 아니라 재즈 드러머였다.[23] 누구보다 브랜도를 잘 알게 된 해럴드 클러먼은 "그의 내면에는 연기를 향한 **분노** 비슷한 게 있었다. 그렇지만 그는 배우가 되는 것 말고는 달리 도리가 없었다"라고 썼다.[24] 브랜도의 재능은 일종의 저주였다. 그는 타고난 배우였기에 연기를 진지하게 받아들일 필요가 없었고, 뛰어난 재능으로 인해 배우라는 직업을 벗어날 수도 없었다.

1940년대에 뉴욕으로 이주했을 때 그의 마음속에는 배수로를 파는 일에서[25], 술에 빠져 사는 연약하고 자기도취적인 어머니에게서[26], 고압적이고 폭력적이며 남을 통제하려 드는 아버지에게서[27] 탈출하고 싶다는 생각뿐이었다. 어린 시절 그는 부모님이라는 걱정거리 가득한 세상에 짓궂은 유머 감각으로 대응했다. 하지만 10대가 되면서 지시를 거부하는 그의 행동은 스스로를 거듭 곤경에 빠뜨렸다. 그의 부모는 부르주아적 가치관을 지양했지만[28]—정치와 섹스에 대해 공개적으로 토론하고, 인종적 편견에 반대하며, 말런의 누나 조슬린에게 결혼 전에 남자친구와 동거해보라고 부추겼다—말런 브랜도 시니어는 자식들에게 올바른 행실과 미국이 이상적으로 여기는 외형적인 모습을 기대하며 가족의 순종을 강요했다.

문제가 문제를 낳는 상황이 이어졌다. 어머니의 음주 문제, 자신의 우울증과 친구들을 괴롭히는 버릇 때문에 말런은 친구들 사이에서 외톨이 신세가 되었다. 그의 난독증 때문에 학교생활에도 문제가 생겼다.[29] 두 문제 모두 그의 무정부적인 성향을 더 두드러져 보이게 만들었다. 결국 그는 고등학교를 중퇴하고 아버지가 다녔던 섀턱군사학교에 입학했다.[30] 그곳에서 누군가가 마침내 그의 잠재력을 알아보았다. 섀턱의 영어과 과장(그리고 커밍아웃한 것과 다름없는 동성애자)이자 학교의 연극 연출 담당자 얼 와그너였다. 사람들은 그를 듀크라고 불렀다.

듀크는 〈쿠푸에서 온 메시지〉를 연출하며 브랜도에게서 깊은 인상을 받았다.[31] 그는 말런의 아버지에게 편지를 써 브랜도가 학생으로서나 배우로서나 진정한 잠재력을 지니고 있지만 그 잠재력을 실현시키기 위해서는 1년을 유급해야 한다고 전했다. 말런의 아버지는 그의 말을 듣지 않고 이렇게 답장했다. "우리 아이는 1943년 가을에 대학에 다니고 있어야 한다고 생각합니다."[32]

아버지를 설득하는 데 실패한 듀크는 아들을 자기 휘하에 거둬 연극에 출연시키고 영어 개인 지도를 했다. 두 사람은 1943년에 미스터리한 불화를 겪었는데, 브랜도는 이후에도 그 일에 대해 설명하지 않았다.

섀턱 안팎에서는 듀크가 브랜도에게 수작을 걸었다가 퇴짜를 맞았다거나 두 사람이 관계를 맺기 시작했지만 결국에는 사이가 틀어졌다는 추측이 있었다. 어느 쪽이건 가능한 일이다. 듀크는 섀턱에서 학생들을 이용해 먹는 것으로 유명했고, 브랜도는 여자들뿐 아니라 남자들과도 연애를 했다.[33] 브랜도는 섀턱에서 그리 오래 버티지 못할 터였다. 5월에 그는 캠퍼스를 몰래 빠져나가기로 결심했고, 그러면서 퇴학을 당했다. 학생들이 그의 복교를 요구하며 파업을 일으켰지만, 브랜도는 세상으로 나아갈 길을 직접 개척하기로 결정했다.[34] 누나 조슬린이 이미 뉴욕의 미국극예술아카데미에서 공부하고 있었다. 말런은 자기도 거기에 갈 수 있다며 아버지를 설득했다. 조슬린의 추천을 받은 말런은 에르빈 피스카토르의 드라마틱 워크숍에 지원했다. 말런의 아버지는 1년간 학비를 대주는 데 동의했다.[35]

피스카토르의 학교는 아메리칸 래버러토리 시어터와 상당히 비슷했다. 학생들은 연극 전반에 걸쳐 훈련을 받았고, 초청 예술가의 강연에 참석했으며, 적극적이고 참여적이며 학구적인 세계 시민이 되라는 강한 요구를 받았다. 독일인인 에르빈 피스카토르는 베르톨트 브레히트의 예술적 파트너로, 두 사람은 함께 서사극운동을 개척했다. 정치적인 메시지를 표방하며 사실주의와 감정적 카타르시스에 반대하는 서사극은 아마 소외 효과alienation effect로 가장 유명할 것이다.[36] 소외 효과는 관객이 캐릭터 및 캐릭터가 처한 상황과 자신을 동일시하지 못하도록 의도적으로 막는 연기 테크닉과 미학적 제스처를 의미한다. 피스카토르의 연극 취향은 혁명적 정치를 향했고, 워크숍의 수업은 매우 진지하게 진행되었다. 1951년에 그곳에서 공부한 해리 벨라폰테는 "드라마틱 워크숍에는 가벼운 분위기의 작품이나 스크루볼 코미디가 전혀 없었습니다. 스타도 없었습니다. 적어도 이론상으로는 말이죠. 우리는 모두 피스카토르의 연극 공동체에서 동등한 지위를 가진 노동자였습니다"라고 회상했다.[37] 드라마틱 워크숍은 무게감 있는 공연 프로그램 광고를 통해 자신들을 홍보했다. "당신이 배운 것을 공연하십시오!"[38] 한 광고에 실린 문구다. "전문적인 훈련을 받고 평론가와 탤런트 스카우트 앞에서 공연할 기회를 얻을 수 있습니다."

　뉴욕 무대를 밟은 배우들 중 개인주의 성향으로는 손에 꼽을 만한 인물인 브랜도는 피스카토르의 접근법에는 어울리지 않는 사람처럼 보였다. 하지만 학교에서 피스카토르의 힘은 점점 약해지고 있었다.[39] 워크숍에서 그의 이론에 적합한 작품들을 갈수록 적게 선택하고 있었고, 브레히트적 연극에 반대되는 모든 것을 대표하는 살아 있는 화신 스텔라 애들러가 최근 피스카토르의 아내를 대신해 연기 프로그램의 책임자로 부임한 상태였다. 이제 스텔라가 1학년 학생들에게 연기 테크닉 Technique of Acting이라는 제목의 기초 과목을 가르치는 일을 맡았다. 강의 카탈로그에는 그녀의 접근법과 형식이 이렇게 설명되어 있다.

> 배우는 자기 자신이 작업의 소재다. 소재를 원하는 대로 사용할 수 있도록 통제하는 법을 배워야 한다. 연기, 상상력, 즉흥 연기, 성격 묘사 등의 기본기를 훈련한 배우는 기초 작업을 수행한 것이며, 역할에 대한 연구 단계로 나아갈 준비, 역할을 작품의 전체적인 관점과 자체적인 주요 행동 관통선의 관점에서 분석할 준비가 되었다고 할 수 있다.[40]

　간단한 몇 문장으로 이뤄진 이 설명은 그녀가 가진 메소드에 대한 기본적인 신조를 보여준다. 작업 소재로서의 배우, 행동, 비트, 척추, 대본 분석, 성격 묘사.

스텔라는 웨스트 12번가 66번지에 있는 뉴스쿨 건물의 지하에서 의지를 갖고 학생들을 가장 고결한 직업에 걸맞은 예술가로 키워내기 위해 노력했다. 그녀의 첫 번째 강의 도구는 자신의 위엄 있는 연기였다. 마리야 우스펜스카야는 슬라브인 특유의 정밀함으로 학생의 자존심을 벗겨버릴, 외알 안경을 쓴 고집 센 두주불사 바바 야가(Baba Yaga, 슬라브 신화에 나오는 마귀할멈—옮긴이) 이미지를 창조해냈다. 애들러의 이미지는 학생이 스스로 가치를 증명하기만 하면, 황송하게도 자신이 가진 고결함의 비밀을 하사하시는 귀족의 모습이었다. 고상한 헤어스타일에 머리부터 발끝까지 제대로 차려입은 스텔라는 교실에 들어서지 않았다. 그녀는 교실에 등장했다. "세상에," 그녀의 학생이 말했다. "가만히 있는데도 홍보 문구가 흘러나오는 것 같은 여자가 거기 있었어요. 뭐라고 묘사해야 할지 모르겠군요. 2킬로미터 상공에 떠 있다고 해야 할까요. 모두들 그걸 잘 알았죠. 도저히 형언하지 못할 정도로 기막히게 멋진 사람이었어요."41 교실에 등장한 후에는 강의가 시작되었다. 그녀는 고조된 미국 동부 연안 억양으로 과감한 경구—**정신 똑바로 차리고 경청하세요!**42—를 내뱉었다. 그리고 배우 예술의 한 측면에 대한 감동적인 투어를 시작했다.

로런스 올리비에는 모든 수단을 다 활용할 수 있는 배우지만, 그가 여러분이 되지는 못합니다. 오직 여러분만이 여러분 자신이 될 수 있습니다. 이 얼마나 대단한 특권입니까! 어느 누구도 여러분이 될 수 없고, 어느 누구도 여러분이 도달한 곳에 도달할 수 없습니다. 그러니 우리 해봅시다. 우리는 여러분의 (⋯) 목소리와 몸이 필요합니다. 다른 누구

콘서바토리에서 학생들을 가르치고 있는 스텔라 애들러. 1989년의 모습이다.

를 흉내 내는 건 필요하지 않습니다. 그건 차선책이기 때문입니다.[43]

스텔라의 화려한 언변은 학생들에 대한 비평으로 확장되었다. 여학생의 경우 특히 더 그랬다. 훌륭한 연기에 미치지 못하는 것은 그녀가 세상에서 가장 소중히 여기는 것에 대한 배신이었다. 학생을 질책하는 일은 일상이었다. "지금 보여준 연기로 당신은 쓰레기, 먼지, 오물, 외설의 수준으로 돌아갔어요."[44] 그녀가 한 장면을 보고 말했다. "창녀가 되는 것보다 더 나쁘군요!" 그녀는 계속해서 목소리를 높이며 학생을 윽박지르다가 느닷없이 태도를 바꿔 상냥한 척하며 그 학생에게 물었다. "내가 너무 순하게 굴고 있나요?"

말런은 그녀를 무척 좋아했다. 그는 훗날 "내가 아는 건 모두 스텔라에게 배운 겁니다. 그녀는 나를 거두고, 내가 가진 모든 연기 능력을 책임져주었습니다"라고 말했다.[45] 브랜도는 보살핌이 필요했고 격려가 필요했다. 그는 평생을 똑똑하지 않다는 말을 들으며 살아왔다.[46] 대개 난독증 때문이었다. 그 결과 자신이 가진 뛰어난 지적 능력을 키우지 못했다. 그는 중서부 출신의 비유대인이었고, 외판원의 뚱한 아들이었다. 매우 이지적이고, 사회적인 이슈에 관심이 많으며, 대단히 유대인적인 뉴스쿨의 환경과는 어울리지 않았다. "인생이 이해되지 않아요."[47] 그는 당시 집에 편지를 썼다. "그렇지만 어쨌든 미친 듯이 살고 있어요."

애들러는 브랜도를 즉시 알아보았다. 흉내 내는 능력과 발성 재능, 변화무쌍한 신체적 특징, 어떤 순간에 그대로 머물러 있는 동시에 예상하지 못한 자극에 반응하는 능력, 그리고 무엇보다 자신의 가르침에 혼란스럽고 삐딱하게 반응하는 능력을 알아보았다. 한 수업에서 그녀는 그에게 갓 태어난 아들을 안고 있는 아버지가 되어보라고 말했다. 그는 태연하고 무심한 태도로 팬터마임을 시작했다.[48] 아기를 안은 채 방을 둘러보더니 보이지 않는 보따리를 한 여학생에게 건네주고 떠나버렸다. 너무나 자주 이야기된 까닭에 그의 묘비에 새겨도 될 법한 다른 일화는 학생 전체가 농장 동물인 척하는 집단 즉흥 연기와 관련된 것이다. 브랜도는 닭을 연기했다. 이 일화의 다른 버전에서는 나머지 학생들도 다 닭을 연기했다. 어쨌든, 학생들이 가상의 농장 마당을 걸어 다니던 중에 애들러가 곧 원자폭탄이 떨어질 거라고 말했다. 학생들이 전부 뛰어다니며 날개를 퍼덕거리고 꼬꼬댁거리는 식으로 공포에 빠진 동물의 모습을 보이기 시작했다. 브랜도는 뒤뚱거리며 보이지 않는 둥지로 걸어가 가상의 달걀 위에 앉았다.[49] 암탉이 폭탄에 대해 뭘 안단 말인가?

애들러는 볼레슬랍스키의 가르침에 따라 학생들에게 모든 사람은 하루 종일, 항상 행동한다고 강조했다.[50] 그녀는 학생들이 이미 자동으로 하고 있는 일을 더 사려 깊고 더 잘 재현할 수 있는 방식으로 수행하는 방법을 가르쳤다. 이 접근법이 브랜도에게 무언가를 열어주었다. 그는 새 친구를 사귀든 성적 파트너를 유혹하든 허풍을 떨며 사람들을 즐겁게 해주거나, 따분해지면 흥청망청 온갖 짓을 다하는 식으로 늘상 연기를 해오고 있었다. 그가 이해하지 못하는 것은 인간 대 인간 수준의 한담과 사교적 품위를 지키기 위해 하는 단순한 행동이었다.[51] 연기는 그가 타고난 연기자의 본능을 발휘할 수 있게 해주었다. 또한 그는 배우가 되고 싶다는 소망을 품고 자랐던 게 아니었기 때문에 훌륭한 연기는 모름지기 이런 식이어야 한다는 클리셰를 전혀 흡수하지 않았다.

오래지 않아 브랜도는 스텔라의 딸 엘런과 데이트를 하고, 애들러 집에서 책을 빌리고, 스텔라, 해럴드, 그리고 그들의 친구들과 함께 시간을 보냈다. 애들러-클러먼 부부는 늘 돈이 빠듯했다. 해럴드가 브로드웨이의 연출가로 복귀하기 전까지 계속 그랬다. 한번은 애들러가 해럴드에게 오랫동안 액세서리를 선물하지 않았다고 불평한 적이 있다. "그런데, 스텔라," 해럴드가 말했다. "나에게 빚이 2만 달러나 있다는 건 모르는 거야?"[52]

스텔라가 대꾸했다. "당신 정도의 사회적 지위에 있는 남자라면, 빚이 10만 달러는 있어야 해."

그들이 부유하지는 않았을지 몰라도 스텔라와 해럴드의 집은 유명 작곡가, 지식인, 작가, 배우들이 언제든 저녁을 먹으러 들르는 곳이었다.[53] 또한 뉴욕에서 찾을 수 있는 제일 고령인 만큼이나 억척스러운 여성인 스텔라의 어머니 사라의 집이기도 했다. 클러먼은 그녀를 "건장한 체구와 에너지, 의지, 예민한 감각을 가진 여성"이라고 묘사했다.[54] 말런을 처음 봤을 때 사라는 손녀 엘런에게 이렇게 말했다. "건달이로구나."[55]

줄리 가필드가 그룹과 어울렸을 때 그랬던 것처럼, 말런은 애들러-클러먼의 집에서 언급된 모든 주제에 대한 책을 사들이기 시작했다. 줄리와 달리, 그는 그 책을 전부 읽었다. 애들러는 그녀에게 귀를 기울이는 모든 사람에게 말런에 대한 좋은 이야기를 하기 시작했고, 업계는 드라마틱 워크숍이 공연한 〈한넬레의 승천〉 이후 그의 연기에 주목하기 시작했다. 그는 영화 출연 계약 제의까지 받았지만 스텔라는 원하는 조건으로 갈 수 있기 전까지는 할리우드에 가지 말라고 주의를 주었다.[56] 말런은 스텔라와 공부하는 것을 좋아한 반면, 피스카토르의 말은 따를 수가 없었다. 그 감정은 서로 마찬가지였다. 1944년 피스카토르는 롱아일랜드 세이빌에서 운영하는 여름 극장에서 브랜도를 해고했고 브랜도는 독립했다.[57] 그는 일정 부분 스텔라의 지지 덕분에 머지않아 존 반 드루텐의 〈내 어머니에 대한 추억〉으로 브로드웨이에 데뷔했다.[58]

약 10년 후에 그는 첫 오스카 남우주연상을 수상하고 미국에서 가장 유명하고 가장 많은 논란을 일으키는 배우 중 한 명이 될 터였다.

그룹의 베테랑 중 교사직에 도전한 사람이 스텔라만은 아니었다. 리 스트라스버그는 드라마틱 워크숍에서 학생들을 가르치고 개인 레슨도 했다. 샌퍼드 마이즈너는 1935년부터 네이버후드 플레이하우스에서 학생들을 가르치고 있었다. 로스앤젤레스에서는 액터스 래버러토리가 서부 해안의 주요한(그리고 지금은 거의 잊힌) 메소드 전초 기지 역할을 했다. 1941년에 설립된 랩Lab은 연기 학교, 경험 많은 전문 배우들을 위한 스튜디오, 극단이 결합된 단체였다.[59] 그룹 소속이던 J. 에드워드 브롬버그, 로만 보넌, 아트 스미스, 피비 브랜드, 모리스 카노브스키가 핵심 단원으로 활동했다. 1944년 보넌은 랩의 대표였고, 아메리칸 래버러토리 시어터 출신의 메리 타카이가 부속학교를 이끌었다. 모두가 책임자가 된 지금, 보넌과 동료들은 랩의 모든 단원이 랩의 번영을 위해 노력할 것을 의무화한 공식 헌장을 포함해 그룹 내에서 제안했던 계획들 중 다수를 실행에 옮겼다.[60] 극단은 일부러 적자를 냈고, 더 성공한 단원들에게 극단의 지속적인 운영을 위해 영화 출연료를 기부하라고 요구했다.

랩의 설립자들은 뒤끝 있기로는 챔피언급이었다. 그들은 티켓 판매에 줄리 가필드의 이름이 필요할 경우가 아니면 그를 랩에서 배척했다.[61] 스트라스버그가 〈세인트 조앤〉을 연출하겠다며 그들에게 접근하자, 스트라스버그에게 조직에 회비를 납부해야 하고 "바닥에서부터 일해서 단계를 밟고 올라간" 후에야 제작을 맡을 수 있을 거라고 말했다.[62] 크로퍼드는 뉴욕으로 돌아와 세우려던 극단으로 로만 보넌을 빼오려 애썼지만, 그는 그녀의 제안을 단칼에 거절했다. 클러먼은 랩에서 몇 차례 초청 강연을 했지만, 그가『열광의 시절』을 출판하면서 관계는 끝장이 났다. 그룹에 몸담았던 시절에 대한 그의 회고록이 보넌의 심기를 건드렸기 때문이다. 혼란을 겪는 뛰어난 극단이 보낸 10년에 걸친 역사를 한 사람이 특별한 위업을 이뤄내는 이야기로 바꿔버린 방식이 특히 문제였다. 보넌은 출판되지 않은 에세이에서 그 책이 "'그룹 정신'에 헌신한 예술가들을" 배제한 점에 대해 개탄했다.[63] 그룹 정신이야말로 "저자가 순수성을 발휘한 10년간의 무대를 제공한 핵심"이었기 때문이다.

볼레슬랍스키에서 그룹을 거쳐 액터스 랩까지 잇는 선이 명백히 존재한다. 액터스 랩은 이름과 커리큘럼 모두 볼리의 아메리칸 래버러토리 시어터를 모방했다. 학생들은 펜싱, 무용, 발성 수업을 받았고,『연기: 첫 여섯 번의 수업』과『배우 수업』을 읽었으며, 셰익스피어부터 세트 디자인까지 다양한 주제의 초청 강연을 들었다.[64] 스타니슬랍스키에 다가가는 랩의 접근법은 애들러의 메소드 버전에서 가져온 것으로, 주어진 상황, 과업/문제, 그리고 감정과 정서 기억보다는 행동에 초점을 맞췄다. 그들은 볼레슬랍스키, 클러먼, 애들러가 모두 지지했던, 배우는 세계 시민이라는 믿음을 설파했다. 배우들은 교양과 의식을 갖춘 인간이 되는 법뿐 아니라, 배우란 필요한 만큼 무대 세트에서 연습할 수 있는 시간이 주어지지 않는 직업이므로 배역을 어떻게 준비해야 할지도 훈련했다. 액터스 랩의 방침 선언문에는 이렇게 적혀 있다. "액터스 랩은 이 특정 시기에 작동하는 사회적 힘에 대한 지적인 평가를 바탕으로 배우들을 위해 우리 시대의 삶에 대한 진정한 이해와 참여를 개발하는 것을 주요 목적으로 한 단체다."[65] 이런 취지, 그리고 많은 단원이 공산당이나 1930년대 인민전선 극단들에 소속된 사람들이었다는 이유로 랩은 좌파 단체라는 평판을 얻게 되었다.

전성기에 랩은 인정받는 극단이자 유력한 교육 기관으로서 영화배우부터 제2차 세계대전에서 돌아온 참전용사까지 다양한 사람들을 가르쳤다.[66] 그중 한 명인 조 파피로프스키는 랩에서 2년간 공부한 뒤 동부로 이주해 이름을 조 팝으로 개명한 후 뉴욕 퍼블릭 시어터를 설립했다.[67] 랩의 성공은 배우들이 일과 일 사이에 쉬고 있을 때도 자신의 연기 기교를 계속 연구하고 싶어 한다는 것을 입증했다. 그들에게 비슷한 생각을 가진 예술가들이 함께 모여 작업할 집과 공동체를 제공한 것은 모두에게 도움이 되는 일이었다. 배우들은 발전할 수 있는 기회에 굶주려 있었고, 성공한 배우들은 그런 특권을 누린 대가를 기꺼이 지불했다. 이런 갈망을 바탕으로 랩은 모험적인 극단과 전용 학교를 설립함으로써 업계를 변화시킬 영향력을 미칠 수 있는 연기의 요람을 만들어낼 수 있었다. 이내 동부 해안에서도 그룹에서 활동했던 다른 베테랑들이 설립한 놀랍도록 유사한 조직이 생겨났다. 그들은 이 조직을 액터스 스튜디오라고 불렀다.

16장
영국식 연기 vs. 미국식 연기

1945년 초, 엘리아 카잔은 20세기 폭스와 맺은 7년 계약 감독직을 피해, 더불어 오랫동안 내연 관계였던 애인과의 위태위태한 관계를 피해 남태평양으로 도망쳤다.[1] 그는 해외 주둔 군인들이 하는 연극 공연 기획을 돕기로 계약한 상태였다. 육군은 군인들이 고국으로 수송될 때까지 예술이 그들을 분주하고 제정신인 상태로 유지시켜주기를 바랐다. 하지만 카잔은 주어진 프로젝트를 거의 수행하지 않았다.[2] 늘 그랬듯 그는 진짜를 갈망했고, 주어진 작업 대신 태평양 극장(Pacific Theater, 'theater'에는 '전쟁이 벌어지는 구역'이라는 뜻도 있다-옮긴이)에서 군인들의 일상에 흠뻑 젖어 시간을 보냈다.

카잔은 마닐라에 머무는 동안 영화 〈이것이 군대다〉를 보았다. 어빙 벌린의 브로드웨이 뮤지컬이 원작인 전시戰時 뮤지컬 영화로 마이클 커티즈가 감독을 맡았고, 이 작품에 출연한 배우 중에는 훗날 대통령이 되는 로널드 레이건도 있었다. 카잔은 이 영화가 그려내는 긍정적이고 번지르르한 버전의 전쟁이 역겨웠다. 그의 가치관은 여전히 그룹의 그것이었다. 그는 같은 생각을 품은 예술가 조직이 그리웠다. 예전 극단의 악취 진동하는 개인 간 불화는 그립지 않았지만 말이다. 그는 당시를 이렇게 회상했다. "인생을 스스로 책임지기로 결심했다. 모든 예술적 결정이 온전히 내 것인 전문가다운 삶을 살 방법을 찾기로 마음먹은 것이다."3 성공한 사람이 된 지금, 통제권은 그의 손아귀에 있었다. 그는 자신이 믿는 작품을 자신이 해야 한다고 생각하는 방식으로 연출할 수 있었다. 하지만 그것만으로는 충분치 않았다. 카잔은 그룹에서 가장 좋았던 부분, 즉 "그룹이 상징하는 바와 그것을 가능하게 만든 삶"이 그리웠다. 미국으로 돌아온 그는 해럴드 클러먼과의 제작 파트너십 체결을 시작으로 내면의 그룹 의식에 다시금 불을 붙이려 노력했다. 두 사람은 함께 맥스웰 앤더슨의 〈트럭라인 카페〉와 아서 밀러의 〈모두가 나의 아들〉을 제작했다. 〈트럭라인 카페〉의 연출은 클러먼이, 〈모두가 나의 아들〉의 연출은 카잔이 맡았다.

옛 애인과의 잃어버린 사랑을 되살리려는 사람들이 늘 그렇듯 카잔은 파트너의 결점들을 태연하게 못 본 척했다. 하지만 곧 클러먼의 약점은 피할 수 없을 만큼 크게 다가왔다. 주제로 보면 서로 연결된 문제를 가진 낯선 사람들이 우연히 같은 레스토랑을 자주 찾는다는 내용의 사회적 이슈를 다룬 연극 〈트럭라인 카페〉는 좋은 작품이 아니었다. 연극이 막을 올렸을 때 리뷰들은 신랄했다. 루이스 니컬스가 『뉴욕 타임스』에 실은 혹평은 이렇게 시작했다. "맥스웰 앤더슨은 〈트럭라인 카페〉를 왼손으로 쓴 게 분명하다. 게다가 두려운 일이지만 틀림없이 달빛이 전혀 없는 깜깜한 밤에 썼을 것이다."4 존 채프먼은 뉴욕 『데일리 뉴스』에 기고한 글에서 이 작품은 "내가 평론 일에 종사한 이래 최악의 연극"이었다고 말했다.[5] 해럴드는 여전히 이 도시에서 최고의 첫 주 연출가였지만 대본의 문제를 해결하기에는 너무 이기적이고 너무 양면적이며 너무 지적인 사람이었다. 카잔은 "그 연극은 해럴드가 리허설에서 연기할 수 있는 기회를 주었다"고 회상했다.[6]

〈트럭라인 카페〉의 유일한 장점은 당시만 해도 무명이던 말런 브랜도의 연기였다. 브랜도는 전쟁에서 돌아온 군인 역을 맡았다. 그는 여자친구가 바람을 피웠다고 의심해 여자친구를 살해한다. 브랜도는 관객을 열광시켰다. 특히 그가 사랑하는 여인을 살해했다는 절망감 때문에 울부짖는 순간이 그랬다. 하늘에서 뚝 떨어진 듯한, 땅에서 불쑥 솟아난 듯한 연기였다. 말런이 펼친 연기의 폭발력은 극장 뒤쪽까지 고스란히 전달되었다. 실제로 미쳐버린 인간을 보는 듯한 기분이었다. 배우 찰스 더닝은 브랜도가 진짜 길거리에서 데려온 사람처럼 보였다고, "연기가 너무 훌륭해서 배우같지 않았다"고 말했다.[7]

물론 이 의견은 정확하게 틀렸다. 그의 연기가 그토록 뛰어났던 이유는 그가 배우였기 때문이다. 배역에게 놓인 주어진 상황 속에 있는 자신을 상상할 수 있었고, 그 상황에 자신의 일부를 가져올 수 있었기 때문이다. 실제 생활에서 브랜도는 질투심 많은 남자친구가 아니었지만, 극중에서 그는 해외에서 복무 중인 남편을 둔 아내까지 더해진 완전히 다른 사람이 되었다.[8] 말런이 그랬던 것처럼 그의 어머니도 신경쇠약에 시달렸다. 그는 통제할 수 없는 분노와 슬픔이 어떤 느낌인지를 잘 알고 있었다.

〈트럭라인〉의 리허설이 시작될 때 브랜도는 긴장하고 있었다. 그는 무대 위에서 울어본 적이 한 번도 없었고 그 역할의 감정적 영역에 접근하는 법에 확신을 갖지 못했다. 초기 몇 주 동안 그는 아무것도 하지 않는 것처럼 보였다. 혼잣말을 중얼거렸는데, 중얼거리기로 한 그의 선택 때문에 그가 내뱉는 대사는 불과 몇 미터 떨어진 곳에서도 알아들을 수가 없었다. 클러먼은 "배역에 대한 브랜도의 간접적이고 자기성찰적인 접근법, 연기('프로젝트')를 준비하는 데 걸리는 끝이 없을 것 같은 시간은 제작자와 연출가와 다른 배우들을 당황스럽게 만들고 때로 소외감을 느끼게 했다"고 썼다.[9] 그러나 실제로 "브랜도는 '심오한 배우'였다." 말런은 시간을 들여 역할에 몰입하고, 역할에 서서히 달라붙으면서 자신의 몸에 새로운 피부를 키워갔다. 클러먼은 중학교 연극 선생님이라면 누구나 아는 케케묵은 수법으로 말런에게서 전설적인 감정 폭발을 이끌어냈다. 리허설 때마다 점점 더 극장 뒤쪽으로 이동하면서 대사가 들리지 않는다고 불평한 것이다.[10] 브랜도는 공간을 가득 채울 수 있을 만큼 충분한 영혼과 기술을 키우기 위해 자신의 선택에 더욱 투자했다.

브랜도의 연기를 본 카잔은 이 젊은이에게 재능이 있다고 확신했지만, 〈트럭라인〉의 실패는 예전에 품었던 클러먼에 대한 의구심을 더욱 강화시켰다. 카잔에게 필요한 건 공연을 제작하는 극단이 아니라 "우리 부류의 배우들", 달리 말해 그룹 배우들을 훈련시킬 조직이었다.[11] 메소드 배우들 말이다.

〈모두가 나의 아들〉 리허설이 진행 중이던 어느 시점에 클러먼은 카잔, 그리고 교사 중 한 명인 스텔라와 함께 연기 학교 설립에 대해 논의하기 시작했다.[12] 카잔은 훨씬 나중에는 스텔라를 따스하게 대했지만, 1940년대에는 그녀에게 화가 나 있었다.[13] 그녀의 호화로운 스타일도 화가 났고, 그룹에서 하는 모든 업무에 시종일관 스텔라가 간섭하는 걸 클러먼이 방치하는 데에도 화가 났다.

"나는 우리 파트너십을 추진하지 않을 겁니다."14 카잔이 클러먼에게 썼다. "당신도 이미 감지했을 겁니다. 당신은 직감이 뛰어나고 나는 속이 훤히 들여다보이는 인간이니까요. (…) 파트너십을 깨는 일과 관련해, 내가 뉴욕의 극단에 불만이 있어서 그런 것은 아니라는 점을 명확히 해두고 싶습니다. 물론 뉴욕의 극단에 불만이 많습니다만, 나는 그곳을 좋아하고 그곳에서 계속 작품을 제작하고 연출할 의향이 있습니다. (…) 내가 받아들일 수 없는 건 우리의 파트너십입니다." 카잔은 그들의 제작 극단이 좋아하지도 않고 연출하지도 않는 연극을 위한 모금을 강요했고, 그로 인해 자신의 포부를 실현하는 데 방해를 받는다고 썼다. "학교와 관련해서도 나는 정말로 스텔라와 엮이고 싶지 않습니다. 당신은 이 문제에 완전히 몰두해 있습니다만, 나는 지금으로서는 이 문제에 찬성하고 싶지 않네요. 지금은 생각하고 싶지 않습니다."

카잔은 클러먼을 좋아했다. 두 사람은 클러먼이 세상을 뜨는 날까지 친밀한 관계를 유지했다. 카잔은 많은 것을 베풀어주고 자신의 엄청난 잠재력을 발견해준 클러먼을 흠모하고 존경했다. 그렇지만 그들은 원하는 바가 너무나 달랐다. 카잔은 갈등하는 지식인이 아니었다. 투지 넘치고 비범한 재능을 가진 예술가였다. 그는 더 이상 클러먼이 필요하지 않았다. 그에게 필요한 것은 그가 만들고 싶은 종류의 예술, 당시만 해도 여전히 반항적이고 소수자 운동으로 대표되던 예술을 위해 적합한 배우들을 발굴해 훈련시킬 방법이었다.

머지않아 카잔이 고심하던 문제에 해법이 되어준 액터스 스튜디오를 실제로 구상한 사람이 누구였는지는 논란의 대상이다. 카잔은 자기가 이 아이디어를 생각해냈고, 보비 루이스와 센트럴파크를 거닐 때 그에게 이 아이디어를 제안했다고 주장했다. 카잔과 스튜디오를 공동 설립한 루이스는 센트럴파크를 산책한 것은 기억나지만, 그 아이디어는 본인의 것이었다고 말했다.[15] 스튜디오의 세 번째 설립자 셰릴 크로퍼드는 자신과 카잔이 1947년 4월 그리스 레스토랑에서 점심을 먹다가 즉석에서 액터스 스튜디오 아이디어를 떠올렸다고 했다. 그룹이 해체된 지 몇 년 만에 크로퍼드는 존경받는 제작자가 되었다. 그녀는 쿠르트 바일의 〈비너스의 한 번의 손길〉 이후 루이스가 연출한 〈브리가둔〉을 무대에 올렸다. 다른 모든 그룹 출신과 마찬가지로 그녀 역시 그룹의 가치와 열정과 야망에 사로잡혀 있었다. 그녀는 두 편의 불운한 프로젝트를 통해 그걸 재창조하려 노력했다.[16] 1944년 크로퍼드는 시빅 렙의 설립자 에바 르 갈리엔과 함께 아메리칸 레퍼토리 시어터를 설립했다. 이 극단은 1947년 해체되었다. 1946년에는 미국국립극장아카데미ANTA의 실험 극장에 참여해 미학적으로 대담하고 비상업적인 연극을 홍보하는 데 일조했다. 실험 극장은 처음 몇 년간은 고무적이었지만 1951년에 영원히 문을 닫게 된다.

"그날의 대화는 서로가 최근의 성공을 축하하는 인사로 시작되었습니다. 나는 〈브리가둔〉, 카잔은 〈모두가 나의 아들〉의 성공이었죠."[17] 크로퍼드가 말했다. "대화는 돌고 돌아 그룹 시어터 시절 회상으로 이어졌어요." 두 사람은 거기서부터 업계가 직면한 문제에 대한 이야기로 넘어갔다. 크로퍼드는 젊은 배우들이 역량을 발휘하고 기량을 개발할 기회를 얻지 못한다고 생각했다. 그들이 어떤 역할에서 획기적인 모습을 보이면, 작품을 거듭할수록 매번 그 유형을 재연해달라는 요구를 받게 될 것이다. "배우들은 노동자 풀pool에 불과해." 크로퍼드가 말했다.

"신인들만 그런 게 아니에요." 카잔이 대답했다. 인정받는 배우들 역시 역량을 발휘하지 못하는 건 마찬가지였다. 1947년 뉴욕에서 배우들은 미드타운에 있는 월그린스(Wallgreens, 미국의 드러그스토어-옮긴이) 주변을 서성이며 오디션 소식을 기다리거나 업계의 가십을 주고받으며 시간을 보냈다. 그건 예술가로서 성장하는 방식이 아니었다. 카잔은 보비 루이스와도 같은 문제에 대해 불평해왔다고 말했다. 세 사람이 함께 뭔가를 만들어내면 어떨까? 크로퍼드는 그 아이디어가 마음에 들었다. 그래서 최근에 문을 닫은 아메리칸 레퍼토리 시어터 소속 배우 세 명을 풀에 추가할 수 있을 거라고 제안했다. 줄리 해리스, 앤 잭슨, 일라이 월랙.18

당신이 믿는 게 어느 버전이든, 카잔과 크로퍼드와 루이스는 1930년대에 그룹이 해결하려 했던 예술적 문제를 영구 앙상블에 대한 압박감이나 좌파 정치라는 지표 없이 해결하기 위해 액터스 스튜디오를 설립했다. 조직의 세 거물은 우리의 신생 벤처는 상업적인 관심을 완전히 내버려야 한다고 결정했다. 액터스 스튜디오에 작품을 제작해야 한다는 공식적인 의무는 전혀 없을 것이고, 그곳에서 작업하는 사람은 누구도 급여를 받지 못할 것이며, 입회비는 무료일 것이다.19 결국 그 기관은 학교가 아니었다. 스타니슬랍스키가 설립했던 것과 비슷한 스튜디오였다. 러시아의 선조가 그랬듯 회원들은 지속적인 향상과 실험에 헌신할 터였다. 배우들은 두 집단으로 나뉠 것이다. 입문자로 구성된 첫 번째 집단은 카잔이 지도하고, 화요일과 목요일 오전 11시부터 오후 1시까지 모임을 가질 것이다. 연기력이 뛰어난 배우들로 구성된 다른 집단은 월요일, 수요일, 금요일에 모임을 가지며 보비 루이스가 지도할 것이다.

액터스 스튜디오는 1947년 10월 5일, 리차드 볼레슬랍스키가 창조적 연극 강의를 통해 스타니슬랍스키 아이디어를 완전히 도입했던 바로 그 빌딩의 비좁은 위층에서 행사를 개최하면서 본격적으로 시작되었다.[20] 그날 밤 참석자에는 창립 멤버뿐만 아니라 아서 밀러, 테너시 윌리엄스, 그 외에 많은 연출가, 작가, 연극계의 유명 인사들이 있었다.

절대 빛을 잃지 않는 특유의 1천 와트짜리 미소를 지으며 문 앞에서 손님을 맞은 사람은 당시 할리우드 스타덤의 정점에 있던 존 가필드였다.[21]

〈네 명의 딸들〉에 출연한 이후 9년 동안, 가필드는 워너 브러더스와의 계약에 따라 스무 편 넘는 영화에 출연했다. 계약은 그가 〈유머레스크〉(1946)를 찍으면서 만료되었다. 그 시점에 가필드는 흥행 돌풍의 핵이었다. 〈유머레스크〉는 〈영원히 사는 사람은 없다〉 〈포스트맨은 벨을 두 번 울린다〉와 함께 가필드의 1946년 히트작 대열에 합류했다. 그가 워너 브러더스와 맺은 계약이 만료되자, 다른 스튜디오들에서 단일 작품 계약으로 그의 환심을 사려 했다. 그는 〈나이트메어 앨리〉 〈과거로부터〉 〈순수의 망토〉 〈추적〉 〈문라이즈〉, 그리고 가수 소피 터커를 다룬 전기 영화를 거절했다.[22] 엔터프라이즈라는 신생 독립 스튜디오와 작업하기 위해서였다. 엔터프라이즈 스튜디오에서 그는 본인의 출연작 중 가장 유명하고 가장 영향력 있는 두 작품 〈육체와 영혼〉(1947), 〈악의 힘〉(1948)의 제작과 출연을 겸했다. 그 사이에 잠시 할리우드 스튜디오로 돌아와 카잔과 함께 〈신사협정〉(1947) 작업도 했다. 가필드는 예의 바른 뉴욕 사회에서 펼쳐지는 반유대주의에 대한 이야기에 큰 감동을 받아 자신의 참여가 영화 제작에 도움이 되기를 바라며 평소 받던 출연료보다 한참 적은 최저 출연료union scale wage를 받고 〈신사협정〉에 출연하기로 합의했다.[23]

〈악의 힘〉 이후 가필드는 리 스트라스버그가 연출한 〈하나님 옆의 선장〉에 출연하기 위해 뉴욕으로 갔다. 뼛속까지 뉴요커였던 가필드와 그의 아내 로브는 캘리포니아가 점점 지겨워졌다. 할리우드는 결국 가필드 같은 조직에 가입한 사람에게는 갈수록 비우호적인 곳이 되어가고 있었다. 1947년 2월, 의회는 할리우드 작곡가이자 클러먼의 친구 한스 아이슬러의 형인 게르하르트 아이슬러에게 크렘린의 요원이라는 혐의로 소환장을 보냈다. 게르하르트는 증언일 이틀 전에 "바람직하지 않은 외국인"이라는 이유로 체포되었다.24 이제 연방 죄수가 된 그는 모두 진술을 읽고 기록으로 남기는 것이 허용되지 않는 한 증언하지 않겠다고 주장했고, 리처드 닉슨 하원의원은 그를 의회모독죄로 고소했다. 게르하르트와 연방정부 간의 법적 팔씨름이 이어졌다. 그는 결국 1949년 5월에 동독으로 향하는 폴란드 화물선으로 밀항해 미국을 탈출했다.25 반미활동조사위원회는 1947년부터 본격적인 할리우드 조사에 착수했는데, 게르하르트 아이슬러의 영화 업계 인맥이 스튜디오가 위원회의 입맛 당기는 표적이 되는 데 도움을 주었다.26 존 가필드의 이전 스튜디오인 워너 브러더스가 주요 표적 중 하나였다. 워너는 전쟁을 지원하는 차원에서 〈모스크바 임무〉와 〈북대서양 작전〉 같은 러시아를 긍정적인 시각으로 묘사한 영화를 제작했다. 이제 그 러시아가 적국이 되었고, 반미활동조사위원회는 공산주의자들이 소련의 호의적인 프로파간다를 은밀히 도입하는 데 이 영화를 비롯한 다른 영화들을 활용했을 거라고 주장했다.27 압박을 받은 워너는 잽싸게 꼬리를 내렸다. 액터스 스튜디오가 문을 열고 닷새 뒤인 1947년 10월 10일, 잭 워너는 의회 증언에서 "이념적인 흰개미들이 미국의 많은 산업, 단체, 협회에 파고들었다"고 발언하면서 이렇게 약속했다. "그들이 어디에 있든 우리는 그것들을 도려내 제거해야 합니다. 저와 제 형제들은 해충 박멸 기금을 아낌없이 기꺼이 기부하겠습니다."28

잭 워너는 공산주의의 할리우드 침투 및 영향력 행사 가능성에 대해 증언하기 위해 반미활동조사위원회에 출석하라는 소환장을 받은 감독, 작가, 제작자 40명 중 한 명이었다. 이에 대해 존 휴스턴, 머나 로이, 윌리엄 와일러, 필립 던은 '수정헌법 1조를 위한 반-반미활동조사위원회'를 결성했고, 존 가필드를 비롯한 수십 명의 영화계 전문가들이 위원회에 참여했다. 잭 워너의 증언 직후 가필드는 할리우드가 정부의 부당한 영향력 없이 영화를 제작할 권리를 지지하기 위해 워싱턴으로 날아갔다. 워싱턴에 도착한 그는 언론에 말했다. "정부는 공산주의를 불법화하고 끝장내든지 입증되지 않은 기소로 사람들을 십자가에 매다는 걸 중지하든지 둘 중 하나를 택해야 합니다."[29] 그는 그 주에 있었던 청문회를 공개적으로 맹렬히 비난하면서 동료 유명 위원들과 함께 서명한 탄원서를 흔들었다. "이 배우들은 영화 산업을 중상모략하려는 반미활동조사위원회의 지속적인 시도에 격분하고 있습니다."[30] 공산주의자냐는 질문을 받자 가필드는 자신이 전시에 해외 파병 군인들을 위한 위문공연을 다녔으며 그렇게 하려면 FBI의 승인이 필요했다는 사실을 언론에 상기시켰다. "현재 사방 천지에 멍청한 비방과 험담이 난무하고 있습니다. 내가 그런 비방에 겁먹을 일은 없을 겁니다."[31]

하지만 그는 겁을 먹었어야 했다. 가필드는 공산주의자가 아니었지만, 그의 아내는 공산주의자였다. 그는 공산당원이 있고 마르크스주의 성향을 지닌 그룹 시어터 출신이었고, 엔터프라이즈는 좌파 스튜디오였다. 〈육체와 영혼〉을 집필하고 〈악의 힘〉의 각본과 연출을 겸한 에이브 폴론스키는 자신이 마르크스주의자임을 인정했고, 곧 블랙리스트에 오르게 된다. 가필드가 워싱턴으로 날아간 다음 날인 10월 27일, 그룹 소속 극작가 존 하워드 로슨을 비롯해 할리우드 텐에 이름이 오른 시나리오 작가들은 반미활동조사위원회의 심문에 답변을 거부했다. 유나이티드 아티스츠를 위해 〈사형집행인도 죽는다〉 시나리오를 썼던 베르톨트 브레히트는 위원회의 심문에 답변하기로 합의한 직후 미국에서 도망쳤다. 얼마 후 〈사형집행인〉의 작곡가인 한스 아이슬러도 같은 행보를 취했다. 라과디아 공항에서 그는 언론에 다음과 같은 성명을 발표했다.

> 나는 비통함과 분한 마음을 품고 이 나라를 떠납니다. 나는 히틀러 일당이 내 머리에 현상금을 걸고 나를 쫓아낸 1933년에 내가 처한 상황을 무척이나 잘 이해할 수 있었습니다. 그들은 시대의 악마였습니다. 쫓겨나는 스스로가 자랑스러웠습니다. 하지만 이 아름다운 나라에서 이런 터무니없는 방식으로 쫓겨나는 것에 나는 가슴이 무너져내립니다.[32]

그 후 한스 아이슬러는 동독에서 형과 브레히트에 합류했고 동독의 국가를 작곡하게 된다. 11월에 의회는 할리우드 텐을 의회모독죄로 고소했고, 그들을 상대로 공식적인 형사소송 절차를 개시했다. 스튜디오들은 할리우드 텐을 해고했다. 로널드 레이건이 이끄는 미국영화배우조합의 임원들은 공산주의자가 아니라고 맹세할 것을 약속했다. 블랙리스트가 본격적으로 활용되기 시작했고, 할리우드의 공산주의자 연계가 실제인지 상상인지를 판단할 반미활동조사위원회의 조사 강도 역시 점차 강화되었다.

스튜디오 입구에 서서 옛 연기 스승들을 대신해 모두를 반갑게 맞이하던 가필드에게는 이런 조사들이 몇 년 내에 자신의 경력을 집어삼키고 인생을 끝장낼 거라고 생각할 이유가 전혀 없었다. 그날 밤 다른 참석자들과 마찬가지로 그의 마음속은 신생 벤처가 가진 변혁의 잠재력에 대한 낙관론으로 가득 차 있었다. 기량을 갈고닦을 준비를 마친 청중석에는 몽고메리 클리프트, 앤 잭슨, 시드니 루멧, 칼 말든, 퍼트리샤 닐, 제롬 로빈스, 모린 스테이플턴, 일라이 월랙, 말런 브랜도 등이 있었다.[33] 그 무렵 브랜도와 말든은 이미 〈욕망이라는 이름의 전차〉라는 새 연극의 리허설에 한창이었다. 테너시 윌리엄스가 각본을 쓰고 엘리아 카잔이 연출한 이 작품은 액터스 스튜디오와 스튜디오의 접근 방법을 유명해지게 만들 터였다.

　말런 브랜도는 〈전차〉에 등 떠밀리다시피 캐스팅되었다. 게다가 그는 스탠리 코왈스키 역에 첫 번째로 물망에 올랐던 배우도 아니었다. 제작자 아이린 셀즈닉은 원래 그 배역에 다름 아닌 존 가필드를 원했다. 그러나 가필드가 향후 그 작품을 원작으로 만들 영화에 자신을 캐스팅해줄 것을 요구하고 장기 공연에 참여하는 것을 거부하는 바람에 협상이 결렬되고 말았다.[34] 테너시 윌리엄스를 대리하는 오드리 우드를 아내로 둔 에이전트 빌 리블링은 브랜도가 스탠리 역에 완벽하다고 생각했지만 브랜도에게 오디션을 보러 오라고 연락할 길이 없었다. 1947년 여름 브랜도는 털룰라 뱅크헤드를 위해 기획된 작품에서 해고된 후 연기에 흥미를 잃은 상태였다. 그는 전화도 없었고, 그에게 연락할 이렇다 할 방법도 없었다.

　리블링은 길거리에 소문을 내야 했다.[35] 그는 모든 지인에게 브랜도를 만나면 반드시 사무실로 전화하라는 말을 전해달라고 당부했다. 8월 20일 브랜도는 마침내 카잔 앞에서 오디션을 보았고, 카잔은 그가 스탠리 역할에 제격임을 단번에 알아차렸다.[36] 하지만 아이린 셀즈닉은 여전히 가필드를 확보할 수 있기를, 혹시 실패하더라도 다른 유명 배우를 영입할 수 있기를 바랐다. 윌리엄스의 최근 작품인 〈유리 동물원〉은 히트를 쳤다. 반면 〈전차〉는 여전히 위험 부담이 있었다. 유명 스타가 출연하면 흥행이 조금은 더 확실해질 것이다. 게다가 이 풋내기는 그 역할을 맡기에 너무 어린 게 아닐까? 카잔은 끈질기게 고집했다. 셀즈닉은 브랜도를 캐스팅한다는 데 동의했지만, 프로빈스타운에 있는 윌리엄스의 집에서 윌리엄스가 주재하는 오디션을 보라는 조건을 달았다. 브랜도는 카잔에게 그곳에 갈 돈이 한 푼도 없다고 말했다. 카잔은 젊은 배우에게 버스비를 주었고, 윌리엄스에게 기대하고 있으라고 전했다.

브랜도는 늘 무책임한 사람이었지만 연기에 대한 감정, 그리고 스탠리 코왈스키 역할에 대한 감정이 그랬던 것처럼 혼란스럽고 양면적인 감정이 들 때면 그의 무책임은 극에 달했다. 그는 털룰라 뱅크헤드에게 괄시를 받았고, 피스카토르에게 괄시를 받았고, 스탠리와 여러 면에서 닮은 인물인 아버지에게서 괄시를 받았다. 브랜도가 이 작품을 하고 싶었을까?[37] 늘상 가만히 있지 못하는 브랜도가 당분간 일주일에 여덟 번씩 똑같은 연기를 하는 데 전념하기를 원했을까? 이에 대한 답을 찾기 위해 애쓰는 동안 그는 카잔이 건넨 버스비를 친구 모린 스테이플턴의 아파트에서 열리는 파티에 필요한 물품들을 사는 데 써버렸다.

일주일이 지나도록 아무 소식이 없자 카잔은 윌리엄스에게 전화를 걸었고 브랜도가 나타나지 않았다는 사실을 알게 되었다. 그 순간 말런은 히치하이킹을 해서 프로빈스타운으로 향하고 있었다. 그곳에서 그는 엘런 애들러—둘은 평생 가깝게 지냈지만, 이때는 그냥 친구 사이였다—를 만나 윌리엄스의 집으로 터벅터벅 걸어가는 중이었다. 그가 도착했을 때, 윌리엄스와 친구들은 어둠 속에 앉아 있다가 가끔씩 일어나 숲으로 가 오줌을 누었다. 퓨즈는 나갔고 변기는 망가진 상태였다.[38] 그리고 그 집에는 그것들을 어떻게 고쳐야 할지 모르는 예술가들로 가득했다. 말런은 변기와 퓨즈를 재빨리 수리하여 그곳에 모인 손님들을 놀라게 했다. 윌리엄스는 "그는 내가 평생 봐온 중에 가장 잘생긴 청년이었습니다"라고 말했다.[39] 그날 밤 말런은 테너시 앞에서 스탠리 역할의 대사를 낭독했다. 브랜도가 대사를 읽기 시작한 순간, 그들은 스탠리를 찾아냈다는 걸 알 수 있었다.

머지않아 윌리엄스가 말런 브랜도에게서 본 것을 미국 전체가 보게 되고, 그와 그가 구현한 새로운 종류의 낯선 연기를 받아들이게 된다. 이 새로운 연기 방식은 그와 더불어 출현한 극작 스타일에 놀라울 만큼 잘 어울렸다. 브룩스 앳킨슨이 묘사했듯, "제1차 세계대전 이후 인간의 실존이라는 문제를 이성적으로 해결할 수 있다는 잠재된 감정이 존재해왔다."[40] 1차 대전과 2차 대전 사이 기간 동안 오데츠, 손턴 와일더, 로버트 셔우드 같은 극작가들이 이런 낙관론을 작품에 쏟아부었다. 그러나 그들이 목도한 것은 경악할 만한 실상이었다. 1930년대의 문제들이 "인간 살상을 위한 물품과 군대를 양산하는 전쟁 기계가 되어버린 국가라는 극단적인 조직으로 (…) 귀결되었기" 때문이다.[41]

그에 대한 반응으로 미국 드라마에는 새로운 어둠이 깃들었다. 앳킨슨의 명확한 표현에 따르면, 제1차 세계대전 동안 군대를 소재로 한 연극은 "관객이 좋아하는 프로파간다"였다.[42] 하지만 제2차 세계대전 중에 미국인들은 유대인 병사가 느끼는 생존자의 죄책감을 다룬 힘겨운 드라마인 아서 로런츠의 〈용감한 자의 고향〉이나 버마에서 부상당한 군인들을 다룬 존 패트릭의 〈헤이스티 하트〉 같은 작품을 썼다.[43] 심지어 애인에게 버림받은 여배우가 휴가 나온 병사와 로맨스를 시작한다는 내용으로 대히트를 친 존 반 드루텐의 로맨틱 코미디 〈거북이의 목소리〉도 우울함으로 가득 차 있다.[44]

노웰 카워드의 〈즐거운 영혼〉, 메리 체이스의 〈하비〉, 가슨 카닌의 〈귀여운 빌리〉, 그리고 〈특종 기사〉와 〈윈더미어 부인의 부채〉의 재공연 같은 가벼운 분위기의 작품들도 있었지만 진지한 미국 드라마는 비관적 색채가 더욱 짙어졌다.[45] 더불어 그룹의 메소드가 가리켰던 것과 같은 방향인 내면으로 파고들었다. 더 어둡고 더 자기성찰적인 영역으로 쏠리는 경향은 제2차 세계대전이 끝난 뒤에도 전혀 줄어들지 않았다. 전쟁이 인간의 영혼에 저지른 짓에 대한 불안은 필름 누아르, 아서 밀러의 신랄한 입센주의 드라마 〈모두가 나의 아들〉 등에서 찾아볼 수 있다. 〈모두가 나의 아들〉은 소도시의 이상적인 미국인 가족을 전쟁에서 비롯된 부당이득과 부정부패를 감추는 신기루로 묘사한 작품이다. 〈모두가 나의 아들〉이 브로드웨이에서 초연된 1946-47년 시즌에 유진 오닐의 〈아이스맨이 오다〉도 초연되었다. 〈아이스맨이 오다〉는 등장인물들이 술에 취해 몽롱한 상태로 공허한 거짓말과 무의미한 꿈에 사로잡혀 인생을 허비하는 이야기를 담고 있다.

테너시 윌리엄스는 〈유리 동물원〉과 〈욕망이라는 이름의 전차〉로 20세기의 가장 중요한 극작가 중 한 명이라는 입지를 굳히는 동시에 현대 드라마를 더 골치 아픈 모호함 속으로 밀어넣었다. 위대한 현대 극작가 중 한 명인 윌리엄스는 캐릭터들이 내적 갈등을 해소할 수 없기에 해결이 불가능한 문제를 담은 희곡을 써냈다. 입센, 스트린드베리, 체호프의 작품들에도 이런 해결 불가능한 특징의 징후가 있었지만, 윌리엄

스는 이를 한층 더 멀리까지 밀고나갔다. 〈유리 동물원〉에서 어맨다 윙
필드는 딸 로라가 자급자족하기를 원하지만 그녀 자체가 로라가 절대
로 자립할 수 없게 만드는 이유이기도 하다. 〈동물원〉은 관객으로 하여
금 극의 화자이자 주인공인 톰이 겪는 괴로운 상황을 계속 떠오르게 만
드는 기억극memory play이다. 어맨다와 로라가 스스로를 변화시키지 못
하는 것처럼 톰에게는 과거 사건을 바꿀 힘이 없다. 〈욕망이라는 이름
의 전차〉에서 윌리엄스는 가정의 악몽을 보여주고, 캐릭터들 사이에서
어느 한쪽의 편을 드는 걸 거부하면서 관객에게 도덕적 분노를 안전하
게 배출할 통로를 허락하지 않는다.

〈전차〉의 주요 인물은 스탠리 코왈스키, 그의 친구 미치, 스탠리의
임신한 아내 스텔라, 스텔라의 언니로 미시시피에서 온 영어 교사 블랑
쉬 뒤부아다. 블랑쉬는 채권자들에게 가족이 조상 대대로 살던 집인 벨
리브를 잃은 후 코왈스키 부부와 함께 살기 위해 그들을 찾아온다. 블
랑쉬는 미치와 어울리며 코왈스키의 집과 결혼 생활에 끼어들게 되고,
등장인물들이 서로에게 했던 거짓말이 드러나게 될 일련의 사건들이
시작된다. 보여주기식 우아함과 남부 미녀의 예절을 갖춘 블랑쉬는 상
스럽고 짐승 같은 스탠리를 위협하면서 그의 결혼 생활의 표면 아래에
서 부글거리는 잔혹성과 폭력성을 폭로한다. 이에 스탠리는 블랑쉬가
레이스로 장식한 가면 아래 숨겨온 저속한 실상을 들춰내고, 자신이 알
게 된 사실을 미치에게 알린다. 블랑쉬는 학생과 부적절한 관계를 맺어
학교에서 쫓겨났고, 성매매에 종사했을 가능성이 높다.

스텔라의 진통이 시작된 후 미치는 블랑쉬를 떠나고 스탠리는 블랑
쉬를 강간한다. 스텔라는 언니의 말을 믿지 않는다. 블랑쉬는 정신병원
으로 끌려간다. 코왈스키 가족은 주변에 새로운 거짓의 벽을 쌓기 시작

한다. 스탠리는 손을 뻗어 스텔라의 블라우스 속에 넣으며 스텔라를 안심시키고, 아무 일도 없었다는 듯 포커 게임을 재개한다. 여기에서 카타르시스는 조금도 찾을 수 없다. 대신 캐릭터들의 인생에서 부서진 조각들만 남아 있다. 결말이 너무 충격적이어서 이 작품을 각색한 영화에서는 스텔라가 스탠리를 떠나는 것으로 바뀌었다. 관객에게 적어도 한 가닥의 희망, 즉 새로운 도덕적 질서가 확립될 수 있을 거라는 믿음을 제공한 것이다.

〈전차〉에는 캐릭터들의 거짓과 망상의 반대편에서 균형을 잡아줄, 배우들에게서 풍기는 진실한 느낌이 필요하다. 이 연극은 배우들에게 윌리엄스의 과장되고 대단히 시적인 대사를 일상 대화처럼 전달할 능력, 그의 경악스럽고 복잡한 캐릭터를 전형적인 인물, 영웅, 희생자, 괴물이 아니라 말 그대로 인간인 것처럼 묘사할 능력을 요구한다. 배우들은, 스타니슬랍스키가 늘 가르쳤던 대로, 캐릭터 안에서 정반대의 모습을 찾아야 했다. 스탠리를 그토록 매혹적으로 만든 매력, 블랑쉬를 그토록 강력하게 만든 근간, 스텔라의 옳고 그름에 대한 감각을 혼란스럽게 만든 욕구. 최초의 메소드 극작가는 오데츠일지 모르지만, 미국 최초로 잊을 수 없는 메소드 캐릭터를 제공한 극작가는 윌리엄스였다.

〈전차〉가 리허설 중이던 1947년 11월, 『뉴욕 타임스』에 실린 카잔의 프로필 기사는 메소드가 이미 연극계 주류에 얼마만큼 스며들어 있는지, 그리고 앞으로 나아갈 길이 얼마나 남았는지를 보여준다. 머리 슈마흐 기자는 특히 대본 분석에 대한 카잔의 열정에 강한 인상을 받았는데, 분석 과정에서 직관과 영감이 아닌 지성에 의존하는 방식을 사용하고 있었기 때문이다. "심지어 카잔의 팬들조차, 예술의 순수 이성을 향한 그의 미치광이 같은 헌신에 경외감을 느낀다. 그렇다면 카잔의 방법

method은 무엇이고, 흥행 논리에 제약을 받는 분야에서 그것은 어떻게 작동하는가?"[46] 이 질문에 답하기 위해 슈마흐는 척추, 비트, 행동 관통선, 서브텍스트 같은 스타니슬랍스키의 기본 개념을 소개한다. 카잔은 "대사뿐 아니라 대사의 이유를 이해하는 능력"을 갖춘 배우들을 원했는데, 그룹이 **문제**라고 불렀고 『배우 수업』이 **목표**라고 불렀던 바로 그것이었다. 1947년에 이 용어들은 더 이상 이해가 불가능한 외국의 개념이 아니었다. 이제 업계 최고 연출가의 비법이 되었다. 어느 정도는 카잔 덕분에 이 개념들은 곧 미국 연기의 주춧돌이 된다.

리허설 과정에서 카잔은 브랜도를 껍데기 밖으로 나오게 하는 일, 그리고 함께 공연하는 배우 제시카 탠디가 브랜도를 죽이지 못하게 막는 일에 전력을 다했다. 블랑쉬 역을 맡은 탠디는 능숙한 전문 배우였다. 1927년 열여덟 살의 나이로 고향인 런던에서 무대에 데뷔한 그녀는 햄릿을 연기한 존 길구드의 상대역인 오필리아, 헨리 5세를 연기한 로런스 올리비에의 상대역인 캐서린을 맡기도 했다. 탠디는 브랜도가 리허설 때 한 행동들에 격분했다. 그는 제시간에 도착하는 일이 거의 없었고 게다가, 아마도 난독증 때문일 텐데, 대사를 외우는 데 어려움을 겪었다.[47] 짜증이 난 사람은 그녀만이 아니었다. 미치 역을 맡은 칼 말든은 제멋대로 포즈pause를 하는 브랜도가 너무 거슬려 리허설에서 버럭 화를 냈다. "도대체 이딴 리허설을 해서 뭘 얻을 수 있단 말입니까?"[48] 그가 소리쳤다. "신에 리듬이 없어요. 하루는 너무 일찍 대사를 하고, 다음 날에는 대사를 아예 하지 않잖아요!"

브랜도는 프로 연극배우가 따라야 할 기본 요구 중 하나를 거부했다. 배우는 매일 밤 공연에서 연기가 거의 동일하도록 자신의 연기를 동결freeze시켜야 한다. 이렇게 하는 데에는 상업적인 이유—소비자에게

연극 〈욕망이라는 이름의 전차〉 속 말런 브랜도와 제시카 탠디.

품질이 인증된 상품임을 보장한다—도 있지만 예술적인 이유도 있다. 배우가 타이밍을 바꾸면 섬세하게 작업한 그 신의 무대 연출이 엉망이 될 수 있다. 배우가 연기를 바꾸면 신에서 함께 연기하는 파트너가 그에 맞추기 위해 그때그때 연기를 조정해야 한다. 말든은 이렇게 말했다. "나는 연기하면서 협력하고, 내가 할 수 있는 어떤 식으로든 돕는 걸 좋아합니다. 말런의 태도는 대체로 '나는 오늘 이 신을 이렇게 연기할 거야. 내일은 다르게 연기할지도 몰라. 그럴 때 어떻게 할지 궁리해둬야 할 거야' 하는 식이었어요."[49] 카잔은 변덕스러운 주연 배우를 저지하지 못하는 것에 무력감을 느꼈다. 그리고 앞서 스타니슬랍스키와 스트라스버그가 그랬던 것처럼 페레지바니예의 존재에 아연실색했다. "말런은 무대 위에서 살아 숨 쉬고 있었다. (⋯) 기적 같은 연기가 만들어지는 중이었다. 고마워하는 것 말고 달리 무슨 일을 할 수 있겠는가?"[50] 말든 역시 의구심이 들기는 했지만 동의했다. "말런과 함께 연기하면서 지속적으로 내 안에 있는 최고를 끌어냈다고 믿는다. 최종적으로 내린 결론은, 천재를 꺾는 건 불가능하지만 천재와 어깨를 나란히 하려고 노력하는 건 엄청나게 재미있는 일이 될 수 있다는 것이다."[51]

하지만 탠디 입장에서 브랜도는 "상대가 불가능한, 사이코패스 같은 개자식"이었다.[52] 카잔과 브랜도 모두 탠디의 분노가 시기심에서 비롯된 거라고 생각했다. 도시 외곽에서 열린 시사회에 참석한 관객들은 탠디와 블랑쉬보다 브랜도의 편을, 따라서 스탠리의 편을 들었다. "제시카는 블랑쉬를 진정으로 애처로운 사람으로 만들 수 있었다고 생각하지만, 블랑쉬가 받아 마땅한 연민과 동정심을 끌어내기에 제시카는 너무 날카로웠습니다."[53] 브랜도는 훗날 말했다. "나는 스탠리를 재미있는 사람으로 만들려고 애쓰지 않았습니다. 사람들은 별생각 없이 폭소를 터뜨렸는데, 그러면 제시카는 그것 때문에 화를 냈습니다. 너무 화가 나서 카잔에게 그걸 어떻게든 고쳐달라고 요청했지만, 그는 절대 그렇게 하지 않았죠."

카잔에게 개입해달라고 요청한 사람은 사실 탠디의 남편이자 카잔의 절친한 친구인 흄 크로닌이었다. 카잔에 따르면, 크로닌이 연출가에게 고쳐달라고 한 것은 아내의 연기였다. "제시카는 더 잘할 수 있어."[54] 초기 리허설 동안 그가 카잔에게 말했다. "그녀를 포기하지 마." 크로닌과 카잔이 보기에 문제는 탠디의 세심하게 계산된 연기는 브랜도의 번개처럼 내리꽂히는 페레지바니예의 상대가 되지 못한다는 것이었다. 관객도 그걸 느꼈다. 관객들은 스탠리에게 끌렸고, 스탠리가 아내를 구타하는 인간인 데다 강간범이라는 게 밝혀졌을 때조차 그를 지키고자 했다. 이건 카잔이 원했던 바가 아니었다. 카잔은 관객들이 극이 시작될 때 블랑쉬보다 스탠리의 편을 들다가 충격적인 내용이 펼쳐지는 것을 보고는 블랑쉬를 향한 연민 쪽으로 이끌려가기를 바랐다. 〈전차〉가 엄청난 충격을 안겨주는 작품인 까닭은 관객이 블랑쉬 뒤부아가 파멸하는 과정을 지켜봤기 때문이기도 하지만, 어둠 속 의자에 앉아 있는 관객이 블랑쉬를 몰락시키는 데 감정적으로 공모하고 있음을 깨닫기 때문이기도 하다.

카잔은 이 문제를 어떻게 해결해야 할지 몰랐다. 브랜도에게 지금보다 덜 잘하라고 할 수도, 탠디에게 그걸 설명할 수도 없었다. 그랬다가는 그녀가 목을 조를지도 모를 일이다. 대신에 그는 이 문제를 윌리엄스에게 가져갔다. 하지만 윌리엄스는 그걸 문제로 보지 않는다는 것만 알게 되었다. "당신이 작품의 주제를 명료하게 만들기 위해 행동을 조율하기 시작하면, 삶에 대한 충실성이 손상을 입을 겁니다. (…) 말런은 천재이지요. 그렇지만 제시카는 열심히 노력하는 배우니까 앞으로 더 나아질 거예요. 그리고 더 좋아질 거고요."⁵⁵

윌리엄스가 옳았다. 〈전차〉가 막을 올린 1947년 12월 3일, 전체 출연진은 위기에 잘 대처했다. 『뉴욕 타임스』에 실린 브룩스 앳킨슨의 리뷰는 탠디에 대한 호들갑스러운 찬사로 가득하다. 그녀는 단연코 출연진 중 가장 이름 있는 스타였다. 앳킨슨은 이 연극이 그녀를 위해 기획된 것인 양 대하면서, 브랜도에 관해서는 "연기의 나머지 부분"들도 "진정 대단히 수준이 높았다"라고만 잠깐 언급할 뿐이었다.⁵⁶ 호평 덕분에 〈전차〉는 전국 투어 공연을 포함해 2년간 수익성 높은 공연을 이어갈 수 있었다(카잔이 해럴드 클러먼을 연출가로 고용한 투어 버전의 주연 배우는 앤서니 퀸과 우타 하겐이었다).

하지만 극의 두 주연 배우 간의 관계는 변함없이 껄끄러운 상태로 남아 있었다. 〈전차〉의 리허설 중에 브랜도는 탠디에게 사과함으로써 일을 부드럽게 해결해보려 시도했다. 그러나 어찌된 일인지 그가 사과를 엉망으로 하는 바람에 두 배우 사이에 편지가 오가는 상황이 이어졌다. "당신에게 한 사과가 분명 충분하지 못하다는 걸 압니다. 제 기분을 직설적으로 표현할 수밖에 없는 상황에 직면했을 때, 입 안이 돌로 가득 차 있는 걸 발견해도 저로서는 놀라운 일이 아닙니다. (…) 저는 제가 느끼는 당황스러움을 줄이기 위해 무례하다는 오해를 받을 수도 있는 태도로 기분을 감추곤 합니다."⁵⁷ 그래도 그는 자신이 미안해하고 있다는 걸 그녀가 알아주기를 바랐다. 또한 자신의 "불손한 태도"에 대해 그녀가 보여주는 "품위 있는 행동"에도 고마움을 표했다.

연극이 이미 막을 올린 뒤인 몇 주 후, 탠디는 브랜도에게 유익한 말을 몇 가지 해주기로 결심했다. 그녀는 그의 행실이 "스스로에게 상처를 줄 것이고, 결국 당신의 비범한 능력에도 불구하고 관리자나 연출가들이 용인하지 못할 만큼 무책임하다는 평판을 얻게 될 것"이라고 그에게 경고했다.[58] 그가 재능 있는 배우인 건 맞지만, 재능은 배우를 어느 정도까지만 데려갈 뿐이다. 재능은 "연극계에서 당신에게 엄청나게 많은 것을 의미합니다. 그렇지만 당신이 그걸 향상시키고, 갈고닦고, 통제하는 수고를 감내할 준비가 되어 있어야만 가능해요. 이런 일들을 배우지 않는다면, 재능은 모두 헛되이 쓰이고 말 겁니다." 브랜도는 연극계에서 영원히 거물로 남을 잠재력을 갖고 있었지만, 행실을 개선하고 경력을 책임지기 위한 규율과 책임감이 있어야만, 그래서 누구와 어떤 연극을 할지 정할 수 있고 출연진을 솔선수범해서 이끌 수 있을 때에만 그렇게 될 것이다.

그녀는 브랜도에게 발음을 제대로 해야 하며, 자신의 스타일이 아니라 작가의 스타일에 따라 대본에 적힌 대로 대사를 해야 한다고 썼다. 훌륭한 무대 배우는 "셰익스피어, 셰리든, 골도니, 그리고 아마도 에우리피데스"를 연기할 수 있어야 한다. "이 모든 극작가들은 자기만의 스타일이 있습니다. 나는 배우에게 작가의 작품에 자신의 개성과 스타일을 강요할 권리가 없다고 생각합니다." 탠디는 보기 좋게 연마한 우월감을 드러내며 브랜도에게 당신은 어마어마한 재능을 갖고 있다고, "아마도 이 편지가 당신이 결점들 때문에 우울해하지 않고 그것들을 해결할 수 있도록 당신에게 더 많은 자신감을 줄 것"이라고 말했다.

영국 배우인 탠디는 브랜도가 영국 전통에 따라 스스로를 개선하기를, 로런스 올리비에를 미래 자아의 모범으로 삼기를 바랐다. 그녀의 편지는 고전적인 훈련을 받은 영국 배우와 대서양 건너편에 있는 내면에 좀더 초점을 맞춘 사촌 사이의 분기점을 명확히 제시한다. 앞으로 몇 년 동안 대중이 보기에 올리비에는 메소드의 대립항으로서 영국식 접근법의 전형, 즉 신체 및 음성 변화와 텍스트의 리듬과 소리에 대한 세심한 주의를 바탕으로 한 대체로 외적인 연기에 치중하는 배우가 될 터였다. 한편 브랜도는 미국적인 것의 상징이 될 것이었다. 진실하고, 예측 불가능하며, 내적이고, 자아에서 연기를 끌어내는 배우.

브랜도와 탠디, 미국과 영국 사이의 이런 갈등은 스탠리와 블랑쉬 사이의 갈등이기도 하다. 블랑쉬는 거짓으로 똘똘 뭉친 캐릭터다. 그녀는 스탠리를 조롱조로 "단순하고 직설적이며 속이 훤히 들여다보인다"고 묘사한다.[59] 이에 대해 스탠리는 "당신 카드를 테이블에 올려놔요"라고 대꾸한다.[60] 나중에 블랑쉬는 "나는 사실주의를 원하지 않아. 마법을 원해!"라고 선언한다.[61] 극이 끝날 무렵, 메소드에게 닥칠 일에 대한 일종의 예언처럼, 블랑쉬는 자신의 거짓됨이 생각만큼 잘 먹히지 않는다는 걸 알게 된다. 한편 관객들은 스탠리의 진실함이 또 다른 종류의 겉치레라는 걸 발견한다.

카잔이 누구의 접근법을 선호했는지는 비밀이 아니었다. 그와 루이스는 액터스 스튜디오에서 스타니슬랍스키, 자아, '경험하기'에 초점을 맞춰 수업을 진행했다. 그룹의 메소드에 대한 그들의 버전은 스튜디오의 젊은 배우들을 진실로 인도하는, 자욱한 안개를 가르는 한 줄기 빛이 되었다. 그러나 루이스와 카잔은 똑같은 램프를 밝혔던 남자, 즉 리 스트라스버그를 배제했다. 그들은 젊은 배우들을 지원하고 젊은 배우들에게 자신감을 심어줄 수 있는 장소를 원했다. 그들의 비전에 어울리기에 리는 지나치게 가혹하고, 지나치게 요구가 많고, 지나치게 사람을 혼란스럽게 만드는 인물이었다. 루이스에 따르면, 자신이 스트라스버그

를 연기의 역사를 가르치는 강의에 영입하자고 제안했지만 카잔은 그 마저도 반대했다.[62]

카잔은 말런의 누나 조슬린, 아서 밀러의 동생 조앤 코프랜드, 클로리스 리치먼이 포함된 입문자 집단과 작업하면서 그룹이 개발한 훈련, 특히 도버 퍼니스에서 보낸 풍성한 결실을 맺은 두 번째 여름 동안 개발한 훈련을 활용했다. 킴 헌터는 "첫해에는 감각 기억 훈련을 많이 했어요. 즉흥 연기와 동물 연기도요. 그게 카잔이 사용하는 용어였어요"라고 회상했다.[63] 배우들은 세 개의 소리나 단어를 선택한 후 그것들을 연결해 하나의 신으로 만드는 에튀드를 창작했다. 횡설수설하다가 찾아낸 이미지들로 전체 신을 만들기도 했다. 또한 카잔은 끈질기게 행동에 초점을 맞췄다. 초기의 멤버였던 루 길버트는 카잔이 한 배우에게 "어떻게 지내? 너를 여기에서 만날 거라곤 상상도 못했어"라는 대사를 준 일을 떠올렸다.[64] 배우가 대사를 거듭 반복하는 동안, 카잔은 그에게 새로운 행동—**폄하하며, 좌절하며, 동정하며**—들을 부여하면서, 스텔라가 했듯 행동이 대사의 의미를 어떻게 변화시키는지를 시범으로 보여주었다.

보비 루이스는 장면 연구에 초점을 맞춰 수업을 진행했다. 마리야 우스펜스카야의 불을 뿜는 듯한 지도 아래 성장한 애들러나 스트라스버그와 달리, 루이스는 긍정적인 피드백을 통해 좋은 점은 격려하고 나쁜 점은 지적하되 강조하지 않았다. "보비 루이스의 수업이 더 재미있었어요."[65] 조앤 코프랜드가 말했다. "보비는 엉뚱한 매력이 있어요. 작업에 다양한 색깔을 입히죠. (…) 그는 상냥하고 친절하고 다정하고 인내심이 많아요." 하지만 과소평가를 받고 있다고 느끼면 그는 심술궂게 변했다. 한번은 테너시 윌리엄스가 자기 수업 중에 친구에게 귓속말을 했다는 이유로 그를 수업에서 내쫓은 적도 있다.[66] 또한 본인 수업에 출석자가 적으면 스튜디오를 사직하겠다며 으름장을 놓기도 했다.

브랜도는 드라마틱 워크숍의 애들러 수업에서 그랬던 것처럼 이곳에서도 연기에 대한 짓궂은 접근법으로 이름을 날렸다. 한 즉흥 연기 수업에서 일라이 월랙이 마약을 찾으려고 브랜도의 아파트를 수색하는 FBI 요원을 연기했다.[67] 브랜도는 무방비 상태인 월랙에게 "당신 대체 뭐하는 사람이야?"라고 소리치며 욕설을 퍼부어대다가 결국 그를 강당 출입문 밖으로 밀어버렸다. 격분한 월랙이 브랜도를 한 대 제대로 후려치겠다고 다짐하고는 다시 강당에 들어왔지만, 그의 파트너와 방에 있던 모든 사람들이 배꼽을 잡고 웃는 모습만 보고 말았다.

〈비엔나의 재회〉의 한 신에서 브랜도는 조앤 챈들러의 뺨을 때리고 입을 맞춘 다음 진지한 표정으로 "이런 식으로 키스를 해본 지 얼마나 됐지?"라고 즉흥 대사를 덧붙여 챈들러를 놀라게 했고, 관객들은 폭소를 터뜨렸다.[68] 브랜도는 계속해서 챈들러의 상의에 샴페인을 붓고 즉흥 대사를 쏟아내 모두를 배꼽 잡게 만들었다. "물론 결정적인 대목은 그와 신을 함께 연기한 가여운 아가씨가 다시는 그와 작업하지 않겠다고 맹세한 것이다."[69] 칼 말든은 당시를 이렇게 회상했다. "그 사건은 브랜도가 챈들러에게 한 짓이 공정했는가에 대한 엄청난 논쟁을 불러일으켰다. 관객의 반응이 동료 배우에게 망신 주는 짓을 정당화하는가? 우리는 그녀와 함께 웃은 걸까, 아니면 그녀를 비웃은 걸까? 우리는 그 신 때문에 웃은 걸까, 아니면 말런이 개인적으로 가여운 아가씨에게 한 짓 때문에 웃은 걸까?"

브랜도가 보비 루이스의 수업에서 말썽을 일으키고 칭찬을 받는 동안, 스튜디오의 리더십에는 서서히 균열이 생겼다. 셰릴 크로퍼드는 작업 중이던 쿠르트 바일과 앨런 제이 러너의 신작 뮤지컬 〈러브 라이프〉

를 들고 루이스를 찾아갔다. 그녀는 루이스가 연출을 맡아주기를 원했지만, 루이스는 대본에 대해 어떻게 생각해야 할지 확신하지 못했다. 그는 카잔에게 읽어보라며 대본을 주었다. 카잔은 대본에 심각한 문제가 있으며 아내가 싫어한다고 말했고 루이스는 그 프로젝트를 거절했다. 그러자 크로퍼드는 이 작품을 카잔에게 제안했다.

"작품 제안을 받았다는 얘기를 내가 들었다는 걸 알게 된 카잔이 자기는 너무 바빠서 그 프로젝트를 하지 못한다고 나에게 몇 번이나 말했습니다."[70] 루이스가 회상했다. "그러던 어느 날 카잔이 플로리다로 떠나면서 셰릴에게 나에게 전화해 자기가 그 프로젝트를 맡았다는 소식을 전해달라고 부탁했다더군요." 카잔은 루이스가 작품을 거절한 시점과 자신이 작품을 수락한 시점 사이에 상당한 시간이 흘렀으므로 아무 문제가 없다고 생각했다.[71] 하지만 루이스가 보기에 이건 카잔이 작품을 맡지 말라고 자기를 설득하고는 도둑질한 끔찍한 상황으로 보였다. 설령 그게 사실이 아니더라도 보비는 카잔이 직접 전화해 사과하고 그 결정에 해명을 했어야 옳았다고 생각했다.

보비 루이스는 본인이 과소평가되는 상황을 참을 수가 없었다. 그는 이 사건 후 1년도 채 지나기 전에 액터스 스튜디오에 사직서를 제출했다. 그러면서 스튜디오는 혼란에 빠져들었다. 카잔과 크로퍼드는 루이스의 수업이 폐강되지 않는다는 것을 확실하게 보여주려고 샌퍼드 마이즈너와 대니얼 만[72]을 비롯한 임시 교사를 데려오기 시작했다.[73] 마침내 그들은 대체 교사를 결정했다. 바로 리 스트라스버그. 누구보다 그 결정이 믿어지지 않는 사람은 보비 루이스였다.[74] 카잔은 스트라스버그를 스튜디오의 초청 강사로 모시는 것조차 원하지 않는다고 말하지 않았던가? 그러던 그가 이제는 스트라스버그를 교사로 데려오려 한다고?

　그해 말 카잔은 스튜디오에서 가르치는 학생들을 데리고 브로드
웨이에서 형편없이 기획된 작품 〈선다운 비치〉를 연출했다. 다시 한 번
〈러브 라이프〉가 스튜디오 운영을 방해했다. 뮤지컬 연출을 동시에 맡
고 있던 카잔은 너무 바빠 〈선다운 비치〉 리허설을 툭하면 빼먹었다. 심
지어 개막일 밤에도 참석하지 못했다. 〈선다운 비치〉가 망한 후, 카잔은
교사로서의 자질에 의구심을 품기 시작했고, 주고 싶은 것보다 더 많
은 것을 요구하는 일에 또다시 갇힌 신세가 되고 말았다는 것을 깨달았
다.75

　당시 카잔은 브로드웨이에서 가장 인기 있는 연출가였고 영화 프로
젝트도 여러 편 작업 중이었다. 그는 스튜디오를 배우를 발굴하고 작
품을 개발하는 곳으로 활용하고 싶었지, 인생을 바칠 생각은 없었다.76
1951년 그는 리에게 예술감독 직을 제안했고 옛 상사는 이를 수락했다.
스트라스버그는 세상을 떠나는 날까지 이 직함을 유지했다. 곧 온 세상
에 메소드the Method로 알려지게 될 스트라스버그의 가르침은 마침내 여
러 세대의 예술가들을 훈련시킬 수 있는 영구적인 보금자리를 갖게 되
었다. 스트라스버그와 메소드는 미국의 연기와 대중문화를 변모시킨,
또는 수많은 동시대인에게 묻는다면 망쳐버린, 명성을 향해 혜성처럼
떠오르면서 스캔들과 논란을 헤쳐나갈 터였다.

제3막

괴물 같은 존재

연기라는 직업, 연기의 기본 기술은 괴물 같은 존재이다.
그것은 일상의 행동, 실제 행동을 할 때 사용하는 것과
동일한 신체의 근육으로 하는 일이기 때문이다.
당신이 진짜 사랑을 나누는 그 몸은 당신이 좋아하지 않는 누군가와
허구의 사랑을 나누는 몸과 다르지 않다. (…)
그 어떤 예술에도 이런 괴물 같은 존재는 없다.

—리 스트라스버그, 『액터스 스튜디오의 스트라스버그』

The
METHOD

17장
할리우드에 불어닥친 매카시 선풍

리 스트라스버그는 그룹 시어터에서 사직했을 때 사방에서 자기를 모셔가려고 안달하는 중요한 연출가로서의 인생이 그의 앞에 놓여 있을 거라 믿을 이유가 충분했다. 하지만 오히려 그의 연출 경력은 덜커덕거렸다. 그가 성공이라고 생각한 일은 에르빈 피스카토르의 드라마틱 워크숍, 아메리칸 시어터 윙 프로페셔널 스쿨, 그의 집 거실에서 가르친 수업들에서 찾아왔다.[1] 그는 예일에서 강의하고, 엄청난 영향력을 미친 존 개스너의 『연극 제작하기』 중 "연기와 배우 트레이닝" 챕터, 토비 콜의 『연기: 스타니슬랍스키 메소드 핸드북』의 서문을 썼다.[2] 이 책들은 스트라스버그를 배우 예술에 관한 당대 미국 최고의 권위자로서 자리매김할 수 있게 해주었다. 그럼에도 이 모든 찬사가 폴라와 그들의 자녀 수전과 존을 부양할 만큼 충분한 돈을 가져다주지는 못했다. 셰릴 크로퍼드는 스트라스버그를 돕기 위해 그에게 일주일에 한 번 〈브리가둔〉 출연진을 가르치는 연기 수업을 맡겼다. "나에게 그가 필요해

서가 아니라 그가 돈을 벌 수 있게 해주기 위해서"였다.3

스트라스버그 가족은 폴라의 억척스러움 그리고 리가 천재이고 중요한 인물이라는 그녀의 믿음 덕에 살아남았다. 그녀는 털룰라 뱅크헤드의 비서로 일했고, 그룹스트로이에서 리에게 4만 달러짜리 수표를 건네려다 거절당했던 베스 이팅곤에게 도와달라고 연락했다.4 베스는 코네티컷주 그리니치에 있는 본인 소유의 건물을 그들에게 내주었다. "리가 그 시절을 버틸 수 있었던 건 순전히 폴라의 동물적인 감각과 가족에 대한 헌신 덕분이었어요."5 이팅곤이 말했다. "리에게는 그런 열정이 없어요. 그는 불안정한 사람이에요. (…) 폴라는 아니었죠. 폴라는 리가 이미 큰 성공을 거둔 것처럼 행동했어요."

엘리아 카잔이 1948년에 액터스 스튜디오에서 초청 강연을 해달라고 스트라스버그를 찾아왔을 때 폴라는 그 제안에 반대했다. 그녀는 리에게 걸맞지 않은 일이라고 말했다. 게다가 돈을 한 푼도 안 주는 일이지 않은가. 스트라스버그는 옛 제자를 경계하면서도 폴라의 조언을 무시하고 카잔의 제안을 받아들였다. "카잔이 나를 영입할 때 그다지 동정하는 태도는 아니었습니다. 훈련의 관점에서 내가 그룹 시어터에 한 일이 무엇이었는지 전혀 이해하지 못했기 때문입니다."6 스트라스버그가 말했다. "그는 작업의 중요성이나 가치를 알아차리거나 수긍하지 못했습니다."

카잔은 스트라스버그의 작업이 중요하다는 점을 잘 알고 있었지만 그 가치에 대해서는 양가적인 감정을 갖고 있었다는 점에서 리의 말은 옳았다. 보비 루이스는 "카잔이 리의 수많은 테크닉을 이상하다고 생각해 늘상 나에게 불만을 제기했다"고 회상했다.7 리의 여생 동안 카잔은 옛 스승에 대한 극단적인 헌신과 극단적인 거부 사이를 오락가락했다.

마치 스트라스버그가 항성이고 카잔은 그 주위를 타원형 궤도로 도는 혜성 같았다. 스트라스버그에게서 얼마나 멀리 떨어져 있건 그는 언젠가 스트라스버그 곁으로 돌아올 운명이었다.

1951년 초 카잔과 액터스 스튜디오는 리가 필요했다. 사실 리도 카잔과 액터스 스튜디오가 필요했다. 그는 최근에 〈페르 귄트〉를 각색한 작품을 브로드웨이 무대에 올렸다. 존 가필드가 주연을 맡은 이 연극은 32회 공연 후 막을 내렸다. 카잔이 리에게 액터스 스튜디오의 예술감독이 되어달라고 요청하자, 스트라스버그는 수락했다. 카잔은 스튜디오의 대표가 되었고, 셰릴 크로퍼드는 부대표로 재직했다. 스트라스버그는 이후로 13년 동안 다시는 작품을 연출하지 않을 터였다.

이제 책임자가 된 리는 여러 수업을 매주 화요일과 금요일 오전 11시부터 오후 1시까지 모이는 단일 수업으로 통합했다. 그 후 30년간 스트라스버그는 액터스 스튜디오를 관장하면서 이 세션들을 조정moderating—그는 "가르침teaching"이라는 단어를 쓰지 않았다—했고, 일주일에 두 번 배우 예술에 바치는 예배 의식을 통해 이 세션들은 고유의 리듬을 갖게 되었다.

화요일과 금요일 오전 11시가 되면 액터스 스튜디오의 신도들congregation은 작은 강당에 모여 각자 좌석에 앉기 시작했다.[8] 작업을 발표할 수 있는 두 개의 시간대 중 첫 번째 시간을 신청한 사람들은 미리 강당에 와 있었다. 이 작업의 취지는 배우에게 아이디어를 테스트하거나 어떤 종류의 기량을 개발할 기회를 제공함으로써 실력을 향상시킬 수 있도록 하는 것이었다. 발표 내용은 신 하나, 독백, 연습, 시, 기존 대본 등 배우가 가치 있다고 생각하는 모든 것이 가능했다.

관객이 줄지어 들어와도 발표를 준비하는 배우들은 관객을 무시하곤 했다. 배우들은 그 공간에서 이미 최소 20분 이상 몸을 풀고 긴장을 누그러뜨리며 공들여 준비한 내용에 몰입하고 있었을 것이다. 드디어 스트라스버그가 입장하여 맨 앞줄 특별 연출가 자리에 앉았다. 그는 발표할 단원의 이름과 그들이 작업 중인 작품이 적힌 흰색 목록 카드를 들춰 보았다. 방 쪽에 카드에 적힌 내용을 읽어주면 발표가 시작되었다. 발표가 끝나면 스트라스버그는 녹음기를 켜라는 신호를 보낸 다음, 관객에게 피드백을 요청하는 한편, 발표자에게 발표에서 무엇을 하고자 했는지 구체적으로 물어보았다.

대화가 잦아들고 스트라스버그의 피드백이 시작되자 진짜 쇼가 펼쳐졌다. 즉석에서 한 시간 가까운 장광설이 이어졌는데, 스트라스버그는 발표자가 보여준 노력들을 활용해 연기와 연극에 대한 더 폭넓은 강조점들을 구체적으로 설명했다. 그의 연설이 끝나면 두 번째 발표로 넘어갔다. 각 세션에서 두 그룹만 발표를 했다. 사람들은 몇 달 전에 미리 신청했다. 신청한 발표가 두 건이 안 되면 스트라스버그는 나머지 시간을 연기 예술에 대한 즉석 강연으로 채우곤 했다.[9]

스트라스버그는 첫 세션부터 가혹한 사람이라는 명성을 다시 한 번 확고히 했다. 그는 카잔의 교육 방식을 대놓고 무시했다. 영화감독 아서 펜이 묘사했듯, 그는 "망할 놈의 폭군이자 무시무시한 인물에 가까웠다. 리가 변덕스러운 철권통치를 펼쳤던 10년은 피비린내 나는 세월이었다."[10] 그러나 스트라스버그의 매력은 각 배우 개인에게 필요에 딱 맞는 피드백을 주는 방식, 그리고 진정성과 진부함을 식별해내는 날카로운 감식안에 있었다. 스튜디오 단원들은 종종 그를 일종의 마법 루페(loupe, 소형 확대경-옮긴이)를 들이댄 채 자신들을 주시하는 보석상에 비유했다. 다만 마틴 발삼이 적었듯, 이 모든 것은 "그가 비위를 맞출 수 없는 사람"이라는 뜻이기도 했다. 감정에 초점을 맞추면, 그는 행동을 등한시했다고 말할 것이다. 행동에 초점을 맞추면, 그는 감정에 온 신경을 집중할 것이다. "우리 모두는 그를 기쁘게 해주고 싶은 마음이 간절했어요. 반면 자아는 너무나 연약했고요. 완전 죽을 맛이었습니다."[11]

거의 모든 사람들이 스트라스버그가 배우의 결점을 진단하고 그에 맞는 적절한 치료법을 처방하는 데 특출한 재능이 있다고 생각했지만, 그의 태도는 스튜디오의 많은 원년 단원들을 멀어지게 만들었다. 칼 말든은 "리의 성격"에서 비롯된 "사람을 꼼짝 못하게 만드는 끔찍한 공포" 때문에 스튜디오가 망가졌다고 생각했다.[12] 또 다른 창립 멤버인 모린 스테이플턴은 스트라스버그가 강조하는 감각 기억과 정서 기억이 너무 내면적이라고 생각했다. 그의 발언이 당황스럽기도 했다. "단순한 사실을 말하자면, 나는 리가 지나치게 말이 많았다고 생각해요. 그가 한 말들은 너무 난해해서 도무지 이해가 되지 않았죠."[13] 불만이 덜했던 단원들조차 이런 단점을 인식했다. 준 해벅은 스트라스버그 가르침의 위험성이 "그가 해석하기 어려운 사람"이라는 데 있다고 말했다.[14] "그는 부정확한 데다 중언부언하는 일이 잦았어요. 명확했던 사안도 그가 설명을 하고 나면 모호해졌죠."

정확하고 올바른 방식으로 말해야 한다는 걱정은 스트라스버그를 이따금 이해 가능한 정도를 넘어 지나치게 꼼꼼하게 설명하는 쪽으로 이끌었다. 그의 즉흥 연설은 본론을 벗어나고 엉뚱한 화제와 결부되며 "말하자면" "이를테면" "알다시피" 같은 말버릇이 뒤섞인 미궁이 되어버렸다. 미궁의 복판에 있는 예술의 비밀을 찾기 위해 미로에 들어온 청중은 때로 눈부신 빛을 발견했지만, 때로는 모호한 길을 헤매다가 결국 출발 지점으로 되돌아오기도 했다. 그의 토론과 강연 녹취록은 다음과 같이 마구 퍼붓는 장황한 단어들로 가득하다.

> 나는 자네들이 어떤 훈련을 하는지 신경 쓰지 않아. 그러나 훈련의 목적은 배우가 할 수 있어야 하는 생활을 무대 위에서 만들어내는 것을 돕는 거야. 그게 스타니슬랍스키가 중요하게 강조한 점이지. 마지막 시기의 전체 이론조차 심리-신체적, 심리-신체적 행동의 이론도, 그의 관점에서 보면, 이 과정으로 더 직접적으로 이끌려는 의도였어. 그는 그렇게 할 수 있는 다른 과정이 있다고 생각하지 않았으니까. 나는 그럴 수 있다고 믿어. 그리고 나는 그렇지 않다고 믿어. 알다시피, 그건 다른 거야.15

스튜디오 단원이자, 스튜디오의 역사를 다룬 최초의 책을 출판한 저자이며, 스트라스버그를 누구보다도 잘 알았던 데이비드 가필드는 리가 "자기 작업을 완전히 이해하는 사람이 아무도 없다고 느꼈으며, 그 어떤 이도 작업의 진정한 산물이 아니라고 생각했다"고 주장했다.16 왜냐하면 "그가 자기 작업에 대해 누구에게도 충분히 설명한 적이 없기 때문이다." 스트라스버그에게는 분명 마음 상할 일이었을 테지만 광범위한 혼란도 나름의 쓸모가 있었다. 제대로 이해하지 못하면 그 어떤 것도 잘못이 될 수 없는 법이다.

그에게 이렇게 이해하기 쉽지 않은 특성이 있었음에도 불구하고 대부분의 단원들이 그의 천재성이라는 위력에 휩쓸리면서 예술과 내면의 자아를 잇는 새로운 연결고리를 구축하고 있었다. 일부 단원들에게 리의 성격을 참고 견디는 것은 그의 통찰에 접근하기 위해 치러야 할 대가에 불과했다. 그에게 가장 헌신적이었던 단원들 입장에서 보면 그의 분노는 타협하지 않는 엄격함이 겉으로 드러난 것이었고, 그의 무표정하고 무덤덤한 얼굴은 예리한 관찰자의 가면이었다. 그가 가족과 거리를 두는 가부장이라고 해도 그는 대다수 스튜디오 단원들의 부모들과 달리 연극에서 삶을 추구하는 것의 가치를 인정할 수 있는 사람이었다. "나는 그를 엑스레이 기술자 같은 사람이라고 생각합니다."[17] 일라이 월랙이 말했다. "우리는 엑스레이가 말해줄 결과를 알게 되는 걸 좋아하지 않잖아요." 엘런 버스틴은 이렇게 주장했다. "어떤 사람들에게는 겁나고 두려운 일이었어요. 나는 절대 겁을 먹지 않았습니다. 그토록 뛰어나고 지적인 분이 내 일에 도움을 주려고 나에게 집중하는 것이 너무나 고마워 순순히 따랐습니다. 기쁜 일이었죠."[18] 20세기 중반에 가장 위대한 미국 여배우로 널리 인정받았던 킴 스탠리는 스트라스버그의 가르침에 대해 이렇게 말했다. 그는 "우리가 순간순간 작업하고, 보고 듣는 것을 허용하며, 일을 해내는 것이 아니라 일이 일어나도록 내버려두고 스스로를 믿어야 한다고 주장했어요. 그런 다음 그것들이 점차 쌓이겠죠. 효력을 발휘할 겁니다. 하지만 쉬운 일은 아니죠."[19]

우스펜스카야의 수업이 그랬던 것처럼, 리의 까다로운 비판과 섬뜩한 포커페이스는 배우들을 더 강인하게 만들어주었다. 한편 스튜디오의 집단적인 기풍은 배우들이 용감하게 실패하는 데 기여했다. 킴 헌터는 "일을 완벽하게 해냈을 때보다 실수를 했을 때 더 많은 걸 배우지요. 따라서 그건 훌륭한 워크숍이었어요"라고 말했다.[20] 배우들은 배역에 대해 천천히 끝까지 작업하면서, 인간으로서나 예술가로서 자신이 누구인지 발견하고, 자기 타입에 부합하지 않는 캐릭터를 맡아 자기만의 개성을 불어넣는 데 시간을 쓸 수 있었다. 단원들은 각본을 쓰거나 연출에 도전하는 등 파격적인 실험을 시도했다. 많은 단원이 연출가의 개입 없이 대본을 작업하는 기회를 얻었다. 그룹 시어터와 퍼스트 스튜디오에서 그랬던 것처럼, 우중충한 극장에서 부글부글 발효 중인 창조성은 예술적이고 감정적이고 영적이었다. 그리고 맞다, 성적인 것이기도 했다. 아일린 에이킨은 "남자가 여자 옆에 앉을 때마다 사람들은 결국 둘이 그렇고 그런 짓을 하리라는 걸 단번에 알아차렸어요"라고 말했다.[21]

스튜디오의 명성은 빠르게 자생력을 갖춰갔다. "모두가 스튜디오에 있었어요."[22] 에스텔 파슨스가 말했다. "뉴욕 최고의 배우들, 뉴욕 최고의 극작가들, 뉴욕 최고의 연출가들. 당연히 모두가 원하는 곳이었죠." 곧 언론에서도 주목하기 시작했다. 『뉴욕 타임스』에 실린 스튜디오와 스트라스버그에 대한 많은 프로필 기사 중 첫 번째는 리가 취임하기 직전에 나왔다. 그 기사는 독자들에게 "액터스 스튜디오라는 신생 단체가 브로드웨이에서 여러 시즌 동안 수확한 젊은 배우들을 소리 없이 대단히 풍성하게 길러내고 있다"고 소개했다.[23]

그러나 단원들이 할리우드에 진출하면서 스튜디오의 배우 육성은 조용한 상태를 오래 유지하지는 못할 터였다.

1948년 5월 4일, 대법원이 마침내 미합중국 대 파라마운트 소송의 판결을 내렸다.[24] 판결 내용은 영화 산업에 불리했고, 따라서 할리우드 스튜디오들은 자체적으로 보유한 극장들을 처분해야 했다. 지진 같았던 이 판결의 여진은 향후 20년 동안이나 계속되었다. 스튜디오들은 영화 제작사가 아닌 투자사이자 배급사가 되었다. 스튜디오 시스템, 그리고 시스템이 필요로 했고 떠받치던 스타 배우에 의존하는 모델은 스튜디오가 소속 배우들을 자유의 몸으로 풀어주게 되면서 서서히 무너졌다.[25] 이 잔해들 속에서 다른 가치를 지닌 새로운 종류의 연기가 솟아날 터였다. 예전에는 배우들이 장기 계약을 체결하고 주급을 받으며 연달아 영화에 출연하고 모든 프로젝트에 자기의 타입을 활용했지만, 새로 출현한 배우들은 다재다능했고 결점을 진지하게 고려했으며 개성이 넘쳤다. 새로운 배우들은 스스로를 예술가로 만들었다. **타입**이라는 개념 자체를 거부하고 심지어 업신여겼다. 그들은 예술의 도시 뉴욕에 거주하면서 마몬(Mammon, 물욕의 신-옮긴이)의 도시인 로스앤젤레스에 뿌리내리는 것을 거부했다.

몽고메리 클리프트는 이 새로운 질서가 낳은 최초의 메이저 스타였다. 투명한 갈색 눈동자와 섬세한 이목구비를 갖춘, 기가 막히게 잘생긴 클리프트는 대공황기인 1935년 열네 살의 나이로 히트작 〈플라이 어웨이 홈〉에 출연하면서 브로드웨이에 데뷔해 아역 배우로 경력을 시작했다.[26] 1939년에 그는 〈밤은 다시 오지 않으리〉를 제작 중이던 앨프리드 런트, 그의 아내 린 폰탠과 2년 계약을 맺었다. 부부의 지도를 받은 클리프트는 그들이 "미묘한 디테일들의 축적"이라고 부른 방식을 통해 역할을 창조하는 법을 처음으로 배웠다.[27] 1942년에는 보비 루이스의 연출작에 출연하면서 미라 로스토바를 만났다.[28] 머지않아 그녀는 클리프트의 연기 코치가 되었고, 배역이 들어올 때마다 대본과 캐릭터를 분석하고 대사 고치는 일을 도와주며 함께 작업했다.

클리프트는 할리우드 스타덤의 낡은 관행을 거부했다. 영화 여러 편의 출연 계약을 맺는 대신 한 편씩 출연하는 계약만 맺었고, 그의 다채로운 재능을 보여줄 수 있는 각양각색의 역할을 맡았다.[29] 그는 경력의 첫 3년 동안 선의를 품은 보이스카우트 같은 병사(〈산하는 요원하다〉(1948)), 반항적이면서 성적인 취향이 모호한 카우보이(〈레드 리버〉(1948)), 19세기 뉴욕을 배회하며 여성의 재산을 노리고 구혼하는 건달(〈사랑아 나는 통곡한다〉(1949)), 로맨틱한 공군 병장(〈빅 리프트〉(1950))을 연기했다. 클리프트의 매력, 더불어 스타니슬랍스키가 "군중 속의 고독"이라고 부른, 관객이나 영화 카메라의 시선을 인식하지 못하는 듯한 연기 기술에 능통했기에 가능했던 카리스마를 제외하면 이 역할들에 공통점은 없다.

1951년 클리프트는 〈젊은이의 양지〉의 조지 이스트먼 역에 녹아들었다. 이스트먼은 돈에 눈이 먼 젊은이다. 노동 계급 출신인 그는 거짓말로 미국 사회의 상류층에 진입한 후 그 자리를 지키기 위해 살인을 저지른다. 클리프트의 이스트먼 연기는 굉장히 설득력이 있는데, 보는 이로 하여금 연민을 자아내기 때문이다. 그는 캐릭터를 판단하지 않으며, 캐릭터의 내면에 존재하는 어둠을 암시하는 것도 거부한다. 엘리자베스 테일러와 셸리 윈터스, 그리고 관객인 우리를 유혹하는 동안 처음에는 이스트먼의 매력에서 악마 같은 모습이 전혀 보이지 않는다. 하지만 클리프트와 조지 스티븐스 감독이 이스트먼이라는 캐릭터가 변해가는 과정을 아주 분명하게 표현하기 때문에 그가 살인을 저지를 때쯤에는 그 행위가 불가피한 일이라는 느낌을 준다. 1950년대에 셀 수 없이 많은 젊은 남성들에게 영감을 주며 당대 최고의 배우로 자리매김하게 한 3년 기간 중 최고의 업적이자 훌륭한 연기였다. 하지만 1951년 말 특별한 정상에 일행이 생겼다. 액터스 스튜디오의 창립 단원이며, 게다가 그다지 우호적이지 않은 라이벌인 말런 브랜도가 〈욕망이라는 이름의 전차〉에 출연한 것이다.

〈전차〉의 초반 12분 동안 영화는 대체로 블랑쉬 뒤부아를 따라간다. 카메라는 그녀가 보는 것을 보고 그녀가 아는 것을 안다. 사람을 홀리는 솜씨가 뛰어난 사람이라면 누구나 그렇듯, 엘리아 카잔은 관객을 유혹하고 감질나게 만들고 미스터리를 제시한다. 모두가 계속 떠들어대는 이 스탠리라는 사람은 도대체 누구인가? 1951년의 평균적인 영화 관객은 말런 브랜도의 연기를 본 적이 없었다. 연극 〈전차〉 무대에서 그를 본 관객은 50만 명이 안 되었다. 게다가 그의 영화 데뷔작 〈더 맨〉(1950)은 재활병원에 입원한 하반신이 마비된 퇴역 군인을 다룬 경직된 드라마인데 한국전쟁이 발발한 시점에 개봉하는 불운을 겪었다. 영화 〈전차〉가 개봉했을 때 극중 인물인 스탠리의 미스터리와 배우 브랜도의 미스터리는 같은 것이었다. 관객들은 이 둘이 어떤 일을 할 수 있는지 알지 못했다.

영화가 시작되고 11분이 지나도록 브랜도는 몇 차례 언뜻 등장할 뿐 명확하게 보이지 않는다. 처음에 그는 멀리서 나타난다. 카잔은 배우에게 조금 더 가까이 다가가지만, 브랜도가 칼 말든을 돌아보며 "이봐, 미치, 오늘 밤에 너희 집에서 한 판 하는 거야?"라고 묻는 바람에 관객은 그의 등만 보게 된다. 스탠리가 집으로 걸어갈 때 그는 배경으로 밀려난다. 카메라가 루디 본드가 맡은 스티브와 그의 아내가 말다툼하는 모습에 초점을 맞추기 때문이다.

관객이 드디어 말런 브랜도의 모습을 제대로 보게 되는 순간, 그러니까 영화가 시작되고 정확히 11분 56초가 지난 시점에, 그는 코왈스키 부부의 집에 들어온 직후 블랑쉬 시점으로 클로즈업되어 포착된다. 그 즉시 70년이 넘는 세월을 뛰어넘어 혁명이 일어나고 있다는 느낌이 뚜렷이 전달된다. 그가 잘생겼기 때문만은 아니다. 물론 그는 화가 날 만큼 잘생겼고, 카메라는 그에게 미쳐버린 듯 영화 내내 추파를 던지지만 말이다. 이것이 바로 브랜도가 자신을 표현하는 방식이다. 그는 남성적인 동시에 여성적이고, 위압적인 동시에 우아하다. 껌을 씹고 있지만 연기처럼 보이지 않는다. 꼬질꼬질한 옷을 입고 있지만 의상처럼 보이지 않는다. 그는 작고 지저분한 왕국의 교만하고 카리스마 넘치는 왕인 스탠리 코왈스키가 된 것처럼 보인다.

당신이 보고 있는 것이 페레지바니예다.

"말런은 스탠리 역에 완전히 몰입했습니다."[30] 카잔이 말했다. "그는 브로드웨이에서 스탠리를 500번 넘게 연기했지만, 초벌 필름에서 그를 볼 때마다 마치 난생처음으로 보는 것 같은 기분이었어요. 그의 준비 작업, 기억력, 욕망이 상당히 깊이가 있었기 때문에 내가 할 일이라고는 그것들을 생생한 상태로 유지할 수 있도록 돕는 게 전부였습니다."

당신이 〈전차〉를 열 번 이상 본다 해도 브랜도의 연기에서 여전히 새로운 뉘앙스를 발견할 수 있다. 그가 언어를 다루는 방식은 자연주의 측면에서 획기적이다. 그는 사람들이 실제 말하는 것처럼 말한다. 대사를 툭툭 던지고 어눌하게 발음한다. 비비안 리가 연기하는 거짓과 허식으로 점철된 캐릭터인 블랑쉬와의 대조가 이보다 더 명확할 수 없다. 브로드웨이 무대 위 블랑쉬의 거짓된 모습은 고전적인 훈련을 받은 영국 여배우의 그것이었다. 영화 속 블랑쉬의 거짓된 모습은 1930년대와 1940년대 스튜디오 시스템에서 활동한 여배우의 그것이다. 그래도 싸움은 변함없이 남아 있다. 바로 사실주의 대 마술의 싸움.

브랜도는 연기에 있어 가장 큰 도전 중 하나를 뛰어나게 잘했다. 캐릭터를 판단하거나 아이러니를 느끼지 않으면서 혐오스럽고 우둔한 캐릭터를 연기하는 것. 스탠리는, 대다수 악한들이 그렇듯, 영리하지만 그렇다고 너무 똑똑하지는 않다. 스탠리를 조롱거리로 삼는 일은 쉬울 것이다. 그에게 동정심을 느끼게 만드는 일도 마찬가지다. 대신 브랜도는 모든 측면을 실제로 살아낸다. 연약한 어린 소년, 매력적이고 남자다운 남자, 섬뜩한 야수. 음식을 입에 가득 문 채로 (스튜디오의 동료 단원 킴 헌터가 연기한) 스텔라에게 나폴레옹 법전을 "이해시키려" 시도하는 장면이나, 유인원처럼 구부정하게 서서 팔을 흔들고 턱을 내밀며 자신은 유인원이 아니라고 항의하는 신을 제대로 연기할 수 있는 배우는 몇 되지 않을 것이다.

1951년 9월에 개봉한 〈욕망이라는 이름의 전차〉는 관객, 평론가, 업계를 강타한 히트작이었다. 말든, 헌터, 리는 오스카상을 수상했지만 브랜도와 카잔은 그러지 못했다. 브랜도는 아직 할리우드의 게임 방식을 배우지 못한 상태였다.[31] 그는 공개적으로 영화 산업을 무시했다. 그의 자연주의가 연기 스타일의 과도기를 겪고 있는 할리우드를 불안하게 만들었을지도 모른다. 카잔의 경우, 정치적인 이유 때문에 자신이 괄시당하고 있다고 주장했다.[32]

지난 3년간 할리우드에서 벌어진 공산주의자 사냥은 점점 더 격화되었다. 그 사냥의 초기 희생자 중 하나가 액터스 랩이었다. 반미활동조사위원회가 할리우드에 가하는 공격이 갈수록 대담해짐에 따라 유니버설, 20세기 폭스, 워너 브러더스 모두 배우들을 랩에 보내 훈련시키던 것을 중단했다.[33] 1948년 9월 8일 『로스앤젤레스 이그재미너』는 법무부가 랩에 공산주의 전위 조직이라는 꼬리표를 붙일 거라고 보도했다.[34] 랩에 불리한 증거로 러시아 연극 두 편을 무대에 올렸다는 게 있었는데, 둘 다 안톤 체호프의 단막극이었다. 로만 보넌, J. 에드워드 브롬버그, 로즈 호바트, 윌 리 모두 다 블랙리스트에 올랐다. 수개월간 이어진 정부의 괴롭힘 끝에 1949년 2월 24일 보넌이 공연 도중 무대 위에서 심장마비로 사망했다.[35] 1년 후 극단은 영원히 문을 닫았다.

1950년에 전직 FBI 요원 세 명이 설립한 반공 단체인 미국비즈니스 컨설턴트가 「레드 채널: 공산주의자가 라디오와 텔레비전에 끼치는 영향에 대한 보고서」를 출판했다.[36] 151명의 명단을 실은 이 보고서는 독자들에게 "애국심 넘치고 지적인 대중이 당장 적절한 반격에 착수하기에 지금은 너무 늦은 시간이 아니다"라고 촉구했다.[37] 「레드 채널」에 이름이 명시된 거의 모든 사람이 곧바로 할리우드에서 일할 수 없는 블랙리스트에 올랐다.[38] 리스트가 세 번째로 거명한 인물은 스텔라 애들러였는데, 그녀의 이름 바로 위에는 동생의 이름이 있었다.[39]

스텔라는 자기 이름이 「레드 채널」에 실린 이유가 『데일리 워커』의 전 편집장 루이스 부덴즈 때문이라고 생각했다. 부덴즈는 한 인터뷰에서 스텔라가 "드러나지 않은 공산주의자이며 (…) 자신이 공산당원임을 부인할 인물"이라고 주장했다.[40] 터무니없는 비난이었다. 계급에 대한 마르크스의 관점이 그녀의 가르침에 영향을 준 건 사실이지만 그녀는 프롤레타리아 혁명을 바란 적이 없었다. 공산주의 국가에서는 본인이 여왕 대우를 받아야만 살 수 있다고 농담하기도 했다.[41] 그러나 공산주의자 혐의는 합리적인 증거가 있어야만 제기되는 것이 아니었다. FBI는 조직 내 보안 목록에 애들러의 이름을 기입했고, 그녀와 해럴드 클러먼은 뉴욕에서 거주할 아파트를 찾느라 애를 먹었다.[42] 그녀는 훗날 말했다. "블랙리스트는 현실에서 사람들이 우리 근처에 오고 싶어 하지 않는다는 것을 뜻했습니다. (…) 블랙리스트에 오른 사람은 이방인이었어요. 역겨운 사람이었습니다."[43]

스텔라와 달리 카잔은 실제로 그룹 내부의 공산주의 조직 멤버였지만 용케 「레드 채널」에 이름이 실리지 않았다. 1952년 1월 14일 그는 반미활동조사위원회에 출석해 비밀 증언을 했는데, 누군가가 이 사실을 『할리우드 리포터』에 유출했다.[44] 카잔은 1회차 증언에서 공산당과의 관계를 인정하고 현재는 공산당을 부정한다고 말했다.[45] 그러나 그룹 내 공산주의 조직의 다른 멤버들 이름을 묻는 질문에는 답변을 거부했다. 그룹의 동조자들에 대해 침묵한 일은 날이 갈수록 더 보수적이고 편집증적으로 변해가는 할리우드에서 그의 경력을 위협했다.

1952년 4월 10일, 카잔은 다시 증언에 나섰다. 이번에는 동지들의 이름을 댔다.

18장
method에서 Method로

카잔의 증언을 순전히 그의 야망 하나로 설명할 수는 없다. 그가, 특히 말년에, 성공에 대한 갈망을 감추려 하지 않았고 이기심 자랑을 즐기기는 했지만 말이다. 1970년대에 그는 이렇게 말했다. "어떤 식으로든 나에게 큰 의미가 있었던 사람은 없습니다. 나는 연기하고 각본을 쓰고 연출을 합니다. 이 모든 일을 해내려면 강인하고 독립적인 사람이 되어야 합니다."[1] 그는 그럴 만한 이유가 있어 동료들의 이름을 댔다고 주장했다. 하지만 그의 발언은 자기에게 절대 같은 짓을 하지 않으리라는 걸 잘 알았던 피비 브랜드와 모리스 카노브스키 같은 사람들의 경력을 망치고 그들을 감옥에 갇힐 위험으로 내몰고 있었다. 카잔은 17년 전에 공산주의와 결별한 후 공산주의를 계속 혐오해왔다.[2] 그는 수십 년이 지난 후, 증언을 거부했던 사람들은 하나같이 빨갱이였던 게 분명하다고 주장하거나 유럽 언론들이 본인에 대해 안 좋게 보도한 것은 공산주의 요원들의 책동 때문이었다고 설명하는 등 그가 살았던 시대의 피해망상에 깊이 취해 있었다.[3] 공산주의의 위협을 과대평가했던 그는 시민 사회에서 공산당과 공산당원을 근절해야 마땅하다고 생각했다. 예전 그룹 조직의 멤버들이 증언에 나선다면 위원회가 이상주의에 물든 이 젊은 배우들이 얼마나 무능력한지 알게 될 것이고, 그렇게 되면 모두들 일터로 복귀할 수 있을 거라고도 생각했다.[4]

당연한 일이지만 이 관점은 환상에 불과한 것으로 밝혀졌다. 어쩌면 카잔도 그걸 알았어야 했을 것이다. 그룹의 무대감독으로 경력을 시작해 이제야 막 찬사를 받는 연출가가 된 스튜디오 단원 마틴 리트가 얼마 전 미국비즈니스컨설턴트가 발행하던 뉴스레터 『카운트어택』에 그의 이름이 등장한 후 블랙리스트에 올랐다. 1951년 12월 초 조 브롬버그가, 그보다 앞서 로만 보넌이 그랬던 것처럼, 반미활동조사위원회의 압박에 시달리다 심장마비로 세상을 떠났다. 할리우드 내 공산주의자 색출은 카잔의 친구인 존 가필드의 경력 또한 박살냈다.

가필드의 이름이 「레드 채널」에 등장한 1950년에 그의 영화 경력은 사실상 끝난 상태였다. 그는 얼마 전 자신의 최고의 영화인 〈브레이킹 포인트〉의 촬영을 마친 상태였다. 워너 브러더스가 제2의 〈카사블랑카〉가 될 거라고 생각했던 작품이었다. 그러나 주연 배우가 공산주의자일 가능성이 대두되자 워너는 영화를 묻어버렸다.[5] 1950년 9월 소리 소문 없이 영화를 개봉한 후 제작비를 회수하자마자 극장에서 내린 것이다. 가필드는 간신히 마지막 영화인 〈사랑의 공포〉(1951)를 찍었다. 이 영화에서 그는 강도 행각을 벌이려다 실패한 후 가족을 인질로 잡는 멍청한 범죄자 역을 맡았다. 땀이 날 만큼 밀실공포증을 안겨주는 악몽 같은 영화였는데, 가필드와 공동 주연을 맡은 셸리 윈터스에 따르면 그는 자기가 맡은 캐릭터처럼 제정신이 아닌 상태로 촬영장에 오곤 했다. 최근에 심장마비를 겪었으면서도 직접 스턴트를 하겠다고 고집을 부렸고 술을 심하게 마셨다. 그녀는 회고록 『셀리 II』에서 이렇게 썼다. "영화가 진행되는 과정을 지켜보면서 그가 영화에서 연기하는 범죄자가 여러 면에서 진짜 그라는 끔찍한 확신이 들었다. 우여곡절을 겪으며 숙명에서 벗어나려고 갖은 애를 쓰는 모습이 그의 개인적인 삶, 예술적인 삶, 정치적인 삶과 유사했다."[6] 〈사랑의 공포〉는 느와르의 명작으로 대접받아야 했다. 훌륭한 연기에 긴장감이 넘치는 데다 사회의 부조리한 측면을 무겁지 않게 다루고 있다. 그러나 영화에 참여한 이들 중 공산주의자로 의심받는 사람이 여럿 있었다는 이유로 몇 달간 상영이 보류되었다가 가차 없이 극장으로 던져진 후 순식간에 흔적도 없이 잊혔다.

가필드는 브로드웨이에서 연기 생활을 이어가는 한편 경력을 위해 싸우며 1년을 버텼다. 그는 카잔보다 며칠 앞서 반미활동조사위원회에 출두해 증언했다. 그는 자신이 공산당원이었다는 것과 공산주의자를 안다는 것을 전부 부인하며 모르쇠로 일관했지만 이 전략은 그의 경력이 내리막으로 굴러떨어지는 걸 막는 데 실패했고, 정부의 반역자 사냥이 가하는 압박은 커져만 갔다. 건강관리를 소홀히 했던 가필드는 카잔의 증언 이후 한 달이 지나 일으킨 두 번째 심장마비로 세상을 떠나고 말았다. 죽기 전날 밤 가필드는 리 스트라스버그의 아파트를 방문했는데, 그곳에서 자신이 공산주의와 연계되어 있다는 혐의 때문에 텔레비전의 역할을 놓쳤다는 사실을 알게 되었다.[7]

증언에 나선 카잔은 모리스 카노브스키, 피비 브랜드, 토니 크레이버, 테드 웰먼, J. 에드워드 브롬버그, 루이스 레버럿, 클리퍼드 오데츠, 폴라 스트라스버그의 이름을 댔다.[8] 그는 증언 문제를 놓고 의견을 조율했던 오데츠와 자신은 비슷한 시기에 공산당을 탈당했다고 단언했

반미활동조사위원회에 출두해 증언하는 존 가필드.

다.9 한 달 뒤 오데츠가 "우호적인 증인"으로 반미활동조사위원회에 출석했다. 두 사람 다 증언에 뒤이어 쏟아진 분노의 폭풍에 맞설 그 어떤 대비책도 없었지만 사람들의 손가락질은 카잔에게 집중되었다. 그가 더 유명한 데다 이 문제에 수치심을 느끼지 않았기 때문이다. 오데츠는 적어도 도의적 책임을 느꼈고, 10년 후에 암으로 사망하기 전까지 겨우 몇 개의 프로젝트만을 끝마쳤을 뿐 증언으로 인해 인생이 망가지는 것을 방치했다. 반면 카잔은 곧바로 일터로 복귀했음은 물론 『뉴욕 타임스』에 자신의 증언을 옹호하는 전면 광고를 싣기까지 했다.

"카잔의 결정은 브로드웨이 커뮤니티에 어마어마한 균열을 일으켰습니다."10 일라이 월랙이 말했다. "그를 칭찬하는 사람도 일부 있었지만, 대다수가 그를 비난했습니다. 액터스 스튜디오의 몇몇 단원들은 항의 표시로 스튜디오를 떠났고요." 카잔은 증언으로 아서 밀러와의 우정이 깨졌다고 생각했다.11 두 사람은 이후 다시 함께 작업했지만 최고의 협업을 가능하게 했던 끈끈한 우정은 사라져버렸다. 한편 밀러는 훗날 카잔의 증언이 "소름 끼쳤다"고 말했다.12 "정말이지 끔찍한 일이었어요. 뼛속까지 충격을 받았습니다." 하지만 친구가 경력이 파탄 날 위기에 직면해 있었기에 카잔의 행동도 이해가 갔다. "그는 최종적으로 맡게 된 문화적 리더십이라는 자리에 오르는 것을 원하지 않았어요. (…) 그는 그런 종류의 권력을 바라지 않았습니다."13

스튜디오는 카잔의 증언에 어떻게 대응해야 할지를 두고 논쟁을 벌였다. 사무국장은 그와 함께 일하느니 그만두겠다며 사직서를 제출했지만 다른 사람들은 다소 모호한 태도를 보였다. 스트라스버그는 카잔이 아내 폴라의 이름을 댔는데도 내내 그를 지지했다.14 카잔에 따르면, 그에게 증언하라고 설득한 사람이 폴라였다.15 그럼에도 리는 나중에 "카잔은 증언 문제에 대해 나에게 확인하지 않았다"고 말하곤 했다[16](리가 카잔의 증언을 얼마나 태평하게 받아들였는지, 더불어 그 과정에서 폴라가 무슨 역할을 했는지는 미스터리로 남았다). 일라이 월랙은 카잔이 그야말로 너무 강력하고 대단히 훌륭한 예술가였기 때문에 그를 버릴 수 없다고 생각했다. 월랙은 훗날 "'겁쟁이'라고 생각했던 기억이 납니다. '나는 겁쟁이야.'"라고 회상했다.[17] 칼 말든은 예술은 예술이고 정치는 정치라고 생각했다. 이러한 입장으로 인해 말든은 그룹에서 작은 배역을 맡았을 때 단원들과 사이가 나빠졌고, 카잔 편에 섰을 때도 업계 친구들과의 사이가 나빠졌다. "제로 모스텔은 몇 년간 나랑 말도 섞지 않았습니다."[18] 스튜디오는 카잔을 비난하는 공식 성명을 내는 문제를 고려했지만 스트라스버그는 결국, 스타니슬랍스키와 모스크바 예술극장처럼, 중립적인 태도를 유지함으로써 그들에게 밀려오는 정치적 파도를 견뎌내기로 결정했다.[19] 스튜디오가 다른 길을 택하는 건 상상하기 어려운 일이다. 스튜디오가 가진 힘은 일정 부분 단원들에게 일자리를 제공하는 능력에서 비롯되었는데, 「레드 채널」이 출판된 이후 사람들이 거의 모든 일에서 블랙리스트에 오를 수 있는 상황이었다. 여배우 진 뮤어의 이름이 「레드 채널」에 오르게 된 이유 중 하나는 그녀가 모스크바 예술극장 창립 50주년을 축하하는 전보에 서명을 했기 때문이었다.[20] 그 결과 1950년대 대부분의 기간 동안 그녀는 일을 하지 못했다.

이런 입장을 취한 곳이 스튜디오만은 아니었다. 소련을 상대로 투쟁하기 위해 미국 내 단결을 추구하던 전후 사회 질서 속에서 예술이 비정치적인 태도를 취해야 한다는 생각은 더 큰 지지를 받았다. 1930년대에 마르크스주의자임을 숨기지 않았던 클리퍼드 오데츠는 작품에 담긴 노골적인 정치적 메시지나 심지어 의도적인 선전 선동이 관객을 흥분시킬 수 있다는 사실을 증명했다. 1940년대에 그에게는 당시에도 누구나 인정할 만한 두 명의 후계자가 있었다. 그 둘은 바로 무대 위의 자유주의적 양심을 자처하는 아서 밀러, 그리고 오데츠 고유의 언어 방식을 받아들이면서도 노골적인 정치적 메시지는 피한 테너시 윌리엄스. 결과적으로 윌리엄스는 미국의 차세대 사실주의 작가로 떠오른 윌리엄 인지에게 영감을 주었다. 가정을 배경으로 한 인지의 작품들은 당시의 뜨거운 정치적 이슈들에 대체로 중립적인 태도를 취한다. 다른 예술 형식도 비슷한 궤적을 따랐다. 헤이스 코드는 여전히 영화적 표현을 옥죄고 있었고, 미국의 매카시 시대는 할리우드가 제작한 영화에 모호하게나마 좌파적인 제스처가 들어 있는 모든 작품을 의심의 대상으로 삼았다. 아이오와 작가 워크숍(아이오와 대학에 개설된 대학원 수준의 유명한 창작 집필 프로그램-옮긴이)과 『뉴요커』가 옹호했던 종류의 사실주의 소설은, 메소드가 그랬던 것처럼, 내면으로 방향을 틀었다. 미국인의 영혼을 짓누르는 더 큰 사회정치적 구조를 인식하기보다 개인적인 관점을 더 우선시했다. 폭발적인 반항 정신에도 불구하고 추상표현주의 회화 역시 마찬가지였다.

　하지만 스튜디오가 우리는 비정치적인 입장을 유지한다고 하루 종일 목소리를 높인들 대중과 업계가 스튜디오를 어떻게 바라보는지를 통제하는 일은 제한적일 수밖에 없었다. 러시아, 그룹 시어터, 액터스 스튜디오로 이어지는 선명한 선은 스튜디오를 태생부터 의심스러운 집단으로 만들어버렸다. 킴 스탠리를 비롯한 일부 단원들은 공개적으로 공산주의자라는 비난을 받았다.[21] 스튜디오 단원들은 연극 광고 전단과 이력서에 자신이 단원임을 숨기기도 했다.[22] 연출가 대니얼 피트리에 따르면, "정말 공포스러운 시절이었다. (…) 액터스 스튜디오에 들어갈 수 있다는 게 영광이었는데, 액터스 스튜디오 단원 전원이 블랙리스트에 올랐다."[23]

　카잔은 1952년 봄까지 스튜디오와 거리를 두었다. 그는 셰릴 크로퍼드에게 보낸 고뇌에 찬 편지에 이렇게 썼다. "생각이 이랬다저랬다 하면서 도무지 갈피를 잡지 못했습니다. 어떤 날은 완전히 (…) 물러나고 싶은 기분이 들기도 했어요. (…) 파괴적인 일은 그 무엇도 하고 싶지 않습니다. 뭔가 좋은 일을 하고 싶어요. 다른 한편으로 생각하면 우호적이지 않은 사람들과는 함께 작업할 수가 없습니다. 누구나 그럴 테지요."[24] 그가 스튜디오로 복귀했을 때 대부분의 단원들이 이 문제를 그냥 내버려두었다. 이제 스튜디오는 공식적으로 누구의 편도 들지 않았다. 카잔은 외면하기에는 너무나 큰 힘을 가진 인물이었고, 스튜디오에서 그의 존재 자체가 대단한 가치가 있었기에 스튜디오의 대외적인 이미지를 생각하면 관계를 끊을 수도 없는 노릇이었다. 카잔은 신인 배우 발굴을 좋아했다. 스튜디오를 배우 발굴에 활용하는 것도 좋아했다. 1953년 그가 제작하고 스튜디오가 개발한 테너시 윌리엄스의 〈카미노 레알〉이 브로드웨이에서 초연되었다.[25] 이 연극은 조 밴 플리트, 바버라 백슬리, 마틴 발삼, 일라이 월랙의 명성을 확고하게 다져주었다. 모두 스튜디오 단원이었다.

　스튜디오에서 훌륭한 배우를 발견하고 더 폭넓은 관객에게 데려간 사람은 카잔만이 아니었다. 같은 해 콜더 윌링햄의 소설 『그 남자의 종말』을 무대용으로 각색한 연극이 연출가 잭 거피인의 감독하에 액터스 스튜디오에서 실험작으로 제작되기 시작했다.[26] 이 작품은 브로드웨이로 진출하면서 벤 가자라를 비롯한 새롭고 흥미로운 젊은 남성 배우들을 관객에게 소개했다. 사람들은 이 배우들이 스튜디오 출신이며, 카잔과 다른 이들이 스튜디오 단원 명단에 오른 배우들을 주기적으로 캐스팅한다는 것을 알고 있었다. 이는 스튜디오 연례 오디션의 지원자 수가 증가하는 데 도움이 되었다. 그에 힘입어 스트라스버그, 크로퍼드, 카잔은 최고의 배우들만 선발할 수 있었고, 액터스 스튜디오는 자체적인 명성을 연료 삼아 다시 명성을 생산해내는 영원히 작동하는 기계로 거듭났다.

스튜디오 단원들이 뉴욕의 무대에서만 활동한 것도 아니었다. 할리우드가 지역 방송국들에 열심히 방영 허가권을 내주자 그와 경쟁할 수 있는 방송 편성 대안을 절실히 찾던 텔레비전 방송국들은 라이브 TV 드라마라는 아이디어를 적극 받아들였다.27 생방송 프로그램은 눈앞에서 공연을 감상하는 극장의 직접성과 카메라가 가까이 다가가 연기의 뉘앙스를 포착하는 능력이라는 아찔하게 위험한 요소를 결합시키며 영화의 대안으로 빠르게 성장했다. 액터스 스튜디오까지 이 게임에 뛰어들었다. 1948년부터 1950년까지 방영된 〈액터스 스튜디오〉라는 간단한 제목의 라이브 TV 드라마 프로그램을 런칭한 것이다. 〈액터스 스튜디오〉는 텔레비전 프로그램으로서는 최초로 피바디상을 수상했다.28

메소드 배우들은 라이브 TV 드라마에서 펄펄 날아다녔다. 마틴 랜도는 감정에 다가가는 스트라스버그의 접근법을 이렇게 묘사했다. "감정을 찾아내고 표현한 다음 억누른다. (…) 감정을 찾아라. 그다음 내보내는 방법을 찾아라. 그다음 캐릭터가 할 법한 방식으로 억제하라. 그리고 만약 그 감정이 새어나간다면, 그것은 그래야만 하는 일이다."29 스트라스버그의 제자들은 항상 감정을 누르고, 항상 사적인 생각을 하고, 항상 감정을 느꼈지만, 온전히 표현하지 않았다. 메소드 배우들은 특히 무대 작업에서 자기밖에 모르며 웅얼대는 집단이라는 조롱을 받곤 했다. 그러나 카메라는 그들의 접근법을 좋아했고, 제작자와 감독 역시 다년간 즉흥 연기를 훈련해온 배우들과의 작업을 좋아했다. 그들은 대사를 빨리 외웠을 뿐 아니라 어떤 상황에서든, 특히 상황이 꼬였을 때에도 캐릭터를 유지할 수 있었다.

상황이 꼬이는 일은 놀라울 정도로 빈번하게 일어났다. 라이브 TV 드라마의 작업 환경은 형편없었다. 일정이 빡빡한 라디오 스튜디오를 개조한 곳에서 리허설하고 촬영했다. 토니 랜들은 당시를 이렇게 회상했다. "어떤 신이 끝날 때, 두 사람이 이야기하고 있을 경우, 카메라가 한쪽을 클로즈업하면 그 배우는 상대 배우와 말하는 척해야 합니다. 그동안 상대 배우는 다른 세트로 허겁지겁 달려가 셔츠를 갈아입었죠."[30] 배우들은 숨어 있는 무대감독이 발목을 톡톡 치는 방식으로 카메라가 더 이상 나를 찍고 있지 않다는 알림을 받았는데, 이 시스템이 실패할 염려가 전혀 없는 건 아니었다. 만사가 완전무결하게 진행되더라도 배우들은 프로그램에 할당된 방송 시간을 맞추기 위해 연기 속도를 빨리 하거나 느리게 하는 등 타이밍을 조정해야 했다.

〈당신은 거기 있습니다〉〈1인칭 극장〉〈크래프트 텔레비전 극장〉같은 프로그램은 스튜디오 단원이었던 폴 뉴먼, 줄리 해리스, 제임스 딘을 일약 유명 배우 반열에 오르게 했고, 아서 펜과 시드니 루멧은 이런 프로그램 포맷을 통해 카메라 뒤에서 경력을 시작했다. 역시 스튜디오 단원이었던 로드 스타이거와 킴 스탠리는 라이브 TV의 왕과 여왕으로 군림했다.[31] 잔 다르크부터 클레오파트라, 10대 소녀까지 다양한 역할을 연기하며 마흔두 편의 생방송 프로그램에 출연한 스탠리는 시청자들로부터는 강렬한 모습과 연약한 모습을 다 가진 배우로, 카메라 뒤 제작진으로부터는 신뢰감을 주는 배우로 명성을 얻었다. 작가 로저 O. 허슨은 "그녀는 바위 같은 사람이었습니다. 잘못될 일은 하나도 없다는 걸 제작진은 잘 알았죠"라고 말했다.[32] 호턴 푸트의 〈건물의 젊은 숙녀〉에서 스탠리는 실제 스물여덟 살의 엄마임에도 불구하고 순진한 열다섯 살 소녀를 설득력 있게 연기해 당대 최고의 텔레비전 배우로 올라섰다. 『버라이어티』는 그녀의 연기를 "개인적인 승리"라고 불렀고, "재미와 감동을 번갈아 선사한다"고 평했다.[33] 6개월 뒤 『버라이어티』는 다시 한 번 스탠리를 칭찬했다. 이번에는 패디 차예프스키의 〈여섯 번째 해〉에서 억제된 차분함과 "격렬한 감정 분출" 사이를 오가는 그녀의 메소드 연기를 특히 호평했다.[34]

차예프스키는 로드 스타이거가 주연을 맡은 마티라는 "뚱뚱한 사내"에 관한 드라마 〈마티〉에서 라이브 TV의 가장 유명한 에피소드를 담당한 사람이기도 했다. 〈마티〉는 라이브 TV가 많이 방영하던 "주방 드라마kitchen drama" 중 하나였다. 작가 태드 모젤에 따르면, 주방 드라마가 흥했던 건 "촬영 장소가 낡은 라디오 스튜디오여서 많은 세트를 설치할 공간이 없었기 때문"이었다.[35] 실외 장면은 대단한 도전이었고, 다른 장르 실험은 거창하게 실패하기 일쑤였다. 〈엘긴 아워〉의 한 에피소드는 서부극을 라이브 TV로 옮기고자 시도했지만, 말들이 세트 사방에 오줌을 갈기면서 페인트가 벗겨지는 결과만 만들어냈을 뿐이었다.[36] 프로그램의 주요 배우라 할 말들은 방송이 시작도 하기 전에 마구를 부숴버리고 센트럴파크로 탈출했다.

〈마티〉는 거의 뼈대만 남기고 모든 요소를 제거한 주방 드라마다. 드라마 제목과 동명의 캐릭터 마티는 어머니와 같이 사는 푸주한으로 이야깃거리로 삼을 만한 생활이라곤 없는 인물이다. 그는 너무 "못생긴" 탓에 여자를 사귀지 못한다. 그의 일상은 따분하고 무의미하다. 친구들과 어울려 "오늘 밤 뭐 할래?" 같은 말을 주고받으면서 시간을 보낸다. 그러던 중 댄스홀에서 액터스 스튜디오 단원 낸시 마챈드가 연기한 클라라라는 여성의 "개"를 만나게 되고, 그렇게 두 사람의 연결고리가 생긴다. 그는 그녀에게 전화하고 싶고 더 나은 삶의 가능성에 대해 "예스"라고 말하고 싶지만 주변 사람들이 하나같이 반대한다. 결국 마티가 자신의 운명을 개척하게 된다면 나머지 사람들이 스스로의 인생에 대해 어떤 핑계를 댈 수 있을까?

처음에는 압박이 먹혀든다. 자기를 놀리는 친구들 앞에서 마티는 클라라에게 전화를 걸지 않기로 결심한다. 하지만 잠시 후 마티는 있는지조차 몰랐던 용기에 스스로 깜짝 놀라며, 오데츠의 초기 작품에서 영향을 받은 듯한 언어로 내 방식대로 인생을 살겠다고 주장한다.

> 나는 뭐하는 놈이지? 미친놈인가? 여기에 좋은 일이 있는데 뭐 때문에 너희들과 몰려다니고 있는 거지? (…) 너희는 마음에 들지 않겠지. 정말 안됐다. 그녀는 개야. 나는 뚱뚱하고 못생긴 놈이고. 어젯밤에 좋은 시간을 보냈어. 오늘 밤 그녀에게 전화할 거야. 오늘 밤 그녀와 좋은 시간을 보낸다면, 충분히 좋은 시간을 보낸다면, 무릎을 꿇고 나와 결혼해달라고 간절히 말할 거야. 너희들이든 다른 누구든 좋아할지 말지 상관없어!37

스타이거는 열변을 토하는 에피소드를 비롯한 대부분의 에피소드에서 과묵하고 점잖고 시무룩하다. 중얼거리고 얼버무린다. 줏대 없는 사람처럼 보인다. 그러나 이 장면에서 그는 목소리가 반항적으로 변하면서 울먹이기 시작한다. 눈물은 무의식중에 자연스레 쏟아진 것처럼 보이고, 감정적 진실의 진정한 순간이 마티—이제 스타이거라는 배우는 존재하지 않는 것처럼 느껴진다—의 허를 찌른다. 자신이 당해도 싸다고 생각했던 형편없는 삶과 반대되는, 스스로가 원할지도 모르는 미래에 다가가고자 했을 때 마티의 억눌렸던 자아가 폭발한다.

스타이거가 말했다. "〈마티〉는 내 인생 전체를 바꿔놓았습니다. 더불어 텔레비전도 바꿔놓았죠. 이 작품 이후 모두가 삶의 단면을 생생하게 묘사하기 시작했습니다."[38] 그는 프로그램이 방송된 다음 날 아침을 먹으러 커피숍에 가는 동안 무언가 일이 벌어지고 있음을 알게 되었다. 지나가던 쓰레기차의 운전기사가 그를 보고 "오늘 밤 뭘 할 거야, 마티?" 하고 소리쳤다. 스타이거는 큰소리로 대꾸했다. "모르겠어. 오늘 밤 뭐 할래?" 커피숍에 들어가자 누군가 그에게 대본에 나온 것과 똑같은 질문을 했고, 그는 똑같은 말로 대꾸했다. 도달 범위가 넓은 텔레비전, 일상 속 평범한 사람들에 초점을 맞춘 〈마티〉가 "보통 사람들이 느끼는 외로움의 핵심"을 건드려 "전국을 휩쓸었다"는 사실을 그는 깨달았다. 델버트 만에 따르면, 사람들이 텔레비전 스튜디오에 전화해 눈물을 흘리며 자기가 얼마나 마티 같은지를 이야기했다.[39] 그들은 이제까지 텔레비전에서 그런 삶을 본 적이 없었다. 인간적인 모습이 고스란히, 정확하게 표현된 것을 본 적이 없었다. 〈마티〉는 시청자들에게 그걸 제공했다. 메소드가 이런 일을 가능하게 했고, 그런 이유로 메소드는 일상적인 연기 스타일로 알려지게 되었다.

스타이거의 연기의 힘은 어느 정도 그의 화법에서 비롯되었다. 브랜도가 〈전차〉에서 그랬던 것처럼 말이다. 그는 존 배리모어처럼 고전적인 훈련을 받은 비극 배우가 구사하는 딱 부러지는 정확한 방식이 아닌,

실제 사람들이 말할 법한 방식으로 대사를 전달했다. 스타이거는 웅얼 거렸다. 단어를 아무렇게나 내뱉었다. 문장은 구두점 중심이 아닌, 단어 아래에서 부글거리는 감정을 중심으로 짜여졌다. 배우들이 이런 식으로 대사를 하는 건 안 될 일이었다. 유성영화의 출현으로 책 『또렷하게 말하기』와 책의 저자 이디스 스키너는 할리우드 스튜디오의 기둥이 되었다.[40] 배우가 스튜디오와 계약한 후 받는 연기 교육에는 제대로 말하기 위한 발성 재훈련 과정이 들어 있었다. 존 가필드나 제임스 캐그니처럼 소수민족 혹은 도시 출신일 경우 약간은 사투리 억양을 구사해도 무방하지만, 그래도 여전히 음절 하나하나를 명확하게 발음해야 했다. 상류층 인물을 연기할 경우 완전히 미국식도 아니고 완전히 영국식도 아닌 중간 어느 지점에 속한 "동부 연안의 억양"을 반복해 훈련했다.

동부 연안의 억양은 인위적으로 만들어진 것으로, 메소드 배우들이 여봐란듯이 중요시하는 진실성을 가로막는 장애물이었다. 그러나 점점 그 수가 늘어나고 있던 메소드를 폄하하는 사람들이 보기에 그들의 "진짜" 말하기 방식은 명확한 텍스트 전달을 요구하는 좋은 연기의 규칙을 깡그리 위반한 것이었다. 이 모든 것에는 계급적인 요소가 있었다. 메소드 배우들이 대사 전달을 잘 못한다는 불만은 종종 메소드 추종자들이 이민자의 프롤레타리아 자녀들이라는 불만이기도 했다.

하층 계급, 형편없는 발음, 고도의 테크닉을 발휘한 감정 표현과 연결되는 메소드의 이미지는 엘리아 카잔이 말런 브랜도와 함께 한 마지막 작품 〈워터프론트〉(1954)로 한층 더 공고해졌다. 카잔과 시나리오 작가 버드 슐버그는 조폭에게 불리한 증언을 하기로 결심하는 부두 노동자이자 조폭의 하수인 테리 멀로이의 이야기를 다룬 이 영화를 반미활동조사위원회에 출두해 동료들의 이름을 대기로 한 자기들의 결정을 극화한 작품으로 여겼다.[41] 그러나 자기합리화 행위라기에는 영화의 비유가 도무지 사리에 맞지 않는다. 부둣가 세계에서 조폭의 힘과 위협은 미국이나 할리우드에서 공산당이 행사한 힘을 훨씬 능가했다. 게다가 영화에서 비난을 받는 이들은 살인자와 도둑이다. 오슨 웰스는 이런 말로 그 사건과 관련한 상황을 잘 요약했다. 〈워터프론트〉는 "부도덕합니다. (…) 이 영화는 이름을 불었던 모든 사람들을 위한 변명이에요. 매카시에게 부역했던 모든 이들, 카잔도 그중 한 명이었죠. 입을 연 사람이 영웅이라는 걸 보여주려는 작품입니다."[42]

그러나 비유가 너무 허술하기 때문에 카잔과 슐버그가 영화에서 말하고자 시도했던 정치적 사건은 쉽게 무시된다. 〈워터프론트〉가 믿기 어려울 만큼 놀라운 예술 작품이기 때문에 특히 더 그렇다. 영화에서 칼 말든, 브랜도, 에바 마리 세인트, 로드 스타이거, 리 J. 코브는 잊지 못할 연기를 보여준다. 모두 액터스 스튜디오나 그룹과 연결된 배우들이었다. 영화는 메소드의 가치관으로 가득 차 있다. 평범한 남녀의 삶을 다루며 그중 몇 명은 영화에 엑스트라로 등장하기도 했다. 대부분 로케이션으로 촬영한 이 영화는 "근사하게" 보이는 것보다 생생한 사실감을 살리는 데 더 집중한다. 〈워터프론트〉는 감정을 억누르는 순간, 감정에 반한 연기를 펼치는 순간, 감정이 불분명하게 표현되는 순간들이 가득하다. 영화 속 캐릭터들은 자신을 어떻게 표현해야 할지, 또는 표현을 해야 할지 말아야 할지를 항상 확신하지 못한다. 대신 머뭇거리고, 멈추고, 말을 더듬거나 말꼬리를 흐린다. 숨겨진 감정과 욕망을 전달하기 위해 소품을 사용한다. 그러나 칼 말든이 맡은 베리 신부가 교구민들에게 옳은 일을 하라고 간청할 때나 브랜도가 자신이 어떻게 도전자가 될 수 있었는지에 대해 연설할 때처럼, 필요한 경우에는 여느 영화들보다 더 크고 더 생생하게 느껴지는 강렬한 감정이 뿜어져나온다. 〈워터프론트〉는 1950년대 메소드 영화 제작의 정점을 찍으면서 앞으로 수십 년 동안 연구되고 모방될 운명을 맞게 되었다. 카잔, 슐버그, 브랜도, 세인트는 이 영화로 오스카상을 수상했고, 코브, 말든, 스타이거는 남우조연상 후보에 올랐다.

메소드the Method—모두들 메소드를 언급할 때 대문자 M을 사용하기 시작했다—는 이제 미국에서 유행하는 연기였다. 해럴드 클러먼은 1940년대 초에 쓴 『열광의 시절』에서 "메소드(the method)"—그룹이 사용하는 테크닉들을 부르는 약칭—는 미국의 양쪽 해안에서 스타니슬랍스키의 "시스템"을 다양하게 응용해 만든 연기 방법을 칭한다고 말했다.[43] 스트라스버그의 메소드가 미국 배우들을 통해 퍼져나가는 지금, 구파와 신파 사이에, 스트라스버그 버전의 스타니슬랍스키 메소드와 그룹의 옛 라이벌들이 가르친 버전 사이에 전선戰線이 그어지고 있었다.

그룹이 와해되고 10여 년이 지나는 동안에도 스텔라 애들러나 샌퍼드 마이즈너가 리 스트라스버그를 바라보는 시선은 조금도 부드러워지지 않았다. 세 교사 모두 '경험하기'에 대한 믿음에 있어서는 같은 입장이었지만, 스텔라와 샌퍼드가 보기에 스트라스버그는 유해할 뿐만 아니라 도움이 안 되는 연기 이론을 전파하는 사기꾼이었다. 스트라스버그의 내면에로의 집중과 진실한 감정에 대한 열정은 스텔라와 샌퍼드가 학생들에게, 또는 질문하는 기자들에게 말했듯 배우들을 망쳐놓았다.

1950년대 초에는 애들러와 마이즈너도 스트라스버그와 더불어 뉴욕의 유명 교사로서 입지를 굳힌 상태였다. 세 사람 다 "시스템"과의 조우, 그룹 시어터에서 겪은 불화, 자기만의 개성 등을 통해 얻은 서로 다른 구체적인 테크닉을 가르쳤다. 뉴욕에 있는 진지한 젊은 배우라면, 관점과 비평안뿐만 아니라 수십 년의 경험으로 터득한 눈부신 금언과 지혜를 갖춘 셋 중 한 명에게 배우기를 바랐을 것이다.

리 스트라스버그의 경우 특히 더 그랬다. 20세기 내내 사람들은 스트라스버그가 가르친 내용을 분명하게 표현하는 일에 자주 어려움을 겪었다. 스트라스버그의 가르침 중 상당 부분은 구체적인 상황에서 내놓은 피드백, 배우들의 진부한 표현을 찾아내는 방식, 그를 흠모하는 제자들 앞에서 즉흥적으로 흩뿌린 지혜에 기반한 것이었다. 1950년대에 스트라스버그에게 배운 마이크 니컬스는 한 수업에서 리가 어느 여배우에게 신을 연기하는 동안 무엇을 지향했느냐고 물었던 일을 떠올렸다.

"아아," 여배우가 대답했다. "샘물이요, 그리고 갈망하는 기분이요."[44]

스트라스버그의 반응은 난데없어 보였다. "자네, 과일 샐러드 만드는 법 아나?" 그녀는 안다고 답했고, 스트라스버그는 어떻게 하는지 알려달라고 했다. 그녀는 과일 샐러드 만드는 과정을 단계별로 묘사했다. 스트라스버그가 말했다. "맞아. 그게 자네가 과일 샐러드를 만드는 방법이야. (…) 자네는 그걸 앞에 두고 '과일 샐러드'라고 말하면서 몇 주 동안 앉아 있을 수 있지. 그래도 막상 과일 샐러드를 먹으려면 한 번에 한 조각씩 집어야 할 거야." 니컬스는 "내가 연극 작업에 관해 들었던 말 중 가장 유용한 은유"라고 말했다. 스트라스버그와 하는 세션에는 일종의 메소드 외전外典을 구성할 이런 식의 논평과 배우 예술에 관한 사소한 속담이 가득했다.

스트라스버그는 구체적인 테크닉을 가르쳤는데, 그중 가장 중요한 것은 상호연결되는 훈련의 방식이었다. "훈련은 배우의 연기 도구가 작동하게 만들어야 해요."[45] 에스텔 파슨스가 설명했다. "예컨대 더러워진 바이올린이 있다면 잘 닦아야죠. 그래야 좋은 연주를 할 테니까요." 이 훈련은 배우를 자아와 경험과 기억, 특히 감각적이고 정서적인 형태의 기억에 연결시켰다. 전기 작가이자 스튜디오 단원이었던 퍼트리샤 보즈워스는 훈련을 통해 "배우 내면에 있는 특별한 무언가"를 열어 "무대 위에서 살아 움직이게" 만들었다고 설명했다.[46]

대개 아메리칸 랩 시어터에서 그랬던 것처럼 배우는 긴장을 풀고 집중하는 것으로 시작했다.[47] 스트라스버그의 수업에서 배우는 몸 전체에서 근육의 긴장을 찾아 풀어주었다. 몇 년 후에는 근육이 풀렸는지 테스트하기 위해 사지를 털면서 소리를 내거나 그 순간에 떠오른 감정을 표출했다. 스트라스버그의 집중 훈련은, 우스펜스카야의 훈련에서처럼, 사물에 초점을 맞추었지만 그의 수업에서 사물은 기억에 남아 있는 가상의 것들이었다. 배우는 존재하지 않는 것을 창조해야 했다. 이 훈련을 잘하게 되면 다음으로 화장실 거울 앞에서 하는 머리 빗기, 면도하기 등의 아침 일과를 소품이나 세트 없이 재현했다. 여기에서 "종합적인 감각"으로 넘어가 감각 기억을 활용해 신체적 경험을 재현했다.[48] 당신은 우중충한 지하실에 앉아 있으면서 순전히 기억만을 활용해 얼굴에 내리쬐는 햇살을 느낄 수 있는가? 당신의 치아에 느껴지는 날카로운 통증은 어떤가? 가상의 물체와 상호작용하는 동안 치통을 느낄 수 있는가? 〈햄릿〉의 독백을 낭송하는 동안에는?

이 훈련 뒤에는 스트라스버그의 가장 악명 높은 훈련이 이어졌다. 첫 번째 훈련은 1956년에 개발된 **사적인 순간**private moment으로, 배우가 혼자 있을 때만 하는 어떤 일을 재현하는 것이었다. 사적인 순간의 목표는 배우에게 남아 있는, 다른 사람들 앞에서 공연하는 것에 대해 가질 법한 심리적 장애를 극복하는 것, 그리고 "군중 속의 고독"을 달성하도록 돕는 것이었다. 스트라스버그를 폄하하는 이들이 보기에 사적인 순간은 노출증과 관음증에 대한 변명에 불과했다. 사적인 순간의 거의 대부분이 매우 평범했지만 노출이나 자위행위를 하거나 눈물을 쏟아내는 일도 없지 않았다.[49] 사적인 순간을 성공적으로 해낼 수 있다면, 그룹 안에서 만큼이나 그룹 밖에서도 여전히 논란의 대상인 정서 기억 훈련으로 넘어간다.

1950년대 중반 뮤지컬 극단 배우들의 작업을 통해 개발된 마지막 주요 훈련은 **노래와 춤**이었다. 노래와 춤에는 두 부분이 있다. 첫 번째는 '해피 버스데이' 같은 익숙한 노래를 부르는데, 평소 부르던 방식 대신 각 음을 숨을 최대한 들이마시고 내쉬면서 길게 끌어서 부른다. 해애애 애애애애애. 피이이이이이이이. 버어어어어어어스. 데에에에에에에이. 배우는 노래하는 동안 관객의 눈을 쳐다본다. 조금 있으면 기이한 일들이 일어나기 시작할 것이다. 경련을 일으키거나 울거나 폭소를 터뜨릴지도 모른다. 그러면 스트라스버그는 갑작스럽게 관객을 맞닥뜨렸을 때 "뒤에 숨을 수 있는 가상의 삶"이 없는 채로 연기하는 이런 방식이 어떤 감정을 불러일으키는지 알아내라고 지시할 것이다.[50] 훈련의 두 번째 단계에서는 반복적인 신체 움직임이 추가될 것이다. 최종 목표는 "배우가 발성 습관을 깨고 표현을 조절하는 능력을 확장하는 것"이다.[51]

일단 이 작업—평생 기교의 일부로 반복해야 하는—을 완전히 파악한 배우는 장면 연구로 넘어가 함께 연기하는 배우와 교감하며 "진실되게 논리적으로" 연기하는 법을 배운다.[52] "작가가 (⋯) 이미 제공한 대사를 넘어서" 캐릭터의 "지속적인 생동감, 지속적인 사고 과정과 감각 및 감정 반응"을 포착하기 위해서는 에튀드를 활용할 수 있다.[53] 그런 다음 자아에 의지하여 스트라스버그가 연출가로서 채택한 대체

substitution, 정당화, 조정 같은 테크닉을 활용할 수 있다. 스트라스버그는 배역을 너무 깊이 연구하거나 지적인 수준에서 텍스트에 몰입하는 것을 학생들에게 권장하지 않았다. 그건 연출가가 할 일이었다.[54] 1978년에 스튜디오에 합류한 재클린 냅이 말했다. "스트라스버그는 '생각하지마, 달링! 생각 그만해!'와 '너무 많이 연구했어, 달링! 연구를 지나치게 많이 했다고! 나는 자기가 어떻게 행동하는지 보고 싶어, 달링'이라는 말이 전부였어요."[55]

메소드의 기묘한 아이러니 중 하나는 실제 역할을 창조하는 데 응용되는 이 모든 테크닉이 체계적인 것과는 거리가 한참 멀었다는 것이다. 스튜디오에서 많은 배우들이 역할을 창조할 때 감각 작업을 사용하지 않았고, 스트라스버그의 가르침을 각자 자기 목표에 맞게 적용했다.[56] 에스텔 파슨스는 그 훈련들이 "배우에게 유용하지 않았어요. (⋯) 연기하고는 아무 관련이 없어요"라고 말했다.[57] 반면 셸리 윈터스는 『뉴욕 타임스』에 정서 기억 테크닉이 〈젊은이의 양지〉에서 연기할 때 특히 유용했다고 말했다. "효과가 있어요. 나한테는 매번 효과가 있습니다. 왜 그런지는 설명 못하겠지만 효과가 있어요."[58]

스텔라 애들러는 반대 방향에서 연기에 접근했다. 스트라스버그가 자아를 연기의 원재료로 활용한 곳에서 스텔라는 자아를 변형시키고 초월하고자 했다. 배우로서 해야 할 일은 자신이 연기할 캐릭터를 만나기 위해, 또는 캐릭터에 걸맞은 존재가 되기 위해 영혼을 확장하는 것이었다. 애들러가 보기에 연기에는 도덕이 있었다. 딱 스타니슬랍스키에게 그랬던 것처럼 말이다. 연기를 평생의 직업으로 선택한 사람들에게 그녀는 최대치를 요구했다. 애들러의 옛 제자 조앤나 로테의 말처럼, 배우가 되려면 "다음의 세 가지 자질을 함양해야 했다. 자신감, 전통에 대한 지식, 성장에 필요한 역량."59

애들러가 가르친 과정은 심리적인 것도, 자기성찰적인 것도 아니었다. 수십 년이 흐르는 동안 학생들에게 각자의 경험을 활용하지 말라고 가르치는 그녀의 입장은 점점 더 단호해졌다. 1970년대에 한 수업에서 훈련을 위해 스위스에 있는 어느 호수를 봐야 했던 학생이 사실 자기는 스위스에 가서 실제 호수를 본 적이 있다고 말했다. "그럼 모로코에 있다고 상상해봐."60 애들러가 대답했다. "실제 존재하는 것으로부터 벗어나야 해. 실제 대상은 배우의 연기를 제약하고 배우를 불구로 만들 테니까." 그녀는 학생들이 연기할 상황을 말로 서술함으로써 상상력을 훈련시켰다. 우스펜스카야가 그랬듯 학생들이 그녀가 묘사하는 것은 무엇이든 볼 거라 기대하면서 말이다. 과업/문제와 행동에 다가가는 애들러의 접근법은 그녀가 그룹에서 가르쳤던 이래로 변하지 않았다. 캐릭터는 일련의 문제를 갖고 있다. 문제가 그것을 해결하려는 행동에 동기를 부여한다. 행동은 신체적인 것이어야 한다. 아니면 거의 가치가 없다. 이는 꿈이나 회상 같은 "내면의 행동들"에서도 사실이었다.61 캐릭터가 욕구에 대한 반응으로 말을 하듯 언어 자체는 행동의 표현이다.

애들러는 특히 대본 분석 수업으로 유명했는데, 그녀가 말년에 한 수업에는 옛 제자인 하비 카이텔 같은 유명인들이 자주 와서 청강하곤 했다.62 애들러는 대본 분석을 위해 해당 극작가의 작품과 극작가에 대한 글을 최대한 다 찾아 읽었다.63 다른 시대나 다른 나라의 희곡이라면 그 작품을 탄생시킨 연극적 전통을 조사하기도 했다. 희곡 자체의 배경에 대한 글을 읽기도 했다. 그런 다음 텍스트에 파고들어 단어 하나하나를 샅샅이 훑어가며 그 의미를 찾아냈다. 그녀는 에드워드 올비의 〈동물원 이야기〉 첫 페이지에 단 주석에서 우리가 5번가 근처에 있느냐는 제리의 질문에 피터가 대답하는 방식을 지적한다. 대화는 단순하다.

제리: 저게 5번가야?
피터: 아, 응, 그래 맞아.

애들러는 이 짧은 대화에 아주 많은 의미가 담겨 있다고 생각했다. "이건 깔아뭉개는 말투이다."[64] 그녀는 피터의 대사 부분에 썼다. "그는 '그래, 그래, 그렇다니까'라고 말한다. 저게 5번가야. 그는 5번가가 어디인지 알고 매디슨 애비뉴가 어디인지 안다. 거리를 잘 안다. 중요해 보이지 않는 모든 것을 알고 있다." 텍스트, 텍스트의 세계, 작가의 세계에 점점 더 깊이 접촉하여 자신을 그곳으로 데려가면 스스로를 변화시키고 "상황 속에서 행동을 경험"하게 될 것이다.[65] 애들러가 보기에 희곡은 누가, 어떤 목적으로 썼느냐에 따라 다르게 작동했다. 그녀는 언젠가 한 수업에서 조지 버나드 쇼의 희곡에 대해 논하던 중 이렇게 말했다. "현대 희곡에는 항상 논란—누가 옳은가?—이 있습니다. 반면 쇼의 희곡에서 그는 무엇이 옳은지 알고 있어요. 여러분에게 누가 옳은지 말해줍니다."[66] 따라서 쇼는 보다 영웅적인 스타일의 연기를 보여줄 수 있는 확신을 요구했다.

이 모든 것이 "성격 묘사" 수업에서 함께 논의되었다. 수업에서는 배역에 대해 알고 있는 것들을 어떻게 받아들이고 생명을 불어넣는지를 배웠다. "여러분이 18세기 사람을 연기한다면,"[67] 애들러가 말했다. "엄청나게 많은 것을 알아야 합니다. 미국인의 아주 단편적인 특징만 갖고 말하는 법이나 똑바로 앉는 법을 모르거나 여러분의 머리가 어디에 있어야 하는지 모르는 채로 역할에 들어가서는 안 됩니다." 18세기 사람은 행동거지가 다르고, 자신을 다르게 이해하며, 완전히 다른 추정과 이념으로 주변 세상을 바라본다. 그래도 이러한 것들은 회화, 조각, 책, 희곡을 통해 배울 수 있다.[68] 몸을 새로운 방식으로 움직이게 할 의복을 찾아볼 수도 있다. 텍스트에 파고들어 캐릭터의 문제가 무엇이고 행동을 통해 어떻게 표현될 수 있을지에 대한 지침들을 찾아낼 수도 있다.

보비 루이스와 우타 하겐 같은 일부 교사는 스트라스버그와 애들러를 연결하는 방법을 가르쳤지만, 두 접근법에서 가장 급진적으로 이탈한 사람은 샌퍼드 마이즈너였다. 샌퍼드는 "가상의 상황 속에서 충실하게 살아가는" 기술을 가르쳤다.[69] 배우들이 이를 달성하는 법은 배우기 어려운 만큼이나 파악하기는 간단했다. 배우들은 그저 존재해야 했다. 학술적인 연구는 불필요했다. 텍스트가 이미 관객에게 필요한 맥락과 관련한 정보를 제공하고 있기 때문이다. 오히려 배우는 순간에 존재해야 했고, 최선을 다해 진실에 몰두하여 무대 위에서 일어나는 모든 일에 반응해야 했다. 마이즈너가 생각하는 배우는 변신의 특권을 누리지 않으며, 과거의 트라우마를 깊이 파고들지도 않는다. "그는 연기가 테크닉에 관한 것이 되기를 원하지 않았습니다."[70] 영화감독 시드니 폴락이 회상했다. "당신이 그의 제자였다면, 테크닉을 목표 그 자체가 아니라 목표를 달성하기 위한 수단으로 배웠을 겁니다."

마이즈너 가르침의 토대는 **반복 훈련**repetition exercise이라 불리는 것이었다. 배우 켈리 넬슨은 "반복 훈련은 엄마 아빠한테 배운 행동이건, 가톨릭 학교에서 배운 행동이건, 〈환상의 섬〉에서 배운 행동이건 상관없이 후천적으로 학습된 행동을 제거하는 아주 간단하고 독창적인 방법"이라고 말했다.[71] 훈련은 되도록 간단하게 시작되었다. 두 학생이 서로 마주보고 "네 머릿결이 윤이 나네" 같은 말을 주고받으면서 그 말에 어

뉴욕에서 가장 유명한 연기 교사 중 한 명이었던 샌퍼드 마이즈너.
1964년에 찍은 사진이다.

떤 이야기를 보태는 시도는 하지 않는다. "공허하고 인간미 없는 대화죠, 그렇죠?"72 마이즈너가 말했다. "하지만 그 안에는 무언가가 있습니다. 연결고리가 있죠. (…) 서로의 말에 귀를 기울이는 것에서 비롯된 연결고리입니다만, 거기에 인간적인 특성은 없습니다. 아직까지는 말입니다." 여러 달에 걸쳐 수업이 진행되는 동안, 반복 훈련이 점점 정교해지면서 "인간적인 특성"이 조금씩 조금씩 더해진다. 반복 훈련의 후반 단계에 이르면 학생은 자기가 선택한 고난도 행위를 포함한 훈련을 시작했다. 상대역이 당신에게 대답을 강요하는 식으로 문을 두드린다. 당신이 대답하면, 상대역은 그 공간에 들어와 무슨 말("너는 나에게 20달러를 빚졌어!")을 하고, 그러면 당신은 그 말을 그대로 반복한다("내가 너에게 20달러를 빚졌다고?"). 무언가가 변할 때까지 이런 식의 대화를 주고받는다. 무언가 변하면, 당신은 새로운 문장("나 그거 없어" "넌 그거 없어!")을 반복해 말하기 시작하고, 그 신이 끝날 때까지 계속한다. 핵심은 일어나고 있는 일을 방해하거나 통제하려 하지 않으면서 상대역에 반응하는 것이었다. 그러한 훈련 내내 마이즈너는 하지 말아야 할 일과 더 즉흥적인, 더 존재감 있는, 더 생생한, 더 순간에 충실한, 머리를 덜 쓴 사례들을 찾아내어 비판적인 의견을 제시했다.

실제 텍스트를 작업할 시간이 되면, 마이즈너의 방법은 다시금 지독히도 간단했다. 네이버후드 플레이하우스 스쿨 오브 시어터의 상임 이사 패멀라 캐러먼은 이렇게 설명했다. 마이즈너는 "지적 처리 intellectualizing 과정이라면 무엇이건 극구 반대했습니다. 그는 예상하지 못한 순간들을 철저히 신봉했습니다."73 마이즈너는 전통적인 대본 분석을 가르치지 않았고 "비트"라는 용어도 쓰지 않았다. 행동이나 목표에 초점을 맞추지 않았다. 넬슨은 "샌퍼드의 접근법은 대본을 속속들이 다 알 수 있도록 텍스트를 기계적으로 외우는 것입니다. 처음에는 어조가 전혀 없겠죠. 그런 다음 대사를 즉흥적으로 나온 것처럼 해봅니다"라고 덧붙였다.[74] 이 말은 대사가 즉흥적이라기보다 대사를 가지고 하는 행위가 즉흥적이라는 것이다. 마이즈너는 학생들에게 지적인 준비 대신 말로 표현할 수 없는 것을 받아들이라고 권했다. "준비 작업의 목적은 단순합니다. 행동으로 스스로를 자극하는 것과 관련이 있습니다. 준비 작업은 일종의 백일몽입니다. 공상입니다. 내면의 삶에 변화를 일으키는 몽상입니다."[75]

꿈에 대한 그의 논의는 상상에 대한 이야기가 아니었다. 잠재의식의 산물을 활용하는 것은 그의 교육 과정에서 중요한 부분이었다. "우리는 교실 밖에서 백일몽에 대한 탐구를 많이 했습니다."[76] 넬슨이 말했다. "우리가 신을 준비하는 방법이었죠. (…) 우리는 순간을 사전에 계획하지 않습니다. 이미 우리 안에 있어요. 우리는 감정을 연기하지 않습니다. 이미 우리 안에 있어요." 이후의 작업은 성격 묘사에 초점을 맞췄다. 배우들은 머더구스 라임(영국의 전승 동요-옮긴이)이나 『스푼 리버 앤솔로지』(시인 에드거 리 마스터스가 쓴 짧은 시들을 모은 책-옮긴이)를 활용해 억양이나 절뚝거리는 모습 등 인물의 외적인 측면을 연기하는 순간에 진실함을 유지하는 실험을 하곤 했다. 캐러먼은 "비록 억양을 붙이더라도 억양을 연기가 아니라 진짜로 하면 당신의 행동이 변할 거예요. (…) 그 행동이 바로 캐릭터입니다"라고 설명했다. 언제나 목표는 현재의 순간에서 '경험하기'로 다시 돌아가는 것이었다.

메소드method가 메소드Method가 되면서 의미가 바뀌기 시작했다. 메소드는 스타니슬랍스키의 "시스템"을 미국식으로 조정한 이론을 포괄하는 용어가 아니라, 스튜디오를 비롯한 여러 곳에서 리 스트라스버그와 그에게 배우는 배우들이 벌이는 미스터리한 일을 뜻하게 되었다. 메소드의 실체를 정확히 아는 사람은 아무도 없었지만 그것은 심리, 기이한 행동, 과거 경험의 기억, 자아와 관계가 있었다. 소설의 의식의 흐름 기법처럼, 비밥의 즉흥 연주처럼, 추상표현주의의 물감 뿌리기처럼, 메소드는 자아 내면의 리얼리티를 전달하기 위한 외적인 수단을 모색했다. 그 과정에서 새로운 종류의 자연주의가 탄생했는데, 새로운 자연주의의 주된 관심은 기술적 정밀함이 아닌 진실이었다.

그러나 메소드가 좁은 의미로 사용되고 연극, 영화, 텔레비전에서 명성을 얻으면서도, 메소드에 대한 오해는 넘쳐흘렀다. 어떤 배우의 연기가 새로운 자연주의와 닮았거나 어떤 식으로건 스튜디오와 관련이 있으면 대중은 그를 스트라스버그 진영에 속한 배우라고 추정했다. 이런 추정은 몽고메리 클리프트와 말런 브랜도를 특히 짜증나게 만들었다. 두 배우는 스트라스버그가 관여하기 이전에 스튜디오에 합류했고, 그가 스튜디오를 장악한 뒤에는 스튜디오를 떠났기 때문이다. "말런은 결코 스튜디오를 열심히 다닌 적이 없습니다."[77] 마틴 발삼이 말했다. "말런은 스튜디오에 들어왔던 방식 그대로 스튜디오에서 나갔습니다. 그게 그의 스타일이었죠." 하지만 스트라스버그는 현존하는 가장 위대한 배우인 말런 브랜도를 스튜디오의 평생 단원이라고 즐겨 주장했다. 브랜도는 그런 말을 하고 다니는 스트라스버그를 절대 용서하지 않았다. 그는 훗날 스트라스버그가 "만사의 공을 가로챘다"고 말했다.[78] "그는 감식력이라고는 없는 사람입니다. 나는 그를 정말로 싫어합니다. (…) 게다가 그는 나에게 연기를 가르친 적이 없습니다. 스텔라가 가르쳤죠. 카잔하고요." 스튜디오의 다른 단원들은 스트라스버그를 신뢰하지 않는데도 메소드 혈통으로 휩쓸려 분류되었다. 〈페르 귄트〉에서 스트라스버그와의 작업을 싫어했던 칼 말든은 나중에 이렇게 썼다. "사람들은 내가 액터스 스튜디오 1층을 돌아다녔다는 이유로 내가 스스로를 메소드 배우라고 부를 거라 추측할지도 모르겠다. 그러나 아니다. 당연히 나에게도 연기 방법이 있다. 그러니까 효과를 발휘하는 모든 방법 말이다."[79]

하지만 대중이 보기에 메소드는 뉴욕에서 로스앤젤레스로 침공 중인 새로운 자연주의였고 브랜도는 메소드의 칭기즈칸이었다. 당신이 진정한 배우가 되고 싶다면 그렇게 만들어줄 곳은 스튜디오the Studio였고, 만나야 할 사람은 리 스트라스버그였다. 이즈음 메소드에 대한 지식은 아직까지 대개 연극과 영화 관련 산업에 관심 있는 사람들로만 국한되어 있었다. 이제 모든 것이 바뀌려 하고 있었다. 스트라스버그, 그의 메소드, 그가 운영하는 스튜디오는 세계적인 명성과 심지어 악명까지 얻게 될 터였다. 제임스 딘과 매릴린 먼로 덕분에.

19장
제임스 딘은 말런 브랜도의 복사본인가

"**아**시겠지만, 이제 우리는 우리의 터전을 갖게 되었습니다."[1] 1956년 10월 리 스트라스버그는 한자리에 모인 액터스 스튜디오 단원들에게 말했다. "이 터전은 우리에게 표상을 주는 동시에 스튜디오는 영원하다는 기분을 느끼게 해줍니다. 내년에 우리가 무엇을 하고 있을지는 모르지만, 내년에 우리가 어디에 있을지는 압니다. 모든 것이 가능합니다." 스트라스버그는 웨스트 44번가 432번지에 있는, 교회를 개보수한 새 거처의 무대에서 연설했다. 액터스 스튜디오는 전문 배우가 출연작 사이사이에 연기 기교를 갈고닦는, 새로운 방식의 실험적인 조직으로 시작되었다. 그리고 여러 번의 이사, 공동 설립자 보비 루이스의 사직, 재정적 어려움, 외부의 정치적 압력, 카잔의 의회 증언을 견뎌냈다. 이제 스튜디오는 영원한 활동 거점을 갖춘 젊은 기관이었다.

그러나 스튜디오의 성공은 비탄으로 물들어 있었다. 스트라스버그는 축사를 시작하고 겨우 몇 문장 만에 눈물을 터뜨렸다. "여러분도 아시겠지만, 그게 바로 제가 두려워했던 겁니다"라고 말하고는 한참을 입을 떼지 못했다. 그는 정확히 1년 전에 차 사고로 세상을 떠난 제임스 딘을 생각하고 있었다. 스트라스버그가 딘을 떠올린 것은 딘의 세 번째이자 마지막 영화인 〈자이언트〉(1956)가 최근 개봉했기 때문이었다. "택시에 탔을 때 눈물이 나더군요. 우습게도 사실 두 가지 이유로 울었습니다. (딘의 연기를 보면서 느낀) 기쁨과 즐거움 때문에요." 그러나 스트라스버그가 애도했던 것은 딘이 재능을 낭비하고 스스로 망가졌다는 사실이었다. "그런 이상한 행동은 지미만의 일이 아닙니다. 알다시피, 여기 있는 분들을 비롯한 많은 배우들이 정확히 같은 일을 겪고 있습니다. (…) 술버릇과 그 밖의 것들 말입니다."[2] 스트라스버그는 배우가 철저하게 자아를 연구하는 것을 도울 수는 있었지만, 그들의 문제에 대해서는 정신분석가를 만나보라고 권하는 것 말고는 어떻게 해야 할지 몰랐다.

애들러와 스트라스버그가 갈라선 1934년 이후로 사람들은 리가 무면허 심리요법 행위를 하고 있다고 비난했다.[3] 그의 지지자들조차 그와 작업하면 심리적 대가를 치를 수 있다는 것을 인정했다. 셸리 나이트가 적었듯, "당신에게 심리적으로 심각한 문제가 있다면 그에게 배우지 말아야 한다. 그는 당신의 감정을 요구하기 때문이다."[4] 메소드와 정신분석 모두 1950년대 중반에 그 위상이 정점에 달하면서 대중의 상상 속에서 둘은 종종 뒤얽히기도 했다.[5] 이 시기 동안 스트라스버그는 심리학 용어를 작업에 도입했고, 스튜디오의 많은 단원들이 정신분석가를 만나고 언론 인터뷰에서 심리요법의 가치를 말하기 시작했다. 하지만 스트라스버그는 배우 개인의 문제는 자기가 아니라 전문가와 해결해야 한다는 주장도 했다.

제임스 딘은 심리적 문제 이상을 가진 인물이었다. 그는 아홉 살 때 친밀했던 어머니가 자궁암으로 돌아가시자 인디애나에 사는 고모네 집으로 보내졌다. 10대 시절에는 목사에게 성적 학대를 당했던 것 같다.[6] 캐럴 베이커의 말을 빌리자면, 그는 "슬픈 얼굴을 한 내성적인 괴짜"였다.[7] 또한 거의 보여주기식에 가까운 뚜렷한 취약성도 갖고 있었다. 그는 배우가 되려고 대학을 중퇴했으면서도 노출되거나 분석당하거나 비판받는 것을 싫어했다.

배우로 살아남으려면 피부의 두께를 조절할 수 있어야 한다. 작품을 위해 개방적이고 취약해질 수 있어야 하면서도 동시에 대중의 시선에 뻔뻔해져야만 한다. 제임스 딘은 그렇게 하는 법을 결코 배우지 못했고, 스스로를 자제할 줄 몰라 이상하고 정떨어지는 행동을 하기 일쑤였다. 한번은 보비 루이스가 제임스 딘에게 자신이 제작 중인 〈8월 달의 찻집〉의 오디션을 보러 오라고 청했다. 지미의 출연작을 본 적 있는 보비는 그가 이 역할을 할 수 있을 거라 생각했지만, 말 한마디로 간단히 그를 캐스팅할 수는 없었다. 캐릭터가 일본인이었기에 특히 더 그랬다. 루이스는 "사키니의 오프닝 독백 몇 줄을 준비하라고 말하자 지미가 겁에 질려 꼼짝도 못했다"고 회상했다.[8] 마틴 벡 극장에서 독백을 하기 위해 무대에 오른 딘은 갑자기 폭소를 터뜨리며 쓰러지더니 무대 밖으로 뛰어나갔다. 보비 루이스가 그를 쫓아갔다. 대체 무슨 짓을 하는 거지?

"너무 창피해요." 딘이 말했다.

"네 기분은 나도 알아." 루이스가 말했다. "하지만 일을 하다보면 마음이 편치 않아도 참고 견뎌야 할 게 많아. 기운 내서 다시 해봐."

젊은 배우는 그러겠다고 약속했지만 독백 두 줄을 한 후 또다시 웃기 시작하더니 무대 밖으로 뛰쳐나간 후 끝내 돌아오지 않았다. 딘이 옳았다. 보통의 오디션들이 그에게는 굴욕적으로 느껴졌다. 가짜 일본인 억양을 구사하면서 "사랑스러운 숙녀, 친절한 신사 여러분, 제 소개를 하겠습니다. 제 이름은 사키니입니다"라는 대사를 할 필요가 없을 때조차 말이다. 반면 루이스도 옳았다. 배우는 배역을 선택하지 못한다. 그리고 살아남기 위해서는 자제력이 필요하다.

딘의 많은 동료들이 그를 싫어했다. 그에게는 건방진 구석이 있었고, 엄밀함보다 즉흥성을 강조하는, 대단한 수준이랄 것 없는 그의 테크닉은 타고난 재능에 상당히 의존했다. 텔레비전에서 딘과 연기했던 노마 코널리는 이렇게 말했다. "지미는 개자식이었어요. 애송이 장사꾼이기도 했죠. 더 나은 배역을 얻기 위해 성性을 거래 수단으로 삼곤 했어요. (…) 따분하고 싼티 나는 꼬맹이였죠."9 그녀는 딘이 티셔츠 차림으로 참석했던 오스카 파티도 기억했다. 사람들의 관심을 끌려고 필사적이던 딘은 파티 주최자의 집에 있는 냄비와 프라이팬을 계속 두드리면서 자기 물건의 크기에 대해 허풍을 떨어댔다. 딘의 행동은 말런 브랜도가 들어왔을 때에야 누그러졌다. 말끔한 정장 차림의 말런은 딘의 티셔츠를 가리키며 말했다. "그건 작년에 유행했던 거야, 지미."10

브랜도와 몽고메리 클리프트를 흉내 낸다는 비난은 딘의 짧은 경력 내내 그를 괴롭혔는데, 이는 부분적으로 사실이었다. 딘은 클리프트에게 주기적으로 전화를 걸어 그의 미니멀리즘적인 우아함—클리프트가 열심히 노력하는 것처럼 보이지 않으면서도 모든 일을 해내는 방법—의 비밀을 알아내려 애썼지만 클리프트는 알려주지 않았다. 딘은 브랜도만의 독특한 버릇을 배우기 위해 〈더 맨〉을 보고 또 봤고, 자신이 떠받드는 우상인 브랜도의 역할 연구 과정을 다룬 언론 보도를 읽었다.11 조언을 구하는 딘의 간청에 정신분석가를 만나보라는 권유로 응답했던 브랜도는 딘을 표절 혐의로 고소한 사람들 중 한 명이었다.12 브랜도는 〈에덴의 동쪽〉(1955)에 출연한 딘을 본 후 젊은 배우가 "내가 작년에 입었던 의상을 입고, 내가 작년에 썼던 재능을 활용하고 있다"고 평했다.13

딘은 언론에 이렇게 답했다. "새 배우가 등장하면 늘상 다른 배우와 비교되곤 합니다. (…) 사람들은 내가 브랜도가 누구인지 알기 전부터 나를 보고 브랜도처럼 행동한다고 말하고 있었습니다. (…) 나에게는 나만의 반항기가 있어요. 브랜도의 반항기에 기댈 필요가 없습니다."14 그러나 테이프는 또 다른 이야기를 들려준다. 딘은 〈에덴의 동쪽〉과 〈이유 없는 반항〉(1955)에서 브랜도의 목소리와 독특한 버릇을 모방했고 거기다 몽고메리 클리프트를 한두 숟갈 섞었다. 딘의 손에서 정제된 것은 브랜도와 클리프트의 연기에 독창적인 힘을 부여했던 본질과는 완전히 분리된, 알맹이는 없고 스타일리시하게 보이기만 하는 경련에 가까운 행동이었다. 브랜도가 침묵하는 순간은 캐릭터의 생각으로 가득 차 있는 반면, 딘은 토라져 틀어박히는 모습으로 보여진다. 브랜도의 연기는 캐릭터에 뿌리를 두고 있기 때문에 그는 엄청난 감정적 위험을 감수할 수 있었다. 이와 대조적으로 〈이유 없는 반항〉의 초반부에 "당신들은 나를 찢어발기고 있어요!"라고 하는 딘의 유명한 장면은 딱히 이렇다 할 동기 없이 순전히 감정을 터뜨리기 위해 난데없이 폭발하는 것처럼 보인다.

〈에덴의 동쪽〉을 연출한 카잔은 자신이 스타로 만든 배우에 대해 칭찬하는 말을 별로 하지 않았다. 카잔이 딘을 캐스팅한 건 그 청년이 본질적으로 칼Cal 캐릭터 그 자체라고 생각했기 때문이다. 정서적 문제와 더불어 아버지와의 문제가 있는, 엄청 다정한 행동과 자기파괴적인 난폭한 행동을 모두 할 수 있는 심술궂고 반항적인 청년 말이다. 일단 딘을 떠안은 카잔은 그가 "세세하게 지시하지 않아도 즉각 신을 제대로 연기하거나 (…) 또는 전혀 연기할 수 없는" 배우라는 사실을 깨달았다.[15] 영화에서 딘의 아버지를 역을 맡은 레이먼드 매시는 동료 배우가 똑같은 연기를 두 번 하지 못하거나 대본에 적힌 대로 대사를 하지 못한다고 자주 투덜거렸다.[16] 카잔이 새로 발굴한 배우에게 믿음이 부족했다는 사실은 결과물인 영화에 뚜렷이 드러난다. 칼의 감정적인 클라이맥스 장면에서 카잔은 딘의 얼굴을 그늘 속에 감추었고, 딘의 대사는 후반 작업 과정에서 후시 녹음을 한 것처럼 들린다.

딘은 스튜디오 멤버였지만 무대에는 거의 오르지 않았다. 그곳에서 발표한 첫 작업에서 스트라스버그의 피드백에 엄청난 굴욕감을 느꼈기 때문이었다. 그는 다른 사람의 프로젝트에 출연하는 동안에도 다시 한 번 리가 날카로운 시선으로 자신을 집중하는 위험을 무릅쓰는 일은 거의 하지 않았다. 그래도 언론 앞에서 딘과 스트라스버그는 서로에게 득이 되는 관계를 유지했다. 젊은 청년은 스트라스버그를 "믿을 수 없을 만큼 놀라운 분, 환상적인 통찰력을 가진 걸어 다니는 백과사전"이라 부르며 그와 자신을 결부시킴으로써 배우로서의 정통성을 획득했다.[17] 스트라스버그와 스튜디오는 엄청나게 유명하고 인기 있는 대단한 사람들과의 관계를 통해 정통성을 획득했다.

딘이 연습했던 방식은 정확히 말해 스트라스버그의 것은 아니지만 대중의 눈에 그는 메소드 배우였다. 그가 존 가필드, 말런 브랜도, 몽고메리 클리프트로 이어지는 연기 스타일 계보에 속했기 때문이다. 그는 앞서 등장한 배우들을 모방함으로써 메소드를 연기에 대한 접근법이 아닌 하나의 스타일로 변모시켰다. 딘의 명성, 잘생긴 외모, 배역 선택을 통해 딘의 스타일은 1950년대 새로운 청춘 문화와 하나로 묶였다. 메소드는 이제 또 다른 형태의 반항이 되었다.

"묵인하는 분위기가 팽배한 것 같아."[18] 몽고메리 클리프트가 자신과 브랜도와 딘이 모두 스타덤에 오른 시대를 요약하면서 친구에게 말했다. "모두들 너무 착하고 온순해. 그렇지만 모두들 다른 사람을 공산주의자의 음모에 가담한 비밀 당원이라고 의심하지." 반미활동조사위원회가 매주 실례로 보여주었듯이 공산주의자는 대서양 건너편에만 있는 게 아니었다. 국무부에도, 군에도, 할리우드에도 있었다. 국제연합UN의 설립을 도왔던 앨저 히스가 소련 스파이로 밝혀졌고, 국제통화기금IMF의 설립을 거들었던 해리 덱스터 화이트도 마찬가지였다. 미국이 냉전에서 승리하고 지배적인 세계 질서의 정당한 관리자가 되기 위해서는 특정한 종류의 시민과 그에 걸맞은 국가 문화가 필요했다.

전후 미국은 개인과 사회의 관계에 골몰했다. 드와이트 D. 아이젠하워 대통령이 밝혔듯, 냉전의 시대에 "쟁점"은 "인간의 본성"이었다.[19] "인간은 다윗 왕이 '천사보다 조금 낮은 존재'라고 묘사한 피조물이거나 (…) 국가가 자국의 영광을 위해 노예로 삼고, 이용하고, 소비하는 영혼 없이 작동하는 기계이거나 둘 중 하나입니다." 미국인the American Man은 개인으로서 자유를 누리며 살아야 했지만, 20세기 중반 공공 생활에서 그 말은 뭔가 다른 것을 의미했다. 자유에는 의무와 희생이 뒤따랐다. 개인의 정체성도 중요했지만, 새로운 학문 분야로 떠오르던 사회학이 우리에게 일깨워준 것처럼, 이 정체성은 사회적 관계, 즉 우리가 속한 집단의 정체성과 책임의 그물망에서 찾을 수 있다. 이런 모든 것들을 질색하는 것은 자기만족일 뿐이다. 아이젠하워가 다른 자리에서 표현한 그대로다. "미국은 유약함과 방종을 통해 위대해진 것이 아닙니다."[20]

이런 현상이 가장 두드러지게 나타난 것은 바로 인간을 태어날 때부터 "본래의 잠재력"에 의해 제약받는 존재로 묘사한 그 시절의 자기계발 도서였다.[21] 우리는 하나의 자아가 아닌 통일성 있는 총체로 통합되어야 하는 수많은 자아, 즉 "가정적 자아, 사업적 자아, 종교적 자아, 정치적 자아" 등[22]을 가지고 있다. 통합에 성공할 경우 우리는 헨리 앨런 오버스트리트가 『성숙한 마음』에서 약속한 것처럼 완전한 성인成人이 될 수 있다. 성인이 된다는 것은 사회에서 "기능하고 있다는 감각의 발전"을 의미하며, 그것의 최고 형태, 다시 말해 "성숙의 정점"은 부모가 되는 것이다.[23] 마음의 성숙을 돕는 것이 새로이 유행하면서 심리치료와 정신분석 분야가 존경을 받았다. 1946년 해리 트루먼은 연방정신보건법에 서명했다. 이 법은 국방부의 연구비 지원과 더불어 정신보건 서비스 분야의 붐을 일으켰다. 이 시기 정신분석이 각광을 받으면서 가장 보편적인 형태가 된 "자아심리학ego psychology"은 심리적 문제의 원인이 사회적 역할에 대한 반항에 있다고 가르쳤다.[24]

메소드는 이 새로운 순응을 반박하지 않을 수 없었다. 입센부터 오늘날까지 자연주의 드라마의 주요 주제이자 관심사 중 하나는 주인공이 살고 있는 시대가 유지해온 규범의 유통기한이 다했음을 발견하는 것이다. 아서 밀러가 묘사했듯, 20세기 중반의 미국 드라마는 "비인간적인 사회가 가하는 여러 힘들에 주인공이 희생당하는 이야기를 주로 다룬다. 사회라는 거대한 힘과 압박에 효과적으로 대응할 방법은 존재하지 않는다. 주인공은 궁지로 몰리고 있다."[25] 〈세일즈맨의 죽음〉 같은 작품은 사회적 의무가 우리에게 항상 유익한 것만은 아니라는 사실을 냉혹하게 상기시켜주었다.

개인은 의무의 네트워크에 얽매어 있는 한에서만 자유롭다는 생각은 리허설 과정에서 배우가 처한 위치를 거울처럼 반영한다. 배우는 개인이지만 배우의 일은 공연 제작이라는 거대한 조직 내에서 맺는 다른 예술가와의 관계 안에서만 존재한다. 배우가 오직 자기 자신과 개인의 욕구에만 초점을 맞춘다면 기계 전체는 쉽게 망가질 수 있다. 메소드를 비판하는 이들이 보기에 메소드의 접근법은 공연 제작이라는 정당한 사회 질서에 맞서는 반란을 조장했다. 선택에 집중하지 않는 배우는 딱히 전문 배우도 아닐 뿐더러 좋은 협력자도 아니다. 자신이 하고 있는 연기를 "실제로 느껴야" 연기가 가능한 배우는 공연 준비 기간을 한없이 붙들어놓을 수도 있다. 제시카 탠디는 말런 브랜도와 작업할 때 이 문제를 예견했다. 다만 브랜도는 최소한 천재이기는 했다.

1950년대에 브로드웨이에 퍼진 농담 하나는 〈파자마 게임〉과 〈댐 양키스〉로 잘 알려진 극작가/제작자/연출가 조지 애벗과 한 메소드 배우가 벌인 대결에 관한 것이었다. 어느 날 리허설 중에 애벗이 배우에게 무대를 가로지르라고 지시했다.[26] 배우가 "그런데 제가 그래야 하는 동기가 무엇인가요?"라고 묻자 애벗이 답했다. "네 밥줄!" 이 농담에 담긴 의미는 분명하다. 메소드에 빠진 이놈들은 순전히 자기밖에 모르기 때문에 연기를 하지 못하거나 하지 않는다.

액터스 스튜디오는 2년마다 새로운 불평분자들, 이를테면 사회, 할리우드 스튜디오, 리허설장에서 순응하라는 지시에 코웃음을 치는 수많은 배우들을 배출하고 있는 듯 보였다. 로드 스타이거의 통제할 수 없는 감정부터 말런 브랜도의 격렬한 즉흥 연기와 성적 방탕함, 킴 스탠리와 몽고메리 클리프트의 음주까지, 이 새로운 미국식 연기 스타일은 자제력 부족을 용인하거나 요구하는 것 같았다. 브랜도가 〈위험한 질주〉—"넌 뭐에 반항하고 있는 거야?"라는 질문에 "넌 뭘 가졌는데?"라

는 유명한 답을 하는 1953년 영화—에 출연한 후 액터스 스튜디오와 메
소드는 불만을 품은 미국 백인 청년들 사이에서 들끓던 반항 정신의 상
징이 되었다. 브랜도의 설득력 있는 연기는 수많은 모방꾼을 양산해냈
다. 진 해크먼은 이렇게 묘사했다. "내가 뉴욕에 처음 갔을 때 모두가 브
랜도를 흉내 내고 있었습니다. 연기란 그렇게 하는 거라고 생각했죠. 아
주 심각한 표정 따위를 짓는다든가 하는 것 말이에요. 사실 딱한 짓이
었죠."27 어떤 사람들은 스튜디오를 찾아왔고, 어떤 사람들은 자기와
우상을 연결하는 방식으로 스스로를 그냥 "메소드"라고 불렀다. 마틴
발삼이 표현한 그대로다. "말런은 말런이죠. 그런데 제록스 복사본들이
전부 스스로를 액터스 스튜디오의 브랜도들이라고 불렀어요. 망할!"28

　제임스 딘 역시 이런 복사본 중 한 명이었을지도 모르지만, 그럼에
도 그는 미국 문화와 메소드를 바라보는 시각에 엄청난 영향을 미쳤다.
그의 연기, 다시 말해 "그가 가진 개인적인 반항"은 메소드의 대상을 성
인기에서 청소년기 후반으로 옮겨놓았다. 딘은 출연작 세 편 모두에서
제대로 사랑을 주지 못하는 아버지 같은 인물에게 반항한다. 오늘날의
관점에서 보면 세 역할 모두 순응하지 않는 인물을 상징한다기에는 약
간 이상하다. 〈에덴의 동쪽〉의 칼은 사람들과 어울리고 싶지만 그럴 능
력이 없다. 〈이유 없는 반항〉의 짐 스타크는 영화 안에서 이유를 명확히
밝힌다. 그는 아버지가 전통적이고 강인한 가부장이 되기를 원한다. 그
러니까 짐은 문화적 규범의 파괴자가 아니라 집행자다. 딘의 최고작이
자 최고의 연기를 보여준 영화 〈자이언트〉에서 그는 조연으로 등장해
영화의 대부분을 모두의 조롱거리가 되는 술꾼으로 보낸다.

　그러나 어쨌든 딘은 반항의 아이콘이 되었다. 쉽게 상처받는 그의
예민한 모습은 10대들에게 그들이 들어왔던 참으라는 모든 것을 떠올

리게 했다. 딘의 중성적인 아름다움은 금지된 욕망을 자극했으며, 〈이유 없는 반항〉 개봉 직전에 일어난 차 사고로 사망한 그의 죽음은 비극적인 매력을 더했다. 40대 후반 남성이 설립하고 50대 중반 남성이 운영한, 1860년대에 태어난 러시아인의 이론을 토대로 지어진 조직인 액터스 스튜디오는 딘이 사후에 성인聖人으로 추앙받으면서 청춘 문화의 소용돌이 속으로 휩쓸려 들어갔다. 스스로를 발견하는 동시에 다른 이들에게 발견되기를 원하는 젊은 배우들에게 액터스 스튜디오는 최적의 장소였다. 할리우드 가십 칼럼니스트 루엘라 파슨스 같은 사회에서 더 이름난 게이트키퍼들이 보기에 액터스 스튜디오는 "직업적으로 씻지 않는, 예의 없는, 관습을 거부하는 배우들의 집단"이었다.[29]

메소드를 향한 열광은 저절로 사그라졌을지도 모른다. 매릴린 먼로가 없었다면 말이다. 먼로는 스트라스버그와 1년간 공부한 후, 딘이 사망할 즈음에는 스튜디오의 붙박이가 되었다. 먼로의 본명은 노마 진 모텐슨이다. 1926년 로스앤젤레스 외곽에서 태어난 먼로가 위탁가정과 고아원, 성적 학대로 점철된 악몽 같던 어린 시절을 이겨낼 수 있었던 건 할리우드 스타덤이라는 꿈 덕분이었다. 그 꿈을 키워준 이는 그레이스 매키라는, 정신질환을 앓던 먼로의 어머니와 함께 필름현상소에서 일했던 여성이었다.[30] 매키는 결국 먼로의 후견인이 되었다. 먼로는 매키의 권유로 열여섯 살에 결혼했다. 2년 후 남편이 제2차 세계대전에 참전하면서 그녀는 군수품 공장에서 일을 시작했고, 육군 사진사의 눈에 띄게 되었다. 모델로 일하던 중에 영화배우가 되기 위해 노력했지만 성과는 거의 없었다. 1940년대에 스튜디오 시스템에서 여성이 성공하기 위해서는 필연적으로 힘 있는 남자들과 동침을 하거나, (운이 따라준다면) 그중 한 명을 보호자로 확보해야 했다. 먼로는 할리우드 고위층의 다양한 남자들 사이에서 말 그대로 이리저리 넘겨지다시피 한 끝에 윌리엄 모리스 에이전시 부사장이자 라나 터너를 발굴한 조니 하이드를 만났고, 그는 그녀와 사랑에 빠졌다.[31] 하이드는 〈아스팔트 정글〉(1950)과 〈이브의 모든 것〉(1950)의 주요 역할을 먼로에게 맡겼고 모두가 탐내는 20세기 폭스와의 7년 계약을 체결할 수 있게 해주었지만, 1950년 심장마비로 급사하고 말았다. 하이드라는 뒷배가 없어지면서 폭스가 연말에 계약을 해지하지 않으리라는 보장이 없는 상황이 되었다. 그녀는 그 시점에 할리우드에서 가장 인기 있는 감독 중 한 명이던 엘리아 카잔과 관계를 갖기 시작했다.[32] 카잔은 먼로를 아서 밀러에게 소개시켜주었고, 그녀는 밀러와 사랑에 빠졌다. 그리고 얼마 후 〈몽키 비즈니스〉(1952) 같은 코미디, 〈밤의 충돌〉(1952) 같은 드라마, 〈나이아가라〉(1953) 같은 누아르 영화에 꾸준히 출연하면서 1950년대 최고의 섹스 심벌이 되었다. 하지만 그녀는 섹스 심벌이 되고 싶지 않았다. 진지한 배우가 되고 싶었다. 자신의 이미지와 경력을 통제하고 조절하고 싶었다. 그녀가 원한 건 예술이었다. 훌륭한 연기라는 형식 안에서, 그리고 1956년 마침내 결혼하게 되는 아서 밀러라는 형식 안에서.

1954년에 먼로의 경력은 위기에 봉착해 있었다. 그녀는 지구상에서 가장 유명한 여성 중 한 명이었지만 "더 걸the girl"—〈신사는 금발을 좋아한다〉(1953), 〈백만장자와 결혼하는 법〉(1953), 최근에 완성된 〈7년만의 외출〉(1955) 같은 영화에서 연기한 얼빠지고 순진하면서도 성적 매력이 넘치는 여성—이란 한계에 짜증이 났다. 그녀는 끈질긴 완벽주의와 급격히 악화된 약물 남용 문제로 인해 제작에 피해를 준다는 평판을 얻었다. 20세기 폭스로부터 자신의 이미지와 경력에 대한 통제권을 빼앗으려던 시도는 오히려 그녀를 거의 무일푼으로 만들어버렸고, 계

약 위반으로 1950년대의 대부분의 기간 동안 일을 못 하게 될 수도 있었다.[33]

먼로는 뉴욕에서 열린 파티에서 우연히 셰릴 크로퍼드를 만났다.[34] 먼로가 마음에 들었던 크로퍼드는 그녀를 액터스 스튜디오에 데려갔다. 곧 먼로는 말린 스튜디오에서 스트라스버그와 공부하고(그녀는 첫 수업료로 리에게 90달러짜리 수표를 써주었는데, 리는 수표를 결코 현금화하지 않았다[35]), 정기적으로 스튜디오에 와서 참관하기 시작했다.[36] 스튜디오 스타일을 받아들이면서 먼로는 뉴욕에 거처를 마련하고 메이크업을 하지 않았으며 말린 브랜도와 잠깐 동안 연애를 했다.[37] 그녀는 리와 함께 〈골든 보이〉에서 발췌한 신들, 그리고 리의 아들 존을 상대역으로 한 〈욕망이라는 이름의 전차〉의 한 신을 포함해 여러 신과 독백을 작업했다.[38] 하지만 그녀가 스튜디오에서 발표를 한 건 딱 한 번뿐이었다. 그것도 신경 불안을 이유로 여러 번 취소한 후에야 한 발표였다.

매릴린은 얼마 후 폴라 스트라스버그를 연기 코치로 고용했다. 폴라는 먼로의 감독들과 충돌했다.[39] 마음에 들지 않으면 촬영 도중에 기침을 해댔고, 감독과 배우의 관계에 끼어들거나, 대사를 제대로 하기 위해 추가 촬영을 요구하라며 먼로를 밀어붙이기도 했다. 매릴린은 스트라스버그 부부의 건물에 사는 정신분석가에게 상담을 받기 시작했고, 정기적으로 그들의 아파트에서 밤을 보냈다. 1950년대 후반 중독과 감정적 고투가 악화되면서 그녀는 스트라스버그의 집에서 그 집 아이들을 어둡게 만들었고, 하루 24시간 폴라에게 전화를 해댔다. 폴라는 먼로를 위해 쇼핑하고, 인생과 예술 모두를 코치했으며, 수면 문제를 해결하도록 돕고, 성공에는 한계가 있었지만, 약물 복용 조절을 위해 노력을 기울였다. 먼로는 스트라스버그 가족에게 아낌없는 선물로 보답했다.[40]

존 스트라스버그의 열여덟 번째 생일에 선더버드(포드에서 내놓은 스포츠카-옮긴이)를 사주었고, 폴라에게 진주 목걸이를 선물했으며, 리를 위해 서점의 계좌를 열어주었다.

스튜디오에서 리가 먼로에게 보이는 관심은 단원들을 경악하게 만들었다. 그녀가 세션에 오기 시작하기 전부터 일부 단원들은 스트라스버그가 유명 배우에 넋이 나가 스튜디오에서 열심히 일하는 사람들을 소홀히 하고 가장 유명한 단원들만 편애한다고 느꼈다. 한 단원은 "재채기하는 유명인이 대단하다는 평가를 받는 동안, 열심히 작업하는 배우들은 뒷전으로 밀려났다. 그 이후로 열심히 해야 한다는 생각은 망가져버렸다"고 말했다.[41]

액터스 스튜디오는 실력주의가 지배하는 곳이어야 했다. 모두가 오디션을 봐야 했고, 스튜디오의 신입 단원 선발 과정은 엄격하고 까다롭기로 악명 높았다. 여러 번 오디션을 본 끝에야 합격한 단원이 많았다. 어느 해에는 지원자 2천 명 중 마틴 랜도와 스티브 매퀸 단 두 명만 뽑았다.[42] 그런데 리는 유명인들의 스튜디오 "참관"을 허용하기 시작했고, 조직에 도움이 된다든가 해당 분야에서 저명한 인물이라는 이유로 단원 자격을 부여했다.[43]

한편 많은 이들이 내면에 초점을 맞추는 메소드의 특징 때문에 먼로가 상처를 받을 거라고 걱정했다. 스트라스버그 밑에서 연출을 공부한 마이클 칸은 이렇게 설명했다. "[스트라스버그와 연기를 하려면] 자신의 가장 어두운 곳까지 가야 합니다. (…) 그녀에게는 떠올릴 만한 나쁜 일이 무척 많았죠. 연기할 때마다 자신이 얼마나 많은 오럴섹스를 해주었는지 떠올려야만 했습니다."[44] 그룹 시어터의 세트 디자이너였던 보리스 에런슨은 언젠가 먼로에게 이런 말을 했다. "왜 그 사람과 이런 짓

을 하고 있는 거예요? 당신 몸 안에 독약을 주입하는 짓은 그만둬요."⁴⁵

에런슨은 스트라스버그가 먼로에게 "언젠가 엄청난 배우가 될 거라는 생각을 심어준" 사실에 격분한 많은 사람 중 한 명이었다. 어떤 이들은 리가 세계 최고의 연기 교사라는 명성을 확고히 하기 위해 먼로를 이용했다고 의심했다.⁴⁶ 한편 어떤 이들은 먼로에 대한 그의 믿음은 진심이었으며, 그녀를 향한 헌신 역시 마찬가지라고 생각했다. 리의 딸 수전이 말했다. 매릴린은 "너무나도 매혹적인 사람이에요. (…) 그녀는 누가 되었든 오직 당신만이 자기를 구할 수 있는 유일한 사람이라고 믿게 만들었어요. 나는 열여섯 살밖에 안 되었는데도 그녀의 인생에 책임감을 느꼈습니다. 그것이 그녀가 사람들에게서 끌어낸 무언가였죠. 내 아버지도 거기에 굴복한 거고요."⁴⁷

사람들은 리가 매릴린의 재능에 대해 전에 없이 큰 소리로 발언하는 것을 경악하며 지켜볼 수밖에 없었다. 벤 가자라는 언젠가 점심을 먹는 자리에서 리가 매릴린 먼로와 함께 〈맥베스〉를 작업할 거라고 말했던 일을 떠올렸다. "입에 참치 샌드위치를 물고 있었는데 질식해 죽을 뻔했다. (…) 매릴린이 내 옆에 앉아 있었는데도 그녀가 '굿모닝'이라고 인사하는 소리가 잘 들리지도 않았다. 이런 여자가 어떻게 레이디 맥베스를 연기할지 도무지 상상이 안 됐다."⁴⁸ 그렇지만 리는 "아직 개발되지 않은 그녀의 재능을 감지했다"고 느꼈다. "폭넓고 다양한 재능을 갖고 있지만 빠르게 해낼 수 있는 방법을 모를 뿐"이라고 보았다. 불안이 그녀를 방해하고 있으며 자신과 폴라가 그녀를 도와 지나가게 만들 수 있다고 생각했다. "나는 매릴린 먼로를 배우로 만들었습니다."⁴⁹ 그가 주장했다. "그녀는 이미 스타였지만 말입니다. 나는 그녀를 위해 그녀의 문제들을 해결해주었습니다."

이 주장은 둘 다 미심쩍다. 먼로는 스트라스버그 부부와 작업하기 이전에도 액터스 랩에서 모리스 카노브스키, 피비 브랜드와 함께 일정 기간 훈련했고, 미하일 체호프가 맡은 리어의 상대역인 코델리아를 연기하며 공부하는 등 광범위한 훈련을 받았다.[50] 그녀의 코미디 연기에는 숙련된 연기 테크닉이 필요했다. 본 사람도, 좋아하는 사람도 별로 없는 1952년 영화 〈돈 보더 투 노크〉는 그녀가 복잡한 드라마 역할을 소화하는 능력이 상당하다는 것을 입증했다. 스튜디오 단원인 앤 밴크로프트도 출연한 〈돈 보더 투 노크〉에서 먼로는 호텔에 투숙한 부부의 딸을 돌보아줄 베이비시터로 고용된, 정신질환을 앓고 있는 여인 넬 포브스 역을 맡았다. 아이와 부부의 소지품과 함께 홀로 남게 된 넬은 인생의 판타지 버전을 만들어내고는 그 안에서 길을 잃고 헤매다가 현실과 맞닥뜨리게 되자 난폭하게 변해버린다. 넬을 연기하는 데에는 감정적인 대담함, 그리고 플롯이 터무니없다는 점을 감안하면, 근본적인 신뢰성이 모두 필요했다. 먼로는 이 역할을 훌륭하게 해냈다. 유일한 약점은 여리게 속삭이는 목소리였다. 〈돈 보더 투 노크〉를 보다보면 먼로에게 필요한 것은 메소드가 아니라 목소리를 해방시킬 발성 레슨, 자신감을 북돋아줄 치료, 자살을 막아줄 약물 재활이었다는 생각을 떨치기 어렵다.

스트라스버그 부부가 먼로의 연기에 끼친 영향에 대한 가장 좋은 논거는 윌리엄 인지의 희곡 〈버스 정류장〉을 각색한 조슈아 로건 감독의 동명 영화에서 찾아볼 수 있다. 이 영화는 끔찍하다. 원작에서는 달콤하고 야릇하게 표현한 대목이 영화에서는 쇳소리가 난무하는 외설적인 장면으로 묘사된다. 영화에서 유일하게 괜찮은 부분이 바로 먼로다. 그녀는 자신을 납치한 작은 마을의 카우보이 보러가드 데커와 결혼하기로 결심하는 웨이트리스 체리를 연기하는 불가능한 일을 맡아 어떻게든 제대로 해낸다. 영화 초반에 자신이 납치되었음을 알고 혼란스러워하는 체리의 모습은 무척 사랑스럽고, 데커를 사랑하게 되었음을 깨닫고 고통스러워하는 모습은 말이 안 되는데도 불구하고 설득력 있게 다가온다. 영화의 마지막 장면에서 데커가 체리에게 몸을 기댄 채 앞으로 어떻게 함께 인생을 살아갈지에 대해 설명하는 동안 그녀는 바_bar_에 머리를 기대고 있다. 이 괴상한 숏은 1분 넘게 계속된다. 먼로의 얼굴은 팔뚝에 짓눌린 채로 최대한 매력적이지 않은 표정을 하고 있다. 그러나 먼로는 그대로 머물러 있고, 체리의 머릿속에서 상충되는 온갖 생각들이 얼굴에 파문을 그린다. 진정한 메소드 틀에 따른 연기다. 색다르고, 감정에 따라 움직이며, 약간은 수수께끼 같은 연기.

먼로가 폴라와 리와의 관계에서 득을 보았건 아니건, 그녀는 자기에게 폴라와 리가 필요하다고 생각했다. 그리고 그녀의 어마어마한 명성은 스튜디오와 메소드를 완전히 높은 곳으로 쏘아올렸다. 해럴드 클러먼이 밝혔듯, "빛이 나는 매릴린이 액터스 스튜디오와 어떤 관련이 있는 건지 모두가 알고 싶어 했다."[51] 그 "모두"에는 언론도 포함되어 있었는데 모든 관심이 긍정적인 건 아니었다. 말 그대로 배우 경력의 생사를 좌우하던 『로스앤젤레스 타임스』의 가십 칼럼니스트 헤다 호퍼는 메소드를 "더러운 셔츠를 입는 연기 학교"라고 불렀다.[52] 좀더 긍정적인 기사들조차 단원들의 의상에 집착했다.[53] 남자는 찢어진 흰 셔츠와 청바지, 여자는 근본으로 돌아간 노 메이크업을 선호했다. 캐럴 베이커는 이른바 유니폼이라고 불린 이런 복장이 채택된 것은 "우리가 모두 무일푼이었기 때문"이라고 주장했다. "우리는 옷을 얻어 입어야 했다. 누가 옷이 있었겠는가?"[54] 하지만 메소드 반대자들이 보기에 스튜디오의 유니폼은 메소드를 반대하게 만드는 또 다른 특징, 바로 단원들이 고결한 척하는 표식이자 진실성의 모조품을 숭배하는 페티시였다. 연출가 타이론 거스리가 1957년에 『뉴욕 타임스』에 기고한, 메소드에 대한 악의로 가득 찬 글에서 밝혔듯, "청바지 차림에 손톱에는 때가 끼고 머리는 산발을 한 그들은 본인들이 프롤레타리아임을 선언하느라, 그렇지만 완숙한 프롤레타리아 멤버라는 것을 선언하느라 분주하다."[55]

　타이론 거스리의 신경을 거스른 건 메소드의 의상만이 아니었다. 그가 보기에 메소드 배우들은 발음이 형편없었고, 고전을 연기할 준비가 되어 있지 않았으며, 어긋난 진실을 맹목적으로 숭배했기 때문에 "소통의 수단을 개발"하는 데 실패했다. 그가 말한 소통의 수단이란 배우의 몸과 목소리를 의미했다. 그는 메소드 연기가 "행동주의Behaviorism에 불과"—메소드를 파블로프와, 따라서 암묵리에 소련과 연계시켰다—하며, 행동주의는 "리어왕이나 안드로마케, 파우스트에게로 가는 먼 길에 배우를 데려가지는 못할 것"이라고 주장했다. 메소드 연기자들은 "이제 더 이상 존재하지 않는 사회적, 정치적 환경에 맞서는 젊음의 반항을 표현했다." 그들이 지금으로부터 15년도 더 된 과거 사건인 대공황에 대응했던 그룹 시어터의 반항을 단순히 재생산했기 때문이다.

　거스리를 포함한 영국 연극계의 기득권층은 메소드를 노골적으로 반대했다. 거스리보다는 아주 약간 친절한 평가를 내렸던 스타니슬랍스키 추종자 마이클 레드그레이브조차 이렇게 생각했다. "미국인들은 그들 나름의 연기 스타일을 찾아냈다. (…) 활력과 폭력, 다양성, 온기와 풍요로움뿐 아니라 그들 문명의 삭막함으로 가득한 스타일이지만,"[56] 아무튼 그 연기 스타일은 미국인이 쓴 작품들에만 유익할 것이다. 그는 "모든 연극이 토종土種이 될 수는 없다"고 말했다. 메소드를 향한 적대감은 부분적으로 국가의 자긍심 문제이기도 했다. 평론가 케네스 타이넌이 한 영국 배우가 메소드를 칭찬하고 영국식 연기를 폄훼하는 장면을 담은 텔레비전 프로그램을 기획하자, 렉스 해리슨은 이후 그를 궁지로 몰았다. "이 망할 자식! 그 젊은 배우가 우리와 영국 연극에 대해 고약한 발언을 하게 만든 대본을 쓴 게 네놈이지."[57]

전후 맥락도 없이 스트라스버그가 스튜디오에서 작업하는 장면을 등장시킨 타이넌의 프로그램은 시청자를 이해시키기보다 혼란에 빠뜨렸다. 메소드에 대한 스트라스버그의 공개 발언들이 그랬던 것처럼 말이다. 스트라스버그는 1955년부터 스타니슬랍스키의 이름을 다시 거론하기 시작했다. 스타니슬랍스키의 영향을 제대로 인정하려던 시도가 사람들에게 스트라스버그의 가르침과 스타니슬랍스키의 가르침이 동일한 것이라고 믿게 만들었다. 1956년 9월에 『뉴욕 타임스』에 기고한 알쏭달쏭한 글에서 스트라스버그는 "스타니슬랍스키의 아이디어를 가장 잘 보여주는 예"가 게리 쿠퍼, 존 웨인, 스펜서 트레이시 같은 할리우드의 구식 페르소나 배우들이라고 주장했다.[58] 왜냐하면 그들은 "연기를 하려는 것이 아니라 자기 자신이 되려 했고, 대응하려 했고, 반응하려고 했기" 때문이다. 또한 스튜디오의 성공 사례로 최근 브로드웨이에서 〈빗물 가득〉에 출연했던 셸리 윈터스를 들었다. 알고 보니 윈터스는 그 역할을 준비하는 과정에서 스텔라 애들러의 코치를 받은 것으로 밝혀졌다.[59]

메소드가 정확히 무엇인지 그 누구도 말하지 못했지만, 메소드 배우들은 연극계와 영화계 곳곳에서 출현하고 있었고, 1950년대가 흘러가는 동안 연기를 넘어 각본과 연출로까지 메소드의 영향력이 확대되었다. 블랙리스트의 위력이 사그라진 1957년에 마틴 리트는 영화감독이 되었다. 그의 첫 영화 〈도시의 가장자리〉에는 메소드 배우인 시드니 포이티어, 미국극예술아카데미 졸업생 존 카사베츠가 주연을 맡았다. 스튜디오의 또 다른 단원 시드니 루멧은 같은 해에 〈12명의 성난 사람들〉을 만들면서 영화감독으로 데뷔했다. 그 작품의 출연진에는 그룹 출신인 리 J. 코브와 스튜디오 단원인 마틴 발삼, E. G. 마셜이 있었다. 스튜디오에 가장 열성적이었던 단원 중 한 명인 아서 펜은 1년 후에 〈왼손잡이 건맨〉으로 영화감독 데뷔를 했는데, 이 영화에는 스튜디오 단원이자 메소드 배우인 폴 뉴먼이 출연했다.

〈그 남자의 종말〉〈뜨거운 양철 지붕 위의 고양이〉〈카미노 레알〉〈빗물 가득〉 같은 연극은 액터스 스튜디오의 프로젝트로 시작했다가 브로드웨이에 진출했다. 이런 작품들은 많은 경우 영화로 각색되었는데, 때로 상대적으로 무명인 원작의 출연진이 그대로 영화에 출연하기도 했다. 보비 루이스가 스튜디오에서 가르친 초기 수업에 참석했던 제롬 로빈스는 1957년에 〈웨스트사이드 스토리〉의 개발과 연출에 메소드를 도입했다.[60] 그가 이 작품의 콘셉트를 처음 떠올린 것은 당시 연인이던 몽고메리 클리프트가 스튜디오에서 〈로미오와 줄리엣〉의 한 신을 작업하는 일을 거들던 중이었다.[61] 같은 해 스튜디오는 몰리 카잔과 윌리엄 인지가 운영하는 플레이라이츠 유닛을 설립했다.[62] 초기 멤버에는 제임스 볼드윈, 로레인 핸스베리, 아서 로런츠, 노먼 메일러, 그리고 스튜디오에서 생명이 시작된 획기적인 초기작인 〈동물원 이야기〉와 〈베시 스미스의 죽음〉을 쓴 에드워드 올비가 있었다.

1950년대 대부분의 기간 동안 메소드는 반란운동이었다. 이제 메소드는 새로운 기득권층이 되어가고 있었다. 새롭고 심지어 더 혹독한 백래시의 파도에 열린 상태로. 이 파도는 대서양 건너편이 아니라 메소드의 고향에서 훨씬 더 가까운 곳에서 몰려왔다.

20장
메소드가 미국 배우들을 망치고 있다

"1957년,"[1] 보비 루이스가 『새총과 화살』에 썼다. "'메소드 배우' 가 탄생했다. 나는 그게 정확히 무슨 뜻인지 결코 알아낼 수 없었지만, 어느 진영에 속하느냐에 따라 사람들은 그 배우를 증오하거나 숭배한다." 루이스는 그룹 시어터에서 메소드의 탄생을 함께했으면서도 단호하게 '증오 진영'에 가세했다. 본인 스튜디오를 운영하고, 예일 대학에서 명예직으로 강의하는 존경받는 교사였던 루이스는 스타니슬랍스키와 배우 예술 모두를 왜곡하는 메소드의 행태에 몹시 화가 났다. 이 상황에 개입하기로 결심한 그는 웨스트 48번가에 있는 플레이하우스 극장에서 매주 월요일 밤 11시 30분 '메소드는 광기인가?'라는 제목으로 8주 연속 무료 강연을 계획했다. 참석하고 싶은 사람은 서면으로 작성한 신청서를 그에게 보내기만 하면 되었다. 극장의 865석 전석이 순식간에 매진되었다.[2]

'메소드는 광기인가?'는 카타르시스적인 분위기 속에서 메소드를 향한 루이스의 혹평으로 시작되었다. 그는 메소드가 "특유의 구부정한 자세, (…) 성큼성큼 걷는 기이한 걸음걸이, (…) 극작가의 대사를 태연하게 무시하는 태도가 특징인 미국의 연기 스타일이 되었다"고 비판했다.[3] 이 스타일은 "진실"을 반영해야 했지만 빠르게 새로운 클리셰가 되어버렸다. 또는 루이스가 밝혔듯, "과연 그게 진실일까!"가 되었다. 강연에서 스트라스버그와 스튜디오의 이름이 언급되지는 않았지만, 스텔라 애들러가 20년 전에 그랬던 것처럼, 루이스는 자신이 스트라스버그와 스튜디오로부터 "시스템"과 스타니슬랍스키를 구하기 위해 개입하는 것이라고 주장했다.

루이스는 메소드의 인기로 인해 광범위한 사기 행각이 벌어지고 있다는 사실도 우려했다. 온갖 부류의 사람들이 자기가 메소드를 훈련받았으며, 가르칠 능력이 있다고 주장했다. 이런 교사들 중 일부는 아메리칸 랩 시어터, 그룹 시어터와 직접적인 관련이 있었다. 일례로 시드니 포이티어는 1953년에 본인 스튜디오를 연 전 그룹 단원 폴 만에게 메소드를 배웠다. 그러나 루이스가 밝혔듯, 그들 중 일부는 "1930년 여름 우스펜스카야 여사가 가르친 수업 때 일찌감치 쫓겨난 누군가의 옛 제자의 친구의 친구"였다.[4]

루이스는 각 구성 요소를 적절한 위치에 배치하기 위해 스타니슬랍스키의 "시스템"에 관한 스텔라 애들러의 파이프 오르간 형태의 도해를 청중에게 소개했다. 내면은 항상 외양과 관련이 있어야 하며, 기계 전체를 움직이는 동력은 행동이어야 한다고 루이스는 주장했다. 무엇보다 가장 중요한 것은 메소드가 무언가를 망각한 듯하다는 것이었다. 연기 테크닉의 목적은 자아 발견self-discovery이 아니라 배우가 관객을 위해 어떤 작품의 어떤 역할을 연기할 수 있도록 만드는 것이었다. 관객이 배우의 소리를 듣지 못하면 배우가 얼마나 아름답게 느껴지건, 얼마나 충실하게 연기를 하건 중요치 않았다. "또한 워크숍 훈련은 항상 연기와 연관되어 있어야 합니다. 학술적인 진공 상태에서 수행하는 것이 아니라는 말입니다."[5] 루이스는 이렇게 말하고는 진실이 느껴지지 않으면 무대 위에서 아무것도 할 수 없다고 주장하는 배우들을 비난했다. "누가 신경이나 쓰나요?"[6] 그는 그런 배우들에게 호통을 치고 싶었다. "그걸 느껴야 하는 이는 관객입니다!"

루이스는 메소드가 배우를 실제 연기할 준비가 안 된 상태로 방치한다고 주장했다. 전문 용어 사용은 연출가들이 이해하고 따라야 할 독단적인 신념을 창조했다. 그는 대사를 어떻게 전달해야 하는지를 배우에게 보여주기 위해 연출가가 대사를 읽어주는 관행, 즉 대사 강독이라는 새로운 규범에 반대한다며 발끈했다. 메소드는 내면에 초점을 맞춤으로써 배우들이 "필요한 집중력의 양을 고려하지 않고" 강박적으로 자기에게 집중하여 연기를 보여주는 결과를 초래했다.[7] 연기의 대부분은 걷거나 잔에 물을 따르는 등의 간단한 과업을 설득력 있게 해내는 것인데, 수업에서 주요 감정의 비트beat를 강조하다보니 거창한 감정만이 중요한 것처럼 보이게 된다. 감정을 "감정 자체를 위한 페티시"로 만들면[8] 배우들은 "극이 요구하는 모든 것"을 무시하게 된다.[9]

그는 청중에게 푸시킨의 경구를 상기시켰다. 연기의 목표는 **주어진 상황 안에서 정념에 대한 진실, 감정의 핍진성을 경험하는 것**이다. 주어진 상황은 있지만 진실이 없는 경우, 결과는 "보여주기", 즉 캐릭터가 실제 느낀다기보다 느끼고 있음을 표현하는 방식으로 보여주게 된다. 반면 주어진 상황 없이 진실만 있는 경우, 연기에 거의 도움이 안 되는 "개인에 국한된 느낌"을 드러낼 뿐이다.[10] 그러나 진실과 주어진 상황 둘 다 있다면 배우는 "진정으로 경험하면서도 예술적으로 통제된 진실"을 얻게 된다.

이 강연은 뉴욕의 신문에 소개되고, 대서양 양쪽에서 책으로 출간되는 등 대성공을 거두었다. 책의 서문은 해럴드 클러먼이 썼다. 언론의 호평을 받은 이 책에는 헬렌 헤이스부터 트루먼 커포티까지 많은 유명 인사들이 쓴 추천사도 함께 실렸는데, 특히 한 추천사가 루이스를 놀라게 했다. 바로 리 스트라스버그가 쓴 것이었다. "우리는 오랫동안 이런 책이 필요했습니다."[11]

스트라스버그는 스튜디오에서 진행한 스타니슬랍스키의 "시스템"의 역사에 관한 여러 편의 강의로 루이스에게 답했다. 다만 이 강의는 일반 대중을 상대로 하거나 출판물 형태로 각색된 적이 없었다. 강의에서 표명한 견해와 생각은 스트라스버그의 트레이드마크인 장황한 언어 덤불 속에 묻혀버렸다. 몇 년 후 루이스의 친구가 그에게 강의 녹취를 보냈다. 루이스의 반응은 이랬다. "세코날(1950년대에 상용되던 수면제-옮긴이)보다 효과가 좋군."[12]

액터스 스튜디오가 현실practical을 등한시했다는 보비 루이스의 비난은 정확하지만, 스튜디오 설립 시점까지 거슬러 올라가 보면 이는 의도적인 선택이었다. 서류상에 뭐라고 적혀 있건 스튜디오는 학교를 의도하고 만든 단체가 아니었다. 오히려 현직 전문 배우들을 위한 체육관, 즉 배우들이 작품과 작품 사이에 지속적으로 훈련하며 다양한 능력을 향상시킬 수 있는 공간이었다. 현직이기에 그들은 이미 몸을 움직이는 법, 발성하는 법을 비롯한 기본 지식을 알고 있을 터였다. 스튜디오에서 배우들은 다른 문제들, 특히 페레지바니예라는 신비로우면서도 필수적인 기술에 집중할 것이다. 실력 있는 배우에 스트라스버그의 가르침이 결합하면 비범한 결과를 얻을 수 있었다. 그러나 에스텔 파슨스가 밝혔듯, 때로 "누군가가 스튜디오에서 작업하는 걸 봤다"는 이유로 어떤 배우를 캐스팅했다가 그가 "오로지 리를 위해서만 연기할 수 있는" 배우였다는 것을 알게 되는 경우도 있었다.[13] "그 배우는 일주일에 여덟 번씩 만들어낼 연기 기술이나 훈련법은 전혀 갖고 있지 않았죠. 스튜디오에서의 평판은 정말로 좋았는데 영화 촬영장에서 일고여덟째 테이크에 이르면 아무것도 남아 있는 게 없는 사람들을 본 적이 있어요."

그럼에도 파슨스가 보기에 이런 사례들 때문에 스트라스버그가 제공하는 교육의 가치가 줄어드는 것은 아니었다. "리가 말한 내용은 이상ideals에 대한 것이었죠. 그는 앞을 내다보는 것, 항상 새로운 것에 개방적인 태도를 취하는 것에 대해 이야기해요."[14] 아마도 이 배우만큼 스트라스버그가 제시하는 메소드의 이상과 메소드에 대한 루이스의 문제 제기 양쪽을 더 충실하게 구현한 인물은 없을 것이다. 바로 1950년대의 위대한 여배우 킴 스탠리 말이다. 오늘날 메소드는 거의 전적으로 남성과 결부되지만 1950년대 말과 1960년대 초에는 메소드의 가장 유명한 실천가 중 상당수가 여성이었다.[15] 샌디 데니스, 제럴딘 페이지, 캐럴 베이커, 에바 마리 세인트, 앤 밴크로프트, 리 레믹, 조 밴 플리트, 셜리 나이트는 모두 스튜디오의 정규 단원이며, 동료들의 존경을 받고, 무대와 스크린이 주목하는 배우였다.

그러나 1957년 무렵 스탠리는 그들 모두를 능가하는 존재였다. 배우 겸 연출가 오스틴 펜들턴은 이렇게 묘사했다. "킴 스탠리는 내가 무대에서 본 배우 중 최고였다. 그녀는 훌륭한 기술자였으며, 그녀가 보여준 풍부한 연기는 내가 '직접성immediacy'이라는 단어의 뜻을 다시 정의하도록 만들었다."[16] 감정을 폭발시키는 능력, 독특한 연기 선택, 이따금 극작가가 쓴 말을 무시하는 것 등 때문에 스탠리와 동시대를 살았던 사람들은 그녀를 말런 브랜도와 자주 비교했다. 하지만 브랜도와 달리 스탠리는 영화를 여섯 편밖에 찍지 않았고, 그녀가 이뤄낸 성취를 담은 기록도 거의 남기지 않았다. 그녀가 보여준 최고 연기라 할 수 있는 무대 위 연기는 사람들의 기억 속에만 살아 있는 데다, 그녀가 출연했던 라이브 TV 프로그램이 전부 남아 있는 것도 아니다.

킴 스탠리는 영화 연기를 싫어했고, 1960년대 말에는 정신질환과 알코올 중독으로 인해 영화를 좀더 진지하게 중심에 두고 작업할 수가 없었다. 20세기 중반 미국에서 여성으로 살아야 하는 처지도 그녀의 경력에 영향을 주었다. 브랜도도 스탠리와 비슷하게 같이 일하는 사람들에게 한없는 골칫거리였고, 할리우드를 경멸했으며, 방탕한 생활을 했고, 대놓고 기행을 일삼았다. 그럼에도 브랜도는 여전히 긴 시간 영화 경력을 쌓고 오스카 남우주연상을 두 번 수상하며 전설이 되었다. 브랜도가 맡았던 스탠리 코왈스키나 테리 멀로이처럼 킴이 여배우가 스크린에서 보여주는 클리셰를 박살내는 강렬한 캐릭터를 연기하는 세상을 상상해보는 건 구미가 당기는 일이지만, 당시에는 그런 역할이 존재하지 않았다. 나이를 먹어가는 동안 순진한 아가씨부터 중년의 여성 정치가까지 경력을 이어갈 가교 역할을 해줄 배역 또한 존재하지 않았다. 카잔의 〈에덴의 동쪽〉과 〈분노의 강〉(1960)에서 셰익스피어풍의 힘으로 감동적인 연기를 선보인 조 밴 플리트는 40대에 접어든 이후 재능에 걸맞은 지속적인 작업을 찾을 수 없었다. 카잔에 따르면, "조는 정체되었고, 스스로도 이를 알고 있었기에 자신의 신세를 한탄했다. 그녀는 작품을 기다리면서 제작자와 감독에게 편지를 보내고 에이전트에게 도와달라고 간곡히 부탁했지만 (…) 아무 소용이 없었다."[17]

다만 우리는 킴 스탠리의 1958년 영화 데뷔작 〈여신〉에서 어쩌면 일

1950년대에 최고의 여배우로 널리 인정받았던 킴 스탠리.

어났을지도 모를 일을 살짝 엿볼 수 있다. 라이브 TV 시절부터 스탠리와 알고 지낸 패디 차예프스키가 각본을 쓴 〈여신〉은 매릴린 먼로의 삶을 얄팍하게 각색해 영화화한 작품이다. 스탠리가 맡은 에밀리 앤 포크너는 영화배우를 꿈꾸는 야심만만한 시골뜨기다. 그녀는 10대 후반에 고통에 시달리던 군인 존 타워(스티븐 힐)와 결혼하는 것으로 자식을 방치하던 차가운 어머니에게서 벗어난다. 그러나 오래지 않아 결혼 생활과 아이를 키우는 일이 지겨워진 그녀는 할리우드로 도망친다. 이름을 리타 숀으로 개명한 그녀는 은퇴한 권투선수 더치 소여(로이드 브리지스)와 결혼한 후 업계에 진출한다. 리타의 명성이 커지는 동안 결혼 생활은 파탄에 이르게 된다. 영화가 끝날 무렵 그녀는 사랑받는 영화배우이자 영화 제목처럼 여신이 되어 있었지만 행복도, 평화도, 사랑도 찾지 못한다. 리타는 스튜디오의 권력자로부터 성적 착취를 당하면서 약물 중독과 광기 속으로 서서히 빠져든다. 누구도 그녀를 도울 수 없다. 오랜 세월이 흘렀지만 여전히 그녀를 아끼던 존 타워조차 그렇다. 영화의 결말 장면들은 무력감이라는 짙은 안개 속을 헤매다닌다. "더는 이런 생활을 견딜 수가 없어, 존."[18] 리타가 말한다. 그렇지만 그녀는 그 생활에서 벗어나지 못한다. 리타의 비서는 존에게 "넉 달 동안이나 정신과 의사에게 데려갔어요"라고 말한다. 그렇지만 의사는 그녀의 병은 치료가 불가능하다고 말했다. "내가 리타를 캘리포니아로 다시 데려갈 거예요."[19] 비서가 말한다. "그리고 리타는 계속 영화를 찍을 거예요. 그녀가 아는 거라곤 그것뿐이니까요. 그 후에는 무슨 일이든 일어나겠죠. 하지만 나는 그녀를 사랑해요. 그녀를 잘 보살필 거예요."

차예프스키는 에밀리/리타 역에 킴을 원했다. 이를 위해 영화 제작자와 킴 스탠리 둘 다 설득해야 했는데, 영화 제작자들은 실제 매릴린 먼로를 캐스팅하기를 희망했고, 스탠리는 대다수의 메소드 동지들과 함께 영화에 대한 적대적인 의구심을 품고 있었기 때문이다. "영화를 만드는 사람들은 양질의 연기에는 신경 쓰지 않아요."[20] 언젠가 그녀가 말했다. "그들이 관심을 갖는 건 오로지 배우가 대사를 알고 있는지밖에 없어요. 배우가 대사를 제대로 말하고 그들이 들을 수 있다면 그냥 '필름 현상해'라고 말할 거예요." 그녀는 이래라저래라 하는 소리를 듣고 싶지도 않았다. 한번은 차예프스키와 격하게 다툰 끝에 결국 그의 영화 촬영장 출입을 금지시켰다.[21]

〈여신〉에 영화 매체에 대한 스탠리의 불편한 심기나, 시나리오 순서가 아닌 뒤죽박죽으로 촬영하는 방식에 대한 훈련이 부족했음이 드러나는 흔적 따위는 전혀 없다. 스탠리는 분장이나 특수효과의 도움 없이, 더 나은 삶을 꿈꾸는 순진한 10대에서 홀로 남겨져 절박한 상황에 처한 여성에 이르기까지 캐릭터의 27년에 걸친 인생 궤적을 따라간다. 영화는 마치 스토리 표면을 덜컹거리며 굴러가는 바위와 비슷한 구조로 되어 있어, 스탠리는 10분마다 싸우거나 분노를 터뜨리거나 좌절하거나 울먹이거나 비명을 질러야 했다. 그럼에도 그녀의 연기는 전혀 반복처럼 느껴지지 않는다. 스탠리는 먼로라면 절대 보여주지 못했을 어마어마한 연기를 펼쳤다. 그녀는 옹골차고 단호하다. 그녀의 뼈는 보통 사람보다 밀도가 더 높은 것 같다. 그런데 시나리오에서 그녀에게 마치 다친 아이처럼 무언가 의지할 것을 찾기 위해 손을 뻗으라고 요구하자 킴은 모습을 완전히 바꾼다. 그녀의 목소리는 가장 높은 곳까지 치솟고, 몸은 엄청난 압력을 받아 붕괴되는 집처럼 저절로 무너지는 것 같았다. 스트라스버그의 훌륭한 제자답게 그녀의 캐릭터는 늘 무엇인가를 생각하고 있고 눈동자는 매순간마다 특별한 목표를 향해 반짝거린다.

킴 스탠리는 〈여신〉 이후 타협하지 않는 뛰어난 재능과 기량을 갖췄다는 명성과 함께 사람을 미치게 만드는 프로답지 못한 태도를 보여준다는 악명도 얻었다. 1958년에 브로드웨이에서 해럴드 클러먼이 제작한 유진 오닐의 〈시인의 기질〉에 출연했을 때, 그녀는 배우가 어디까지 마음대로 행동해도 괜찮을 수 있는지 그 한계를 시험했다. 클러먼은 스탠리가 하고 싶은 것은 대체로 용인하는 관용적인 태도로 접근했다. 어느 리허설에서 그녀는 "귀엽다cute"는 단어를 말하지 않겠다며 거부했다.22 그 단어가 시대착오적이며 19세기 인물은 절대 그런 말을 쓸리 없다면서 말이다. 누군가가 사전을 가져와 "귀엽다"가 1820년대에 흔히 쓰던 말이었다는 사실을 규명한 뒤에도 그녀가 여전히 거부하자 클러먼은 두 손 두 발 다 들었다. 공연의 막이 오른 후 그녀는 심하다 싶을 만큼 자주, 몸이 안 좋아 무대에 설 수 없다고 말했다. 이 중 일부는 스탠리만큼이나 폭음을 하던 동료 배우 에릭 포트먼과의 문제에서 비롯되었던 게 거의 확실했다. 포트먼은 무섭게 화를 내면서 잔인한 짓을 할 수 있는 인물이었고, 그녀는 무대에서 싸우는 장면에서 그가 실제로 자기를 때린 적이 여러 번이었다며 그를 비난했다. 그렇다 해도 포트먼과의 문제가 그녀가 공연을 펑크 내는 일을 완전히 설명해주지는 못한다. 심지어 한번은 스탠리가 공연 도중에 무대를 떠나는 바람에 스탠리의 언더스터디(배우가 갑자기 대체되어야 할 경우에 대비해 준비해둔 사람-옮긴이)가 의상을 입는 동안 동료 배우 헬렌 헤이스가 무대 위에서 오도 가도 못하는 상황이 벌어지기도 했다.23

헤이스와 스탠리는 제시카 탠디와 말런 브랜도가 그랬던 것보다 더 심하게 서로를 싫어했는데 불화의 이유는 똑같았다. 헬렌 헤이스는 브로드웨이의 자신의 이름을 딴 극장에서 〈시인의 기질〉을 개막할 정도로 연극계의 저명한 중견 배우였다. 그녀는 클러먼의 분석과 서브텍스트 중심의 접근법을 "리허설이 아니라 대학 세미나"라고 일축했고,24 스탠리에 대해서는 "연기하는 캐릭터가 무엇이건 '극적 진실'을 발견하기 위해 인정사정없이 스스로를 몰아붙인다"고 말했다.25 그녀가 이런 진실 찾기에 실패한다면 "잘못은 극작가에게 있지 그녀의 잘못이 아니다." 하지만 윌리엄 인지의 〈버스 정류장〉이라는 작품에서 스탠리와 함께 작업한 적이 있는 해럴드 클러먼은 훗날 킴에 대해 "무대 위에서나 아래에서나 거의 실현 불가능한 완벽을 추구하는 이상주의적인 갈망이 그녀의 내면에 자리한 극심한 고뇌와 분노의 원천이다"라고 썼다.26

헤이스를 화나게 만든 것이 바로 이 완벽을 추구하는 열망, 스타니슬랍스키와 스트라스버그가 예술적 탁월함의 표식으로 삼았던 이상이었다. 배우가 무대에 오를 때마다 그 역할을 경험해야 한다면 그저 능숙한 연기를 펼치거나 자신을 작품의 필요에 맞출 여유가 전혀 없을 것이다. 많은 모스크바 예술극장 단원들이 스타니슬랍스키의 끊임없는 완벽주의를 진을 빼놓는 짓이라고 여겼던 것처럼, 헤이스는 "비 내리는 목요일 밤 공연조차 개막일 밤 수준의 연기를 하기 위해 노력하는" 동료 배우의 모습에 진저리를 쳤다.27

헤이스의 말을 전해들은 스탠리는 이렇게 답했다. "나는 개막일 밤으로 돌아가 그날의 연기를 반복하기를 결코 원하지 않아요. 그때보다 더 나은 연기를 기대하죠."28

〈여신〉에서 허구의 매릴린 먼로가 중독으로 무너지고 4년이 지난 1962년 8월, 실제 매릴린이 약물 과다 복용으로 숨을 거두었다. 그녀의 마지막 영화는 〈기인들〉(1961)이었다. 남편 아서 밀러가 각본을 쓰고 존 휴스턴이 감독을 맡은 〈기인들〉은 네바다주 리노를 배경으로 클라크 게이블, 일라이 월랙, 몽고메리 클리프트가 맡은 카우보이 무리가 최근 이혼한 로즐린 테이버(먼로)를 둘러싸고 펼쳐지는 이야기이다. 클리프트는 〈기인들〉에 출연할 무렵 사람이라기보다 거의 걸어 다니는 그림자에 가까웠다. 5년 전 그는 차를 몰다 잠이 들어 전신주를 들이받았다. 몇 차례 수술을 받고 몇 달간 재활을 해야 할 정도로 큰 부상을 입었고, 다시는 예전의 외모를 되찾지 못했다. 끊임없이 통증에 시달렸고 알코올과 약물 때문에 정신은 멍한 상태였다. 게다가 근사하고 표정이 풍부했던 얼굴의 한쪽 부분이 마비된 클리프트는 군중 속의 고독을 느끼는 재능을 잃고 말았다. 모든 것을 내려놓고 남의 시선을 의식하지 못하는 듯한 몰입이 더 이상 불가능했고, 연기가 날이 갈수록 기이해지면서 보는 사람이 소외감을 느끼게 만들었다. 카잔은 〈분노의 강〉에서 주변 사람들과 교감하지 못하는 클리프트의 무능력을 그가 맡은 캐릭터가 가진 핵심적인 갈등 요소로 활용하며 놀라운 결과를 만들어냈다. 그러나 〈기인들〉에서 클리프트는 미스캐스팅이자 호감 가지 않는 존재감을 보여준다. 그의 한쪽 눈동자가 갑자기 저 멀리 떨어진 곳까지 방황하는 어느 긴 숏에서는 특히 더 그렇다.

휴스턴은 먼로가 이른 아침에 촬영할 수 있으리라는 헛된 믿음을 버리고 대신 그녀의 콜타임(촬영 현장에 모이는 시간. 스태프 콜타임, 배우 콜타임 등으로 부른다-옮긴이)을 10시 이후로 옮겼다. 그런데도 정오 무렵까지도 촬영 준비를 마치지 못하는 일이 잦았고, 그렇게 늦게 촬영장에 도착할 때면 폴라 스트라스버그를 비롯한 수행단을 거느리고 왔다.[29] 폴라는 테이크에 들어가기 전 매번 먼로에게 자문을 해주었다.[30] 또한 먼로와 밀러의 사이가 점점 벌어지는 동안 매릴린의 곁에 머물며

영화 〈기인들〉 촬영 현장. 왼쪽부터 아서 밀러, 매릴린 먼로, 폴라 스트라스버그.

그녀의 약물 복용량을 조절하기 위해 노력했다.[31] 때로 먼로는 아예 촬영장에 나타나지 않기도 했다. 때로는 약물 부작용 탓에 눈의 초점이 맞지 않아 촬영을 할 수 없는 경우도 있었다.[32] 어느 순간에는 알코올 중독 치료를 위해 제작을 중단해야 했다. 언론은 이 영화의 주연 배우가 "탈진"으로 고생 중이라는 전형적인 이야기를 들었다. 항상 부드러웠던 먼로의 목소리는 이제 다른 출연진보다 10~15데시벨이나 낮아 영화의 사운드 부서에서 이를 보정하느라 진땀을 뺐다.[33] 영화가 로케이션으로 촬영되었기 때문에 마이크 레벨을 너무 높이면 다량의 배경 소음이 녹음되어 오디오를 알아듣지 못하게 만들 위험이 있었다.

먼로는 때로 로즐린에게 활력을 불어넣으려고 안간힘을 쓰지만 그녀의 연기는 대체로 설득력이 있다. 이 영화의 더 심각한 문제는 밀러의 각본에 등장하는 캐릭터 중 어느 하나 진정한 타당성을 가진 인물이 없다는 사실이다. 그들은 가치 체계를 대변하는 인물이다. 즉 사람이 아니라 **사람의 부류**kinds of people이다. 먼로는 영화 안에서 캐릭터의 작위성에 로즐린 테이버의 모호함까지 더해진 두 배의 짐을 안고 있다. 테이버는 자신이 원하는 것이 무엇인지에 대해 명확하게 알지 못하는 보잘것없는 인물로, 영화 내내 주변 남자들의 욕망과 욕구를 목격하는 존재로 그려진다.

먼로의 모습인 듯도 한 로즐린이라는 캐릭터를 확실히 알 수 있는 순간은 영화의 마지막 부분에 나온다. 여기에서 클라크 게이블이 연기한 게이 랭글런드는 덫을 쳐 무스탕을 잡은 뒤 개 사료용으로 팔아 생계를 꾸린다고 밝히면서 미국 서부에 대한 로즐린의 낭만적인 비전을 산산조각 내버린다. 게이와 그의 일행이 야생 무스탕 무리를 포획하는 긴 시퀀스가 지난 후, 로즐린은 비명을 지르며 남자들을 피해 도망친다.

그녀가 처음 내뱉는 단어는 알아들을 수가 없지만, 그다음 말들이 들린다. "살인자들! 이 거짓말쟁이들! 전부 거짓말쟁이야! 당신들은 뭔가가 죽어가는 걸 볼 때만 행복하지! 차라리 스스로를 죽여서 행복해들 하시지 그래! 당신네들, 당신네 신! 이 나라! 자유! 나는 당신들이 싫어!"[34]

그러나 여성 주인공을 위해 만들어진 영화인 〈기인들〉은 감정적인 클라이맥스에 이르렀을 때조차 철저히 남성들과 함께한다. 이 시퀀스는 남성의 시점에서 촬영되었다. 프레임 중앙에서 멀리 떨어져 있는 매릴린은 뒤쪽 풍경 때문에 왜소해 보인다. 휴스턴의 카메라는 매릴린과 그녀의 고민을 핀으로 고정한 나비를 보듯 항상 멀리서 지켜보는 우리 문화를 모방하고 있다. 비명을 지르며 자신을 진지하게 봐달라고 애원하는 그녀를 얼마나 공감하고 이해해야 할지 망설이는 것이다.

〈기인들〉의 개봉과 아서 밀러와의 이혼 이후, 매릴린은 스트라스버그 부부와 한층 더 가까워졌다. 뉴욕에 머물 때 그녀는 파이어 아일랜드에 임대한 집에서 리-폴라 부부와 함께 지내며 깊은 우울감에 빠져들었다. 리는 제이컵 벤-아미와 보리스 에런슨에 대한 이야기를 들려주며 그녀의 영혼을 되살리기 위해 애쓰곤 했다.[35] 또한 자신이 TV 연출을 맡은 서머싯 몸의 『비』에 그녀를 출연시키고자 했지만 프로젝트 자체가 무산되었다.[36] 매릴린이 죽기 전, 리는 그녀에게서 자살 충동이 들면 자기하고 이야기를 하겠다는 "약속을 받아냈다." 그는 나중에 그녀의 약물 과다 복용은 분명 사고라고 주장했다. 두 사람은 그녀의 경력을 위한 계획을 세우고 있었다. 스트라스버그는 이렇게 말했다. "그녀는 약을 먹을 때 자제력을 잃고 자기가 얼마나 먹었는지 잊곤 했습니다."[37] 의도적인 자살이었다면 먼로는 스트라스버그에게 말했을 것이다. 어쨌든 그녀는 그에게 전부 말했다. 스트라스버그 가족은 먼로에게 가족과 가장 비슷한 존재였다. 그녀는 사망하면서 모든 동산動産을 포함한 유산 대부분을 스트라스버그 가족에게 남겼다. 그 밖에 약간의 유산은 그녀의 정신과 의사인 메리앤 크리스에게 전달되었다.

메소드 연기를 폄훼하는 이들은 킴 스탠리, 몽고메리 클리프트, 매릴린 먼로의 이력이 메소드가 미국 배우들을 망치고 있음을 명확하게 드러낸다고 보았다. 하지만 메소드를 그 우월적 지위에서 밀어낼 수 있는 것은 거의 없었다. 스트라스버그의 헌신적인 추종자들이 지칠 줄 모르고 사람들에게 상기시키듯, 메소드는 미국 특유의 연기 스타일이었고, 따라서 미국의 예술적 진지함을 보여주는 특징이자 다른 영어권 세계의 연기와 미국의 연기를 차별화하는 방식이었다.[38] 1960년 5월 14일 『뉴욕타임스』는 이렇게 선언했다. "우리나라에 공식적인 국립극장은 없지만 액터스 스튜디오가 일면 그런 존재가 되었다. 스튜디오 탄생 이후 미국의 연기 스타일이 진짜로 존재한다는 걸 보여주었기 때문이다."[39] 1950년대에 메소드는 부랑자, 반항아, 사회 부적응자의 영역이었다. 이런 인습 타파주의자들 중 일부는 브랜도, 클리프트, 딘처럼 전통적인 미남도 있었지만, 대부분이 존 가필드, 일라이 월랙 같은 소수민족의 외모나 로드 스타이거같이 "못생기고 왜소한 남자"들이었다. 메소드가 미국 연기의 지배적인 방식이 되고, 더불어 미국이 처음으로 텔레비전을 광범위하게 활용한 대통령 선거를 치르면서 모든 것이 바뀌기 시작했다.

토머스 제퍼슨부터 우드로 윌슨까지만 해도 대통령이 대중 연설을 하는 경우는 드물었다. 심지어 의회에서 하는 연설조차 서면 제출로 갈음했다.[40] 20세기 초 대통령들은 라디오라는 새로운 매체를 활용하여 국민들에게 지지를 호소하는 방법을 개척했다. 텔레비전의 등장은 대중의 시선을 정치로 집중시켰다. 대중적인 대통령의 부상과 텔레비전의 발흥은 동시에 일어났다. 1948년에 방송국들이 양당兩黨의 필라델피아 전당대회를 개회부터 폐회까지 취재하는 정규 프로그램을 편성한 것이 텔레비전의 첫 번째 주요한 문화적 돌파구가 되었다.[41] 1960년에 이르자 존 F. 케네디와 리처드 닉슨은 더 이상 대통령 선거에 출마한 게 아니라 대통령 역할을 따기 위한 오디션에 참가하고 있었다. 대통령은 결국 행정부의 우두머리가 아닌 미국이라는 나라를 배경으로 한 드라마의 주인공이 된 셈이었다. 아이젠하워의 러닝메이트였던 닉슨은 그 유명한 "체커스 연설(Checkers speech, 불법자금을 수수했다는 의혹에 대해 닉슨은 '개인적으로 받은 것은 딸들을 위한 강아지 체커스뿐이었다'는 내용의 연설로 위기를 모면했다-옮긴이)"로 자신의 부패 혐의를 극복하는 데 텔레비전을 능숙하게 활용했지만, 케네디는 텔레비전이 (닉슨이 파악하지 못한 방식으로) 대통령 선거에 얼마나 엄청난 변화를 가져왔는지 잘 알고 있었다. 노먼 메일러는 『에스콰이어』에 기고한 민주당 전당대회를 다룬 에세이 「슈퍼맨이 슈퍼마켓에 오다」에서 케네디에 대해 이렇게 썼다. 케네디는 "그의 정치적 헌신이 아무리 진지하다 해도, 그는 좋든 싫든 반박의 여지가 없는 훌륭한 흥행 배우일 수밖에 없는 사람이다. 그 결과가 너무나 엄청나 믿기 어려운 수준이고 계산하기가 결코 쉽지 않다."[42] 액터스 스튜디오 플레이라이츠 유닛의 멤버였던 메일러는 스트라스버그가 극중 캐릭터를 보는 것과 동일한 방식으로 미국을 보았다. 텍스트(일상생활의 "구체적이고 사실적이며 현실적이고 믿기 어려울 정도로 따분한" 부분들[43])와 서브텍스트("외롭고 낭만적인 욕망이 흐르는 미개발된 강"[44])로 분리된 미국. 훌륭한 흥행 배우 후보만이, 〈욕망이라는 이름의 전차〉에서 브랜도가 그랬던 것처럼, 캐릭터의 두 부분을 충돌시킬 수 있었다. 그리고 아니나 다를까 메일러가 케네디를 생각할 때 떠올린 인물이 바로 브랜도였다. 두 남자 모두 "수많은 사람들로부터 고립된 채 (…) 외로움이라는 공간을 가로질렀던 사람만이 가질 수 있는 까마득하고 접근하기 어려운 분위기"를 투영했기 때문이다.⁴⁵ 브랜도처럼 케네디 역시 "너무나 동시대적이면서도 상당히 이해하기 어려운" 모습으로 기자들을 혼란에 빠뜨렸다.

현재라는 유리한 시점에서 볼 때 브랜도를 케네디의 비교 대상으로 삼는 것은 좀 기묘하게 느껴진다. 존 F. 케네디에게는 메소드 스타일로 볼 만한 무언가가 있었고, 메소드는 지난 10년간 미국의 무대와 스크린에서 지배력을 확고히 다져가고 있었다. 이것이 바로 케네디 매력의 핵심이었다. 그러나 케네디는 결코 고뇌하는 멍청이가 아니었다. 그는 테리 멀로이 같은 놈팡이도, 마티 같은 키 작은 땅속 요정도 아니었다. 이 단어들은 케네디의 상대 후보, 즉 사적인 고통에 사로잡힌 듯 땀을 삘삘 흘리는 신경증 환자 리처드 닉슨을 가장 잘 묘사한 말이었다. 케네디의 승리는 미국의 정치뿐 아니라 미국인의 취향까지 바뀌었다는 걸 알리는 신호탄이었다. 대중은 더 이상 "못생기고 왜소한 남자"를 원하지 않았다. 폴 뉴먼, 시드니 포이티어, 스티브 매퀸처럼 자신감 있고 섹시하며 카리스마 넘치고 주도적인 남자를 원했다.

이전에 활약했던 배우들은 고전했다. 자기혐오를 활용해 엄청난 결과를 거둔 이들 말이다. 몽고메리 클리프트는 마약 구름을 타고 표류하며 해가 갈수록 출연 기회가 줄어들었다. 말런 브랜도는 1961년에 감독 데뷔작 〈애꾸눈 잭〉이 크게 실패한 뒤, 현존하는 가장 위대한 배우임에도 갈수록 연기를 경멸하며 대부분 돈 때문에 작품에 출연했다.⁴⁶ 원하는 배역을 찾지 못하던 로드 스타이거는 주로 유럽에서 작업했다.

몇 년 동안 영화 속 메소드 연기는 고뇌에 찬 모습을 버리고 새로운 자신감을 받아들였다. 1950년대가 저물어가면서 이제 개인은 자기만의 도덕률을 따르는, 온전한 자기 자신이 될 수 있었다. 포이티어의 경우, 이는 부분적으로 흑인 캐릭터가 영화에서 할 수 있는 행동에 제약이 있었기 때문이다. 포이티어는 〈흑과 백〉(1958)에서처럼 범죄자가 될 수도, 〈폭력 교실〉(1955)에서처럼 반항아가 될 수도 있었지만 신경증에 걸린 사람은 될 수 없었다. 1960년대를 거치는 동안 포이티어는 명성과 본인의 이미지에 대한 자의식이 동시에 높아졌고, 많은 사람들은 그가 〈프레셔 포인트〉(1962)나 〈푸른 하늘〉(1965) 같은 영화에서 성인군자에 가까운 연기를 하면서 스스로에게 구속복을 입힌다고 비난했다.[47] 폴 뉴먼은 1950년대 스타일의 자기혐오를 〈파리 블루스〉(1961)에서는 상당히 잘 다루었지만, 〈뜨거운 양철 지붕 위의 고양이〉(1958)를 각색한 비탄에 잠긴 영화에서는 꽤 형편없이 표현했다. 그럼에도 뉴먼은 1963년 영화 〈허드〉에서 돌을 깎아 만든 사람처럼 보일 정도로 자신감이 굉장했다. 그의 연기력은 자기혐오 대신 분노, 그리고 관객을 비롯한 모든 이의 환심을 사는 일에 무관심한 태도에서 나온 것이었다.

대중의 의식 속에서 케네디의 상승세를 거울처럼 반영한 존재가 바로 1961년 벼락스타가 된 워런 비티였다. 심지어 케네디는 자신의 참전 경험을 다룬 전기 영화의 본인 역할을 비티가 맡아주기를 원했다[48](비티가 거절하면서 클리프 로버트슨이 그 역할을 맡았다). 비티가 부상하던 시기는 제임스 딘이 세상을 떠나고 5년이 지난 무렵이었다. 한국전쟁이 끝나고, 미합중국 대 파라마운트 소송이 스타 공장들을 파괴한 후, 할리우드는 새롭고 젊은 주연급 남자 배우를 찾는 데 어려움을 겪었다. 뉴먼과 포이티어는 둘 다 최소 열 살은 많은 데다 한 명은 유대인, 다른 한 명은 흑인이었다. 스티브 매퀸은 연기 폭에 제약이 있었고 그의 몸 자체가 청년 같지 않았다. 공백이 생겼고, 비티가 데뷔작 〈초원의 빛〉(1961)으로 그 공간을 메웠다. 브랜도처럼 비티도 엘리아 카잔에게 발탁되기 전 스텔라 애들러와 공부했다. 브랜도와 클리프트처럼, 그는 중성적인 아름다움과 거부할 수 없는 성적 매력을 지니고 있었다. 비티는 반짝거리는 새하얀 치아와 두툼한 입술을 강조하며 우아하게 허세를 떠는 식으로 행동했다. 그는 누구든 홀릴 수 있는 사람이었다. 〈초원〉의 작가 윌리엄 인지도 그중 한 명이었다. 이 신인 배우에게 혼전 성관계에 대한 마을 사람들의 태도 때문에 인생이 거의 망가져버린 고등학교 미식축구 선수 버드 스탬퍼 역을 맡기자고 카잔을 설득한 이가 바로 인지였다.

하지만 비티는 브랜도의 복제품이 아니었다. 브랜도는 충동에 휘둘리는 사기꾼이자 자기가 선택한 직업 때문에 갈등하면서 매번 스스로를 파괴하는 인물이었다. 반면 비티는 끈질긴 완벽주의자였다. 카잔은 이렇게 말했다. "그는 모든 것을 원했고, 자기 방식으로 하기를 원했다. 왜 아니겠는가? 그는 에너지가 넘쳤고 예리한 지성을 지녔으며, 내가 아는 그 어떤 유대인보다 더 당돌한 인물이었다."[49] 비티는, 적어도 카잔의 말에 따르면, 그렇게 자신감이 넘쳤기 때문에 여성들에게 "자신을 광고할 필요가 전혀 없었다." 여자들이 그냥 그에게 몸을 던졌다. 그는 내털리 우드와 스크린 테스트를 하는 동안에도 자기가 출연하는 신의 연출을 시작할 정도로 자신감이 넘쳤는데, 그로 인해 배역을 놓칠 뻔했다.[50]

〈초원의 빛〉—이미 쓸모를 다한 중산층의 신앙심을 다룬 이 작품은 메소드 대본의 교과서라 할 만하다—은 비티를 스타로 만들어주었다. 비티는 원하기만 했다면 향후 10년 동안은 줄기차게 버드 스탬퍼를 연기하며 보낼 수 있었겠지만, 그는 오히려 경력 대부분을 성실하고 선의로 가득한 근육질 미남이라는 대중적 이미지에 반항하며 보냈다. 그는 〈초원〉 이후 이상한 영화를 여러 편 찍었는데, 단 한 편도 관객의 사랑을 받지 못했다. 비티는 이런 흥행 실패작들을 거치면서 본인이 잘할 수 있는 역할을 발견했다.[51] 너무나 자신만만해 장악한 영역 너머까지 손을 뻗다가 결국 영화가 전개되는 동안 어떤 식으로든 창피를 당하게 될 잘생긴 남자. 연인에게 돌아와달라고 애걸하는 노래를 부르는 위대한 솔soul 가수처럼 관객 앞에서 기꺼이 비참한 모습을 보여주고자 하는 것이야말로 비티가 가진 매력의 열쇠였다. 그러나 이러한 역학 관계, 그러니까 미남이 애걸하게 만드는 불가능한 일을 가능하게 만드는 일이 제대로 작동하려면 비티가 맡은 캐릭터가 사회에서 자리 잡은 인물이어야 했다. 버드 스탬퍼는 사회에 소속되어 있었다. 그는 스타 미식축구 선수였다. 그에게는 멋진 여자친구가 있었다. 아버지는 부자였다. 〈워터프론트〉의 가장 유명한 대사는 말런 브랜도가 맡은 테리 멀로이가 자신은 놈팡이라고 말하는 부분이다. 케네디 시절의 메소드 영화에서 놈팡이의 시대는 끝났다.

메소드가 이렇게 자신감 넘치는 패기를 보여준 순간은 흔적으로만 남게 될 터였다. 1960년대가 저물 무렵 놈팡이들이 다시 돌아왔기 때문이다. 그러나 우선 스튜디오는 전국적으로 명망 있는 극단이 되겠다는 꿈을 실현하기 위한 마지막 시도를 할 터였다.

21장
액터스 스튜디오 시어터의 런던 대참사

스트라스버그는 오랫동안 미국을 대표하는 극장national theater의 운영을 꿈꿔왔다.[1] 공공기금을 지원받으며 미국 연극계의 의제를 설정하는 예술 지향적인 기관 말이다. 『뉴욕 타임스』는 스튜디오가 그런 조직에 가까워졌다고 말했지만, 극단은 몇 년간 작품을 한 편도 제작하지 않았다. 리는 그룹에서 활동하던 시절 크게 데인 적이 있던 터라 액터스 스튜디오를 정기적으로 작품을 무대에 올리는 극단으로 전환하는 일이 그에게는 어쩌면 그다지 내키지 않았을지도 모른다. 그렇게 전환한다 해도 메소드를 끈질기게 괴롭혀온 이론과 현실 적용 사이의 골치 아픈 간격을 메우려면 아직 갈 길이 멀었고 말이다. 하지만 그때는 스트라스버그에게 결코 적기適期가 아니었다. 게다가 수년간 스튜디오가 했던 몇 차례의 은밀한 시도는 대개 악감정만 남긴 채 끝나버리고 말았다.

무언가 조치를 취해야 했다. 1950년대 초 스튜디오를 그토록 활기차게 만들었던 많은 단원들이 떠나기 시작했다.[2] 신입 단원들이 몇 안 되는 동일한 연기 문제를 뱅뱅 돌며 반복하는 것에 진력이 났기 때문이었다. 스튜디오는 정체될 위기에 처해 있었다. 작품의 제작 여부와 상관없이 앞으로 나아갈 길을 찾아야 했다. 카잔이 스튜디오를 밀고 나가는 데 도움을 줄 고든 로고프를 찾아낸 건 1959년이었다. 카잔과 로고프 둘 다를 아는 친구에게 소개받았다. 로고프는 젊은 연출가 겸 극작가이자 평론가였다. 그는 센트럴 스쿨 오브 스피치 앤드 드라마에서 공부하는 동안 연극 잡지 『앙코르』를 창간해 영국에서 유명세를 떨쳤다. "그저 교지校誌를 만들었을 뿐인데, 한동안 악명을 떨친 잡지가 되어버렸죠. 실제 그 잡지는 10년을 갔습니다. 그 덕에 많은 사람들이 나를 주목하게 되었고요."[3] 카잔은 로고프에게 학교의 행정 책임을 맡아달라고 제안했다.

같은 해 맨해튼에 링컨 센터가 착공되면서 스튜디오가 주요한 연극적 야망을 실현할 수 있는 가능성이 열렸다. 링컨 센터 공사는 10년간 진행되었다. 완공되면 메트로폴리탄 오페라, 뉴욕 필하모닉, 뉴욕 시립 발레단 등 뉴욕 최고의 공연 예술 기관과 레퍼토리 시어터 오브 링컨 센터라는 새로운 상주 극단이 결합할 터였다. 새로운 상주 극단은 처음에는 다운타운의 ANTA 워싱턴 스퀘어 극장에서, 건물이 완공된 후에는 비비안 보몬트 극장에서 브로드웨이 규모로 작품을 제작할 예정이었다. 링컨 센터는 민간이 운영하는 조직이지만 뉴욕에서 국립극장에 가장 가까운 기관이었다. 응집력 강한 훈련된 연극 예술가 집단이 신작과 고전이 적절히 섞인 레퍼토리를 함께 작업할 전임 레퍼토리 극단을 채용할 터였다. 존 D. 록펠러 3세의 축복과 재정적 뒷받침을 누리게 될 이 극장은 다음의 두 명이 운영하게 된다. 크레디트에 수십 편의 작품이 올라 있는 브로드웨이 제작자 로버트 화이트헤드, 그리고 엘리아 카잔.

스트라스버그는 물론 그와 뜻을 같이한 스튜디오의 많은 이들은 어떤 형태로든 스트라스버그가 카잔과 함께 공동 예술감독의 역할을 맡아야 한다고 생각했다. 어쨌든 그는 세계적으로 유명한 인물인 데다 연극계에서 높은 평가를 받는 권위자가 아닌가? 이미 브로드웨이의 제작 극단을 변형한 그룹the Group이라는 조직을 운영하지 않았던가? 현존하는 최고로 존경받고 재능 있고 유명한 배우들로 구성된 기성 레퍼토리 극단인 스튜디오를 마음대로 할 수 있지 않은가? 하지만 일은 결코 그렇게 진행되지 않았다. 로버트 화이트헤드는 처음부터 스트라스버그의 참여를 반대했다. "나는 다만 액터스 스튜디오에서 탄생한 극단이 되는 것을 원치 않았습니다. 우리가 발견해야 할 새로운 영역이 있으며, 링컨 센터만의 개성과 스타일을 받아들인 레퍼토리를 갖춘 극장으로 만들기 위해 노력해야 한다고 생각했습니다."4 화이트헤드는 스트라스버그의 접근법과 이론을 싫어했고, 리가 "서브텍스트의 사이코 섹슈얼한 해석"에만 치중한다고 여겼다. 그는 심지어 "링컨 센터에서 (…) 우리는 정신분석에 반대할 겁니다. 우리는 공연자뿐만 아니라 극장을 위한 새로운 캐릭터를 구축하고자 합니다"라고 선언했다.5

고든 로고프는 스트라스버그와 카잔에게 스튜디오를 활용해 무언가를 만들도록 강요하는 대신 두 사람 사이의 중재자가 되었다. "아무도 모르는 사실입니다만,"6 로고프가 말했다. "카잔은 심한 겁쟁이었어요. 그래서 자신의 적수가 될 가능성이 있는 스트라스버그를 제대로 상대하지 못했습니다. 그 문제를 제대로 대면하지 못한 거죠." 로고프에 따르면, 스트라스버그는 "이미 스튜디오가 있는데 자격을 얻기 위해 왜 그렇게 필사적으로 일해야 하는지" 의아해한 반면, 카잔은 "더 이상 리에게 자질이 없다고 생각했다."[7]

　스트라스버그에 대해 어떻게 생각하든, 카잔은 여러 차례 리와 스튜디오를 링컨 센터로 통합하려 시도했다. 우선 그는 스트라스버그, 록펠러, 링컨 센터 고문단의 회담 자리를 주선했다. 그 만남은 시작부터 불길했다. 스트라스버그는 자신이 "마치 박사 과정에 지원하는 학생 (…) 취급을 받는" 것 같다고 느꼈고, 특유의 오만한 무표정 뒤로 물러났다.[8] 다음으로 카잔은 링컨 센터가 제안한 드라마스쿨을 스트라스버그가 인계받을 수 있도록 줄리아드로부터 통제권을 빼앗으려 했다.[9] 이 아이디어는 성공하지 못했다. 마지막으로 카잔은 규모가 작은 오프브로드웨이 공간 통제권과 줄리아드에 제안한 드라마스쿨의 공동 이사직을 리와 스튜디오에게 제안하자고 화이트헤드를 설득했다. 스트라스버그는 그 제안을 고려조차 하지 않았고, 링컨 센터와 스튜디오 간의 파트너십에 대한 희망의 싹을 모조리 잘라버렸다.[10] 스트라스버그는 분노가 폭발했고, 세월이 지나도 무시당했다는 원통함이 사그라들지 않았다. 고든 로고프는 "리 스트라스버그가 그룹에 의해 희생당했으며, 리를 거부했던 이사직에서 카잔이 인정받고 있다고 생각하는 파벌이 있었다"고 설명했다.[11] "스튜디오의 우리들은 그런 스트라스버그를 위해 온갖 성의를 다 보였습니다. 종교에나 있을 법한 열과 성을 다해 그를 옹호했어요. (…) 카잔은 이런 숭배가 부메랑이 되어 돌아올 거라 생각했습니다. 예언이나 다름없는 경고였죠."

　한편 스튜디오 단원들은 세 연출가가 공연 제작에 관해 보여준 클러먼스러운 우유부단함에 인내심을 잃어가고 있었다. 1960년에 스튜디오 단원 캐럴 베이커는 『헤럴드 트리뷴』에 이렇게 말했다. "스튜디오에 왔던 많은 이들이 기대했던 일들이 대부분 일어나지 않는 것에 대해 환멸을 느낍니다. (…) 우리 모두는 일종의 상설 극단을 위해 고군분투하고 있습니다. 우리 중 많은 이들이 강한 추진력이 부족해 점점 축소되는 스튜디오 프로젝트에 참여하려고 본업을 포기했습니다."12 스튜디오의 재정적 위기로 인해 마침내 배우들은 스튜디오 운영에 있어 발언권을 행사하는 데 필요한 스튜디오 이사회 의석을 확보할 수 있는 영향력을 갖게 되었다.13 그 결과, 1962년 스튜디오는 본격적으로 프로덕션 유닛을 추진하기 시작했다.

그 무렵 스트라스버그는 본인에게 다시 연출을 맡겨줄 극단이 있을지도 모른다는 가능성에 흥분했을 것이다. 〈페르 귄트〉 연출 이후 10년이 지났지만, 그는 1960년부터 카잔과 함께 스튜디오의 디렉터스 유닛을 공동 운영하며 여전히 연출 문제에 관심을 갖고 있었다. 디렉터스 유닛은 회원들이 텍스트와 리허설에서 메소드의 접근법을 익히도록 돕고, 연출가들이 작업 피드백을 받을 수 있는 포럼도 만들었다. 디렉터스 유닛 출신 인사들은 미국의 영화와 연극 문화에 지대한 영향을 미쳤다.14 그중에는 아메리칸 콘서바토리 시어터의 설립자이자 중요한 연출 교과서 『연출 감각』의 저자 윌리엄 볼, 〈코러스 라인〉을 만든 안무가 겸 연출가 마이클 버넷, 훗날 줄리아드 드라마학과와 워싱턴 D. C.의 셰익스피어 극장 수장을 모두 역임한 마이클 칸, 영화감독 존 프랭컨하이머, 1979년부터 1991년까지 예일 드라마스쿨을 운영하며 오거스트 윌슨을 발굴한 로이드 리처즈, 월러스 숀과 함께 공동 주연의 영화를 찍기도 했던 실험적인 연출가 앙드레 그레고리, 훗날 〈우리에게 내일은 없다〉(1967)를 감독한 아서 펜 등이 있었다. 유닛의 멤버인 울루 그로스바드는 무대와 스크린 양쪽에서 연출을 맡기 전 스튜디오와 연관된 다음의 영화들로 초기 경험을 쌓았다.15 (엘리아 카잔이 감독한) 〈초원의 빛〉,

(제롬 로빈스와 공동 감독한) 〈웨스트사이드 스토리〉(1961), (폴 뉴먼이 출연한) 〈허슬러〉(1961), (아서 펜이 감독한) 〈미라클 워커〉(1962), (시드니 루멧이 감독한) 〈전당포〉(1964).

디렉터스 유닛 멤버 마셜 메이슨의 경력은 스타니슬랍스키를 배운 다음 다시 전파자가 되는 순환 고리를 보여주는데, 이는 그 시대의 전형적인 특징이었다. 그는 노스웨스턴 대학에서 배우와 연출가 한 세대를 양성한 알비나 크라우즈에게 "시스템"의 한 버전을 배운 뒤, 뉴욕으로 건너가 유닛에 합류했다. 크라우즈는 스스로를 메소드라고 생각하지 않았고, 스트라스버그에게 그다지 관심도 없었다. "메소드는 뉴욕에서 부르는 명칭이었어요."16 메이슨이 말했다. "크라우즈는 배우를 만들어 뉴욕으로 보내면 스트라스버그가 망쳐버린다고 농담하곤 했지요." 메이슨은 유닛을 떠난 후 1970~80년대 오프브로드웨이에서 가장 중요한 극단 중 하나가 된 서클 렙을 공동 설립했고, 교사로서 오랜 경력을 쌓으며 미국 연극계 토양에 더 많은 "시스템"을 심었다. 메이슨은 디렉터스 유닛에서 보낸 시간에 대해 복잡한 감정을 느꼈다. 때로 "스트라스버그는 그저 끝내주는 사람"으로 메이슨이 혼자서 헤쳐나가지 못했던 문제들을 해결하는 데 도움을 주었다.17 그렇지만 리에게는 또 다른 측면이 있었다. "그는 모든 사람을 갈기갈기 찢어놨어요. 링컨 센터를 시작할 때 그가 무시당했다는 사실을 깨닫기 전까지는 그가 느끼는 억울함의 근원을 곧바로 이해하지 못했습니다."

마이클 칸의 경우, 디렉터스 유닛의 가장 유용한 부분이라면 유닛에 가입한 덕에 스튜디오를 균형 잡힌 관점으로 바라볼 수 있게 되었다는 점이었다. 그는 이미 메소드에 대해 약간의 배경 지식이 있었다. 고등학교 시절 그의 연기 교사가 스튜디오 출신이자 네이버후드 플레이하우스에서 마이즈너의 수업을 들었던 마이클 하워드였다. 칸은 "리로부터 좋은 것들을 배웠"지만 그 자신이 연기 교사가 되었을 때 피해야 할 스트라스버그의 나쁜 습관도 배웠다고 단언했다.[18] "리는 제기된 질문이 무엇이건 자기에게 답이 없다는 게 분명해지면 두세와 베토벤 이야기로 상황을 마무리하곤 했습니다. 그런 이야기는 언제나 재미있었지만, 그가 수업할 때 자존심이 위태위태한 상황이라는 걸 알 수 있었죠. 그런 태도는 그다지 도움이 되지 않는다는 것도 깨달았습니다."

또한 그는 스트라스버그가 때로 지키지 못했던 경계선을 강화하는 법을 배웠다. 한번은 스퀘어 시어터 스쿨의 서클the Circle에서 강의할 때 칸은 학생들에게 이런 말을 했다. "자, 나는 교사야. 너희들의 선생님이지. 너희들의 아버지가 아니야. 너희들의 남자친구도 아니고. 너희들의 정신과 의사도 아니란다. 그건 내 일이 아니야."[19] 수업 중에 한 여배우는 울음을 터뜨리며 교실을 박차고 나가 다시는 돌아오지 않았다.

1962년 6월 스튜디오는 포드 재단으로부터 종잣돈의 일부를 지원받아 액터스 스튜디오 시어터를 설립한다고 공식 발표했다.[20] 예술감독 리 스트라스버그와 총괄 프로듀서 셰릴 크로퍼드가 지휘봉을 잡았고, 제작위원회에는 에드워드 올비, 앤 밴크로프트, 프랭크 코르사로, 폴 뉴먼, 아서 펜 등이 참여했다.

스트라스버그와 크로퍼드는 카잔을 접촉했다.[21] 둘은 카잔이 스튜디오에서 연출을 맡는다는 계약서에 서명하길 바랐다. 카잔은 서명 대신 사임을 했다. 레퍼토리 극단과 신작 및 고전을 섞은 시즌 프로그램을 갖춘 링컨 센터의 브로드웨이 극장을 운영하는 동시에 동일한 구조와 사명을 가진 라이벌 극단의 이사회에 참석할 수는 없는 노릇이었다. 게

다가 액터스 스튜디오 시어터가 "위원회에 의해 운영"될 거라고 보았던 그는 이렇게 말했다. "스타니슬랍스키는 고사하고 예수 그리스도가 와도 내가 위원회에 앉을 일은 없을 겁니다. 내 말을 그대로 인용해도 좋습니다!"22 카잔은 사임하면서 자신의 결정을 설명하기 위해 공개서한을 작성해 스튜디오 게시판에 게시했다.

> 모두에게: 저는 일을 그만둡니다. 연출가 일만. 이건 필요한 결정입니다. 그래도 저는 여전히 여러분과 함께입니다. 그리고 여러분의 모든 노고를 항상 응원합니다. 여러분이 무엇을 하든 그 일이 다년간에 걸친 우리의 작업과 리의 가르침의 명예를 드높여줄 거라 확신합니다.
> —1호 단원.23

피 냄새를 맡은 연극 전문 언론의 반응은 아찔했다. "스튜디오 '이혼': 카잔은 아이들the Kids을 얻게 될 것인가?"24 이것이 전형적인 헤드라인 중 하나였다. 1962년 여름 내내 카잔은 스튜디오와 단원들을 비판하는 장문의 글을 『뉴욕 타임스』에 기고하는 등 그다지 호의적이지 않은 태도를 보였다.

그는 "이제 액터스 스튜디오는 (…) 더 이상 젊은 반란군 집단이 아니다. 지금은 액터스 스튜디오 자체가 정통파orthodoxy다"라고 썼다.25 그는 다른 이들의 결함 못지않게 자신의 결함에 대해서도 이야기하고 있다고 주장했지만, 그의 글은 리와 메소드 자체에 가하는 신랄한 질책으로 읽혔다. "오늘날 배우들에 대해 말하면서 지나치게 자주 '메소드'를 언급하는 것은 새로운 예술적 도전에 맞선 방어이자 자신들의 기량 부족에 대한 합리화다. 세상에는 무수히 많은 이데올로그이자 이론가인 배우들이 있다. 모두가 춤과 노래를 할 줄 안다. 무엇보다도 그 이론가 배우 무리를 엔터테이너인 순회공연 배우 무리와 맞바꾸고 싶다고 생각했던 적이 있었다." 링컨 센터에서 하는 작업이 성공을 거두기 위해 "우리에게 다른 종류의 배우가 필요하다는 것은 분명한 사실이다."

카잔이 떠나면서 스튜디오에도 변화가 생겼다. 스트라스버그는 발표하는 작품의 질이 떨어진다는 표면적인 이유를 들어 디렉터스 유닛을 폐쇄했다가 1963년 혼자 힘으로 다시 유닛을 열었다.[26] 조직에서 스트라스버그의 일상적인 권한은 거의 절대적이었지만, 두 사람이 함께 최종 오디션을 평가하고 새로운 단원을 선발할 때 카잔의 기여가 느껴졌다. "카잔이 없었다면, 누구를 스튜디오 단원으로 뽑을 것인지에 대한 리의 선택은 달랐을 거예요."[27] 에스텔 파슨스가 말했다. "당연한 말이지만, 카잔은 예술적인 감각뿐만 아니라 상업적인 감각도 좋았으니까요. 그가 떠났을 때, 나는 때로 리가 신경증적인 행동과 재능의 차이를 정말로 모르는 게 아닌가 생각했어요."

스트라스버그와 카잔은 멘토와 인턴으로 인연을 시작해 파트너가 되었다가 친구가 되었다. 이제 두 사람은 각자의 레퍼토리 극단을 운영하며 각자가 "시스템" 작업을 더 큰 규모에 적용할 방법을 알고 있다는 것을 증명하려 애쓰는 치열한 경쟁 상대가 될 터였다. 둘의 활동은 모두 엄청난, 그리고 공개적인 실패를 겪게 될 것이다. 혼란이 진정되었을 때 두 사람 모두 다시는 브로드웨이에서 연출을 하지 못하게 될 것이다.

카잔의 스튜디오 비판이 보비 루이스의 비판과 조금이라도 더 비슷하게 들렸다면, 이는 두 남자가 화해했기 때문일 것이다. 루이스는 스튜디오를 떠난 이후 카잔에게 앙심을 품고 있었는데, 카잔이 반미활동조사위원회에서 증언하면서 앙심에 통한과 경멸이 더해졌다. 그런데 1950년 대 말 어느 날 두 사람이 우연히 마주쳤을 때 루이스의 모든 분노는 씻 은 듯이 사라졌다. 그룹 시어터 시절 둘은 주시Juicy라는 같은 별명을 갖 고 있었다.28 맨해튼 길거리에서 두 사람은 서로를 향해 별명을 외치며 포옹했고, 모든 응어리가 순식간에 증발해버렸다. 카잔은 루이스를 영 입해 링컨 센터에서 페이 더너웨이, 크리스토퍼 로이드, 오스틴 펜들턴, 프랭크 란젤라, 바버라 로든 등이 포함된 신인 집단의 훈련을 맡겼다.29 이 연습생들 중 소수만이 링컨 센터의 레퍼토리 시어터에 입성했고, 바 버라 로든(훗날 카잔의 두 번째 부인)만 주요 배역을 받았다. 링컨 센터 프로젝트에 영입된 그룹 출신 인사는 루이스만이 아니었다. 카잔은 컨 설팅을 기반으로 한 "미래 프로그램 준비, 교육 및 훈련 프로그램 지 도, 극단 개발"을 위해 해럴드 클러먼을 고용했다.30 클러먼과 애들러는 1960년에 이혼했다. 아마도 카잔은 마침내 스텔라의 간섭 없이 오랜 친 구의 전문성을 확보하게 되었다고 생각했을 것이다.

루이스가 새로운 세대의 배우들을 양성하는 동안, 카잔은 극단의 주연 자리를 채울 저명한 배우들을 찾으려 노력했다. 그는 스튜디오 단 원들을 스카우트하고자 했지만 대부분의 배우들이 스트라스버그를 배 신하려 하지 않았다. 시즌 내내 묶어두는 데다 배우 노조의 최저 출연 료를 지급하는 계약을 제안했을 때는 특히 더 그랬다. 제럴딘 페이지는 카잔이 그녀에게는 영화에 출연할 수 없다는 계약 조건을 제시하면서 자기는 영화를 연출해야 한다고 주장하는 것에 특히 기분이 상했다.31

카잔은 숨을 멈췄으면 멈췄지 더 이상 영화 연출을 포기할 수는 없 었다. 이제 그의 열정은 영화 연출을 향해 있었다. 존 D. 록펠러 3세가 막강한 영향력을 행사하며 주의 깊게 지켜보는 가운데 부유층을 위한 그럭저럭 괜찮은 수준의 극장에서 연극을 연출하는 것이 아니었다. 그는 자신이 링컨 센터 일에 적합하지 않으며 로버트 화이트헤드가 다른 사람을 뽑았어야 했다는 사실을 깨달았다. "(나의) 훈련은 전적으로 그룹 시어터의 심리적 사실주의에 기반해 있었다. 그게 내가 배운 전부였고, 제대로 이해하는 전부였으며, 그때까지 내가 관심 갖는 전부였다."[32] 그렇다, 그는 자신의 접근법을 테너시 윌리엄스의 서정적인 대사나 아치볼드 매클리시의 무대 시stage poetry에 활용할 수 있었다. 그러나 고전 작품을 연출한 경험도, 대규모 극단을 운영해본 경험도 없었다. 화이트헤드와 카잔은 출신 배경이 다르고 연극에 대한 비전도 달랐지만, 그래도 링컨 센터의 배후에 있는 보수적인 금융계 거물들보다는 서로와 뜻이 더 잘 맞았다. 스트라스버그는 몇 년 전 카잔에게 링컨 센터에 대해 경고했을 때 이 모든 사태를 예견했다. 당시 그는 클러먼식 용어로 "진정한 연극은 예술적인 지도자에 의해 설정된 명확한 목표와 기본적인 주제가 있는 통일된 접근법을 가져야 한다"고 카잔에게 말했다.[33]

그것은 좋은 충고였다. 다만 스트라스버그 역시 자기가 한 말을 귀담아 들었어야 했다. 액터스 스튜디오 시어터는 오히려 더 일관성이 없었다. 카잔이 우려했던 대로 극단은 위원회에 의해 운영되었다. 자존심, 우선순위, 취향이 충돌하며 벌어진 난장판은 시즌 작품을 선택하는 과정을 수렁에 빠뜨렸고, 사람을 진 빠지게 하는 시련으로 바꿔버렸다. 프로덕션 유닛은 먼저 스튜디오에 소속된 가장 가까운 극작가인 윌리엄스의 작품을 편성하는 방안을 검토했다.[34] 그러나 윌리엄스의 많은 작품들 중 어떤 것을 무대에 올릴지에 대해 합의하지 못하고 곧 다른 문제로 넘어갔다. 그들은 스트라스버그가 말런 브랜도와 앤서니 퀸의 캐스팅을 희망했던 〈아르투로 우이의 출세〉나 로드 스타이거가 출연하는 〈갈릴레오〉 같은 브레히트의 희곡을 비롯한 다른 프로젝트 시리즈를 생각해보기도 했다. 1962년 6월, 액터스 스튜디오 시어터는 에드워드 올비의 〈누가 버지니아 울프를 두려워하랴?〉의 세계 초연을 제작한다고 발표했다. 반란군이 얼마나 진짜 수구 세력이 되었는지, 그리고 그들의 리더십이 얼마나 혼란에 빠져 있는지를 반영하듯, 스튜디오 시어터는 얼마 후 작품 제작을 취소했다. 셰릴 크로퍼드는 "작품의 쓰라린 정서와 잔혹성이 무섭다"는 이유로 올비의 대본을 반대했다.³⁵ 노련한 제작자이자 스튜디오의 총괄 관리자인 로저 스티븐스는 "무대 위에서 그런 추잡한 단어들을 말하는 공연에 보조금을 주는 일에는 절대 가담하지 않을 것"이라고 말했다.³⁶ 그러고서 불과 1년 만에 이 작품은 1960년대 미국 연극의 정수가 되었다.

이런 상황이 넌더리가 난 배우 립 톤은 스튜디오의 리더십 부재로 생긴 공백 상태에 개입해 링컨 센터와 약속되어 있던 두 편의 연극 판권을 몰래 빼 왔다. 첫 번째 작품은 1963년 3월 11일에 막을 올린 액터스 스튜디오의 시즌 개막작, 유진 오닐의 〈기묘한 막간극〉이었다.³⁷ 러닝 타임이 다섯 시간이나 되는 이 연극은 캐릭터들이 각자의 서브텍스트를 설명하는 의식의 흐름에 따른 독백으로 채워져 있는데, 프랜쇼 톤, 벤 가자라, 제인 폰다 등 스타급 출연진 덕에 예상치 못한 성공을 거둘 수 있었다. 『뉴욕 타임스』는 이 작품이 "굉장히 훌륭하다"며 극찬했다. "액터스 스튜디오는 한 걸음 더 나아갔다. 이는 미국 연극계의 발전을 위한 위대한 발걸음이 될 것이다."³⁸ 그러나 다른 평론가들은 이 연극에 대해 연습이 덜 되었고, "액터스 스튜디오의 메소드에 기대하는 절묘함"이 부족하다고 지적했다.³⁹

작품에 관한 가장 신랄한 비판은 세상천지의 기득권층을 몹시도 혐오하는 잡지 『빌리지 보이스』에서 나왔다. 오프오프브로드웨이와 아방가르드를 정기적으로 리뷰한 유일한 매체인 『빌리지 보이스』는 작품의 선정뿐 아니라 유명인을 전면에 내세우는 선택에서 보수주의가 드러난다며 맹렬히 비난했다.[40] "액터스 스튜디오가 연극 예술을 발전시키려는 시도라면, 이는 부실한 출발이다. (…) L. B. 메이어(MGM 영화사의 공동 설립자-옮긴이)와 스타 시스템의 재발견은 스튜디오가 새로운 용기를 내는 데 실패했음을 시사한다."[41] 특히나 연출을 맡은 호세 킨테로와 주연 배우 프랜쇼 톤이 스튜디오 단원이 아니었기 때문에 스튜디오의 대다수 단원들이 이러한 불만을 공유했다.[42]

립 톤의 다음 속임수는 제임스 볼드윈의 〈미스터 찰리를 위한 블루스〉를 슬쩍한 것이었다. 볼드윈에게 작품의 아이디어를 준 사람이 카잔이었는데도 말이다.[43] 연극 산업을 대체로 경멸했던 볼드윈은 연극 산업의 간섭을 경계하던 터라 톤이 작품 수정 압박으로부터 완전히 해방시켜주겠다고 약속하자 스튜디오에 작품을 넘기는 것에 동의했다.[44] 이러한 자유는 꼭 필요한 것이었다. 스튜디오는 에밋 틸(Emmett Till, 1955년 백인들에게 린치당해 사망한 열네 살 흑인 소년-옮긴이) 린치 사건에 대한 강렬한 반응이나 다름없는 〈블루스〉를 준비하는 내내 갈등을 겪었다. 아서 펜은 미국 연극계가 백인들 세상이었던 탓에 "우리 모두는 흑인 극작가를 초빙해야 한다고 생각했다"고 회상했다.[45] 그리고 플레이라이츠 유닛에 볼드윈에 관한 풍문이 나돌았다. 하지만 구성원 대부분이 백인인 데다 대체로 진보적인 단체였던 스튜디오는 이 작품 자체에 잔뜩 겁을 먹었던 것 같다. 위원회에서는 〈블루스〉를 제작할지 여부를 두고 의견이 갈렸다. 셰릴 크로퍼드와 리 스트라스버그는 브로드웨이의 백인 관객 입맛에 맞도록 논란의 여지가 있는 거친 부분을 매끄럽게 다듬으려는 시도를 했다.[46] 원래 프랭크 코르사로가 〈블루스〉의 연출가로 내정되어 있었는데, 그가 백인 캐릭터들을 더 부드럽게 묘사하는 쪽으로 대본을 수정해달라고 요청하면서 볼드윈과 코르사로의 협업은 좌초하고 말았다.[47] 코르사로는 메소드의 틀에 어울리는 더 공정하고 감성적이며 심리적인 사실주의 연극을 원했지만, 〈미스터 찰리를 위한 블루스〉의 힘은 노골적인 정치성과 메타연극성meta-theatricality이 섞임으로써 나오는 것이었다. 〈블루스〉는 민권운동 활동가와 백인 인종주의자들이 충돌하는 것으로 시작해 재판 장면으로 끝을 맺는다. 이 작품은 퍼포먼스performance에 집착하고 그 퍼포먼스가 인종, 젠더, 섹스에 접근하는 방식을 어떻게 형성하는지에 집착하면서 메소드가 의지하는 진정성이라는 바로 그 관념에 도전한다. 버지스 메러디스가 연출가 자리를 넘겨받았고, 볼드윈은 애초 러닝 타임이 다섯 시간이 넘었던 대본을 잘라냈다.

〈미스터 찰리를 위한 블루스〉의 대본 수정이 계속되는 동안, 다음 작품인 준 해벅의 〈마라톤 '33〉을 무대에 올리면서 스튜디오는 다시 한 번 신구 세대의 충돌에 직면하게 되었다. 이 연극의 원래 형태는 1930년대 댄스 마라톤 광풍을 배경으로 작가의 체험을 기반으로 한 일련의 자전적 비네트였다. 해벅은 "마라톤의 시대를 사랑했어요. 비록 공포스럽기도 했지만요"라고 말했다.[48] 해벅의 가족사가 1959년 브로드웨이에서 공연되었다는 사실도 연극의 인기에 한몫했다. 해벅의 언니가 로즈 루이즈 호빅, 일명 집시 로즈 리(미국의 배우, 각본가, 스트리퍼-옮긴이)였다. 로즈는 "돈과 명성을 원했고, 뮤지컬 〈집시〉에서 들려준 우리 가족사는 사실이 아닙니다. (…) 〈마라톤 '33〉에서 나는 사실을 말했어요."

그러나 제작에 관여한 많은 이들이 동의하는 바는 그녀가 추구한 진실이 무엇이었든 액터스 스튜디오가 연극을 무대에 올릴 무렵에는 그 진실이 이미 사라져버렸다는 것이었다. 해벅은 본인이 직접 연출하길 원한 반면, 스트라스버그는 저명한 인물이 맡아주기를 원했다. 경험이 풍부한 후보들과 가진 몇 차례 면담이 실패로 돌아간 뒤에야 스트라스버그는 마지못해 동의했다. 그럼에도 그는 공연을 그냥 놔둘 수가 없었고, 곧 작품을 훼손할 만큼 간섭하기 시작했다. "어쨌든 정확히 말해 브로드 코미디(broad comedy, 과장된 신체 동작을 웃음의 소재로 삼는 코미디-옮긴이)는 스튜디오의 전문 분야가 아니었어요."[49] 해벅이 말했다. "나는 이 연극을 지나치게 무겁게 만들고 싶지 않았는데, 리의 작업은 작품을 도스토옙스키처럼 보이게 만들었죠." 코르사로가 볼드윈에게 그랬던 것처럼, 스트라스버그는 희곡의 "문학적 결함"을 수정하지 않으면 평론가들은 싫어할 거라고 말하며 좀더 관습적인 연극으로 만들라고 해벅을 압박했다.[50] 해벅은 속이 쓰렸지만 그의 의견을 묵묵히 받아들였다. 수정된 〈마라톤 '33〉은 단순한 구성에 새로운 유형의 신파적 감성이 더해졌다.[51] 연극이 막을 올리자 평론가들은 작품의 분위기에 찬사를 보냈지만 대본은 빈약하다는 평을 내렸다. 스튜디오 내부에서는 실패작으로 평가했다.

스튜디오의 사명과 취향을 둘러싼 혼란은 단 한 번의 공연으로 막을 내린 괴팍한 "배우들을 위한 오페라" 〈다이너마이트 투나잇〉에서도 계속되었다.[52] 스타 배우 폴 뉴먼과 조앤 우드워드를 중심으로 만든 조악한 기획물 〈베이비는 키스를 원해〉는 예술적 명성은 아니더라도 스튜디오의 재정만큼은 회복시켜주었다.[53] 이 작품으로 돈은 벌었지만 동시에 스튜디오가 지켜야 할 모든 것을 위반하게 만들었다.

액터스 스튜디오 시어터의 명성을 구하는 일은 다음 두 작품의 몫이 되었고, 대체로 성공적이었다. 〈미스터 찰리를 위한 블루스〉의 리허설 과정은 험난했지만—한번은 리허설이 한창 진행되던 도중에 볼드윈이 사다리를 타고 올라가 리와 스튜디오 배우들에게 작품 소재에 대한 감각이 부족하다며 질책했다[54]—개막과 동시에 뜨거운 호평과 함께 관객의 열광적인 반응을 받았다. 다만 막대한 제작비가 든 데다 티켓 가격을 의도적으로 낮게 책정해 공연은 적자를 봤다. 볼드윈을 비롯한 여러 사람들이 합심해 벌인 홍보 활동이 없었다면 〈블루스〉는 개막 직후막을 내렸을지도 모른다. 넬슨 록펠러의 두 딸이 연극이 계속 공연되도록 총 1만 달러를 기부했고, 로레인 핸스베리, 말런 브랜도, 해리 벨라폰테, 스터즈 터클, 테너시 윌리엄스, 마일스 데이비스를 비롯해 십여 명이상의 유명 인사들이 서명한 연극 지지 광고가 여러 신문에 실렸다.[55]무대에서 살아남은 〈블루스〉는 흑인 관객들의 압도적인 사랑을 받으며 4월부터 여름까지 꾸준히 공연되었다. 셰릴 크로퍼드가 순전히 재정적인 이유 때문이라며 결국 8월에 막을 내리자, 볼드윈은 스튜디오를 고소할까 고민할 만큼 격분했다.

왕관에 장식된 보석 같은 시즌 마지막 공연은 리 스트라스버그가 제작한 체호프의 〈세 자매〉였다. 리의 경력은 완전히 제자리로 돌아왔다. 모스크바 예술극장이 처음으로 그의 넋을 빼놓으며 인생행로를 결정지어준 작품이 〈세 자매〉였다. 그는 작품의 모든 장면을 생생하게 기억하고 있었고, 심지어 모스크바 예술극장 공연 앨범도 갖고 있었다. 〈세 자매〉의 캐스팅은 쉽지 않았지만 스트라스버그는 올가 역에 제럴딘 페이지, 마샤 역에 킴 스탠리, 나타샤 역에 바버라 백슬리를 낙점했다.[56]셜리 나이트는 막내 여동생 이리나 역을 맡았다. 스트라스버그는 말런 브랜도가 마샤의 연인 베르쉬닌 역으로 무대에 복귀하기를 바랐지만,

브랜도는 거절했다. 베르쉬닌 역은 액터스 스튜디오의 베테랑이자 몽고메리 클리프트의 과거 절친이었던 케빈 매카시가 맡게 되었다. 알려지지 않은 이유로 매카시를 싫어했던 킴 스탠리는 스트라스버그에게 그를 작품에서 빼라고 말해보았지만 받아들여지지 않았다.

스트라스버그는 디렉터스 유닛 앞에서 했던 강연에서 본인의 표준 연출 과정을 장황하게 설명했다.[57] 우선 그는 감독과 테이블 작업부터 시작했다. 이 기간 동안에 스트라스버그는 극을 주요 행동 단위로 세분화하고 배우들과 함께 각자 맡은 캐릭터의 과업/문제를 규정하는 것이 연출가의 주요 작업이라고 생각했다.[58] 그러나 연출가는 배우들에게 무언가를 달성하는 방법에 대해 말해서는 안 된다. 대신 "창조적인 연기를 위해 부분적으로나마 기꺼이 대가를 지불해야" 한다.[59] 그 대가란 배우들에게 각자의 길을 찾을 수 있는 자유를 주는 것, 그리고 "그가 염두에 두었던 것과 조금 다르더라도" 결과물에 대해 열린 태도를 갖는 것이다. "그것이 창조적인 작업의 가치다."

이후 스트라스버그는 무대 연출로 넘어갔다. 그는 상세한 계획을 세우지 않고 대신 배우가 자기 캐릭터에게 일어나는 일에 반응하여 움직이는 "열린 움직임open movement"으로 시작했다.[60] 그런 다음 누가 어디에 들어갔는지, 언제 앉았는지, 창밖을 내다보았는지 등 기본 요소들을 파악했다. 이는 과정의 기계적인 부분으로, 막act 하나당 하루가 걸렸고 대본을 손에 들고 진행했다. 연습을 할 때는 즉흥 연기를 활용하거나 또는 즉흥 연기에 실패하면 정서 기억 훈련을 활용하여 배우들이 주어진 환경에 더 가까이 다가갈 수 있도록 했다. 무대 연출 작업이 끝난 뒤 스트라스버그는 배우들과 함께 매 순간, 비트 하나하나를 작업하며 심리적, 신체적으로 세세하게 신을 다듬었다. 이 과정의 마지막 단계는 리허설을 통해 "신과 신을 이어주고, 신의 효과를 극대화하는 데 기여할 수 있는" 적절한 디테일을 찾는 것이었다.[61] 그는 연출가가 배우의 발음이나 내면 표출projection을 놓고 배우와 함께 고심할 수 있는 단계는 이 시기뿐이라고 생각했다. 배우가 기술적인 측면에 너무 집중하다보면 캐릭터에 생동감을 불어넣는 데 필수적인 내면 작업을 소홀히 할 수도 있기 때문이다.[62]

이것이 스트라스버그가 생각하는 이상적인 작업 절차였다. 하지만 어마어마한 압박 속에서 꿈에 그리던 프로젝트를 연출하는 동안 그는 점점 더 현실에 신경을 쓰게 되었고, 이는 공동 작업자들을 실망시켰다. "당시 충돌은 정말 끔찍했어요."[63] 에스텔 파슨스가 말했다. "스튜디오가 잠시 제작에 전념할 때였어요. 대단한 재능을 가진 몇몇 사람들이 리를 혐오하게 됐죠. 왜냐하면 '그는 이런저런 얘기로 영감을 주지만 미국 극장에 발을 들여놓으면 자기가 했던 말을 잊어버린다'고 하더군요." 〈백의의 사람들〉을 작업할 때 누렸던 석 달이라는 호사스러운 리허설 기간을 확보하지 못한 스트라스버그는 본인이 스튜디오 내에서 장려하던 탐구 과정을 갑자기 중단하고는 고집불통인 배우들을 자기 뜻대로 하려 했다. 한 리허설에서 그는 모스크바 예술극장의 공연을 녹음한 테이프를 가져와 킴 스탠리와 케빈 매카시에게 각자의 배역을 어떻게 연기해야 하는지를 보라며 녹음을 반복해서 들려주었다.[64] 리허설이 지나치게 과열되면서 바버라 백슬리는 스트라스버그가 자신에게 호통치는 걸 중단하지 않으면 공연을 그만두겠다고 으름장을 놓기까지 했다. 스튜디오의 위원회의 일원이자 스트라스버그가 내뿜는 분노의 빈번한 표적이 되었던 제럴딘 페이지는 스트라스버그가 브로드웨이 연출가가 아닌 "브로드웨이 연출가인 양 연기하고" 있다고 생각했다.[65]

그러나 최종 결과는 성공적이었고, 스튜디오의 시즌은 대대적인 찬사와 명성을 얻으며 마무리되었다. 『뉴욕 포스트』의 제리 솔머는 스튜디오가 〈세 자매〉로 최종 시험에 통과했다고 포지셔닝함으로써 이 공연을 둘러싼 지배적인 분위기를 담아냈다. "액터스 스튜디오는 진실에 대해 꽤 많은 이야기를 들려준다. 지난밤 모로스코에서 스튜디오는 우리가 평생 그렇게 할 권리를 못 박았다."[66] 모두가 그렇게 열광한 건 아니었다. 마셜 메이슨은 이렇게 회상했다. "1막은 흠잡을 데가 없었습니다. 정말 나무랄 데가 없었죠! 아주 훌륭하고, 훌륭하고, 훌륭한 연극이었습니다. 2막은 조금 덜 그랬습니다. 3막은 약간 덜 그랬고, 4막에 이르렀을 때는 그냥 엉망이었습니다. (⋯) 그가 이 작품의 틀을 잡기에 충분한 시간을 갖지 못했다는 걸 느끼게 해주는 상황이었습니다."[67]

시즌이 끝날 무렵, 액터스 스튜디오 시어터는 번창하는 듯 보였다. 특히 경쟁자인 링컨 센터와 비교하면 더 그랬다. 처음에는 만사가 카잔에게 유리하게 시작되었다. 그는 매력을 발산했고, 아서 밀러와 화해했으며, 극단의 메소드 배우들과 다른 배경을 가진 배우들 간의 차이로 인해 더욱 복잡해진 긴장된 리허설 분위기를 잘 이끌어가며 작업을 시작했다.[68] 불행으로 끝나버린, 아서 밀러와 매릴린 먼로의 결혼 생활을 다룬 자전적인 작품 〈몰락 이후〉에 대한 평가는 엇갈렸지만 『뉴욕 타임스』는 극찬을 아끼지 않았고 공연이 히트하는 데 필요한 건 그게 전부였다. 얼마 지나지 않아 호세 킨테로가 제작한 유진 오닐의 덜 알려진 작품 〈백만장자 마르코〉가 따스하고 존경심 가득한 찬사를 받으며 밀러의 작품과 하루씩 번갈아 공연되었다.[69] 그러나 다음으로 선보인 불바르 코미디(boulevard comedy, 18세기 후반에 파리에서 시작된 단순하고 이해하기 쉬운 캐릭터를 등장시키는 코미디-옮긴이) 〈그런데 누구를 위해, 찰리〉와 제임스 1세 시대를 배경으로 한 비극 〈체인즐링〉은 두 작품 모두 평단으로부터 재앙이라는 혹평을 받았다.[70] 언론이 날린 강편치를 맞고 휘청거리는 카잔과 화이트헤드를 링컨 센터 위원회는 거의 방어해 주지 않았다. 그들에게는 실수를 통해 배우고 발전할 시간과 기회가 필요했지만 시간도, 기회도 확보할 방법이 없었다. 전문가들이 그들의 대의를 받아들이기에 카잔과 화이트헤드는 지나치게 인습에 사로잡혀 있었고, 너무 많은 돈을 날린 탓에 링컨 센터 위원회나 신임 회장 윌리엄 슈만의 환심을 살 수도 없었다.[71]

스트라스버그에게는 승리감에 젖을 만한 충분한 이유가 있었다. 한 시즌에 평단의 호평을 받은 작품 세 편과 진정한 흥행 성공작 한 편을 가질 수 있다면 죽음도 불사하겠다는 극단이 많을 것이다. 아서 펜이 밝혔듯, 1964년 말 "최종적으로 스튜디오가 차지해야 마땅한 자리는 국립극장이 될 것이었다."[72] 하지만 일은 그렇게 되지 않았다. 〈세 자매〉는 액터스 스튜디오 시어터의 마지막 작품이 될 터였다.

1960년대 초반은 스타니슬랍스키를 다룬 책들이 소소한 붐을 일으키면서 메소드와 메소드를 반대하는 주장을 두고 대중적인 재평가가 이루어지던 시기였다. 대가가 연기를 주제로 쓴 마지막 저서이자 사후에 편집된 책인 『역할 창조』가 1961년에 출간되었다. 루이스 푼케와 존 E. 부스가 공저한 『배우들이 말하는 연기』도 1961년에 출간되었는데, 여기에는 모리스 카노브스키부터 시드니 포이티어에 이르는 많은 배우들의 인터뷰가 실렸다. 1965년 뉴욕대학교출판부는 "시스템"의 발전 과정과 그것이 서구에 끼친 영향을 상세히 소개한 『스타니슬랍스키의 유산』을 출간했다.

이 모든 활동은 스트라스버그/애들러 사이의 불화에 관한 새로운 논쟁을 불러일으킬 기회를 제공했다. 스타니슬랍스키의 "시스템"에서 핵심적인 것은 정서 기억인가, 상상력인가?

애들러는 1964년 11월에 있을 모스크바 예술극장 대표자들의 미국 방문이 이 사안을 잠재워주기를 기대했다. 그들은 국제교육협회에서 열리는 스타니슬랍스키를 주제로 한 사흘간의 세미나를 주재하기 위해 미국에 왔다.[73] 해럴드 클러먼, 보비 루이스, 셰릴 크로퍼드, 우타 하겐, 립톤, 폴라 스트라스버그, 셸리 윈터스 등이 모두 세미나에 참석했다.

세미나는 러시아인들이 "이 나라에서 메소드가 스타니슬랍스키의 아이디어에 반대되는 경향을 낳았다는 이야기를 들었습니다"라는 사실을 인정하는 것으로 시작되었고, 강연과 시범 설명이 뒤를 이었다.[74] 하지만 그 사흘 동안 스타니슬랍스키가 감정과 행동이라는 주제에 어떤 생각을 갖고 있었는지 명확히 밝혀질 거라는 기대는 산산이 깨지고 말았다. 스타니슬랍스키와 함께 훈련했던 안젤리나 스테파노바는 이렇게 선언했다. "스타니슬랍스키는 (…) 감정의 관점에서 캐릭터에 접근하는 경로를 (…) 거부했습니다. (…) 의식적으로 의지력을 발휘하여 억지로 감정을 드러낼 수는 없습니다."[75] 하지만 모스크바 예술극장의 연출가 빅토르 마뉴코프는 스타니슬랍스키의 "시스템"은 정서 기억에 기반한 것이며, 이 모든 것을 두고 벌어진 미국인들의 혼란이 의아하다고 말했다. 애들러는 "지금 명확하지 않다면, 앞으로도 절대 명확하지 않을 것"이라고 말했다.[76] 그녀의 예측은 적중했다. 컨퍼런스에 참석한 사람들은 도착했을 때만큼이나 당황스러운 상태로 남게 되었다.

한 달 후, 『빌리지 보이스』에 보내는 연극계의 화답 역할을 하는 호전적인 학술지 『툴레인 드라마 리뷰』가 "스타니슬랍스키와 미국"이라는 주제에 바치는 2부작 시리즈 중 두 번째 글을 발표했다. 이듬해에는 두 호號를 묶어 동명의 책으로 출간했다. 이 책의 서문 「30년대 퇴장, 60년 대 입장」에서 편집자 리처드 셰크너는 이 책의 출간이 애가哀歌처럼 비통하게 느껴진다는 점을 분명히 밝혔다. 미국 연극계에서 스타니슬랍스키 시대가 끝나고 있었다—어쩌면 이미 끝났어야 했다. 그는 그룹 시어터 출신의 존경할 만한 배우들이 "여전히 우리 연극계에서 활동하고 있다"고 썼다.[77] "그러나 그들은 더 이상 대표하지 않는 미학을 대표한다. 그들이 남긴 인상은 너무나도 중요하고 결정적이었으나 다른 세대가 지도자를 맡게 되면서 점점 희미해져갔다. 우리 연극계는 근본적인 재평가를 겪고 있다."

이러한 재평가에는 여러 출처가 있었다. 셰크너는 미국 연극이 소소한 붐을 일으키던 시기에 이 글을 썼다. 1960년대 동안 오프브로드웨이와 지역극장운동이 출현했고, 포드 재단이 내놓은 현금이 넘쳐났으며, 미 국립예술기금이 향후 기금을 내놓겠다는 (결코 제대로 실현되지 않은) 약속이 있었다. 1961년 포드 재단은 900만 달러를 들여 미국 전역에 스물여섯 개의 신생 극단을 설립했다.[78] 2005년 현재, 미국의 비영리 극단의 수는 1200개를 넘어섰다. 많은 이들이 지역극장운동이 미국 연극계를 분권화하여 새로운 극장들이 다양한 방식의 예술 형식에 접근하게 해줄 거라 믿었다. 이 운동이 급격히 성장하면서 배우, 연출가, 디자이너라는 새로운 노동력이 필요해졌다. 대학들은 때로 지역 극단과 제휴하여 그런 인력을 훈련시키는 일에 달려들었다. 일부 학교들은 연극 전공을 새로 개설했고, 다른 학교들은 기존 프로그램을 실용적인 측면에 중점을 두는 쪽으로 변형해 예술가를 고용하고 교수들과 함께 강의를 맡겼다. 이러한 대학 수준의 연극 교육 확대는 다원주의와 개인을 강조하는 진보적인 교육운동의 부흥과 맞물리면서 학생들에게 이전 세대의 독단적인 신념에 의문을 제기하고, 흔한 말이 되어버린 "여러분의 목소리를 찾으라"고 독려하는 계기가 되었다.[79]

오프브로드웨이를 가보면, 연출과 관련된 개념과 실험이 도입되고 심리적 사실주의와 자연주의 미학은 퇴출되고 있음을 알 수 있었다.[80] 실험적인 연출가들은 베르톨트 브레히트, 예지 그로토프스키, 앙토냉 아르토 같은 이론가에게서 영감을 얻었는데, 이들은 모두 스타니슬랍스키가 세운 제4의 벽을 무너뜨리고 싶어 했다. 일부 극단들은 노能, 가부키歌舞伎, 경극京劇, 산스크리트 드라마Sanskrit drama 같은 외양에 더 신경을 쓰는 비서구의 연기 전통에 눈을 돌렸다. 따지고 보면 시각예술이 내면에 집중하던 추상표현주의 시대에서 포스트모던 시대로 이동했는데, 연극이 이 흐름을 따르면 안 될 이유가 뭐란 말인가? 1960년대와 1970년대에 가장 유명한 실험 극단 중 하나가 된 오픈 시어터를 이끌었던 조지프 체이킨은 이렇게 썼다. "미국의 전통적인 연기는 독립기념일 퍼레이드, 무자크(Muzak, 공공장소에서 배경음악으로 내보내는 음악-옮긴이), 교회 예배, 정치 캠페인을 특징짓는 것과 동일한 종류의 종합적 '느낌'과 신파가 섞인 혼합물이 되었다."[81] 체이킨은 마임과 춤을 비롯한 수많은 다양한 스타일과 접근법을 실험했다. 링컨 센터 시어터조차 이런 변화의 물결을 받아들이면서 카잔과 화이트헤드를 허버트 블라우와 줄스 어빙으로 교체했다. 유럽적인 고급 취향을 가진 샌프란시스코의 극장 기획자였던 두 사람은 링컨 센터에서 게오르크 뷔히너와 베르톨트 브레히트 같은 극작가들에 심하게 경도된 선택을 했다.[82]

하지만 미국 연극계를 장악하기 위한 이 전쟁에서 전투원들은 그들의 투쟁을 지나치게 과장했고, 반자연주의적인 작품의 인기를 과대평가했다. 허버트 블라우는 링컨 센터에서 2년을 채 버티지 못했다. 어빙의 단독 지휘 아래, 극장은 대규모의 관습적인 작품과 규모가 작은 제2의 무대 공간에 올릴 실험 작품 사이를 왔다 갔다 했지만, 1973년 결국 재정적으로 파산하고 말았다.[83] 어떤 면에서 보면 어빙이 링컨 센터를 운영한 방식은 미국 연극계를 거울처럼 뚜렷하게 반영하고 있었다. 실험주의자들은 연극계를 완전히 장악한 적이 없었고, 그들의 작업은 적은 관객이 있는 더 작은 공간으로 밀려났으며, 주류 작품에 스며든 그들의 혁신은 좀처럼 인정받지 못했다.

실험가들과 액터스 스튜디오의 기성세대는 그들이 인정하는 것보다 더 많은 공통점을 갖고 있었다. 많은 연출가들이 브레히트라는 망토를 차지하고 싶어 했다. 스트라스버그는 실제로 그와 작업한 적이 있었다.[84] 또한 가부키 연극에 흥미를 느껴 가부키 예술가들을 스튜디오로 초청해 테크닉을 배우는 워크숍을 진행하기도 했다.[85] 스타니슬랍스키에 심취한 배우들은 고전 연기에 어려움을 겪었을 수도 있지만, 진정한 인류애를 바탕으로 한 실험적인 작업도 자주 했다. 오프오프브로드웨이를 탄생시킨 장소인 카페 치노에서 제작한 첫 번째 신작 연극은 액터스 스튜디오 단원들이 직접 대본을 쓰고 제작했다.[86] 스튜디오의 플레이라이츠 유닛과 디렉터스 유닛 회원들은 심리적 사실주의의 한계를 훨씬 넘어서는 작품을 만들었다. 20세기의 가장 중요한 실험 극작가 중 한 명인 마리아 아이린 포네스는 리 스트라스버그 밑에서 공부했다. 여러 세대의 극작가들에게 엄청난 영향을 끼친 그녀의 극작 수업은 정서 기억 훈련을 포함한 리의 가르침으로부터 나온 것이다.[87]

한편 1964년에 메소드는 두 개의 전선戰線에서 전쟁을 치르고 있었다. 첫 번째 전선은 심리적 사실주의와 아방가르드 사이에 그어졌다.

1930년대 중반 스텔라 애들러가 파리에서 돌아온 후 격렬한 전투가 벌어졌던 두 번째 전선은 스트라스버그의 메소드와 그를 제외한 모든 사람들의 메소드 사이에 그어졌다. 『스타니슬랍스키와 미국』의 편집자들은 자신들이 어느 편인지 잘 알고 있었다.[88] 리의 편은 아니었다. 다름 아닌 고든 로고프가 집필한 이 시리즈의 마지막 에세이 「리 스트라스버그: 불타는 얼음」은 이 점을 명확히 밝히고 있다.

그 무렵 로고프는 리가 아플 때 아서 펜이 대신 강의를 하도록 조정한 죄로 스튜디오에서 밀려난 상태였다. "나는 재량을 행사했습니다. 나는 지시를 따라야 하는 사람이지 권한이 있는 사람은 아니었는데, 그걸 몰랐어요! 그때부터 모든 것이 내리막길이었지요."[89] 그는 스튜디오를 떠난 후 평론가가 되었다. 「불타는 얼음」에서 그는 "권력, 재능, 충동이 예술의 대의명분에 잘 부합하기를 바라는 (⋯) 확고한 소망"을 느꼈다고 썼다. 에세이는 스트라스버그가 그 세 가지 전선에서 모두 실패했음을 분명히 한다. 로버트 브루스타인을 인용—"스트라스버그는 토대를 바꾸기 위한 일은 아무것도 하지 않은 채 그저 무너져가는 구조물의 내부를 장식하는 디자이너였다"[90]—하며 시작한 에세이에서 로고프는 전에 모시던 상사에 대한 긴 한탄을 늘어놓는다. 배우들에 대한 그의 교황과도 같은 권위와 어깨를 나란히 할 만한 것은 그의 무능력과 거만함뿐이었다. "스트라스버그의 말이 잡상인이 하는 소리처럼 들린다면, 그가 할 줄 아는 언어가 그것밖에 없기 때문일 것이다. (⋯) 어떤 수업 시간에 그가 스스로를 '미국 연극계에서 가장 중요한 사람'이라고 칭했을 때처럼 말이다. 자기 주장을 강조하기 위해 (⋯) 허풍을 떨고 있을 가능성이 있다. 그런 허풍은 필수일 것이다. 제자를 얻는 것과 관객을 얻는 것은 완전히 다른 차원의 일이기 때문이다."[91] 로고프는 스트라스버그의 진정한 재능은 연기를 가르치는 것이 아니라 "불안을 자극하는 세련된 기술"에 있었다고 요약했다.[92]

이 시리즈를 위해 셰크너와 장시간 인터뷰를 한 스트라스버그는 불같이 화를 냈다. 1년 후 그는 『툴레인 드라마 리뷰』에 해당 출판물과 편집자들이 자신의 명예를 훼손했다며 비난하는 편지를 보냈다.[93] 편집자들은 그의 비난에 코웃음을 치는 답장을 보냈다. 그 무렵 그들은 스트라스버그의 얼굴에 던질 새로운 무언가를 갖고 있었다. 한 평론가가 "액터스 스튜디오의 자살 행위"라고 부른, 대실패로 끝난 〈세 자매〉의 런던 투어 말이다.[94]

1965년 액터스 스튜디오 시어터의 미래는 여전히 불확실했다. 포드 재단은 자금 지원을 중단하기로 결정했고, 스튜디오는 새로운 시즌을 위한 돈이 충분치 않았다.[95] 스튜디오 안에서는 실패작, 머뭇거리는 의사 결정, 그들이 공유한 가치에 대한 배신으로 여겨지는 많은 일들이 성공보다 더 크게 다가왔다. 아서 펜이 밝혔듯, 그들에게는 "조 팹 같은 천재 사업가가 필요했다."[96] 미국 관객들에 대해 속속들이 파악하고 있는 듯 보였던 팹은 퍼블릭 시어터에서 순전히 의지와 열의만으로 무분별하다 싶을 정도의 사업을 운영하고 있었다. 스트라스버그도 천재였지만 그는 60대 중반에다 종종 결정을 내리지 못했다. 프랭크 코르사로는 그들이 너무 늦게 시작했다는 것이 진짜 문제라고 생각했다. "배우들은 1950년대에 기꺼이 진정한 앙상블을 시작했을 겁니다. 스타의 면모도 그때 저절로 생겨났을 거고요."[97] 하지만 그 시절 흥분의 일부는 1965년에 이르렀을 때 이미 자취를 감춘 상태였다. 최고의 배우들과 연출가들 다수가 떠났다. 에스텔 파슨스는 이렇게 묘사했다. "스튜디오에서 일자리를 얻지 못했기 때문에 사람들은 그곳에 가는 일에 더 이상 관심이 없었습니다."[98]

그러나 스트라스버그는 미국을 대표하는 극단을 운영하는 꿈을 떨쳐버릴 수가 없었다. 세계 연극 페스티벌에서 런던으로 작품을 보내달라며 스튜디오를 초청했을 때, 스트라스버그는 이 기회가 국제적인 찬사를 받아 다시 포드 재단의 관심을 불러일으키고 대중의 관심과 기금을 끌어오는 데 도움이 되기를 바랐다. 스튜디오는 〈미스터 찰리를 위한 블루스〉와 〈세 자매〉를 런던에 보내기로 결정했다. 그런데 준비를 시작하자마자 문제가 발생했다. 국무부가 이 여행에 자금 지원을 거부한 것이다. 그들은 〈블루스〉가 "논란이 많으며, 글이 형편없고, 소란스럽다—연극이라기보다 만화나 설교 같다", 〈세 자매〉는 "미국적인 분위기가 거의 없다"는 이유를 댔다.[99] 스튜디오는 배우 47명이 함께 할 두 작품을 해외로 보내기 위해 개인적으로 자금을 모금해야 했다.

배우 47명 중 몇몇은 새로운 얼굴이었다. 립 톤은 카잔에게서 〈블루스〉를 빼낼 때 발휘했던 바로 그 불굴의 정신으로 인해 함께 작업하기에 대단히 곤란한 인물이 되었다.[100] 그가 성사시켰던 바로 그 작품에서 잘리는 신세가 되고 만 것이다. 〈세 자매〉에 캐스팅된 배우들 중 톤의 아내인 제럴딘 페이지는 임신 중이라 여행을 갈 수가 없어서 낸 마틴으로 교체되었다. 셜리 나이트는 이미 약속된 다른 공연이 있어 샌디 데니스로 교체되었다. 킴 스탠리는 케빈 매카시를 해고해야만 공연에 남겠다고 스트라스버그에게 말했다.[101] 스트라스버그는 마지못해 스탠리의 의견에 따랐고, 스탠리는 베르쉬닌 역을 대체할 배우로 조지 C. 스콧을 찾았다. 〈세 자매〉에서 단역을 맡았던 로버트 로지아는 스콧이 그 역을 맡은 이유가 단지 연인인 에바 가드너가 런던에 있었고 당시 두 사람의 관계가 위태위태했기 때문이었다고 생각했다.102 오리지널 출연진을 위해 그들과 함께 공연을 개발했던 스트라스버그는 단시간 내에 새 주연 배우 세 명을 포함한 작품 구상을 다시 해야 했다.

게다가 킴 스탠리가 자기는 런던에 갈 때 비행기를 타지 않겠다고 알려왔다.103 그녀는 대서양을 건너는 배를 타겠다고 말했는데, 이는 그녀가 대부분의 리허설에 참여하지 못한다는 의미였다. 공연장으로 예정된 앨드위치 극장도 사용할 수 없어서 리허설은 테니스 코트와 다른 공간을 찾아 진행했다. 마침내 앨드위치에 들어갔을 때 그들이 발견한 것은, 배우 살렘 루드윅의 말에 따르면, "5.4미터 길이의 에이프런(apron, 커튼 앞쪽 무대-옮긴이)이 있는 경사진 무대였다."104 무대 위 가구는 전부 다 못으로 고정하지 않으면 넘어질 것 같았다. 극장의 사운드보드soundboard 기사는 10대 소년이었다.105 루드윅은 당시를 이렇게 기억했다. "우리는 막을 올리기 전날까지도 조명 담당자를 구하지 못했다. 조명은 3막을 위한 평면 조명flat lighting만 있을 뿐이었다. 게다가 앨드위치 무대에서 리허설할 시간이 거의 없었기 때문에 우리는 경사진 무대에 적응하지 못하고 계속 에이프런 쪽으로 밀려 내려갔다. 그곳은 거의 어둠에 뒤덮여 있었다."106

〈세 자매〉의 한 번뿐인 드레스 리허설은 개막 당일에 열렸다. 조지 C. 스콧은 자기 대사를 몰랐고, 스태프가 그의 의상을 다리는 동안 축 늘어진 내복 차림으로 리허설에 참여했다.107 출연진은 저녁식사 시간 전까지 총 4막 중 3막까지 힘겹게 리허설을 진행했다. 자기가 무엇을 하고 있는지 알지 못했다고 시인한 샌디 데니스는 심한 불안감에 시달린 탓에 지독한 변비에 걸렸고, 2주 동안이나 변을 보지 못했다.108

개막일 밤, 무대감독이 배우들에게 각자 자리에 위치하라는 콜 사인을 깜빡했다.[109] 공연 시작이 계속 지연되자 관객들이 참지 못하고 발을 구르기 시작했다. 공연은 거의 네 시간 가까이 이어졌는데 대체로 킴 스탠리 때문이었다.[110] 뉴욕에서 그녀는 무대 위 태풍처럼 통제 불능의 존재이자 엄청난 강렬함으로 가득 찬 배우였다. 그런데 런던에서는 강풍에 내동댕이쳐지면서 뇌진탕을 일으킨 사람처럼 어두컴컴한 세트를 헤매고 다녔고, 한 단어를 말하자마자 곧바로 포즈pause를 취했다. 그녀의 연기가 일으킨 애처로운 소용돌이가 작품 전체를 집어삼켰다. 어느 순간에는 바버라 백슬리가 문을 쾅 닫아 세트 전체가 무너질 뻔했다.[111] 그녀는 무대 담당자가 도와주러 올 때까지 세트를 붙들고 버텨야 했다. 샌디 데니스가 "오, 너무나 끔찍한 저녁이었어요"라는 대사를 말하자, 객석에 있던 누군가가 큰소리로 화답했다. "확실히 그렇군!"[112]

커튼콜이 진행되는 동안 관객들은 부리나케 출구로 나가는 사람들과 무대를 향해 "양키 고 홈!"을 외치는 사람들로 나뉜 듯 보였다.[113] 이 정도 망신으로는 부족하다는 듯, 무대감독은 연신 커튼을 올렸다 내렸다 했고, 그 바람에 배우들은 모스크바 예술극장이 〈갈매기〉를 초연했을 때처럼 인사를 하고 또 해야 했다.[114] 이후 로런스 올리비에가 직접 백스테이지로 가 출연진을 축하하고 위로했지만, 이미 일은 돌이킬 수 없는 지경이었다.[115] 바버라 백슬리는 스트라스버그를 구석으로 데려가 말했다. "당신이 스스로 연출을 할 수 있다고 생각할 수도 있어요. 연출에 대해 세상 누구보다도 많이 아는 사람이니까요. 하지만 그 사실이 당신을 연출가로 만들어주는 건 아니에요. 바라건대, 이후 다시는 연출을 하지 않았으면 해요."[116] 로버트 로지아에 따르면, 조지 C. 스콧은 "진gin 1쿼트"를 움켜쥐고 "단숨에 들이켰다."[117]

이튿날 피할 길이 없는 혹평이 언론에 등장하기 시작했다. 앤서니

버지스는 이 공연이 메소드의 단점을 네 시간에 걸쳐 보여준 실연이라고 선언함으로써 평론가들의 공통된 분위기를 요약했다.[118] 스트라스버그는 제작진 미팅을 소집해 리뷰들에 동의한다고 말해 숙취에 시달리고 절망에 빠진 출연진을 경악하게 만들었다. 조지 C. 스콧이 자리에서 일어나 그에게 갔다. "스트라스버그 씨. 신문에서 하는 말들이 옳다는 소리를 하려고 우리를 소집한 겁니까? 우리가 형편없는 배우들이라는 게 맞다는 말을 하려고요? 어젯밤의 재앙을 진심으로 배우들 탓으로 돌리는 겁니까?"[119] 스트라스버그는 방에서 도망쳤다. 뚜껑이 열린 스콧은 자리를 박차고 나가 극장으로 돌아오지 않았다.[120] 그날 밤, 두 번째 공연에서는 다른 배우가 대본을 손에 들고 베르쉬닌을 연기했다. 공연이 끝날 무렵에는 〈세 자매〉도 안정을 찾았고, 이후 언론 보도는 훨씬 호의적으로 바뀌었지만 스트라스버그와 스튜디오의 평판은 이미 심하게 손상된 뒤였다.

〈미스터 찰리를 위한 블루스〉는 조금 더 나았을 뿐이었다. 공연의 조명 디자인이 제대로 구현되지 않아 배우들은 오프닝의 상당 시간을 어둠에 덮인 채 보내야 했다. 브리튼국민당(영국의 극우 정당-옮긴이) 당원들은 2막 공연 중에 출연진에게 "쓰레기 같은 것들, 아프리카로 돌아가는 게 어때?"라고 외치며 야유를 퍼부었다.[121] 평론가들 또한 이 공연을 좋아하지 않았다. 『파이낸셜 타임스』는 전반적으로 연기가 형편없었다고 평가했고, 『가디언』은 "그 유명한 메소드를 처음 보았는데, 실망스러웠다"고 썼다.[122] 스트라스버그는 다시 한 번 리뷰들에 동의했다. 하지만 이번에는 공개 기자회견을 열어 런던 공연과 스튜디오 사이에 거리를 두려 했다. "우리는 (…) 극단을 만든 지 1년밖에 되지 않았습니다. (…) 여러분이 우리를 처음부터 지켜보면서 우리의 작업과 발전을 따라가는 일은 분명 흥미로울 거라 생각합니다. 〈미스터 찰리를 위한 블루스〉와 〈세 자매〉가 반드시 액터스 스튜디오의 작품들을 대표하는 것은 아닙니다."[123] 그런 다음 그는 극단의 멤버 대부분은 스튜디오 단원이 아니라는 점을 강조하고 "극작가인 볼드윈의 격렬한 분노와 (…) 그 밑에 있는 인간의 개입 사이에 혼란이 있습니다. 공연에서 인간의 감정이 충분히 전달되지 못했다면, 그건 일부는 볼드윈의 잘못이고 일부는 우리의 잘못입니다"[124]라고 선언해 〈블루스〉의 출연진을 충격에 빠뜨렸다.[125]

기자회견 도중에 셰릴 크로퍼드는 회견장을 박차고 나가버렸다. "그는 방어를 한 게 아니었어요. 공격을 한 거죠."[126] 스튜디오의 런던 공연이 그들의 작업을 정확하게 반영하지 못했다는 스트라스버그의 말은 옳았다. 그러나 그는 해외에서 메소드의 명성을 구해내려다가 오히려 액터스 스튜디오 내부에서 자신의 명성을 훼손했다. 당대 많은 공연 예술 단체들이 그랬던 것처럼, 액터스 스튜디오는 스스로를 인종차별을 하지 않고, 비정치적이며, 오로지 예술적 특징과 관련된 문제에만 집중하는 단체라고 생각했다. 마치 그런 일이 가능한 것인 양 말이다. 스튜디오 단원 중 흑인은 극소수에 불과했다.[127]

제임스 볼드윈은 스트라스버그를 결코 용서하지 않았다. 3년 후 그는 소설 『기차가 떠난 지 얼마나 됐는지 말해줘』에서 복수를 했다. 스트라스버그를 병적으로 이기적이고 말이 많은 사울 산-마쿠안드로 소설화한 것이다. "액터스 민스 워크숍Actors Means Workshop"의 제왕인 그는 이런 식의 말을 한다. "우리는 여러분의 문제에 다가가는 여러분의 접근법이 지닌 단순명쾌함에 감탄합니다. 오셀로의 생각은, 말하자면, 복통입니다. 다른 사람들은 거부할지 모르지만 우리는 아닙니다. 우리는 그걸 굉장히 흥미로운 아이디어라고 생각합니다."[128]

미국으로 돌아온 후, 런던 대참사로 인해 많은 단원들이 극단 그리고 스트라스버그와의 관계를 영원히 끊어버렸다. 액터스 스튜디오 시어터를 부활시키고 〈상복이 어울리는 엘렉트라〉 〈맥베스〉 〈코카서스의 백묵원〉을 비롯한 작품들로 구성된 새 시즌을 준비하려던 계획은 수포로 돌아갔다.[129] 스트라스버그는 1965년 6월에 스튜디오 강연에서 이런 말을 했다. "누구의 잘못도 아니었습니다. (…) 개막일 밤에 잘못된 일이 있었기 때문에 평론가들의 생각에 동의할 수밖에 없었습니다. 그들은 최종 결론을 도출하기에는 지나치게 멀리까지 가버렸습니다. 그들은 어떤 상황이 벌어졌건 그런 결론을 도출할 준비가 되어 있었습니다. (…) 나는 평론가들의 의견에 동의해야 하는 수치스러운 입장에 억지로 서야 했습니다. 세상에 그보다 더 나쁜 일은 없습니다."[130] 스트라스버그는 남몰래 스튜디오를 완전히 그만두는 문제를 고민했다. 이듬해 폴라가 쇠약해지고 쉰일곱의 나이에 골수암으로 세상을 떠나면서 그의 관심은 스튜디오에서 멀어졌다.

그러나 런던 대참사가 낳은 최악의 희생자는 킴 스탠리였다. 뉴욕으로 돌아온 그녀는 음주 문제가 악화되어 여러 프로젝트에서 해고당했다. 오스틴 펜들턴은 〈겨울의 라이언〉 공연에 캐스팅되었는데, 스탠리가 그 작품에 엘리노어 역으로 출연하기로 되어 있었다. 펜들턴에 따르면, 첫 대본 강독 때 그녀는 "강독을 기막히게 해냈다. 온갖 위트와 아이러니, 그녀와 헨리 2세 사이의 모든 감정적인 역사를 보여주었다."[131] 그러나 다음 날 아침 그녀는 리허설에 나타나지 않았다. 출연진은 그녀를 기다리려고 커피숍에 갔다. "오전 10시쯤이었을 겁니다. 배우 중 한 명이 2번가 건너편을 가리키면서 '저기 좀 봐요!'라고 하더군요. 술에 취한 채 2번가를 따라 비틀거리며 걷는 사람이 있었는데, 바로 킴 스탠리였습니다. '아아, 이러면 안 돼' 하고 생각했죠." 그녀는 그날 해고되었다. 1972년 스탠리는 고향인 뉴멕시코로 이주했고, 다시는 무대 위에서 연기하지 않았다.132

해외에서 공개적인 망신을 당하고 고국에서는 업계 전문가들로부터 집중 포격을 당한 메소드는 1965년에 바닥을 쳤다. 지난 10년간 스트라스버그에게 성공을 가져다준 대중의 관심은 이제 따가운 시선으로 변해 경계해야 할 것이 되었다. 그는 스튜디오가 내부로 눈을 돌려 "조직 운영이라는 기본적인 사안을 대면"할 것이라고 선언했다.133 그는 알 수 없었을 것이다. 불과 2년 후, 스타니슬랍스키의 이론과 직접적인 관련이 있는 새로운 세대의 개성 넘치는 영화 제작자들 덕에 미국에서 메소드의 운이 다시 한 번 급반전될 거라는 사실을 말이다. 그 시기가 도래했을 때, 할리우드의 르네상스는 메소드의 르네상스와 함께 올 터였다.

22장
기계 앞에서 대체 '어떻게' 연기할까요?

카잔과 스트라스버그가 각자 책임진 신생 극단 수장으로서의 임기가 끝나가던 1965년 무렵, 할리우드에는 전혀 다른 종류의 위기가 찾아왔다. 미국이 원하는 것이 무엇인지 점점 불확실해지고 있었다. 그럼에도 할리우드 스튜디오들은 19세기 러시아와 다를 바 없는 자기 검열 제도에 얽힌 탓에 고집스레 유지해온 운영 방식을 바꿀 수가 없었다. 그 결과 할리우드 스튜디오들은 밑바닥까지 떨어지고 말았다. 1950년대 중반에 제작규범국—이제 전 파라마운트 제작자 제프리 셜록이 이끌고 있었다—이 표현에 대한 통제를 완화하기 시작했지만, 미국가톨릭활동사진사무소NCOMP 같은 종교 단체들은 할리우드의 도덕성 자유화에 맞선 투쟁을 계속했다.[1] 셜록의 사무소가 승인했다 해도 그것만으로는 보장되는 게 거의 없었다. 영화에 "부적합Condemned"의 약자인 "C" 등급을 매기거나 교구민에게 영화 불매운동을 촉구하는 미국가톨릭활동사진사무소의 망령이 여전히 도사리고 있었다. 미국의 박스오피스 수입이 감소하는 와중에 검열의 위력에다 유행을 좇으려는 심리까지 결합되면서 할리우드 영화들은 좋은 아이디어를 구현한 영화를 복사한 영화를 다시 복사한 영화를 재차 복사한 영화처럼 느껴지기 일쑤였다.

1960년대에 들어서면서 메이저 스튜디오들은 영화 제작 대신, 제작 투자와 영화 배급 쪽으로 좀더 옮겨간 상태였다. 스튜디오에서 제공하는 자금은 주로 스튜디오가 배급사로서 받은 수수료에서 나왔기 때문에 같은 돈을 이쪽저쪽으로 돌릴 수 있었다. 텔레비전은 분명 영화가 가진 문화적 우위를 위협하는 듯 보였지만, 한편으로 라이선싱licensing이라는 새로운 수익원을 할리우드에 제공했다. 할리우드는 1956년 한 해에만 영화 3천 편의 텔레비전 방영 판권을 판매했다.[2]

광범위한 라이선싱은 이전 어느 세대보다 영화에 박식한 새로운 세대의 영화 관객을 탄생시켰다. 1954년생인 영화감독 조엘 코엔은 초기의 영화 교육이 미네소타 교외에 있는 부모님의 텔레비전 수상기 앞에서 이루어졌다고 회상했다. "영화의 역사에 대한 우리의 배경 지식은 대부분 TV에서 나왔습니다. 하루는 〈8과 1/2〉(1963)을 보고, 다음 날에는 〈헤라클레스의 아들들〉(1964)이나 도리스 데이의 영화를 보는 식이었죠. (…) 우리가 그런 식으로 영화를 보고 있었다는 사실은 (…) 우리에게 다른 종류의 표현 방식이었다고 생각합니다."[3] 조엘과 그의 동생 에단은 이전 그 어떤 집단보다 영화를 많이 본 세대에 속했지만, 할리우드는 조엘이나 조엘 같은 시청자가 존재한다는 사실을 전혀 알지 못했다. 게다가 보유한 라이브러리를 텔레비전에 덤핑 판매하는 방식은 스튜디오들에게 이제 티켓을 구입하도록 관객들을 구슬리기 위해 TV 영화와 차별화해야 하는 예술적 과제를 안겨주었다.[4] 할리우드는 점점 더 크고 현란한 스펙터클에 투자했다. 연합군이 유럽에 투하한 거대 폭탄의 이름을 따 "블록버스터"라고 불린 이런 이벤트 영화는 대규모 제작비 투입, 와이드스크린 촬영, 고급스러운 색감, 해외 마케팅을 위한 국제적인 출연진 등을 특징으로 한다.

한동안은 블록버스터가 영화 산업을 지탱해주었다. 1965년 〈닥터 지바고〉와 〈사운드 오브 뮤직〉은 수많은 상을 수상하고 엄청난 수익(오늘날의 가치로 환산하면 10억 달러 이상)을 올렸다. 그 덕에 사극 영화와 웅장한 뮤지컬 영화를 모방하는 붐이 일면서 스튜디오들은 그런 영화를 만드는 데 모든 것을 쏟아부었다. 그런데 영화 개봉 시점이 공교롭게도 베트남 전쟁이 수렁에 빠진 시점과 맞물렸다. 〈닥터 두리틀〉(1967), 〈치티치티뱅뱅〉(1968), 〈스위트 채리티〉(1969), 〈천지창조〉(1966), 〈카지노 로얄〉(1967), 〈공군 대전략〉(1969) 같은 영화들은 폭삭 망했고, 당시 영화 역사상 가장 많은 제작비가 투입된 작품인 1969년작 〈헬로 돌리!〉도 별반 다르지 않았다.[5]

대중의 무관심으로 쓰러지기 전까지 블록버스터는 마치 거대한 조각상처럼 미국의 박스오피스를 버티고 서 있었다. 하지만 조각상의 커다란 다리 아래에서는 야누스 필름 같은 소규모 배급사들이 문화적으로 굶주린 미국인들의 입맛을 충족시키기 위해 잉마르 베리만, 구로사와 아키라, 오즈 야스지로, 미켈란젤로 안토니오니, 페데리코 펠리니, 그리고 가장 중요한 인물인 프랑수아 트뤼포와 장뤼크 고다르 같은 감독의 영화를 꾸준히 공급하고 있었다.[6] 이 감독들은 할리우드는 건드리지 않을, 또는 건드릴 수 없는 인간적 상황의 측면들을 극화했고, 스크린에서 이야기를 전달하는 새로운 방식을 개척했다. 그들 영화의 직접성과 예술적 기교는 미국의 주류 영화 제작 방식이 고리타분해졌다는 느낌을 강화시킬 뿐이었다. 아트하우스 영화관의 소규모 배급사들은 제작규범국의 승인 없이 영화를 개봉함으로써 박스오피스 도박을 할 수 있었다. 우상 파괴와 성적인 솔직함이 약간의 돈을 벌 만큼 관객을 끌어와주기를 바라면서 말이다.

할리우드는 새로운 영화감독과 새로운 영화적 기술의 투입이 절실했지만, 이를 받아들이는 데 거부감이 매우 컸다. 많은 메이저 영화들이 여전히 제2차 세계대전 동안 제작, 연출, 촬영, 디자인, 편집을 담당했던 사람들에 의해 만들어지고 있었다. 당시 워너 브러더스의 사장인 잭 워너는 19세기에 태어난 사람이었다. 20세기 폭스의 제작 부문 책임자 대릴 F. 재녁은 1902년생이었다. 카메라 뒤에서는 엄격한 (그리고 인종 배타적인) 연공서열제로 운영되는 촬영감독조합이 막강한 통제권을 갖고 있었는데, 스튜디오 영화는 대개 이 조합에 소속된 200명 중 한 명이 촬영했고, 200명이 전부 다 60대 남성이었다.7

1960년대 초 미국 영화의 특색은 선명하게 갈렸다. 그때는 〈비치 블랭킷 빙고〉(1965)와 〈블루 하와이〉(1961)의 시대였지만, 〈싸이코〉(1960)와 〈롤리타〉(1962)의 시대이기도 했다. 〈뮤직맨〉(1962)처럼 유쾌한 총천연색 스펙터클을 볼 수도 있었고, 〈맨츄리안 캔디데이트〉(1962)처럼 밀실공포증과 피해망상에 시달리고 있는 미국인의 정신 상태를 표현한 영화도 볼 수 있었다. 1960년대가 전개되는 동안 미국 영화 제작을 떠받치던 두 기둥의 간격은 나날이 멀어져갔다. 인간이 처한 상황을 냉혹하고 솔직하게 다룬 일련의 흑백 영화들은 관객에게 난제를 제시한 반면, 총천연색 스펙터클 영화들은 미국적인 생활 방식은 굉장하다며 관객을 안심시켰다.

미국 영화의 스크린 위와 뒤에서 은밀하게 벌어지던 이런 내전은

1964년 영화 〈전당포〉에 나온 두 여성의 젖가슴으로 인해 한계에 다다랐다. 액터스 스튜디오 창립 단원인 시드니 루멧이 감독을 맡은 이 영화는 악과 결탁한 뉴욕이라는 도시, 그리고 그런 뉴욕에서의 평범한 생활에 적응하지 못하는 유대인 홀로코스트 생존자 솔 네이저먼의 이야기를 들려준다. 또한 부인하기 어려운 소수민족적인 외모와 현란하고 과도한 감정 표현 연기로 미국에서의 경력을 망쳐버렸던 로드 스타이거가 주연을 맡아 본인의 연기 스타일로 복귀하면서 예전의 명성을 되찾은 작품이기도 하다. 원래 〈전당포〉의 감독으로 내정되어 있던 아서 힐러를 대체한 루멧은 주연 배우를 조심스럽게 대했다. "나는 로드를 잘 알았습니다."[8] 루멧이 말했다. "그의 작품을 좋아했죠. 그렇지만 나는 그를 무색무취한 배우라고 생각했습니다. 엄청난 재능을 갖고 있지만, 선택에 있어서는 철저하게 무색무취한 배우라고요." 이에 대응하기 위해 루멧은 스타이거와 함께 캐릭터의 감정을 억제하는 작업을 했다. "리허설 중에 우리는 이 캐릭터의 감정을 억누르는 일이 얼마나 중요한지에 대해 이야기했고, 로드는 기꺼이 그 길로 갔습니다."[9] 정확히 스트라스버그가 가르쳤던 대로였다. 감정을 찾아라. 감정을 표출하라. 캐릭터가 감정을 억누를 방법을 생각해보라. 무슨 일이 일어나는지 관찰하라.

이 영화에서 스타이거가 보여준 연기는 스트라스버그의 메소드가 다다를 수 있는 정점으로, 다른 연기 교사의 제자가 스타이거처럼 이 배역을 소화하는 모습은 상상하기 어렵다. 네이저먼이라는 사람의 모든 것이 고통의 초신성을 억누르는 데 온 힘을 쏟고 있다. 영화 전반부에서 보여지는 스타이거의 연기는 상당히 내면화되고 억제되어 있어 그가 팔다리 중 하나를 움직일 때마다 관객들은 움찔 놀라게 된다. 하지만 가끔 누군가가 그에게 가까이 다가오려 하거나 친절 비슷하게 대하려 할 때마다 분노의 작은 거품이 수면 위로 떠올라 펑 하고 터져나온다. 솔은 세상 전체를 거부하고 싶지만 그럴 수 없다. 그는 반드시 살아남아야 하고, 그러기 위해서는 지역 갱스터 로드리게스가 위장막으로 내세운 할렘의 전당포를 관리하며 번 돈으로 생계를 유지해야 한다. 로드리게스의 범죄 제국에 매춘이 포함되어 있다는 사실을 알게 된 솔은 그들이 내린 지시를 어기려다 목숨을 대가로 치를 뻔한다.

루멧은 편집 리듬과 시각적 연상을 통해 리보의 정서 기억 이론과 놀라울 정도로 유사한, 트라우마에 대한 영화적 용어를 만들어낸다. 감각적인 세부 묘사는 과거의 경험을 상기시키면서 그와 연관된 극단적인 감정 상태를 다시 일깨운다. 한 장면에서 지하철은 유대인을 수용소로 실어나르는 가축 운반차로 변한다. 또 다른 장면에서는 임산부가 약혼반지를 팔기 위해 네이저먼의 가게에 들어온다. 솔이 그녀의 손을 바라보는 동안 루멧은 가시철조망 위로 뻗어 올린 손 장면을 편집해 집어넣었는데, 각 장면은 1초가 채 되지 않는다. 그런 식으로 관객은 독일군 수용소 경비병이 포로들의 결혼반지를 약탈하는 장면을 3초 정도 살짝 보게 된다.

이런 시각적 아이디어는 성매매 여성이 솔에게 패물에 더 후한 값을 쳐주면 공짜 서비스를 제공하겠다고 제안하는 신으로 이어진다. 그녀는 웃옷을 벗어 젖가슴을 드러낸다. "봐요… 이거예요."[10] 그녀가 유혹한다. "보는 데는 돈이 들지 않지요." 그러나 네이저먼은 엄청난 대가를 치른다. 그의 마음이 비틀거리며 수용소로 돌아간다. 우리를 함께 데리고. 우리는 나치가 그를 폭행하고 수용소의 매음굴 창문으로 그의 머리를 밀어넣는 장면을 본다. 네이저먼이 눈을 뜨면 루멧은 그가, 그리고 우리가 상반신을 드러낸 아내를 보는 시점 숏으로 전환한다. 독일군 장교를 맞으려는 참인 그녀의 눈은 생기라고는 없이 무감각하다.

트라우마를 소재로 한 허구의 이야기에서 일단 심리적 상처의 근원이 밝혀지면 카타르시스에 도달하면서 치유가 시작되는 경우가 많다. 그러나 〈전당포〉에서 네이저먼이 느끼는 고통의 원천을 찾는 작업은 그를 두 세계 사이에서 오도 가도 못하게 만들어 어느 곳에서도 제대로 기능하지 못하게 할 뿐이다. 액터스 스튜디오에서 정서 기억 훈련을 하는 초보자처럼 네이저먼은 이런 감각 트리거sensory trigger가 불러일으킨 감정을 통제하지 못한다. 영화의 마지막 45분 동안 그는 유독물질을 누출하고 억제가 불가능한, 제대로 작동하지 않는 원자로다.

페레지바니예를 지켜보는 것이 그토록 강력할 수 있는 이유는 감정을 드러내는 신체적 표현과 감정에 대한 반응이 종종 자기도 모르게 나오기 때문이다. 스타니슬랍스키가 싸구려 연극을 공격할 때 진정한 감정이 강력한 무기가 되는 이유가 바로 여기에 있다. 영화의 결말에 이르러 압도적이고 공포스러운 스타이거의 연기에는 클리셰의 기미가 전혀 없다. 클로즈업으로 화면을 꽉 채운 얼굴은 흔들리고, 안경에 반사된 빛 때문에 종종 눈이 보이지 않으며, 걸음걸이에서 느껴지는 피로는 동족의 몰살이라는 무게를 짊어진 사람의 그것이다.

〈전당포〉는 경이로운 힘과 예술적 기교로 완성된 영화였지만 노출 장면 때문에 제작규범국은 '상영 불가no-go' 판정을 내렸다. 로드 스타이거가 베를린 영화제에서 남우주연상을 수상한 후에도 영화는 1년간 미국에 배급되지 못한 채 방치되고 있었다. 결국 루멧은 영화협회의 위원회에 결정을 재고해달라고 호소했고, 위원회는 이 영화의 명백한 예술적 가치는 "특별하고 독특한 사례"라고 판결하면서 규범국의 결정을 뒤집었다. 미국가톨릭활동사진사무소가 영화에 C 등급을 매기자, 다른 종교영화 단체들이 항의하며 영화를 옹호했다.[11] 〈전당포〉는 평론가들로부터 만장일치에 가까운 찬사를 받았고, 스타이거는 두 번째로 오스카 남우주연상 후보에 올랐다.

예술적 가치를 이유로 규범에 예외 사례가 생겨나자 규범이 영원히 파기되는 것은 시간문제일 뿐이었다. 1966년 6월, 린든 존슨 대통령의 특별 보좌관 출신인 잭 밸런티가 미국영화협회MPAA 수장으로 취임했다. 그로부터 한 달도 채 지나지 않아 그는 스트라스버그와 액터스 스튜디오에 관련된 또 다른 프로젝트의 새로운 스캔들을 다뤄야 했다. 바로 영화 〈누가 버지니아 울프를 두려워하랴?〉(1966)였다. 리 스트라스버그의 옛 제자 마이크 니컬스가 감독을 맡은 이 영화는 결혼이라는 제도와 결혼 생활을 유지하는 데 필요한 중산층의 신앙심에 대한 불경스러운 공격이나 다름없었다. 규범국은 시나리오 수정을 요구했지만 니컬스는 요지부동이었다. 잭 워너는 승인을 받지 않고 영화를 개봉하겠다며 규범국을 위협한 후, 규범국의 결정에 항소했고 승소했다. 미국영화협회는 다시금 예술적 가치를 들먹였고, 〈누가 버지니아 울프를 두려워하랴?〉는 결국 규범국의 승인을 얻어냈다. 밸런티가 말했듯, 〈울프〉는 섬터 요새(Fort Sumter, 남북전쟁의 개전으로 이어진 포격이 행해진 곳-옮긴이)였다. "그 영화는 나에게 과거는 이미 끝났다는 사실을 알려주었다. 미래가 어떻게 전개될지는 확신할 수 없었다."[12] 미래는 불과 몇 달 후인 1966년 가을에 당도했다. 밸런티가 제작 규범을 콘텐츠의 일반 가이드라인 10개조로 대체하고 "성인 시청자에게 권장"이라는 새로운 등급을 만들었을 때 말이다. 이 제도는 1968년에 개편되어 오늘날 등급 체계의 초안이 되었다.

그 무렵 밸런티는 현실을 따라잡으려 애쓰고 있었다. 10대 흑인들을 향해 개를 풀고 소방 호스로 물을 뿌려대는 백인 경찰들을 담은 장면이건 베트남에 폭탄을 투하하는 장면이건 상관없이, 텔레비전은 미국 가정에 전례 없이 본능을 강하게 자극하는 현실감을 전달하고 있었다.[13] 사회가 붕괴되고 있는 것처럼 보일 때, 사회는 반드시 승리해야 한다는 제작 규범의 명령은 한심할 만큼 당대 사회상에 맞지 않는 것이었다. 그러나 가장 평온하고 잔잔한 겉모습에조차 헤아릴 수 없이 깊은 고통이 숨어 있음을 내세우는 연기 스타일은 혼란에 빠진 국가에 썩 잘 어울렸다.

그런 까닭에 1967년 〈졸업〉과 〈우리에게 내일은 없다〉가 새로운 종류의 미국 영화를 선보였을 때, 이 영화들은 메소드와 함께 왔다.

세상에 태어난 이후 30년간, 배우가 되고 싶다는 더스틴 호프먼의 꿈은 실현되지 못할 운명인 것처럼 보였다. 그는 리 스트라스버그 밑에서 공부하며 메소드의 열성 신자가 되었지만 평범한 역할을 얻기에는 지나치게 괴상했고 지나치게 거칠었다. 심지어 그는 패서디나 플레이하우스에서 공부할 때 성공 가능성이 가장 낮은 학생으로 꼽히기까지 했는데, 동료들의 평가가 옳았음이 증명된 것 같았다. 그러던 중 1966년 앨런 아킨이 호프먼을 오프브로드웨이의 인기 코미디 연극 〈뭐라고?〉에 캐스팅했다. 평론가들이 그를 버스터 키턴과 비교했고, 그는 〈졸업〉의 주인공 벤저민 브래드독 역의 배우를 찾는 데 어려움을 겪고 있던 마이크 니컬스의 눈을 사로잡았다. 니컬스는 호프먼을 로스앤젤레스로 데려가 오디션을 보았는데, 이 젊은 배우는 그 일을 "여태까지 겪었던 가장 모욕적인 사건 중 하나"로 기억하게 된다.[14]

그는 영화 스튜디오에 한 번도 가본 적이 없었다. 마이크 니컬스를 만나기 위해 찾아간 사무실 같은 곳은 난생처음 보았다. 으리으리한 궁전 같던 그곳은 방과 방이 연결되어 있고, 복도는 어디로 이어지는지 알 수 없는 구조로, 어디가 어딘지 파악하기 어려웠다. 바bar에 있던 니컬스가 그에게 술을 권하며 악수를 청했다. 두려움이 호프먼을 덮쳤다. 그는 **나는 영화에 출연해서는 안 되는 사람이야**라고 생각했다. 매부리코 유대인은 영화의 주인공이 될 수 없었다. 호프먼이 밝혔듯, 그가 "속한 곳은 (…) 소수민족이 사는 뉴욕에 있는, 소수민족이 출연하는 오프브로드웨이 공연 무대여야 했다."15

결국 그것이 로드 스타이거의 경력이 보여주는 교훈이자, 무대 위를 활보하며 조바심 내는 모든 "못생기고 왜소한 남자들"은 할리우드에서 무시당하기만 할 뿐이라는 교훈이었다. 브랜도, 클리프트, 딘, 로버트 레드퍼드처럼 잘생긴 비유대인이라면 영화계에서 경력을 쌓을 수 있을 것이다. 폴 뉴먼처럼 유대인이라도 관문을 통과하면 가능할지도 모른다. 그러나 호프먼의 키와 이목구비와 어눌한 말투는 가망이 없었다. 니컬스가 캐서린 로스를 데려와 함께 시나리오를 읽게 하자, 호프먼의 두려움은 더욱 커져만 갔다. "감독이 나를 그녀같이 아름다운 사람과 짝지어주고 있다는 생각은 점점 더 짓궂은 장난처럼 보였습니다. 마치 유대인의 악몽 같았죠."16

악몽은 계속되었다. 호프먼이 스크린 테스트를 앞두고 분장용 의자에 앉았을 때, 분장실에 들어온 니컬스는 카메라에 잡힌 배우의 얼굴을 더 매력적으로 보이게 만들어야 한다는 도전 과제로 사람들을 당황스럽게 했다. 일자눈썹을 어떻게 좀 다듬을 수 있을까? 분장사들은 할 수 있었다. 그들은 눈썹 하나가 두 개가 될 때까지 눈썹을 뽑았다. 니컬스가 말했다. 그런데 코는 어떻게 안 될까? 호프먼은 이해가 되지 않았다. 나를 고문한 다음 쫓아내려고 로스앤젤레스에 데려온 건가?

놀랍게도 얼마 지나지 않아 호프먼이 그 배역을 맡게 되었다.

벤저민 브래드독 역에 호프먼을 선택한 것은 그 작품에 대한 니컬스의 관점을 분명히 해주었다. 〈졸업〉의 시나리오와 원작소설 모두에서 벤저민 브래드독은 부잣집에서 태어난 인기 많은 스타 운동선수이자 캠퍼스의 거물이다. 메소드 스타일로 연기하는 꾀죄죄한 소수민족이 아니다. 하지만 오디션에서 세상은 나의 것이라는 케네디식 자신감을 내뿜는 배우들을 연달아 본 후, 니컬스는 소재에 대한 그런 직접적인 접근법은 결코 효과를 낼 수 없다는 것을 깨달았다. 벤저민 브래드독은 와스프WASP일지 모르지만, 니컬스가 호프먼에게 말했듯, "그의 내면은 유대인일지도 모른다."[17] 〈졸업〉에는 벤저민과 그의 세대가 스스로를 바라보는 방식, 그러니까 바꿔 말하면, 한 해 앞서 비치 보이스가 '아무래도 나는 이 시대와 어울리지 않나봐'라고 노래했던 사회 부적응자들이 스스로를 보는 방식을 포착해낼 주연 배우가 필요했다.

〈졸업〉은 스텔라 애들러가 "모던 드라마Modern Drama"라고 불렀던 것의 교과서적 사례. 모던 드라마는 갈등하고 고통스러워하는 주인공이 시효가 소멸해가는 사회 질서에 반항하지만 정작 문제의 진정한 근원인 현대성modernity을 벗어나지는 못하는 내용의 작품을 말한다.[18] 이런 작품에는 스트라스버그의 제자들이 뛰어나게 잘했던, 갈등하고 고통스러워하는 현대적인 연기 스타일이 필요했다. 또한 니컬스가 보기에 〈마티〉(1955)의 주연 배우 같은 타입, 즉 사회로부터 거부당하는 심정을 뼛속 깊이 이해하는 인물도 필요했다.

메소드 없는 〈졸업〉은 상상할 수 없다. 호프먼은 스트라스버그의 옛 제자였다. 로빈슨 부인 역을 맡은 앤 밴크로프트는 1950년대에 스튜디오에서 뻔질나게 발표 작업을 했다. 한번은 셸리 윈터스가 "그 시절 스튜디오는 망할 놈의 앤 밴크로프트 스튜디오라고 불렀어야 했다"며 투덜거렸을 정도였다.[19] 그때쯤 니컬스는 "시스템"과 스트라스버그 모두에 큰 빚을 진, 대본에 대한 분석적 접근법을 개발했다. "소설이든 오페라든 영화든 올바르게 만들어진 무언가는 뼈대에 열중하는 것과 관련이 있습니다."[20] 그의 발언은 볼리의 강의 중 하나와 비슷하게 들렸다. "희곡 작업을 하다보면 우리가 하는 모든 결정, 모든 의상, 세트에 있는 모든 라디에이터, 모든 물건의 배치가 우리가 선택한 뼈대와 관련이 있다는 걸 알게 됩니다." 캐릭터의 감정선을 기록하느냐는 질문을 받은 니컬스는 스트라스버그가 디렉터스 유닛에서 할 법한 말로 대답했다. "희곡이나 영화를 작업할 때 나는 사건, 다시 말해 일어나는 상황으로 분할합니다."[21] 그는 배우들이, 스타니슬랍스키라면 큰 행동 단위라고 불렀을지도 모르는, 이런 사건의 처음과 중간과 끝이 어디인지를 아는 것이 중요하다고 주장했다.

니컬스의 작업 과정에는 카잔의 요소와 스트라스버그의 요소가 결합되어 있었다. 그는 스트라스버그의 고압적인 태도와 잔인함을 배우들이 평정심을 잃도록 하는 용도 이상으로 활용하지 않았다. 또한 카잔처럼 훈련 대신 상황 조작을 통해 배우들의 정서 기억을 불러일으켰다. 그는 호프먼을 최대한 파악해 그가 개인적으로 느낀 수치심과 당혹감을 상세하게 알아낸 다음, 촬영장에서 그의 기억을 끄집어냈다.[22] 호프먼에 따르면, 〈졸업〉 속 로빈슨 부인이 호텔 방에서 블라우스를 벗는 장면에서 니컬스는 호프먼에게 첫 성경험에 대해 물었고 호프먼은 7학년 때 9학년 여학생의 몸을 더듬으려 했던 이야기를 들려주었다.[23] 물론 그 이야기는 수치로 끝났다. 호프먼의 손이 그 여학생의 가슴을 놓치면서 대신 얼굴을 움켜쥐었고, 그러자 그 여학생이 웃으며 호프먼을 놀리기 시작했다. 니컬스는 "그걸 한번 해봅시다"라고 말했다.

호프먼이 "그걸 해본" 최종 결과물은 영화에 그대로 담겼다. 밴크로프트가 블라우스를 벗고 호프먼이 그녀의 가슴을 움켜쥐지만, 호프먼은 그녀의 몸에 손을 얹은 다음 어떻게 해야 할지 전혀 모른다.[24] 그래서 마치 손이 그녀의 몸에 붙어버린 듯 꼼짝도 하지 않고 손을 그대로 그곳에 둔다. 밴크로프트는 액터스 스튜디오 단원들을 라이브 TV에서 활약하게 만들어준 즉흥 연기 소질을 발휘하여 캐릭터에 맞게 호프먼의 손을 무시하고 스웨터를 만지작거리는 행동으로 반응했다. 호프먼은 무너지지 않으려고 벽 쪽으로 가 벽에 머리를 찧기 시작한다. 니컬스는 스트라스버그의 "조정" 기법도 활용했다.[25] 브래드독이 로빈슨 부인과의 밀회를 위해 호텔에 체크인하는 신에서 니컬스는 호프먼에게 데스크 직원을 당신이 콘돔을 사러 간 곳의 여성 약사라고 상상해보라고 말했다.

〈우리에게 내일은 없다〉와 메소드의 관계는 〈졸업〉보다 훨씬 더 직접적이다. 영화의 감독인 아서 펜은 1950년대 초부터 스튜디오의 일원이었다. 주연 배우 워런 비티와 페이 더너웨이는 각각 스텔라 애들러와 보비 루이스에게 배웠다. 게다가 더너웨이는 스트라스버그와 함께 작업한 적이 있으며 스스로를 메소드 배우라고 불렀다. 1974년 『뉴욕 타임스』와의 인터뷰에서 그녀는 "개인적 경험에서 연기를 끌어냅니다. 나의 일부를 활용하는 거죠"라고 말했다.[26] 더스틴 호프먼의 패서디나 플레이하우스 동기인 진 해크먼은 뉴욕에서 알비나 크라우즈와 리 스트라스버그의 옛 제자인 조지 모리슨에게 드문드문 배우며 8년 동안 공부했다. 모리슨은 스타니슬랍스키의 긴장 이완 훈련을 비롯해 다분히 "시스템"적으로 해크먼을 훈련시켰고, 그는 배운 것들을 연기 경력 내내 활용했다.[27] 해크먼은 액터스 스튜디오 오디션을 여러 차례 보았다. "리 앞에서 하는 최종 오디션에 두 번 올라갔습니다. 리가 나에게 무슨 연기를 했느냐고 물어서 '매력적인 사람이 되려고 노력하고 있습니다' 라고 답했더니 그가 '우리는 그런 건 하지 않습니다'라고 말했던 기억이 납니다."[28] 나머지 출연진에는 1960년대 초부터 스튜디오 단원이 된 에스텔 파슨스와 진 와일더도 있었다.

파슨스는 전에도 아서 펜과 작업한 적이 있었다. 버크셔에서 연극 〈위기일발〉을 제작할 때였다. 그곳에서 펜이 진행한 리허설 과정은 반복 연습과 즉흥 연기에 중점을 두었으며 스타니슬랍스키가 경력 말년에 했던 연극을 조립하는 방식에 빚을 지고 있었다. 하지만 영화 촬영장에서 펜의 기법은 달랐다. 파슨스는 이렇게 설명했다. "시나리오는 좋은 희곡하고는 완전히 달라요. 배우에게는 시간이 필요 없어요. 그저 대사를 외우기만 하면 되거든요. 이런 게 맞지 않는 사람은 절대 영화를 찍지 않아요."[29] 즉흥 연기를 통해 캐릭터와 하나가 되기에 충분한 리허설 시간이 없는 상태에서 펜은 배우들의 신뢰를 얻고 그들이 최고의 연기를 펼칠 수 있는 환경을 조성하는 데 대부분의 에너지를 집중했다.

"훌륭한 연기를 얻으려면 감독은 배우가 작업할 수 있는 분위기를 조성해야 합니다."[30] 펜과 여러 영화에서 함께 작업한 진 해크먼이 설명했다. 펜이 메가폰을 잡으면, "연출을 하는 것처럼 느껴지지 않습니다. 삼촌이 거기서 응원하는 것 같은 느낌을 받죠. (…) 사람들은 배우에게 이런저런 연출 지시가 필요할 거라고 생각합니다. (…) 나는 다른 방향으로 가는 편이에요. 너무 많은 지시를 받으면 지시만 생각하다가 정작 내가 해야 할 정서 기억에 대해서는 아무 생각도 하지 않게 됩니다."

펜의 접근법은 워런 비티를 상대할 때 특히 유용했다. 비티의 완벽주의는 영화의 제작과 주연을 모두 맡게 된 시점에 오히려 더욱 집요해졌다. 비티는 영화의 거의 모든 측면을 두고 매일같이 펜과 싸웠다. 또한 배우로서 펜이 자신을 바보처럼 보이게 만들지는 않을 거라는 안도감이 필요했다. 펜은 "비티가 서서히 캐릭터를 구축해나가는 스타일"이라고 설명했다.[31] 〈트럭라인 카페〉에서의 말런 브랜도와 비슷한 면이 있었다. "비티는 속내를 드러내는 것에 대한 본능적인 두려움이 있었습니다. 그는 처음에는 끔찍이도 소극적인 연기를 합니다. 그를 잘 아는 사람이라면 그 사실을 알기에 이렇게 말했을 겁니다. '자, 자, 조금 더, 조금 더'라고요."

비티에게는 불안을 느낄 만한 이유가 충분했다.[32] 그는 유명하고 잘생긴 배우였지만, 한물간 배우라는 지옥에 빠질 수도 있는 실제 위험에 처해 있었고, 클라이드 배로는 그의 대중적 이미지에 가장 심한 반발을 불러일으킬 만한 캐릭터였다. 비티는 배우로서의 명성만큼이나 유명한 바람둥이였지만 클라이드는 발기불능이었다. 비티는 머리 좋고 눈치 빠른 사람이었지만 클라이드는 얼간이였다. 비티는 훤칠하고 품격 있는 인물이었지만, 클라이드는 확연히 절뚝거리며 걸었다. "워런이 절뚝거리는 건 클라이드라는 캐릭터를 형성하는 데 매우 중요한 요소라고 생각했습니다." 펜이 말했다. "사투리, 걸음걸이. 나는 이런 것들이 우리가 의식하지 못할 수도 있는 지엽적인 이점이 있다고 생각합니다. 그래도 캐릭터를 전달하는 데 도움이 됩니다."

관객들은 니컬스나 펜의 촬영 현장 기법에 대해 아는 게 전혀 없었지만, 그 결과로 탄생한 영화들은 새로운 맥박이 뛰었다. 〈우리에게 내

일은 없다〉의 편집 리듬, 시대적 의상과 현대적 패션의 병치, 범죄 주체에 대해 판단하지 않는 관점은 프랑스 누벨바그의 획기적인 영화 언어를 미국식 언어로 옮긴 것이었다. 〈졸업〉은 벤저민의 소외된 주체성 subjectivity을 충분히 깊게 파고들어 때로 그 캐릭터가 직접 영화를 만든 것처럼 느껴질 정도였다. 두 영화를 뒷받침하는 연기는 철저히 뿌리내리고 살고 있으며, 항상 살아 있고, 적정한 정도의 신경증에 시달린다는 느낌을 준다.

두 영화의 성공—〈졸업〉은 하룻밤 만에 성공을 거뒀지만, 원래 워너 브러더스가 극장에 내동댕이쳤던 〈우리에게 내일은 없다〉는 차차 세인의 관심을 받게 된다—은 20년 만에 처음으로 1967-68년 영화 시즌을 괄목할 만한 관객 수 증가로 이끌었다.[33] 이 영화들은 센세이션을 일으키며 호프먼을 일약 스타로 만들었고, 할리우드에서 비티의 명성을 회복시켜주었다. 두 영화(그리고 영화의 주연 배우들)는 인종차별이 자행되는 남부에서 자유주의적 가치가 승리를 거두는 과정을 할리우드의 구닥다리 방식으로 묘사한 〈밤의 열기 속으로〉(1967)에 오스카상을 넘겨줬다. 하지만 〈밤의 열기 속으로〉조차 메소드에 의존하고 있었다. 이 영화의 주연 배우 중 한 명은 시드니 포이티어였고, 마침내 오스카 남우주연상을 수상한 또 다른 배우는 로드 스타이거였다.

스튜디오들은 미국의 젊은 관객이 스튜디오의 운명을 결정할 거라는 사실을 깨닫기 시작했다. 1968년 시장조사회사 얀켈로비치가 이를 입증하기 위한 연구를 수행했고, 16~25세 사이의 사람들이 미국 영화 티켓의 거의 절반을 구입한다는 사실을 발견했다. 20세기 폭스의 부회장 조너스 로젠필드 주니어는 이런 말을 했다. "우리는 미래의 젊은 시장에 달려 있습니다. 젊은이들의 리듬에 뒤쳐져선 안 됩니다."[34]

1969년에 이 리듬을 따른 영화 〈이지 라이더〉가 제작비 40만 달러의 25배가 넘는 수익을 거두며 흥행에 성공했다.[35] 사회의 낙오자 둘이서 판매할 코카인을 숨겨가지고 미국을 횡단하는 동안 겪는 잘못된 모험을 연대기로 담아낸 바이커biker 영화 〈이지 라이더〉는 메소드의 열성 신도들이 만든, 미국 젊은이들의 마음을 사로잡아 대대적인 성공을 거둔 또 다른 영화였다. 하지만 니컬스는 배우를 점잖게 들들 볶는 법을 알았고, 아서 펜은 배우들을 위한 편안한 환경을 조성하는 법을 알았던 반면, 〈이지 라이더〉의 공동 주연이자 감독인 데니스 호퍼가 택한 접근법에는 점잖거나 편안한 분위기가 전혀 없었다. 심각한 마약 중독자에다 조증 환자로 명성이 자자했던 호퍼가 배우들과 작업하는 방식은 때로 학대와 구별이 되지 않을 정도였다. 영화의 가장 중요한 부분인 뉴올리언스 공동묘지에서의 장시간 환각 체험을 위해 스피드와 마리화나 둘 다에 취해버린 호퍼는 공동 주연인 피터 폰다가 어머니의 자살로 여전히 힘들어하고 있다는 걸 알면서도 그를 꼬드겨 고통 속으로 깊이 빠져들게 하려 했다. 호퍼는 성모상을 가리키며 말했다. "저 위에 올라가보지 그래, 친구. 저 위에 올라가서 성모상 무릎에 앉아봐, 친구. 난 네가 너희 엄마에게 왜 너를 버렸느냐고 물어보면 좋겠어."[36] 폰다가 항의했다. 그건 사생활 침해고 캐릭터와 아무 관련도 없는 행동이었다. 호퍼가 고집을 부리자 폰다는 호퍼의 말에 따라 성모상에 올라가 성모상의 품에 안긴 채 속삭였다. "엄마는 정말 바보예요, 엄마. 엄마가 너무 미워요."[37] 이 테이크가 끝날 무렵 두 사람은 흐느끼고 있었다. 그렇게 얻은 장면은 영화에 삽입되었지만 긴 마약 체험 몽타주에 묻혀 거의 눈에 띄지 않는다. 폰다와 호퍼는 〈이지 라이더〉를 공동 집필했지만, 그날 촬영 이후 둘의 창의적 협업은 물론 우정도 예전 같지 않았다.

〈이지 라이더〉가 박스오피스를 정복하는 동안 경기 침체가 미국을 강타했다. 할리우드는 1969년부터 1972년 사이에 수억 달러의 손실을 입었고, 영화 산업은 사실상 붕괴되었다.[38] 거대 기업들이 스튜디오들을 게걸스럽게 먹어치웠다. 1966년 걸프 앤드 웨스턴이 파라마운트를 먹었고, 1967년 트랜스아메리카는 유나이티드 아티스츠를 삼켰다. 1969년에는 부동산 업계의 거물 커크 커코리언이 MGM을 해치웠고, 주차장과 청소 서비스의 합병으로 시작된 회사인 키니 내셔널 서비스가 워너 브러더스를 흡수했다. 이런 회사들 입장에서 젊은 티켓 구매자들은 미개발된 자원이자, 영화 역사상 가장 교육 수준이 높고 부유하며, 가장 자유주의적 태도를 가진 관객이었다. 새로 생긴 조세 보조금으로 주머니가 두둑해진 스튜디오들은 이 새로운 자원에 투기 거품을 부풀려 프랜시스 포드 코폴라나 피터 보그다노비치 같은 전도유망한 젊은 미국 영화감독 집단, 그리고 할 애슈비나 밥 라펠슨 같은 이전 세대의 인습타파주의자들에게 투자했다.[39] 뉴 할리우드 또는 할리우드 르네상스로 알려진 시대가 시작된 것이다. 이 시대는 1980년까지 지속되었다. 새로이 권한을 부여받은 이런 감독들과 함께 떠오른 것이 프랑수아 트뤼포가 1954년 처음 제기했던 아이디어였다.[40] 그는 한 편의 영화, 또는 실제 한 인물의 전작全作은 작품의 오퇴르auteur, 또는 (작가-)감독이 심취한 특정 감수성, 관심사, 미학에서 흘러나온 것으로 읽을 수 있다고 생각했다. 트뤼포는 하워드 호크스, 오슨 웰스, 앨프리드 히치콕 같은 감독을 오퇴르를 구현하는 모범 사례라며 옹호했다. 미국 영화 평론가 앤드루 새리스는 트뤼포를 토대로 "작가주의auteur theory"라는 용어를 만들었다.[41] 그의 획기적인 저서 『아메리칸 시네마: 감독과 연출, 1928-1968』은 감독을 중심으로 영화를 생각하는 새로운 사고방식을 확립하는 데 기여했다. 얼마 후 여기에 주요 감독들의 인터뷰 모음집 『감독의 사건』과 『슈퍼스타로서 영화감독』 같은 책들이 이어졌다.

미국이 새로 발견한 감독들을 향한 열광은 이 시기가 미국 연기의 르네상스이기도 했다는 사실을 가려버렸다. 새로운 할리우드 영화들은 이전에는 거의 보지 못했던 강렬함, 개성, 사실성을 연기에 불어넣은 한 세대의 배우들에게 의존했다. 그들 대부분은 적어도 한 명 이상의 거물급 연기 교사에게 배운 사람들이었다. 그 무렵 스텔라 애들러, 샌퍼드 마이즈너, 보비 루이스, 리 스트라스버그는 모두 연기를 가르친 지 40년 차에 접어들고 있었다. 마틴 랜도, 윌리엄 에스퍼 같은 예전 제자들도 자기 이름을 걸고 연기를 가르치기 시작한 상태였다. 그 밖에 HB 스튜디오의 우타 하겐이나 노스웨스턴 대학의 알비나 크라우즈처럼 스타니슬랍스키에 의지하는 교사들은 "시스템"이라는 아이디어를 더 멀리까지 확장시켰다. 1966년에는 브루스 던, 리 그랜트, 잭 가파인, 마크 라이델, 페기 퓨리가 액터스 스튜디오 웨스트를 공동 설립하여 할리우드 한복판에 스트라스버그의 메소드를 위한 거처를 만들었다.[42] 처음에는 이 아이디어에 회의적이던 스트라스버그도 로스앤젤레스에서 토론회 주재 등의 활동을 하며 여름을 보내기 시작했다. 메소드의 학생들은 일단 명성을 얻게 되자 출연하는 영화에 영향을 미치면서 대본을 수정하고 캐스팅 결정에 관여하고 영화를 직접 제작하고, 심지어 때로는 프로젝트를 기획해 감독을 고용하기도 했다.

메소드의 산물은 배우만이 아니었다. 펜, 루멧, 니컬스 외에도 많은 감독들이 메소드에 푹 빠졌다. 수정주의 서부극 〈제레미아 존슨〉(1972)과 편집증적인 스릴러 〈코드네임 콘돌〉(1975)의 감독 시드니 폴락은 스트라스버그와 마이즈너 둘 다에게서 배웠는데, 마이즈너의 접근법을 더 선호했다.[43] 영화 〈마지막 영화관〉(1971)으로 당대 A급 영화감독으로 급부상한 피터 보그다노비치는 스텔라 애들러 밑에서 공부했고, 그는 애들러를 자신이 본 최고의 배우이자 연출가 중 한 명이라고 칭했다.[44] 〈마지막 영화관〉의 출연진에는 우타 하겐의 옛 제자 제프 브리지스, 스튜디오가 문을 연 첫 해에 카잔의 입문자 수업을 들었던 클로리스 리치먼, 리 스트라스버그를 "내 인생에 가장 중요한 영향을 준 사람"이라고 말했던 엘런 버스틴 등이 있었다.[45] 심지어 휴스턴 대학 학생이던 신예 랜디 퀘이드는 이 학교의 연기 교사 세실 피킷 덕분에 스타니슬랍스키에 흠뻑 빠졌다.[46]

메소드와 그것의 가치가 세상 어디에나 존재한 까닭에 연기 테크닉에 무관심하거나 적대적이었던 감독들조차 메소드 배우에 의지했다. 스탠리 큐브릭은 〈2001 스페이스 오디세이〉(1968)에서 액터스 스튜디오의 정규 단원 키어 둘레이와 작업했고, 〈샤이닝〉(1980)의 주연 배우 잭 니컬슨은 마틴 랜도와 함께 메소드를 공부했다.[47] 니컬슨과 자주 작업했던 밥 라펠슨은 스트라스버그와 스튜디오를 공개적으로 무시했지만 니컬슨, 브루스 던, 엘런 버스틴 등 양쪽의 제자들을 그의 영화에 계속 기용했다.[48] 로버트 올트먼은 유명한 메소드 배우를 캐스팅하는 일은 드물었지만 대신 새로운 영화 제작 기술을 최대한 활용하여 더 작고 내면적인 연기를 카메라에 담는 등 비슷한 결과를 얻기 위해 노력했다. 향상된 마이크와 믹싱 기술 덕에 올트먼은 초현실적으로 겹쳐지는 대사를 구현할 수 있었고, 새로운 줌 렌즈로 훨씬 먼 거리에서 촬영할 수 있게 되었다.[49] 이로써 촬영 중에 배우들이 숏에 본인이 포함되는지 아닌지 모른 채 언제나 캐릭터를 유지할 수 있었다. 올트먼의 유명한 즉흥적인 접근법 역시 우스펜스카야의 '1분 연극'에서 따온 것으로, 퍼스트 스튜디오의 에튀드를 자신의 영화를 위한 원재료로 바꿔놓았다.

　1970년대가 전개되는 동안 메소드의 이야기는 더 이상 몇몇 개인에만 국한되지 않았다. 오히려 할리우드 자체의 이야기가 되었다. 어떤 배우가 스트라스버그, 마이즈너, 애들러, 크라우스, 하겐, 또는 스타니슬랍스키의 다른 제자 등 누구에게 훈련을 받았는지와 관계없이 스타일상의 목표는 동일했고, 그 스타일의 기저에 깔린 이데올로기는 당시의 영화들에 특출나게 잘 어울렸다. 〈마지막 지령〉(1973), 〈비열한 거리〉(1973), 〈미드나잇 카우보이〉(1969), 〈내쉬빌〉(1975), 〈잃어버린 전주곡〉(1970) 같은 이질적인 영화들을 하나로 묶어주는 것은 단순히 작가주의 감독들의 혁신이 아니었다. 이 모든 영화들을 관통하는 것은 미국인의 삶에 대한 진실이 존재한다는 확신이자, 이전에는 땅속 깊이 묻혀 있었던 변화무쌍함을 간직한 흙먼지였다. 미국적인 연기는 미국의 영혼을 발굴하는 데 기여했다. 이 프로젝트는 『뉴요커』의 조너선 셸이 "환상의 시대Time of Illusion"라고 불렀던, 대중이 듣는 이야기와 일상의 현실이 더 멀어질 수 없는 시대를 헤매면서 점점 더 그 필요성이 커지는 듯 보였다. 1975년에 셸은 이렇게 썼다. "닉슨 대통령이 전쟁을 확대시켰을 때, 그의 호언장담 때문에 대중은 전쟁이 곧 끝날 것이라 믿었다. 대중이 살던 미국은 전쟁이 거의 끝나가고 있었다. (…) 그러나 닉슨 대통령이 살던 미국에서는 전쟁이 더욱 격화되고 있었고, 긴장이 고조되고 있었으며, 의심이 너무 강해진 탓에 그는 부하들을 감시하고 싶은 충동을 느꼈다."50 마침내 워터게이트 사건이 터졌을 때, "미국 역사상 이보다 더 예측불가였던 위기는 없었다. (…) 그리고 그 어떤 위기도 이보다 더 그에 휘말린 사람을 당황하게 만든 적이 없었다."51 하지만 더 심각한 위기가 매주 찾아왔고, 개봉되는 영화마다 안에서부터 썩어문드러지고, 그 안에 있는 사람들을 소외시키고 파괴하는 미국인의 삶이라는 부패한 제도 속으로 사람들을 데려갔다. 더 발전된 마이크와 카메라의 도움으로 메소드는 닉슨의 미국에서 살아가는 내적 갈등과 고통 속으로 관객을 그 어느 때보다도 더 가까이 데려갔다.

예를 들어 〈대부〉(1972)는 1940년대가 배경이지만 영화가 묘사하는 가족 내 역학 관계, 남성성, 소수민족의 자긍심, 유해한 자본주의는 순전히 1970년대의 것이다. 영화가 메소드에 의존했던 것처럼 말이다. 1972년에 〈대부〉의 티켓을 구입한다는 것은 돈 콜레오네의 죽음뿐만 아니라 말런 브랜도가 메소드의 횃불을 새로운 세대에 건네주는 장면을 목격하게 된다는 의미이기도 했다. 케이 역의 다이앤 키튼, 톰 하겐 역의 로버트 듀발, 소니 콜레오네 역의 제임스 칸은 모두 샌퍼드 마이즈너에게 배웠다. 프레도 역의 존 카잘은 보스턴 대학에서 클리퍼드 오데츠의 제자 피터 메이어 카스 밑에서 공부했다. 그리고 콜레오네 가족을 소재로 한 대하소설의 중심축이자 주인공인 마이클 콜레오네를 연기한 배우는 스트라스버그가 발굴한 애제자 중 한 명인 알 파치노였다.

알 파치노는 공연예술고등학교에서 처음 연기를 공부했다. 그곳에서 3년 전의 마이클 칸처럼 마이클 하워드로부터 어떤 형태로든 메소드를 배웠을 가능성이 크다.[52] 하지만 고등학교에 입학한 지 2년 만에 학교를 중퇴한 그는 HB 스튜디오에 들어가 찰스 로턴에게 배우기 시작했다. 집이라 부를 만한 거처를 마련하지 못했던 그는 학교 무대에서 잠을 잤다. 스튜디오에 합류한 후 그는 〈햄릿〉의 독백과 〈아이스맨이 오다〉에서 히키가 하는 연설을 섞은 독백극으로 이름을 날렸다.[53] 스트라스버그는 그에게 독백을 다시 해보라고 청하면서, 이번에는 햄릿과 히키의 성격 묘사를 바꿔보라고 했다. 스트라스버그의 요구에 따라 연기를 했을 때 파치노는 스튜디오에서 보여준 훈련으로 박수를 받은 몇 안 되는 배우 중 한 명이 되었다. 그는 순식간에 최정상 배우의 자리에 올랐다. 오프브로드웨이의 획기적인 작품 〈디 인디언 원츠 더 브롱스〉로 첫 발을 내디뎠고, 이후 1969년 〈호랑이는 넥타이를 매나?〉로 브로드웨이에 데뷔했다. 〈호랑이는 넥타이를 매나?〉는 파치노에게 토니상을 안겨주었고, 덕분에 영화 〈백색 공포〉(1971)의 첫 주연 자리도 맡게 되었다. 〈대부〉는 그의 세 번째 영화였다. 대부가 개봉했을 때 그는 서른두 살이었다.

파치노는 대본을 폭넓게 분석하거나 정서 기억 훈련을 활용하는 걸 좋아하지 않았다. 그가 역할을 준비하는 과정은 훨씬 더 직관적이었다. 그는 "무의식 속에서" 작업했다. "배우가 일어나기를 바라는 일은 무의식을 해방시키고, 자신의 일부를 믿는 것이다."[54] 그는 사람들을 집중적으로 관찰한 다음 미스터리하게도 어떻게든 사람들의 본질을 파악해 구현하는, 그러니까 사람들을 "흡수"하는 능력으로 업계에서 유명해졌다.[55]

코폴라는 상대적으로 무명이던 파치노를 캐스팅하느라 힘겨운 싸움을 벌였고, 그다음에는 파치노를 필름에 담아내기 위해 더 힘겨운 싸움을 해야 했다.[56] 더스틴 호프먼이 〈졸업〉과 〈미드나잇 카우보이〉를 통해 영화에 닻을 내리는 데에 종래의 잘생긴 외모가 더 이상은 필요 없다는 걸 증명했음에도 스튜디오들은 여전히 지나치게 소수민족처럼 보이는 배우에 의구심을 품고 있었다. 짓궂은 미소를 짓고 몸놀림이 우아한 파치노가 유약한 분위기를 풍기는 미남일지는 모르지만, 누가 봐도 이탈리아계로 보였다. 게다가 영화 제작자들의 눈에는 그가 이 캐릭터로 정확히 무슨 일을 하고 있는지가 불분명했다. 〈대부〉에서 마이클이 겪는 인생 궤적은 어마어마하다. 영화에서 그는 완전히 미스터리한 인물로 시작한다. 참전했다 돌아온 전쟁 영웅인 그는 마피아인 가족과의 관계를 뒤로하고 합법적인 세계로 가려는 듯 보인다. 영화가 끝날 무렵 그는 콜레오네 가문을 장악한 후 경쟁 세력과 자신의 매제를 제거하는 일을 승인한다. "초반에는 절제된 연기를 해야겠다고 생각했습니다. 마이클이라는 캐릭터가 드러나기 시작하면 관객이 놀라기를 바라면서 말이죠. (…) 이것이 그 캐릭터의 핵심입니다. 관객은 말할 겁니다. '저 사람은 어디서 나타난 거지? (…) 어떻게 이런 일이 생긴 거지?'"[57] 이는 결국 관객이 파치노 자신에게 보이게 될 반응을 그대로 반영한 것이었다.

하지만 파라마운트의 모든 경영진들 눈에는 배우가 아무것도 하지 않는 듯 보였다. 파치노를 보호하기 위해 코폴라는 마이클이 아버지를 죽이려던 자들을 살해하는 결정적인 신의 촬영을 앞당겨 배우와 캐릭터가 할 수 있는 일이 무엇인지 모두에게 보여주었다.[58] 그 신은 스트라스버그적인 내면화가 이뤄낸 경이驚異라고 할 수 있다. 관객은 파치노가 말없이 펼치는 불과 몇 초의 연기를 경험하면서, 마이클의 의사 결정 과정 전체, 자신의 안전과 미래에 대한 두려움, 최후의 분노와 결단력을 보게 된다. 파치노의 많은 연기가 그러하듯 그의 눈에는 모든 역할이 깃들어 있다. 때로 내면의 불꽃으로 인해 밝아지는 것처럼 보이는 그의 눈빛은 대부분의 배우가 온몸으로 보여주는 것보다 표현력이 풍부하다.

파치노는 경력 후반에 과장된 연기를 펼치는, 그러고는 그보다 더 과장된 연기를 펼치는, 그리고 나서는 한층 더 과장된 연기를 펼치는 오페라처럼 웅장한 능력으로 유명해졌다. 그러나 〈대부〉에서는 극단적으로 자제하는, 심지어 용감하게 자제하는 알 파치노를 만날 수 있다. 수십 년이 지난 후, 파치노는 "(리는) 내가 충분히 하지 않는 어떤 것을 가르쳐주었습니다. '때로는 네가 갈 수 있는 가장 멀리까지 가지 않아야 돼'라고 했죠"라고 말했다.[59] 미래에 펼쳐질 그의 화산 같은 폭발적인 연기를 엿볼 수 있는 순간이 딱 한 번 있다. 그 순간은 영화의 마지막에 등장한다. 매제를 죽인 사람이 당신이냐고 아내가 따져 묻자, 마이클은 "내 사업에 대해 묻지 마, 케이"라는 말을 몇 번이고 반복하다가 결국 손으로 책상을 내리치면서 "하지 마!"라고 간단히 소리쳐 대화를 끝장낸다. 같은 말을 반복하는 와중에 감정이 치솟으면서 급격하고 중첩되며 즉흥적인 에너지를 분출하는 이 신은 마이즈너 교실에서 1년 차 때 하는 훈련과 정확히 같은 느낌을 준다. 또한 이 신은 키튼—그녀는 이 영화에서 케이를 연기하는 데 실패했다고 인정했다[60]—이 활기를 띠는 유일한 장면으로, 여러 차원의 전율이 담겨 있다. 여기에서 우리는 새롭게 태어난 무시무시한 마이클 콜레오네가 베일을 벗는 걸 목격한다. 또한 두 배우가 훌륭한 테니스 선수처럼 서로를 도발해 각자의 재능을 새로운 수준으로 도약하게 만드는 모습을 목격한다.

〈대부〉는 1972년도 박스오피스 전체 수익의 10퍼센트를 차지했다.[61] 그리고 브랜도(1973년 오스카 남우주연상을 수상했다)와 파치노를 포함한 출연진의 운명을 바꿔놓았다. 이후 2년 동안 파치노는 칸 영화제에서 그랑프리를 수상했지만 미국에서는 쫄딱 망한 〈허수아비〉(1973)와 제작비 300만 달러의 열 배 가까운 돈을 벌어들인 〈형사 서피코〉(1973)를 찍었다. 파라마운트를 위해 〈대부〉의 속편을 찍는다는 데 동의했을 때, 그는 이제 영화 캐스팅에 관여하기에 충분할 정도의 힘을 갖고 있었다. 영화에서 그가 눈독을 들인 역할이 하나 있었는데, 바로 마이어 랜스키(Meyer Lansky, 마피아 발전에 중추적인 역할을 한 범죄자-옮긴이)를 모델로 삼은 유대인 갱스터 하이먼 로스였다. 코폴라는 아직 그 역할의 배우를 캐스팅하지 않았지만, 파치노와 찰스 로턴은 누가 맡아야 할지에 대한 아주 좋은 생각을 갖고 있었다.

액터스 스튜디오 시어터가 실패했을 때, 스트라스버그가 수십 년간 꿈꿔온 미국을 대표하는 극장을 운영하겠다는 꿈은 끝장이 났다. 하지만 그가 맨해튼 미드타운에 있는 그리스정교회를 개조한 스튜디오로 물러나 있기를 원했더라도 그건 불가능한 일이었을 것이다. 그와 그의 조직에는 돈이 필요했고, 그래서 둘 다 스페셜 이브닝Special Evenings이라는 일련의 이벤트를 갖고 대중의 품으로 돌아왔다.[62] 첫해에 이 발표는 플레이라이츠 유닛의 작품을 바탕으로 구성했다. 두 번째 시즌에 스트라스버그는 엘레오노라 두세, 사라 베르나르, 피스크 부인, 존 배리모어 등 자신이 개인적인 신전에 모시는 배우들에 대한 공개 강연을 했다.

스트라스버그는 이 시기 동안 개인적으로나 금전적으로나 시달리고 있었다. 스튜디오에서 받는 급여는 최저 수준인 데다 그나마도 들쭉날쭉했다. 그리고 폴라의 죽음은, 미국의 허다한 의료 시스템처럼, 돈이 많이 들었다. 폴라는 스타들로 가득한 송년 파티를 기획하고 스튜디오의 다루기 힘든 단원을 돌보는 등 항상 그들의 사교적인 측면에서 에너지원이 되어주었다. 폴라가 보이스카우트 어린이 단원들의 여성 지도자 같은 사람이었다면, 리는 얼음 왕국의 왕이었다. 예순네 살의 스트라스버그는 여전히 세상과 관계를 맺는 데 어려움을 겪고 있었고, 게다가 폴라까지 없자 그는 종종 길을 잃은 듯 보였다. 한번은 셸리 윈터스가 깜깜한 아파트에 앉아 있는 스트라스버그를 발견했다. 왜 그러고 있느냐고 묻자 그는 이렇게 대답했다. "불을 어떻게 켜는지를 몰라서."63

그러나 스트라스버그의 부활은 믿기 어려울 만큼 엄청나게 빠른 속도로 이루어졌다. 액터스 스튜디오 웨스트의 여름 세션을 진행하기 위해 로스앤젤레스로 갔던 그는 서른 살 연하의 배우 지망생 안나 미즈라히를 소개받았다. 그녀는 뉴욕 시장에 출마한 존 린지의 선거운동에 참여한 적이 있었다. 안나는 "샌퍼드가 리 스트라스버그와 그의 메소드 쓰레기를 비판했던" 네이버후드 플레이하우스에서 공부했고, 영화와 텔레비전에서 단역을 맡기도 했다.64 두 사람이 만났을 때 그녀는 액터스 스튜디오 웨스트의 참관인이었는데 그곳에서 누군가가 그녀에게 스타니슬랍스키를 읽어보라고 말했다. "나는 그 빌어먹을 책을 끝까지 읽을 수가 없었어요. 난 광신도가 아니거든요."65 어느 날 친구 집에서 리가 그녀에게 데이트 신청을 했다. 안나는 리에게서 나이트클럽에 가자는 게 아니라 아이스크림 소다를 먹으러 가자는 말을 듣고 나서야 경계심이 누그러졌다.66 "신선하고 매력적인 제안이라고 생각했어요. 나는 나이트클럽을 즐기는 사람이 아니니까요."67 그녀가 회상했다. "우리 관계를 탄탄하게 만들어준 건 내가 어릴 적부터 책을 무척 좋아했다는 점이었어요. 언젠가는 거대한 서재를 가질 거라는 희망을 항상 품고 있었죠. 그의 집에 들어갈 때만 해도 몰랐는데, 그는 내가 한 번도 보지 못한, 믿어지지 않을 만큼 굉장한 서재를 갖고 있었어요." 두 사람은 1967년 결혼했다.

스트라스버그의 경력도 같은 해에 반등했다. 그는 마스터 클래스 연기 수업을 해달라는 친구 알랭 레네의 간청을 받아들여 파리로 갔다.68 9월 대부분의 기간 동안 그는 잔 모로, 프랑수아 트뤼포, 그리고 코메디 프랑세즈의 많은 단원을 비롯한 청중을 대상으로 강연하고 가르쳤다.

이후 파리를 떠나 이탈리아 스폴레토에서 열린 두 세계 페스티벌Festival of Two Worlds에서 강연하고 빈, 독일, 브라질에서 학생들을 가르쳤다.[69] 스트라스버그는 새로운 아이디어와 함께 미국으로 돌아왔다. 연출가로서의 경력은 끝났을지 몰라도 그는 이제 세계적으로 유명한 교사였다. 드디어 리 스트라스버그 연극영화연구소라고 불리게 될 제대로 된 학교를 지을 때가 왔다. 그는 1969년 스튜디오 연설에서 이렇게 언급했다. "나는 여기 있는 우리 모두가 당연하게 받아들일 아이디어에 대한 어마어마한 흥미와 관심, 그 밖에 어마어마한 필요성에 대해 어떻게든 더 개인적인 방식으로 인식하게 되었습니다."[70]

그 학교는, 액터스 스튜디오와 달리, 배우 전체를 훈련시킬 것이다. 배우들은 학습의 세 "단계"에 걸쳐 태극권부터 카메라 연기까지 모든 걸 배울 것이다.[71] 그러나 연구소 연기 수업의 강조점은 여전히 캐릭터와 자아의 내면의 삶에 있었다. 세 번째 단계에서 배우들은 정서 기억을 공부하고, 소환된 감정과 "관련 없는 신체 시퀀스 및 관련 없는 텍스트의 일부"를 결합하는 방법을 배운 다음, 정서 기억을 "감정적 사건과 하나가 되는 텍스트 및 행동"과 통합하는 방향으로 나아가면서 12주를 보낼 것이다.

로스앤젤레스와 뉴욕에 캠퍼스를 둔 연구소는 스트라스버그에게 우선 재정적 안정을 주었고, 다음으로 재력을 주었다. 스트라스버그가 직접 가르치는 특별 수업을 들으려면 수강료를 추가로 지불해야 했는데, 그는 이 수강료만으로도 연간 10만 달러 가까이 벌었다. 그리고 이 수입의 절반을 다시 연구소에 기부했다. 그는 세션당 1천 달러짜리 엘리트 코칭도 시작했다. 이 코칭을 받은 유명 고객 명단에는 바브라 스트라이샌드도 있었다. 1980년에 이 연구소는 캠퍼스 두 곳에 학생 1500명이 재학 중인 미국 최대 규모의 연기 학교였다.

알 파치노가 하이먼 로스 역을 스트라스버그가 맡아야 한다는 아이디어를 떠올린 1973년에, 리는 할리우드 대작 영화에 출연할 필요성을 딱히 느끼지 않았다. 그는 이미 자기 분야에서 가장 성공하고 유명하며 논란이 많은 인물이었다. 게다가 1920년대 이후로 연기를 한 적이 없었다. 그러나 파치노는 "아이디어가 떠오르자 바로 실행에 옮겼다."[72] 계획의 첫 번째 단계로 그는 파티가 열리는 스트라스버그의 아파트에 나타나 리에게 대본 사본을 건넸다. 파치노는 리에게 꽤 잘 어울릴 역할이 있다고 말했다. 리는 고려해보겠다고 했다. 다시 연기를 하고 싶다는 대단한 욕구를 느껴서가 아니라, 그가 가르치는 테크닉이 영화에서 어떻게 활용될 수 있는지 조사해볼 좋은 기회일지도 모른다고 생각했기 때문이었다. 오래 전부터 배우들이 그를 찾아와 준비해간 연기를 영화 촬영장의 빡빡한 스케줄에 맞춰 활용하는 게 어렵다는 불만을 토로해왔다. 셸리 윈터스는 이렇게 표현했다. "모두가 우리를 이리저리 끌고 다녀요. 그러다가 누군가가 소리치죠. '모두 준비됐어요? (…) 액션' (…) 그러면 카메라를 상대로 연기를 해야 해요. 하지만 그 기계 앞에서 어떻게 우리가 가진 모든 것을 연기로 보여줄까요?"[73] 리는 답을 전혀 가늠하지 못했다. 진지하게 영화 작업을 해본 적이 없었기 때문이다.

스트라스버그는 관심이 있다는 결론을 내렸다. 그러나 그의 앞에는 더 많은 장애물이 있었다. 코폴라는 그 배역에 엘리아 카잔을 캐스팅하고 싶었다.[74] 다른 사람의 아이디어를 받아들이라는 압박을 당하는 처지도 마음에 들지 않았다. 게다가 이미 로스앤젤레스에서 〈대부 2〉의 촬영을 시작한 상태였기 때문에 캐스팅을 신속하게 마무리지어야 했다. 파치노는 카잔이나 니컬스 같은 위대한 메소드 감독이 진실한 연기

강의 중인 리 스트라스버그.

를 끌어내기 위해 배우를 구슬리는 방식으로 코폴라를 조종하여 스트라스버그가 캐스팅되도록 해야 했다. 〈대부 2〉 촬영장의 옆 스튜디오에서 열린 뒤풀이가 기회를 제공했다. 그는 스트라스버그와 코폴라가 만날 수 있도록 조종하려는 음모에 안나를 끌어들였다. 얼마 후 스트라스버그는 출연 제의를 받았다. 그러나 출연료 1만 달러라는 대우에 기분이 상한 그는 제안을 거절했다.[75] 출연료가 6만 달러까지 올라가서야 그는 로스 역을 맡기로 합의했고, 그로부터 불과 며칠 뒤에 산토도밍고로 날아가 촬영을 시작했다.

촬영장에서 스트라스버그는 배우들이 그에게 가져왔던 동일한 문제에 몸부림쳤다.[76] 순서가 뒤죽박죽인 채로 신을 촬영하면서 어떻게 감독이 "액션"을 외치는 순간 곧바로 최고조에 달한 감정 연기를 시작할 수 있을까? 대사는 어떻게 암기해야 하고 영화 속 주어진 상황에서 나의 위치는 어디인가? 그는 훈련에 상관없이 많은 영화 및 연극 세트에서 극중 인물의 감정이 현실에 영향을 미치는 상황, 즉 캐릭터와 자아의 심리적인 중첩도 처음으로 경험했다. 로맨틱한 커플을 연기하는 배우들이 실제로 연인이 되거나, 무대에서 적수로 만난 배우들이 무대 밖에서 서로를 점점 더 혐오하게 될 것이다. 스트라스버그의 경우, 그는 안나에게 말하지 않는 비밀이 생기기 시작했고, 안나가 갱스터의 아내라도 되는 양 그들이 머물고 있는 호텔 카지노에 가서 도박을 하라고 그녀를 부추겼다. 때로 자기를 혼자 내버려두라는 말을 하기도 했다.[77]

스트라스버그가 〈대부 2〉에서 보여준 연기는 눈을 뗄 수 없을 만큼 흥미롭고 특이하다. 물론 파치노가 마이클 역으로 보여준, 더 어둡고 비도덕적인 영역을 넘나드는 대담한 변신까지는 아니었지만 말이다. 오히려 로스를 잊지 못할 캐릭터로 만든 것은 스트라스버그의 본질적인 특성, 이를테면 말할 때 거슬리는 소리를 내게 만드는 기침, 차분한 표정 아래에 잠복해 있는 하얗게 달아오른 분노 같은 것들이다. 파치노와 스트라스버그 간의 실제 애정 덕분에 두 사람은 스크린에서 멋진 호흡을 보여주었다. 서로를 죽이려고 음모를 꾸미는 신들마저 둘의 상호작용이 마치 아버지와 아들처럼 따스해서 로스가 배신했을 때 마이클이 느끼는 아픔이 더욱 생생하게 느껴졌다.

〈대부 2〉가 개봉한 후, 리 스트라스버그는 많은 사람이 찾는 성공한 영화배우가 되었다. 일흔셋의 나이에 그는 마침내 늘상 자신이 누릴 자격이 있다고 생각한 명성과 인정을 얻었다. 그는 영화에서 잠깐이지만 잊을 수 없는 연기로 제47회 오스카 시상식의 남우조연상 후보에 올랐다. 시상식 날 밤 후보에는 옛 제자인 알 파치노, 더스틴 호프먼, 페이 더너웨이, 탈리아 샤이어, 그리고 20년 전 스튜디오에 대한 찬사를 이끌어낸 연극 〈빗물 가득〉의 마이클 V. 가조 등이 있었다. 역시 후보로 지명된 잭 니컬슨과 다이앤 래드도 다른 곳에서 메소드를 공부한 적이 있었다. 어쩌면 스트라스버그에게 가장 헌신적인 배우였던 엘런 버스틴은 〈앨리스는 이제 여기 살지 않는다〉(1974)로 여우주연상을 수상했다. 런던 대참사를 겪은 지 10년이 조금 넘었을 뿐인 이 시점에서 메소드는 할리우드와 미국 문화에 큰 힘을 발휘하면서 전성기를 맞이했다. 1979년에는 연기 부문 후보에 오른 배우 열 명 중 수상자인 제인 폰다와 크리스토퍼 워컨을 포함한 아홉 명이 액터스 스튜디오 단원이었다. 1980년까지 스튜디오 단원들이 오스카상 후보로 지명되거나 수상한 횟수는 125회가 넘었다.[78]

스트라스버그는 남우조연상 트로피를 함께 출연한 〈대부 2〉에서 젊은 비토 콜레오네를 연기한 로버트 드니로에게 내주었다. 이미 비교 대상이 된 말런 브랜도와 마찬가지로 드니로 역시 스트라스버그의 제자라는 주장을 들었고, 스튜디오 단원으로 인식되어왔다. 하지만 그는 스트라스버그의 테크닉과 특징을 싫어했고 스텔라 애들러에게 배운 가르침을 선호했다. 드니로의 오스카상 수상은 그의 놀라운 상승세에 더욱 불을 지폈다. 1991년 제러미 아이언스, 하비 카이텔 같은 동료 배우들이 그를 현존하는 미국 최고의 배우라고 선언할 정도였다.[79] 드니로는 출세하고 또 출세하고 또다시 출세함으로써 정확히 메소드의 영원한 내리막길이 시작된 시점에 메소드를, 아니면 적어도 메소드에 대한 대중의 인식을 바꿔놓았다.

23장

메소드의 또 다른 표준, 로버트 드니로

19$73년 11월『뉴욕 타임스』는, 가이 플래틀리의 표현에 따르면, "로버트 드니로가 도대체 누구인가?"를 알아보라며 그를 파견했다.[1] 그해 가을 극장에는 의심의 여지없이 드니로의 출세작이라고 부를 만한 영화 두 편이 동시에 걸려 있었다. 종합해보면 드니로는 그 두 영화 〈대야망〉과 〈비열한 거리〉에서 이전에는 좀처럼 볼 수 없었던 폭넓은 연기를 선보였다. 그가 〈대부 2〉의 젊은 비토 콜레오네 역으로 캐스팅되었다는 소식은 그를 최근에 등장한, 어쩌면 마지막 사례일, 말런 브랜도의 후계자로 자리매김하게 만들었다. 브랜도의 전성기는 한참 전에 지났음에도 그는 여전히 미국 영화 연기의 정점으로 여겨졌고, 배우들은 20년간 그의 업적을 쫓고 있었다. 이제 드니로는, 기사 제목에서 확언했듯, "브랜도의 신발로 미끄러져 들어가고 있었다."

플래틀리 입장에서는 딱 한 가지 문제가 있었다. 독자들은 로버트 드니로에 대해 궁금해할 테지만, 보비(Bobby, 드니로의 애칭-옮긴이)는 알려지는 것을 원치 않았다. 드니로는 스스로에 대해 많은 것을 드러내기보다 오히려 인터뷰 내내 조용히 플래틀리를 살피며 그가 말을 하도록 이끌었다. "그는 상당히 호의적으로 상대의 말을 경청하는 사람이다. (…) 오래지 않아 그는 당신의 아내, 자녀, 반려견, 친구, 정치적 성향 등 당신에 대한 모든 것을 알아낸다. 그리고 당신은 보비가 배우라는 사실을 알아낸다."

드니로는 어린 시절 이야기는 거의 하지 않았으며 오늘날에도 엄중하게 사생활을 지킨다. 1989년 『플레이보이』와의 인터뷰에서 기자가 그의 인생에 관한 자세한 질문을 꺼낼 때마다 그는 기자의 녹음기를 꺼버렸다.[2] 드니로는 1943년 8월 17일 로버트 드니로 시니어, 버지니아 애드미럴이라는 두 명의 예술가 사이에서 태어났다. 그의 부모는 그가 어렸을 때 갈라섰고 그는 어머니 손에 자랐다. 동세대의 많은 유명 배우들이 겪은 공통적인 경험이다. 드니로의 어머니는 예술가로서의 경력을 대부분 포기하고 생계비를 벌기 위해 온갖 사무직에서 일했다. 그녀의 고객 중 한 명이 에르빈 피스카토르의 아내 마리아 레이-피스카토르였다. 어린 보비가 배우가 되고 싶어 한다는 걸 알게 된 레이-피스카토르는 드라마틱 워크숍에 들어가 스텔라 애들러 밑에서 배울 수 있도록 그를 추천했다. 친한 라이벌 알 파치노처럼 드니로는 열여섯 살에 연기 공부를 하기 위해 고등학교를 그만두었다.

드니로는 애들러의 당당한 스타일—그가 "그녀의 행동 방식이자 애정이자 그녀의 모든 면"이라고 부른 것[3]—이 극도로 거슬렸지만, 그녀의 실제 가르침은 그에게 깊은 영향을 미쳤다. 그는 스물한 살이 될 때까지 드문드문 애들러와 공부하면서 그녀로부터 배우란 광범위한 준비, 대본 분석, 조사를 통해 배역을 맡을 자격을 따내야 한다는 생각을 배웠다. 드니로는 역할을 준비하기 위해 책을 읽고 장시간 인터뷰를 진행하고 캐릭터가 가진 주요한 신체적 습관을 익혔다. 또한 대본의 상당 부분을 수정할 만큼 대본을 굉장히 세밀하게 분석해 사실상 작가, 감독과 더불어 배역의 공동 창작자가 되는 경우가 많았다.

영화 〈대야망〉에서 불치병에 걸린 아둔한 포수 브루스 피어슨 역을 맡으면서 드니로는 독서와 인터뷰 작업을 시작했다. 그는 역할에 필요하다고 생각하는 질문들을 몇 페이지로 정리했다. "에디"라고 이름을 밝힌 한 야구선수에게 던진 질문을 정리한 리스트에는 "내가 살을 찌워야 합니까, 빼야 합니까?" "평균적인 훈련은 어떻게 합니까?" "야구선수들은 보통 뭘 먹습니까?" "당신이 본(혹은 들은) 구단 밖에서 해도 되는 일, 해서는 안 되는 일에 대한 성문율과 불문율은 무엇입니까?" 등의 질문이 포함되어 있었다.[4] 그는 3주 동안 조지아를 여행하면서 현지 분위기를 흠뻑 빨아들이고, 브루스의 사투리를 연습할 수 있도록 지역 주민들에게 대사를 읽어달라고 부탁해 녹음했다.[5] 야구를 한 번도 해본적 없던 드니로는 운동을 배우고, 야구의 훈련과 식이요법을 따르고, 씹는담배 사용법을 익혔다. 캐릭터에 더 가까이 다가가기 위해 소품과 의상을 직접 구입하고, 본인의 캐릭터와 다른 캐릭터들의 방대한 배경 사연을 작성했다.

이 과정에는 다양한 작업이 포함되어 있었지만 1973년 당시 사람들이 이해하던 메소드는 아니었다. 드니로는 알 파치노의 소개로 액터스 스튜디오에 합류했는데 스트라스버그의 테크닉을 따르는 문제를 진지하게 고려한 적은 전혀 없었던 것 같다.[6] "당연한 말이지만, 배우는 언제나 자신이 맡은 배역에 자신이 가진 무엇인가를 가져갑니다."[7] 그가 말했다. "그러나 나에게 연기는 다양한 역할을 연기하면서 캐릭터가 처한 현실에 최대한 가깝게 다가가 캐릭터의 라이프 스타일, 포크 잡는 법, 처신하는 법, 말하는 법, 다른 사람들과 교류하는 법 등을 배우려 노력하는 것을 의미합니다." 다른 인터뷰에서 그는 액터스 스튜디오에 "유명인을 숭배하는 종교 집단"이라는 딱지를 붙였다.8

드니로는 마틴 스코세이지의 〈비열한 거리〉에서 리틀 이탈리아의 실정失政의 제왕 조니 보이 역을 맡으면서 준비 과정을 한층 더 강화했다. 기질과 성격 면에서 조니 보이와 브루스 피어슨은 달라도 이보다 더 다를 수가 없었다. 브루스는 그의 조지아 사투리만큼이나 느릿느릿한 행동거지에 칡넝쿨만큼이나 무성하게 자란 듯 보이는 마음을 가진 점잖은 사람이었다. 게다가 그가 든 보험 때문에 결혼하고 싶어 하는 여자 친구를 비롯한 수많은 사기꾼들의 만만한 표적이다. 한편 조니 보이는 디오니소스적인 인간이자 할 수 있는 한 많은 사고를 치고는 유유히 빠져나가는 것을 즐기는 순수한 혼란의 화신이다. 심지어 브루스와 조니 보이는 걸음걸이마저 다르다. 브루스의 걸음걸이는 어색한 데다 어디로 가야 할지, 몸을 어떻게 움직여야 할지 전혀 알 수 없다는 듯 거의 절뚝거리는 것처럼 보일 지경으로 머뭇거린다. 조니 보이는 단단하고 공격적인 활보로 걷는다. 세상에 농담을 던지거나, 또는 세상의 목을 따거나, 아니면 둘 다를 하려는 기세로 성큼성큼 세상을 향해 발걸음을 내딛는다. 애들러와 스트라스버그 밑에서 공부했던 하비 카이텔이 연기한, 갈등에 시달리는 충직한 찰리에게 점점 더 강한 압력을 가하는 것이 조니 보이의 존재 이유이다. 그러나 드니로는 영화를 지배하고 그의 연기는 스크린 밖에서도 여운을 남기는 압도적인 힘을 뿜어낸다.

드니로의 준비 과정은 〈비열한 거리〉라는 영화 자체의 형태를 만들었다. 그는 조니 보이의 독특한 말투를 익히기 위해 대사를 새로 썼는

데, 그중 많은 대사가 영화의 최종 버전에 남았다.[9] 또한 그는 자기 캐릭터와 찰리의 관계 구축에 도움이 되는 추가 장면을 요구했다. 이 중 영화의 성공에 결정적인 역할을 한 장면은 조니 보이가 여러 사채업자에게 갚지 못한 돈을 두고 찰리와 벌이는 말다툼 신이다. 조니 보이는 대출금 갚을 날짜를 착각했다며 거짓말하고, 조이 클램스라는 남자와 포커 게임을 했다는 이해하기 힘든 이야기를 늘어놓는다. 이 신은 찰리와 조니 보이의 전반적인 관계를 축소해놓은 장면이다. 관객은 이 장면에서 찰리와 조니 보이가 서로를 사랑한다는 걸 알게 되지만, 서로에게 독이 되는 상호의존 관계를 맺고 있다는 것도 알게 된다. 조니 보이는 찰리가 그의 방향타를 잡아주지 않았다면 오래 전에 세상을 하직했을 것이다. 그럼에도 믿음직한 "착한 아들"인 찰리는 반면교사로 삼으며 보살펴야 할 혼란스러운 실패가 필요했다. 찰리는 조니 보이의 거짓말을 좋아할 수밖에 없다. 그 거짓말이 친구를 무덤으로 더 가까이 데려간다 해도 말이다. 조이 클램스 신은 아찔할 만큼 재미있다. "누가 먼저인가 Who's on First" 리듬과 스타카토로 강조되는 언어에서 우리는 쿠엔틴 타란티노 같은 시나리오 작가의 기원을 엿볼 수 있다. 이 신이 없는 영화를 상상하기란 불가능에 가까운데, 실은 리허설과 촬영 중에 카이텔과 드니로가 고안한 것이다. 이 신은 역할을 준비하는 동안 조니 보이가 진 빚을 처리하는 방법을 결정하려는 드니로의 시도에 바탕을 둔 것으로 보인다.[10]

이는 심리에 기반을 둔 연기가 아니다. 언젠가 제임스 딘은 『뉴욕 타임스』와의 인터뷰에서 "연기는 인간의 신경증이 드러나는 가장 논리적인 방법"이라고 말했다.[11] 반면 드니로는 연기가 "신경증에 관한 것이 아니"라고 선언했다.[12] "연기는 캐릭터에 관한 것이고, 캐릭터의 과업을 먼저 수행하는 것이다." 애들러는 캐릭터의 과업/문제가 신체적 행동으로 옮겨질 수 있는 경우에만 중요하다고 가르쳤다. 드니로는, 브랜도보다도 훨씬 심하게, 늘상 어떤 행동을 하고 있으며, 껌이나 담배를 갖고 하는 동작이나 일을 통해 캐릭터를 드러낸다. 드니로의 연기에는 〈대부〉의 알 파치노나 〈마지막 영화관〉의 엘런 버스틴이 한 연기에서 느껴지는 절제가 전혀 없다. 또한 다이앤 키튼이나 제임스 칸 같은 마이즈너의 제자들처럼 과장된 버전의 연기를 보고 있다는 느낌도 주지 않는다.

드니로의 접근법이 항상 효과를 발휘한 건 아니었다. 그는 경력 후반에 〈폴링 인 러브〉(1984) 같은 영화에서 평범한 인물을 연기하는 데 어려움을 겪었다. 완벽한 변신이 필요 없는 배역의 경우 무엇을 해야 할지 확신하지 못하는 듯했다. 이 과정은 시작부터 완성까지 긴 시간이 필요했고, 진실을 찾기 위해 협력자들이 적극적으로 참여해야 했다. 〈분노의 주먹〉(1980)의 그 유명한 "너, 내 마누라 따먹었냐?" 신에서 조 페시의 리액션 숏을 촬영하는 동안, 드니로는 상대 배우에게서 그 상황에 적절한 분노를 끌어내기 위해 "너, 네 엄마도 따먹었냐?"라는 대사를 애드리브로 쳤다.13 제리 루이스에 따르면, 드니로는 〈코미디의 왕〉(1982)을 촬영하는 동안 "히틀러가 살아 있었다면 당신네 더러운 족속들을 모두 해치웠을 거야" 등의 반유대주의적인 욕설을 퍼부으며 적절한 수준의 분노를 끌어내기 위해 상대 배우를 도발했다. 드니로는 루이스를 "화나게 하려고 자극했을 뿐" 그 이상의 의미는 없다고 부인했지만, 루이스는 드니로와의 작업을 "악마와의 거래"에 비유했다.14 드니로는 "바보가 아니고, 자기 기술을 잘 알고" 있으며, 결과물을 얻기 위해 무슨 짓이든 할 준비가 되어 있었기 때문이다. 드니로는 〈미드나잇 런〉(1988)에서 찰스 그로딘에게 사실감을 위해 소품용 고무 수갑이나 플라스틱 수갑이 아닌 실제 금속 수갑을 차라고 요구했다. 우타 하겐의 제자였던 그로딘은 그 요구를 마지못해 따랐고, 그 과정에서 몇 군데에 흉터가 생겼다.[15] 닐 사이먼의 〈굿바이 걸〉이 원작인 마이크 니컬스의 영화에서 드니로는 아내 역을 맡은 배우 마샤 메이슨과 세트에서 동거하기를 원했다[16](그녀는 반대했다). 사이먼의 고도로 기술적인 코미디를 어떻게 만들어야 할지 방법을 찾을 수 없었던 그는 캐릭터가 상상한 현실의 논리에 맞도록 농담의 핵심 구절을 다시 썼다. 촬영 1주차에 니컬스는 드니로를 해고하고 이 프로젝트를 보류했다.[17]

　하지만 이 모든 건 미래에 일어날 일들이었다. 〈비열한 거리〉가 1973년 뉴욕영화제에서 처음 상영되었을 때 관객들은 기립박수를 보냈고 빈센트 캔비는 『뉴욕 타임스』에 "명명백백한 일류 영화"라고 극찬했다.[18] 스코세이지가 상영을 위해 영화 프린트를 들고 샌프란시스코를 다녀온 후 프랜시스 포드 코폴라는 드니로를 젊은 비토 콜레오네 역으로 캐스팅했다. 이 영화를 무척 인상적으로 본 엘런 버스틴은 스코세이지를 〈앨리스는 이제 여기 살지 않는다〉의 감독으로 낙점했다. "〈비열한 거리〉에는 여성이 딱 한 명밖에 없었고, 역할도 매우 작았어요."[19] 버스틴이 말했다. "그러나 내 사명은 여성의 관점에서 영화를 만드는 것이었고, 연기에 어느 정도의 사실성을 부여하기를 원했습니다. 〈비열한 거리〉를 보고 '이거야. 이게 바로 스튜디오야'라고 말했죠. 액터스 스튜디오를 말하는 겁니다. 그토록 리얼한 수준의 영화였어요. 내가 마티를 원한 이유예요."

　1940년대 초였다면 드니로의 다재다능함은 거의 가치가 없었을 것이다. 하지만 1948년 몽고메리 클리프트로부터 시작되어 1950년대에 브랜도가 이어간 변화는 〈비열한 거리〉가 등장할 시점에 이미 완성된 상태였다. 이제 뛰어난 연기는 다양한 모습을 요구했다. 더스틴 호프먼은 〈졸업〉 이후 방황하는 20대를 얼마든지 연기할 수 있었는데도 오히려 〈미드나잇 카우보이〉에서 포주를 동경하는 운이 다한 인물인 랫소 역을 맡았다. 알 파치노는 경력의 첫 10년 동안 예민한 헤로인 중독자, 맞춤 정장을 입은 마피아, 반反문화에 매료된 언더커버 경찰, 세계적으로 유명한 자동차경주 선수, 동성애자 은행 강도를 연기했다. 드니로가 브루스와 조니 보이로 날린 원투 펀치가 그를 온 세상이 다 아는 배우로 만들어주지는 않았지만, 덕분에 그는 배우들의 배우로 자리매김했고, 확연히 드러나는 수줍음 장벽을 극복하는 데 도움을 받았다.

드니로는 경력이 쌓여감에 따라 1973년에 맡았던 역할들을 위해 개발했던 프로세스를 거듭 사용했다. 또한 위상이 높아지면서 출연하는 영화의 제작 과정에 막강한 영향력을 행사할 수 있는 힘도 갖게 되었다. 드니로의 가장 유명한 연기 중 하나인 영화 〈택시 드라이버〉(1976)에서 거울 앞에 서서 "나한테 하는 얘기야?"라고 묻는 순간이 있다. 그의 시나리오 사본을 보면 이 부분 여백에 "거울 연기를 여기에?"라고 직접 쓴 메모가 있다.[20] 〈디어 헌터〉(1978)를 작업할 무렵에 그는 비교적 신인인 메릴 스트리프를 포함한 출연 배우들을 선택하고 있었다.[21]

그러나 그에게 오스카 남우주연상을 안겨준 영화는 완전히 다른 종류의 것이었다. 〈분노의 주먹〉은 드니로에서 시작되었다. 그는 영화의 원동력이었고, 영화감독으로 스코세이지를 선택한 것도 그였으며, 영화 크레디트에 올라가지는 않았지만 스코세이지와 함께 시나리오를 수정한 사람도 그였다. 그 결과로 나온 섬뜩하고 강렬하며 어느 정도는 신화적인 연기는 대중이 메소드를 이해하는 방식까지 변화시켰다.

동명의 회고록(회고록과 영화의 원제는 '성난 황소Raging Bull'이다-옮긴이)을 원작으로 한 영화 〈분노의 주먹〉은 야수 같은 미들급 권투 챔피언이었으나 경력 말년에 나이트클럽 유명 인사이자 스탠드업 코미디언이 된 제이크 라모타의 이야기를 담고 있다. 『성난 황소』의 공저자 중한 명인 피터 새비지는 1973년에 영화 〈1900년〉을 촬영 중이던 드니로에게 그 책을 보냈다. 드니로는 책 내용에 별다른 감흥이 없었다. 다만그는 이렇게 말했다. "그 이야기에는 뭔가가 있었습니다. (…) 강한 추진력을 가진, 복잡한 생각 따위 없이 단도직입적으로 행동하는 남자의 초상화 같은 거요. (…) 이야기의 중심에 있는 어떤 것이 굉장히 좋았습니다. 캐릭터로 발전할 수 있을 거라고 생각했죠."22 그는 이 아이디어를 전달하려고 〈앨리스는 이제 여기 살지 않는다〉를 촬영 중이던 스코세이지에게 전화를 걸었다. 그는 둘이 함께 이 영화를 만들 수 있을 거라고 말했다. 〈분노의 주먹〉에서 드니로는 배역을 위해 몸을 두 번 바꿨다. 처음에는 전성기 시절 미들급 권투선수를 설득력 있게 그려내기 위해, 다음으로 망가지고 쇠락한 중년의 라모타를 연기하기 위해.

스코세이지는 그 프로젝트를 몇 년 동안 거절했다. 드니로는 〈택시드라이버〉와 〈뉴욕 뉴욕〉(1977)을 찍는 동안에도 계속 그를 설득했다. 스코세이지는 프로젝트를 〈비열한 거리〉 시나리오를 공동 집필한 마딕 마틴에게 건넸고, 마틴은, 스코세이지의 말에 따르면, "라쇼몽 같은" 시나리오를 썼다.23 "그는 이야기를 서로 다른 스물다섯 가지 버전으로 가져왔습니다. 모든 캐릭터가 여전히 생존해 있었기 때문이죠." 마틴이 직면한 문제는 라모타가 눈에 보이는 것 이상이 없는 너무 단순한 인물이라는 점에 있었고, 이 점은 스코세이지와 드니로가 모든 재능을 동원해해결해야 할 문제였다. 이 시나리오의 다음 버전을 쓴 폴 슈레이더가 밝혔듯, "제이크에게 깊이와 더불어 그가 갖고 있지 않은 위상을 부여해야 했다. 그렇게 하지 않으면 그는 영화로 만들 가치가 없는 인물이었기 때문이다."24 슈레이더는 라모타의 질투심과 성적 집착, 그리고 동생 조이와 맺은 걱정스러운 관계에 초점을 맞추는 방식으로 문제 해결을 시도했다.

그럼에도 스코세이지는 여전히 영화를 만들고 싶어 하지 않았다. 아니, 어쩌면 아무 영화도 만들고 싶지 않았을지도 모른다. 그는 자신이 감독한, 더 밴드the Band의 마지막 공연 실황을 담은 1978년 다큐멘터리 "〈라스트 왈츠〉의 엔딩 크레디트가 올라가는 걸 보면서 마침내 깨달았다."25 "더 이상 영화 작업이 즐겁지 않았습니다. 나에게 남은 게 하나도 없었죠. 내 두 번째 결혼이 파경을 맞았을 때 알았습니다. 아이가 하나 있는데 한동안은 그 아이를 보지 못하게 될 거라는 걸 알게 된 겁니다. 그래도 나에게는 언제나 가장 중요한 게 있었습니다. 바로 일이었죠." 지금 그의 눈에는 일이 보이지 않았다. 그는 본인이 만든 다른 영화들에서는 하고 싶은 말이 무엇인지를 잘 알았지만, "〈분노의 주먹〉은 도대체 무엇에 대한 영화인지 도무지 감을 잡을 수 없었다." 그러던 중 마틴 스코세이지의 인생이 바닥을 쳤다. 〈뉴욕 뉴욕〉이 망했다. "나는 [더 밴드의] 로비 로버트슨과 같이 살기 시작하면서 너무 많은 약을 했고 스스로를 완전히 망가뜨리기 직전까지 갔다."26 그는 1978년 노동절(9월 첫째 월요일-옮긴이)에 죽을 뻔했다. 텔루라이드 영화제에 참석한 동안 코카인과 처방 받은 약물이 일으킨 약물 부작용 때문일 가능성이 크다. 마딕 마틴에 따르면, 스코세이지의 "입과 눈과 엉덩이에서 피가 흘러나오고 있었다. 거의 죽기 직전이었다."27 드니로는 스코세이지의 병문안을 갔다. 한편으로는 친구에게 약을 끊으라고 강력히 권고하기 위

548 메소드

해서였고, 다른 한편으로는 〈분노의 주먹〉을 만들자고 설득하기 위해서였다. "우리가 이 영화를 만들 수 있어. 우리는 정말 잘할 수 있다고. 할 거야, 말 거야?"[28] 스코세이지가 드디어 승낙했고 유나이티드 아티스트에서 제작을 맡았다. 두 협업자는 세인트마틴으로 서둘러 떠나 그곳에서 시나리오를 수정했다.

제이크 역을 준비하기 위해 드니로는 라모타와 시간을 보내면서 그를 연구하고 전 챔피언에게서 권투를 배웠으며 라모타의 치아를 부러뜨릴 만큼 충분히 권투를 익혔다.[29] 또한 라모타의 말과 행동을 기록하고 그의 인생에 대해 질문하며 1년을 보냈고, 라모타의 두 번째 부인인 비키와도 시간을 보냈다(그녀는 드니로를 유혹하려 애썼지만 성공하지 못했다). 드니로는 근육을 6.8킬로그램이나 늘렸다. 영화를 촬영하는 동안에는 라모타와 닮은 얼굴을 만들려고 보철물을 착용했고 항상 캐릭터에 충실한 상태를 유지했다. 제1 조감독 앨런 베르트하임은 "그는 정말, 매우 강렬했다. 그에게 말을 걸 때는 그를 제이크 아니면 챔프라고 불러야 했다"라고 말했다.[30]

촬영이 네 달간 중단되면서 드니로는 이탈리아와 프랑스를 다니며 식사를 해 체중을 27킬로그램이나 불렸다. 체형의 변화는 모든 것을 바꿔놓았다. 드니로에게 고혈압 증세가 나타났고, 코를 골기 시작했으며, 신발 끈을 묶는 데 어려움을 겪었다. 허벅지에 발진이 생겼고 호흡이 힘들어졌다. 대부분의 사람들 입장에서 이런 신체적 결과는 작업 방법을 재고해야 할 충분한 사유가 될 테지만, 드니로는 "그것이 내가 할 수 있었던 최고의 선택이었다"고 주장했다. "단지 체중을 늘리는 것만으로도 특정 방식으로 느끼게 되었고 특정 방식으로 행동하게 되었습니다."[31]

〈분노의 주먹〉에는 라모타를 호감 가는 인물로 만들어주는 요소가 거의 없다. 대신 스코세이지와 드니로는 라모타의 분노하는 심장 속으로, 고통 속으로, 자기파괴적인 충동 속으로 최선을 다해 깊이 파고들었다. 그들은 라모타를 설명하려고 애쓰지 않는다. 라모타의 이야기에 생명을 불어넣는 일에 최대한 모든 기량을 투입하는 것이 곧 그를 구제하는 길이었다. 〈분노의 주먹〉은 해로운 남성성이라고 불리는 무언가를 이해하자는 영화가 아니다. 명확한 주제도 없고 지적인 내용도 아니다. 영화 제작을 고려할 때 스코세이지를 괴롭혔던 지점이 바로 이것이었다. 그러나 이 점이 영화가 가진 힘의 원천이기도 하다. 테너시 윌리엄스가 〈욕망이라는 이름의 전차〉를 작업할 때 엘리아 카잔에게 했던 말처럼, 모든 예술이 어떤 주장을 밝히기 위해 존재하는 것은 아니다. 때로 예술의 역할은 인간이 처한 상황에 대한 진실을 시적으로 극화하는 것이다. 〈분노의 주먹〉은 해로운 남성성을 경험하게 해주는 작품으로, 첫 관람 후 몇 년이 지나도 여전히 잊을 수 없는 이미지와 순간들이 가득한 영화다.

드니로는 이 영화를 통해 미국 메소드 연기의 정석으로 공공연히 이름을 올리게 되었다. 권투를 소재로 한 흑백영화에 출연하는 것은 권투 선수 역을 자주 맡았던 존 가필드와 자신을 연결 짓는 일이었다. 〈분노의 주먹〉은 한 걸음 더 나아가 가필드를 위한 기획 영화 〈육체와 영혼〉 속 제임스 웡 하우 촬영감독의 촬영 기법에서 시각적인 표현 방법을 참조했다. 영화의 마지막 부분에서 우리는 바비존 극장의 무대 뒤에 있는 라모타를 발견한다. 그는 자신의 경력에 관한 진부한 원맨쇼를 공연하려는 참이다. 바비존 극장 밖에는 유명한 대사를 선보이는 '제이크 라모타와 함께하는 밤'을 광고하는 간판이 걸려 있다. 셰익스피어를 제외하면 리스트에 올라 있는 작가들은 모두 메소드와 관련 있는 사

영화 〈분노의 주먹〉 속 로버트 드니로.
캐릭터에 상당한 영향력을 미친 체중 증가 후의 모습이다.

람들이다. 패디 차예프스키, 로드 설링, 버드 슐버그, 테너시 윌리엄스. 〈분노의 주먹〉에서 드니로가 라모타로서 하는 마지막 연기는 브랜도가 〈워터프론트〉에서 했던 대사인 "나는 도전자가 될 수도 있었어"를 거의 의식을 치르듯 낭독하는 것이다. 드니로가 젊은 비토를 연기할 때 "브랜도의 신발로 미끄러져 들어갔다면," 여기에서 그는 브랜도의 왕관을 요구했다.

『뉴욕 타임스』는 드니로가 "그의 경력을 대표할 만한 연기"를 펼쳤다고 찬사를 보냈지만,[32] 과거에 스코세이지와 그의 주연 배우를 옹호했던 『뉴요커』의 폴린 케일과 『빌리지 보이스』의 앤드루 새리스는 〈분노의 주먹〉에 당혹스러워하면서 영화를 무시했다. 새리스는 이 이야기에 "도덕적 울림이 조금"도 없다고 주장하면서, 드니로의 체중 증가를 "관객에게 충격을 주고 관객을 우울하게 만들기 위해 자신의 신진대사를 사정없이 파괴한 짓"이라고 보았다.[33] 한편 케일은 "이 영화에서 드니로가 한 것은 정확히 말하면 연기가 아니다"라고 썼다.[34] 그러나 평단의 논쟁도, 흥행 부진도 궁극적으로는 중요하지 않았다. 로버트 드니로는 〈분노의 주먹〉으로 두 번째 오스카 남우주연상을 수상했고, 1980년대 말에 이 영화는 많은 평론가들이 선정한 1980년대 최고 영화 목록에서 1위를 차지했다.[35]

드니로의 연기, 그리고 그 결과로 얻은 존경과 수상 경력은 메소드 연기가 무엇인지에 대한 미국 대중의 이해를 바꿔놓았다. 브랜도의 비약 이후 세상에는 스트라스버그의 가르침으로 이루어진 사적인 메소드와 미국 배우들의 작업 방식에 관한 구전 지식에 바탕을 둔 공적인 메소드가 존재했다. 드니로 이후 메소드의 두 형태는 거의 완전하게 갈라졌다. 준비, 조사, 신체적 변신 등으로 구성된 정교한 이야기가 미디어와 시상식 캠페인의 주요 요소가 되면서, 메소드는 배우가 캐릭터로 살아가며 신체를 완전히 바꾸고 촬영장에서 일단 연기를 시작하면 멈추기를 거부하는 바로크 스타일의 연기 과정과 동의어가 되었다. 1988년에 잡지 『스파이』가 뉴욕의 연기 교사를 다룬 장문의 심층 취재기사를 실었을 때, 기사를 작성한 제이 마텔은 메소드가 과도하게 활용되고 있음을 보여주는 수십 가지 사례를 열거했다. 하나같이 드니로의 강박적인 준비 과정과 신체적 탈바꿈을 기반으로 변형된 버전들이었다.[36] "앨버트 브룩스는"으로 시작되는 기사는 이렇게 이어졌다.

> [〈브로드캐스트 뉴스〉(1987)를 위해] 실제 워싱턴 특파원들을 어깨 너머로 살피면서 너무 많은 시간을 보낸 나머지 특파원이 쓴 기사를 교정할 정도였다. (…) 〈시드와 낸시〉(1986)의 촬영은 일주일 연기되었는데, 게리 올드먼이 시드 비셔스과 비슷한 체격을 만들기 위해 단식을 하다가 입원하는 바람에 회복할 시간이 필요했기 때문이다. (…) 메리 스튜어트 매스터슨은 〈사랑 시대〉(1987)에서 말괄량이를 연기하는 동안 남자아이용 속옷을 입었다.

이 명단은 계속 이어지는데 연이어 등장하는 예들은 위대한 예술에 복무한다는 명목으로 기이한 행동을 모아놓은 사례집이나 다름없다.

이런 행동들은 스타니슬랍스키나 스트라스버그와 큰 관련이 없다. 스타니슬랍스키는 푸시킨의 인색한 기사처럼 살아보려고 노력하다 감기에 걸렸는데, 회고록에서 그는 이 일화를 하지 말아야 할 행동의 사례로 들고 있다. 그룹 시어터는 어떤 장면에 들어가기 전에 준비한 감정을 불러내는 "1분 갖기"를 했다. 이는 60초 동안 지속한다는 의미다. 스트라스버그는 수십 년 동안 연기는 문자 그대로의 현실을 창조하는 것이 아니라고 거듭 강조했다. "여러분은 배우들이 '나를 때려요, 때리라고요, 때리지 않으면 나는 그 감정을 포착하지 못할 거예요'라고 말하는 걸 들은 적이 있을 겁니다."[37] 스트라스버그가 말했다. "흐음, 그건 연기가 아닙니다. 물론 내가 당신을 때리면 당신은 넘어지겠지요. 거기에 무슨 연기가 있나요? 중요한 건 내가 당신을 때리는 것처럼 보인다는 것, 그러나 당신이 넘어졌고 아파할 만큼 그 방식이 너무도 그럴듯하다는 것, 그럼에도 나는 당신을 건드리지조차 않았다는 것입니다." 급하게 촬영하고 하염없이 기다리는 영화 촬영장의 분위기에서 준비한 감정을 유지하기 위한 차선책으로 개발된 "항상 캐릭터로 남아 있기remaining in character at all times"는 스트라스버그를 괴롭혔다. 그는 알 파치노에 대해 이런 말을 했다. "연기를 마치고도 한참 동안 그 배역의 정체성을 유지하는 것은 옳지 않습니다. 건강한 방법이 아니에요. 파치노는 시스템의 모든 단계를 흡수하지 못했습니다."[38]

이런 견해를 가진 사람은 스트라스버그 혼자만이 아니었다. 일라이 월랙 같은 메소드의 원년 멤버들은 드니로의 작업 이야기에 강한 의구심을 표했다. "경이로운 배우인 드니로에 대한 글을 막 읽었습니다." 언젠가 월랙이 말했다. 그러나 그는 드니로가 〈사랑의 기적〉(1990)에서 긴장증 증상을 보이는 레오너드 로위 역할을 준비하는 과정을 접하고는 심란해졌다. "이 병원에서 세 달, 저 병원에서 두 달을 보냈다는 건, 그저 영화사가 퍼뜨린 홍보용 과대광고일 뿐입니다."[39]

메소드에 대한 대중의 이해가 변하면서 메소드 배우를 조롱하는 방식도 따라 변했다. 사람들은 촬영 중에 코를 후비는 심통 사나운 게

으름뱅이들을 더 이상 놀리지 않았다. "제가 그래야 하는 동기가 뭔가요?"라는 질문에 "네 밥줄!"이라고 대답하는 조지 애벗은 더 이상 없었다. 이제 메소드 배우에 대한 사람들의 이야기는 더스틴 호프먼과 로런스 올리비에가 〈마라톤 맨〉(1976) 촬영장에서 나눈 대화에 관한 것이었다. 그 이야기에서 호프먼은 캐릭터의 지칠 대로 지친, 피해망상적인 감정 상태를 포착하는 데 얼마나 많은 노력을 기울였는지 올리비에에게 설명한다. 어쩌면 자랑이었을지도 모른다. 그는 지친 모습을 표현하려고 밤을 꼴딱 새우고 뜀박질을 했다. 젊은 남자 동료에게 질려버린 올리비에는 진지한 표정으로 대꾸한다. "이봐, 친구, 그냥 연기를 해보지 그래?"

이 이야기의 토대가 된 실제 사건보다 이야기의 인기가 우리에게 더 많은 것을 알려준다. 사실 호프먼은 힘겨운 이혼 절차를 밟는 중이었다. "정말 고통스러웠습니다. 게다가 그 캐릭터는 사나흘을 잠 한숨 못 잔 상태여야 했죠. 그래서 이걸 해낼 수 있는지 확인해보자 생각했어요. 잠을 자지 말아보자."[40] 그는 자신이 이 캐릭터의 불면증을 "스튜디오 54(뉴욕에 있는 유명 나이트클럽-옮긴이)에 가기 위한 핑곗거리"로 써먹고 있다는 것도 어느 정도 알고 있었다. 촬영을 위해 로스앤젤레스로 돌아온 그는 동경하는 배우인 올리비에에게 이 이야기를 모두 들려주었고, 올리비에는 "그 행위의 숨은 의미"를 알아챘다. 연기 준비 작업이 사실 잘못된 행동을 조장하고 있다는 것 말이다. 올리비에의 유명한 촌철살인 반응에는 삼촌이 조카에게 보여줄 법한 애정이 담겨 있었다. 호프먼은 『타임』지에서 이 이야기를 불행하게 끝난 결혼 생활에 대해 잘 아는 원로 배우가 그런 일을 겪고 있는 동료 배우에게 스스로를 잘 돌보라며 건넨 훈훈한 덕담으로 소개했다. 그렇지만 그 훈훈한 덕담은 언론을 거치면서 연기 테크닉에 정통한 영국 배우와 방종한 미국 배우가 벌인 또 다른 신화적인 전투 기록이 되어버렸다.

드니로의 테크닉을 물려받은 가장 유명한 후계자는 지금은 은퇴한 대니얼 데이루이스다. 많은 이들에게 데이루이스는 메소드와 동의어지만, 그는 〈나의 왼발〉(1989)의 크리스티 브라운 역을 준비하면서 『뉴욕타임스』와의 인터뷰에서 이렇게 말했다. "나는 메소드를 추종하지 않습니다. 표준이 되는 작업 방식조차 갖고 있지 않아요. 나는 모든 연기 시스템에 의구심을 품는 편입니다."⁴¹ 만약 데이루이스가 드니로 프로세스의 지고한 형태를 대표한다면, 그 과정을 보다 우스꽝스럽게 만든 사례도 넘친다. 2016년 액션 블록버스터 〈수어사이드 스쿼드〉를 홍보하기 위한 홍보 기계promotional machine는 재러드 레토에 대한 숱한 이야기를 생산했다. 레토는 조커의 무정부주의적 감성을 포착하기 위해 동료 배우들에게 죽은 돼지, 살아 있는 쥐, 딜도, 사용한 콘돔을 보낸 것으로 알려졌다.⁴² 나중에 레토는 사용한 콘돔 이야기는 "완전히 헛소리"였다고 말하면서 언론이 클릭 수를 늘리려고 거짓 정보를 퍼뜨렸다고 비난했지만,⁴³ 그 역시 영화 개봉 전 이 이야기를 퍼뜨린 사람 중 한 명이었다.⁴⁴

〈분노의 주먹〉은 뉴 할리우드 최고의 영화 중 하나인 동시에 그 시대의 비문碑文으로 볼 수도 있다. 1980년 11월에 〈분노의 주먹〉이 개봉하고 며칠 후 마이클 치미노의 근사한 재앙 〈천국의 문〉이 개봉했다. 예산의 네 배가 넘는 제작비가 투입된 이 영화는 흥행에 참패하면서 할리우드 르네상스를 결정적으로 끝장냈다. 미국에서 무언가가 바뀌고 있었다. 메소드에 중대한 영향을 미치고, 미국 연기에서 메소드의 우위를 종식시키는 데 도움이 될 무엇인가가.

뉴 할리우드의 종말은 사실상 한창 전성기를 구가하던 1975년 〈죠스〉의 개봉과 함께 시작되었다. 식인 상어를 등장시킨 이 영화는 블록버스터 자체에 대한 은유로도 읽힌다. 마치 백상아리처럼 블록버스터는 눈에 띄지 않는 곳에 숨어 있다가 방해가 되는 모든 것을 집어삼키려고 기다리는 거대한 육식동물이었다. 엄밀히 말해 〈대부〉는 〈엑소시스트〉(1973) 같은 블록버스터—두 작품 다 속편에 영감을 주었다—영화다. 한편 〈에어포트〉(1970), 〈타워링〉(1974), 〈포세이돈 어드벤처〉(1972) 같은 재난 영화는 믿음직한 흥행 성적을 낸다는 것이 입증되었다. 그렇지만 〈죠스〉는 특별했다.[45] 이 영화가 스튜디오들이 이벤트 영화를 배급하는 방식을 바꾸어 포화 개봉(saturation booking, 신작을 미국 내에 있는 많은 시장의 극장에서 같은 날에 동시에 개봉하는 방식-옮긴이)과 와이드 릴리즈(wide release, 신작을 미국 대부분 지역의 여러 극장에서 동시에 개봉하는 방식-옮긴이)라는 사업 관행을 개척했기 때문이다. 이 관행에 따라 대작 영화는 미국 전역에서 서서히 개봉하는 게 아닌, 전국의 모든 극장에서 한번에 개봉했다. 〈죠스〉 이전의 포화 개봉은 형편없는 영화가 관객을 쫓아버릴 혹평보다 빨리 관객을 찾아가는 데 도움을 주려고 고안된 묘책이었다. 그러나 〈죠스〉는 결코 이류 영화가 아니었고, 오래지 않아 포화 개봉과 와이드 릴리즈는 새롭게 부상한 마케팅 부서의 지원을 받아 이벤트 영화를 밀어붙이는 표준 방식이 되었다. 〈죠스〉의 여파로 스튜디오들은 단계적으로 영화 제작 편수를 줄여 배급할 영화가 부족해지는 허위 희소성을 만들었고, 따라서 극장들에 더욱 과도한 임대료를 부과할 수 있게 되었다.[46]

뉴 할리우드는 처음에 상영작 부족 사태로부터 수혜를 입었다. 독립 제작자와 배급업자 들이 미국의 비어 있는 스크린을 채우려고 달려들었기 때문이다. 그러나 1970년대 말 와이드 릴리즈 블록버스터 영화의 파도가 연이어 몰아치면서 이런 소품 영화들을 쓸어버렸다. 프랜시스 포드 코폴라의 후배인 조지 루커스가 각본, 감독, 제작을 맡은 1977년작 〈스타워즈〉는 영화 산업에 일대 변혁을 일으켰다. 〈스타워즈〉는 최초의 진정한 영화 프랜차이즈를 탄생시키면서 오늘날까지 이어지는 슈퍼 블록버스터의 시대를 열었다. 슈퍼 블록버스터는 새 시대를 맞은 할리우드 소유 구조에 필수적이었다. 복합기업 시대에는 스튜디오가 주차장과 백화점을 소유한 대형 지주회사의 일부일 수도 있었다. 1980년대에 들어서면서 스튜디오는 거대 미디어 제국의 톱니바퀴가 되었다. 슈퍼 블록버스터 시대에 영화는 더 이상 독자적으로 존재하지 못한다. 그저 지식 재산IP, intellectual property의 핵심부에서 뻗어나온 다양한 수익 창출 형태 중 하나에 불과하다. 〈스타워즈〉 이전에 영화는 책을 각색해 만들 수 있었지만, 〈스타워즈〉 이후에는 동일한 이미지, 캐릭터, 스토리, 아이디어를 책, 만화, 텔레비전 프로그램, 애니메이션, 핀볼 기계, 침대 시트 등으로 활용할 수 있었다. 〈스타워즈〉 이전에 상품화 권리는 무상으로 제공되는, 공짜 마케팅의 한 형태로 간주되었다.47 〈스타워즈〉 이후로는 마케팅, 머천다이징, 속편 제작 가능성이 다른 모든 고려 사항보다 우선시되는 경우가 다반사다. 슈퍼 블록버스터라는 무기를 보유한 할리우드는 호황과 불황의 사이클을 받아들이면서 더 적은 편수의 영화에 더 많은 돈을 썼고, 크게 성공한 히트작에서 얻은 수익으로 실패작의 손실을 만회했다.

그보다 10년 전 영화 〈졸업〉은 새로운 젊은 관객의 존재를 발견했다. 하지만 그 티켓 구매자들은 이제 성인이 되어 가정을 꾸리기 시작했고, 벤저민 브래드독 대신 로빈슨 부인으로 정착했다. 그리고 그들의 동생들이 뚜렷하게 구별되는 관객으로 부상했다. 1977년에는 25세 이하 인구가 전체 영화 티켓의 거의 60퍼센트를 구매했다.[48] 그들은 좋아하는 영화를 보러 몇 번이고 극장에 다시 가곤 했다. 또한 미적 취향과 정치적 입장 모두 앞선 세대보다 더 보수적이었다. 스튜디오들은 〈레이더스〉(1981), 〈애니멀 하우스의 악동들〉(1978), 〈슈퍼맨〉(1978) 같은 영화로 이 관객들을 사로잡았다.

조너선 셸은 『환상의 시대』에서 미국이 1970년대에 밝혀진 진실들과 함께 살아갈 용기가 있을지 궁금해했다. 우선 1971년에 코인텔프로COINTELPRO가 폭로되었다. 코인텔프로는 반체제 좌파 조직에 불법으로 잠입하여 그들을 감시함으로써 조직을 와해시키려는, FBI에서 10년 동안이나 진행된 프로젝트였다. 같은 해 펜타곤 페이퍼Pentagon Papers가 『뉴욕 타임스』와 『워싱턴 포스트』에 유출되어 미국의 지도자들이 베트남 전쟁에 관해 거짓말을 해왔고 전쟁에서 이길 수 없다는 걸 알고 있었다는 사실이 드러났다. 1974년에 리처드 닉슨은 워터게이트 침입 사건의 여파로 시작된 수사의 결과로 사임했다. 1년 후에도 미국은 자국의 충격적인 진실들을 밝히는 작업을 계속 이어갔다. 처치 위원회로 잘 알려진, '정보활동에 관한 정부의 운영 정책 검토 소위원회'가 조사 결과를 발표하기 시작했다. 처치 위원회는 코인텔프로의 활동 범위를 훨씬 더 상세하게 밝혀내는 것 외에 CIA가 이상한 낌새를 채지 못하는 민간인들을 대상으로 LSD 및 전기충격요법과 관련된 심리 통제 실험을 수행했다는 것, FBI가 영장 없이 미국인들의 우편물을 열어보고 있었다는 것, 정부가 마틴 루터 킹 주니어를 감시하고 협박을 시도했다는 것, 국가안보국NSA이 미국 통신회사들의 협조를 받아 대규모 스파이

작전을 실시했다는 것 등을 보여주었다.

뉴 할리우드와 그로 인해 명성을 얻은 연기 스타일은 미국의 포석
鋪石을 뽑아내고 그 밑에 꿈틀거리는 유충을 폭로하고자 했다. 그런 영
화들은 종종 끝없는 밤, 아메리칸 드림의 심장부에 숨어 있는 어둠을 배
경으로 촬영되었다. 그러나 슈퍼 블록버스터가 이륙하고 〈분노의 주먹〉
같은 영화들이 추락한 1980년, 정점에 도달한 스튜디오 시스템이 배출
한 한 배우가 미국의 주인공 역할을 획득한 후 "미국을 다시 위대하게
만들겠다"고 맹세했다.[49] 로널드 레이건의 약속들은 셸과 좌파 진영 사
람들이 두려워했던 '망각'임을 숨길 수 없었다. 즉 뽑힌 돌들을 다시 제
자리에 심고 번지르르한 표면의 신화로 회귀하는 것 말이다. 레이건이
주재하던 1980년대가 저물 무렵 그 시대의 가장 유명한 광고 슬로건—
카메라 브랜드를 위해 제작되었고 납득이 가지 않는 부분 가발을 착
용한 테니스 스타가 전달한—중 하나는 "이미지가 모든 것이다Image Is
Everything"(1989년에 테니스 선수 앤드리 애거시를 모델로 삼아 제작된 캐논
카메라의 광고 카피-옮긴이)였다.

메소드에게 이미지는 적敵이었다. 메소드는 1950년대에 성공했고
1970년대에 다시 성공했는데, 이는 이미지를 꿰뚫어 감춰진 서브텍스
트를 드러내는 능력 덕분이었다. 메소드가 이미지의 시대에 어떻게 살
아남을 수 있는지는 아무도 대답할 수 없는 물음이었다. 특히 메소드의
선구자들이 세상을 떠나기 시작한 후에는.

24장

좋은 연기의 다양한 형태

미국 문화에서 메소드 시대가 종식된 원인은 하나가 아니었다. 이전 세대의 질 낮은 연기를 상대로 한 전쟁을 이끌 새로운 스타니슬랍스키는 등장하지 않았다. 대신 전후 세대를 지배한 일치된 견해에 굳건히 자리 잡고 있던 메소드는 그 견해와 같은 운명을 맞이했다. 1970년대 중반 블록버스터, 인플레이션 위기, 수십 년간 저질러온 정부의 비행 폭로 등이 동시다발로 국가를 강타하면서 양자 모두 미국에 대한 지배력을 잃기 시작했다. 1980년대는 둘 다 비틀거렸는데, 미국 사회와 국민에 대한 새로운 비전에 얻어맞아 정신을 못 차리면서 압도당했다. 예전에는 국민이 납부한 세금이 공익을 증진하는 데 사용되었다. 이제 그 세금은 국민에게 환급되었고, 국민은 구매력—사회적 통념에 따라 자기 자신을 도움으로써 남을 돕는—을 통해 자신을 표현할 수 있다. 예전에 우리는 공동의 대의로 묶여 있었다. 우리 각자가 개인인 건 맞지만 사회의 일원으로서 사회 발전에 헌신했다. 이제 우리는 시장의

소비자가 되었다.[1]

사회를 자기만족을 추구하는 시민-소비자로 구성된 시장이라고 보는 이 핵심 은유는 우파의 사상일지 모르지만, 이는 자유주의 좌파의 개개인에 맞춘 개별화 고등교육 프로젝트와 깔끔하게 맞물렸다. 1960년대에 진보주의 교육이 부활하면서 미국 학교들은 사고의 다양성을 허용하고, 규범을 느슨하게 적용하며, 미국적인 삶의 모든 측면에서 의견 충돌을 주도하는 데 더 많은 관심을 갖게 되었다.[2] 여기에는 물론 스타니슬랍스키 이후 다양한 전문가들과 그 반대자들의 독단적인 학설에 수십 년간 묶여 있던 연기도 포함되어 있었다.

일부 대학 캠퍼스에서 학생들은 이런저런 메소드의 사도들 밑에서 공부하면서 그들의 사상을 더 널리 전파하는 데 기여했다. 그러나 학생의 선택과 개인의 표현을 강조하는 다원주의적인 학계에서는 시간이 흐를수록 덜 독단적인 접근법으로 이어질 수밖에 없었다. 리 스트라스버그 연구소는 리 스트라스버그의 방법을 가르치기 위해 존재했다. 스텔라 애들러가 살아 있는 동안 스텔라 애들러 연기 스튜디오는 그녀의 접근법을 그대로 따랐다. 하지만 예술학사나 예술석사 프로그램의 목적은 학생들이 노동력으로 편입될 수 있도록 준비시키는 것이다. 욕구와 트렌드와 미학에 따라 변화하는 노동력 말이다. 교양 과목 프로그램에서 연기 교육은 역사를 통틀어 각양각색의 연기 테크닉을 개관하는 것을 포함해 다양한 형식으로 진행할 수 있다. 교수와 학과장의 이직으로 인해 대학들은 종종 시간이 지나면서 일관적인 접근법을 유지하지 못하기도 한다. 메릴 스트리프는 예일 드라마스쿨에서 공부하는 3년 동안 세 명의 다른 연기 교사에게 배웠는데, 교사들마다 완전히 다른 접근법을 가져와 본인의 방식이 옳다고 주장했다.[3]

그런 시장에서 도그마를 유지하기란 어려운 일이다. 이것이 바로 미국에서 유일하게 남아 있는 도그마가 시장인 이유다. 우리가 소비자로서 무엇이 효과가 있는지 없는지, 좋은지 나쁜지, 진짜인지 가짜인지를 스스로 정의하고 까다롭게 고르는 자유를 가진 시대에 연기, 예술, 진리에 관한 단일 이론이 무슨 희망이 있을까?

메소드의 선구자들이 세상을 떠나기 시작하자 그들의 이론이 직업에 미치는 영향력을 유지하는 과업은 거의 불가능한 일이 되어버렸다. 스트라스버그, 애들러, 마이즈너의 카리스마 넘치는 천재성은 연기학도들을 중력처럼 끌어당겼을 뿐만 아니라 각자의 방법을 각자의 존재와 분리시킬 수 없게 만들었다. 거짓 연기를 가려내는 감식안은 전할 수 없는 것이다. 스트라스버그, 애들러, 마이즈너가 생각하고 소통했던 독특한 방법들도 마찬가지다. 애들러가 1979년에 『뉴욕 타임스』에 밝힌 대로다. "누군가가 내 자리를 대신할 수 있을 거라는 말은 못하겠네요. 미국 연극계에는 대체로 유산이 없거든요. 스타니슬랍스키 시스템을 이어나갈 숙련된 교사로부터 실질적으로 인계받을 게 하나도 없어요."[4] 이런 견해는 그녀 혼자만의 것이 아니었다. 마이즈너도 이에 동의하며 "비전을 가진 교사들이 이끌던 집단 운동으로서의 스타니슬랍스키 메소드는 분명 사라지고 있다"고 선언했다.[5]

비전을 가진 교사들 중 가장 먼저 세상을 떠난 이는 해럴드 클러먼이었다. 그는 1980년 9월 마운트 시나이 병원에서 눈을 감았다. 그보다 18개월 전, 웨스트 42번가에 있는 한 오프브로드웨이 극장이 그가 연극계에서 차지하는 중요성을 인정하며 그의 이름을 따 극장 이름을 지었다. 20세기 미국 연극계에서 해럴드 클러먼보다 강한 영향력을 발휘한 인물은 거의 없었다. 그는 1920년대에 에런 코플런드와 함께 파리의 거리를 걸으면서 미국의 이야기를 들려주고, 미국의 사회적·개인적인 문제를 다루는 새롭고도 뚜렷한 개성이 있는 미국적 연극 관행을 만들겠다는 꿈을 꾸었다. 또한 리 스트라스버그와 셰릴 크로퍼드, 그룹 단원들과 함께 새로운 미국 연극과 더불어 미국 연극이 필요로 하는 새로운 연기 방식을 만들고자 애썼다. 그리고 연출가이자 교사이자 평론가로서 40년간 그 결과물을 관리하고 감독했다. 카잔은 과거를 떠올리며 말했다. "우리는 함께 대단히 많은 일을 해냈습니다. 그리고 친구지간으로 살아남았고요. 1930년대는 선지자들을 위한 시대였습니다. 해럴드는 우리의 선지자였죠."6 클러먼의 임종을 지킨 친구들 중에는 스텔라 애들러도 있었다. 1년 중 일부는 캘리포니아에 거주하던 그녀는 곧장 비행기를 탔다. 전처가 오고 있다는 걸 알게 된 해럴드는 간호사에게 면도를 해달라고 부탁했다. 애들러가 도착하자마자 둘은 곧 입센에 관한 논쟁을 시작했다. "아름다운 여자 아냐?"7 해럴드가 카잔에게 큰소리로 물었다. "그럼, 그렇고말고, 그 어느 때보다도 아름답다니까!"

2년이 지나 1982년 2월 17일, 리 스트라스버그가 클러먼의 뒤를 따랐다. 갑작스러운 심장마비로 인한 그의 죽음은 그가 순수하고 진실한 연기라는 이상주의적 비전의 기치 아래 규합했던 커뮤니티를 하나로 모았다. 스트라스버그는 유명인으로 죽었다. 1950년대에 그가 쫓아다닌다는 비난을 받았던 종류의 유명인 말이다. 그는 로스앤젤레스와 뉴욕을 오가며 활동했고, 몇 편의 영화에 출연했으며, METHOD라고 적힌 번호판을 단 메르세데스를 탔다.8 사망하기 불과 며칠 전에는 연극 명예의 전당에 헌액되어 '스타 100인의 밤'이라는 자선 행사에 참석했는데, 그곳에서 알 파치노와 로버트 드니로, 그 밖의 인사들과 함께 로케츠(Rockettes, 정교한 집단 무용을 선보이는 무용단-옮긴이)의 킥 라인kick line에 서기도 했다.9

　『뉴욕 타임스』에 실린 스트라스버그의 부고 기사에는 그의 작업에 대한 대중의 인식을 오랫동안 에워싸고 있던 혼란과 오해 같은 것들이 담겨 있었다. 기사는 스트라스버그를 "숙련된 교사"라고 칭하며, 그를 싫어했던 "말런 브랜도", 액터스 스튜디오에 거의 모습을 보이지 않았던 "제임스 딘", 애들러를 스승으로 여기면서 스트라스버그의 테크닉을 공개적으로 비판한 "로버트 드니로"를 비롯한 "여러 세대의 배우들을 지도했다"고 썼다.10 또한 메소드를 "음성, 신체, 감정 훈련으로 구성된 시스템"이라고 설명하면서, 시스템은 "러시아에서 콘스탄틴 스타니슬랍스키에 의해 시작되었다"고 밝혔다. "메소드는 배우가 역할을 준비하는 과정에서 자신의 정신과 잠재의식을 활용하라고 권한다. 스트라스버그 씨는 이를 미국 연극에 적용하면서 개선점을 더하기도 했지만, 그러면서도 항상 자기 이론의 출처는 스타니슬랍스키라며 그에게 공을 돌렸다."

　다음 날 그의 장례식이 열린 슈버트 극장에는 입석뿐이었는데도 많은 인파가 몰렸다. 추도사를 낭독한 인사로는 스트라스버그의 아들 존, 〈백의의 사람들〉의 작가 시드니 킹즐리, 시편 23편을 낭송한 엘런 버스틴 등이 있었다. 셸리 윈터스는 이렇게 말했다. "나는 오스카 수상작과 형편없는 영화들을 거치면서 항상 내가 잘할 수 있는 곳이 있다는 걸 알았습니다. 액터스 스튜디오에서 리 스트라스버그의 말을 들으며 배우가 되는 것의 영광을 깨달았습니다."11 알 파치노의 헌사는 알쏭달쏭했다. "리는⋯ 리다운 사람이었습니다. 그가 그리울 겁니다."12

　모두가 그를 그리워하지는 않을 것이다. 스텔라와 리는 결코 반목을 멈추지 않았고, 둘 간의 불화를 널리 알리는 것 역시 멈추지 않았다.

두 사람의 마지막 대결은 1979년 『뉴욕 타임스』 지면에서 벌어졌다. 이 기사에서 그들은 지난 40년 동안 반복해온 언쟁을 거의 그대로 되풀이했다. 스텔라는 리가 스타니슬랍스키 이론을 왜곡하는 환자라고 주장했다. 리는—스텔라의 이름을 언급조차 하지 않으려고 최선을 다하면서—그녀는 내가 아니었으면 배우는 꿈도 꾸지 못할 만큼 지나치게 감정적인 사람이었다고 말했다. 독단과는 거리가 먼 그들의 제자들은 둘 사이의 간극을 메우기 위해 노력했다. 두 사람 모두를 스승으로 모셨던 엘런 버스틴은 이렇게 말했다. "스텔라는 상상력을 강조하고 리는 현실을 강조합니다. (…) 우리는 리의 현실을 얻기 위해 스텔라의 상상력을 활용해요. 결국 두 사람은 똑같은 것에 대한 이야기를 하고 있어요."13

그럼에도 수십 년간 연기의 틀을 잡아온 둘 사이의 의견 차이는 좁혀질 수 없는 것이었고, 그들의 개인적인 적대감도 진정될 만한 것이 아니었다. 움직임 교사movement teacher이자 애들러의 친구인 모니 야킴은 스텔라가 오랜 숙적이 세상을 떠났다는 전화를 받았을 때 그녀의 곁에 있었다. "마리오 실레티가 다운타운에서 전화를 걸어 그 소식을 전해줬습니다. 스텔라 입에서 나온 첫 마디는 '속이 다 시원하네. 드디어 배우 망치는 짓을 멈추겠군'이었습니다. 그들 사이에 얼마나 많은 '사랑'이 있었는지 알 수 있죠."14 애들러는 스트라스버그의 사망 소식이 전해진 후에 진행한 첫 연기 수업에서 잠시 묵념의 시간을 갖자고 청했다. 묵념이 끝나자 그녀가 말했다. "연극계가 리 스트라스버그가 배우들에게 입힌 손상에서 회복되려면 수십 년이 걸릴 겁니다."15

스트라스버그는 자신의 재산과 연구소를 사후에 어떻게 처리하고 싶은지에 대해 다소 모호한 태도를 보였다. 안나 스트라스버그는 스트라스버그 사후 과도기를 관리하는 일을 도와달라며 여동생 빅토리아 크레인을 리 스트라스버그 연구소에 영입했고, 결국 크레인은 연구소의 책임자가 되었다. "처음 한동안은 리의 부재가 엄청난 충격이었어요."16 크레인이 말했다. "학생들은 사랑하는 리를 잃은 상실감과 슬픔에 빠져 있었어요. 가족을 잃은 여느 가정의 모습과 비슷했죠." 그러나 리는 자신의 이론을 다룬 방대한 자료를 남겼고, 교사들 중 핵심 그룹에게 메소드를 훈련시켰기 때문에 비교적 순조롭게 전환할 수 있었다. 그 결과 "[메소드] 교육에 대한 연구소의 숙련된 접근법은 변하지 않았어요"라고 그녀는 덧붙였다.

엘리아 카잔은 리가 세상을 떠난 후 맞은 첫 금요일에 액터스 스튜디오에서 스트라스버그 사후 시대의 첫 번째 세션을 진행했다. 모두들 스트라스버그가 엘런 버스틴과 작업하는 비디오를 감상하고, 스트라스버그가 없는 비통함을 이야기하기 위해 모였다.17 카잔이 본인이 설립한 스튜디오를 다시 이끌 거라는 기대가 있었지만, 그는 고개를 저었다. 대신 엘런 버스틴과 알 파치노가 공동 이사가 되었고 폴 뉴먼이 대표로 취임했다. 이후 오랜 세월이 흐르는 동안 대표 자리는 스트라스버그의 많은 유명 제자들이 번갈아 맡게 될 터였다. 버스틴은 공동 이사로서 스튜디오 운영에 적극적인 역할을 했다. 경영진 중 불필요한 인원을 정리했고, 스튜디오를 안정적인 운영의 토대에 올려놓기 위해 노력했다. 그녀의 재임 기간에 대해 어느 단원이 했던 짤막한 말처럼 "스튜디오는 엘런이 맡은 이후로 활기를 되찾았다."18 버스틴은 액터스 스튜디오를 운영하면서 동시에 공연배우조합의 회장으로 재임했다. 또한 1984년에 〈의혹의 메시지〉에 출연하기 전까지는 영화를 찍지 않았다. 카잔, 버스틴, 에스텔 파슨스, 프랭크 코르사로, 아서 펜을 비롯한 스튜디오의 가장 유명한 단원들 몇몇이 번갈아 관리자로 일했다. 개조한 그리스정교회 예배당의 벽 안에서 삶은 계속되었다.

1990년대 초 스튜디오는 다시 한 번 공적인 역할을 받아들였다. 클러먼, 애들러, 보비 루이스에게 배웠던 방송 작가 겸 배우 제임스 T. 립턴이 노먼 메일러의 강력한 권고로 스튜디오를 방문했다가 얼마 후 극작가 겸 연출가로 합류했다. 그는 스튜디오를 무척 좋아했지만 이곳에는 고질적인 문제가 하나 있었다. 스튜디오는 문화적으로 명성 있는 단체가 된 지 47년이 지났는데도 여전히 이번 달에 다음 달 돈 문제를 걱정해야 할 정도로 파산 위기에 몰려 있었다. "문화 단체들이 (…) 하나같이 푼돈을 구걸하던 시절이었습니다."[19] 립턴이 회상했다. "스튜디오도 예외는 아니었죠. 스튜디오는 한 번도 학교였던 적이 없었고, 한 번도 수업료를 받지 않았으며, 한 번도 회비를 청구하지 않았습니다. (…) 그 결과, 스튜디오는 근근이 연명해왔습니다."

립턴이 내놓은 해법은 에르빈 피스카토르가 설립한 드라마틱 워크숍의 현대판 버전인, 스튜디오의 새로운 MFA 프로그램 운영안을 들고 뉴스쿨을 찾아가는 것이었다. 모든 교사는 액터스 스튜디오 단원 중에서 선발하고, 학생들은 스튜디오 단원 자격이 보장되지는 않아도 최소한 스튜디오 그리고 스튜디오 가르침과의 연줄을 갖게 될 것이다. 이 프로그램은 즉시 성공했다. 얼마 지나지 않아 액터스 스튜디오 드라마스쿨은 대학 내에 독립적인 조직이 되었고, 립턴은 놀랍게도 그 조직의 학장으로 취임했다. 스튜디오와 립턴은 〈인사이드 디 액터스 스튜디오〉를 출시하면서 새로운 명성을 얻었다. 학교의 상급 과정이기도 한 이 텔레비전 프로그램은 스튜디오의 가장 유명한 단원들이 학생들과 지혜를 나누기 위한 방안으로 시작되었다. 세월이 흐르고 프로그램의 명성이 높아짐에 따라 프로그램은 유명인들의 경력 전반을 다루는 인터뷰

쇼케이스가 되었는데, 출연자 중에는 빌리 조엘이나 휴 그랜트처럼 스튜디오나 메소드와는 아무런 관련이 없는 사람도 많았다.

2005년 액터스 스튜디오와 뉴스쿨의 10년 계약이 만료되었고, 계약 갱신을 위한 협상은 결렬되었다. 뉴스쿨은 액터스 스튜디오, 그리고 이제는 장수 프로그램이 된 텔레비전 프로그램과의 관계를 끊었다. 엘런 버스틴은 "이건 이혼이에요. 그리고 이혼은 언제나 특정한 서글픔을 동반하죠"라고 말했다.[20] 그러면서도 학교는 "계속 될 것이며 새 보금자리를 갖게 될 것"이라고 그녀는 예언했다. 오래지 않아 학교와 그 학교의 가장 유명한 수업/프로그램은 페이스 대학에 안착했다.

1970년대에 급부상한 미국 배우들 중에는 메소드 전통에서 나온 배우가 압도적으로 많았다. 많은 이들이 스트라스버그, 애들러, 마이즈너 또는 이 세 사람의 조합으로 공부했다. 그 모든 차이점에도 불구하고 교사들은 진실을 위한 수단으로서의 연기, 페레지바니예, 무대의 예술지상주의, 그들 각자의 절대적 정의에 대한 믿음을 공유했다. 그러나 1980년대에는 연기 스타일, 접근법, 배경에서 놀라울 만큼 다양해진 시대가 시작되었다. 그 첫 주자는 패티 루폰, 케빈 클라인, 로빈 윌리엄스, 크리스토퍼 리브, 발 킬머 같은 줄리아드 출신 배우들로, 그들은 그곳에서 고전적인 영국 스타일과 미국의 메소드 형식 양쪽의 엄격한 경계에서 벗어난 접근법을 배웠다.

1968년에 설립된 줄리아드 스쿨의 드라마 프로그램은 링컨 센터가 스트라스버그와 액터스 스튜디오를 거부한 데서 생겨났다. 학교의 첫 번째 정신적 지도자는 연출가이자 교사, 이론가인 미셸 생드니였다. 미국에서는 그의 작품이 덜 알려져 있었지만—그의 유일한 브로드웨이 작품은 로런스 올리비에 주연의 〈오이디푸스 왕〉으로 15회 공연되었다[21]—유럽에서 그는 거물이었다. 자크 코포의 조카인 생드니는 1936년에 런던 시어터 스튜디오를 설립했고, 10년 뒤에는 올드 빅 시어터 스쿨의 창립 이사로 일했다.[22] 또한 캐나다국립연극학교와 프랑스 스트라스부르에 있는 고등연극예술학교를 설립했다. 1961년에는 피터 홀과 함께 로열셰익스피어극단RSC의 공동 연출가가 되었다.[23] 피터 홀은 로열셰익스피어극단뿐 아니라 왕립극장, 영국국립극장, 영국국립오페라의 틀을 잡은 공로를 생드니에게 돌렸다.

1960년에 생드니는 『연극: 스타일의 재발견』을 출판했다. 메소드가 연극계에서 정점을 찍은 1950년대 말 그가 미국에서 했던 강의를 모은 책이었다. 마지막 장에서 그는 1952년에 문을 닫은 올드 빅 스쿨에 대한 비전을 제시했다. 올드 빅 스쿨의 목표는 "우리 시대를 특징짓는 모든 표현의 수단에 관심을 갖고 (…) 연극의 모든 분야에서" 사람들을 훈련시키는 것이었다.[24] 이 훈련은 배우라는 날것 그대로의 찰흙을 가지고 "종합적 효과의 통일성을 지향하는 예술가'인 앙상블리어ensemblier"로 만들어낼 것이다.[25] 그리고 나면 그 배우는 개인이 아닌 극단의 단원이 될 것이다. 생드니의 접근법은 "고전적인 수련법", 즉 전적으로 외적인 테크닉을 기반으로 했다. 심지어 그는 연극학도들이 너무 일찍 사실주의를 배우는 것에 대해 경고하기도 했다. "의미는 종종 표면 아래에 자리하고 있기 때문이다. (…) 예를 들어 너무 이른 시기에 체호프의 텍스트를 과도하게 작업하는 것은 극도로 위험할 수 있다."[26]

생드니는 그룹 시어터가 개척한 연기 스타일의 팬이 아니었다. 그는 그룹이 런던 투어를 왔을 때 〈골든 보이〉 공연을 보았다. "그들은 내면으로 상당히 깊이 들어갔다. 그로써 캐릭터의 내면을 드러내는 데 성공했다. (…) 그들은 정수精髓를 보여주었다."27 그런데 "결과물은 믿기 어려울 정도로 뛰어났지만" 별로 바람직하지 않았다. "나는 살과 뼈가 있는 인간이 아니라, 이리저리 돌아다니며 말을 더듬는 거죽이 없는 생명체를 보고 있었다. 삶을 사진으로 찍을 의도였다면, 그들이 보여준 것은 완성된 사진이 아니라 네거티브 필름이었다." 그는 메소드가 미국, 특히 대학 프로그램에 끼치는 영향에 대해 우려했다. 생드니가 보기에 고전은 연기 훈련의 기초였다. 학생들이 셰익스피어를 붙잡고 씨름하는 법을 배우는 동안 습득한 것은 어디든 적용할 수 있었다. 그리고 유럽인들이 결코 지칠 줄 모르고 말했듯이, 메소드와 셰익스피어는 잘 맞지 않았다.

줄리아드 드라마학과를 설립하는 과정에서 생드니와 공동 설립자 존 하우스먼은 색다른 교사 집단을 선발했다. 생드니가 스타니슬랍스키와 스트라스버그의 사상에 공개적으로 반대했음에도 첫 번째 교사 집단에는 움직임 교사이자 애들러의 동료인 모니 야킴과 액터스 스튜디오 디렉터스 유닛의 마이클 칸이 포함되어 있었다. 몇 년 후 드라마학과에 스튜디오 단원이었고 리 스트라스버그 연구소의 운영자였던 존 스틱스가 가세했다. 야킴은 이렇게 설명했다. "전체적인 아이디어는 '학교는 다방면을 아우르는 곳이어야 한다'는 것이었습니다. 그들이 나를 택한 건 내가 대단히 유럽적인 사고방식을 가진 사람이었기 때문이에요. 마이클 칸은 리 스트라스버그 밑에서 공부했습니다. (…) 리즈 스미스는 런던 출신으로 웅변과 발성이 전공이었고요. (…) 학교 측은 [그들이 생각하기에 학교에] 상이한 이해와 상이한 영향력을 가져다줄 사람들을 선택했습니다."28

처음에는 생드니의 책을 따라 연기 지도를 "해석"이라고 불렀다. 학생들은 외적 접근법을 배웠다. 칸이 설명했다. "내가 오렌지에서 과즙을 짜려고 한다면, '그 일을 할 때 우리 몸은 무엇을 하는가?'가 감각 기억보다 더 중요합니다."[29] 배우들은 졸업반이 되어서야 장면 연구를 시작했다. 그러나 칸은 곧 이런 접근 방법이 효과가 없다는 것을 깨달았다. "몇 년이 지나 내가 말했어요. '연기 수업은 어디 있는 거죠?' 마침내 학교 측에서 나에게 3학년의 연기 수업을 허락했습니다." 칸은 스타니슬랍스키의 대본 분석을 자체적으로 응용한 방식에다 다량의 스트라스버그를 추가했다. 그는 정서 기억 훈련과 사적인 순간을 활용했다. 배우들에게 대본을 비트 단위로 분할하는 법을 가르쳤다. 셰익스피어를 연기할 때조차 목표를 정의하고 추구하도록 훈련시켰다.

칸에 따르면, 1960년대 말에 "연기는 캐릭터로 '존재'하지만 '말'은 할 줄 모르는 감정적인 배우와 (대부분 영국에서 공부한) '말'은 할 줄 알지만 '존재'하지는 못하는 배우로 갈렸다. 미국식 버전의 메소드와 외부에서부터 작업하는 영국식 전통이 제대로 맞선 형국이었다. 줄리아드는 그 둘을 하나로 통합하기 위해 노력했고, 성공했다." 창립 10년 후, 줄리아드 출신들은 텔레비전과 영화에서 주요 역할을 맡으며 두각을 보이기 시작했다. 1980년대에는 그들이 주도적인 세력이 될 터였다.

하지만 유럽과 미국을 통합한 줄리아드도 여전히 보여주기 방식보다 페레지바니예에 대한 믿음을 유지하면서, 훌륭한 연기는 웅장한 웅변이 아닌 캐릭터의 고양된 경험으로 관객을 압도해야 한다고 주장했다. 연기의 기초는 변함없이 몇 가지 간단한 질문 위에 지어졌다. **캐릭터가 원하는 것은 무엇인가? 방해가 되는 것은 무엇인가? 원하는 것을 얻기 위해 그들은 무엇을 할까?**

1980년대에는 이런 생각들조차도 도전을 받았다. 일부 배우들은 아메리칸 곤조American Gonzo라는 묘사가 가장 적절할 새로운 표현주의 스타일을 받아들였다.30 이 접근법의 선두에 선 배우인 니컬러스 케이지는 "진짜" 인간을 연기하고 있다고 관객을 설득하려는 시도를 거의 하지 않았다. 그의 연기는 이상하고, 선택은 기괴하며, 말투는 극단적이다. 그는 종종 동물이나 만화 캐릭터를 토대로 연기하거나, 다른 배우의 연기를 실제 그대로 옮기기도 한다. 그가 설명했다. "로런스 올리비에는 이런 말을 했습니다. '연기라는 게 거짓이 아니고 뭐란 말인가? 하지만 뛰어난 거짓은 설득력 있는 거짓이 아닌가?' 나는 연기를 그런 식으로 보고 싶지는 않습니다. 실험을 하면 안 될 이유가 있나요?"31 이런 요란한 접근법을 택한 배우는 케이지만이 아니었다. 크리스핀 글러버, 빌 팩스턴, 밥캣 골드스웨이트, 존 말코비치, 존 터투로 같은 배우들은 종종 곤조 연기를 선보였다. 심지어 (〈스카페이스〉(1983)에서의) 알 파치노와 (〈배트맨〉(1989)에서의) 잭 니컬슨 같은 메소드 훈련을 받은 배우들도 신표현주의적neo-expressionist 분위기를 유쾌하게 받아들였다.

하지만 어쩌면 사람들은 진실성도, 고도로 인위적인 연기도 원하지 않았을 수 있다. 대신 매력적인 연기, 고색창연한 페르소나 스타일의 연기를 원했을지 모른다. 1980년대에는 그런 스타일의 연기도 자주 볼 수 있었다. 에밀리오 에스테베즈, 앨리 시디, 로브 로우, 데미 무어, 톰 크루즈, 몰리 링월드 등이 포함된 느슨한 모임인 브랫 팩은 잘생긴 외모, 뚜렷한 개성, 정규 교육에는 결여된 스튜디오의 게임을 기꺼이 즐기려는 열의로 이루어졌다. 1985년에 데이비드 블룸이 『뉴욕』에서 묘사했듯, "젊은 배우들은 영화는커녕 무대에 나서기 전에 리 스트라스버그나 스텔라 애들러 같은 존경받는 스승의 슬하에서 수년의 세월을 보내곤 했다. 오늘날에는 이런 단계가 그다지 필요하지 않은 것으로 여겨진다. 브랫 팩의 배우들 중 대학을 졸업한 이는 아무도 없다. 대부분이 고등학교 졸업 후 바로 연기에 뛰어들었다."[32] 현존하는 가장 사랑받는 배우 중 한 명으로 떠오르게 될 톰 행크스는 자신의 페르소나를 영리하게 이해했다. 1986년에 행크스는 이런 말을 했다. "세상에는 아주 매력적이지는 않지만 꽤나 재미있고 섹스를 많이 하기를 **원하는** 작가들이 수두룩합니다. 그래서 그들은 아주 매력적이지는 않지만 재미있고 섹스를 많이 **하는** 남자들에 대해 씁니다. (…) 짐작건대 내가 바로 이런 경향의 가장 큰 수혜자인 것 같습니다."[33] 악당을 상대하는 역할을 꺼리는 이유를 설명하면서는 이렇게 말했다. "나는 다른 어떤 역보다 지미 스튜어트 타입의 역을 더 많이 맡았던 것 같습니다. (…) 나는 그런 연기를 꽤 잘해요. (…) 재미있는 사람이 되는 걸 좋아합니다!"

곤조 연기가 인위적인 요소를 새롭게 받아들이는 데 적합한 것처럼, 페르소나 연기는 눈에 잘 띄는 명쾌한 타입을 가진 카리스마 넘치는 배우를 갈망하는 국제 시장의 욕구를 충족시켰다. 스필버그가 〈죠스〉를 만든 1975년에만 해도 캐릭터가 지닌 대단히 사실적이면서 복잡한 인간성이 영화의 매력 중 하나였다. 하지만 1980년대가 되자 원숙하고 자연주의적인 인간 캐릭터는 어마어마한 스릴을 신빙성 있게 전달하는 데 방해가 될 뿐이었다. 제임스 캐머런 같은 감독의 작품에서 캐릭터들은 일차원 이상을 갖기 위해 고군분투했다. 그들은 관객이 쉽게 응원할 수 있도록 인간미가 살짝 뿌려진 상태였다. 아널드 슈워제네거, 실베스터 스탤론, 브루스 윌리스 같은 시장성 있는 페르소나 중심의 스타들이 1980년대에 크게 활약했다. 낡은 스타 시스템 모델에서 탈피한 뉴 할리우드에 가장 근접한 배우였던 잭 니컬슨도 마찬가지였다. 언젠가 메릴 스트리프는 인터뷰 중에 이런 현실을 한탄했다. "무언가가 폭발하고 있다는 것을 알고 그런 스펙터클을 즐기는 데 영어를 이해해야 할 필요는 없어요. 다만 아무런 이유도 없이 언어를 핵심이라고 부르는 게 아닙니다. 고전 영화들은 어디로 사라진 걸까요? 블록버스터의 바퀴 밑을 살펴보세요."[34]

스트리프는 많은 면에서 새로운 반反교조적 접근법의 전형을 보여 주며 연기 이론과 다양한 메소드를 거부하는 길을 개척했다. 그녀는 예 일에서 공부했지만 연기과 교수들의 잦은 이직으로 인해 허공에 붕 떠 있는 기분이었다. "예일에 있을 때 나는 어떤 도구를 원했어요. 순식간 에 사라져버리는 이 연기라는 예술에서 내가 손에 넣을 수 있는 무언가 를요."[35] 언젠가 그녀가 말했다. "유일하게 의지할 수 있는 건 아무것도 의지할 수 없다는 사실뿐이라는 것을 배웠어요." 그녀에게 의지할 수 있는 건 아무것도 없다는 사실을 가르쳐준 교육자 중 한 명이 보비 루 이스였다. 교사 경력의 막바지에 접어든 보비 루이스는 수업 시간의 대 부분을 자기가 과거에 겪었던 일화들을 이야기하는 데 썼다. 또 다른 스승인 앨런 밀러는 스트리프의 내면의 자아, 고통과 분노, 그녀의 취약 한 면들을 메소드 스타일로 탐색하려 시도했다. 스트리프가 보기에 진 정한 취약성이 필요하다는 메소드의 이런 생각은 "대부분이 헛소리"였 다. "(밀러는) 내가 아주 불쾌하게 여기는 방식으로 내 사생활을 파헤쳤 다."[36] 밀러는 그녀에게 얼음공주라는 별명을 붙였다. 그가 밝힌 대로, "그녀는 취약해지기를 원하지 않았기" 때문이다.[37] 또한 그로서는 무척 이나 실망스럽게도, 그녀는 그와의 데이트도 원하지 않았다.

밀러만 이런 식으로 느낀 게 아니었다. 스트리프가 초기 경력을 쌓 는 동안 그녀를 몹시 싫어한 또 한 사람이 있었다. 바로 평론가 폴린 케 일로, 그는 리뷰를 내놓을 때마다 그녀를 난도질했다. 케일은 스트리프의 연기가 너무 견고하고 지나치게 계산적이라고 생각했다. 언젠가 케일은 "그녀에 관한 무언가가 나를 혼란스럽게 한다. 영화에서 그녀를 본 후로 그녀의 머리 아래 모습을 그릴 수가 없다. (…) 정직한 배우가 되고자 하는 열정을 가진 그녀가 본인이 규정한 연기 개념에서 벗어나는 것을 결코 허용하지 않기 때문일 수도 있다. 그녀는 카메라 앞에서 자유를 얻기 위해 애쓰는 대신, 카메라가 기록할 내용을 미리 결정한다"라고 썼다.[38] 스트리프는 이런 적대감이 유대인인 케일이 그녀의 배경이 와스프라는 데서 느끼는 울분과 관련이 있는 게 아닌가 궁금해했지만, 그보다는 스트리프가 케일이 옹호했던 뉴 할리우드에서 벗어난 변화를 대표하는 인물이라서 그랬을 가능성이 훨씬 더 크다.[39]

메릴 스트리프는 1979년 영화 〈크레이머 대 크레이머〉로 첫 오스카 여우조연상을 수상했다.[40] 이 영화를 찍으며 그녀는 더스틴 호프먼을 상대로 스크린 안팎에서 투쟁했다. 호프먼과 스트리프의 갈등은 〈욕망이라는 이름의 전차〉에서 탠디와 브랜도가 보여준 대립과 정반대였다. 이번에는 메소드 배우인 호프먼이 낡은 연기 방식을 고수하는 탠디 역을, 스트리프가 기존의 스타가 대표하는 모든 것을 거부하는 타고난 천재 브랜도 역을 맡았다. 〈크레이머〉에서 호프먼과 스트리프는 아들의 양육권을 놓고 분쟁을 벌이는 이혼 소송 중인 부부를 연기했다. 영화의 이야기가 본격적으로 시작되기 전, 호프먼이 연기한 테드 크레이머는 가족의 존재를 당연하게 여기며 가족을 등한시하는 자기중심적인 인물이었다. 스트리프가 연기한 아내 조앤나는 그를 떠나고, 그는 아내가 없는 상황에서 아들 빌리의 의견을 받아들이며 진정한 아버지가 되는 법을 배워야 한다. 조앤나는 러닝 타임의 상당 시간 동안 등장하지 않는다. 돌아온 그녀는 테드에게 저녁을 먹자고 청하고 그 자리에서 빌리의 양육권을 요구함으로써 영화의 마지막 막을 향한 시동을 건다. 이 주목할 만한 신에서 조앤나는 자신이 스크린 밖에서 얼마나 많이 성장했는지를 보여주고, 레스토랑 벽에 잔을 던져 박살내는 반응을 보이는 테드는 자신이 앞으로 얼마나 멀리까지 가야 하는지를 보여준다.

호프먼이 와인잔을 던진 것은 즉흥 연기였는데, 깨진 유리 파편이 스트리프의 머리카락 쪽으로 튀어 그녀는 실제로 정말 깜짝 놀랐다.[41] 이는 〈크레이머 대 크레이머〉 촬영 기간 동안 촬영장에서 배우들의 대조적인 연기 스타일이 충돌로 이어진 여러 사건들 중 하나였다. 테드처럼, 호프먼은 최상이라고 생각하는 결과를 얻기 위해 환경을 통제해야 직성이 풀렸다. 조앤나처럼, 스트리프는 자신만의 방식을 찾기 위한 공간이 필요했다. 하지만 호프먼은 그 공간을 기꺼이 내놓을 의향이 없었다. 어느 신에서 그는 카메라가 돌기 전에 그녀의 뺨을 때렸다.[42] 그녀가 고통스러워하며 내놓는 반응이 충분히 사실적으로 느껴지도록 만들기 위해서였다. 또 다른 신에서는 얼마 전 암으로 세상을 떠난 그녀의 연인 존 카잘을 조롱했다.[43] 그녀를 슬픔에 휩싸이게 해 고통의 눈물을 흘리게 만들기 위해서였다.

개봉하던 해에 일각에서 터무니없는 성차별적인 영화라는 일견 정당한 비난을 받기도 했던 〈크레이머〉에서 가장 좋은 부분은 단연 스트리프의 연기였다.[44] 조앤나가 처한, 힘 있는 남성의 통제력에서 벗어나 스스로 살아가는 법을 배워야 하는 주부라는 그녀의 상황이 더 흥미롭지만, 그녀가 연기한 캐릭터의 성장은 스크린 밖에서 이루어지고, 따라서 관객은 빌리에게 자전거 타는 법을 가르쳐주는 테드에게 경의를 표하며 무릎을 꿇을 수밖에 없다. 영화는 테드가 더 자격 있는 부모라는 사실을 조앤나가 눈물을 흘리며 인정하는 것으로 끝난다. 후에 그녀는 영화에서 불과 30분 전에 사람들이 보는 앞에서 와인잔을 집어던진 남자에게 아들의 양육권을 넘겨주기까지 한다. 이 영화가 제대로 굴러가는 것은 순전히 스트리프가 그 역할에 불어넣은 깊이 덕분이다. 시나리오만 놓고 보면 조앤나는 남자들이 생각하는 여성상이다. 스트리프는 그녀를 진짜 여자로 만들어낸다. 그리고 감독의 요청에 따라 캐릭터를 더욱 사실적으로 만들기 위해 그녀는 중요 대사들을 수정했다.[45]

〈크레이머 대 크레이머〉는 다양한 메소드 연기를 완벽하게 피한 배우를 보여주었다. 게다가 이 배우는 각 역할마다 새로운 연기 프로세스를 구성하는 것처럼 보이는데, 이런 방식으로도 스타니슬랍스키의 전유물이라 여겨졌던 것과 동일한 자연스러운 결과물을 얻을 수 있다는 것 또한 보여주었다. 몇 년 후 스트리프에게 오스카 여우주연상을 안겨준 〈소피의 선택〉(1982)에서 그녀는 드니로 스타일의 변신도 설계할 수 있다는 것을 보여주었다. 케빈 클라인이 맡은 네이선과 피터 맥니컬이 맡은 스팅고 사이에서 삼각관계에 빠진 폴란드인 홀로코스트 생존자 소피 역할을 위해 스트리프는 체중을 늘리고 폴란드어 억양과 언어를 배우기 위해 몇 달간 폴란드어를 공부했다. 촬영장에서는 의치義齒를 착용했다.[46] 각본과 감독을 맡은 앨런 퍼쿨라는 이렇게 설명했다. "소피는 강제수용소에서 치아를 모두 잃었을 거예요. 놀라운 설정이었습니다. 그리고 그녀가 폴란드어를 구사하자 완전히 다른 사람처럼 보였습니다."[47] 촬영이 강제수용소가 배경인 플래시백 시퀀스들로 넘어가자 스트리프는 체중을 9킬로그램 이상 감량하고 독일어를 배웠다.

스트리프가 다른 배우들에게서 영향을 받았듯 그녀도 다른 배우들에게 영향을 주기 시작했다. 그녀가 〈소피의 선택〉에서 했던 작업은 드니로와 대니얼 데이루이스를 이어준 중요한 가교 역할을 했고, 알 파치노는 훗날 〈소피의 선택〉이 〈스카페이스〉 작업에 영감을 주었다고 말했다. 파치노는 그녀가 "다른 나라와 다른 세계에서 온 인물을 연기하는 데 몰입하는 방식은 특히 훌륭하고 헌신적이며 (…) 용감했다"고 감탄하면서 그 연기에서 영감을 끌어내고자 했다.[48] 그러나 스트리프는 역할을 맡을 때마다 단일한 테크닉에 안주하지 않았다. 오히려 그녀가 맡기로 결정한 캐릭터의 특별한 도전 과제에 따라 몇 번이고 프로세스를 새로 고안했다. 스트리프에게, 그리고 많은 미국인들에게 단 하나의 진정한 과정One True Process이란 존재하지 않았다.

1992년 스텔라 애들러가 심부전으로 세상을 떠나고 손자 톰 오펜하임이 학교를 물려받았다. 톰 오펜하임은 단일한 비전으로부터 벗어나려는 문화의 흐름을 인정하면서 학교의 리모델링에 착수했다. 리 스트라스버그 연구소는 설립자의 아이디어를 계승하는 쪽을 강조한 반면, 오펜하임은 스텔라 애들러 스튜디오가 "과거 숭배"를 중단하는 쪽으로 밀어붙였다.[49] "앞으로 나아갈 길은 교조주의를 버리고, 애들러 스타일의 법률이 아닌 스텔라 애들러의 정신이라고 이해하는 것을 받아들이는 것이라고 생각했습니다. 배우로서의 성장과 인간으로서의 성장은 동일하다는 생각 말입니다." 스튜디오에서는 여전히 애들러의 테크닉을 가르치고 있지만, 한편으로는 스트라스버그의 메소드를 포함한 더 폭넓은 연기 방법들을 권장한다. 이런 반교조주의적 접근법은 오펜하임 자신이 받은 연기 훈련을 반영한 것이기도 하다. 그는 할머니와 함께 공부하며 시간을 보냈지만, 그가 받은 주요 연기 교육은 국립 셰익스피어 예술학교에서 이루어졌다. 그의 스승 중에는 애들러와 스트라스버그 모두에게서 배운 옛 제자들이 있었다.

1980년대에 미국 배우들이 채택한 무수히 많은 접근법과 스타일은 미국의 스크린에서 벌어지는 유사한 이교도적 경향을 반영했다. 미국이 균열됨에 따라 거대한 한 덩어리 같던 관객들도 갈라졌다. 멀티플렉스, 홈비디오 시장, 케이블 텔레비전 등 어마어마한 영화 제작 붐에 자금 투입을 도운 이 모든 새로운 발전으로 인해 미국은 미시 인구 통계의 국가가 되었다. 슈퍼 블록버스터가 드리운 그림자에 가려져 있던 것은 놀라운 다양성의 시대였다. 1980년대는 〈탑건〉(1986)과 〈E. T.〉(1982)의 시대였지만, 존 세일즈, 코엔 형제, 데이비드 린치, 마이클 만 등 개성 넘치는 감독들의 시대이기도 했다. 이 감독들 중 다수는 내러티브 사실주의자라기보다 비자연주의적인 촬영 방법과 연기 접근법을 수용한 스타일리스트였다.

미국의 "시스템" 추종자들은 사실적인 것을 얻기 위해 노력했다. 클러먼은 정신없이 바쁘게 돌아가던 1920년대를 벗어난 미국이 겪고 있던 목적 없고 공허한 삶에 의미와 목적을 부여할 수 있는 것은 오직 사실적인 것뿐이라고 믿었다. 현실에 안주하던 1950년대에 그룹에서 나온 다양한 방법들은 진실에 달라붙어 커져버린 억압과 겉치레에 맞서 싸웠다. 그러나 코엔 형제, 데이비드 린치, 팀 버턴 같은 감독들은 이미지의 시대에는 인위적인 것 자체가 자기파괴의 도구로 사용될 수 있다는 사실을 발견했다. 린치는 "모든 것은 그 아래에 훨씬 더 많은 것을 감춘 표면이 있다는 생각"을 좋아하며, "나는 어둠 속으로 내려가 그곳에 무엇이 있는지 본다"고 주장했다.[50] 그렇지만 그의 발굴은 자연주의적인 디테일이나 심리적 사실주의에 의존하지 않는다. 그의 표면들은 실제 삶을 반영하지 않는다. 대신 엽서, 고전 영화, 오래된 시트콤처럼 미국의 근거 없는 믿음을 만들어내는 장치들을 통해 굴절된다. 그가 그

밑을 파고 들어가 발견한 것은 입센의 음울한 가족의 비밀이 아니라 자체적인 논리를 따르는, 이해하기 어려울 만큼 현학적인 악몽이다. 조엘 코엔과 에단 코엔의 영화들은 장르를 해체하고, 고정관념에서 벗어난 캐릭터를 구축하며, 완곡한 의미들로 관객을 약 올리고, 종종 거창하고 난해한 연기로 가득 차 있다.

1980년대에도 여전히 훌륭한 메소드 영화들이 있다. 스타니슬랍스키와 『배우 수업』은 창밖으로 내동댕이쳐지지 않았다. 그러나 1980년대의 가장 위대한 영화인 스파이크 리의 〈똑바로 살아라〉(1989)는 메이예르홀트, 브레히트의 작품과 더 비슷하게 느껴진다. 〈똑바로 살아라〉는 자연주의 규칙은 개의치 않는 엄청나게 실험적인 영화다. 음악에 맞게 설정된 양식화된 시퀀스가 넘쳐난다. 카메라워크는 주관성subjectivity에 크게 의존한다. 영화는 내레이션으로 전개되지만 그 내레이션은 DJ가 사색한 내용을 풀어놓은 것이다. 영화 속 캐릭터들은 심리적이라기보다 전형적으로 느껴진다. 몰리에르나 벤 존슨의 희곡에서처럼 캐릭터의 이름은 그들의 기능을 가리킨다. 스파이크 리가 연기하는 무키, 그러니까 여자친구와 동네 피자가게 주인이 무크(mook, '머저리'나 '무능력한 인간'을 가리키는 속어-옮긴이)라고 부르는 이 사내는 제대로 할 수 있는 일이 하나도 없다. 오시 데이비스가 연기하는 다 메이어는 동네의 터줏대감이자 술꾼으로 오가는 사람들에게 이런저런 지혜를 나눠주면서 동네를 관장한다. 루비 디가 연기하는 마더 시스터는 궁핍하게 살아가는 여성의 미덕을 의인화한 존재로 대못처럼 강인한 동시에 자애로운 인물이다. 지안카를로 에스포지토가 연기하는 버긴 아웃은 항상 무엇인가에 화가 나 있다. 빌 넌이 연기하는 라디오 라힘은 영화에서 말은 거의 하지 않고 대신 대형 붐 박스로 틀어대는 음악으로 자신을 표현한다. 그가 하는 주요 발언은 카메라를 향해 쏟아내는, 영화 〈사냥꾼의 밤〉(1955)을 참고한 긴 대사다. 〈똑바로 살아라〉에 제4의 벽은 존재하지 않는다. 대신 스파이크 리의 카메라는 캐릭터에게 급습하듯 다가가 그들이 관객을 향해 직접 독백 형식으로 전달하게 한다. 자신의 존재를 자각하고 있는 배우들이 펼치는 연기에서 그들의 내면 깊숙한 곳에 있는 자그마한 조각들이 떨어져나온다.

영화의 디테일은 감각의 한계까지 밀어붙인다. 모두가 땀을 뻘뻘 흘리고 있다. 열기로 달아오른 건물들은 때로 방사능을 뿜어내는 것처럼 보인다. 〈똑바로 살아라〉를 감상하는 것은 따라 하는 경험이다. 관객은 자신이 땀을 흘리는 것처럼, 그 구역의 타는 듯한 더위와 끓어오르는 긴장감을 경험하고 있는 것처럼 느낀다. 그 구역은 베드퍼드 스타이버센트의 특정 거리인 동시에 미국을 대표하는 거리이기도 하다.

〈똑바로 살아라〉가 나오기 한 세기 전, 콘스탄틴 스타니슬랍스키는 새소리, 긴 포즈pause, 일상의 사소한 디테일 등이 가득한 새로운 형태의 자연주의를 개척했다. 그는 〈갈매기〉 공연을 위해 앙상블 전원에게 더 절제된 스타일의 연기를 훈련시켰다. 그 스타일에서 캐릭터의 내면의 불은 항상 타오르는 상태를 유지하지만 거의 표현되지 않은 채로 남아 있었고, 배우들은 무대 너머에 있는 세계를 마치 존재하지 않는 듯이 대했다. 관객은 이 공연을 감동 어린 침묵으로 맞이했다. 그들은 삶의 진실이 무대 위에서 이런 방식으로 표현되는 걸 처음으로 목격했고, 잠시 박수치는 것을 잊을 만큼 큰 충격을 받았다.

〈똑바로 살아라〉 역시 관객을 감동 어린 침묵으로 몰아넣었다. 좀처럼 볼 수 없는 진실을 제시하기 때문이다. 그러나 이 작품의 힘은 우아한 새소리나 긴 침묵으로부터 나오지 않는다. 영화는 과하게 활동적이고 맥시멀리즘적이다. 관객이 저기에 있다는 걸 알고 화면을 뚫고 나와 우리를 움켜잡고는 안일함으로부터 벗어나게 만들려고 한다. 이를 위해 가능한 모든 수단을 동원한다. 이 영화가 우리에게 주는 세계에는 일치된 견해도, 도그마도 없다. 〈똑바로 살아라〉는 작품 자체가 정한 규칙을 따른다.

시나이산에서 석판을 가져오는 카리스마 넘치는 모세도, 하나의 공유된 세계관으로 묶인 사회도 존재하지 않는 시대를 사는 우리는 모두 함께 규칙을 만들고 무엇이 진실이며 무엇이 좋은 것인지를 결정해야 한다. 이 새로운 현실은 여러모로 섬뜩하다. 정치 영역에서는 특히 더 그렇다. 칼 로브의 말처럼 정치 영역은 권력자들이 행동할 때 "스스로 리얼리티를 창조하는 곳"이기 때문이다.[51] 그러나 정치에서 섬뜩한 것이 예술에서는 짜릿할 수도 있다.

샌퍼드 마이즈너는 스타니슬랍스키와 네미로비치단첸코가 슬라빅 바자르에 처음으로 마주앉아 줄담배를 피우면서 연극의 혁명을 계획한 지 100년이 지난 1997년에 세상을 떠났다. 그의 죽음과 함께 미국은 새로운 시대로 접어들었다. 오리지널 메소드 교사가 한 명도 남지 않은 시대 말이다. 21세기가 시작될 무렵 좋은 연기는 얼마든지 다양한 형태로 나타날 수 있었고, 그 어떤 형태도 좋은 연기를 얻는 진정한 방식이라고 주장할 수 없었다. 좋은 연기는 메릴 스트리프의 변덕스러운 접근법이고, 알 파치노의 승화된 분노이며, 로버트 드니로의 완전한 변신이다. 그뿐만 아니라 그건 니컬러스 케이지의 표현주의이기도 하고, 새뮤얼 L. 잭슨의 화산 같은 폭발력을 지닌 음악적 자질이기도 하며, 줄리앤 무어의 너그러운 감정주의이기도 하고, 비올라 데이비스의 박력이기도 하고, 네이선 레인의 정밀함이기도 하며, 덴절 워싱턴의 카리스마와 결단력이기도 하다.

이 새로운 세상을 보다보면 메소드는 숨을 거둔 것처럼, 어쩌면 영원히 효력을 잃고 쇠약해진 것처럼 보일 수도 있다. 그러나 고대 그리스 신화에서처럼 메소드는 밤하늘의 별자리가 되어 항상 우리를 굽어보고 있으며, 진실과 예술에 대한 메소드의 사상은 아무리 흔들어도 끄떡없을 만큼 너무나 강력하다. 미국의 많은 리허설 현장을 가보라. 테이블 작업, 무대 연출, 개선 작업, 기술 작업으로 정확하게 4등분된 과정을 보게 될 것이다. 연출가와 배우들은 비트에 대해 상의하고, 행동에 따라 장면을 구성하며, 캐릭터와 캐릭터의 욕구를 알려주는 방식의 무대 연출을 만들기 위해 노력할 것이다. 미국의 장면 연구 수업을 방문해보라. 교사가 학생에게 "캐릭터가 원하는 것은 무엇인가? 방해가 되는 것은 무엇인가? 원하는 것을 얻기 위해 그들은 무엇을 할까?"를 어느 정도 변형한 질문을 들을 수 있을 것이다. 교사들이 배우의 마음과 의지와 감정을 활성화하기 위해 노력하는 모습을 보게 될 것이다. "주어진 상황" 같은 단어를 듣게 될 것이다. 배우가 캐릭터에 대해 논의하면서 3인칭과 1인칭 사이를 오가는 말을 듣게 될 것이다. 그들의 가방이 열려 있어 안을 엿볼 수 있다면 우타 하겐의 『산연기』나 스타니슬랍스키의 『배우 수업』을 보게 될지도 모른다. 그 순간에 존재하는 것, 상대 배우의 말을 경청하는 것, 또는 연기하고 있음이 드러나지 않도록 하기 위한 시도들의 단계에 대해 이야기하는 걸 듣게 될 것이다. 신문—당신이 사는 곳에 여전히 신문이 발행되고 있다면—을 펼쳐서 영화 리뷰를 읽어보라. 평론가들이 삶과 정신을 반영한 것처럼 진실하게 느껴지는지 여부로 연기를 판단하는 방식을 눈여겨보라. 당신은 그곳에서 "시스템"

과 "시스템"의 자녀들을 발견할 수 있다. 그것들을 미국 문화의 모든 곳에서 찾을 수 있다. 우리가 연기, 텍스트의 극적인 해석, 인간이라는 존재의 진실에 대해 생각하는 방식의 토대가 되었기 때문이다. 지금도 여전히 가르치고 오해하고 옹호하고 비방하는 메소드는 여기에 존재하는 동시에 존재하지 않는다. 우리의 머리 위를 맴돌면서 항상 존재하는 동시에 우리의 눈에는 결코 보이지 않는다.

나가며

메소드와 미래

페레지바니예 같은 게 존재하지 않는다면 어떻게 될까? 아니, 진심이다. 이런 '경험하기'를 위한 탐색 작업이 몰타의 매를 추적하는 샘 스페이드와 루스 원더리의 그것과 비슷하다면 어떻게 될까? 20세기의 다른 많은 위대한 생각들이 그랬던 것처럼 메소드의 핵심이 공허한 것으로 밝혀진다면 어떻게 될까?

이것이 배우에서 과학자로 변신한 엘리 A. 코네인 박사가 내놓은 책 『감정 연기』에서 던진 도발적인 질문이다. 감정과 "캐릭터로 존재하기being in character"를 두고 벌어진 20세기의 연기 논쟁에 흥미를 느낀 코네인은 전문 배우들이 실제로 무슨 작업을 하는지, 그리고 그런 작업을 하는 동안 어떤 일이 벌어지는지를 알아보기 시작했다. 기존 연구에 따르면 "실제 연기 관행에서 배우가 자신을 캐릭터와 동일시한다는 생각을 뒷받침할 만한 과학적 근거는 없다."[1] 그녀가 찾아낸 가장 훌륭한 연구는 "메소드 배우들이 非메소드 배우들에 비해 갈바닉 피부 반응

(땀 흘리기)에서 더 높은 통제력을 보였다"는 것이었다. 코네인은 네덜란드와 미국에 있는 전문 배우들에게 20쪽 분량의 설문지를 보내 캐릭터의 감정과 캐릭터를 연기하는 동안 직접 경험한 감정에 대해 물었다.

그 결과 "배우의 감정적 경험은 그들이 연기한 캐릭터의 감정과 일치하지 않는다는 것을 분명히 보여주었다."[2] 배우들은 실제로 감정을 느꼈지만 그 감정이 캐릭터의 감정에 맞춰 조정되는 경우는 드물었다. 코네인은 설문지에 응답한 배우들을 "거리를 두는" 배우(캐릭터와 행동을 기술적으로 표현하는 배우)와 "몰입하는" 배우(스타니슬랍스키 계보의 배우)로 세분화했다. 그러나 메소드 연기의 "가장 강력한 지지자들"조차 "집단 전체가 내놓은 결과와 다르지 않다"는 것이 밝혀졌다.[3] 연기에 다가가는 접근법과는 무관하게 "캐릭터의 감정과 배우가 느끼는 감정 사이에는 유사성이 없었다."[4]

그렇다면 연기하는 동안 배우에게는 무슨 일이 일어나고 있을까? 코네인의 연구는 그들이 "과업 감정task emotions", 그러니까 업무 수행과 관련되거나 업무 수행으로 유발되는 감정을 경험하고 있다고 주장한다.[5] 그들은 겨울에 덴마크에서 갑옷을 입은 유령이 성곽의 흉벽을 배회할까 걱정하면서 느끼는 감정이 아니라, 무대 위에 서는 것, 상대 배우와 연결된 상태, 관객에게서 원하는 반응을 끌어내는 것 등에 감정적으로 반응한다.

어쩌면 우리가 페레지바니예와 연관 짓는 그 순간에도 무언가 다른 일이 일어나고 있을지 모른다. 어쩌면 배우들은 재즈 뮤지션이 멋진 솔로 연주를 하는 동안 느끼는 감정이나 작가가 자기 안에서 글이 술술 풀려나올 때 느끼는 감정을 경험할지도 모른다. 아마도 그들이 경험하고 있는 것은 스타니슬랍스키가 원래부터 찾으려 했던 무엇, 즉 영감

inspiration일 것이다. 영감을 받는다는 느낌은 계량화하기 어렵고 예술에만 국한되지도 않는다. 운동선수들은 몰입된 상태 또는 진짜로 공이 보이는 순간, 다시 말해 온 세상이 사라지고 전에는 발견하지 못했던 능력 수준에 도달하는 순간에 대해 이야기한다.

코네인의 연구는 중요한 의미가 있다. 연기에 관심 있는 이들은 그녀의 결론 전체를 받아들이는 데 거부감을 보일지도 모르지만 말이다. 따지고 보면 연기에 대한 외적 접근법이 지배하던 시공간인 19세기 말 영국에서 출판된 윌리엄 아처의 『가면 또는 얼굴? 연기 심리학 연구』에서도 정반대의 결론에 도달했다.[6] 아처는 드니 디드로를 향한 신망을 거두고 코네인처럼 다양한 배우들에게 연기 과정에서 느끼는 감정에 대해 묻는 설문지를 돌렸다. 그리고 배우들은 자신이 맡은 배역을 빈번하게 살아내지만, 그로 인한 감정을 통제하는 데에는 그다지 어려움을 겪지 않는다는 사실을 발견했다.

햄릿 왕자가 말했다. "세상천지에는 인간의 철학으로는 꿈도 꾸지 못할 일이 많다네, 호레이쇼." 여기서 햄릿은 가장 친한 친구에게 세상에 대한 순수한 경험적 관점에만 의지하지 말라고, 그 과정에 있는 형언할 수 없고, 신비롭고, 설명할 수 없는 것들을 무시하지 말라고 경고한다. 햄릿은 배우들에게도 스타니슬랍스키와 그를 추종한 이들이 즐겨 인용하는 유명한 조언을 했다. 햄릿은 표현을 중시하는 멜로드라마 분위기의 연기를 비난했다. 대신 배우들에게 "행동을 대사에, 대사를 행동에 맞추게" 그리고 "말하자면, 본성에 거울을 비춰주는 격이니"에 해당하는 연기를 하라고 요청했다. 하지만 햄릿은 본인의 이름을 내세운 연극 안에서 진정성 있고 진실한 본성이란 것이 어디까지 가능한지 점점 더 확신하지 못하게 된다. 위조된 것들이 사방으로 그를 둘러싸고 있다. 죽은 아버지의 유령은 악령일지도 모른다. 학창 시절 친구들은 스파이일지도 모른다. 옛 여자친구 역시 그럴지도 모른다. 그는 의혹의 수렁에 빠져 'to act'라는 동사의 다양한 정의들 사이에서 오도 가도 못한다. 'to act'는 실제로 무언가를 하는 것과 하는 척하는 것 둘 다를 의미할 수 있다.

우리가 오늘날에도 여전히 햄릿을 이야기하는 이유는 'to act'에 마비된 사람이 햄릿 혼자만은 아니기 때문이다. 1970년대가 환상의 시대였다면 오늘날 우리는 연기의 시대Time of Performance에 살고 있다. 소셜 미디어의 영향이 상당한 이 시대에 우리는 스스로가 타인이라는 관객을 대상으로 연기를 하고 있다는 사실을 그 어느 때보다 더 잘 인식하고 있다. 또한 우리가 다른 이들의 연기를 보면서 그들을 평가하는 관객이기도 하다는 사실도 알고 있다. 박수갈채가 아니라 하트와 엄지척, 이모티콘과 리트윗으로. 연기의 시대에 남들 눈에 띄는 것은 엄청나게 즐거운 일이다. 그 덕분에 특히 코미디와 음악 분야에서 놀랍고 새로운 각양각색의 예술이 등장했다. 하지만 그 어떤 것도 진짜가 아니라는, 특히 우리 모두가 그렇다는 사실을 늘상 조금이라도 인식하면서 사는 것은 마음이 편치 않은 일이다.

블랑쉬 뒤부아가 〈욕망이라는 이름의 전차〉에서 밝혔듯, 진짜라는 것이 그저 또 다른 겉치장에 불과하다면, 진실도 없고 실제 안정된 자아도 없다면, 이 모두로부터 특권을 누리는 연기 이론이 무슨 소용이 있을까? 이는 "시스템"과 메소드가 과학적 근거도, 현실 세계와 연관된 그 어떤 효과도 없음을 시사하는 코네인의 결론에 비추어볼 때 특히 고려하기 어려운 질문이다.

나는 문화사가이자 평론가로서 미래를 예측하는 것보다 현재의 순간과 우리가 사는 현재에 이르게 된 과정을 설명하는 쪽이 훨씬 더 마음이 편하다. 이 책은 메소드가 있는 곳에서 이야기를 마무리한다. 대학 캠퍼스의 다원적 개인주의로부터 슈퍼 블록버스터의 힘에 이르기까지 20세기 말에 출현한 역학 관계는 더욱 극단으로만 치달았기 때문이다. 정체성 정치의 부상으로 메소드는 새로운 도전을 맞이했다. 교사들과 이론가들이 메소드가 과거의 트라우마에 관여하는 테크닉, 그리고 진정성과 진실이라는 메소드 사상 이면에 있는 젠더와 인종에 관한 빈번한 가정에 대해 절실히 필요한 질문들을 제기했기 때문이다. 도널드 트럼프의 당선과 미투Me Too 운동의 탄생 이후, 일터와 교실에서 학대를 위한 수단으로 사용되어온 메소드의 오랜 역사는 그 명성을 더욱 손상시켰을 뿐이었다.7

이 모든 발전이 연기에 대한 우리의 생각을 어떻게 바꿔놓을지는 불분명하다. 그러나 우리를 새로운 약속의 땅으로 인도할 새로운 선지자가 있든 없든, 연기의 본질과 목표가 변하는 것은 불가피한 일이다. 사실 연기에 있어 유일한 상수常數는 변화일 것이다. 관객에게 연기를 선보이는 기술들을 대강만 훑어봐도 연기의 안정성이라고 여긴 모든 것이 신기루였음을 알 수 있다. 19세기 초 공연은 촛불만 켜놓은 대강당을 가득 채워야 했다. 19세기 말이 되자 공간은 더 작아졌고 조명은 더 밝아졌다. 동기화 사운드의 등장으로 연기를 위한 공간은 카메라의 프레임과 마이크로 녹음 가능한 범위로 축소되면서 다시 한 번 작아졌다. 그 공간은 1940년대 배우들이 텔레비전 세트를 채우기만 하면 되는 시대를 맞아 또 한 번 작아졌다. 이제 연기는 손목시계 이상을 채울 필요가 없다. 메소드를 배우는 학생들이 아마도 통달하지 못할 골치 아픈 작업 도구인 배우의 목소리는 이제 후반 작업에서 손질하여 어느 때보다도 뚜렷하게 들리도록 만들 수 있고, 그런 후에는 모든 음소音素가 고막으로 내던져지는 헤드폰을 통해 전달된다.

오늘날 배우가 마주한 주요 도전은 들리거나 보이는 문제가 아니라 관객의 주의attention를 장악하고 유지하는 일이다. 예술이 우리에게 제공할 수 있는 한 가지는 순수한 관객이 될 기회, 늘 연기하고 있다는 불편과 불안을 잠시 내려놓고 단순히 경험만 하는 기회이다. 하지만 이러한 위안을 주는 섬islands이 오히려 불안을 야기하는 경우가 많다는 사실이 밝혀졌다. 무대 위에서 중요한 순간이 우리를 지나가는 동안, 우리는 무대의 옆 보이지 않는 공간에서 그저 기다리고만 있는 것은 아닌지 걱정이 들어 바깥세상을 확인하고 싶은 끌림을 느낀다. 관객이 느끼는 이런 충동이 배우들이 맞서 싸워야 할 상대다. 관객의 주의라는 한정된 자원을 놓고 벌어지는 갈수록 치열해지는 경쟁은 스토리텔링과 연기 모두에서 거대하고 단순하며 명쾌하게 전달할 수 있는 선택지를 고르도록 부추긴다. 스텔라 애들러의 표현에 따르면, 현대 연기는 20세기 인간과 그들이 직면한 문제점이 지닌 근본적인 미스터리, 불확실성, 해답이 없는 상태를 보여주기 위해 진화해왔다. 이제 오늘날 연기와 각본은 오히려 미스터리와 서브텍스트의 과잉이 예술에 있어 중대한 죄—관객을 지루하게 하는 것—를 저지를 위험을 염려하며 명료함을 향해 나아간다. 미스터리, 긴 포즈pause, 줄거리가 없는 것 같은 구성, 현실의 리듬과 절박감 속으로 더 깊숙이 들어가는 일종의 체호프적 반작용이 있기도 하지만, 이는 분명 소수에 불과하다. 이런 현실은 포스트모던 배우의 역설로 이어진다. 모든 것이 조금씩은 진짜가 아닌 것처럼 느껴지는 시대에 우리는 일관성 있고 쉽게 파악할 수 있는 캐릭터가 보여주는 단순하고 명료한 연기를 갈망한다. 달리 말해, 우리는 자신이 누구인지에 대해 거짓으로라도 위안받기를 갈망한다.

이런 갈망을 느끼는 우리 스스로를 못마땅하게 여겨서는 안 된다. 셜리 잭슨이 밝혔듯, "살아 있는 그 어떤 유기체도 절대적인 현실의 조건 아래에서 오랫동안 계속해서 온전한 정신으로 존재할 수는 없다."[8] 삶—특히 내가 이 글을 쓰고 있는 팬데믹 기간 동안—은 충분히 고단하다. 입센의 〈들오리〉로 거슬러 올라가면, 자연주의 극작가들은 너무 많은 진실 따위가 존재한다는 사실을 깨닫기 시작했다. 그렇지만 우리는 적어도 우리가 존재하고 있는 순간을 인정하고 그 순간을 되도록 명료하게 바라봐야 한다.

"시스템"과 "시스템"의 자손이 앞으로 미국의 무대와 스크린, 시계와 토스터에서 어떤 쓰임이 있을지는 모르겠다. 그러나 리 스트라스버그, 스텔라 애들러, 샌퍼드 마이즈너 각자가 비현실성이 극에 달한 현재의 순간을 통과할 방법을 분명하게 설명했다는 것은 안다. 스트라스버그는 자아를 깊이 파고들어 보살피고 낯선 모습을 발전시킨 다음, 이를 활용할 방법을 궁리하라고 했다. 애들러는 상상력, 엄밀한 연구, 삶에 대한 깊은 통찰, 예술을 통해 우리 앞에 놓인 일에 적합하도록 영혼을 확장하라고 가르쳤다. 마이즈너는 우리에게 철저하게 존재하고, 진심으로 경청하고 반응하며, 파트너에게 자신을 내어주고, 모든 결과를 통제하려는 시도를 중단하라고 지시했다.

자아, 영혼, 존재presence. 이 세 가지 전략이 캐릭터가 우는 연기를 할 때마다 우리를 '경험하기'의 정점으로 데려가줄 거라 단언할 수는 없을 것이다. 그러나 이 전략들이 우리가 불확실성의 한가운데에서 뭍을 구축하는 데 도움을 줄 수는 있을 것이다. 이것이 환상에 불과할지라도 우리는 사실성, 진실성, 자아를 갈구한다. 우리는 무대에서, 스크린에서, 삶에서 **경험하기**를 욕망한다. 햄릿처럼, 우리는 'to act'가 가진 모든 의미를 알고 싶다. 어쩌면 메소드는 우리에게 그런 척하도록 잘 가르쳐 준다기보다, 궁극적으로 우리가 행동하고 존재하는 데 도움을 주는 방법일지도 모른다.

감사의 말

나에게는 스타니슬랍스키의 가르침의 가치를 일깨워주고 이 책이 나오기까지 긴 여정을 함께해준 세 명의 위대한 연기 스승이 계셨다. 그중 존 에머트John Emmert와 낸시 패리스Nancy Paris는 애석하게도 이미 세상을 떠나셨다. 내가 두 분께 얼마나 감사한 마음을 갖고 있는지 그분들이 알아주기를 바란다. 조이 지노먼Joy Zinoman에게도 감사한다. 그는 연기, 연출, 프로 정신은 물론 예술을 진지하게 대하는 데 필요한 모든 것을 가르쳐주셨다. 알비나 크라우즈의 수업에 대한 추억을 나누어주신 것에도 감사드린다.

이 책은 데이비드 체임버스David Chambers와 로버트 엘러만Robert Ellermann의 통찰, 지식, 너그러움, 지혜가 없었다면 불가능했을 것이다. 스타니슬랍스키와 리 스트라스버그의 실제 가르침을 밝히기 위한 두 사람의 탐구 과정에 함께할 수 있었던 것은 행운이었다. 데이비드에게 감사한다. 그와는 "시스템"에 대한 많은 대화를 나누었을 뿐만 아니라, 어디로 튈지 모르는 연구의 토끼굴로 모험을 떠날 기회를 놓치지 않게 해주었다. 나에게 시간을 내주고, 인내심과 열정을 보여준 보비Bobby에게도 감사한다. 보비 루이스와 킴 스탠리에 대한 이야기를 들려주고, 리 스트라스버그 연구소의 수업을 참관할 수 있게 해주었다. 이 책에 많은 정보를 제공해준 수많은 도서를 추천해준 두 분에게 감사한다. *Masterstvo aktera: Stanislavskiĭ-Boleslavskiĭ-Strasberg*의 저자 세르게이 체르카스스키Sergei Tcherkasski는 스타니슬랍스키의 후기 "시스템"에 관한 수많은 질문에 답을 해주었다. 연기의 역사 분야의 귀중한 자료인 그의 책이 조만간 미국에서 번역, 출판되기를 기대한다.

나와 이야기를 나누고 추억은 물론 관점까지 나누어준 브라이언 에레라Brian Herrera, 마이클 칸Michael Kahn, 재클린 냅Jacqueline Knapp, 마셜 메이슨Marshall Mason, 패런 스미스 넘Farran Smith Nehme, 에스텔 파슨스Estelle Parsons, 오스틴 펜들턴Austin Pendleton, 빅토리아 크레인Victoria Krane, 안나 스트라스버그Anna Strasberg, 톰 오펜하임Tom Oppenheim, 켈리 넬슨Kelly Nelson, 고든 로고프Gordon Rogoff, 로리 슈워츠Rory Schwartz, 패멀라 캐러먼Pamela Kareman에게 감사한다.

문화사 작법에 도움을 주고, 마이크 니컬스Mike Nichols와 리 스트라스버그에 대한 자료를 공유해준 마크 해리스Mark Harris에게 감사한다. 로버트 드니로에 대한 수많은 질문에 답해준 R. 콜린 타이트R. Colin Tait에게도 고맙다. 피핀 파커Pippin Parker와 할 브룩스Hal Brooks는 이 과정의 여러 단계에서 귀중한 조언을 아끼지 않았다.

역사적 문서를 보존하는 전문적인 일에 인생을 바친 수많은 사람들 덕에 이 책이 나올 수 있었다. 미 의회 도서관, 해리 랜섬 센터, 스크랜턴 대학, 뉴욕 공연예술 도서관의 사서들이 이러한 문서와 사진을 추적하는 데 귀중한 도움을 주었다. 우리의 문화의 역사를 보존하기 위해 노력해주신 그분들의 노고에 깊이 감사한다.

이 프로젝트에 대한 캐서린 니컬스Catherine Nichols의 열정, 원고가 발전해가는 과정에서 그녀가 작성한 꼼꼼하고 기발한 메모들은 이 책에 백만 가지 다른 방식으로 정보를 제공했다. 그녀의 은하계 크기만 한 두뇌와 굳건한 우정에 크게 빚을 졌다. 고맙고, 고맙고, 또 고맙다. 마크 암스트롱Mark Armstrong은 이 책을 읽고 귀중한 피드백을 주었다. 더불어 지난 15년간 나에게 나누어준 우정과 열정, 지식, 관대한 유머는 그 무엇과도 바꿀 수 없을 만큼 소중하다.

우정에 대해 말하자면, 제이미 그린Jaime Green, 마이크 데이지Mike Daisey, J. 홀텀J. Holtham, 댄 코이스Dan Kois, 샘 애덤스Sam Adams, 제이슨 지노먼Jason Zinoman, 헬렌 쇼Helen Shaw, 샘 틸먼Sam Thielman, 제러미 바넷 레프Jeremy Barnett Reff, 어맨다 마르코트Amanda Marcotte, 마크 팔레티Marc Faletti, 다시 제임스 아규Darcy James Argue, 린지 바이어스틴Lindsay Beyerstein, 로빈 바르게스Robin Varghese, 메이브 애덤스Maeve Adams, 라이언 매카시Ryan McCarthy, 엘리사 개버트Elisa Gabbert, 에밀리 에이드리언Emily Adrian, 저스틴 테일러Justin Taylor, 엘리사 와슈타Elissa Washuta, 마이크 메기니스Mike Meginnis, 미란다 폽키Miranda Popkey, 스티브 힘머Steve Himmer, 애덜레나 카바너흐Adalena Kavanagh, 애덤 프라이스Adam Price, 벤 보이트Ben Voigt, 샐리 프랜슨Sally Franson, 존 코터Jon Cotter, 데이비드 버르 게라드David Burr Gerrard, 에드 스코그Ed Skoog, 알렉스 히글리Alex Higley, 힐러리 라익터Hilary Leichter, 댄 혼즈비Dan Hornsby, J. 로버트 레넌J. Robert Lennon, 로런 골든버그Lauren Goldenberg, 샌드라 뉴먼Sandra Newman, 수기 가네샤난탄Sugi Ganeshananthan, 트레이시 볼링Tracy Bowling, 윌리 피츠제럴드Willie

Fitzgerald, 서배스천 카스티요Sebastian Castillo, 윌 프리어스Will Frears, 우리아 멜키세덱Uriah Melchizedek 모두가 이 책을 집필하는 동안 아낌없이 필요한 도움을 주었다. 이 책에 필요했던 작업과 관련해 대단히 유연한 사고를 보여주고, 매주 창의적인 프로세스에 대해 생각하고 다시 생각하도록 영감을 주었던 준 토머스June Thomas, 캐머런 드루스Cameron Drews, 루만 알람Rumaan Alam에게 깊은 감사의 마음을 표현한다.

팬데믹 기간 동안 부모님 수전 버틀러Susan Butler와 딕슨 버틀러Dixon Butler, 장모님 패티 러브Patty Love가 아니었다면 이 책의 집필은 불가능했을 것이다. 함께 살며 아이를 돌봐주시기도 했고, 내가 밤에도 일을 계속할 수 있도록 수많은 영화를 같이 봐주시는 등 모든 지원을 아끼지 않으셨다. 정말 감사드린다. 더불어 어렸을 때 스타니슬랍스키를 발견할 수 있도록 스튜디오 시어터 액팅 콘서바토리에 등록해주고, 예술에 대한 사랑에 영감을 불어넣어준 부모님께도 감사드린다.

나의 연구 조교 레이 빈스톡Rae Binstock은 이 책에 필요한 방대한 양의 자료를 수집하고 최신 정보를 파악하는 데 말할 수 없이 큰 도움을 주었다. 비크람 무르티Vikram Murthi의 인터뷰 녹취 작업은 꼭 필요한 도움이었다. 또한 육아를 도와주고, 연극에 대한 해박한 지식으로 예리한 헛소리 탐지기 역할을 해준 에밀리 브리즈Emily Breeze에게도 감사의 마음을 전한다.

엠마 마테스Emma Mathes는 책을 쓰는 일에서나 내 삶에서나 필요로 하는 것이 무엇이건 간에 수십 번이고 덤벼들어 도와주었다. 정말 고맙다. 100년에 걸친, 두 대륙을 넘나드는 역사를 기록하는 일은 필연적으로 사실에 기반을 둔 엄청나게 많은 주장이 포함된다. 이 모든 사실 확인과 정확성을 체크해준 서맨사 스카일러Samantha Schuyler에게 정말 감사한다.

나의 에이전트 앨리아 해나 하비브Alia Hanna Habib의 헌신과 끈기에 감사드린다. 그녀는 나의 제안서를 구체화하고, 내가 어떤 작가가 되고 싶은지에 대해 깊이 존중하고 이해해주었으며, 책의 판매와 집필, 완성의 과정을 탐색하는 내내 나의 수천 가지 질문에 답해주었다. 또한 전문적인 작가가 되는 일을 더욱 더 명확하고 쉽고 재미있게 만들어주었다.

블룸즈버리에서는, 엄격하면서도 친절하게 제작 과정을 감독해준 수잰 켈러Suzanne Keller에게 감사한다. 또한 세심하고 꼼꼼하게 문장을 다듬어준 에밀리 드허프Emily DeHuff, 교정을 담당한 폴라 드라고시Paula Dragosh, 표지를 디자인해준 패티 래치퍼드Patti Ratchford에게 감사를 전한다. 복잡하고 당황스러운 승인 과정을 맡아준 모건 존스Morgan Jones의 도움에도 특별히 감사 인사를 드린다.

편집자인 벤 하이먼Ben Hyman이 이 책에 미친 영향에 대해서라면 별도의 책 한 권을 쓸 수도 있을 것 같다. 이 책은 제안서를 쓰기 전부터 둘이 나눴던 많은 대화를 기반으로 발전되었다. 벤처럼 똑똑하고 친절하며 재미있고 정확하고 정직하고 박학다식하며 인내심 있는 편집자와 두 권의 책을 펴낼 수 있었던 것은 엄청난 행운이었다. 그와 함께 이 책을 가장 훌륭한 버전으로 만들면서 많은 것을 배웠고, 즐거웠다. 벤, 고마워요!

나는 앞서 이 책을 나의 아내 앤 러브Anne Love에게 바쳤는데, 원형 구조의 유혹을 떨치지 못하고 다시 아내의 이야기로 책을 마무리하려 한다. 우리가 함께 이룬 가족은 내 인생의 가장 큰 선물이다. 언제나 곁에서 나를 격려해주고, 이 프로젝트에 관심과 열정과 믿음을 보여준 당신에게 깊은 감사 인사를 전하고 싶다. 그리고 *A Dream of Passion*과 *My Life in Art*의 소장본을 따로 챙겨주어 내가 글을 쓰는 동안 두 책이 망가지는 것을 걱정하지 않게 해준 것도 정말 고마웠다.

우리가 해냈어!

주

들어가며

1   프랜시스 맥도먼드가 로저 디킨스와 제임스 디킨스의 팟캐스트 팀 디킨스(Team Deakins)에 출연했을 때 한 인터뷰에서 인용했다.

2   Plutarch, "Why We Delight in Representation," in Cole and Chinoy, *Actors on Acting*, 13.

3   Plutarch, "Ancient Actors," in Cole and Chinoy, *Actors on Acting*, 14.

4   Diderot, "The Paradox of the Actor," in Cole and Chinoy, *Actors on Acting*, 165.

5   Rader, *Playing to the Gods: Sarah Bernhardt, Eleonora Duse, and the Rivalry That Changed Acting Forever*, 10.

6   Plutarch, "Ancient Actors," in Cole and Chinoy, *Actors on Acting*, 15.

1장

1   Benedetti, ed., *The Moscow Art Theatre Letters*, 5.

2   Stanislavski, *My Life in Art*, 292.

3   Nemirovich-Danchenko, *My Life in the Russian Theatre*, 31.

4   같은 책, 44.

5   같은 책, 28~31. 말리에 대한 네미로비치단첸코의 불만은 여러 곳에 자세히 나와 있지만, 여기 있는 내용이 가장 명쾌한 요약이다.

6   Rayfield, *Anton Chekhov*, loc 7746.

7   Nemirovich-Danchenko, *My Life in the Russian Theatre*, 73.

8   같은 곳.

9   Benedetti, *Stanislavski: His Life and Art*, 59.

10 Ostrovsky, "Imperial and Private Theatres," 218.

11 Benedetti, *Stanislavski: His Life and Art*, 3.

12 Figes, *Natasha's Dance*, loc 3613~23.

13 Benedetti, *Stanislavski: His Life and Art*, 6.

14 Shevtsova, *Rediscovering Stanislavski*, 23.

15 Benedetti, *Stanislavski: His Life and Art*, 14.

16 Stanislavski, *My Life in Art*, 123.

17 같은 책, 129.

18 같은 책, 148.

19 Benedetti, *Stanislavski: His Life and Art*, 24에서 인용했다.

20 같은 책, 149.

21 같은 책, 27.

22 Stanislavski, *My Life in Art*, 149.

23 같은 책, 152~60. 스타니슬랍스키는 자기비하적인 재치를 곁들여 자신이 이 배역
    을 연기한—또는 연기하는 데 실패한—이야기를 들려준다. 대화는 그의 이야기
    에서 가져왔다.

24 Benedetti, *Stanislavski: His Life and Art* 36에서 인용했다.

25 같은 책, 35.

26 Whyman, *The Stanislavsky System of Acting*, 259에서 인용했다.

27 Benedetti, *Stanislavski: His Life and Art*, 37에서 인용했다.

28 Whyman, *The Stanislavsky System of Acting*, 44에서 인용했다.

29 같은 책, 19~20.

30 Booth, "Nineteenth-Century Theatre," in *The Oxford Illustrated History of the Theatre*,
    332.

31 Benedetti, *Stanislavski: His Life and Art*, 41.

32 같은 책, 42.

33 같은 책, 51. 이 시기에 그가 작성한 〈오셀로〉의 오프닝 무대 연출 예는 다음과 같
    다. "커튼. 10초. 멀리서 종소리나 시계 소리가 들린다. 커다란 종소리. 5초. 다가오
    는 보트가 멀리서 내는 첨벙거리는 소리. 로드리고와 이아고가 오른쪽에서 곤돌
    라를 타고 등장한다."

34 Nemirovich-Danchenko, *My Life in the Russian Theatre*, 163.

35 Stanislavski, *Konstantin Stanislavsky 1863–1963*, 234~35.

36 Benedetti, *Stanislavski: His Life and Art*, 51.

37 Nemirovich-Danchenko, *My Life in the Russian Theatre*, 76.

38 같은 책, 106.

39 Lin, "Myth and Appropriation," 24.

40 Figes, *Natasha's Dance*, loc 2637.

41 Nemirovich-Danchenko, *My Life in the Russian Theatre*, 75.

42 같은 책, 81.

43 같은 책, 105.

44 같은 책, 15.

45 Stanislavski, *My Life in Art*, 294.

46 Borovsky, "Russian Theatre in Russian Culture," in *A History of Russian Theatre*, 6.

47 Figes, *Natasha's Dance*, loc 1117.

48 같은 곳.

49 Borovsky, "Emergence of the Russian Theatre," in *A History of Russian Theatre*, 61.

50 같은 책, 119.

51 Magarshack, *Stanislavsky: A Life*, 145.

52 Borovsky, "Emergence of the Russian Theatre," 13.

53 Worrall, *The Moscow Art Theatre*, 37.

54 Nemirovich-Danchenko, *My Life in the Russian Theatre*, 103.

55 Ostrovsky, "Imperial and Private Theatres," 223~24.

56 Worrall, *The Moscow Art Theatre*, 21.

57 Ostrovsky, "Imperial and Private Theatres," in *A History of Russian Theatre*, 223~24.

58 Stanislavski, *My Life in Art*, 292.

59 Nemirovich-Danchenko, *My Life in the Russian Theatre*, 90.

60 Stanislavski, *My Life in Art*, 297.

61 Nemirovich-Danchenko, *My Life in the Russian Theatre*, 88.

62 Stanislavski, *My Life in Art*, 90~94, 295~99. 네미로비치와 스타니슬랍스키가 말리에 대해 제기한 많고 많은 불만이 상세히 논의되어 있다. 그들이 이런 불만을 공유한 최초의 사람은 아니었다. 러시아의 셰익스피어라 불리는 알렉산드르 오스트롭스키(Alexander Ostrovsky)는 1886년에 사망하기 전에 말리를 개혁하기 위해 노력했다(Magarshack, *Stanislavsky: A Life*, 144).

63 Stanislavski, *My Life in Art*, 298~99.

64 Nemirovich-Danchenko, *My Life in the Russian Theatre*, 84.

65 같은 책, 107. 거부권에 대한 스타니슬랍스키 버전 설명의 출처는 Stanislavski, *My Life in Art*, 295.

66 Nemirovich-Danchenko, *My Life in the Russian Theatre*, 58~59.

67 같은 책, 107.

68 같은 책, 108.

2장

1 Pitches, *Vsevolod Meyerhold*, 4~5.

2 Knipper, *Dear Writer, Dear Actress*, 4.

3 Benedetti, ed., *The Moscow Art Theatre Letters*, 21. 이 이야기는 메이예르홀트가 아내에게 보낸 편지에 상세하게 적혀 있다.

4 Worrall, *The Moscow Art Theatre*, 42.

5 Benedetti ed., *The Moscow Art Theatre Letters*, 21.

6 스타니슬랍스키의 연설은 Benedetti, *Stanislavski: His Life and Art*, 69에 상세하게 실려 있다.

7 Benedetti ed., *The Moscow Art Theatre Letters*, 22.

8 Montefiore, *The Romanovs*, 509.

9 Worrall, *The Moscow Art Theatre*, 39.

10 Nemirovich-Danchenko, *My Life in the Russian Theatre*, 138.

11 Worrall, *The Moscow Art Theatre*, 43.

12 Benedetti, ed., *The Moscow Art Theatre Letters*, 8~9.

13 같은 책, 9. 이 인용문들은 스타니슬랍스키가 1897년 8월 19일에 보낸 편지에서 가져왔다.

14 Benedetti, *Stanislavski: His Life and Art*, 64.

15 Worrall, *The Moscow Art Theatre*, 42.

16 같은 책, 65.

17 Nemirovich-Danchenko, *My Life in the Russian Theatre*, 136.

18 Worrall, *The Moscow Art Theatre*, 42.

19 같은 책, 38. 보조금 신청서는 그들의 첫 시즌이 끝날 때까지 눈길 한 번 받지 못하다가 그 시점에서야 기각되었다.

20 Stanislavski, *My Life in Art*, 306.

21 Shevtsova, *Rediscovering Stanislavski*, 7.

22 Whyman, *The Stanislavsky System of Acting*, 13에서 인용했다.

23 같은 책, 14에서 인용했다.

24 같은 곳에서 인용했다.

25 Shevtsova, *Rediscovering Stanislavski*, 100.

26 스타니슬랍스키의 개막 연설은 그의 입장에서 보면 과장이 아니었다. 그는 평생 동안 무대의 윤리를 위반하는 행위를 신성 모독이나 다름없는 것으로 보았다.

27 Stanislavski, *My Life in Art*, 301.

28 같은 책, 302.

29 Nemirovich-Danchenko, *My Life in the Russian Theatre*, 145.

30 Stanislavski, *My Life in Art*, 301.

31 같은 책, 300.

32 같은 책, 301.

33 Nemirovich-Danchenko, *My Life in the Russian Theatre*, 121.

34 Stanislavski, *My Life in Art*, 303.

35 Worrall, *The Moscow Art Theatre*, 46.

36 Benedetti, *Stanislavski: His Life and Art*, 70.

37 Benedetti, ed., *The Moscow Art Theatre Letters*, 20.

38 Stanislavski, *My Life in Art*, 308.

39 Benedetti, ed., *The Moscow Art Theatre Letters*, 25. 메이예르홀트는 아내에게 보낸 답장에서 다르스키에 대한 상세한 이야기를 들려준다.

40 Benedetti, *Stanislavski: His Life and Art*, 84.

41 Benedetti, ed., *The Moscow Art Theatre Letters*, 20.

42 같은 곳.

43 Nemirovich-Danchenko, *My Life in the Russian Theatre*, 173. 네미로비치에 따르면, 대중은 이 작품을 낭만적이고 개인주의적인 주인공 샤일록이 사회의 지배적인 관습으로부터 탄압받는 비극으로 이해했다. 이런 해석은 개인을 중시하는 19세기 러시아에서 연극 작품을 해석하던 관습에 따른 것이다. (Borovsky, "Russian Theatre," 13을 보라.)

44 Benedetti ed., *The Moscow Art Theatre Letters*, 26.

45 Stanislavski, *My Life in Art*, 306.

46 Benedetti, ed., *The Moscow Art Theatre Letters*, 26.

47 같은 곳.

48 같은 곳.

49 같은 책, 28.

50 같은 곳.

51 같은 책, 20.

52 같은 책, 23.

53 같은 책, 24.

54 같은 곳.

55 같은 책, 20. 스타니슬랍스키는 결국 생의 마지막 해에 〈타르튀프〉를 연출했다. 그의 사망 당시 미완이던 공연은 후계자인 미하일 케드로프가 마무리했다.

56 Worrall, *The Moscow Art Theatre*, 39.

57 March, "Realism in the Russian Theatre," in *A History of Russian Theatre*, 154; Figes, *Natasha's Dance*, loc 3284.

58 Nemirovich-Danchenko, *My Life in the Russian Theatre*, 123.

59 Worrall, *The Moscow Art Theatre*, 86.

60 Montefiore, *The Romanovs*, 459.

61 같은 책, 465.

62 같은 곳에서 인용했다.

63 March, "Realism in the Russian Theatre," 157.

64 Benedetti ed., *The Moscow Art Theatre Letters*, 18.

65 Shevtsova, *Rediscovering Stanislavski*, 23.

66 Vanslov, "Simov, Viktor."

67 Figes, *Natasha's Dance*, loc 3294.

68 Nemirovich-Danchenko, *My Life in the Russian Theatre*, 163.

69 Figes, *Natasha's Dance*, loc 3726에서 인용했다.

70 Worrall, *The Moscow Art Theatre*, 83.

71 같은 책, 43.

72 Stanislavski, *My Life in Art*, 312~17.

73 같은 책, 314.

74 Benedetti, ed., *The Moscow Art Theatre Letters*, 29.

75 같은 책, 20.

76 Worrall, *The Moscow Art Theatre*, 89.

77 Benedetti, *Stanislavski: His Life and Art*, 71.

78 같은 책, 73.

79 같은 책, 72.

80 Stanislavski, *My Life in Art*, 318

81 Tolstoy, *Tsar Fyodor Ivanovich*, 72.

82 Worrall, *The Moscow Art Theatre*, 94에서 인용했다.

83 Benedetti, *Stanislavski: His Life and Art*, 73.

84 Nemirovich-Danchenko, *My Life in the Russian Theatre*, 145.

85 Benedetti, *Stanislavski: His Life and Art*, 73.

86 같은 곳.

3장

1 Frayn, *Chekhov: Plays*, xxiii에서 인용했다.

2 Nemirovich-Danchenko, *My Life in the Russian Theatre*, 57.

3 같은 책, 60에서 인용했다.

4 Frayn, *Chekhov: Plays*, 85. 이 책에서 인용한 〈갈매기〉의 모든 문장은 마이클 프레인(Michael Frayn)의 번역본에서 가져온 것이다. 체호프 희곡은 수많은 번역본이 있지만 미적인 측면이나 상연 가능성 모두를 고려했을 때 프레인의 번역본을 능가하는 작품은 찾기 어렵다.

5 Frayn, *Chekhov: Plays*, 100.

6 같은 책, 122.

7 Nemirovich-Danchenko, *My Life in the Russian Theatre*, 58. 네미로비치의 회고록에 따르면, 희곡에서 이 사실을 밝힌 부분을 삭제하라고 체호프를 설득한 사람이 바로 네미로비치였다. 이에 대해 체호프는 "대중은 막이 끝날 때 장전된 총이 놓여 있는 걸 보는 것을 좋아한다!"고 항의했고, 네미로비치는 "지당한 말이야. 그렇지만 그 총은 인터미션에서 그냥 없애면 되는 게 아니라 나중에 반드시 발사되어야

한다고!"라고 답했다.

8   Rayfield, *Anton Chekhov*, loc 6943.
9   같은 책, loc 6927.
10   같은 책, loc 6901.
11   Frayn, *Chekhov: Plays*, xliii.
12   Rayfield, *Anton Chekhov*, loc 6935.
13   Balukhaty, ed., *The Seagull, Produced by Stanislavsky*, 17.
14   Nemirovich-Danchenko, *My Life in the Russian Theatre*, 62.
15   Balukhaty, ed., *The Seagull, Produced by Stanislavsky*, 21.
16   Rayfield, *Anton Chekhov*, loc 7632.
17   Frayn, *Chekhov: Plays*, xxxv.
18   같은 곳.
19   Balukhaty, ed., *The Seagull, Produced by Stanislavsky*, 38.
20   Rayfield, *Anton Chekhov*, loc 7710에서 인용했다.
21   Nemirovich-Danchenko, *My Life in the Russian Theatre*, 6.
22   Benedetti, ed., *The Moscow Art Theatre Letters*, 15.
23   Nemirovich-Danchenko, *My Life in the Russian Theatre*, 141.
24   Benedetti, ed., *The Moscow Art Theatre Letters*, 17.
25   Stanislavski, *My Life in Art*, 355.
26   Frayn, *Chekhov: Plays*, 69.
27   같은 책, 91.
28   Stanislavski, *My Life in Art*, 352.
29   Balukhaty, ed., *The Seagull, Produced by Stanislavsky*, 139. 발루카티(Balukhaty)의 책은 두 부분으로 구성되어 있다. 1부는 역사와 코멘터리이고, 2부는 스타니슬랍스키의 연출 노트 전체를 재현한 것이다. 스타니슬랍스키의 연출 노트에서 인용한 부분은 2부에서 가져온 것이다.
30   Benedetti, ed., *The Moscow Art Theatre Letters*, 33.
31   같은 곳.
32   Benedetti, *Stanislavski: His Life and Art*, 79.
33   Knipper, *Dear Writer, Dear Actress*, 5.
34   Worrall, *The Moscow Art Theatre*, 87에서 인용했다.
35   Stanislavski, *My Life in Art*, 324.
36   같은 책, 324~25.
37   Worrall, *The Moscow Art Theatre*, 47. 워럴(Worrall)은 어색함을 없애기 위해 최종적으로 선택한 극단 이름을 "대중이 접근할 수 있는 모스크바 예술극장(The Moscow Public-Accessible Art Theatre)"으로 번역했다. 이 이름에는 "예술에 접근할 수 있는 극장(Art-Accessible Theatre)", "모스크바 예술과 대중극장(Moscow Art and Popular Theatre)" 등을 포함한 다양한 번역이 있다.

38 Nemirovich-Danchenko, *My Life in the Russian Theatre*, 168.

39 같은 책, 169.

40 Stanislavski, *My Life in Art*, 327.

41 같은 책, 334에서 인용했다.

42 같은 책, 97에서 인용했다.

43 Worrall, *The Moscow Art Theatre*, 50.

44 같은 곳에서 인용했다.

45 같은 곳에서 인용했다.

46 같은 곳에서 인용했다.

47 Nemirovich-Danchenko, *My Life in the Russian Theatre*, 152~53.

48 같은 책, 173.

49 Benedetti, *Stanislavski: His Life and Art*, 84.

50 Nemirovich-Danchenko, *My Life in the Russian Theatre*, 175.

51 Stanislavski, *My Life in Art*, 355.

52 같은 책, 356.

53 Benedetti, *Stanislavski: His Life and Art*, 85.

54 Stanislavski, *My Life in Art*, 356.

55 Frayn, *Chekhov: Plays*, 77.

56 Balukhaty, ed., *The Seagull, Produced by Stanislavsky*, 175.

57 Stanislavski, *My Life in Art*, 356.

58 Nemirovich-Danchenko, *My Life in the Russian Theatre*, 187.

59 같은 책, 188에서 인용했다.

60 Worrall, *The Moscow Art Theatre*, 50.

61 Nemirovich-Danchenko, *My Life in the Russian Theatre*, 180.

62 Benedetti, *Stanislavski: His Life and Art*, 89.

4장

1 Polyakova, *Stanislavsky*, 182에서 인용했다.

2 같은 곳에서 인용했다.

3 Worrall, *The Moscow Art Theatre*, 149.

4 Benedetti, *Stanislavski: His Life and Art*, 134.

5 Benedetti, ed., *The Moscow Art Theatre Letters*, 241.

6 Benedetti, *Stanislavski: His Life and Art*, 149.

7 같은 책, 135. 스타니슬랍스키는 릴리나에게 무척이나 충실한 사람이라서 이사도라 덩컨조차 많은 노력을 기울였음에도 그를 유혹하지 못했다.

8 같은 책, 114.

9 Turkov, *Anton Chekhov and His Times*, 126에서 인용했다.

10 Benedetti ed., *The Moscow Art Theatre Letters*, 132.

11 Benedetti, *Stanislavski: His Life and Art*, 108에서 인용했다.

12 같은 책, 123.

13 Pitches, *Vsevolod Meyerhold*, 8.

14 Polyakova, *Stanislavsky*, 174.

15 Benedetti, *Stanislavski: His Life and Art*, 155. "포바르스카야의 스튜디오(the Studio on Povarskaya)"라고도 불렸다.

16 Pitches, *Vsevolod Meyerhold*, 51~52.

17 Benedetti, *Stanislavski: His Life and Art*, 156.

18 같은 책, 151.

19 Benedetti, ed., *The Moscow Art Theatre Letters*, 230.

20 Romanov, "Manifesto of October 17, 1905."

21 같은 글, 509.

22 British Library, "Timeline of the Russian Revolution."

23 Roberts, *Richard Boleslavsky: His Life and Work in the Theatre*, 10.

24 Montefiore, *The Romanovs*, 522.

25 Field, "Russian History-Manifesto"에서 인용했다.

26 Montefiore, *The Romanovs*, 526.

27 Polyakova, *Stanislavsky*, 177.

28 같은 곳에서 인용했다.

29 같은 책, 179.

30 Stanislavski, *My Life in Art*, 439.

31 같은 책, 440에서 인용했다.

32 같은 책, 159.

33 같은 책, 156에서 인용했다.

34 Polyakova, *Stanislavsky*, 178.

35 Taylor, "Politics and the Russian Army," 69.

36 Stanislavski, *My Life in Art*, 439.

37 같은 곳. 스타니슬랍스키에 따르면, 남성 단원들은 아내를 집에 혼자 남겨두는 것이 두려워 모임에 데려왔다고 한다.

38 같은 책, 441.

39 Benedetti, *Stanislavski: His Life and Art*, 163.

40 Stanislavski, *My Life in Art*, 443.

41 같은 책, 444.

42 Magarshack, *Stanislavsky: A Life*, 276.

43 Stanislavski, *My Life in Art*, 446.

44 Benedetti, *Stanislavski: His Life and Art*, 164에서 인용했다.

45 Rader, *Playing to the Gods*, 4.

46 나는 이 부분을 번역해준 (그리고 "가슴으로 오라는 초대"라는 표현을 만들어준) 미란다 팝키(Miranda Popkey)에게 신세를 졌다.

47 Esslin, "Modern Theatre," in *The Oxford Illustrated History of the Theatre*, 342.

48 같은 책, 343.

49 같은 책, 346.

50 Strindberg, *Miss Julie and Other Plays*, 63.

51 Figes, *Natasha's Dance*, loc 163; March, "Realism in the Russian Theatre," 146.

52 Polyakova, *Stanislavsky*, 181에서 인용했다.

53 Stanislavski, *My Life in Art*, 460.

54 같은 책, 448~49.

55 같은 책, 461.

56 Benedetti, *Stanislavski: His Life and Art*, 169.

57 Stanislavski, *An Actor's Handbook*, 84.

58 같은 곳.

59 Shevtsova, *Rediscovering Stanislavski*, 102.

60 Stanislavski, *My Life in Art*, 462.

61 Benedetti, ed., *The Moscow Art Theatre Letters*, 241.

62 같은 책, 242~43.

63 같은 책, 252.

64 같은 책, 251.

65 Stanislavski, *My Life in Art*, 468~71.

66 Benedetti, *Stanislavski: His Life and Art*, 172~73. 스타니슬랍스키는 네미로비치의 승인 없이 술레르를 고용해 자기 돈으로 급여를 주었다. 극장의 모든 경영 문제에 있어 당연히 최종 결정권을 갖고 있던 네미로비치는 이런 행동에 분개했다.

67 Polyakova, *Stanislavsky*, 184.

68 같은 곳.

69 Shevtsova, *Rediscovering Stanislavski*, 35.

70 Gordon, *Stanislavsky Technique, Russia: A Workbook for Actors*, loc 341.

71 같은 책, loc 323.

72 Stanislavski, *My Life in Art*, 462~63.

73 같은 책, 474.

74 Worrall, *The Moscow Art Theatre*, 173.

75 Stanislavski, *My Life in Art*, 464.

76 같은 책, 465.

77 Stanislavski, *An Actor's Handbook*, 115.

78 Gordon, *Stanislavsky Technique, Russia: A Workbook for Actors*, loc 546. 이 훈련은 수백 가지 버전이 있는데, 주로 성냥갑을 대상으로 한다.

79 Stanislavski, *An Actor's Work*, 92.

80   Shevtsova, *Rediscovering Stanislavski*, 137. 스타니슬랍스키는 *An Actor's Work*, 86~118에서 주의의 원에 대해 논한다.

81   Stanislavski, *My Life in Art*, 465.

82   같은 책, 466.

83   Whyman, *The Stanislavsky System of Acting*, 44.

84   Benedetti ed., *The Moscow Art Theatre Letters*, 263.

85   Benedetti, *Stanislavski: His Life and Art*, 181.

86   Shevtsova, *Rediscovering Stanislavski*, 131.

87   Benedetti, *Stanislavski: His Life and Art*, 184에서 인용했다.

88   Whyman, *The Stanislavsky System of Acting*, 52~53.

89   Ribot, *The Psychology of Emotions*, 167.

90   같은 책, 141.

91   같은 곳.

92   Whyman, *The Stanislavsky System of Acting*, 54; Benedetti, *Stanislavski: His Life and Art*, 184~85. 정서 기억은 몇 년 후 스타니슬랍스키의 연기 훈련 비전에서 더욱 핵심적인 개념이 되었다.

93   Benedetti, *Stanislavski: His Life and Art*, 183~84.

94   같은 책, 179.

95   같은 책, 13.

96   Polyakova, *Stanislavsky*, 198에서 인용했다.

97   Whyman, *The Stanislavski System of Acting*, 101.

98   같은 책, 100에서 인용했다.

5장

1   Roberts, *Richard Boleslavsky: His Life and Work in the Theatre*, 19에서 인용했다.

2   Hobgood, "Emotions in Stanislavski's System," 150.

3   Roberts, *Richard Boleslavsky: His Life and Work in the Theatre*, 19에서 인용했다.

4   같은 책, 3.

5   같은 곳. 필자는 볼레슬랍스키의 삶과 작품을 발굴하기 위해 최선을 다해 학자로서의 경력을 바친 고(故) 제리 W. 로버츠(Jerry W. Roberts)에게 헤아릴 수 없이 큰 빚을 졌다. 볼레슬랍스키는 대단히 비밀스러운 인물이었고, 그는 물론 그의 하나뿐인 아이 모두 일찍 세상을 떴다. 로버츠는 볼레슬랍스키의 유일하게 현존하는 영어 전기 *Richard Boleslavsky: His Life and Work in the Theatre*의 저자로, 이 책은 볼레슬랍스키 이름이 적힌 거의 모든 논문을 추적하고 철의 장막 이쪽 편에 살아 있는, 그를 알았던 모든 이들과 인터뷰한 결과물이다. 그의 이런 노고가 없었다면, 그리고 스크랜턴 대학의 로버츠 연구 논문 컬렉션이 없었다면, 미국의 연기 및 연극 역사의 중요한 장이 사라졌을 것이다.

6   같은 책, 8.

7   같은 책, 10.

8   같은 책, 8.

9   Worrall, *The Moscow Art Theatre*, 63.

10   같은 책, 42에서 인용했다.

11   같은 책, 16.

12   같은 책, 16~17.

13   같은 책, 62.

14   같은 곳.

15   같은 곳.

16   Briggs, "Writers and Repertoires," in *A History of Russian Theatre*, 101.

17   Worrall, *The Moscow Art Theatre*, 176.

18   같은 책, 192에서 인용했다.

19   같은 책, 183.

20   Figes, *Natasha's Dance*, loc 3844.

21   Magarshack, *Stanislavsky: A Life*, 265.

22   같은 책, 5023.

23   Worrall, *The Moscow Art Theatre*, 183~84.

24   Magarshack, *Stanislavsky: A Life*, 305.

25   Benedetti, *Stanislavski: His Life and Art*, 190~91.

26   Gordon, *Stanislavsky Technique, Russia: A Workbook for Actors*, loc 373에서 인용했다.

27   Benedetti, *Stanislavski: His Life and Art*, 191.

28   Worrall, *The Moscow Art Theatre*, 179에서 인용했다.

29   같은 책, 183에서 인용했다.

30   같은 책, 179.

31   Koonen, *Pages of Life*, 92. 이 인용문들의 번역에 도움을 준 제리 비코우르노프(Jerry Vikournov)에게 감사드린다.

32   Gauss, *Lear's Daughters*, 31~32.

33   Shevtsova, *Rediscovering Stanislavski*, 113.

34   Worrall, *The Moscow Art Theatre*, 186에서 인용했다.

35   같은 곳에서 인용했다

36   같은 책, 189에서 인용했다.

37   Benedetti, *Stanislavski: His Life and Art*, 193.

38   Benedetti, ed., *The Moscow Art Theatre Letters*, 277.

39   Magarshack, *Stanislavsky: A Life*, 308에서 인용했다.

40   Worrall, *The Moscow Art Theatre*, 187.

41   같은 곳.

42   Benedetti, *Stanislavski: His Life and Art*, 194.

43 같은 책, 205~206에서 인용했다.

44 같은 책, 205에서 인용했다.

45 Polyakova, *Stanislavsky*, 204에서 인용했다.

46 같은 곳.

47 같은 책, 205에서 인용했다.

48 Benedetti, *Stanislavski: His Life and Art*, 203.

49 Montefiore, *The Romanovs*, 542.

50 같은 책, 547.

51 Benedetti, *Stanislavski: His Life and Art*, 206.

52 같은 곳.

53 같은 곳에서 인용했다.

54 같은 책, 207.

55 Esslin, "Modern Theatre 1890–1920," in *The Oxford Illustrated History of the Theatre*, 364.

56 Polyakova, *Stanislavsky*, 195에서 인용했다.

57 Whyman, *The Stanislavsky System of Acting*, 65.

58 스타니슬랍스키가 부정사라고 표현한 것이 자다차냐 행동이냐에 관해서는 논쟁이 있다. 이는 미국의 연기 관행에서 부정사로 표현되는 (보통은 목표, 의도, 행동으로 불리는) 자다차와 행동이 하나로 합쳐지는 일이 빈번하기 때문이다. 또한 스타니슬랍스키는 만년에 행동에 초점을 맞춘 작업 방법을 채택했다. 배우들은 행동을 결정한 다음 그 결과로 과업/문제를 파악한다. 이 책에서 활용한 문제와 행동 사이의 관계 공식은 논리적으로 가장 타당할 뿐만 아니라, 스텔라 애들러가 스타니슬랍스키와 함께 진행한 작업을 바탕으로 한 강연에서 파생된 것이다.

59 Whyman, *The Stanislavsky System of Acting*, 67.

60 같은 책, 57.

61 같은 책, 101.

62 같은 책, 29.

63 Polyakova, *Stanislavsky*, 210에서 인용했다.

64 Benedetti, *Stanislavski: His Life and Art*, 207.

65 같은 책, 208. 스타니슬랍스키의 연극 연출 테크닉은 작품을 아주 세세하게 여러 부분으로 분할하고, 세계관과 배경 스토리 구축에 상당한 투자를 요구하기 때문에 특히 느리고 철저하며 시간 집약적으로 리허설과 수업을 진행하는 경향이 있다. 필자가 메소드 수업을 듣던 10대 시절, 장면 연구 시간이었다. 선생님은 우리에게 첫 작업 발표에서 대사를 다섯 줄만 넘겨도 운이 좋은 거라고 말했다. 나의 신 파트너와 나는 겨우 대사 두 줄을 넘겼다.

66 같은 곳에서 인용했다.

67 Malaev-Babel, *Yevgeny Vakhtangov: A Critical Portrait*, 57에서 인용했다.

6장

1   Shevtsova, *Rediscovering Stanislavsky*, 113.

2   Malaev-Babel, *Yevgeny Vakhtangov: A Critical Portrait*, 10.

3   같은 책, 17.

4   같은 책, 23.

5   Whyman, *The Stanislavsky System of Acting*, 157.

6   Malaev-Babel, *Yevgeny Vakhtangov: A Critical Portrait*, 57에서 인용했다.

7   같은 책, 62.

8   Shevtsova, *Rediscovering Stanislavski*, 127.

9   Whyman, *The Stanislavsky System of Acting*, 157에서 인용했다.

10 Malaev-Babel, *Yevgeny Vakhtangov: A Critical Portrait*, 65.

11 Roberts, *Richard Boleslavsky: His Life and Work in the Theatre*, 25.

12 같은 곳.

13 Shevtsova, *Rediscovering Stanislavski*, 126. 셰브초바(Shevtsova)에 따르면 신조어인
    이 용어는 "스튜디오 단원(studists)"으로 번역된다.

14 Roberts, *Richard Boleslavsky: His Life and Work in the Theatre*, 27~28.

15 같은 책, 30.

16 Gauss, *Lear's Daughters*, 33.

17 같은 책, 34.

18 같은 책, 37에서 인용했다.

19 Shevtsova, *Rediscovering Stanislavski*, 35, 145. 톨스토이와 추종자에 대한 더 많은 정
    보는 Figes, *Natasha's Dance*, loc 6345를 보라.

20 Gordon, *Stanislavsky Technique, Russia: A Workbook for Actors*, loc 408.

21 Whyman, *The Stanislavsky System of Acting*, 158에서 인용했다.

22 Shevtsova, *Rediscovering Stanislavski*, 141. 퍼스트 스튜디오에서 재직하는 동안 술
    레르와 그의 제자들은 60권 가량의 노트에 아이디어를 가득 채운 것으로 추정된
    다.

23 같은 곳.

24 Gordon, *Stanislavsky Technique, Russia: A Workbook for Actors*, loc 529.

25 Shevtsova, *Rediscovering Stanislavski*, 137.

26 같은 책, 142.

27 Gray, "The Reality of Doing," in *Stanislavski and America*, 206에서 인용했다.

28 같은 책, 207에서 인용했다.

29 같은 곳에서 인용했다.

30 Tcherkasski, *Masterstvo aktera*, 28.

31 네덜란드어 원제는 〈Op Hoop van Zegen〉인데, 이 제목은 무척이나 우아한 〈최선
    의 것을 희망하기(Hoping for the Best)〉를 비롯한 여러 방식으로 번역된다. 볼레슬랍
    스키나 퍼스트 스튜디오를 다룬 대부분의 책에서는 제목을 이 책에서 사용하는

것과 비슷한 의미로 번역한다.

32   Roberts, *Richard Boleslavsky: His Life and Work in the Theatre*, 28에서 인용했다.
33   같은 책, 35.
34   같은 책, 36.
35   Boleslavsky and Woodward, *Lances Down*, 64.
36   같은 책, 31.
37   같은 곳에서 인용했다.
38   같은 책, 64.
39   같은 곳.
40   같은 곳.
41   Roberts, *Richard Boleslavsky: His Life and Work in the Theatre*, 32.
42   같은 책, 33에서 인용했다.
43   Gauss, *Lear's Daughters*, 44.
44   같은 곳.
45   Roberts, *Richard Boleslavsky: His Life and Work in the Theatre*, 33.
46   Whyman, *The Stanislavsky System of Acting*, 158.
47   같은 곳에서 인용했다.
48   Malaev-Babel, *Yevgeny Vakhtangov: A Critical Portrait*, 73에서 인용했다.
49   Gauss, *Lear's Daughters*, 42.
50   같은 곳.
51   같은 곳.
52   같은 책, 38.
53   Malaev-Babel, *Yevgeny Vakhtangov: A Critical Portrait*, 40.
54   Montefiore, *The Romanovs*, 556.
55   같은 책, 577.
56   같은 책, 576.
57   Roberts, *Richard Boleslavsky: His Life and Work in the Theatre*, 53.
58   Benedetti, *Stanislavski: His Life and Art*, 221.
59   같은 곳.
60   Stanislavski, *My Life in Art*, 547.
61   Magarshack, *Stanislavsky: A Life*, 338.
62   같은 책, 338. 이 이야기는 스타니슬랍스키가 쓴 「독일의 전쟁 포로」라는 글에 실려 있다.
63   Benedetti, *Stanislavski: His Life and Art*, 223.
64   같은 곳.
65   Gauss, *Lear's Daughters*, 42.
66   같은 책, 44.
67   Gordon, *Stanislavsky Technique, Russia: A Workbook for Actors*, loc 654.

68 같은 책, 438.

69 Gauss, *Lear's Daughters*, 44.

70 Benedetti, *Stanislavski: His Life and Art*, 226.

71 Roberts, *Richard Boleslavsky: His Life and Work in the Theatre*, 63.

7장

1   Montefiore, *The Romanovs*, 586.

2   같은 책, 614에서 인용했다.

3   Boleslavsky and Woodward, *Lances Down*, 37.

4   같은 곳.

5   Mieville, "October," 70.

6   Boleslavsky and Woodward, *Way of the Lancer*, 88.

7   같은 곳.

8   Roberts, *Richard Boleslavsky: His Life and Work in the Theatre*, 10에서 인용했다.

9   같은 책, 63.

10 Boleslavsky and Woodward, *Lances Down*, 17.

11 Benedetti, *Stanislavski: His Life and Art*, 239.

12 Roberts, *Richard Boleslavsky: His Life and Work in the Theatre*.

13 Boleslavsky and Woodward, *Lances Down*, 66에서 인용했다.

14 같은 곳.

15 Gauss, *Lear's Daughters*, 49에서 인용했다.

16 Whyman, *The Stanislavsky System of Acting*, 31에서 인용했다.

17 같은 책, 105에서 인용했다.

18 같은 책, 119.

19 Dostoyevsky, "The Village of Stepanchikovo," 5.

20 Benedetti, *Stanislavski: His Life and Art*, 231~32.

21 같은 책, 231.

22 같은 책, 232에서 인용했다.

23 같은 책, 234.

24 같은 책, 238에서 인용했다.

25 같은 곳에서 인용했다.

26 같은 곳에서 인용했다.

27 Magarshack, *Stanislavsky: A Life*, 346에서 인용했다.

28 Kendall, *Balanchine and the Lost Muse*, 104.

29 Stanislavski, *My Life in Art*, 553.

30 Roberts, *Richard Boleslavsky: His Life and Work in the Theatre*, 64.

31 Boleslavsky and Woodward, *Lances Down*, 73에서 인용했다.

32 같은 곳.

33 Roberts, *Richard Boleslavsky: His Life and Work in the Theatre*, 65.

34 같은 책, 66.

35 Boleslavsky and Woodward, *Lances Down*, 217.

36 같은 책, 273.

37 Benedetti, *Stanislavski: His Life and Art*, 245.

38 Roberts, *Richard Boleslavsky: His Life and Work in the Theatre*, 66.

39 Kendall, *Balanchine and the Lost Muse*, 104~105.

40 Stanislavski, *My Life in Art*, 555.

41 Benedetti, *Stanislavski: His Life and Art*, 246.

42 Roberts, "Personal (Not for Publication)," 3. JR-368.

43 Roberts, "Personal (Not for Publication)" 6. JR-368.

44 Roberts, "Interview with Natasha Boleslavksy," 2, JR-368.

45 Sayler, *The Russian Theatre Under the Revolution*, 6.

46 같은 책, 7.

47 같은 책, 8.

48 같은 책, 27.

49 같은 책, 28.

50 같은 책, 251.

51 Tcherkasski, *Masterstvo aktera*, 32.

52 Malaev-Babel, *Yevgeny Vakhtangov: A Critical Portrait*, 255에서 인용했다..

53 Gordon, *Stanislavsky Technique, Russia: A Workbook for Actors*, loc 666.

54 같은 책, loc 980.

55 Whyman, *The Stanislavsky System of Acting*, 180~82.

56 Chekhov, *To The Actor*, 66.

57 Marowitz, "The Michael Chekhov Twist."

58 Pitches, *Vsevolod Meyerhold*, 12.

59 같은 책, 19.

60 같은 책, 26.

61 Sayler, *The Russian Theatre Under the Revolution*, 208.

62 Polyakova, *Stanislavsky*, 64.

63 Rudnitsky, *Russian and Soviet Theatre*, 44에서 인용했다.

64 Benedetti, *Stanislavski: His Life and Art*, 250.

65 Rudnitsky, *Russian and Soviet Theatre*, 46.

66 Benedetti, *Stanislavski: His Life and Art*, 250.

67 같은 책, 44.

68 Stanislavski, *My Life in Art*, 550.

69 같은 책, 46. 다음은 이 주제에 대한 레닌의 글이다. "인류의 총체적인 발전에 의해

창조된 문화에 대한 정확한 지식, 그리고 그것의 재작업을 통해 명확하게 이해하는 과정 없이, 프롤레타리아 문화 구축은 가능하지 않을 것이다."

70 Serge, *Memoirs of a Revolutionary*, 158.
71 Roberts, *Richard Boleslavsky: His Life and Work in the Theatre*, 69.
72 같은 책, 66.
73 Benedetti, *Stanislavski: His Life and Art*, 251.
74 Roberts, *Richard Boleslavsky: His Life and Work in the Theatre*, 71.
75 같은 책, 72.
76 같은 책, 73.
77 같은 곳에서 인용했다.
78 같은 곳에서 인용했다.
79 Benedetti, *Stanislavski: His Life and Art*, 247.
80 Roberts, "Interview with Natasha Boleslavksy," 4.
81 Roberts, *Richard Boleslavsky: His Life and Work in the Theatre*, 81.
82 같은 곳에서 인용했다.

8장

1   Clurman, *All People Are Famous*, 25.
2   같은 책, 26.
3   같은 책, 3.
4   같은 책, 5.
5   같은 책, 4, 14.
6   같은 책, 24.
7   같은 책, 40.
8   같은 곳.
9   Unsigned wire service report, *New York Times*, December 6, 1922, p. 3.
10 Ostrovsky, "Maria Germanova," 89에서 인용했다.
11 같은 글, 94.
12 Magarshack, *Stanislavsky: A Life*, 353.
13 같은 책, 355.
14 Benedetti, *Stanislavski: His Life and Art*, 271. 정부는 정치적인 이유로 모스크바 예술극장의 이름을 모스크바 예술 아카데믹 극장(Moscow Art Academic Theatre)으로 변경했다. 1920년대에도 영어로 집필된 대부분의 출처는 극단의 옛 이름 사용을 고집했다. 이 책도 명확성을 위해 그렇게 할 것이다.
15 같은 책, 273.
16 Ostrovsky, "Maria Germanova and the Moscow Art Theatre Prague Group," in *Wandering Stars: Russian Emigré Theatre, 1905–1940*, 47에서 인용했다.

17 Benedetti, *Stanislavski: His Life and Art*, 274.

18 Bordman and Hischak, *The Oxford Companion to the American Theatre*, 259.

19 Stanislavski, *Complete Writings*, vol. 6, 144. 미국 투어에 대한 스타니슬랍스키의 글을 번역하는 데 도움을 준 제리 비코우르노프에게 다시 한 번 감사드린다.

20 Benedetti, *Stanislavski: His Life and Art*, 274.

21 같은 곳.

22 같은 책, 275.

23 Stanislavski, *Complete Writings*, vol. 6, 161.

24 Benedetti, *Stanislavski: His Life and Art*, 275에서 인용했다.

25 Smeliansky, "In Search of El Dorado," 50.

26 같은 곳.

27 같은 곳.

28 같은 글, 51.

29 Magarshack, *Stanislavsky: A Life*, 358.

30 Senelick, *Stanislavsky—a Life in Letters*, 401.

31 Magarshack, *Stanislavsky: A Life*, 360.

32 같은 곳.

33 같은 곳.

34 Stanislavski, *Complete Writings*, vol. 6, 151.

35 같은 책, 209.

36 Pagiana, "Rediscovering Oliver Sayler," 162~67.

37 Sayler, "Origin and Progress," 51.

38 Unsigned news item, *New York Times*, 19.

39 Stanislavski, *Complete Writings*, vol. 6, 224~25.

40 Unsigned item, New York *Daily News*, 2.

41 Unsigned, "Reds Held Partner," *New York Herald*, 1.

42 "Proletarians and Artists," unsigned opinion piece, *New York Times*, December 27, 1922, p. 12.

43 Unsigned, "Moscow Players Bringing Art," Montreal *Gazette*, 13에서 인용했다.

44 Stanislavski, *Complete Writings*, vol. 6, 235.

45 Atkinson, *Broadway: A History*, 11. 오늘날 일반적인 시즌의 신작 공연 수는 1930년대 중반과 비슷하다.

46 같은 책, 174.

47 "Obituary for Joe Leblang," *New York Times*. 레블랭은 사망 당시 부고 기사가 신문 1면에 실릴 정도로 유명한 인물이었다.

48 Atkinson, *Broadway: A History*, 178.

49 같은 책, 177.

50 Wainscott, "Plays and Playwrights: 1896-1915," in *The Cambridge History of American*

Theatre, Volume Two: 1870–1945, 275. 클라이드 피치는 사회 드라마와 진부한 멜로드라마를 결합한 방식 덕에 옹호자를 확보했다. 그러나 피치에게 분명 어느 정도 애정이 있는 로널드 웨인스콧(Ronald Wainscott)조차 피치의 작품과, 예를 들어, 입센 작품에 주요한 차이가 있음을 인정한다. 피치의 연극에서는 "본질적으로는 결론과 조화를 이룬다 하더라도 해피엔딩만을 기대할 수 있다"는 것이다.

51 Atkinson, Broadway: A History, 22에서 인용했다.

52 Naremore, *Acting in the Cinema*, 52~53. 내레모어(Naremore)가 상세히 밝히듯, 델사르트의 테크닉은 머지않아 미국극예술아카데미(American Academy of Dramatic Arts)가 되는 라이시엄 시어터 스쿨(Lyceum Theatre School)의 오리지널 커리큘럼에 큰 영향을 미쳤다. 라이시엄은 1884년 델사르트의 미국인 제자이자 배우 겸 작가, 발명가인 스틸 맥케이(Steele McKaye)가 공동 설립했다.

53 Atkinson, *Broadway: A History*, 37.

54 Watermeier, "Actors and Acting," in *The Cambridge History of American Theatre, Volume Two: 1870–1945*, 168.

55 Bigsby and Wilmeth, "Introduction," in *The Cambridge History of American Theatre, Volume Two: 1870–1945*, 11.

56 Atkinson, *Broadway: A History*, 133.

57 같은 곳.

58 퓰리처상의 연대표는 pulitzer.org/prize-winners-by-category/218을 참조하라.

59 Fearnow, "Theatre Groups and Their Playwrights," in *The Cambridge History of American Theatre, Volume Two: 1870–1945*, 356.

60 Atkinson, *Broadway: A History*, 212.

61 Fearnow, "Theatre Groups and Their Playwrights," 357.

62 Corbin, "Moscow Players Open to a Throng," *New York Times* January 9, 1923, Amusements Hotels and Restaurants, p. 26.

63 Senelick, *Stanislavsky—A Life in Letters*, 409.

64 Benedetti, *Stanislavski: His Life and Art*, 285.

65 Baron, *Modern Acting*, 113.

66 같은 책, 143.

67 Gilbert, *Stage Reminiscences*, 31~32.

68 같은 곳.

69 Frick, "A Changing Theatre: New York and Beyond," in *The Cambridge History of American Theatre, Volume Two: 1870–1945*, 201.

70 Adams, *Lee Strasberg: The Imperfect Genius of the Actors Studio*, 44.

71 같은 곳.

72 같은 책, 49.

73 같은 책, 54.

74 Sandrow, *Vagabond Stars*, 254에서 인용했다.

75   Adams, *Lee Strasberg: The Imperfect Genius of the Actors Studio*, 59에서 인용했다.

76   같은 책, 65에서 인용했다

77   같은 책, 70.

78   같은 곳에서 인용했다.

79   같은 책, 76.

80   같은 곳.

81   "Moscow Art Theatre Maxims," MG 17.23.

82   이 논쟁에 대한 기록은 Morris Gest papers, MG 17.24에서 볼 수 있다.

83   Unsigned, "Modern Theatre in the Dark Ages," New York *Daily News*, 23.

84   Roberts, *Richard Boleslavsky: His Life and Work in the Theatre*, 87.

85   같은 책, 92에서 인용했다.

86   Stanislavski, *Complete Writings*, vol. 6, 216.

87   Boleslavsky, *Acting: The First Six Lessons*, 27, 74.

9장

1   Boleslavsky, "Creative Theatre Lectures," JWRP JR-18, 1.

2   같은 글, JWRP JR-18, 44. 밑줄은 원문에 있는 것을 그대로 옮겼다.

3   같은 글, 23.

4   같은 곳.

5   같은 글, 65~66.

6   같은 글, 69.

7   같은 글, 15~16.

8   Roberts, *Richard Boleslavsky: His Life and Work in the Theatre*, 108에서 인용했다.

9   같은 곳에서 인용했다.

10   Boleslavsky, "The Laboratory Theatre," 7, 2.

11   Boleslavsky, "American Lab Theatre Catalogue 1924," JWRP JR-373.

12   Roberts, *Richard Boleslavsky: His Life and Work in the Theatre*, 116.

13   같은 책, 114~15. 볼레슬랍스키는 1925년 11월에 미국 대학과 소극장에서 열린 드
      라마 컨퍼런스(Conference on the Drama in American Universities and Little Theatres) 연설
      에서 이 아이디어를 논했다.

14   Adams, *Lee Strasberg: The Imperfect Genius of the Actors Studio*, 78에서 인용했다.

15   같은 책, 79.

16   Beebe, "Stage Asides," 96에서 인용했다.

17   Benedetti, *Stanislavski: His Life and Art*, 291~92.

18   Smeliansky, "In Search of El Dorado: America in the Fate of the Moscow Art
      Theatre," 64.

19   Beebe, "Stage Asides," 95.

20 Smeliansky, "In Search of El Dorado: America in the Fate of the Moscow Art Theatre," 64.

21 같은 글, 66에서 인용했다.

22 스트라스버그는 아메리칸 래버러토리 시어터에서 공부하던 시절 공책에 첫 수업 날짜를 1924년 1월로 적었다. 그런데 세 번째 항목에서는 날짜를 1925년이라고 적었다. 단순히 새해가 가까웠다는 이유로 첫 날짜를 잘못 기입했을 가능성이 있지만, 신디 애덤스(Cindy Adams)가 쓴 스트라스버그 전기, 스트라스버그 본인이 쓴 *A Dream of Passion*, J. W. 로버츠(J. W. Roberts)가 쓴 *Richard Boleslavsky: His Life and Work in the Theatre*에는 그가 1924년에 출석한 것으로 기록되어 있다. 그가 1925년에 아메리칸 랩 시어터를 다녔다면, 그가 모스크바 예술극장의 공연을 처음으로 본 시점과 학교 등록 시점 사이에 거의 2년 가까운 시간이 흘렀다는 뜻인데, 그럴 가능성은 거의 없어 보인다. 그러나 이전 항목보다 이후 항목에서 날짜를 잘못 쓸 가능성 역시 거의 없어 보인다.

23 Adams, *Lee Strasberg: The Imperfect Genius of the Actors Studio*, 79.

24 Roberts, *Richard Boleslavsky: His Life and Work in the Theatre*, 120.

25 같은 곳.

26 같은 책, 121.

27 Heilman, "The American Career of Maria Ouspenskaya," 95. 외알 안경은 실제로도 그녀에게 필요한 물건이었지만, 그녀의 무시무시한 존재감에 기여하기도 했다.

28 Brault, "Theory and Practice," 80.

29 Roberts, *Richard Boleslavsky: His Life and Work in the Theatre*, 147에서 인용했다.

30 같은 책, 120.

31 Brault, "Theory and Practice," 80~81.

32 Roberts, *Richard Boleslavsky: His Life and Work in the Theatre*, 147에서 인용했다.

33 Brault, "Theory and Practice," 72.

34 Strasberg, "Notes," 1 LSP, Box 49.

35 같은 곳.

36 같은 곳.

37 같은 곳.

38 Brault, "Theory and Practice," 73; 자몽과 관련된 내용은 Strasberg, "Notes," 5 LSP, Box 49에서 가져왔다.

39 Brault, "Theory and Practice," 73에서 인용했다.

40 같은 글, 75.

41 같은 글, 108.

42 Strasberg, "Notes," 6 LSP, Box 49.

43 같은 곳.

44 Brault, "Theory and Practice," 78.

45 Gresham to J. W. Roberts, JWRP JR-368.

46 Keyes, unpublished memoir, JWRP JR-368에서 인용했다.

47 Boleslavsky, *Acting: The First Six Lessons*, 150.

48 Brault, "Theory and Practice," 132에서 인용했다.

49 Boleslavsky, *Acting: The First Six Lessons*, 156~63.

50 정서 기억에 활용되는 마음의 보관 도구를 가리키는 용어들이 굉장히 많은데, 대부분 이름에 "골드(gold)"를 넣는 경향이 있다. 가장 일반적인 방식은 일종의 책이나 상자로 지칭하는 것이다. 볼리는 때때로 훨씬 더 많은 것을 환기하는 "감정을 담은 황금 장식함(golden casket of feelings)"이라는 용어를 사용하기도 했지만, 이 용어가 인기를 끌지는 못한 것 같다.

51 Strasberg, "Notes," 10 LSP, Box 49.

52 Adams, *Lee Strasberg: The Imperfect Genius of the Actors Studio*, 81에서 인용했다.

53 Ochoa, *Stella! Mother of Modern Acting*, loc 542에서 인용했다.

54 같은 책, 1116.

55 Smith, *Real Life Drama*, loc 503에서 인용했다.

56 같은 곳.

57 Ochoa, *Stella! Mother of Modern Acting*, loc 624.

58 같은 책, 809.

59 Adler, letter to Boleslavsky and Ouspenskaya, JWRP JR-79.

60 Adler, "Interview with Ronald Willis," JWRP JR-372.

61 같은 곳.

62 같은 곳에서 인용했다.

63 같은 곳.

64 Smith, *Real Life Drama*, loc 415.

65 Clurman, *The Fervent Years*, 9.

66 Adams, *Lee Strasberg: The Imperfect Genius of the Actors Studio*, 28.

67 Clurman, *The Fervent Years*, 12.

68 Roche, "Arch-Rebel of French Theatre," *New York Times*.

69 Adams, *Lee Strasberg: The Imperfect Genius of the Actors Studio*, 91에서 인용했다.

70 같은 책, 9.

71 같은 곳.

72 Clurman, *The Fervent Years*, 15.

73 연출 수업의 출석 기록에는 스트라스버그가 그 자리에 있었다고 적혀 있지만, 클러먼은 리가 출석한 적이 없다고 주장한다. 다른 학생은 리가 들락날락했다고 말한다.

74 Roberts, "Interview with Harold Clurman," JWRP JR-368, 22.

75 Brault, "Theory and Practice," 103.

76 같은 책, 104.

77 Roberts, *Richard Boleslavsky: His Life and Work in the Theatre*, 169. "비트(beat)"라는

용어 사용에 대한 추가적인 논의는 Brault, "Theory and Practice," 114~15에서 확인할 수 있다. 로버츠가 수행한 인터뷰에는 볼레슬랍스키가 "조각(bit)"—스타니슬랍스키가 작은 행동 단위를 가리킬 때 그랬던 것처럼—를 말하려던 의도였는지, 아니면 목걸이의 구슬을 가리키는 "비드(bead)"를 말하려던 것인지에 대한 논란이 있다. 가장 가능성이 높은 것은, 그가 우리가 현재 "액팅 비트(acting beat)"라고 부르는 것을 뜻할 때는 "조각"을, "스토리 비트(story beat)"라고 부르는 것을 뜻할 때는 "비드"를 활용했다는 것이다.

78 Smith, *Real Life Drama*, loc 503.

79 Adler, letter to Boleslavsky, JWRP JR-79.

80 같은 곳.

81 Roberts, *Richard Boleslavsky: His Life and Work in the Theatre*, 192.

82 같은 책, 219에서 인용했다.

83 Boleslavsky, "Reasons for Repertory," *New York Times*, 179.

84 Roberts, *Richard Boleslavsky: His Life and Work in the Theatre*, 221.

85 Boleslavsky, "Reasons for Repertory," *New York Times*, 179.

86 Smith, *Real Life Drama*, loc 885.

10장

1 Clurman, *All People Are Famous*, 66.

2 같은 책, 54.

3 Clurman, *The Fervent Years*, 23~24.

4 같은 책, 25.

5 Adams, *Lee Strasberg: The Imperfect Genius of the Actors Studio*, 84.

6 셰릴 크로퍼드의 회고록에 따르면, 당시 이들이 작업하던 연극은 린 리그스(Lynn Riggs)의 〈라일락은 초록으로 자라고(Green Grow the Lilacs)〉였다. 이 연극은 나중에 뮤지컬 〈오클라호마!(Oklahoma!)〉가 되었다. 리는 "시리아인 행상"을 연기했다. 뮤지컬에서 이 캐릭터는 알리 하킴이라는 이름의 페르시아인이다.

7 Crawford, *One Naked Individual*, 17.

8 같은 책, 39. "슈거 대디"가 남성이었는지 여부는 우리가 절대 알 수 없을 것이다. 크로퍼드의 동성애는 누구나 아는 비밀이었지만, 공개적으로 논의된 적은 결코 없었다. 당시 글에는 그녀의 섹슈얼리티에 대한 완곡한 표현이 많이 등장하는데, 클러먼은 *The Fervent Years*에서 그녀를 "건장한 여성(sturdy girl)"이라고 부른다. 아서 로런츠(Arthur Laurents)는 호전적인 회고록 *Original Story By*에서 크로퍼드의 "페르소나 살인(persona murder)"을 비난한다. 그녀가 "전형적인 부치 레즈비언의 외모와 매너"를 가졌을 뿐만 아니라, 그룹 시어터의 단원으로서 공산주의자 혐의를 받았기 때문이다. 그러나 뉴욕 연극계에서는 그 누구도 이 두 문제를 언급하지 않았다.

9   Smith, *Real Life Drama*, loc 623.

10 Clurman, *The Fervent Years*, 25.

11 같은 책, 15.

12 Crawford, *One Naked Individual*, 51에서 인용했다.

13 같은 곳.

14 Ochoa, *Stella! Mother of Modern Acting*, loc 1334에서 인용했다.

15 Smith, *Real Life Drama*, loc 151.

16 같은 책, 161.

17 Clurman, *Collected Works*, 1.

18 같은 곳.

19 같은 책, 3.

20 Clurman, *The Fervent Years*, 34.

21 Lewis, *Slings and Arrows*, 36.

22 Clurman, *The Fervent Years*, 30.

23 Ochoa, *Stella! Mother of Modern Acting*, loc 1394에서 인용했다.

24 Smith, *Real Life Drama*, loc 210.

25 Clurman, *The Fervent Years*, 36.

26 New York *Daily News*, May 24, 1931, 68.

27 Lewis, *Slings and Arrows*, 39.

28 너덜너덜해진 브룩필드 다이어리 원본은 의회도서관 Box 29에 있는 리 스트라스버그 문서에서 볼 수 있다. 이 문서의 사본은 켄트 스테이트(Kent State) Box 12, Folder 1에 있는 로버트 루이스 문서에 있다. 브룩필드 다이어리에서 가져온 모든 인용문은 레이 빈스톡(Rae Binstock)과 내가 필사한 문서에서 가져온 것이다. 모든 육필을 읽을 수 있는 건 아니어서 필자는 문제의 문장을 정확하게 옮겼다는 확신이 들 때에만 인용했다.

29 Leverett, *The Brookfield Diary*, LS-29, 1.

30 같은 글, 2.

31 Smith, *Real Life Drama*, loc 875.

32 Clurman, *The Fervent Years*, 41.

33 Lewis, *Slings and Arrows*, 46.

34 Crawford, *One Naked Individual*, 54.

35 Lewis, *Slings and Arrows*, 46.

36 같은 책, 47.

37 Bromberg, *The Brookfield Diary*, 4.

38 Clurman, *The Fervent Years*, 41.

39 같은 책, 42.

40 Adams, *Lee Strasberg: The Imperfect Genius of the Actors Studio*, 129.

41 Smith, *Real Life Drama*, loc 1131.

42 Adams, *Lee Strasberg: The Imperfect Genius of the Actors Studio*, 131.

43 Smith, *Real Life Drama*, loc 1126.

44 Clurman, *The Fervent Years*, 43~44.

45 Smith, *Real Life Drama*, loc 894.

46 Lewis, *The Brookfield Diary*, 47.

47 Smith, *Real Life Drama*, loc 923.

48 Clurman, *The Fervent Years*, 44~45.

49 Brand, *The Brookfield Diary*, 31.

50 Lewis, *Slings and Arrows*, 42.

51 Clurman, *The Fervent Years*, 42에서 인용했다.

52 Adams, *Lee Strasberg: The Imperfect Genius of the Actors Studio*, 123에서 인용했다.

53 Smith, *Real Life Drama*, loc 445.

54 Clurman, *The Fervent Years*, 52.

55 Adams, *Lee Strasberg: The Imperfect Genius of the Actors Studio*, 124에서 인용했다.

56 같은 곳에서 인용했다. 웬디 스미스(Wendy Smith)의 *Real Life Drama*에는 카노브스키가 스트라스버그의 화가 점점 커질 때 했던 말을 인용한다. "리, 그러지 마. 자네는 자신에게 상처를 주게 될 거야, 리."

57 같은 곳에서 인용했다.

58 Smith, *Real Life Drama*, loc 933.

59 Adams, *Lee Strasberg: The Imperfect Genius of the Actors Studio*, 122.

60 Chinoy, *The Group Theatre*, 42.

61 Odets, *The Brookfield Diary*, 8.

62 같은 책, 69.

63 Clurman, *The Fervent Years*, 47에서 인용했다.

64 Adams, *Lee Strasberg: The Imperfect Genius of the Actors Studio*, 147에서 인용했다.

65 Clurman, *The Fervent Years*, 54에서 인용했다.

11장

1 Atkinson, "The Play: Epic of the South," *New York Times*, 22.

2 Internet Broadway Database.

3 Smith, *Real Life Drama*, loc 1919.

4 카잔이 이 별명을 어디서 얻었는지에 대한 설명은 출처마다 상당히 다르다. 게다가 그의 회고록 *A Life*는 별명의 기원을 설명하지 않는다. 카잔의 전기를 쓴 리처드 시켈(Richard Schickel)은 그가 예일에서 이 별명을 얻었다고 말한다.

5 Kazan, *A Life*, loc 1219~38에서 인용했다.

6 Smith, *Real Life Drama*, loc 2031.

7 같은 책, 2070.

8 같은 책, 2089.

9 Lewis, *Slings and Arrows*, 62~63.

10 Chinoy, *The Group Theatre*, 71.

11 Clurman, *The Fervent Years*, 91. 그룹이 텍스트의 상당 부분을 그럭저럭 이해했다면, 그건 놀라운 일일 것이다. 그 문헌들은, 번역을 거쳤다 하더라도, 소련의 전문 용어로 가득 차 있어 이해가 쉽지 않다.

12 Smith, *Real Life Drama*, loc 2119.

13 같은 책, loc 2129.

14 Lewis, *Slings and Arrows*, 65.

15 Clurman, *The Fervent Years*, 95.

16 Smith, *Real Life Drama*, loc 991에서 인용했다.

17 Chinoy, *The Group Theatre*, 101.

18 Clurman et al., "Looking Back," 504에서 인용했다.

19 같은 글, 523에서 인용했다.

20 같은 곳에서 인용했다.

21 Adams, *Lee Strasberg: The Imperfect Genius of the Actors Studio*, 147에서 인용했다.

22 Clurman et al., "Looking Back," 550에서 인용했다.

23 오초아(Ochoa)의 *Stella! Mother of Modern Acting*에 따르면, 이디시 극단은 가업인 경우가 많았기 때문에 이디시 연극에서 형제자매가 연인을 연기하는 건 특이한 일이 아니었다.

24 Lewis, *Slings and Arrows*, 78.

25 Atkinson, "Group Theatre Commences," *New York Times*, 24.

26 Lewis, *Slings and Arrows*, 78.

27 Crawford, *One Naked Individual*, 59.

28 Smith, *Real Life Drama*, loc 2540~41.

29 Clurman, *The Fervent Years*, 103에서 인용했다.

30 같은 책, 94.

31 같은 책, 95.

32 Crawford, *One Naked Individual*, 50.

33 Clurman, *The Fervent Years*, 113.

34 Smith, *Real Life Drama*, loc 2771.

35 같은 책, loc 2469.

36 같은 책, loc 2469.

37 같은 책, loc 2479.

38 같은 책, loc 2406.

39 Adams, *Lee Strasberg: The Imperfect Genius of the Actors Studio*, 154.

40 같은 책, 154~56. 이 일화는, 분명한 이유들 때문에, 그룹에 대한 전설의 주요 부분이다. 이 버전에 실린 대화는 애덤스(Adams)의 책에서 가져온 것이다.

41 Smith, *Real Life Drama*, loc 2791.

42 Crawford, *One Naked Individual*, 63.

43 같은 책, 65.

44 Smith, *Real Life Drama*, loc 3115.

45 같은 책, loc 3188.

46 Seymour, "Stage Directors' Workshop," 259에서 인용했다.

47 Crawford, *One Naked Individual*, 64.

48 Chinoy, *The Group Theatre*, 86.

49 Smith, *Real Life Drama*, loc 3220.

50 Seymour, "Stage Directors' Workshop," 214.

51 Chinoy, *The Group Theatre*, 87. FBI 조정은 스트라스버그의 테크닉에 대한 구전설
화에서는 대단히 큰 의미를 갖는 부분이라서 그의 회고록 *A Dream of Passion*을 비
롯한, 그의 연출을 다룬 거의 모든 책에 등장한다.

52 Crawford, *One Naked Individual*, 64.

53 『연기: 첫 여섯 번의 수업』에는 "시스템"의 기본 개념에 대한 가장 명확한 설명이
일부 담겨 있지만, "피조물"이라는 프레임 장치가 오늘날 이 책을 교과서로 삼는
걸 거의 불가능한 일로 만들어버린다.

54 Kazan, *A Life*, loc 2382.

55 같은 책, 2352.

56 Lewis, *Slings and Arrows*, 61. 루이스에 따르면, 메러디스는 그룹에 합류하기 위해
엄청나게 많은 시도를 했지만 "연출가들"은 그를 결코 받아들이지 않았다.

57 Nott, *He Ran All the Way*, loc 131.

58 같은 책, loc 224.

59 같은 책, loc 353.

60 같은 책, loc 367.

61 같은 책, loc 406.

62 같은 책, loc 420.

63 같은 곳.

64 Lewis, *Slings and Arrows*, 61.

65 같은 곳.

66 Adams, *Lee Strasberg: The Imperfect Genius of the Actors Studio*, 165.

67 같은 책, 168.

68 같은 곳에서 인용했다.

69 Benedetti, *Stanislavski: His Life and Art*, 350.

70 같은 책, 318~32. 두 버전을 집필하고 편집하는 고통스러운 (그리고 무척 긴) 과정
이 소개되어 있다.

71 같은 책, 335~36에서 인용했다.

72 Whyman, *The Stanislavsky System of Acting*, 62.

73 Benedetti, *Stanislavski: His Life and Art*, 323.

74 같은 책, 340. 러시아에서 극장 이름이 다시 한 번 바뀌면서 소비에트연방의 모스 크바 아카데미 극장(Moscow Art Academic Theatre of the USSR)이 되었다.

75 Logan, "The Method Is the Means," *New York Times*, 97.

76 Benedetti, *Stanislavski: His Life and Art*, 348.

77 Smith, *Real Life Drama*, loc 4028.

78 같은 책, loc 4016.

79 Clurman, *All People Are Famous*, 81.

80 Smith, *Real Life Drama*, loc 4050.

81 Kline, ed., "It Makes You Weep," 188.

82 같은 글, 189.

83 같은 곳.

84 Kazan, *A Life*, 104.

85 Adler, "How I Met Stanislavski," SAHC 23.13, 4.

86 애들러와 클러먼의 불륜은 오랜 세월 동안 두 사람이 맺은 관계의 특징이었고, 결국에는 이혼으로 이어진 주요 원인 중 하나가 되었다.

12장

1   Clurman, *All People Are Famous*, 82.

2   Adler, "How I Met Stanislavski," SAHC 23.13, 5.

3   Adler, *Technique of Acting*, 119에서 인용했다.

4   Clurman, *All People Are Famous*, 83에서 인용했다.

5   같은 곳.

6   같은 책, 84에서 인용했다. 클러먼은 이 사건을 여러 차례 방문한 중에 일어난 일로 묘사한 반면, 애들러는 어느 날 오후에 일어난 일로 묘사한다.

7   Adler, *Technique of Acting*, 119에서 인용했다.

8   Clurman, *All People Are Famous*, 83에서 인용했다.

9   Adler, "How I Met Stanislavski," SAHC 23.13, 7.

10 Adler, *Technique of Acting*, 121에서 인용했다.

11 Chinoy, *The Group Theatre*, 104에서 인용했다.

12 Gordon, *Stanislavsky in America*, 154~55.

13 Adler, *Technique of Acting*, 122.

14 Ochoa, *Stella! Mother of Modern Acting*, loc 1985에서 인용했다.

15 Filippov, *Actors Without Make-up*, 59에서 인용했다.

16 스타니슬랍스키는 스텔라 애들러와의 만남에서 그가 밝힌 것보다 더 많은 영향을 받았다. 세르게이 체르카스키(Sergei Tcherkasski)의 *Masterstvo aktera*에 따르면, 그는 여러 인터뷰에서 그 사건을 언급했으며, *The Actor's Work on Himself*의 초과업

과 행동 관통선을 다룬 장에는 이 이야기의 다른 버전이 담겨 있기도 하다.

17 Filippov, *Actors Without Make-up*, 59에서 인용했다.

18 Chinoy, *The Group Theatre*, 106.

19 Meisner, *Meisner on Acting*, 255.

20 Chinoy, *The Group Theatre*, 107에서 인용했다.

21 Smith, *Real Life Drama*, loc 4108에서 인용했다.

22 Clurman et al., "Looking Back," 503.

23 같은 글, 516.

24 같은 글, 523에서 인용했다.

25 Smith, *Real Life Drama*, loc 3715에서 인용했다.

26 Clurman et al., "Looking Back," 516.

27 Kazan, *A Life*, 105.

28 Smith, *Real Life Drama*, loc 3587.

29 Chinoy, *The Group Theatre*, 107.

30 Clurman, *The Fervent Years*, 139.

31 Clurman et al., "Looking Back," 550.

32 Kazan, "Outline for an Elementary Course," 34~37.

33 Adams, *Lee Strasberg: The Imperfect Genius of the Actors Studio*, 179.

34 Lewis, *Slings and Arrows*, 71.

35 Smith, *Real Life Drama*, loc 4149.

36 같은 책, loc 3437에서 인용했다.

37 Roberts, "Interview with Lee Strasberg," JWRP JR-368, 19.

38 스타니슬랍스키 추종자들 입장에서, 애들러의 사라진 노트는 영화 〈인디애나 존스〉 시리즈의 유물과 비슷한 존재다. 고(故) 멜 고든(Mel Gordon)은 *Stanislavsky in America*에서 애들러가 스타니슬랍스키와 가진 시간 동안 작성한 노트를 본 적 있는 것 같다고 밝혔지만, 그걸 소장한 사람은 아무도 없는 듯하다.

39 Benedetti, *Stanislavski: His Life and Art*, 352에서 인용했다.

40 Whyman, *The Stanislavsky System of Acting*, 239.

41 스타니슬랍스키는 "시스템"을 수정한 것 외에도, 1936년에 아들 이고르(Igor)에게 보낸 편지에서 25단계의 리허설 테크닉을 묘사했다. 리허설 1일 차에는 대본을 강독한다. 리허설 2일 차에는 테이블 작업 대신 배우들을 세워놓고 작품의 신체적 행동을 거칠게 연출했다. "이 작업이 정확하고 올바르게 행해지면," 스타니슬랍스키가 썼다. "그것이 사실이며, 무대 위에서 벌어지고 있는 일에 대한 믿음을 불러일으킨다면 신체의 삶의 노선(line)이 창조되었다고 말할 수 있다. 이건 사소한 일이 아니지만, 그 역할의 절반일 뿐이다." 이후 극단은 캐릭터의 행동을 통해 즉흥 연기를 해나가면서 더욱 더 많은 레이어를 덧붙인다. 시나리오를 분석하고 가다듬는 작업은 그 과정 중 열네 번째 단계일 뿐이다.

42 Chambers, *Analysis Through Action: From Stanislavsky to Contemporary Performance*.

43 Benedetti, *Stanislavski: His Life and Art*, 326에서 인용했다.

44 같은 책, 355.

45 Whyman, *The Stanislavsky System of Acting*, 31.

46 Senelick, *Stanislavsky—a Life in Letters*, 545.

47 Clurman et al., "Looking Back," 550.

13장

1 Barton-Kraber, "Notes from Ellenville," SAHC 22.6, 6.

2 같은 곳.

3 같은 곳.

4 같은 곳.

5 같은 글, 8. 볼레슬랍스키도 아메리칸 래버러토리 시어터에서 한 어느 강연에서 정서 기억을 전화번호를 암기하는 것과 비교했다.

6 Crawford, *One Naked Individual*, 68.

7 Smith, *Real Life Drama*, loc 4210.

8 Clurman, *The Fervent Years*, 142에서 인용했다.

9 Smith, *Real Life Drama*, loc 4411.

10 Lewis, *Slings and Arrows*, 82~83에서 인용했다.

11 Clurman et al., "Looking Back," 496.

12 Brenman-Gibson, *Clifford Odets*, 302에서 인용했다.

13 같은 곳.

14 같은 책, 283.

15 Kazan, *A Life*, loc 2530.

16 Odets, *Waiting for Lefty*, 5.

17 Burns, *New York: A Documentary Film*, episode 6.

18 Brenman-Gibson, *Clifford Odets*, 284~85에서 인용했다.

19 Odets, *Waiting for Lefty*, 31.

20 Clurman, *The Fervent Years*, 142에서 인용했다.

21 Lewis, *Slings and Arrows*, 79~80.

22 Clurman, *The Fervent Years*, 142.

23 Atkinson, "Gold Eagle Guy," *New York Times*, 33.

24 Kazan, *A Life*, 112.

25 Smith, *Real Life Drama*, loc 4435에서 인용했다.

26 Clurman, *The Fervent Years*, 144에서 인용했다.

27 Kazan, *A Life*, loc 2649.

28 같은 곳.

29 같은 곳.

30 Clurman, *The Fervent Years*, 144에서 인용했다.

31 Odets, *Waiting for Lefty*, 100~101.

32 Clurman, *The Fervent Years*, 145.

33 시즌 취소를 결정한 만남, 〈깨어나 노래하라!〉의 강독, 〈레프티를 기다리며〉의 초연의 정확한 시간적 순서에 대해서는 출처마다 의견이 갈린다.

34 Clurman, *The Fervent Years*, 148.

35 Odets, *Waiting for Lefty*, 31.

36 Clurman, *The Fervent Years*, 148.

37 Clurman et al., "Looking Back," 530.

38 Kazan, *A Life*, 115.

39 Smith, *Real Life Drama*, loc 4546에서 인용했다.

40 Flanagan, *Arena*, 34.

41 Biographical history of the FTP, Syracuse.

42 Smith, *Real Life Drama*, loc 4551.

43 같은 책, loc 4556에서 인용했다.

44 같은 곳에서 인용했다.

45 Clurman, *The Fervent Years*, 146.

46 Kazan, *A Life*, 121.

47 Smith, *Real Life Drama*, loc 4664.

48 Clurman, *Collected Works*, 47.

49 Roberts, "Interview with Harold Clurman," JWRP JR-368.

50 Clurman et al., "Looking Back," 497.

51 Kazan, *A Life*, loc 2707.

52 같은 책, 122.

53 Nott, *He Ran All the Way*, loc 1116.

54 같은 책, loc 585.

55 같은 책, loc 670.

56 Clurman et al., "Looking Back," 497.

57 Odets, *Waiting for Lefty*, 37.

58 같은 책, 97.

59 Clurman, *The Fervent Years* 154~55에서 인용했다.

14장

1 Strasberg Papers, LS-29.

2 Atkinson, "Paradise Lost," *New York Times*, 1. 사실 오데츠는 체호프에 친숙하지 않았다. 이는 모스크바 예술극장의 연기 테크닉 DNA에 체호프가 어느 정도 내재되어 있음을 시사한다.

3   Clurman, *The Fervent Years*, 188.

4   Smith, *Real Life Drama*, loc 6238.

5   Clurman, *The Fervent Years*, 191.

6   같은 책, 196.

7   Clurman, *Collected Works*, 23.

8   Smith, *Real Life Drama*, loc 6892.

9   Clurman, *Collected Works*, 25~29.

10 Benedetti, *Stanislavski: His Life and Art*, 366.

11 Whyman, *The Stanislavsky System of Acting*, 66~67. 장 베네데티(Jean Benedetti)는 그가 쓴 스타니슬랍스키 전기에서 햅굿의 번역에 대해 특히 비판적이다. 그는 Routledge에서 *An Actor's Work*과 *An Actor's Work on a Role* 두 권으로 나눠 출판한, 훨씬 더 충실하고 이해하기 쉬운 책을 직접 번역했다. 베네데티는 훌륭한 작가이며, 스타니슬랍스키의 원전에 충실하려 한 그의 시도는 존경할 만하다. 다만 그가 최선의 노력을 기울였음에도 그 책들은 여전히 혼란스럽다.

12 Roberts, "Interview with Harold Clurman," JWRP JR-368, 28.

13 Clurman, *Collected Works*, 29.

14 Benedetti, *Stanislavski: His Life and Art*, 362.

15 같은 책, 371.

16 Benedetti, ed., *The Moscow Art Theatre Letters*, 358.

17 같은 곳.

18 Benedetti, *Stanislavski: His Life and Art*, 374에서 인용했다.

19 Sklar, *Movie-Made America*, 162.

20 Pond, "Before the Guild." 196

21 Sklar, *Movie-Made America*, 171.

22 같은 책, 170.

23 같은 책, 173.

24 같은 책, 174에서 인용했다

25 같은 책, 152.

26 같은 곳.

27 Clurman, *The Fervent Years*, 201에서 인용했다.

28 같은 곳.

29 Kazan, *A Life*, loc 3509.

30 Clurman, *The Fervent Years*, 206.

31 같은 책, 207.

32 Brenman-Gibson, *Clifford Odets*, 476.

33 "Interview with Julie Garfield," *The Breaking Point*.

34 Nott, *He Ran All the Way*, loc 881에서 인용했다.

35 Basinger, *The Star Machine*, 13.

36 같은 책, 45.

37 같은 책, 130.

38 같은 책, 59.

39 Baron, *Modern Acting*, 178.

40 Kazan, *A Life*, 184에서 인용했다.

41 Basinger, *The Star Machine*, 73.

42 Garfield, "Lecture on Film Acting," 73.

43 같은 글, 74.

44 Nott, *He Ran All the Way*, 64.

45 Basinger, *The Star Machine*, 61.

46 Nott, *He Ran All the Way*, 83.

15장

1   Clurman, *Collected Works*, 29.

2   Smith, *Real Life Drama*, loc 9269.

3   같은 책, loc 9170.

4   Lahr, *Tennessee Williams*, 16.

5   Kazan, *A Life*, loc 5436.

6   Schickel, *Elia Kazan*, 105.

7   Kazan, *A Life*, loc 245.

8   같은 책, loc 3176.

9   같은 책, loc 145.

10 Schickel, *Elia Kazan*, 169에서 인용했다.

11 Kazan, *A Life*, loc 5780.

12 같은 책, loc 5168.

13 같은 책, loc 5780.

14 Ochoa, *Stella! Mother of Modern Acting*, loc 2995에서 인용했다.

15 Clurman, *All People Are Famous*, 120.

16 Adams, *Lee Strasberg: The Imperfect Genius of the Actors Studio*, 191.

17 살카 비어텔은 그 자체로 매혹적인 인물이다. 그녀의 인생사와 그녀가 망명 온 유럽 지식인들을 위해 연 살롱은 그녀의 놀라운 회고록 *The Kindness of Strangers*와 도나 리프킨드(Donna Rifkind)의 *The Sun and Her Stars*에 상세하게 소개되어 있다. 클러먼은 *All People Are Famous*(120~23)에서 그녀와 함께 보낸 시간을 다루었고, 오토 프리드리히(Otto Friedrich)의 *City of Nets*(99)에서는 그녀의 집에서 열린 "토마스 만"의 형 하인리히 만의 생일 파티를 특히 인상적으로 묘사했다.

18 Clurman, *All People Are Famous*, 123.

19 같은 책, 122. 클러먼은 그가 "야망의 철봉(iron rod)"라고 부르는 크로퍼드가 이 책

을 먼저 읽고 페이지에 많은 주석을 달았다고 주장한다.

20 "Suggested Acting Roles [1941]," SAHC 33.4.

21 Ochoa, *Stella! Mother of Modern Acting*, loc 3159.

22 Mann, *The Contender*, 6.

23 같은 책, 43~44.

24 Clurman, *All People Are Famous*, 260.

25 Bosworth, *Marlon Brando*, 19.

26 Mann, *The Contender*, 70.

27 같은 책, 65.

28 같은 책, 56.

29 같은 책, 30.

30 Bosworth, *Marlon Brando*, 15.

31 Mann, *The Contender*, 81.

32 같은 책, 82에서 인용했다.

33 같은 책, 87.

34 Bosworth, *Marlon Brando*, 19.

35 Mann, *The Contender*, 27.

36 Brecht, "The Street Scene," 125. "서사극", 그리고 서사극과 "시스템"의 차이점에 대해 생각하는 한 가지 방법은 스타니슬랍스키/네미로비치와 스트라스버그/클러먼이 형식과 내용 사이의 균형을 고려한 반면, 피스카토르와 브레히트는 기능(function)을 고려했다는 점이다. 그들의 작업은 노골적으로 반(反)카타르시스, 반사실주의, 반개인주의 성향으로, 사회적 환경에서 흘러나온 캐릭터를 묘사한다. 피스카토르가 바이마르 시절에 제작한 작품들은 〈라스푸틴(Rasputin)〉〈로마노프 왕조(the Romanoffs)〉〈전쟁과 그들에 맞서 봉기한 사람들(the War, and the People Who Rose Up Against Them)〉 같은 제목의 거대한 스펙터클이었다. 2년 후 브레히트는 "우리는 약강격(iambic) 시의 형식으로 돈에 대해 말할 수 있을까? 석유는 5막 형식을 거부한다. 오늘날의 대재앙은 일직선으로 발전하지 않고 순환적인 위기로 발전한다"고 말하면서 유럽의 연극사(史) 전체에 도전했다. (Brecht on Theatre, 30을 보라.)

37 Belafonte, *My Song*, 66.

38 Mann, *The Contender*, 28에서 인용했다.

39 같은 책, 39.

40 Dramatic Workshop 1941–42 course catalog, 12.

41 필자가 Farran Smith Nehme과 한 인터뷰.

42 Mann, *The Contender*, 104.

43 Kissell, *Stella Adler*, 18에서 인용했다.

44 Balcerzak, "Fellows Find"에서 인용했다

45 Ochoa, *Stella! Mother of Modern Acting*, loc 3347에서 인용했다.

46 Mann, *The Contender*, 30.

47 같은 책, 33에서 인용했다.

48 같은 책, 47.

49 Bosworth, *Marlon Brando*, 23.

50 Mann, *The Contender*, 98.

51 같은 책, 56.

52 Clurman, *All People Are Famous*, 110.

53 Mann, *The Contender*, 118.

54 Clurman, *All People Are Famous*, 111.

55 Mann, *The Contender*, 119에서 인용했다.

56 같은 책, 101.

57 Bosworth, *Marlon Brando*, 28.

58 같은 곳.

59 Smith, *Real Life Drama*, loc 9423.

60 Epstein, *Joe Papp*, loc 1347.

61 Nott, *He Ran All the Way*, loc 1897.

62 Baron, *Modern Acting*, 200에서 인용했다.

63 같은 책, 201에서 인용했다.

64 같은 책, 196~201.

65 Epstein, *Joe Papp*, loc 1270.

66 Baron, *Modern Acting*, 193~94.

67 같은 책, loc 1347.

16장

1 Schickel, *Elia Kazan*, 124.

2 Kazan, *A Life*, loc 6200.

3 같은 책, loc 6566.

4 Nichols, "The Play," *New York Times*, L-19.

5 Mann, *The Contender*, 187에서 인용했다.

6 Kazan, *A Life*, 300.

7 McKay, *Broadway: The Golden Age*.

8 Mann, *The Contender*, 33; Clurman, *All People Are Famous*, 260. 친구들을 프로이트의 관점에서 읽는 버릇이 있던 클러먼은 브랜도의 천재성을 노골적으로 어머니의 알코올 중독에 따른 고통, 브랜도 자신의 성적 난잡함에 대한 죄책감과 연결시켰다.

9 Clurman, *All People Are Famous*, 259.

10 Mann, *The Contender*, 186.

11 Kazan, *A Life*, loc 6807.

12 Garfield, *A Player's Place*, 46.

13 Kazan, *A Life*, loc 3298.

14 Kazan, "Letter to Harold Clurman," HC-CU. 이 편지에 날짜는 적혀 있지 않지만, 내용을 보면 클러먼이 1947년 3월 27일에 개봉한 영화 *The Whole World Over*의 캐스팅을 진행 중이던 시점에 보낸 것이 확실하다.

15 Lewis, *Slings and Arrows*, 181.

16 Crawford, *One Naked Individual*, 145~62.

17 같은 책, 217.

18 같은 곳.

19 Garfield, *A Player's Place*, 54.

20 같은 책, 53.

21 같은 곳.

22 Nott, *He Ran All the Way*, loc 2322.

23 같은 책, loc 2486.

24 Schrecker, *Many Are the Crimes: McCarthyism in America*, 127.

25 같은 책, 129.

26 Nott, *He Ran All the Way*, loc 2553.

27 Stein, *West of Eden*, 70.

28 같은 책, 76에서 인용했다.

29 Nott, *He Ran All the Way*, loc 2553에서 인용했다.

30 같은 책, loc 2648.

31 같은 곳.

32 Krones and Hartmut, "Writing Hollywood's Music: Hanns Eisler," in *Quiet Invaders Revisited: Biographies of Twentieth Century Immigrants to the United States*, loc 6244.

33 Garfield, *A Player's Place*, 52.

34 Staggs, *When Blanche Met Brando*, 28.

35 Mann, *The Contender*, 152.

36 같은 책, 161.

37 같은 책, 163.

38 Staggs, *When Blanche Met Brando*, 32.

39 Mann, *The Contender*, 176에서 인용했다.

40 Atkinson, *Broadway: A History*, 389.

41 같은 곳.

42 같은 책, 390.

43 아서 로런츠는 *Original Story By*, 49~51에서 이 작품의 주제와 집필 과정 모두를 상세히 설명한다.

44 〈거북이의 목소리〉는 깊은 감동을 주는 아름다운 작품이다. 필자는 2001년 가을 오프브로드웨이에서 운 좋게 감상할 수 있었다. 이 작품은 더 자주 재공연되어야 한다.

45 Atkinson, *Broadway: A History*, 391.

46 Schumach, "A Director Named Gadge," *New York Times*, 18.

47 Mann, *The Contender*, 202.

48 Malden, *When Do I Start?*, 176.

49 같은 책, 177.

50 Kazan, *A Life*, loc 7738.

51 Malden, *When Do I Start?*, 177.

52 Mann, *The Contender*, 202에서 인용했다.

53 Staggs, *When Blanche Met Brando*, 91에서 인용했다.

54 Kazan, *A Life*, loc 7731에서 인용했다.

55 같은 책, loc 7805에서 인용했다.

56 Atkinson, "First Night," 42.

57 Brando, "Letter to Jessica Tandy," HC-JT, 6~10.

58 Tandy, "Letter to Marlon Brando," HC-JT, 9~11.

59 Williams, *A Streetcar Named Desire*, 38.

60 같은 책, 39.

61 같은 책, 144.

62 Lewis, *Slings and Arrows*, 183.

63 Hirsch, *A Method to Their Madness*, 122에서 인용했다.

64 Garfield, *A Player's Place*, 58.

65 Hirsch, *A Method to Their Madness*, 123에서 인용했다.

66 Garfield, *A Player's Place*, 56.

67 같은 책, 61~62.

68 Lewis, *Slings and Arrows*, 185.

69 Malden, *When Do I Start?*, 207.

70 Lewis, *Slings and Arrows*, 188.

71 같은 책, 189.

72 만의 이름은 Lee Strasberg papers, LS-141에 수집된 출석부에 기록되어 있다.

73 Garfield, *A Player's Place*, 71.

74 Lewis, *Slings and Arrows*, 183.

75 Garfield, *A Player's Place*, 81.

76 Adams, *Lee Strasberg: The Imperfect Genius of the Actors Studio*, 200.

17장

1 Adams, *Lee Strasberg: The Imperfect Genius of the Actors Studio*, 195.

2 Garfield, *A Player's Place*, 79.

3 Adams, *Lee Strasberg: The Imperfect Genius of the Actors Studio*, 195.

4   같은 책, 187.

5   같은 책, 193에서 인용했다.

6   Garfield, *A Player's Place*, 80에서 인용했다.

7   같은 곳에서 인용했다.

8   Hethmon, *Strasberg at the Actors' Studio*, 2~3; Frome, *The Actors Studio: A History*, 100~101. 이 세션은 의식이나 다름없는 행사가 되면서 거의 동일한 설명이 여러 곳에 등장한다.

9   Frome, *The Actors Studio: A History*, 101.

10   Hirsch, *A Method to Their Madness*, 156에서 인용했다.

11   Adams, *Lee Strasberg: The Imperfect Genius of the Actors Studio*, 207에서 인용했다.

12   Malden, *When Do I Start?*, 212~13.

13   Stapleton, *A Hell of a Life*, 65.

14   Hirsch, *A Method to Their Madness*, 153에서 인용했다.

15   LS 54-2, 4.

16   Hirsch, *A Method to Their Madness*, 153에서 인용했다.

17   Bevan, "Lee Strasberg."

18   같은 곳.

19   Adams, *Lee Strasberg: The Imperfect Genius of the Actors Studio*, 214에서 인용했다.

20   Bevan, "Lee Strasberg."

21   Adams, *Lee Strasberg: The Imperfect Genius of the Actors Studio*, 219.

22   필자가 Estelle Parsons와 한 인터뷰.

23   Gelbfriedman-Engeler, "Behind the Scenes," *New York Times*.

24   Sklar, *Movie-Made America*, 274.

25   Basinger, *The Star Machine*, 16.

26   Bosworth, *Montgomery Clift*, 42.

27   Baron, *Modern Acting*, 75에서 인용했다.

28   Bosworth, *Montgomery Clift*, 76.

29   같은 책, 75.

30   Bosworth, *Marlon Brando*, 79에서 인용했다.

31   Mann, *The Contender*, 330.

32   Kazan, *A Life*, loc 10299.

33   Baron, *Modern Acting*, 202.

34   같은 책, 205.

35   같은 곳.

36   Schrecker, *Many Are the Crimes: McCarthyism in America*, 218.

37   "Red Channels," 6.

38   Schrecker, *Many Are the Crimes: McCarthyism in America*, 218.

39   "Red Channels," 12.

40 Ochoa, *Stella! Mother of Modern Acting*, loc 3795에서 인용했다.

41 Smith, *Real Life Drama*, loc 2238.

42 Ochoa, *Stella! Mother of Modern Acting*, loc 3804.

43 같은 책, loc 3887에서 인용했다.

44 Schickel, *Elia Kazan*, 255.

45 Kazan, *A Life*, loc 10090.

18장

1 Adams, *Lee Strasberg: The Imperfect Genius of the Actors Studio*, 201에서 인용했다.

2 Schickel, *Elia Kazan*, 287.

3 Kazan, *A Life*, 458.

4 Schickel, *Elia Kazan*, 261.

5 Nott, *He Ran All the Way*, loc 3172.

6 Winters, *Shelley II*, 63.

7 Adams, *Lee Strasberg: The Imperfect Genius of the Actors Studio*, 242.

8 "Kazan Admits," New York *Daily News*, 9.

9 Adams, *Lee Strasberg: The Imperfect Genius of the Actors Studio*, 243.

10 Wallach, *The Good, The Bad, and Me: In My Anecdotage*, 149.

11 Kazan, *A Life*, loc 10671.

12 Stein, 74에서 인용했다.

13 같은 곳.

14 Garfield, *A Player's Place*, 87.

15 같은 곳.

16 Adams, *Lee Strasberg: The Imperfect Genius of the Actors Studio*, 243에서 인용했다. 또한 애덤스는 스트라스버그에 반대하는 일부 사람들이 카잔의 증언에 대해 스트라스버그를 비난하며 스트라스버그가 폴라를 구하기 위해 카잔을 부추겼다고 지적한다. 그러나 카잔이 폴라의 이름을 댔다는 걸 감안하면, 이는 가능성이 희박한 시나리오다.

17 Wallach, *The Good, The Bad, and Me: In My Anecdotage*, 150.

18 Malden, *When Do I Start?*, 218.

19 Browning, "Inside the Box," NYU, 97.

20 Barnouw, *Tube of Plenty*, 125

21 Schneider, "Television's Tortured Misfits," 37.

22 Garfield, *A Player's Place*, 88.

23 Kisseloff, *The Box*, 382에서 인용했다.

24 Garfield, *A Player's Place*, 88에서 인용했다.

25 같은 책, 84~85.

26 Garfield, *A Player's Place*, 102~8. 그 자체만으로도 재미있는 이야기인 *End as a Man* 의 개발 과정은 여기에서 자세히 확인할 수 있다.

27 Simon, "The Golden Age of Television, Act III."

28 peabodyawards.com/award-profile/actors-studio.

29 Bevan, "Lee Strasberg."

30 Kisseloff, *The Box*, 253에서 인용했다.

31 Krampner, *Female Brando*, 80.

32 같은 곳에서 인용했다

33 같은 책, 81에서 인용했다.

34 같은 책, 83에서 인용했다.

35 Kisseloff, *The Box*, 253에서 인용했다.

36 같은 곳.

37 Chayefsky, "Marty."

38 Kisseloff, *The Box*, 267에서 인용했다.

39 같은 곳.

40 Nosowitz, "How a Fake British Accent Took Hollywood by Storm."

41 Kazan, *A Life*, loc 11322.

42 Biskind, *My Lunches with Orson*, 152에서 인용했다.

43 Clurman, *The Fervent Years*, 300. 이 책의 색인에서 이 테크닉은 "스타니슬랍스키 (시스템 또는 메소드)"로 분명하게 표시되어 있다.

44 Adams, *Lee Strasberg: The Imperfect Genius of the Actors Studio*, 214에서 인용했다.

45 필자가 Estelle Parsons와 한 인터뷰.

46 Bosworth, *Montgomery Clift*, 120.

47 Garfield, *A Player's Place*, 165~70; Strasberg, *A Dream of Passion*, 123~74.

48 Strasberg, *A Dream of Passion*, 138.

49 Garfield, *A Player's Place*, 172.

50 Strasberg, *A Dream of Passion*, 155.

51 같은 책, 156.

52 같은 책, 160.

53 같은 책, 108.

54 필자가 Robert Ellermann과 한 인터뷰.

55 필자가 Jacqueline Knapp과 한 인터뷰.

56 Garfield, *A Player's Place*, 183.

57 필자가 Estelle Parsons와 한 인터뷰.

58 Peck, "The Temple," *New York Times*, 26에서 인용했다.

59 Rotté, *Acting with Adler*, loc 174.

60 Drew, "The Truth of Your Art," *New York Times*, D5에서 인용했다.

61 Rotté, *Acting with Adler*, loc 914~74.

62 필자가 Rory Schwartz와 한 인터뷰.

63 Ochoa, *Stella! Mother of Modern Acting*, loc 4216.

64 Adler, "Notes on Zoo Story," SAHC, 3.13.

65 Gray, "The Reality of Doing," 205.

66 Brockway, "Stella Adler: Awake and Dream!"

67 Adler, "Transcript of characterization class, October 1984," SAHC 2.2.

68 같은 곳.

69 Meisner, *Meisner on Acting*, loc 30.

70 같은 책, 75.

71 필자가 Kelly Nelson과 한 인터뷰.

72 Meisner, *Meisner on Acting*, 22.

73 필자가 Pamela Kareman과 한 인터뷰.

74 필자가 Kelly Nelson과 한 인터뷰.

75 Meisner, *Meisner on Acting*, 122~23.

76 필자가 Kelly Nelson과 한 인터뷰.

77 Berkvist, "Martin Balsam," *New York Times*, D4에서 인용했다.

78 Mann, *The Contender*, 238에서 인용했다.

79 Malden, *When Do I Start?*, 78.

19장

1 Hethmon, *Strasberg at the Actors' Studio*, 27.

2 같은 책, 28.

3 Malague, *An Actress Prepares*, 33.

4 Adams, *Lee Strasberg: The Imperfect Genius of the Actors Studio*, 211에서 인용했다.

5 McConachie, *American Theater*, 62.

6 Sessums, "Elizabeth Taylor," *Daily Beast*.

7 Adams, *Lee Strasberg: The Imperfect Genius of the Actors Studio*, 218에서 인용했다.

8 Lewis, *Slings and Arrows*, 230.

9 Kisseloff, *The Box*, 250에서 인용했다.

10 같은 곳에서 인용했다.

11 Frome, *The Actors Studio: A History*, 110~11.

12 Capote, "The Duke in His Domain."

13 Mann, *The Contender*, 346에서 인용했다.

14 Garfield, *A Player's Place*, 156에서 인용했다.

15 Kazan, *A Life*, loc 12139.

16 같은 책, loc 12105.

17 Thompson, "Another Dean," *New York Times*, X5에서 인용했다.

18   Bosworth, *Montgomery Clift*, 129에서 인용했다.

19   Rodgers, *Age of Fracture*, loc 229에서 인용했다.

20   같은 책, loc 240에서 인용했다.

21   Thomson, "Individualism and Conformity," 501에서 인용했다.

22   같은 곳.

23   같은 글, 503.

24   McConachie, *American Theater*, 62.

25   Goode, *The Making of the Misfits*, 77에서 인용했다.

26   Berger, "Theater's George Abbott," *New York Times*, 1.

27   Lipton, "Gene Hackman," *Inside the Actors Studio*.

28   Berkvist, "Martin Balsam," *New York Times*, D4에서 인용했다.

29   Schneider, "Television's Tortured Misfits," 38에서 인용했다.

30   Leaming, *Marilyn Monroe*, 11.

31   같은 책, 17.

32   같은 책, 7~8.

33   같은 책, 146~49.

34   Garfield, *A Player's Place*, 120.

35   Adams, *Lee Strasberg*, 259.

36   Garfield, *A Player's Place*, 120.

37   Adams, *Lee Strasberg*, 254~55. 브랜도와의 연애는 Leaming, *Marilyn Monroe*, 163에서 다뤄진다.

38   Garfield, A Player's Place, 120.

39   폴라가 먼로의 연기 스승으로 함께했던 기간에 대해서는 Adams, *Lee Strasberg: The Imperfect Genius of the Actors Studio*, 254~79에서 심도 있게 논의된다.

40   같은 책, 267.

41   같은 책, 265에서 인용했다.

42   Bevan, "Lee Strasberg."

43   Garfield, *A Player's Place*, 93.

44   필자가 Michael Kahn과 한 인터뷰.

45   Adams, *Lee Strasberg: The Imperfect Genius of the Actors Studio*, 263에서 인용했다.

46   바버라 리밍(Barbara Leaming)은 *Marilyn Monroe: A Biography*에서 먼로가 카잔과 스트라스버그가 권력과 명성을 두고 벌인 투쟁에서 본질적으로 장기판의 졸 같은 신세였다고 주장한다. 연출가로서 카잔의 그늘에 가려졌던 스트라스버그가 매릴린 먼로를 위대한 배우로 변화시킴으로써 연기 교사로서 자신의 우수성을 입증하려 들었다는 것이다. 아서 밀러를 포함한 당대의 많은 사람들이 스트라스버그 부부가 먼로와 거의 흡혈귀나 다름없는 관계를 맺고 있었다고 생각했지만, 이것이 리의 계획이었다면 그는 그걸 혼자만의 비밀로 간직하고 있었던 듯하다.

47   Bevan, "Lee Strasberg."

48 같은 곳.

49 Adams, *Lee Strasberg: The Imperfect Genius of the Actors Studio*, 258에서 인용했다.

50 Garfield, *A Player's Place*, 119.

51 같은 곳.

52 Schneider, "Television's Tortured Misfits," 36에서 인용했다.

53 Garfield, *A Player's Place*, 152.

54 Adams, *Lee Strasberg: The Imperfect Genius of the Actors Studio*, 215에서 인용했다.

55 Guthrie, "Is There Madness," *New York Times*, 82~83.

56 Browning, "Inside the Box," NYU, 105에서 인용했다.

57 Wallach, *The Good, The Bad, and Me: In My Anecdotage*, 114.

58 Strasberg, "View from the Studio," *New York Times*, X1, X3.

59 Ochoa, *Stella! Mother of Modern Acting*, loc 4106.

60 Laurents, *Original Story By*, 357.

61 Bosworth, *Montgomery Clift*, 123.

62 Garfield, *A Player's Place*, 140~41.

20장

1 Lewis, *Slings and Arrows*, 279.

2 "Playhouse Theatre," Internet Broadway Database.

3 Lewis, *Slings and Arrows*, 281.

4 Lewis, *Method—or Madness?*, 7.

5 같은 책, 81.

6 같은 책, 90.

7 같은 책, 74.

8 같은 책, 84.

9 같은 곳.

10 같은 책, 98~99.

11 Lewis, *Slings and Arrows*, 282에서 인용했다.

12 필자가 Robert Ellermann과 한 인터뷰.

13 필자가 Estelle Parsons와 한 인터뷰.

14 같은 곳.

15 액터스 스튜디오의 여성 단원들에 대한 더 많은 정보는 로즈메리 맬러그(Rosemary Malague)의 "An Actress Prepares"와 케리 월시(Keri Walsh)의 "Women, Method Acting, and the Hollywood Film"를 참고하라.

16 필자가 Austin Pendleton과 한 인터뷰.

17 Kazan, *A Life*, loc 13476.

18 Chayefsky, *The Goddess*.

19 같은 곳.

20 Krampner, *Female Brando*, 130에서 인용했다.

21 같은 곳.

22 같은 책, 147.

23 같은 책, 150.

24 같은 책, 146.

25 같은 책, 147.

26 Clurman, *All People Are Famous*, 245.

27 Krampner, *Female Brando*, 155에서 인용했다.

28 같은 곳에서 인용했다.

29 Goode, *Making of the Misfits*, 53.

30 Adams, *Lee Strasberg: The Imperfect Genius of the Actors Studio*, 274.

31 Miller, *Timebends*, loc 8634~773. 밀러는 특히 스트라스버그 부부가 매릴린에게 끼친 영향에 대해 강하게 비판하며 이렇게 썼다. "폴라가, 그리고 아마도 리가 그녀에게 가르쳤던 것이 무엇이든 간에, 그녀가 감정을 생각하는 것과 반대로 무언가를 느끼지 못하는 것 같았고, 생각을 연기로 옮기는 걸 무척 힘들어했다."

32 Leaming, *Marilyn Monroe*, 370.

33 Goode, *Making of the Misfits*, 58.

34 Miller, *The Misfits*.

35 Adams, *Lee Strasberg: The Imperfect Genius of the Actors Studio*, 277.

36 Leaming, *Marilyn Monroe*, 378.

37 같은 책, 278에서 인용했다.

38 Browning, "Inside the Box," NYU, 231.

39 "Topics," *New York Times*, L22.

40 Rodgers, *Age of Fracture*, loc 185.

41 Ponce de Leon, *That's the Way It Is: A History of Television News in America*, 12.

42 Mailer, "Superman Comes to the Supermarket," *Esquire*. 내가 메일러의 에세이에 처음으로 관심을 갖게 된 건 J. 호버먼(J. Hoberman)의 *The Dream Life*, 37때문이었다.

43 같은 곳.

44 같은 곳.

45 같은 곳.

46 Mann, *The Contender*, 7.

47 Harris, *Pictures at a Revolution*, 55.

48 Hoberman, *The Dream Life*, 56.

49 Kazan, *A Life*, loc 13580.

50 Biskind, *Star*, 30.

51 비티가 〈초원의 빛〉과 〈우리에게 내일은 없다〉 사이에 한 작업들은 부당한 평가를 받고 있다. 〈올 폴 다운(All Fall Down)〉 〈릴리스(Lilith)〉 〈미키 원(Mickey One)〉은

모두 감상할 만한 가치가 있는 작품이다. 비티가 자기 자신을 찾아가는 모습을 볼 수 있는 데다 작품 자체로도 흥미롭다.

21장

1   Gussow, "Actors Studio Thrives," *New York Times*, 60. 스트라스버그는 1973년 후반에도 액터스 스튜디오를 기반으로 한, 미국을 대표하는 극장을 운영할 가능성을 여전히 이야기하고 있었다.

2   Garfield, *A Player's Place*, 104. 가필드(Garfield)에 따르면, 일부 단원들은 1960년대에 일어난 모든 문제의 원인이 10년 전 스튜디오에서 초급 연기 과정과 고급 연기 과정을 합친 스트라스버그의 결정에서 시작되었다고 생각했다. 어느 시점에 폴라 스트라스버그가 리에게 실력이 뛰어난 직업 배우들을 위한 별도의 그룹을 만들어야 한다고 제안했지만, 리는 이를 따르지 않기로 결정했다.

3   필자가 Gordon Rogoff와 한 인터뷰.

4   Garfield, *A Player's Place*, 200에서 인용했다.

5   같은 곳에서 인용했다.

6   필자가 Gordon Rogoff와 한 인터뷰.

7   Adams, *Lee Strasberg: The Imperfect Genius of the Actors Studio*, 286에서 인용했다.

8   Garfield, *A Player's Place*, 198에서 인용했다.

9   Kazan, *A Life*, loc 13640.

10   Garfield, *A Player's Place*, 201.

11   Hirsch, *A Method to Their Madness*, 159에서 인용했다.

12   Garfield, *A Player's Place*, 201에서 인용했다.

13   같은 책, 204~5.

14   Seymour, "Stage Directors' Workshop," University of Wisconsin, 338~41.

15   "Ulu Grosbard," Internet Movie Database.

16   필자가 Marshall Mason과 한 인터뷰.

17   같은 곳.

18   필자가 Michael Kahn과 한 인터뷰.

19   같은 곳.

20   Garfield, *A Player's Place*, 212. 포드 재단의 지원금은 218쪽에서 논의된다.

21   Schickel, *Elia Kazan*, 386.

22   Gray, "The Reality of Doing," 174에서 인용했다.

23   Garfield, *A Player's Place*, 209에서 인용했다.

24   같은 책, 210에서 인용했다.

25   Kazan, "Theater: New Stages," *New York Times*, 287, 291~92.

26   Garfield, *A Player's Place*, 191~92.

27   필자가 Estelle Parsons와 한 인터뷰.

28 Garfield, *A Player's Place*, 80. 두 사람 다 본인의 회고록에서 루이스가 스튜디오를 떠난 일을 다시 거론했다. 그 일이 여전히 씁쓸한 건 분명했다. 그럼에도 둘은 화해한 이후 좋은 친구로 남았다.

29 Lewis, *Slings and Arrows*, 291.

30 Carney, Saraleigh, "The Repertory Theater of Lincoln Center: Aesthetics and Economics, 1960~1973," 159에서 인용했다.

31 Garfield, *A Player's Place*, 211.

32 Kazan, *A Life*, loc 13694.

33 같은 곳.

34 Garfield, *A Player's Place*, 218~19.

35 같은 책, 221에서 인용했다.

36 같은 곳에서 인용했다.

37 Hirsch, *A Method to Their Madness*, 271~72. 톤은 오닐의 다른 작품에 출연하면서 이 작품의 판권을 훔칠 기회를 얻었다. 작품의 연출가인 호세 킨테로를 설득해 오닐의 부인을 통해 스튜디오 시즌에 올릴 〈기묘한 막간극〉 판권을 확보했다.

38 Garfield, *A Player's Place*, 222에서 인용했다.

39 같은 책, 223에서 인용했다.

40 Bottoms, *Playing Underground*, 7.

41 Hirsch, *A Method to Their Madness*, 274에서 인용했다.

42 Garfield, *A Player's Place*, 223.

43 Baldwin, *Blues for Mister Charlie*, 1.

44 Garfield, *A Player's Place*, 231. 가필드에 따르면, 톤은 볼드윈이 작품을 완성할 능력이 없다는 소문이 나돌고 있다고 볼드윈에게 말함으로써 그가 작품을 마무리하게 만든 사람이기도 하다.

45 Hirsch, *A Method to Their Madness*, 282에서 인용했다.

46 Leeming, *James Baldwin: A Biography*, 327.

47 Garfield, *A Player's Place*, 231.

48 Hirsch, *A Method to Their Madness*, 275에서 인용했다.

49 같은 책, 277에서 인용했다.

50 Garfield, *A Player's Place*, 226에서 인용했다.

51 Hirsch, *A Method to Their Madness*, 277.

52 Garfield, *A Player's Place*, 228.

53 Hirsch, *A Method to Their Madness*, 277~78. 이 공연을 감상했던 허시(Hirsch)는 이 작품이 그 어떤 작품들보다 액터스 스튜디오의 평판에 큰 타격을 주었다고 생각했다. 순전히 돈을 위해 이류 작품을 무대에 올렸다는 게 훤히 보였기 때문이다.

54 Kazan, *A Life*, 704. 이 일화는 셰릴 크로퍼드의 *One Naked Individual*에도 등장한다.

55 Garfield, *A Player's Place*, 233.

56 Adams, *Lee Strasberg: The Imperfect Genius of the Actors Studio*, 292~93.

57 Seymour, "Stage Directors' Workshop," PhD dissertation, University of Wisconsin. 57~156쪽에 스트라스버그의 연출 방식에 대한 자세한 설명이 담긴 이 논문을 찾아보라고 권유해준 로버트 엘러만(Robert Ellermann)에게 감사의 마음을 전한다.

58 메소드에 대한 혼란을 빚어낸 또 다른 이유는 스트라스버그가 기존의 연극 전문용어들을 자의적으로 정의해 사용했기 때문이다. 그때나 지금이나 연극계에서 작업하는 대부분의 사람들에게 "블로킹(blocking)"은 "대본을 주요 비트들로 분해하는 것"이 아니라 "무대 위에서 공연을 연출하는 것"을 뜻한다.

59 Seymour, "Stage Directors' Workshop," University of Wisconsin, 81.

60 같은 글, 85.

61 같은 글, 107.

62 같은 글, 108.

63 필자가 Estelle Parsons와 한 인터뷰.

64 Garfield, *A Player's Place*, 237.

65 같은 곳. 몇 년 후, 마이클 칸은 바버라 백슬리를 지도했다. 그는 스트라스버그와의 경험이 그녀에게 지속적으로 부정적인 효과를 낳았다고 느꼈다. "그녀가 나에게 말하더군요. '나는 연기를 할 거예요. 하지만 울지는 않을 거예요.'" 칸이 말했다. "그래서 생각했죠. '그녀는 리가 원하는 진정성에 도달하기 위해 가야 할 길을 원치 않는구나.'"

66 Hirsch, *A Method to Their Madness*, 286.

67 필자가 Marshall Mason과 한 인터뷰.

68 Schickel, *Elia Kazan*, 408.

69 같은 책, 411.

70 같은 책, 412.

71 Kazan, *A Life*, loc 15633.

72 Hirsch, *A Method to Their Madness*, 286에서 인용했다.

73 Ochoa, *Stella! Mother of Modern Acting*, loc 4542.

74 같은 곳에서 인용했다.

75 "Transcript of the Moscow Art Theatre seminars," SAHC 43.7.

76 Ochoa, *Stella! Mother of Modern Acting*, loc 4562에서 인용했다.

77 Schechner, "Exit Thirties," in *Stanislavski and America*, 13.

78 O'Quinn, "Going National," *American Theater*.

79 McGurl, *The Program Era*, 88에서 인용했다.

80 Bottoms, *Playing Underground*, 2.

81 Blumenthal, "Joseph Chaiken," *New York Times*, Section A, 28에서 인용했다.

82 Bigsby and Brown, "The Violent Image," 430.

83 1973년 어빙이 떠난 후, 레퍼토리 시어터는 운영을 중단했고, 링컨 센터 시어터는 조 팹과 그의 뉴욕 셰익스피어 페스티벌(New York Shakespeare Festival)이 운영했다.

그로부터 몇 년 후에 팹이 떠났고, 극장은 1977년부터 1980년까지 공연을 제작하지 않는 단체가 되었다. 어빙 휘하에서 허약한 형태로나마 존재했던, 레퍼토리를 보유한 연기 극단이라는 모델은 팹이 극단을 장악한 후 영원히 막을 내렸다. 어빙의 재임기에 대해 더 많이 알고 싶다면 Carney, "The Repertory Theater of Lincoln Center"을 참고하라.

84 Strasberg, *A Dream of Passion*, 193~95.

85 Garfield, *A Player's Place*, 99.

86 Bottoms, *Playing Underground*, 44.

87 필자가 Brian Herrera와 한 인터뷰.

88 Garfield, *A Player's Place*, 178.

89 필자가 Gordon Rogoff와 한 인터뷰.

90 Rogoff, "Burning Ice," 250.

91 같은 글, 251.

92 같은 글, 255.

93 Gray, Rogoff, and Strasberg, "Strasberg vs. TDR," *Drama Review*, 234~42.

94 Hirsch, *A Method to Their Madness*, 267에서 인용했다.

95 같은 곳.

96 같은 곳에서 인용했다.

97 같은 곳에서 인용했다.

98 필자가 Estelle Parsons와 한 인터뷰.

99 Hirsch, *A Method to Their Madness*, 287에서 인용했다.

100 Garfield, *A Player's Place*, 241.

101 Adams, *Lee Strasberg: The Imperfect Genius of the Actors Studio*, 298.

102 Krampner, *Female Brando*, 244.

103 Adams, *Lee Strasberg: The Imperfect Genius of the Actors Studio*, 299.

104 Hirsch, *A Method to Their Madness*, 288에서 인용했다.

105 Adams, *Lee Strasberg: The Imperfect Genius of the Actors Studio*, 301.

106 Hirsch, *A Method to Their Madness*, 288에서 인용했다.

107 Adams, *Lee Strasberg: The Imperfect Genius of the Actors Studio*, 299.

108 같은 책, 300.

109 Krampner, *Female Brando*, 246.

110 Adams, *Lee Strasberg: The Imperfect Genius of the Actors Studio*, 301.

111 같은 책.

112 Krampner, *Female Brando*, 246.

113 Adams, *Lee Strasberg: The Imperfect Genius of the Actors Studio*, 301.

114 Krampner, *Female Brando*, 246.

115 Garfield, *A Player's Place*, 244.

116 Adams, *Lee Strasberg: The Imperfect Genius of the Actors Studio*, 301에서 인용했다.

117 Krampner, *Female Brando*, 247에서 인용했다.

118 Hirsch, *A Method to Their Madness*, 288.

119 Garfield, *A Player's Place*, 245에서 인용했다.

120 Adams, *Lee Strasberg: The Imperfect Genius of the Actors Studio*, 301.

121 Garfield, *A Player's Place*, 242.

122 같은 곳에서 인용했다.

123 Hirsch, *A Method to Their Madness*, 288에서 인용했다.

124 같은 곳에서 인용했다.

125 Garfield, *A Player's Place*, 243.

126 같은 곳에서 인용했다.

127 스튜디오에서 있었던 인종 관련 이슈에 대해 더 알고 싶다면 쇼니 에넬로(Shonni Enelow)의 *Method Acting and Its Discontents*를 보라. 에넬로의 설명에 따르면, 스튜디오의 상당히 중요한 아프리카계 미국인 단원 중 한 명이 1948년에 스튜디오에 입단한 빼어난 다큐멘터리 감독 윌리엄 그리브스(William Greaves)였다. 그리브스와 메소드의 만남은 그의 놀라운 영화 *Symbiopsychotaxiplasm: Take One*에 매우 중요한 역할을 한다.

128 Enelow, *Method Acting and Its Discontents*, 72에서 인용했다.

129 Garfield, *A Player's Place*, 245.

130 Hirsch, *A Method to Their Madness*, 290에서 인용했다.

131 필자가 Austin Pendleton과 한 인터뷰.

132 Krampner, *Female Brando*, 274.

133 Hirsch, *A Method to Their Madness*, 290.

22장

1 Sklar, *Movie-Made America*, 295.

2 Schatz, "The New Hollywood," 12.

3 Podcast interview with Joel Coen, Team Deakins.

4 Schatz, "The New Hollywood," 12.

5 Cook, *Lost Illusions*, 9.

6 Sklar, *Movie-Made America*, 293~94.

7 Cook, *Lost Illusions*, 356.

8 Harris, *Pictures at a Revolution*, 174에서 인용했다.

9 같은 책, 175에서 인용했다.

10 Fine and Friedkin, *The Pawnbroker*.

11 Harris, *Pictures at a Revolution*, 175.

12 같은 책, 184에서 인용했다.

13 Cook, *Lost Illusions*, 70.

14 Hoffman, "Interview," YouTube.

15 같은 곳.

16 같은 곳.

17 Harris, *Mike Nichols*, 206에서 인용했다.

18 Adler, *Stella Adler on Ibsen*, 11~13; Rotté, *Acting with Adler*, loc 465.

19 Adams, *Lee Strasberg: The Imperfect Genius of the Actors Studio*, 255에서 인용했다.

20 Gelmis, *The Film Director as Superstar*, 282.

21 같은 책, 289.

22 Harris, *Mike Nichols*, 214. 해리스가 묘사했듯, 니컬스가 촬영장에서 했던 관대함과 잔혹함 사이를 오간 행동도 영화 자체에 대한 불안감에서 비롯되었을 가능성이 크다.

23 Hoffman, "Interview," YouTube.

24 호프먼은 스크린 테스트를 하던 중에 캐서린 로스의 엉덩이도 움켜쥐었다. 최근에 그는 성희롱 혐의로 고발을 당하기도 했다(hollywoodreporter.com/features/dustin-hoffman-sexually-harassed-me-i-was-17-guest-column-1053466을 보라).

25 Harris, *Mike Nichols*, 215.

26 Gussow, "Only Faye Dunaway," *New York Times*, 127에서 인용했다.

27 Lipton, "Gene Hackman," *Inside the Actors Studio*.

28 같은 곳.

29 필자가 Estelle Parsons와 한 인터뷰.

30 Lipton, "Gene Hackman," *Inside the Actors Studio*.

31 Gelmis, *The Film Director as Superstar*, 228.

32 Harris, *Pictures at a Revolution*, 22~24.

33 Sklar, *Movie-Made America*, 302.

34 Cook, *Lost Illusions*, 68에서 인용했다.

35 같은 책, 69.

36 Biskind, *Easy Riders, Raging Bulls*, 64에서 인용했다.

37 같은 곳.

38 Schatz, "The New Hollywood," in *Film Theory Goes to the Movies: Cultural Analysis of Contemporary Film*, 15.

39 Cook, *Lost Illusions*, 12, 317.

40 같은 책, 68.

41 같은 곳.

42 Burstyn, *Lessons in Becoming Myself*, 150.

43 Zucker, *Figures of Light*, 225~26.

44 Bogdanovich, *Who The Hell's In It*, 80.

45 Burstyn, *Lessons in Becoming Myself*, loc 1430.

46 Evans, "Former UH Students," Houston Chronicle.

47 Rosenbaum, "The Creative Mind," *New York Times*, section 6, 12.

48 Zucker, *Figures of Light*, 260~61.

49 Cook, *Lost Illusions*, 89, 362~63.

50 Schell, *The Time of Illusion*, 34.

51 같은 책, 5.

52 Longworth, *Al Pacino: Anatomy of an Actor*, 8~9. 파치노는 처음에 메소드에 꽤나 회의적이었다. "내가 스타니슬랍스키에 대해 아는 게 뭐냐고요? 그는 러시아 출신이고, 나는 브롱크스 출신이죠."

53 Garfield, *A Player's Place*, 272. 스트라스버그는 그 어느 때보다 자제 정신을 발휘해 무표정을 유지하며 그저 이렇게 반응했다. "봐, 우리는 여기서 온갖 종류를 다 경험했어."

54 Lipton, "Al Pacino," *Inside the Actors Studio*.

55 Gussow, "The Basic Training," *New York Times*, section SM, 12.

56 Biskind, *Easy Riders, Raging Bulls*, 153.

57 Lipton, "Al Pacino," *Inside the Actors Studio*.

58 같은 곳.

59 같은 곳.

60 Keaton, *Then Again*, 96.

61 Cook, *Lost Illusions*, 14.

62 Garfield, *A Player's Place*, 250~51.

63 Adams, *Lee Strasberg: The Imperfect Genius of the Actors Studio*, 319에서 인용했다.

64 같은 책, 324에서 인용했다.

65 같은 책, 329에서 인용했다.

66 같은 책, 340.

67 필자가 Anna Strasberg와 한 인터뷰, 2021년 3월 6일.

68 Garfield, *A Player's Place*, 254.

69 Adams, *Lee Strasberg*, 345.

70 같은 곳에서 인용했다.

71 LS 34~8. 연구소의 초기 커리큘럼에 대한 설명은 리 스트라스버그 연구소가 캘리포니아 주정부에 제출한 인가 서류에서 가져왔다.

72 Adams, *Lee Strasberg: The Imperfect Genius of the Actors Studio*, 366에서 인용했다.

73 같은 곳에서 인용했다.

74 같은 곳.

75 같은 책, 369.

76 같은 책, 371.

77 같은 책, 373.

78 Garfield, *A Player's Place*, 257.

79 Unsigned, "Colleagues Say," *New York Times*, March 11, 1991, section C, 13.

23장

1   Flatley, "Look—Bobby's Slipping Into Brando's Shoes," *New York Times*, 171. 이 기사는 이 장과 다른 모든 장에 인용된 플래틀리(Flatley) 인용문의 출처다.

2   Kenny, *Robert De Niro: Anatomy of an Actor*, 11.

3   Ochoa, "Robert De Niro," *Salon*에서 인용했다.

4   Tait, "Robert De Niro's Method," University of Texas at Austin, 135.

5   같은 글, 123.

6   Kenny, *Robert De Niro: Anatomy of an Actor*, 55.

7   Flatley, "Look—Bobby's Slipping Into Brando's Shoes," *New York Times*.

8   Tait, "Robert De Niro's Method," University of Texas at Austin, 18.

9   같은 글, 169.

10   같은 곳.

11   Thompson, "Another Dean Hits the Big League," *New York Times*, X5에서 인용했다.

12   Balcerzak, *Beyond Method*, 104.

13   Kenny, *Robert De Niro: Anatomy of an Actor*, 82.

14   같은 책, 101.

15   같은 책, 119.

16   Harris, *Mike Nichols*, 304.

17   같은 책, 306.

18   Canby, "Take a Walk," *New York Times*, section 2, 1.

19   Zoller Seitz, "In Conversation: Ellen Burstyn," Vulture.

20   Tait, "Robert De Niro's Method," University of Texas at Austin, 179.

21   같은 글, 190.

22   Rausch, *The Films of Martin Scorsese and Robert De Niro*, 69.

23   같은 책, 71.

24   Biskind, *Easy Riders, Raging Bulls*, 385에서 인용했다.

25   같은 책, 379.

26   Kenny, *Robert De Niro: Anatomy of an Actor*, 75.

27   Biskind, *Easy Riders, Raging Bulls*, 386.

28   Kenny, *Robert De Niro: Anatomy of an Actor*, 75.

29   〈분노의 주먹〉을 위한 드니로의 준비 과정을 폭넓게 검토하고 싶다면 Tait, *Robert De Niro's Method*, 237~64을 보라.

30   Rausch, *The Films of Martin Scorsese and Robert De Niro*, 79.

31   같은 책, 81.

32   Canby, "Robert De Niro in 'Raging Bull,'" *New York Times*, section C, 11.

33   Esch, "'I Don't See Any Method at All,'" 95에서 인용했다.

34   Kael, "The Current Cinema," *New Yorker*, 217.

35   Sklar, *Movie-Made America*, 351. 1980년대 말에 발표된 리스트의 상단에 자리한

다른 영화는 〈블루 벨벳(Blue Velvet)〉과 〈똑바로 살아라〉였다.

36   Martel, "Why Can't Johnny Act," *Spy*, 96~97.

37   Schechner, "Working with Live Material," 197.

38   Adams, *Lee Strasberg: The Imperfect Genius of the Actors Studio*, 384.

39   Esch, "'I Don't See Any Method At All,'" 98에서 인용했다.

40   Lipton, "Dustin Hoffman," *Inside the Actors Studio*.

41   O'Toole, "Step by Step," *New York Times*, section 2, 17.

42   Saraiya, "Viola Davis," *Vanity Fair*.

43   Lindsay, "Jared Leto," *Refinery29*.

44   Malkin, "Jared Leto Sent Used Condoms," *E-online*.

45   Cook, *Lost Illusions*, 16.

46   같은 책, 17.

47   같은 책, 51.

48   같은 책, 23.

49   "미국을 다시 위대하게 만듭시다(Let's make America great again)"라는 구호는 레이건 의 1980년 대통령 선거 슬로건 중 하나였다. 여기에서 해당 선거운동의 광고들 중 하나를 볼 수 있다. https://www.youtube.com/watch?v=SBfzwycHOcY.

24장

1   Rodgers, *Age of Fracture*, 5.

2   이 주제에 대해 더 많은 내용을 알고 싶다면 캐럴린 J. 파우스트(Carolyn J. Faust)의 "Progressive Education in Transition: An Intellectual History"를 보라. 진보주의 교 육이 연기 교육에 끼친 영향에 대한 연구는 없는 듯 보이지만, 특별히 마크 맥걸 (Mark McGurl)의 *The Program Era: Postwar Fiction and the Rise of Creative Writing*에 는 20세기 중반의 진보주의 교육의 부활이 미국 소설에 미친 영향이 잘 정리되어 있다.

3   스트리프의 예일 대학 시절을 자세히 알고 싶다면, 마이클 슐먼(Michael Schulman) 의 *Her Again: Becoming Meryl Streep*를 보라.

4   O'Malley, "Can the Method Survive the Madness?" *New York Times*, section SM, 8.

5   같은 곳.

6   Kazan, *A Life*, loc 18265.

7   같은 책, loc 18299에서 인용했다.

8   Mitgang, "The Theater Pays Final Tribute," *New York Times*, section B, 4.

9   Gussow, "Lee Strasberg of Actors Studio Dead," *New York Times*, section D, 20.

10   같은 곳.

11   Hirsch, *A Method to Their Madness*, 167.

12   같은 책, 165.

13 O'Malley, "Can the Method Survive the Madness?" *New York Times*, section SM, 8.
14 필자가 Moni Yakim과 한 인터뷰.
15 Chinoy, *The Group Theatre*, 95.
16 필자가 Victoria Krane과 한 인터뷰.
17 Garfield, *A Player's Place*, 279.
18 Hirsch, *A Method to Their Madness*, 243.
19 Lipton, "Interview," Television Academy Foundation.
20 McKinley, "New School in Split," *New York Times*, section E, 1.
21 "Michel Saint-Denis," Internet Broadway Database.
22 Saint-Denis, *Theatre: The Rediscovery of Style*, 1~22.
23 Saint-Denis, *Theatre: The Rediscovery*, VII. 이 부분은 피터 홀 경(Sir Peter Hall)의 서문에서 가져왔다.
24 Saint-Denis, *Theatre: The Rediscovery of Style*, 83.
25 같은 책, 84.
26 같은 책, 94.
27 Saint-Denis, "Stanislavski and Shakespeare," 112.
28 필자가 Moni Yakim과 한 인터뷰.
29 필자가 Michael Kahn과 한 인터뷰. 이 인터뷰는 이 장에 실린 마이클 칸의 모든 인용문의 출처다.
30 "아메리칸 곤조"라는 용어를 만들어낸 훌륭한 배우이자 연기 스타일 전문가인 제임스 우르바니악(James Urbaniak)에게 큰 빚을 졌다.
31 Marchese, "Nicolas Cage on his legacy," *New York Times Magazine*.
32 Blum, "Hollywood's Brat Pack," *New York*, 43.
33 Blum, "Tom Hanks's Real Splash," *New York*, 38.
34 Prince, *A New Pot of Gold*, 175.
35 Longworth, *Meryl Streep: Anatomy of an Actor*, 43.
36 Schulman, *Her Again*, 76.
37 같은 책, 75.
38 Longworth, *Meryl Streep: Anatomy of an Actor*, 62.
39 같은 곳.
40 같은 해에 샐리 필드(Sally Field)는 필드 자신, 그레이스 자브리스키(Grace Zabriskie), 론 리브먼(Ron Liebman), 영화감독 마틴 리트(Martin Ritt)를 포함한 액터스 스튜디오 단원들로 가득한 빼어난 영화 〈노마 레이(Norma Rae)〉로 여우주연상을 수상했다. 그 무렵 리트의 경력은 메소드 역사의 축소판과 비슷했다. 그는 그룹에서 출발해 성공적인 연출가가 되었고 라이브 TV 드라마로 전환한 후 다양한 액터스 스튜디오 단원들이 빈번하게 출연한 멋진 자연주의 영화들을 연출했다.
41 Schulman, *Her Again*, 253.
42 같은 책, 227.

43 같은 책, 240.

44 같은 책, 258. 이 논란은 호프먼과 스트리프가 이 영화로 오스카상을 수상한 직후에 열린 기자회견에서 관련 질문을 받을 정도로 큰 이슈였다. 스트리프는 이렇게 말했다. "페미니즘의 기본은 남성과 여성을 규정된 역할에서 해방시키는 것과 관련이 있다고 생각합니다."

45 같은 책, 238.

46 메소드의 지배력에서 벗어나고 있음을 보여주는 변화는 〈소피의 선택〉의 캐스팅에서 분명히 확인할 수 있다. 메릴 스트리프와 케빈 클라인, 피터 맥니컬은 스트라스버그, 애들러, 마이즈너 밑에서 공부하지 않았다. 그들은 예일, 줄리아드, 미네소타 대학에서 공부했다. 맥니컬은 미네소타 대학을 졸업한 후, 1950년대 후반 『뉴욕 타임스』 지면에서 메소드를 조롱했던 바로 그 타이론 거스리가 설립하고 그의 이름을 딴 거스리 시어터(Guthrie Theatre)에서 연기했다.

47 Longworth, *Meryl Streep: Anatomy of an Actor*, 56.

48 Callahan, *The Art of American Screen Acting*, 22.

49 필자가 Tom Oppenheim과 한 인터뷰.

50 Sklar, *Movie-Made America*, 355.

51 Suskind, "Faith, Certainty, and the Presidency of George W. Bush," *New York Times*, October 17, 2004, section 6, 44.

후기

1 Konijn, *Acting Emotions*, 111.

2 같은 책, 129.

3 같은 책, 132.

4 같은 책, 131.

5 같은 책, 135.

6 Naremore, *Acting in the Cinema*, 51~52.

7 많은 사례 중 하나를 들자면 다음과 같다. 메소드의 가장 저명한 스승 중 한 명인 폴 만(Paul Mann)은 말년에 옛 제자 여덟 명에게 소송을 당했다. 그들은 폴 만이 수업을 이용해 성희롱과 학대를 일삼았다고 주장했다.

8 Jackson, *The Haunting of Hill House*, 1.

참고문헌

Adams, Cindy. *Lee Strasberg: The Imperfect Genius of the Actors Studio.* New York: Doubleday, 1980.

Adler, Stella. *Stella Adler: The Art of Acting.* Ed. Howard Kissel. New York: Applause Books, 2000. Kindle.

———. *Stella Adler on Ibsen, Strindberg, and Chekhov.* Ed. Barry Paris. New York: Knopf, 1999.

———. *The Technique of Acting.* New York: Bantam, 1988.

Atkinson, Brooks. *Broadway: A History.* New York: Macmillan, 1970.

———. "First Night at the Theatre." *New York Times,* December 4, 1947.

———. "Gold Eagle Guy with the Group Theatre." *New York Times,* November 29, 1934.

———. "Paradise Lost." *New York Times,* section X, December 29, 1935.

———. "The Play: Epic of the South." *New York Times,* September 29, 1931.

———. "The Play: The Group Theatre Commences Its Second Season with 'Success Story' by John Howard Lawson." *New York Times,* September 27, 1932.

Balcerzak, Scott. *Beyond Method: Stella Adler and the Male Actor.* Detroit: Wayne State University Press, 2018.

———. "Fellows Find: Hear Inside Stella Adler's Studio." *Ransom Center Magazine.* Accessed February 9, 2021, sites.utexas.edu/ransomcentermagazine/2016/04/05/listen-inside-stella-adlers-studio/.

Baldwin, James. *Blues for Mister Charlie.* London: Michael Joseph, 1965.

Balukhaty, S. D., and Konstantin Stanislavski. *The Seagull, Produced by Stanislavsky: The Seagull, by Anton Chekhov; Production Score for the Moscow Art Theatre by K. S. Stanislavsky. Edited with an Introduction by S. D. Balukhaty.* Trans. David Magarshack. London: D. Dobson, 1952.

Barnouw, Erik. *Tube of Plenty: The Evolution of American Television.* Oxford: Oxford University Press, 1990.

Baron, Cynthia. *Modern Acting: The Lost Chapter of American Film and Theatre.* London: Palgrave Macmillan, 2016.

Basinger, Jeanine. *The Star Machine.* New York: Vintage Books, 2009.

Beebe, Lucius. "Stage Asides: Ouspenskaya." Ouspenskaya clipping file, 1943. Billy Rose Collection. New York Public Library for the Performing Arts, Lincoln Center.

Belafonte, Harry. *My Song.* New York: Knopf, 2011. Kindle.

Benedetti, Jean. *Stanislavski: His Life and Art.* London: Methuen Drama, 1999.

———. *The Art of the Actor: The Essential History of Acting from Classical Times to the Present Day.* New York: Routledge, 2007. Kindle.

Berger, Marilyn. "Theater's George Abbott: On the Road to 100." *New York Times,* section 2, June 22, 1986.

Berkvist, Robert. "Martin Balsam Turns On the Heat in 'Cold Storage.'" *New York Times,* February 5, 1978.

Bevan, Claire(director). "Lee Strasberg: The Method Man." *Biography.* New York: A&E. Aired May 20, 1998.

Bigsby, Christopher, and Don B. Wilmeth, eds. *Introduction in The Cambridge History of American Theatre, Volume Two: 1870–1945.* Cambridge: Cambridge University Press, 1996.

Bigsby, Christopher, and Kenneth Brown. "The Violent Image: The Significance of Kenneth Brown's 'The Brig.'" *Wisconsin Studies in Contemporary Literature* 8, no. 3 (1967).

"Biographical History of the FTP." Federal Theatre Project Collection, Special Collections Research Center, Syracuse University Libraries. Accessed March 1, 2020, library.syr. edu/digital/guides/f/fed_theatre.htm.

Biskind, Peter. *Easy Riders, Raging Bulls: How the Sex-Drugs-And-Rock 'N Roll Generation Saved Hollywood.* New York: Simon & Schuster, 1998.

———. *My Lunches with Orson: Conversations Between Henry Jaglom and Orson Welles.* New York: Metropolitan Books, 2013.

———. *Star: The Life and Wild Times of Warren Beatty.* New York: Simon & Schuster, 2011.

Blum, David. "Hollywood's Brat Pack." *New York* 18, no. 23, June 10, 1985.

———. "Tom Hanks's Real Splash." *New York* 19, no. 29, July 28, 1986.

Blumenthal, Ralph. "Joseph Chaiken, 67; Actor and Innovative Director." *New York Times,*

June 24, 2003.

Boleslavsky, Richard. *Acting: The First Six Lessons*. Ed. Rhonda Blair. New York: Routledge, 2010. Kindle.

———. "Reasons for Repertory." *New York Times*, November 26, 1926.

———. "Stanislavsky—the Man and His Methods." *Theatre Magazine* 38, no. 27 (1923).

———. "The Laboratory Theatre." *Theatre Arts Magazine* 7, no. 2 (1923).

Boleslavsky, Richard, and Helen Woodward. *Lances Down*. Indianapolis: Bobbs-Merrill, 1932.

———. *Way of the Lancer*. Washington, DC: Garden City Publishing Company, 1932.

Booth, Michael R. "Nineteenth-Century Theatre." In *The Oxford Illustrated History of Theatre*. Ed. John Russell Brown. 299~340. Oxford: Oxford University Press, 1995.

Bordman, Gerald, and Thomas S. Hischak. *The Oxford Companion to American Theatre*. Oxford: Oxford University Press, 2004.

Borovsky, Victor. "The Emergence of the Russian Theatre, 1763–1800." In *A History of Russian Theatre*. Ed. Robert Leach and Victor Borovsky. 57~86. Cambridge: Cambridge University Press, 2006.

———. "Russian Theatre in Russian Culture." In *A History of Russian Theatre*. Ed. Robert Leach and Victor Borovsky. 6~17. Cambridge: Cambridge University Press, 2006.

Bosworth, Patricia. *Marlon Brando*. New York: Open Road Integrated Media, 2012. Kindle.

———. *Montgomery Clift*. San Diego: Harcourt Brace Jovanovich, 1978.

Bottoms, Stephen. *Playing Underground: A Critical History of the 1960s Off-Off-Broadway Movement*. Ann Arbor, MI: University of Michigan Press, 2006.

Brault, Margueritte Elaine Bryan. "The Theory and Practice of Actor Training at the American Laboratory Theatre." Master's thesis, University of Arizona, 1979.

Brecht, Bertolt. "On Experimental Theatre." In *Brecht on Theatre*. Ed. and trans. John Willett. New York: Hill and Wang, 1964.

———. "On Form and Subject Matter." In *Brecht on Theatre*. Ed. and trans. John Willett. New York: Hill and Wang, 1964.

———. "The Street Scene." In *Brecht on Theatre*. Ed. and trans. John Willett. New York: Hill and Wang, 1964.

Brenman-Gibson, Margaret. *Clifford Odets: American Playwright*. New York: Applause Books, 2002.

Briggs, A. D. P. "Writers and Repertories." In *A History of Russian Theatre*. Ed. Robert Leach and Victor Borovsky. 86~103. Cambridge: Cambridge University Press, 2006.

Brockway, Merrill. "Stella Adler: Awake and Dream!" *American Masters*, season 4, episode 2. New York: PBS. Aired July 10, 1989.

Browning, Julia. "Playing Inside the Box: Method Acting in Live Television Anthology

Drama 1947–1958." Master's thesis, New York University, 2015.

Burns, Ric. "The City of Tomorrow (1931–1940)." *New York: A Documentary Film*, episode 6. New York: PBS. Aired November 14, 1999.

Burstyn, Ellen. "Preface." In *The Actors Studio*. v~vii. New York: Macmillan, 1984.

———. *Lessons in Becoming Myself*. New York: Penguin, 2007.

Callahan, Dan. *The Art of American Screen Acting, 1960 to Today*. Jefferson, NC: McFarland, 2019.

Canby, Vincent. "Take a Walk Down 'Mean Streets.'" *New York Times*, October 13, 1973.

———. "Robert De Niro in 'Raging Bull.'" *New York Times*, November 14, 1960.

Capote, Truman. "The Duke in His Domain." *New Yorker*, November 2, 1957. Accessed August 20, 2020, newyorker.com/magazine/1957/11/09/the-duke-in-his-domain.

Carney, Saraleigh. "The Repertory Theater of Lincoln Center: Aesthetics and Economics, 1960–1973." PhD dissertation, City University of New York, 1976.

Chambers, David. *Analysis Through Action: From Stanislavsky to Contemporary Performance*. Unpublished manuscript, last modified September 14, 2020. Microsoft Word file.

———. "Chronology of the System I." Appendix in *Analysis Through Action: From Stanislavsky to Contemporary Performance*. Unpublished manuscript, last modified September 14, 2020. Microsoft Word file.

Chansky, Dorothy. *Composing Ourselves: The Little Theatre Movement and the American Audience*. Carbondale: Southern Illinois University Press, 2004.

Chayefsky, Paddy (writer), and Delbert Mann (director). "Marty." *Philco Television Playhouse*, season 5, episode 23. Aired May 24, 1953.

Chayefsky, Paddy (writer), and John Cromwell (director). *The Goddess*. Los Angeles: Columbia Pictures, 1958.

Chekhov, Anton. *Plays*. Trans. Michael Frayn. London: Methuen, 1997.

Chekhov, Michael. *To the Actor: On the Technique of Acting*. Ed. Mala Powers. Oxfordshire: Routledge, 2002.

Chinoy, Helen Krich. *The Group Theatre: Passion, Politics, and Performance in the Depression Era*. Ed. Don B. Wilmeth and Milly S. Barranger. New York: Palgrave Macmillan, 2013. Kindle.

Clurman, Harold. *All People Are Famous*. New York: Harcourt Brace Jovanovich, 1974.

———. *The Collected Works of Harold Clurman: Six Decades of Commentary on Theatre, Dance, Music, Film, Arts, Letters and Politics*. New York: Applause Books, 1994.

———. *The Fervent Years*. New York: Da Capo Press, 1985.

———. et al. "Looking Back: 1974–1976." *Educational Theatre Journal* 28, no. 4 (1976).

Coen, Joel. Podcast interview, *Team Deakins*, August 2, 2020.

Cook, David. *Lost Illusions: American Cinema in the Shadow of Watergate and Vietnam, 1970–1979*. Berkeley: University of California Press, 2002.

Course Catalog. Dramatic Workshop of the New School for Social Research 1941–1942. Accessed February 9, 2021, digitalarchives.library.newschool.edu/index.php/Detail/collections/NS050101.

Crawford, Cheryl. *One Naked Individual*. Indianapolis: Bobbs-Merrill, 1977.

Curtiz, Michael. "Bonus Materials—Interview with Julie Garfield." *The Breaking Point*. 1950; United States: Criterion Collection, 2017. DVD.

Diderot, Denis. "The Paradox of Acting." In *Actors on Acting*. Ed. Toby Cole and Helen Krich Chinoy. 162~169. New York: Three Rivers Press, 1970.

Dostoyevsky, Fyodor. *The Village of Stepanchikovo*. Trans. Ignat Avsey. London: Penguin Classics, 1995.

Drew, Rue Faris. "The Truth of Your Art Is in Your Imagination." *New York Times*, August 15, 1976.

Efros, N. E. *Anton Chekhov at the Moscow Art Theatre: Illustrations of the Original Productions*. Ed. and trans. Vera Gottlieb. London: Routledge, 2005.

Ellermann, Robert. Author interview, July 22, 2020.

Enelow, Shonni. *Method Acting and Its Discontents: On American Psycho-Drama*. Evanston, IL: Northwestern University Press, 2015.

Epstein, Helen. *Joe Papp: An American Life*. Lexington, MA: Plunkett Lake Press, 2019. Kindle.

Esch, Kevin. " 'I Don't See Any Method at All': The Problem of Actorly Transformation." *Journal of Film and Video* 58, nos. 1/2 (Spring/Summer 2006).

Esslin, Martin. "Modern Theatre: 1890–1920." In *The Oxford Illustrated History of Theatre*. Ed. John Russell Brown. 341~79. Oxford: Oxford University Press, 1995.

Evans, Everett. "Former UH Students Salute the Late Cecil Pickett." *Houston Chronicle*, April 9, 2012. Accessed August 23, 2020, chron.com/life/article/Former-UH-students-salute-the-late-Cecil-Pickett-3469425.php.

Fearnow, Mark. "Theatre Groups and Their Playwrights." In *The Cambridge History of American Theatre*, vol. 2, *1870–1945*. Ed. Don B. Wilmeth and Christopher Bigsby. 343~77. Cambridge: Cambridge University Press, 1996.

Figes, Orlando. *Natasha's Dance: A Cultural History of Russia*. New York: Picador, 2002. Kindle.

Filippov, Boris. *Actors Without Make-up*. Trans. Kathleen Cook. Moscow: Progress Publishers, 1977.

Fine, Morton S., and David Friedkin (writers) and Sidney Lumet (director). *The Pawnbroker*. Los Angeles: American International Pictures, April 20, 1965.

Flanagan, Hallie. *Arena: The Story of the Federal Theatre*. New York: Proscenium, 1985.

Flatley, Guy. "Look—Bobby's Slipping into Brando's Shoes." *New York Times*, November 4, 1973.

Frick, John. "A Changing Theatre: New York and Beyond." In *The Cambridge History of American Theatre, Volume Two: 1870–1945*. Ed. Don B. Wilmeth and Christopher Bigsby. 196~232. Cambridge: Cambridge University Press, 1996.

Friedrich, Otto. *City of Nets*. Berkeley: University of California Press, 1997.

Frome, Shelly. *The Actors Studio: A History*. Jefferson, NC: McFarland, 2005.

Garfield, David. *The Actors Studio*. New York: Macmillan, 1984.

———. *The Actors Studio: A Player's Place*. New York: Collier Books, 1984.

Garfield, John. "Lecture on Film Acting." *The Drama Review: TDR* 28, no. 4 (Winter 1984).

Gauss, Rebecca. *Lear's Daughters*. Bern, Switzerland: Peter Lang US, 1999.

Gelbfriedman-Engeler, Arthur. "Behind the Scenes at the Actors Studio." *New York Times*, April 29, 1951.

Gelmis, Joseph. *The Film Director as Superstar*. New York: Doubleday, 1970.

Gilbert, Anne Hartley. *The Stage Reminiscences of Mrs. Gilbert*. London: Forgotten Books, 2015.

Goode, James. *The Making of the Misfits*. Brisbane, Australia: Limelight Editions, 1986.

Gordon, Mel. *Stanislavsky in America: An Actor's Workbook*. New York: Routledge, 2009.

———. *The Stanislavsky Technique, Russia: A Workbook for Actors*. Tonbridge, Kent: Applause Books, 1994. Kindle.

Gray, Paul. "The Reality of Doing: Interviews with Vera Soloviova, Stella Adler, and Sanford Meisner." In *Stanislavski and America*. Ed. Erica Munk. 201~18. New York: Fawcett World Library, 1967.

Gray, Paul, Gordon Rogoff, and Lee Strasberg. "Strasberg vs. TDR." *Tulane Drama Review* 11, no. 1 (1966).

Gussow, Mel. "Actors Studio Thrives at 25... or 26." *New York Times*, December 6, 1973.

———. "Lee Strasberg of Actors Studio Dead." *New York Times*, February 18, 1982.

———. "Only Faye Dunaway Knows What She's Hiding." *New York Times*, October 20, 1974.

———. "The Basic Training of Al Pacino." *New York Times*, June 5, 1977.

Guthrie, Tyrone. "Is There Madness in 'The Method'?" *New York Times Magazine*, September 15, 1957.

Harris, Mark. *Mike Nichols: A Life*. New York: Penguin, 2021.

———. *Pictures at a Revolution: Five Movies and the Birth of the New Hollywood*. New York: Penguin Press HC, 2008.

Heilman, Pamela Sue. "The American Career of Maria Ouspenskaya (1887-1949): Actress and Teacher." Master's thesis, Louisiana State University and Agricultural & Mechanical College, 1999.

Herrera, Brian. Author interview, January 13, 2021.

Hethmon, Robert H., ed. *Strasberg at the Actors' Studio*. New York: Viking, 1965.

Hirsch, Foster. *A Method to Their Madness: The History of the Actors Studio*. New York: Da Capo Press, 2002.

Hoberman, J. "Screen Voices, Banished but Not Silenced." *New York Times*, August 7, 2014.

———. *The Dream Life: Movies, Media, and the Mythology of the Sixties*. New York: New Press, 2003.

Hobgood, Burnet M. "Emotions in Stanislavski's System." *Educational Theatre Journal* 25, no. 2 (May 1973).

Hoffman, Dustin. "Dustin Hoffman Interview on *The Graduate* (1967)." YouTube, April 20, 2017. Accessed August 15, 2020, youtube.com/watch?v=ZT_MZQl0KmU.

Innes, Christopher. "Theatre After Two World Wars." In *The Oxford Illustrated History of Theatre*. Ed. John Russell Brown. 380~446. Oxford: Oxford University Press, 1995.

"It Makes You Weep." In *New Theatre and Film, 1934–1937*. Ed. Herbert Kline. San Diego: Harcourt Brace Jovanovich, 1985.

Jackson, Shirley. *The Haunting of Hill House*. New York: Penguin, 2006.

Kael, Pauline. "The Current Cinema: Religious Pulp or the Incredible Hulk." *New Yorker*, December 8, 1980.

Kahn, Michael. Author interview, July 16, 2020.

Kareman, Pamela. Author interview, September 2, 2021.

Kazan, Elia. *Elia Kazan: A Life*. New York: Borzoi, 1988. Kindle.

———. "Outline for an Elementary Course in Acting (1935)." *The Drama Review: TDR* 28, no. 4 (1984).

———. "Theater: New Stages, New Plays, New Actors." *New York Times*, September 23, 1962.

Keaton, Diane. *Then Again*. New York: Random House, 2011.

Kendall, Elizabeth. *Balanchine and the Lost Muse: Revolution and the Making of a Choreographer*. Oxford: Oxford University Press, 2013.

Kenny, Glenn. *Robert De Niro: Anatomy of an Actor*. New York: Phaidon Press, 2014.

Kisseloff, Jeff. *The Box: An Oral History of Television, 1929–1961*. London: Penguin Books, 1997.

Knapp, Jacqueline. Author interview, February 26, 2020.

Knipper-Chekhova, Olga Leonardovna, and Anton Pavlovich Chekhov. *Dear Writer— Dear Actress: The Love Letters of Olga Knipper and Anton Chekhov*. Trans. Jean Benedetti. London: Methuen, 2007.

Konijn, Elly. *Acting Emotions*. Trans. Barbara Leach with David Chambers. Amsterdam: Amsterdam University Press, 2000.

Koonen, Alisa. *Pages of Life*. Moscow: M. Publishing House Art, 1975.

Krampner, Jon. *Female Brando: The Legend of Kim Stanley*. New York: Back Stage Books,

2006.

Krane, Victoria. Author interview, November 3, 2020.

Krones, Hartmut. "Writing Hollywood's Music: Hanns Eisler." In *Quiet Invaders Revisited: Biographies of Twentieth Century Immigrants to the United States*. Ed. Günter Bischof. Translantica, vol. 11. Loc 6093~6294. Innsbruck, Austria: Studienverlag, 2017. Kindle.

Lahr, John. *Tennessee Williams: Mad Pilgrimage of the Flesh*. New York: W. W. Norton, 2014. Kindle.

Laurents, Arthur. *Original Story By: A Memoir of Broadway and Hollywood*. Montclair, NJ: Applause Books, 2001.

Leaming, Barbara. *Marilyn Monroe: A Biography*. United States: Crown, 2010.

Leeming, David. *James Baldwin: A Biography*. United States: Arcade, 2015.

Lewis, Robert. *Method—or Madness?* New York: Samuel French, 1958.

———. *Slings and Arrows: Theater in My Life*. New York: Applause Books, 1996.

Lin, Tony. "Myth and Appropriation: Fryderyk Chopin in the Context of Russian and Polish Literature and Culture." PhD dissertation, University of California, Berkeley, 2014.

Lindsay, Kathryn. "Jared Leto Denies Sending His Used Condoms to Co-Stars." *Refinery29*, September 28, 2017. Accessed October 14, 2020, refinery29.com/en-us/2017/09/174311/jared-leto-denies-sending-co-stars-used-condoms.

Lipton, James. "Al Pacino." *Inside the Actors Studio*, season 12, episode 16. New York: Bravo. Aired October 2, 2006.

———. "Gene Hackman." *Inside the Actors Studio*, season 8, episode 2. New York: Bravo. Aired October 14, 2001.

———. "Interview—Inside the Actors Studio." Television Academy Foundation, October 12, 2018. Accessed September 9, 2020, interviews.televisionacademy.com/shows/inside-the-actors-studio.

Logan, Joshua. Review of Nikolai M. Gorchakov, "The Method Is the Means." *New York Times*, January 23, 1955.

Longworth, Karina. *Al Pacino: Anatomy of an Actor*. New York: Phaidon Press, 2013.

———. *Meryl Streep: Anatomy of an Actor*. New York: Phaidon Press, 2014.

Magarshack, David. *Stanislavsky: A Life*. London: Faber and Faber, 2010.

Mailer, Norman. "Superman Comes to the Supermarket." *Esquire*, November 1960. Accessed July 2, 2021, esquire.com/news-politics/a3858/superman-supermarket/.

Malaev-Babel, Andrei. *Yevgeny Vakhtangov: A Critical Portrait*. New York: Routledge, 2013. Kindle.

Malague, Rosemary. *An Actress Prepares: Women and "the Method."* New York: Routledge, 2012.

Malden, Karl. *When Do I Start? A Memoir*. New York: Proscenium, 1997.

Malkin, Marc. "Jared Leto Sent Used Condoms and Anal Beads to His Suicide Squad Co-Stars (Yup, You Read That Right!)" *E! Online*, April 16, 2016. Accessed October 14, 2020, eonline.com/news/756288/jared-leto-sent-used-condoms-and-anal-beads-to-his-suicide-squad-co-stars-yup-you-read-that-right.

Mann, William J. *The Contender: The Story of Marlon Brando*. New York: HarperCollins, 2019.

March, Cynthia. "Realism in the Russian Theatre, 1850–1882." In *A History of Russian Theatre*. Ed. Robert Leach and Victor Borovsky. 146~65. Cambridge: Cambridge University Press, 2006.

Marchese, David. "Nicolas Cage on His Legacy, His Philosophy of Acting and His Metaphorical—and Literal—Search for the Holy Grail." *New York Times Magazine*, August 7, 2019.

Marowitz, Charles. "The Michael Chekhov Twist." *American Theatre Magazine* (January 2005). Accessed February 17, 2020, americantheatre.org/2005/01/01/the-michael-chekhov-twist/.

Martel, Jay. "Why Can't Johnny Act." *Spy*, December 1988.

Mason, Marshall. Author interview, July 20, 2020.

McConachie, Bruce. *American Theater in the Culture of the Cold War: Producing and Contesting Containment, 1947–1962*. Iowa City: University of Iowa Press, 2003.

McDormand, Frances. Podcast interview, *Team Deakins*, March 21, 2021.

McGurl, Mark. *The Program Era: Postwar Fiction and the Rise of Creative Writing*. Cambridge, MA: Harvard University Press, 2009. Kindle.

McKay, Rick. *Broadway: The Golden Age*. Masterworks Broadway, 2004.

McKinley, Jesse. "New School, in Split with Actors Studio, to Create Own Program." *New York Times*, May 26, 2005.

Meisner, Sanford, and Dennis Longwell. *Sanford Meisner on Acting*. New York: Knopf Doubleday, 1987.

"Michel Saint-Denis." Internet Broadway Database. Accessed October 21, 2020, ibdb.com/broadway-cast-staff/michel-saint-denis-16058.

Miéville, China. *October: The Story of the Russian Revolution*. Brooklyn: Verso, 2017.

Miller, Arthur. *Timebends: A Life*. New York: Grove Press, 2013.

Miller, Arthur (writer), and John Huston (director). *The Misfits*. Beverly Hills: United Artists, 1961.

Mitgang, Herbert. "The Theater Pays Final Tribute to Lee Strasberg." *New York Times*, February 19, 1982.

Montefiore, Simon Sebag. *The Romanovs: 1613–1918*. New York: Vintage, 2017. Kindle.

Naremore, James. *Acting in the Cinema*. Berkeley: University of California Press, 1988.

Nehme, Farran Smith. Author interview, February 12, 2020.

Nekhoroshev, Yuri Ivanovich. Chapter 2. In *Viktor Simov: Stanislavski's Designer*. Ed. and trans. Paul Fryer and Anastasia Toros. New York: Routledge, 2019.

Nelson, Kelly. Author interview, July 7, 2020.

Nemirovich-Danchenko, Vladimir. *My Life in the Russian Theatre*. Trans. John Cournos. Boston: Little, Brown, 1936.

Nosowitz, Dan. "How a Fake British Accent Took Old Hollywood by Storm." *Atlas Obscura*, October 27, 2016. Accessed September 10, 2020, atlasobscura.com/articles/how-a-fake-british-accent-took-old-hollywood-by-storm.

Nott, Robert. *He Ran All the Way*. New York: Limelight Editions, 2003. Kindle.

Ochoa, Sheana. "Robert De Niro: I'm Prone to Overanalysis." *Salon*, March 16, 2012. Accessed October 14, 2020, salon.com/2012/03/16/robert_de_niro_im_prone_to_overanalysis /.

———. *Stella! Mother of Modern Acting*. New York: Applause Books, 2014. Kindle.

Odets, Clifford. *Waiting for Lefty and Other Plays*. New York: Grove Press, 1993.

O'Malley, Suzanne. "Can the Method Survive the Madness?" *New York Times*, October 7, 1979.

Oppenheim, Tom. Author interview, October 6, 2020.

O'Quinn, Jim. "Going National: How America's Regional Theatre Movement Changed the Game." *American Theater*, June 16, 2015. Accessed April 13, 2020, americantheatre.org/2015/06/16/going-national-how-americas-regional-theatre-movement-changed-the-game/.

Ostrovsky, Arkady. "Imperial and Private Theatres, 1882–1905." In *A History of Russian Theatre*. Ed. Robert Leach and Victor Borovsky. 218~53. Cambridge: Cambridge University Press, 2006.

Ostrovsky, Sergei. "Maria Germanova and the Moscow Art Theatre Prague Group." In *Wandering Stars: Russian Emigré Theatre, 1905–1940*. Ed. Laurence Senelick. 84~101. Iowa City: University of Iowa Press, 1992.

O'Toole, Fintan. "Step by Step Toward Creating 'My Left Foot.'" *New York Times*, November 5, 1989.

Pagiana, Maria Pia. "Rediscovering Oliver Sayler." *Mimesis Journal* 2, no. 1 (2013). doi.org/10.4000/mimesis.329.

Parsons, Estelle. Author interview, September 30, 2020.

Peck, Seymour. "The Temple of 'The Method.'" *New York Times Magazine*, May 6, 1956.

Pendleton, Austin. Author interview, September 25, 2020.

Pitches, Jonathan. *Vsevolod Meyerhold*. New York: Routledge, 2018. Kindle.

"Playhouse Theatre." Internet Broadway Database. Accessed June 5, 2020, ibdb.com/theatre/playhouse-theatre-1324.

Plutarch. "Ancient Actors." In *Actors on Acting*. Ed. Toby Cole and Helen Krich Chinoy. 14. New York: Three Rivers Press, 1970.

———. "Why We Delight in Representation." In *Actors on Acting*. Ed. Toby Cole and Helen Krich Chinoy. 13. New York: Three Rivers Press, 1970.

Polyakova, Elena. *Stanislavsky*. Trans. Liv Tudge. Moscow: Progress Publishers, 1982.

Ponce de Leon, Charles. *That's the Way It Is: A History of Television News in America*. Chicago: University of Chicago Press, 2015.

Pond, Steve. "Before the Guild." *Directors Guild of America Quarterly* (Winter 2011).

Prince, Stephen. *A New Pot of Gold: Hollywood Under the Electronic Rainbow, 1980–1989*. Berkeley: University of California Press, 2002.

"Pulitzer Prize Winners—Drama." The Pulitzer Prizes. Accessed November 20, 2019, pulitzer.org/prize-winners-by-category/218.

Rader, Peter. *Playing to the Gods: Sarah Bernhardt, Eleonora Duse, and the Rivalry That Changed Acting Forever*. New York: Simon and Schuster, 2018.

Rausch, Andrew. *The Films of Martin Scorsese and Robert De Niro*. Lanham, MD: Scarecrow Press, 2010.

Rayfield, Donald. *Anton Chekhov: A Life*. London: Faber and Faber, 2013. Kindle.

Reagan, Ronald. "The President's News Conference." August 12, 1986. Rosemont Ballroom at the Hyatt Regency Hotel, Chicago.

"Red Channels: The Report of Communist Influence in Radio and Television." *Counterattack*, June 1950. American Business Consultants. Accessed September 21, 2020, web.archive.org/web/20060905085310/http://dlib. nyu.edu:8083 /tamwagead/servlet/SaxonServlet?source=%2Fcounter. xml&style=%2Fsaxon01t2002.xsl&part=body.

Roberts, J. W. *Richard Boleslavsky: His Life and Work in the Theatre*. Ann Arbor, MI: UMI Research Press, 1981.

Roche, Henri Pierre. "Arch-Rebel of French Theatre Coming Here; Jacques Copeau, Whose Scorn of Traditions Has Brought Him Fame, to Explain His Theories on the Drama to Americans." *New York Times*, January 28, 1917.

Rodgers, Daniel. *Age of Fracture*. Cambridge, MA: Harvard University Press, 2011. Kindle.

Rogoff, Gordon. Author interview, September 21, 2020.

———. "Lee Strasberg: Burning Ice." In *Stanislavski and America*. Ed. Erica Munk. 248~70. New York: Fawcett World Library, 1967.

Romanov, Nikolai. "Manifesto of October 17, 1905." *Documents in Russian History*. Trans. Daniel Field. South Orange, NJ: Seton Hall University, 2009. Accessed September 13, 2020, academic.shu.edu/russianhistory/index.php/Manifesto_of_ October_17th,_1905.

Rosenbaum, Landau. "The Creative Mind; Acting: The Method and Mystique of Jack

Nicholson." *New York Times*, July 13, 1986.

Rotté, Joanna. *Acting with Adler*. New York: Limelight Editions, 2000. Kindle.

Rudnitsky, Konstantin. *Russian and Soviet Theatre: Tradition and the Avant-Garde*. Trans. Roxane Permar. London: Thames and Hudson, 1988.

Saint-Denis, Michel. "Stanislavski and Shakespeare." Trans. Simone Sanzenbach. In *Stanislavski and America*. Ed. Erica Munk. 13~24. New York: Fawcett World Library, 1967.

──────. *Theatre: The Rediscovery of Style and Other Writings*. New York: Routledge, 2008.

Sandrow, Nahma. *Vagabond Stars: A World History of Yiddish Theater*. New York: Harper and Row, 1977.

Saraiya, Sonia. "Viola Davis: 'My Entire Life Has Been a Protest.'" *Vanity Fair*, July 14, 2020. Accessed August 20, 2020, vanityfair.com/hollywood/2020/07/cover-story-viola-davis.

Sayler, Oliver. "Origin and Progress of the Theatre; Moscow Art Theatre." *New York Times* (book review), September 17, 1922.

──────. *The Russian Theatre Under the Revolution*. Cambridge, MA: Little, Brown, 1920.

Schatz, Thomas. "The New Hollywood." In *Film Theory Goes to the Movies: Cultural Analysis of Contemporary Film*. Ed. Jim Collins, Ava Preacher Collins, and Hilary Radner. New York: Routledge, 1993.

Schechner, Richard. "Introduction: Exit Thirties, Enter Sixties." In *Stanislavski and America*. Ed. Erica Munk. 13~24. New York: Fawcett World Library, 1967.

──────. "Working with Live Material." In *Stanislavski and America*. Ed. Erica Munk. New York: Fawcett World Library, 1967.

Schell, Jonathan. *The Time of Illusion*. New York: Vintage Books, 1976.

Schickel, Richard. *Elia Kazan: A Biography*. New York: Harper Perennial, 2011. Kindle.

Schneider, Molly. "Television's Tortured Misfits: Authenticity, Method Acting, and Americanness in the Midcentury 'Slice-of-Life' Anthology Drama." *Journal of Film and Video* 68, nos. 3~4(2016).

Schrecker, Ellen. *Many Are the Crimes*. Boston: Little, Brown, 1998.

Schulman, Michael. *Her Again: Becoming Meryl Streep*. London: Faber and Faber, 2016.

Schumach, Murray. "A Director Named Gadge." *New York Times*, section SM, November 9, 1947.

Schwartz, Rory. Author interview, January 13, 2020.

Serge, Victor. *Memoirs of a Revolutionary*. Trans. Peter Sedgwick with George Paizis. UK: New York Review Books, 2012.

Sessums, Kevin. "Elizabeth Taylor Interview About Her AIDS Advocacy, Plus Stars Remember." *Daily Beast*, March 23, 2011. Accessed November 1, 2020, thedailybeast.com/elizabeth-taylor-interview-about-her-aids-advocacy-plus-stars-remember.

Seymour, Victor. "Stage Directors' Workshop: A Descriptive Study of the Actors Studio Directors Unit, 1960–1964." Master's thesis, University of Wisconsin, 1965.

Shevtsova, Maria. *Rediscovering Stanislavsky*. Cambridge: Cambridge University Press, 2020.

Simon, Ron. "The Golden Age of Television, Act III." *The Current*, Criterion Collection, November 2009. Accessed August 23, 2020, criterion.com/current/posts/1310-the-golden-age-of-television-act-iii.

Sklar, Robert. *Movie-Made America*. New York: Vintage Books, 1994.

Smeliansky, Anatoly. "In Search of El Dorado: America in the Fate of the Moscow Art Theatre." In *Wandering Stars: Russian Emigré Theatre, 1905–1940*. Ed. Laurence Senelick. 44~68. Iowa City: University of Iowa Press, 1992.

Smith, Wendy. *Real Life Drama: The Group Theatre and America, 1931–1940*. New York: Vintage Books, 2013. Kindle.

Staggs, Sam. *When Blanche Met Brando*. New York: St. Martin's Press, 2005.

Stanislavski, Konstantin. *An Actor's Handbook*. Trans. Elizabeth Reynolds. Hapgood, London: Methuen, 1990.

———. *An Actor's Work*. Ed. and trans. Jean Benedetti. New York: Routledge, 2008. Kindle.

———. *An Actor's Work on a Role*. Ed. and trans. Jean Benedetti. New York: Routledge, 2010. Kindle.

———. *Complete Writings*, vol. 6. Trans. Jerry Vikournov. Sergeev Theater Library, Russian State Institute of Performing Arts. Accessed March 1, 2020, teatr-lib.ru.

———. *Konstantin Stanislavsky 1863–1963*. Honolulu: University Press of the Pacific, 2003.

———. *The Moscow Art Theatre Letters*. Ed. and trans. Jean Benedetti. New York: Routledge, 1991. Kindle.

———. *My Life in Art*. Trans. J. J. Robbins. New York: Routledge / Theatre Arts Books, 1994.

———. *Stanislavsky—a Life in Letters*. Ed. and trans. Laurence Senelick. New York: Routledge, 2014. Kindle.

Stapleton, Maureen. *A Hell of a Life*. New York: Simon & Schuster, 1995.

Stein, Jean. *West of Eden*. United Kingdom: Random House, 2016.

Strasberg, Lee. *A Dream of Passion: The Development of the Method*. New York: Plume, 1988.

———. "View from the Studio." *New York Times*, September 2, 1956.

Strindberg, August. *Miss Julie and Other Plays*. Trans. Michael Robinson. Oxford: Oxford University Press, 1998. Kindle.

Suskind, Ron. "Faith, Certainty, and the Presidency of George W. Bush." *New York Times*, October 17, 2004.

Tait, Richard Colin. "Robert De Niro's Method: Acting, Authorship and Agency in the New Hollywood (1967–1980)." PhD dissertation, University of Texas at Austin, 2013.

Taylor, Brian D. *Politics and the Russian Army: Civil-Military Relations, 1689–2000.* Cambridge: Cambridge University Press, 2003. doi:10 .1017/CBO9780511615719.

Tcherkasski, Sergei. *Masterstvo aktera: Stanislavskiĭ-Boleslavskiĭ- Strasberg: istorīi a, teorīi a, praktika.* Sankt-Peterburg: Izdatel'stvo Rossiĭskogo gosudarstvennogo instituta s̆t senicheskikh iskusstv, 2016.

Thompson, Howard. "Another Dean Hits the Big League." *New York Times*, March 13, 1955.

Thomson, David. *The Big Screen: The Story of the Movies.* New York: Farrar, Straus & Giroux, 2012.

Thomson, Irene. "Individualism and Conformity in the 1950s vs. the 1980s." In *Sociological Forum* 7, no. 3 (September 1992).

"Timeline of the Russian Revolution." British Library. Accessed August 10, 2019, bl.uk/ russian-revolution/articles/timeline-of-the-russian-revolution#.

Tolstoy, Aleksey Konstantinovich. *Tsar Fyodor Ivanovich: A Play in Five Acts.* Trans. Jenny Covan. New York: Brentano's, 1922.

Turkov, Andrei. *Anton Chekhov and His Times.* Trans. Cynthia Carlile and Sharon McKee. Fayetteville: University of Arkansas Press, 1995.

"Ulu Grosbard." Internet Movie Database. Accessed September 1, 2020, imdb.com/name/ nm0343260/?ref_=fn_al_nm_1.

Unsigned item. "Colleagues Say De Niro Has No Peer." *New York Times*, March 11, 1991.

———. "Kazan Admits He Was a Red for 18 Months." New York *Daily News*, April 12, 1952.

———. "Modern Theatre in the Dark Ages, Says W. A. Brady." New York *Daily News*, January 11, 1923.

———. "Moscow Players Bringing Art, Not Politics, to U.S." Montreal *Gazette*, January 5, 1923.

———. New York *Daily News*, May 24, 1931.

———. New York *Daily News*, December 26, 1922.

———. *New York Times*, December 6, 1922.

———. *New York Times*, December 15, 1922.

———. "Obituary for Joe Leblang." *New York Times*, April 13, 1931.

———. "Reds Held Partner in Stage Tour Here." *New York Herald*, December 26, 1922.

———. "Topics." *New York Times*, May 14, 1960.

Vakhtangov, Yevgeny. *The Vakhtangov Sourcebook.* Ed. and trans. Andrei Malaev-Babel. New York: Routledge, 2011. Kindle.

Vanslov, V. V. "Simov, Viktor." *Grove Art Online*, 2003. Accessed March 5, 2019, oxfordartonline.com/groveart/view/10.1093/gao/9781884446054.001.0001/oao-9781884446054-e-7000078870.

Wainscott, Ronald. "Plays and Playwrights: 1896–1915." In *The Cambridge History of American Theatre*, vol. 2, *1870–1945*. Ed. Don B. Wilmeth and Christopher Bigsby. 262~88. Cambridge: Cambridge University Press, 1996.

Wallach, Eli. *The Good, the Bad, and Me: In My Anecdotage*. Boston: Mariner Books, 2014.

Watermeier, Daniel. "Actors and Acting." In *The Cambridge History of American Theatre*, vol. 2, *1870–1945*. Ed. Don B. Wilmeth and Christopher Bigsby. 446~86. Cambridge: Cambridge University Press, 1996.

Whyman, Rose. *The Stanislavsky System of Acting: Legacy and Influence in Modern Performance*. Cambridge: Cambridge University Press, 2011.

Williams, Tennessee. *A Streetcar Named Desire*. New York: New Directions, 2004. Kindle.

Winters, Shelley. *Shelley II: The Middle of My Century*. New York: Simon & Schuster, 1989.

Worrall, Nick. *The Moscow Art Theatre*. New York: Taylor & Francis e-Library, 2003. Kindle.

"Writing Hollywood's Music: Hanns Eisler." In *Quiet Invaders Revisited: Biographies of Twentieth Century Immigrants to the United States*. Ed. Günter Bischof. Innsbruck: Studien Verlag, 2017.

Yakim, Moni. Author interview, July 12, 2020.

Zoller Seitz, Matt. "In Conversation: Ellen Burstyn." *Vulture*, December 19, 2019. Accessed November 5, 2020, vulture.com/2019/12/interview-ellen-burstyn-on-inside-the-actors-studio.html.

Zucker, Carole. *Figures of Light: Actors and Directors Illuminate the Art of Film Acting*. New York: Springer, 2013.

개인 자료

David Garfield—Research Files on the Actors Studio. Billy Rose Theatre Division, New York Public Library.

Harold Clurman Papers. Columbia University Rare Book and Manuscript Library, New York, NY.

Hume Cronyn and Jessica Tandy Papers. Manuscript Division, Library of Congress, Washington, DC.

J. W. Roberts and Richard Boleslavsky Collection. University of Scranton Archives.

Lee Strasberg Papers. Manuscript Division, Library of Congress, Washington, DC.

Morris Gest Papers. The Harry Ransom Humanities Research Center, University of Texas at Austin.

Stella Adler and Harold Clurman Papers. The Harry Ransom Humanities Research Center,

University of Texas at Austin.
The Brookfield Diary. Strasberg Papers, Library of Congress, Washington, DC.

도판 저작권

찾아보기

작품

희곡

영화/TV프로그램

도서

인명

ㄱ

ㅇ

용어

The
METHOD

메소드

초판 1쇄 발행 2023년 12월 5일
초판 2쇄 발행 2024년 4월 1일

지은이 아이작 버틀러
옮긴이 윤철희
감수 전종혁

펴낸이 서지원
책임편집 홍지연
디자인 형태와내용사이

펴낸곳 에포크
출판등록 2019년 1월 24일 제2019-000008호
주소 서울시 서대문구 신촌로 63, 1515호
전화 070-8870-6907
팩스 02-6280-5776
이메일 info@epoch-books.com

ISBN 979-11-981231-2-1 (03680)
한국어판 ⓒ 에포크, 2023

옮긴이 **윤철희**

연세대학교 경영학과와 동 대학원을 졸업하고, 영화 전문지에
기사 번역과 칼럼을 기고하고 있다. 옮긴 책으로 『웨스 앤더슨』
『크리스토퍼 놀란』『타란티노』『위대한 영화』『스탠리 큐브릭』
『클린트 이스트우드』『히치콕』 등이 있다.

감수 **전종혁**

영화평론가. 영화 전문지 『프리미어』 수석 기자, 대한항공
인플라이트 엔터테인먼트 매거진 『비욘드』 편집장을 지냈다.
다양한 매체에 영화 및 미술 관련 칼럼을 기고하고 있다.